现代渔业创新发展丛书

丛书主编：杨红生

黄河三角洲生态农牧场构建原理与实践

杨红生　赵建民　韩广轩　等　著

科学出版社

北　京

内 容 简 介

本书聚焦黄河三角洲保护与持续利用等重大科技问题，系统介绍了黄河三角洲生态农牧场环境监测关键技术与装备，盐碱地生态农牧场、滩涂生态农牧场、浅海生态牧场构建原理、技术与模式，生态农牧场特色生物资源产品开发与应用，以及生态农牧场空间布局等。

本书可供科研院所和高等院校从事海岸带和盐碱地农牧业相关专业的科研人员，以及企业和事业单位工作人员参考。

审图号：GS京（2022）0711号

图书在版编目（CIP）数据

黄河三角洲生态农牧场构建原理与实践 / 杨红生等著. —北京：科学出版社，2022.9

（现代渔业创新发展丛书/杨红生主编）

ISBN 978-7-03-072360-4

Ⅰ. ①黄…　Ⅱ. ①杨…　Ⅲ. ①黄河－三角洲－生态农业－农场－农业发展－研究 ②黄河－三角洲－生态农业－牧场－农业发展－研究　Ⅳ. ①F327.52

中国版本图书馆 CIP 数据核字（2022）第 086461 号

责任编辑：朱　瑾　岳漫宇　习慧丽 / 责任校对：郑金红

责任印制：吴兆东 / 封面设计：无极书装

科学出版社 出版

北京东黄城根北街 16 号

邮政编码：100717

http://www.sciencep.com

北京建宏印刷有限公司 印刷

科学出版社发行　各地新华书店经销

*

2022 年 9 月第　一　版　开本：720×1000　1/16

2022 年 9 月第一次印刷　印张：24 1/4

字数：489 000

定价：318. 00 元

（如有印装质量问题，我社负责调换）

“现代渔业创新发展丛书”
编委会

《黄河三角洲生态农牧场构建原理与实践》
著者名单

主要著者：杨红生　赵建民　韩广轩

其他著者（按姓氏笔画排序）：

于　洋　于顺洋　王　宁　王　清　王光美

王晓利　田崇国　付龙文　丛　明　冯巍巍

刘　辉　刘玉斌　刘石林　刘鲁雷　衣悦涛

孙西艳　孙景春　杜培培　李　青　李丙文

李晓炜　张立斌　张堂林　季乃云　周　毅

周正文　单恩翠　侯西勇　贺文君　夏春雷

郭占勇　崔玉琳　谢学军　谢宝华　管　博

谭文强　颜　坤　潘大为　魏　红

前　言

缘系雪山，悬流豪迈。水沙贯穿陆滩海。无端风月总向东，历尽沧桑阅百态。无息延长，几回摇摆。滋润人间施关爱。经略金洲纵情谈，保护生态祉千代。黄河奔流，挟带泥沙，注入渤海。海淡交汇，海水顶托，流速缓慢。泥沙落淤，填海造陆，渐筑巨洲。

黄河三角洲是黄河挟带大量泥沙在渤海凹陷处沉积形成的冲积平原，是我国最年轻的陆地。黄河三角洲湿地总面积约 4500km^2，泥质滩涂面积达 1150km^2，地势十分平坦。黄河三角洲拥有沼泽地、河床漫滩地、河间洼地、泛滥地及河流、沟渠、水库、坑塘等湿地类型。自然植被包括天然柳林等落叶阔叶林、柽柳等盐生灌丛、白茅草甸等典型草甸、翅碱蓬草甸等盐生草甸、芦苇等草本沼泽和金鱼藻等水生植被。黄河三角洲顶部和中部土壤脱盐较好，传统农业发展迅速。沿海低地地下水位高，土壤盐渍化强，受潮水冲淤漂游不定，但生物资源丰富，生物多样性极高，成为东北亚内陆和环西太平洋鸟类迁徙的重要中转站、越冬栖息地和繁殖地，被国内外专家誉为“鸟类的国际机场”。得天独厚的自然禀赋，造就了黄河三角洲“奇、特、旷、野、新”的美学特征，其被评为中国“最美的六大湿地”之一，是鱼、虾、蟹、贝等重要经济动物的产卵场、索饵场、越冬场和洄游通道。综上所述，黄河三角洲是生态之洲，也是金色之洲，必须科学规划区域空间布局和促进产业多元融合发展。

2017 年，针对海岸带特别是对河口三角洲湿地生态系统保护与发展的现状和问题，我们提出海岸带生态农牧场这一新理念和新模式。我们认为海岸带生态农牧场是基于生态学原理，利用现代工程技术，陆海统筹构建盐碱地生态农牧场、滩涂生态农牧场和浅海生态牧场，营造健康的海岸带生态系统，形成“三场连通”和“三产融合”的海岸带保护与利用新模式。这一观点一经提出就得到中国科学院领导和专家的高度重视，专门设立中国科学院科技服务网络计划（简称“STS 计划”）重点项目，资助研究团队在黄河三角洲开展构建原理、装备、技术和模式等系统研究。在山东省、东营市各级政府及企业的大力支持下，尽管项目实施时间略短，但收获颇丰。

黄河生态系统是一个有机整体，要充分考虑上游、中游和下游的差异。下游的黄河三角洲要做好保护工作，促进河流生态系统健康，提高生物多样性。2020 年的《政府工作报告》明确提出编制黄河流域生态保护和高质量发展规划纲要，积极探索黄河流域生态保护和高质量发展“双轮驱动”新模式，从整体上加强科学规划，统筹布局，依托城市群、城市圈的发展，促进优势资源要素进一步集聚，统筹上游、中游和下游发展，重塑经济地理新空间，构建高质量的经济社会发展新格局，对系统研究和构建黄河三角洲生态系统保护与持续利用新模式提出了新要求和新目标。

我国海岸线绵长，纵深跨度极大。在人类活动和全球变化双重影响不断增强的情形下，针对我国不同地区和类型的海岸带，必须因地制宜地构建不同类型的保护和持续利用途径与发展模式。绿水青山就是金山银山，坚持生态保护优先，自然修复为主，陆海统筹，科学布局，一系列重大的科学和技术问题亟待解决。

作为《海岸带生态农牧场创新发展战略研究》（2020 年 3 月出版）的姊妹篇，《黄河三角洲生态农牧场构建原理与实践》聚焦黄河三角洲典型湿地生态系统，重点解决海岸带生态农牧场建设原理、技术模式和空间布局等问题。本书具体内容及分工如下：前言（杨红生）；第一章　生态农牧场环境监测关键技术与装备（潘大为、付龙文、冯巍巍、于顺洋、田崇国、王宁、夏春雷、魏红、周正文）；第二章　盐碱地生态农牧场构建原理与模式（韩广轩、颜坤、管博、张堂林、王光美、贺文君）；第三章　滩涂生态农牧场种养殖技术与模式构建（刘辉、孙西艳、李丙文、张立斌、丛明、于洋、赵建民、刘石林、杨红生、孙景春）；第四章　浅海生态牧场生境与生物资源修复（王清、周毅、谢宝华、谢学军、单恩翠、刘鲁雷）；第五章　生态农牧场特色生物资源产品开发与应用（郭占勇、季乃云、衣悦涛、崔玉琳、李青、谭文强）；第六章　黄河三角洲生态农牧场空间布局（杜培培、李晓炜、刘玉斌、王晓利、侯西勇）；杨红生、韩广轩、赵建民负责全书统稿。

书中若有不妥之处，敬请批评指正！

著　者

2020 年夏于烟台凤凰山下

目　　录

第一章　生态农牧场环境监测关键技术与装备

海岸带生态农牧场环境监测是生态农牧场建设的重要内容，贯穿于生态农牧场建立、管理、效益提升和安全保障等多个环节。发展海岸带生态农牧场环境监测关键技术与装备是支撑和保障海岸带生态农牧场健康发展的关键环节。近年来，我国海洋牧场环境监测技术与装备取得了一定进展，监测手段逐渐丰富，监测结果的评价方法不断改进、完善，并逐步建立起由海洋监测台站、浮标、调查船、卫星遥感及航空遥感等组成的海洋环境立体监测网络，极大地提高了现代化海洋牧场建设装备的工程化和自动化及现代化海洋牧场管理的科学性和规范性。本章分别从生态农牧场水体、土壤和大气环境监测 3 个方面阐述目前生态农牧场环境监测关键技术与装备的现状及未来发展趋势，对生态环境关键指标（溶解氧、pH、盐度、温度、浊度、化学需氧量、营养盐、重金属、氮氧化物等）从概念、监测方法到装备研制及应用进行了详细介绍。同时，本章在总结当前海洋牧场生态系统监测技术与装备的基础上，还对未来生态农牧场环境监测的关键技术与装备的发展趋势进行了展望，指出目前仍存在的问题和提出未来发展建议，以期为海岸带生态农牧场环境监测关键技术与装备的研究和发展提供科学参考。

第一节　引　　言

海岸带是海陆之间交互作用强烈的过渡地带，是地球上海、陆、气系统之间物质、信息和能量交换最频繁、最集中的区域，也是具有独特陆、海双重属性的动态且复杂的多界面生态系统（骆永明，2016）。同时，海岸带自身区位优势非常明显，且自然资源丰富，一直以来被认为是实现海岸与海洋资源可持续开发和利用的重要前沿阵地。中国是海洋大国，也是世界第一渔业大国（辛建军，1999）。中国的大陆海岸线长 1.8 万 km 以上，岛屿海岸线长约 1.4 万 km，海岸带资源得天独厚。然而，当前中国海岸带面临着海水富营养化、海洋污染加剧和渔业资源衰退等突出问题，导致海岸带资源可持续利用性和可持续发展受到严重影响（杨红生等，2019）。

海岸带生态农牧场是基于生态学原理，利用现代工程技术，陆海统筹构建盐碱地生态农牧场、滩涂生态农牧场和浅海生态牧场，营造健康的海岸带生态系统，形成“三场连通”和“三产融合”的海岸带保护与利用新模式（杨红生，2017）。

现代化生态农牧场，是兼顾海岸带环境保护和高效产出的海洋资源开发和保护新业态，重视生态利益、经济利益和社会利益的平衡发展，是我国海岸带产业转型升级的新动力。

海岸带生态农牧场监测评估是海洋牧场建设的重要内容，贯穿于生态农牧场建立、管理、效益提升和安全保障等多个环节。海岸带生态农牧场监测评价涉及环境监测及预测、生物资源及其补充过程的监测和预测、生态系统结构和功能评估、生态承载力评估等不同层次的内容（刘辉等，2020）。而海岸带生态农牧场环境监测贯穿于整个海岸带生态农牧场建立、管理、效益提升和安全保障等多个环节，是海岸带生态农牧场构建的重要组成部分，也是海岸带生态农牧场健康发展的重要技术支撑。

海岸带生态农牧场环境监测与传统海洋环境监测类似，是在设计好的时间和空间分布内，使用统一的、可比的采样和监测手段，获取海岸带环境质量要素和陆源性入海物质资料，以阐述其时空分布、变化规律及其与海岸带开发、利用和保护的关系的全过程。其中，风速、风向、流速、流向、气温、水温、气压、波浪等海洋水文气象参数，溶解氧、pH、盐度、化学需氧量、叶绿素 a 含量、有机物含量等水质生物状态参数，pH、硫化物、有机质、粒度组成等沉积物、土壤参数，以及营养盐、重金属等物理化学参数均是海岸带生态农牧场环境监测的重要内容，也是影响海岸带生态农牧场选址、生产和评估的重要依据。对海岸带生态农牧场环境进行有效监测符合生态农牧场以生态优先的原则，有助于进一步认知自然规律，真正做到与自然共建（杨红生，2018）。

第二节　国内外环境监测研究进展

一、水体环境监测

（一）常规五参数

常规五参数是指溶解氧（dissolved oxygen，DO）、pH、温度、盐度和浊度 5 个因子，是海水环境质量评价的基本指标，可反映海水水体质量的变化情况，是表征海洋环境的重要因素。

1. 溶解氧

溶解氧是指通过化学反应或者生化反应而在水体中溶解的氧气。溶解氧含量通常用每升水里氧气的毫克数（mg/L）和饱和百分比（%）表示。海水中的溶解氧含量是评价海水水质状况、海水污染程度、海水自净能力的重要指标。当海水中的溶解氧含量低于 4mg/L 时，会导致鱼类因为缺乏足够的氧气而呼吸困难，甚至窒息死亡，从而对海洋生命活动和海洋养殖造成严重影响。现有的溶解氧传感器的种类多样，按照其检测原理不同，可分为化学类、电化学类和光学类三种类型。目前在环保监测、污染治理、化工行业、水产养殖、酿酒发酵和临床医学领域应用最为广泛的两种溶解氧传感器为电化学类 Clark 型溶解氧传感器和光学类基于荧光猝灭法的溶解氧传感器。

2. pH

pH 是表征溶液酸碱度的重要参数，被定义为氢离子活度的负对数，它是水质监测最常用和最重要的参数之一。pH 测定仪器有 pH 玻璃电极、pH 离子选择场效应晶体管（pH-ISFET）和光纤 pH 传感器。pH 玻璃电极是最传统、使用最广泛的 pH 测量电极，其测量结果准确、灵敏、响应快、操作简单，但是其内阻高、易污染和破碎、受温度等环境因素影响电位漂移严重，因此需要定期清洗和校准。离子选择场效应晶体管（ISFET）是一种利用半导体表面场效应原理测定溶液中离子活度的化学敏感器件。pH-ISFET 电极体积小、全固态化、输出阻抗低、响应时间短、易集成和微型化。但 ISFET 器件存在温漂、时漂、滞后、噪声等问题，在器件制造工艺、离子敏感膜稳定性和灵敏度、封装技术方面也有待提高（肖文静和吴开华，2009）。光纤 pH 传感器的原理是将对 pH 敏感的化学物质（如酸碱指示剂或荧光指示剂）固定在光纤的顶端，当接触待测溶液时化学物质会产生不同的光谱特性，然后以光波作为换能媒体，以光纤作为传光介质构成传感器。该传感器探头结构简单、信号稳定、抗干扰性强、可远距离传输，但是易受环境光干扰、检测范围狭窄。

3. 温度

海水温度是体现海水状态的最重要参数，几乎海洋中发生的所有现象和过程都与海水温度有关。精确的海水温度时空分布可用于海洋对气候影响的研究，海洋中尺度系统特性研究，海面-空气交互作用模型的构建，天气和气候变化的准确预测，以及海冰和赤潮等的预报及动态监测。不仅如此，适宜的海水温度是海洋生物生存和繁殖的基本条件，海水的温度分布对海洋生物的区系分布和生活习性具有很大的影响，所以海水温度监测对海洋渔业资源开发也具有十分重要的意义。按照观测点位置不同，可将海水温度观测分为岸站观测、浮标观测、船舶走航观测、卫星遥感、航空遥感等方式；按照测量方式不同，可将海水温度测量技术大致分为接触式测量和非接触式测量两大类。长期以来，海水温度测量只能依靠船载常规仪器和定点站位进行接触式测量（李星蓉和李永倩，2011；徐海东等，2012；焦冰等，2012；张旭等，2016；Polton et al.，2011；Nguyen et al.，2011），具有很多无法克服的缺点，如测量时间长、测点不连续、同步性差、覆盖面小、测量费用高、水下仪器容易污损等。

4. 盐度

1902 年，克纽森（Knudsen）等首次建立了海水盐度的定义。最初根据海水中无机盐的组分，使用氯元素的含量来研究盐度，具体定义为："1kg 海水中溴化物和碘化物被等当量的氯化物置换，所有碳酸盐被等当量氧化物置换后溶解无机盐的质量（克）。"早期基于氯度的盐度标准下，盐度基本上是通过实验室测量方式来获取的，其获取是一个相当烦琐的过程。而在电导率盐度的标准出现后，盐度的获取方法较之前有了明显的简化。基于这一盐度标准，国外许多仪器厂商开发了众多测量仪器与设备，这些技术设备的应用大大丰富了盐度数据的获取方式，也极大地推动了海洋科学的发展（刘赛，2015）。这些测量仪器有应用于实验室测量的电极式盐度计（AUTOSAL 8400B），也有应用于现场参数获取的温盐深测量仪（SeaBird CTD）。国内也有一些相关的电导率盐度研究设备，相关产品如 SYA2-2 型实验室盐度计、HD-2 型实验室海水盐度计均达到了当时的国际先进水平，目前也仍在不断发展当中（McDougall et al.，2012）。由于盐度标准又一次发生了变化，根据实用盐标发展而来的电导率盐度测量方法无法完全满足新盐标的要求（Grosso et al.，2010）。研究新的技术来替代或者是补充电导率盐度测量方法是有必要的。在实际盐度测量上，研究人员发现，光学方法测量盐度受到温度的影响远小于电导率测盐度的方法（Feistel，2008）。另外，光学方法基于光测量方式，能够避免受到复杂电磁环境的干扰，这也是其在应用上的一大优势。这类测量方法在一般情况下非常适用于海洋现场测量，一方面装置测量精度高，另一方面装置紧凑，受温度影响小。但是，这类测量方法在近岸海域的测量容易受到影响。

5. 浊度

在近海岸区域，尤其是河口区域，受到河流挟带的泥沙和营养盐等物质的影响，海水的浑浊程度明显偏高（王志丹，2016；McDougall et al.，2012；Sugiyama and Anderson，1997）。在海洋学中，通常使用浊度来评价海水的浑浊程度。根据国际标准《水质——浊度的测定》（EN ISO 7027-2:2019）对浊度的定义，浊度是指水中不溶颗粒物对光线照射所产生的妨碍程度。水中悬浮的不溶颗粒物对光线的吸收与散射使得通过水体的光线光强被削弱。通过对光线透射和散射的测量，就能够反映出水体悬浮颗粒对光线的阻碍程度，从而获得水体中悬浮颗粒的含量（Liu et al.，2014）。从计量的角度，使用浊度来表征这一测量结果。因此，浊度是水体中悬浮颗粒物光学性质的综合反映。在近岸海域海洋环境中，浊度最高可达近 300NTU（Hou et al.，2012）。在这种情况下，常规的基于折射法的光学盐度测量方法受到装置测量原理的限制，光路需要穿过一段距离的待测海水。在浑浊干扰的情况下，测量往往会受到非常大的影响（陈中华，2012）。因此，有必要研究新的能够适应海洋现场盐度测量的光学方法，来弥补光学方法在近岸海域和河口海域这类浊度较大的特定应用场景的测量不足。

（二）化学需氧量和生化需氧量

化学需氧量（chemical oxygen demand，COD）是指在一定环境下，使用强氧化剂降解水体中有机物的过程中所消耗的氧化剂的量，折算成所测水体全部被氧化后需要的氧的毫克数，以 mg/L 表示。它反映了水体受到有机污染的程度。生化需氧量（biochemical oxygen demand，BOD）是指在需氧条件下，水体中含有的还原性物质特别是有机物由于微生物的作用而被氧化降解时所消耗的溶解氧的量，以 mg/L 来表示。COD 与 BOD 都是水质检测的重要指标。

由于 BOD 检测具有耗时较长、受干扰严重等固有缺陷，而 COD 的检测比 BOD 的检测相对简单，因此通常采用 COD 来表示水体中污染物质降解所需的氧气量。目前对于水体 COD 的检测方法众多，常见的有湿化学方法、电化学方法、化学发光法、光谱法等。

1. BOD 检测

BOD 的检测一般是在 20℃含氧条件下培养 5d，测量由于水中固有的微生物氧化水体中的有机物所消耗的溶解氧的量，称为五日生化需氧量，用 BOD5 表示。传统的 BOD5 检测方法耗时较长且操作复杂，近年来很多学者针对缩短 BOD 测量所需时间进行研究，并提出了很多新方法，常见的有微生物传感器法、压差法、活性污泥曝气降解法等（杜美等，2016）。

微生物传感器法是一种快速检测水体 BOD 的方法，该方法原理为：把能够降解有机物的微生物菌落制作成微生物膜，将由微生物膜制作的电极与氧电极一起制作成传感器，通过测量微生物降解水体中有机物的过程中氧电极输出的耗氧量，进而计算得到 BOD 值，很多学者对该方法进行过研究（崔苗和端允，2017；孙好芬等，2018），该方法能够较快地测得 BOD 值，所需时间约为 5h，但是受到微生物膜的限制比较大，并且微生物膜的制备和维护也是限制该方法的一大因素（刘长宇和董绍俊，2018）。

压差法测量 BOD 的原理为：通过测量微生物氧化水体中的有机物而消耗氧气导致的测试瓶中气压的变化，计算出样品的 BOD 值（任毅斌等，2013；李津津和郑锦辉，2015），该方法能够避免传统 5 日培养法人工稀释倍数控制困难的问题，操作相对简单，但是依旧存在检测耗时长的问题（杜美等，2016）。

根据 BOD 和 COD 的定义，对同一个样品，在已知其 COD 值的情况下，如果能够测得其生物降解后的 COD 值，二者相减，即可得到其 BOD 值。活性污泥曝气降解法就是基于此原理，对预处理后的样品分别测定其生物降解前后的 COD 值，间接计算 BOD 值，其中 COD 值可通过化学方法来测定（黄平路和夏晓虹，2004），该方法精度相对较高，但是 COD 测量过程中操作复杂且容易伴有二次污染问题。

除了以上方法，近年来光学检测技术也为 BOD 测量提供了新方法，较为常见的光学检测技术有近红外光谱法和紫外光谱法。基于光谱法测定水体 BOD 的原理为：通过测量样品的特定波段的吸收光谱，并根据水体中特定有机物的吸收光谱的特性建立数学模型来预测样本 BOD 值。光学方法相对传统方法的优点为无须进行水样预处理、测量速度较快且全程无污染（何金成等，2007a；杨琼等，2010），虽然该方法存在容易受到水体中其他物质的干扰、测量精度相对较低等局限性，但是其具有测量周期短、无二次污染等优势，因此基于光学方法检测 BOD 仍有较大的发展空间。

2. 湿化学方法检测 COD 及其改进

测定水体 COD 的传统方法为湿化学方法，根据使用的氧化剂不同可分为重铬酸钾法（CODCr）和高锰酸钾法（CODMn）。重铬酸钾法适用于高污染水体 COD 的测定，即工业废水和生活污水，高锰酸钾法适用于低污染水体 COD 的测定，即地下水和较干净的地表水。

海水 COD 的范围为 0～10mg/L，相对工业废水和生活污水较低，因此《海洋监测规范　第 4 部分：海水分析》（GB 17378.4—2007）规定对海水 COD 进行检测的方法为碱性高锰酸钾法。传统湿化学方法通过将过量的氧化剂加入样品中，将混合物煮沸并氧化一段时间后，通过滴定法确定消耗的氧化剂的量，即可计算出样品的 COD 值。该方法优点是检测精度高、稳定性和可重复性好，但是也伴随着操作烦琐、检测时间长、试剂昂贵且存在严重的二次污染等问题。

传统方法的精度取决于氧化剂的种类及有机物消解的方法，近年来人们投入大量的精力来开发快速、精确、稳定、无污染的 COD 测定方法，这些方法主要集中在样品消解方式的改进、催化剂的改进及氯离子干扰的消除等方向。

Balconi 等（1992）利用微波提高了湿化学方法中氧化反应的速率，其方法对河水、井水等 COD 值较低的水体测量效果较好。利用微波和超声来加速样品的消解过程，能够有效地缩短 COD 检测所需的时间（Chen et al.，2001），但是所需要的设备往往比较昂贵，具有一定的安全限制（Domini et al.，2006），并且依旧存在二次污染等问题。基于光催化氧化降解有机物相对于微波和超声消解有机物具有操作简单、安全、能耗低等优点（Zangeneh et al.，2015），其原理为：TiO_2 在紫外光照射下具有强氧化性，能够显著加速有机物的降解（Ai et al.，2004b）。

待测样品中的氯离子通常会干扰化学方法测量 COD，可通过向样品中添加

$HgSO_4$ 消除氯离子的干扰。海水中的有机物含量低、氯化物浓度高，在进行海水 COD 检测时减少氯离子的干扰是十分有必要的（Kayaalp et al.，2010）。

除了以上方法，流动注射分析（flow injection analysis，FIA）技术的发展也为传统方法的优化提供了一种思路，该技术的优点是能够减少人工操作程序、缩短分析时间，并且能够在一定程度上减少二次污染物的生成（Zenki et al.，2006），该方法与传统方法测得的结果相似，但是测量速度更快，减少了试剂的使用及污染物的排放。

3. 电化学方法检测 COD

与传统方法相比，电化学方法具有分析速度快、分析信号获取直接、易于进行在线监测等优点，其原理为：使用具有强氧化性的电极分解样品中的还原性物质，该过程释放的电子转移到工作电极产生分析信号，随后使用电化学工作站记录电流变化，从而测得样品的 COD 值。

该方向上的研究主要是对电极材料的选择及优化，铜电极及其优化电极最为常见（Silva et al.，2009；Wang et al.，2012；Carchi et al.，2019），还有许多根据不同电极材料如 PbO_2（Ai et al.，2004a）、Ti/TiO_2（Ge et al.，2016）等研制的电化学传感器也被应用于水体 COD 的检测。

电化学方法虽然与传统方法相比具有一定的优势，但是容易受到电极的可氧化的有机物种类的限制，而基于光催化氧化降解有机物的方法可以有效解决电化学方法氧化能力不足的问题，并且对大多数有机污染物能够进行光氧化破坏，具有一定的发展前景（Kim et al.，2001）。TiO_2 电极在紫外光照射下具有氧化性强、成本低、无毒等特性（Zhang et al.，2016），在电化学方法测量水体 COD 领域具有较为重要的研究前景，但它的稳定性、催化活性、灵敏度等仍需改进（Qu and Zhao，2008）。

4. 化学发光法检测 COD

除了湿化学方法、电化学方法，化学发光法作为一种较为成熟的化学分析方法，在水体 COD 检测中也具有一定的应用价值。

Su 等（2007）建立了一种紫外光解和化学发光法相结合的 COD 在线检测方法。该方法利用紫外光照射过程中样品产生的自由基，结合鲁米诺试剂被自由基氧化会产生发光的现象，间接测定样品的 COD，可用于河流湖泊的 COD 检测，每个样品的检测时间仅需 5min。曹煊等（2017）利用臭氧溶于水后产生的强氧化性活性自由基氧化海水中的有机污染物，并测量其化学发光强度，从而研制了臭氧氧化化学发光法海水 COD 检测仪器。

化学发光法也能够同流动注射分析法联用，以减少人工操作程序，提高效率。

Fujimori 等（2001）以酸性高锰酸钾为指示剂，使用流动注射化学发光法进行淡水及海水 COD 检测，比传统方法具有更高的灵敏度和更好的重现性。

5. 量热式生物传感器检测 COD

虽然有很多对标准方法进行改进的研究，但是测量耗时长及产生二次污染的问题仍无法解决，而电化学方法也存在不稳定及灵敏度差等问题。量热式生物传感器的研究为 COD 测量提供了另一种思路。Yao 等（2014）研制了一种用于测定 COD 的具有流动注射分析系统的量热式生物传感器，通过测量样品中有机物氧化时产生的热量来确定 COD 值。该生物传感器具有较大的线性范围（5～3000mg/L）和较低的检出限（1.84mg/L），氯离子容忍度为 0.015mol/L，其测得不同来源水样的 COD 与标准重铬酸钾法测定的 COD 具有良好的线性相关性，线性回归系数为 0.996。该领域的研究相比化学方法和光学方法较少，但具有一定的发展空间（Yao et al.，2014）。

6. 光谱法检测 COD

无论是传统的湿化学方法还是各种电化学方法、化学发光法及其改进方法，在进行水体 COD 检测时，由于需要化学试剂的参与，都不可避免地存在测量时间长、产生二次污染物等问题（Meyer et al.，2018），因此化学方法不适用于水体 COD 的长时间在线连续监测等应用。

近年来，紫外-可见光谱法、荧光光谱法、近红外光谱法等光学方法受到广泛关注，由于这些方法具有无须化学试剂参与的特性，不存在二次污染问题（Johnson and Coletti，2002），并且单次测量所需时间远远短于化学方法，非常适合应用于水体 COD 的在线监测，能够实现水质参数长时间连续监测。

紫外、近红外光谱法测量水体 COD 多是基于测得水体的吸收光谱进行的，且在一定检出限内，两种方法都是可行的。吴国庆等（2011）对比了近红外投射法和紫外吸收光谱法两种方法测量水体 COD 的优缺点，证明了两种方法都能较好地测量水体的 COD，并发现近红外投射法的测量精度高于紫外吸收光谱法的，后者的测量结果和实际值的相关性好于前者，但是实验使用的样品为标准样品，不具有广泛性。相似的使用近红外光谱进行 COD 测量的研究还有很多（何金成等，2007b；仲洋等，2017），但相比于紫外光谱法，近红外光谱法检测的前提是要求样本的纯度较高，以及水体对近红外光的吸收能力较强，其对于复杂水体分析能力较差（张永，2017）。并且 COD 对应物质的主要特征波段在紫外，使用紫外光谱法的测量精度理论上要高于红外光谱法的（刘飞等，2017），故以下主要对紫外光谱法进行介绍。

基于紫外吸收光谱法测量 COD 的方法早在 19 世纪 60 年代就被提出（Chen et

al.，2018），众多学者也对该方法进行过研究，其基本原理为：根据朗伯-比尔定律中溶液浓度与吸光度成正比的关系，利用有机物在紫外波段尤其是254nm波长处具有强吸收作用，基于吸光度与COD之间的关系，建立COD测量模型（周娜等，2006）。

对于紫外吸收光谱法测量水体的COD，很多学者使用单波长（254nm）处的吸光度进行测量（赵友全等，2010；李鑫等，2019；杨俭，2019；Wu et al.，2019），但由于水体中的成分往往比较复杂，会存在其他干扰物质影响254nm处溶液的吸光度，因此使用单波长进行的测量精度往往不是很高。

针对单波长测量精度不高的问题，人们尝试增加使用的波段数目，采用多元分析的方法来提高光谱法的精度（冯巍巍等，2012）。除了使用多波段进行COD测量可以提高测量的精度，还可以对水体中的其他具有紫外吸收的组分进行分析及校准处理来使COD测量更加准确。水体中的悬浮物质会严重影响其在紫外-可见光波段的吸光度，因此分析浊度对COD测量的影响是十分重要的，通常在进行测量时需要进行浊度校准（Chen et al.，2018），比如可以通过动态模拟浊度的吸收光谱来校正浊度对COD测量的影响（Hu et al.，2016）。除浊度外，水体的温度、pH等也会影响水体中有机物质的紫外吸光度（吴国庆等，2013；李鑫等，2019）。

为消除水体中复杂组分对COD测量的影响，Langergraber等（2003）介绍了一种偏最小二乘法（partial least square method，PLS）校准水下紫外-可见分光光度计的方法，可用于城市污水COD、总悬浮物（TSS）、硝酸盐浓度的测量，提供了一种对典型城市污水成分有效的全球性校准方法及实际应用中的局部校准方案，可以提高测量的精度。另一种思路是将待测样品的吸收光谱分解为各种组分的吸收光谱，而光谱反卷积技术为这种思路提供了可能性，Tsoumanis等（2010）使用反卷积技术将工业废水的紫外吸收光谱分解为不同的组分，降低了光谱法测量复杂水体COD的误差，并且同时可以对工业废水中的其他污染物如硝酸盐、悬浮物等进行在线监测。

基于吸收光谱进行COD测量是建立在数学分析计算上的，因此对计算模型进行改进能够大大提高测量精度，使用单波段、双波段进行测量时多使用最小二乘法来进行建模，随着使用波段的增多及考虑到其他组分的影响，主成分回归、偏最小二乘回归等建模方法被应用于该领域（宋建军和赵凌，2018），而偏最小二乘法则成为最受欢迎的光谱分析方法之一，并且在测量COD时还可以同时测定水体中的其他组分如TSS值（Torres and Bertrand-Krajewski，2008）。

随着机器学习技术的发展，BP神经网络（back-propagation neural network，BPNN）、支持向量机（support vector machine，SVM）等机器学习算法由于具有自适应能力强、计算灵活、能够捕捉潜在特征等优点（王雪霁等，2019），逐渐被应用于光谱数据的分析处理。常见的机器学习方法有BP神经网络模型及SVM模型等（宓云軿等，2008）。改进光谱分析建模方法，尝试使用更多的数学分析方法来建立光谱法 COD 测量模型具有很大的发展空间。

建立 COD 测量模型时使用的数据是由光谱采集模块或光谱仪测得的光信息转换而来的数字信息。在光谱信息采集过程中，难免会产生一些随机噪声，若将这些随机噪声纳入模型中，会导致测量精度的降低。因此在进行模型建立及实际测量时，都需要对测得的光谱信息进行光谱去噪预处理。目前常见的光谱去噪预处理方法有 SG 卷积平滑、小波去噪、光谱微分、标准正态变量变换、正交信号校正等（杨鹏程，2013）。刘飞等（2017）使用不同的光谱预处理方法结合 PLS 法建模，得到的使用 SG 卷积平滑预处理的模型 COD 测量效果最好。

虽然使用多波段进行分析处理相比于使用单波段进行分析处理的精度及稳定性更高，但是使用更多的波段意味着计算量更大，不同波段之间的线性相关性也会导致信息冗余。并且有个别波段对提高模型的精度并无作用，因此建模波段的优化选取也是影响光谱法测量 COD 的一大因素（张明锦等，2019）。杨鹏程等（2016）利用间隔偏最小二乘法优化了紫外光谱法测量海水硝酸盐浓度过程中使用的建模波段，该方法同样适用于光谱法测量 COD 时建模波段的选取。

除了以上光谱法测量 COD 的改进思路及方法，还有其他方法可以用于提高 COD 测量的精度，如对光程进行优化，Chen 等（2014）针对紫外-可见光分光光度法测量废水 COD 时光程长度选择的问题，提出了一种可变路径长度和偏最小二乘法（PLS）相结合的方法，基于吸光度对光程长度的斜率衍生谱的 PLS 模型比单一光程法的测量精度有所提高。

光谱方法由于具有无须化学试剂、操作简单等特点，能够进行水体 COD 的快速测量，因此在长时间连续监测应用上具有其他方法不具备的优势，非常适合用来制作 COD 在线监测装置以用于长期监测河水、海水的 COD。例如，奥地利是能公司研制的 s::can 全光谱 COD 测量仪适用于河水的 COD 检测，测量范围为 0～160mg/L，检出限为 0.36mg/L，每个样品的测量时间仅需 30s（张伟等，2012）。德国 TriOS 公司研制的 OPUS 传感器能够测量多种水质参数，如硝酸盐、COD、BOD 等，5cm 光程的传感器 COD 测量范围为 0～500mg/L，检出限为 0.2mg/L。

相比传统的化学方法，虽然使用光学方法检测 COD 具有十分明显的优势，但是其也有一定的局限性，如面对复杂水域时容易受到水体中其他干扰物质的影响而导致精度较低等问题，但是这并不影响其成为未来水质检测的重要方法之一，利用光学方法进行水质检测已经成为一种趋势，具有广阔的发展应用空间。

（三）重金属

重金属作为影响海洋生态环境的重要因素，具有长期性、蓄积性的特点。其不同于水体的 pH、溶解氧等参数，重金属含量一旦超过某一阈值就会对该区域水产品质产生不可调和的影响，因此也需要将重金属这一指标纳入海洋牧场水体环境监测项目中来。本书所论述的重金属主要是参考《海洋监测规范 第 4 部分：海水分析》（GB 17378.4—2007）中提到的 8 种重金属①，包括汞（Hg）、铜（Cu）、铅（Pb）、镉（Cd）、锌（Zn）、铬（Cr）、砷（As）、硒（Se）。

海洋水产产品是我国国民膳食中优质蛋白质的来源，2019 年国家统计局对中国海产品的统计数据显示，2019 年国内消费海产品总量约为 6480 万 t。重金属是海水中对人类健康有很大危害的污染物，近岸、远洋生态系统都会不同程度地受到重金属的影响。一般而言，重金属往往长期积累在生物体内不可降解，在极其微量的情况下也可能会产生不良后果。重金属通过食物链在人体中蓄积，可引起多种疾病包括癌症，部分甚至还可能遗传到下一代（Kawata et al.，2007）。例如，铅是一种对人体没有任何生理功能，反而具有神经毒性的重金属元素，主要毒性效应是导致贫血症、神经机能失调和肾损伤。长期铅中毒引起的最常见的一个后果是慢性肾感染，即肾炎。再例如，20 世纪 50～70 年代，发生在日本神通川流域的“痛痛病”事件，其原因是当地居民食用了富集重金属镉（Cd）的水产品，追根溯源，是当地上游的矿业开采排放的重金属镉对环境的污染，以及缺乏进一步环境监测所导致的。因此，基于国民对海洋产品的长期需求，以及重金属对人体的蓄积性危害，对海洋环境进行重金属监测，明确近海海洋环境重金属形态含量现状，是保障人民“蓝色粮仓”食品安全的基础性工作。

海洋水体作为一种综合复杂的水体介质，具有盐度高、离子成分复杂、金属含量高、基体效应复杂的特点（王玉红等，2014）。目前检测金属元素的方法有很多，包括分光光度法、原子光谱法、质谱法、电化学分析法等。下面针对这些重金属检测的标准方法及这些重金属检测的发展趋势进行叙述。

1. 分光光度法

分光光度法（spectrophotometry）是根据物质在特定光谱区的辐射吸收建立的分析方法，其原理是：通过金属离子与络合剂结合生成有色物质，然后根据朗伯-比尔定律，利用有色物质的吸光度对重金属进行定性和定量分析。表 1.1 为《海洋监测规范　第 4 部分：海水分析》（GB 17378.4—2007）所给出的诸多利用分光光度法对重金属进行分析的方法。分光光度法的优势在于所利用的仪器设备简单，方法构建也比较简单，缺点是操作过程比较复杂，利用的显色剂种类不一，且方法灵敏度偏低。

① 本书所论述的 8 种重金属中，砷（As）、硒（Se）为非金属，鉴于其化合物具有金属性，本书将其归入重金属一并讨论。

表 1.1 《海洋监测规范 第 4 部分：海水分析》（GB 17378.4—2007）重金属检测方法

铬	铅	铜	镉	锌	硒	砷	汞
无火焰原子吸收分光光度法				—		原子荧光法	
—	阳极溶出伏安法				催化极谱法		—
二苯碳酰二肼分光光度法	火焰原子吸收分光光度法				二氨基联苯胺分光光度法	氢化物发生原子吸收分光光度法	金捕集冷原子吸收光度法
—					荧光分光光度法	砷化氢-硝酸银分光光度法	冷原子吸收分光光度法

随着分析化学领域流动注射和样品前处理技术的发展，分光光度法在海水金属分析中的应用也得到了拓展。Asan 等（2003）用新型显色剂（AcSHA）建立了一种简便、快速的流动注射分光光度法，用于测定痕量 Cu（Ⅱ）。具体而言，就是乙酰水杨酸能与 Cu（Ⅱ）形成有色 $Cu\text{-}(AcSHA)_2$ 络合物，在 700nm 处对显色（绿色）配合物进行了选择性检测。来守军等（2019）在以 0.50mol/L 的 HNO_3 作为介质、十六烷基三甲基溴化铵作为表面活性剂的条件下，利用铬天青与 Pb^{2+} 反应生成红褐色络合物，从而建立了一种测定重金属铅的分光光度法，进一步通过测定 500nm 处的最大吸收峰，建立了峰高和浓度的线性关系，浓度测定区间为 0～0.96μg/ml。在含有多种离子的条件下，分光光度法也可以同时测定多种金属离子，但需要对测定溶液进行前处理。Castillo 等（2001）使用两个以双(2,4,4-三甲基戊基)膦酸为活性组分的 Lewatit TP807’84 为固体吸附剂的树脂微型柱，一个在 pH 为 3.2 的条件下去除干扰组分如 Zn 和 Fe，另一个在 pH 为 5.5 的条件下选择性预富集目标分析物。在选择性去除金属干扰和用“萃取色谱树脂”预富集后，以磺胺嘧啶为显色剂，可同时测定低浓度的 Cu（Ⅱ）、Pb（Ⅱ）和 Cd（Ⅱ）离子。总体而言，分光光度法作为重金属分析方法，具有较好的稳定性和重现性，利用分光光度法在开辟更加便捷高效的方法时，比较受制于显色络合剂的特点。

2. 原子光谱法

原子光谱法按照原理不同可以分为原子吸收光谱法（atomic absorption spectrometry，AAS）、原子发射光谱法（atomic emission spectrometry，AES）和原子荧光光谱法（atomic fluorescence spectrometry，AFS）。原子吸收光谱法是基于待测元素气态和基态原子核外层电子对其特征谱线的吸收，根据特征谱线性质和谱线减弱的程度对待测元素进行定性和定量分析的方法。原子光谱法的优点是灵敏度高、检出限低、选择性好、应用范围广，可以广泛应用于海水痕量重金属检测。但是，原子吸收光谱法明显的局限性在于测定每种重金属时都需要选择该元素对应的空心阴极灯，不能同时测定多种重金属；检测难溶的金属离子的灵敏度不高，测定的标准曲线范围也比较小，针对比较复杂的测定要排除外界的干扰，需要对样品进行一系列的预处理。常见的预处理方法包括消解法、萃取法（Baeyens et al.，2011）、离子交换（Milne et al.，2010）、电化学富集（Batley and Matousek，1977）、共沉淀（Wu and Boyle，1998）等。Urucu 和 Aydin（2015）使用 $TiO(OH)_2$ 共沉淀富集海水中的 Cu（Ⅱ）、Zn（Ⅱ）和 Pb（Ⅱ）。在最佳条件下，Cu（Ⅱ）、Pb（Ⅱ）和 Zn（Ⅱ）的检出限分别为 4.3μg/L、9.7μg/L 和 9.6μg/L，分析物的回收率为 95.00%～103.00%，相对标准偏差在 6%以下。通过对标准物质的分析，验证了该方法的有效性，并成功地应用于海水分析。此外，以离子交换为预处理过程，再结合火焰原子化器的方法也得到了广泛应用。Tokay 和 Bagdat（2016）开发了一种通过离子交换预处理的方法用于天然水样中 Cd、Pb 的测定，具体是以 Schiff 碱 N,N′-双(4-甲氧基水杨酸)乙二胺（MSE）为原料，制备了一种硅胶基新型吸附剂，采用该硅胶基新型吸附剂同时分离富集水溶液中的 Cd（Ⅱ）和 Pb（Ⅱ），用火焰原子吸收光谱法（FAAS）测定洗脱液中的分析物浓度，以硝酸为洗脱剂，最大富集因子为 200，对 Cd（Ⅱ）和 Pb（Ⅱ）的检出限分别为 49.6ng/L 和 1.3μg/L。林毅东等（2015）通过共沉淀法和巯基化表面修饰制备了 Fe_3O_4 纳米吸附材料，并将其应用于海水中痕量 Hg 检测的富集和分离预处理过程。利用巯基化 Fe_3O_4 纳米材料具有高效富集的特点，将其应用于海水中痕量 Hg 的快速富集和分离，实现了对海水中痕量 Hg 的准确测量。

原子发射光谱法是利用待测物质在热电激发下，每种元素的原子或离子发射出的特征电磁辐射来判断物质的组成，进而对元素进行定性、半定量和定量分析的方法。原子荧光光谱法是基于待测物质中气态和基态原子在辐射能激发下发射出的荧光强度进行元素定量分析的方法，主要适用于易形成冷原子蒸气、气态氢化物和可以形成气态组分的元素分析。AES 的优点是可以对多种元素进行同时测定，分析速度快。若采用电感耦合等离子体（ICP）作为原子发射光谱法的激发光源，可以更好地提高精密度、降低检出限。电感耦合等离子体-原子发射光谱法（ICP-AES）的缺点是设备昂贵、操作费用高、预处理复杂。对于海岸带沉积底泥重金属形态一般采用强酸进行消解，然后通过 ICP-AES 对重金属离子含量进行测定。Hawke 和 Lloyd（1988）采用 ICP-AES 对聚四氟乙烯（PTFE）胆内样品进行硝酸消解，测定了污泥中的重金属含量。Sedykh 等（2000）通过 ICP-AES 与电热原子吸收光谱法和高压釜样品制备相结合，从根本上改善了重金属测定的性能特点，简化了测定重金属形态的分析程序，对水体和底泥中铅、镉、钴、镍、铜、铬、钼、砷的本底浓度进行了测定，对水体和底泥中铅、镉、钴、铜、锌的形态进行了评价。

3. 质谱法

质谱法是样品分子在高能粒子束的作用下电离生成不同类型的带电粒子或离子，之后通过电场、磁场将粒子按照质荷比大小分离、依次排列成图谱，根据图谱中的信息，对分析物质进行定性和定量研究。电感耦合等离子体-质谱（inductively coupled plasma-mass spectroscopy，ICP-MS）法是质谱分析中最常用的技术，它是以 ICP 作为原子化器和离子化器。将 ICP-MS 应用到海水中金属离子的测定时，海水高盐基体形成的离子（ArO^+、$ArCl^+$、$ArNa^+$、$ArMg^+$等）会造成基体干扰，并且海水介质会堵塞进样锥和截取锥，对检测造成影响（何蔓等，2004）。为了解决上述问题，通常在检测前，需要对海水中的元素进行预富集和基体分离，或者将海水稀释，以减少基体含量。Cairns 等（2008）采用高效液相色谱-电感耦合等离子体-质谱（HPLC-ICP-MS）联用在线预富集微柱以分析天然水体溶解相中的无机汞和甲基汞。该方法允许快速预浓缩和去除水体复杂基质（如海水）的干扰，且采样处理最少，方法检出限为无机汞 0.07ng/L、甲基汞 0.02ng/L，具有良好的准确性和重现性。除此之外，HPLC-ICP-MS 还能对海水中其他重金属进行同步分析。Batterham 等（1997）以二硫代氨基甲酸二异丁酮为萃取体系，采用汞反萃取法及 ICP-MS 法测定海水中的痕量重金属，先通过电热原子吸收光谱法进行验证，同时 ICP-MS 法显著减少了分析次数并提高了检出限（具体为 Cd 0.2ng/L、Co 0.3ng/L、Cu 3ng/L、Fe 21ng/L、Ni 2ng/L、Pb 0.5ng/L 和 Zn 2ng/L），采用快速单次提取法进行定量，并通过外标法进行校正，实现了对多种重金属的同步快速测定。

4. 电化学分析法

电化学分析法是基于待测物质在电化学检测池中发生反应时某种电参数（如电导、电阻、电位、电量、电流或电流-电压曲线等）与被测物质的浓度之间的关系，对待测物质进行定性或定量分析的方法。虽然分光光度法、原子光谱法和质谱法在海岸带水体金属分析中有广泛的应用，但是与之相比，电化学方法在金属分析方面有独特的优势，如仪器设备简单、易于微型化和集成化、便于携带、有助于实现现场检测或是在线实时监测、可以对金属的不同形态进行测定。电化学分析法具体又由于分析参数和控制参数的不同分为电位分析法、伏安法、极谱法、电解法、库仑法和新型修饰电极法等。

化学修饰电极是近年来环境分析中发展较快的学科，并且针对重金属的监测开发出许多新型的监测方法。一方面，通过将电极用纳米材料进行复合修饰，提高电极的灵敏度。例如，Hu 等（2015）采用一步电化学还原沉积法成功制备了新型还原氧化石墨烯铋（RGO-Bi）纳米复合材料，并将其应用于一次性丝网印刷电极（SPE）中 Pb^{2+}的测定。基于 RGO-Bi/SPE 宽的线性范围和较低的检出限，将其成功应用于海岸带沉积物孔隙水中 Pb^{2+}的测定。Wei 等（2018）通过在玻碳电极上修饰金锰氧化物（Au@MnO_2）微球进行了 Cu^{2+}的阳极溶出伏安测定，电极的检出限为（4.9±0.2）nmol/L，在 20nmol/L 至 1μmol/L 具有良好稳定的线性响应。Widmann 和 van den Berg（2005）使用巯基乙酸（MAA）对金微丝电极进行修饰，在 pH 为 4.8、沉积时间为 3min 时，汞的灵敏度最高。汞的校准显示修饰电极在 0～37nmol/L 呈线性，检出限为 1nmol/L。另一方面，通过对溶液添加络合剂，也可以提高电极的响应灵敏度，从而放大电化学信号，提升电极的监测性能。例如，Maity 等（2017）以吡咯烷二硫代氨基甲酸铵（APDC）为络合剂，以甲基异丁基酮（MIBK）为有机相，用溶剂萃取法同时采用差分脉冲阳极溶出伏安法（DPASV）测定印度孟买塔那湾地区海水样品中的微量金属（铅、铜、镉）。随着各种固态电极和修饰电极的发展，伏安法被广泛应用，凡是可以在电极表面发生氧化还原反应的物质（包括无机物、有机物和生物分子）都可以用伏安法测定。利用这种氧化还原产生电化学信号变化的特点，Gibbon-Walsh 等（2012）首次实现了用锰包裹的金微丝电极采用电化学方法测定海水等中性天然水的 As（Ⅴ），具体机制是借助砷和锰之间共沉积的氧化还原变化，在沉积 180s 条件下，对 As（Ⅴ）的检出限达到 0.2nmol/L。这种方法相较于传统光度法，能够简化操作步骤，大大提高对样品的分析效率。

（四）营养盐

海水营养盐是海水中氮、磷、硅类营养元素的总称，具体包括硝酸盐、亚硝酸盐、铵盐、活性磷酸盐和活性硅酸盐。监测海水中营养盐的时空分布和动态变化，对控制海水富营养化、预防海洋灾害、保护海洋生态环境等具有重要意义。随着人们对海洋生态系统的关注，国内外对海水营养盐检测的研究不断深入，开发能实时、长期监测的高性能海水营养盐仪器逐渐成为研究热点。目前对于海水营养盐的检测方法主要有湿化学分析技术、紫外光学分析技术及电化学分析法。

1. 湿化学分析技术

目前，原位营养盐在线检测技术中应用较为成熟的湿化学分析方法主要为湿化学光度法。湿化学分析仪的分析原理基于标准比色分析方法，该方法利用化学试剂与目标物形成有色反应物，通过光谱法或荧光分析技术对其进行检测。湿化学光度法具有方法简单、检测灵敏、准确度高、再现性强等优点。湿化学分析仪通常将原位采样、在线过滤及流动注射分析技术与光度法分析技术结合，发展成自动营养盐分析仪。大多数湿化学分析仪需要定期使用空白样品或者标准品进行校准。目前国际已商业化的营养盐监测系统包括意大利希思迪（SYSTEA）公司的 WIZ 系列营养盐在线监测系统、美国亚化学系统公司（SubChem Systems Inc.）的营养盐自动剖面分析仪，以及美国环保科技国际集团的 MicroLAB 和 EcoLAB 系列营养盐原位监测系统。大多数湿化学传感器已部署在各类平台上（系泊/浮标系统，CTD 系统，仿形浮标，AUVs，FerryBox 系统等），用于收集沿海水域的营养盐数据（Répécaud et al.，2009；Vuillemin et al.，2009）。湿化学分析仪具有高分辨率、准确度和精密度，但是受试剂和标准品使用寿命、功耗、成本、尺寸和重量的限制，湿化学分析仪在长期部署平台上并不具有优势（Grand et al.，2019）。尽管现在发展的微流控原位分析技术在一定程度上能够减少试剂的使用和降低功耗，但是该系统对微加工及微操控技术要求较高，因而湿化学分析技术还需要进一步提高。

2. 紫外光学分析技术

紫外线光学传感器无须试剂，因为该传感器是基于海水成分的紫外线吸收特性进行监测的。目前，硝酸盐是唯一可以使用光学测量原理量化的常量营养素。要准确解析复杂介质（如海水）中的吸收光谱，需要宽广的光谱范围。目前，已经研发出了几种商用的仪器（Finch et al.，1998；Pidcock et al.，2010）。紫外线光学传感器的特点是浓度范围宽、响应时间短、体积小且功耗低，从而使其可固定在观察平台上进行监测。紫外线光学传感器已广泛用于沿海平台（Etheridge et al.，2014）、系泊设备（Sakamoto et al.，2017）和 FerryBox 系统（Frank et al.，2014）。但是，由于一系列的光学干扰（溶解的和颗粒状的有机物），该传感器的灵敏度和准确性比湿化学分析仪差，并且需要温度和盐度补偿及浊度校正，以提高其分析性能。尤其是在需长期监测的沿海水域中，光学测量窗上的生物污垢会造成信号漂移（Pellerin et al.，2013）。

3. 电化学分析法

电化学分析具有低成本、低功耗、操作简单且对分析物可进行连续监测等特点，因此其在营养盐原位分析中得到越来越多的应用。一般来说，亚硝酸盐在铂、金、铜、金刚石、玻碳和过渡金属氧化物电极上是电活性的（Kazemzadeh and Ensafi，2001；Ghasemi et al.，2004），而磷酸盐、硅酸盐不具有电化学活性，因而电化学传感器无法对其进行直接检测。丹麦 Unisense 公司通过在传感器中固定反硝化细菌，利用酶促反应的电活性物质，实现了海水中硝酸盐和亚硝酸盐的测定。Jońca 等（2013）使用恒电位仪采用电化学方法测定海水中的磷酸盐浓度，测定所用的电化学方法基于钼的氧化形成钼酸盐和质子，随后在旋转金电极上通过电流测量法产生电化学检测的磷钼络合物。该方法现在不需要添加任何液体试剂，并提供了可以通过电流测量法在公海浓度范围内测定磷酸盐的方法，其检出限为

0.11μmol/L。Barus 等（2018）提出了一种在不添加任何液体试剂的情况下对海洋中硅酸盐浓度进行原位测量的电化学传感器，对相关机械设计理念进行了讨论，并将所开发的原位检测设备与商用恒电位仪进行了对比，给出了硅酸盐的检出限为 1μmol/L。这些传感器被认为更适合在系泊/浮标平台上进行长期部署。目前，只有一个硅酸盐原型被用于海上系泊设备和仿形浮体上（Barus et al.，2018）。

总之，研制灵敏度高、选择性好、准确性高的电化学传感器，发展与电化学传感器技术联用的在线前处理技术，将极大地推动电化学传感器在海水营养盐监测中的应用，也可为实现营养盐定点、定时、长期连续监测提供新的技术支撑。

二、土壤环境监测

“民以食为天，食以土为本”。土壤为植物生长提供了机械支撑、水分、养分和空气条件，是解决人们衣食的根本。土壤安全直接关系到粮食安全并影响社会和经济的可持续发展。我国人多地少，人均耕地面积不到世界人均耕地面积的三分之一，合理开发海岸带土壤资源有着十分广阔的前景和重大的战略意义。从 20 世纪 30 年代开始，老一辈科学家已经开始对我国盐碱地资源进行考察、勘测和改良利用。海岸带土壤具有含盐量高、养分低、地下水位浅、矿化度高和土质黏重等特点，因此生长在这种环境中的作物会受到盐分胁迫，轻则影响作物的生长发育，产量和品质下降，重则引起作物死棵。因此，在海岸带农场土壤监测中，准确测定土壤盐度和含水量、掌握水盐运移的规律对于有效的海岸带农场水肥管理非常重要。本部分主要介绍海岸带土壤盐度、含水量检测技术进展及其原理。

（一）土壤盐度测定

1. 土壤浸提液法

19 世纪末 20 世纪初，人们采用土壤浸提液法测定土壤盐分含量。首先，按水土比例（如 1∶1、1∶2、1∶5 和 1∶10）配制土壤溶液，一定时间后将土壤中所含有的水溶性盐分浸提出来，由于浸提液的电导率与土壤离子的浓度具有良好的相关性，通过测定土壤溶液电导率就能够检测出土壤中的水溶性盐分含量。该方法操作简便，仪器使用方便，因此土壤盐度测定经常采用土壤浸提液法。土壤浸提液法的问题在于溶液的水土比例、振荡时间等条件不同导致盐分的溶出量不同，影响了各种离子的绝对浓度和相对浓度，因此土壤浸提液法的数据应当标注水土比例、振荡时间和提取方法。

2. 电导传感器法

电导传感器法的原理是将一对电极包埋在多孔陶瓷中作为电导元件，将传感器埋入土壤，待陶瓷与土壤中的溶液达到平衡后就可以测定土壤盐度。基于电导法原理的原位传感器的最大问题是受土壤含水量变化的影响难以获得土壤中盐分的实际情况，使用者往往产生很大的困扰，限制了该方法在原位实时检测土壤盐度方面的应用。

3. 四电极法

四电极法将交流电通过两个外电极之间的土壤，测定出两个内电极之间的电压，再由电压与电流计算得到土壤电阻并进而换算出土壤溶液的电导率和盐度。测量结果受土壤水分含量影响，需要同时测定土壤含水量进行校正。该方法普适性较差，不适用于黏性土质。

4. 时域反射法

时域反射法最初应用于电缆检测，后来才将其应用于土壤盐度和含水量的测定（Dalton et al.，1984；Zegelin et al.，1989）。时域反射法的原理是阶梯状脉冲波沿着放置在土壤中的金属探针传播并从探针末端反射回来，脉冲的传播速度是土壤介电常数的函数，而介电常数与土壤盐度和含水量相关。时域反射仪探针在土壤中可垂直、水平或任意方向放置。时域反射法的优点是能够实时快速检测，不足是时域反射仪成本高，推广应用难度大。

（二）土壤含水量测定

土壤含水量即土壤湿度。土壤水分是农作物水分的直接来源，直接决定着植物的生长状况。同时，农作物对肥料的吸收主要依靠土壤水分将其溶解，如果土壤中的水分过低，就会加重土壤的盐碱化程度。及时进行灌溉保墒或排水可以保障作物的正常生长，因此了解土壤的实际含水状况极其重要。

1. 烘干称重法

烘干称重法是土壤水分测量的标准方法。将从野外取来的原状土柱中称出已知质量的潮湿土壤样品，在105℃烘箱中烘至恒重时失去的质量，即为土壤样品所含水分的质量。烘干称重法的优点是简单、直观、精度比较高、测量范围宽，因此许多测量土壤含水量的仪器都采用烘干称重法进行比对标定，缺点是不能快速测量，采样后烘干、称重和计算需要在实验室内完成。

2. 张力计法

使用张力计测量土壤含水量，称为张力计法。张力计又称负压计，由多孔陶土管和压力计连接而成。将陶土管插入土壤中紧密接触，陶土管内的水分与土壤水分通过陶土管上的细孔逐渐达到平衡。土壤湿度越大，对陶土管内的水分吸力越小；土壤湿度越小，水吸力越大。最后根据压力表读数与土壤湿度的关系，即土壤水分特征曲线，得到土壤含水量。张力计结构和原理简单，缺点是该方法的测量范围和精度受土质、多孔陶土管的孔径及寿命限制。另外，该方法利用土壤水分特征曲线将土壤水吸力换算成土壤含水量，由于影响二者关系的因素不确定，很容易造成误差。

3. 电阻率法

电阻率法即上述用于土壤盐度测定的四电极法，可同时测定土壤盐度和含水量。四电极法使用两个供电电极和两个测量电极，通过两个测量电极之间的电位差及各电极之间的距离计算得到土壤电阻率（Zhou et al.，2001）。电流在土壤中主要是通过孔隙水中的离子传导，因此电流的大小与土壤含水量及其中的离子浓度密切相关。在这里，忽略土壤孔隙水中的离子浓度差异，通过土壤电阻率与含水量的阿奇公式（Archie equation）可以确定土壤含水量。显而易见，该方法的准确度取决于不同条件下经验公式的适用性。

还有一种土壤含水量测量方法，称为电阻法。电阻法是利用某些物体的电阻和它们的含水量的关系得到土壤含水量。电阻法所需平衡时间较长，需要进行温度修正。该方法因为受盐分影响较大，不适用于盐碱土含水量的测定。

4. 中子法

快中子源放射出的快中子在土壤中会因为与物质作用而损失能量和改变方向，衰减形成慢中子。氢原子核是快中子最强的慢化体，而土壤中的氢几乎都存在于水分中，所以快中子在土壤中的衰减与含水量密切相关。中子法正是基于通过慢中子探测器测得的慢中子流强度即快中子的衰减程度来测量土壤含水量。由于部分慢中子会逸出土表，中子法测得的 15～20cm 土壤含水量比常规法测得的要低。另外，土壤中有机质含量高低对中子法的准确度也有影响。昂贵、体积大、空间分辨率低是中子仪的主要缺点。

5. γ 射线法

γ 射线衰减测试装置包括放射源、探测器、计数器及其他辅助配件。^{137}Cs γ 射线束放射出来后，一部分被土壤吸收，一部分穿透到达探测器。质量吸收系数主要取决于土壤的组分，所以使用该方法必须对土质进行标定。γ 射线法的优点是空间分辨率高（Gurr，1962）。

6. 时域反射法

时域反射仪属于介电传感器，利用水、土、气混合物的介电常数进行土壤含水量测定（Topp et al.，1982）。介电传感器分为时域传感器和频域传感器。利用遥感卫星进行大尺度陆表土壤水盐监测的原理也是基于土壤的介电特性与土壤水盐含量之间的密切关系（Dirksen and Dasberg，1993）。

三、大气环境监测

海岸带农牧场的生态环境是海洋生物生存和繁衍的基本条件，海岸带农牧场生态环境的改变将导致生态系统和生物资源的变化，甚至退化。因此，要实现对海岸带生物资源的开发与利用，必须保护好海岸带生态环境。海岸带农牧场环境监测是保护海岸带农牧场的基础，可以为海岸带农牧场灾害预防、环境保护和科学管理等方面提供支撑。由于海岸带农牧场处于近海区域，受陆源污染影响严重，因此，现有的海岸带农牧场监测以水文和水质为主要指标，包括温度、盐度、浊度、溶解氧、总氮、总磷等，已列入《渔业水质标准》（GB 11607—89）和《海水水质标准》（GB 3097—1997）。然而，海岸带生态系统是一个3D立体系统，不仅有河流、地表径流的输入，还存在大气沉降输入。但是，在海岸带大气环境监测领域的研究和应用基本处于空白。因此，开发适用于海岸带农牧场大气环境监测的设备，能够准确获取大气环境数据，提出适宜的海岸带生态安全调控措施，在海岸带农牧场灾害和突发事件应急中及时预警，保障海岸带农牧场生态安全。

我国规定的大气质量监测项目有PM_{10}、$PM_{2.5}$、二氧化硫（SO_2）、氮氧化物、臭氧（O_3）和一氧化碳（CO）等。在大气污染物中，SO_2和氮氧化物是形成酸雨和光化学烟雾的重要原因，对海岸带农牧场生物的危害十分严重。目前可用于SO_2气体的监测方法有溶液电导率法、红外线吸收法、紫外荧光法、火焰光度法和恒电位电解法。氮氧化物常以NO_x表示，一般以NO和NO_2总浓度评价。自2000年起，我国环境监测系统统一以NO_2替代NO_x作为监测指标。目前，可用于NO_2监测的方法主要有分光光度法、化学发光法和原电池库仑滴定法。

（一）SO_2的监测方法

溶液电导率法是通过吸收液吸收 SO_2，测定吸收液电导率变化的连续监测方法。该方法测定范围为5～2000mg/L，具有设备成本低、易于推广的优点；缺点是抗干扰性较差、日常维护复杂（龚瑞昆等，2001）。红外线吸收法是通过选择性检测7.3μm附近红外线吸收峰，连续测试SO_2浓度的方法。该方法测定范围为10～2000mg/L，具有维护成本低、不需要配制溶液的优点；缺点是水分和CO_2对测试结果干扰性较强（黄书华等，2011）。紫外荧光法是利用紫外吸收检测波长280～320nm 附近的吸收量，连续测试 SO_2 浓度的方法。该方法测定范围为 10～2000mg/L，具有维护方便、可在线连续监测的优点；缺点是检出限高、NO_x会对测试结果产生干扰（张慧丽和刘顺，2019）。火焰光度法是通过测定SO_2在富氢火焰中 394nm 附近的特征光谱，测定 SO_2 浓度的方法。该方法测定范围为 5～2000mg/L，具有灵敏度高、抗干扰性强的优点；缺点是缺乏可移动性、不能在线测试（张来泉，1991；Zhu et al.，2020）。恒电位电解法是通过对电解池中扩散的 SO_2 气体进行定比电位电解，获取电解电流，可连续获取 SO_2 气体浓度的方法。该方法测定范围为 5～2000mg/L，具有便携的优点，缺点是 NO_x 和 H_2S 气体在高浓度下对测试结果有干扰（谢馨和柏松，2010；Krüger et al.，2015）。

（二）NO_2 的监测方法

盐酸萘乙二胺分光光度法是吸收液吸收 NO_2 后引发对氨基苯磺酸重氮化反应，进而与盐酸萘乙二胺耦合，在检测波长 540nm 附近测试吸光度，可连续测试 NO_2 浓度的方法（张丽平等，2020）。该方法测定范围为 10～2000mg/L，具有设备成本低、易于推广的优点；缺点是抗干扰性较差、日常维护复杂。化学发光法是通过 NO_2 吸收化学能后释放能量，测定发光强度的分析方法。该方法测定范围为 100μg/L 至 2000mg/L，具有灵敏度高、操作方便的优点；缺点是抗干扰性较差（艾锦云等，2004；刘军等，2008）。原电池库仑滴定法是通过 NO_2 与电解液中的 I^- 在电极上的氧化还原反应，测试 NO_2 浓度的方法。该方法测定范围为 1～2000mg/L，具有简捷、无须标定滴定溶液的优点（王福赓和怀国桢，1978）。

海岸带农牧场具有盐度高、气候复杂、SO_2 和 NO_x 气体浓度低的环境特点，同时还存在设备易被腐蚀、能源供应不足等问题，限制了现有监测设备和方法在海岸带农牧场大气环境监测中的应用。根据海岸带农牧场的特点，研制高灵敏度、抗干扰的便携式在线监测仪，突破电力供应和采样器/检测器布设困难等技术瓶颈，实现海岸带大气环境高频监测和实时数据传输，将极大推动气体监测技术在海岸带环境领域的应用，为海岸带农牧场生态安全提供保障。

第三节　环境监测关键技术与装备

一、水体环境监测

（一）常规五参数

1. 检测原理

运用自动化技术、物联网技术、数值分析技术，集成水质环境多参数（溶解氧、pH、温度、盐度、浊度）在线监测系统，实现黄河三角洲多水层的自动化周期采样、分析检测、数据处理与实时数据传输等功能，并构建数据管理平台，实现监测数据的更新、查看、分析、统计等工作。

2. 实际样机

监测系统包括浮体、主控处理模块、多参数集成传感模块、水样采集模块、远程数据传输模块、太阳能电池板等，通过嵌入式自动化控制设计对湿地水体表层、中层、底层不同深度的温度、盐度、电导率、溶解氧、pH 等多种参数进行自动化周期采样、分析检测、数据处理与实时数据传输等，完成多水层水质环境多参数在线监测系统一套（图 1.1），构建生态农牧场生态安全与环境保障监测平台，在中国科学院黄河三角洲滨海湿地生态试验站进行野外布放（图 1.2）与应用示范，实现了对黄河三角洲滨海湿地水环境全天候的实时在线监测，实时获得重点水功能区的主要水质监测情况。

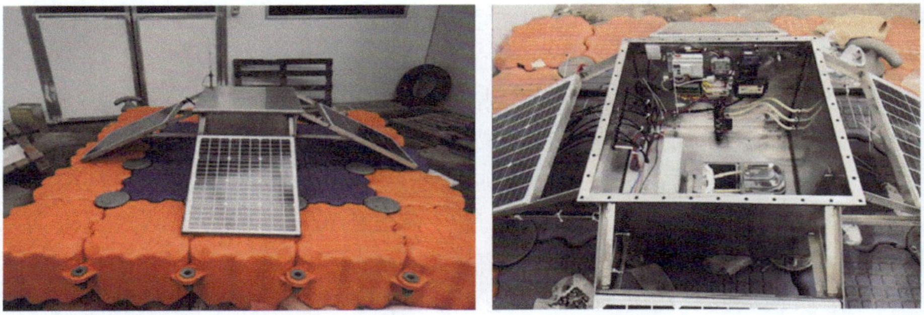

图 1.1　海洋多水层生态环境在线监测系统

图 1.2　中国科学院黄河三角洲滨海湿地生态试验站野外布放

3. 检测结果

湿地是水陆相互作用形成的特殊自然综合体，与森林、海洋并称为全球三大生态系统，被誉为“地球之肾”，是自然界最具生产力的生态系统和人类最重要的生存环境之一。湿地中的水环境是湿地形成、发展、演替、消亡与再生的关键，是湿地生态系统重要的组成部分。选取中国科学院黄河三角洲滨海湿地生态试验站为典型站点（图 1.3），对温度、盐度、电导率、溶解氧、pH 等进行监测。

图 1.3　中国科学院黄河三角洲滨海湿地生态试验站野外布放站点

远程数据管理平台由数据库服务器、数据处理服务器、实时监测终端组成，可完成历史数据的查看、分析、统计和趋势表现，通过远程管理，实现对湿地水体表层、中层、底层不同深度的温度、盐度、电导率、溶解氧、pH 等多种参数进行自动化周期采样、分析检测、数据处理与实时数据传输等。图 1.4 为海洋多水层生态环境在线监测系统远程界面，通过该系统可实现对生态农牧场温度、盐度、pH、溶解氧等多参数的实时监测，还可实现对历史数据的查询（图 1.5），对黄河三角洲滨海湿地水环境全天候的实时在线监测，以及实时获得重点水功能区的主要水质监测情况。通过黄河三角洲滨海湿地水环境多参数集成监测数据平台，可实现对黄河三角洲滨海湿地水环境数据信息实时显示及历史数据查询，并可远程控制管理监测系统的工作，为构建湿地环境生态模型提供数据依据。

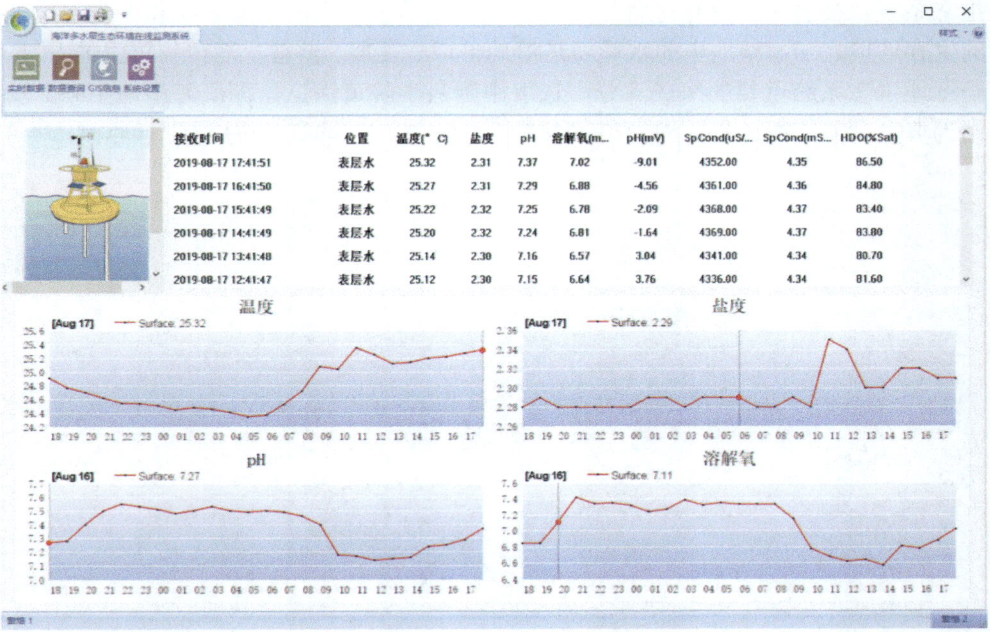

图 1.4　海洋多水层生态环境在线监测系统远程界面

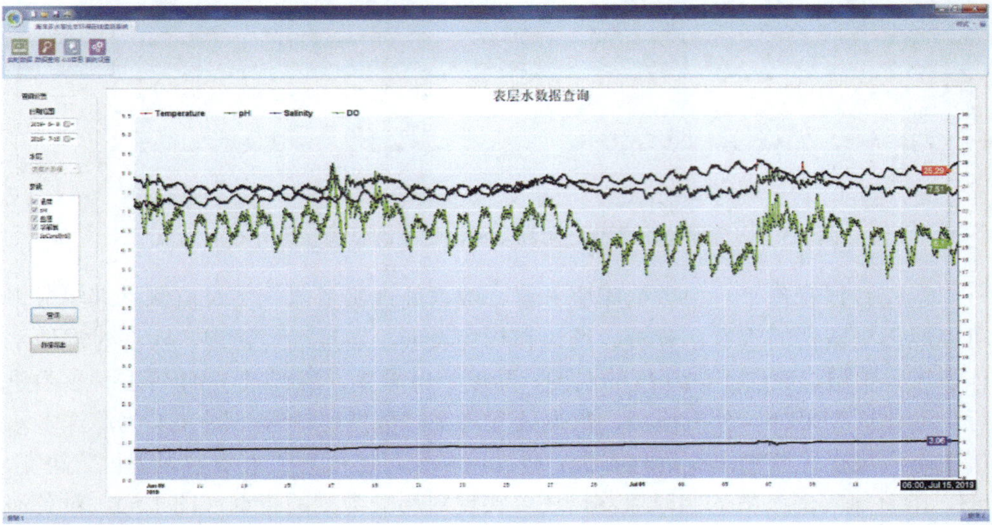

图 1.5　水环境多参数在线监测系统历史数据查询

（二）化学需氧量（COD）

1. 检测原理

根据朗伯-比尔定律测试水样吸光度，根据吸光度的计算结果，选取特征波长处的吸光度反演水样 COD（Cai et al.，2019）。

$$A=-\lg(I/I_0) \tag{1.1}$$

式中，A 表示吸光度；I 表示透射光强度；I_0 表示入射光强度。

由于光源稳定性对测试结果有很大的影响，为了尽可能地消除光源波动对测试的影响，采用双光路检测结构，一路用于测试待测水样，另一路作为参考信号。透射待测水样的光强值为 $I_{测}$，系统在测试之前保存参考光强值为 a，透射过去离子水的测量光强值为 $I_{标}$，每次测试参考光强值为 b。采用改进后的吸光度算法来去除光源波动和暗光谱的影响：

$$A=-\lg\left(\left(I_{测}-I_d\right)\Big/\left(I_{标}\frac{b}{a}-I_d\right)\right)=\varepsilon lC \tag{1.2}$$

式中，I_d 为测试暗光谱；ε为吸收系数；l 为光程；C 为溶液浓度。

水体中 COD 与 BOD 的含量受多种因素的影响，在有机质成分组成相对稳定的水体中，COD 与 BOD 的比例关系比较稳定。化学过程中消耗的氧当量包含生化过程中所消耗的溶解氧的量，所以 COD 可以分为两部分，一部分为参与 BOD 反应过程的，另一部分为不参与 BOD 反应过程的（金兴良等，2005）。

上述分解过程可以用下式表达：

$$\text{COD}=\text{COD}_i+\text{COD}_e \tag{1.3}$$

式中，COD_i 为参与 BOD 反应过程的 COD；COD_e 为不参与 BOD 反应过程的 COD。

BOD 来源分为两个单元，第一单元是参与 BOD 反应过程的微生物对被吸收的有机物进行氧化使用的氧量，用 O_A 代表；第二单元是参与 BOD 反应过程的微生物在生长繁殖中自身的细胞物质参与氧化反应（内源呼吸）使用的氧量，用 O_B 代表。所以，有机物完全生化需氧量 BOD_n 可以用下式表示：

$$\begin{aligned}\text{BOD}_n &= O_A + O_B\\ &= A\times\text{COD}_i + B\times C\times\text{COD}_i\\ &= (A+B\times C)\times\text{COD}_i\end{aligned} \tag{1.4}$$

又有

$$\text{BOD}_n=\text{BOD}\div E \tag{1.5}$$

式中，A 为呼吸代谢氧化有机物的比例系数；B 为合成代谢氧化有机物的比例系数；C 为内源呼吸氧化细胞物质的比例系数；E 为与耗氧有关的常数。

所以

$$COD_i = BOD \div [E \times (A + B \times C)] \qquad (1.6)$$

则有

$$COD = BOD \div [E \times (A + B \times C)] + COD_e \qquad (1.7)$$

令 $K = 1/[E \times (A+B \times C)]$，则可以导出 COD 与 BOD 关系的方程式：

$$COD = K \times BOD + COD_e \qquad (1.8)$$

对于有机质成分组成相对稳定的水体，式（1.8）中的 K 值与 COD_e 值都具有确定性，所以从数学理论上来说 COD 与 BOD 具有线性相关性（于西龙等，2014）。

2. 实际样机

COD 在线监测仪主要包括传感器壳体、光源控制电路、光源、透镜、电机、光谱模块及控制与信号处理电路，图 1.6 为仪器样机。光源选用波长范围为 185～720nm 的脉冲氙灯，由光源控制电路控制脉冲氙灯工作，光源控制电路采用二次电压变换方式提高电压至光源工作电压。光路结构采用双光路结构，一路为测量光路，另一路为参考光路，通过参考光源补偿光源波动及衰减带来的影响，可有效提高仪器测量的稳定性和准确性。信号采集电路提供光源控制电路触发信号，光源控制电路收到触发信号后控制光源工作，光源发出的紫外-可见光经透镜后变为平行光，平行光被分为两路，一路为测试待测水样的测量光路，另一路为光源能量变化的参考光路。信号采集电路通过控制电机定时工作，电机转动带动挡片摆动，挡片静止的两个位置分别对应测量光路和参考光路光通过位置，从而使测量光路与参考光路光信号分别经透镜聚焦后通过光纤被光谱模块采集，采集的光信号经信号采集电路进行处理计算后输出。

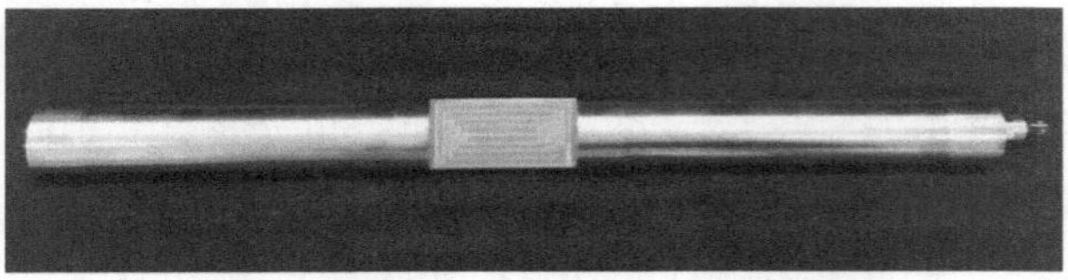

图 1.6 COD 在线监测仪样机

COD 在线监测仪使用整个紫外-可见光波段的光谱来进行分析，利用机器学习算法建立 COD 浓度反演模型来预测水体的 COD，减小了复杂水体中由干扰成分造成的误差，使 COD 测量具有更高的灵敏度和精度。

电路板采用两侧分列的方式，一侧为光源控制板，另一侧为信号采集板。光谱采集模块直接与信号采集板连接。光源控制板控制光源工作，采集板对光谱信号进行采集及处理。

COD 在线监测仪整体外壳采用 316L 不锈钢，能耐大气、蒸汽和水等弱介质腐蚀，且硬度较高，在水下能承受较高的水压。

3. 测量结果

常规海水 COD 在 1mg/L 左右（张正斌，2004），吸光度在 0.35 左右，远大于 Cl^-和 Br^-的吸光度，因此在实际计算时，Cl^-和 Br^-对 COD 测量的影响可忽略。

利用最小二乘法对方程组进行多元线性回归，就可以得到相应传递系数。图 1.7 为 100mm 光程实验系统测试的人工海水配制的不同浓度 COD 与测量浓度进行线性拟合后的结果，拟合结果为 y=0.915 63x+2.085 19（R^2=0.998），具有良好的线性关系。

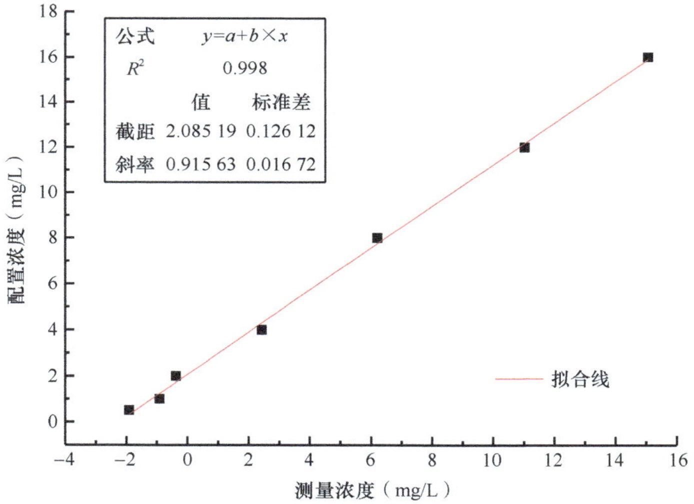

图 1.7　100mm 光程实验系统测试的人工海水配制的不同浓度 COD 与测量浓度的线性拟合

分别对人工海水配制的 COD 标准溶液进行测试，结果如表 1.2 所示。对样机测量浓度与配制浓度进行线性拟合，结果如图 1.8 所示，拟合结果为 y=1.813 58x+2.563 36（R^2=0.997 58），样机具有良好的线性关系。

表 1.2　人工海水配制的 COD 标准溶液测试结果　　（单位：mg/L）

序号	1	2	3	4	5	6	7
配制浓度	2.0	4.0	6.0	8.0	10.0	14.0	16.0
测量浓度	−0.1694	0.807	1.7557	3.0586	3.9479	6.2268	7.5632
校正浓度	2.2561	4.0269	5.7475	8.1104	9.7232	13.8562	16.2798

对样机测量结果进行校正，校正结果如表 1.2 所示。将校正浓度与实验室配制浓度进行对比，结果如图 1.9 所示，两者具有很好的重合性。

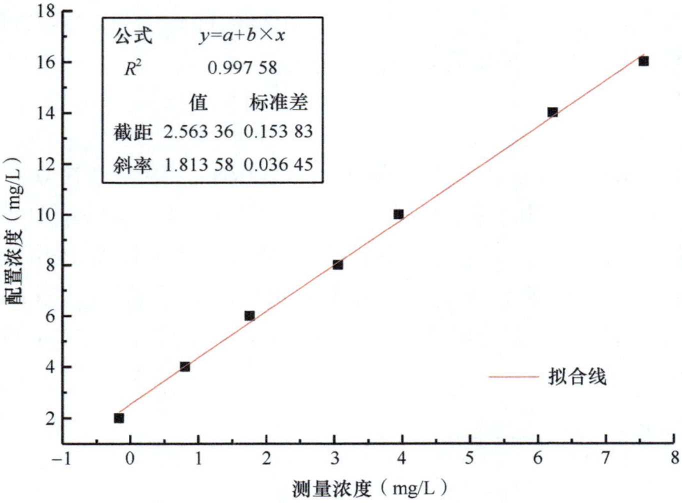

图 1.8 人工海水配制的 COD 标准溶液样机测量浓度与配制浓度的线性拟合

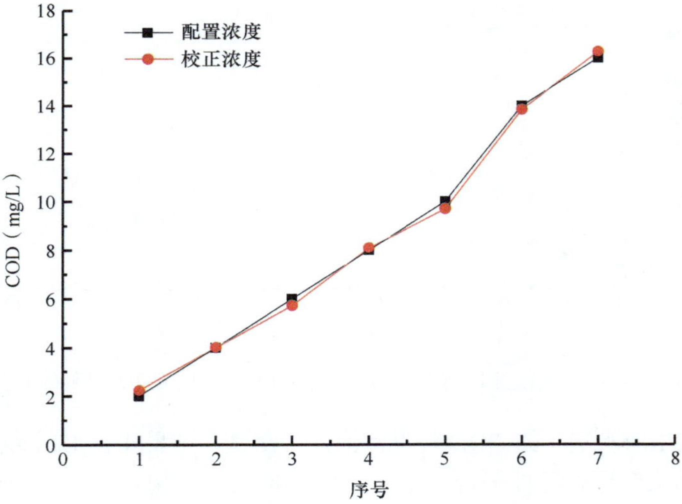

图 1.9 样机校正浓度与配制浓度对比图

图 1.10 为样机现场测量结果与 TriOS 仪器现场测量结果对比，可以看出，样机与 TriOS 仪器的测量结果基本一致。

图 1.11 为样机在中国科学院黄河三角洲滨海湿地生态试验站连续 4 个月的 COD 测量结果，样机保持良好的运行状态，测量数据连续，能够实时监测 COD 的变化，几乎达到零维护。

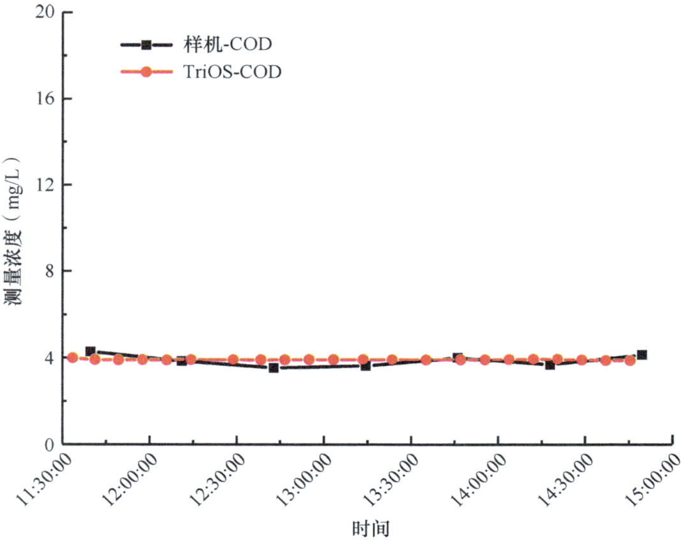

图 1.10　样机现场测量结果与 TriOS 仪器现场测量结果对比图

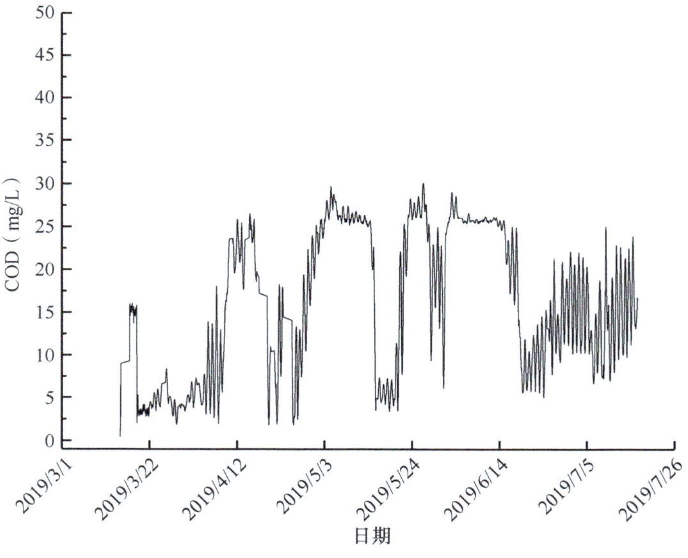

图 1.11　样机在中国科学院黄河三角洲滨海湿地生态试验站连续 4 个月的 COD 测量结果

为了验证烟台地区海水 COD 与 BOD 的相关性，我们选取了烟台不同地区的海水 COD 和 BOD 数据来做分析。实验数据分别来源于蓬莱、海阳、莱州、龙口、牟平等海水监测站点。

COD 的测定是采用的德国 TriOS 公司的 OPUS 测试仪对试验站现场海水进行

采集测量。BOD 的测定采用水质五日生化需氧量测定法。

在海水 COD 和 BOD 测定中，以烟台蓬莱、海阳、莱州、龙口、牟平等海水监测站点的海水为测定对象，对这些站点的海水在同一时间分别做了多次测量，得到了各个站点海水的 COD、BOD、温度、溶解氧的大量实验数据，每组数据都取了多次测量结果并求其平均值作为该组数据的值，并做了记录。

对 COD 与 BOD 用最小二乘法做一元线性拟合，并进行一元回归分析，绘出 COD 与 BOD 的二维坐标图，如图 1.12 所示，得到 COD 与 BOD 的关系（R^2=0.774 52）如下：

$$\text{BOD}=0.855\ 61\times\text{COD}-0.150\ 23 \quad (1.9)$$

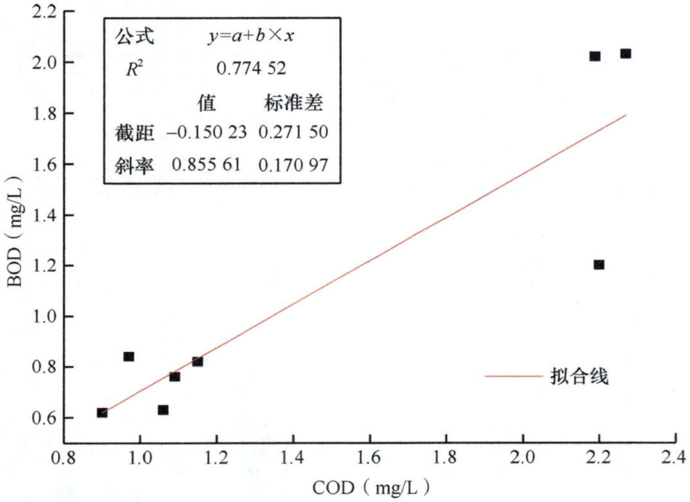

图 1.12　海水 BOD 与 COD 线性拟合

经一元线性回归分析后可以看出，COD 与 BOD 存在较好的线性关系，两个变量间线性相关关系比较显著，所拟合的线性回归方程有较高的置信度。

（三）重金属

1. 检测原理

海水重金属分析仪是基于电化学分析方法的原理和技术，并结合在线样品预处理技术、流动注射技术，研制出的适用于现场船载检测海水重金属的电化学传感系统。该系统所采用的检测装置为电化学伏安分析装置，即由工作电极、参比电极、辅助电极和电化学分析仪组成。工作电极为功能修饰汞膜电极。考虑到海水基体中大量氯离子的存在，可直接采用 Ag/AgCl 电极为参比电极。辅助电极采用铂丝电极。实际海水样品检测前，先将上述三电极系统放入模拟海水，加入不同浓度的重金属标准溶液进行检测，得到相应的电流响应值与离子浓度的标准曲线图。该传感器系统通过编程可实现自动更新电极、定时检测、连续多次或单次检测及不同形态重金属的检测，可用于野外定点监测及船载海试实验等工作。

2. 实际样机

在电极和仪器方面，分别研发了基于金、铂和不锈钢针的 3 种微电极，并根据所研制的微电极联合研制了 2 台重金属分析仪（图 1.13）。一台为人工采样台式分析，另一台为流动在线分析检测，可实现在线进样、在线消解和在线分析等功能。利用这 2 台仪器在中国科学院黄河三角洲滨海湿地生态试验站和烟台四十里湾进行了定点监测与船载监测应用示范。

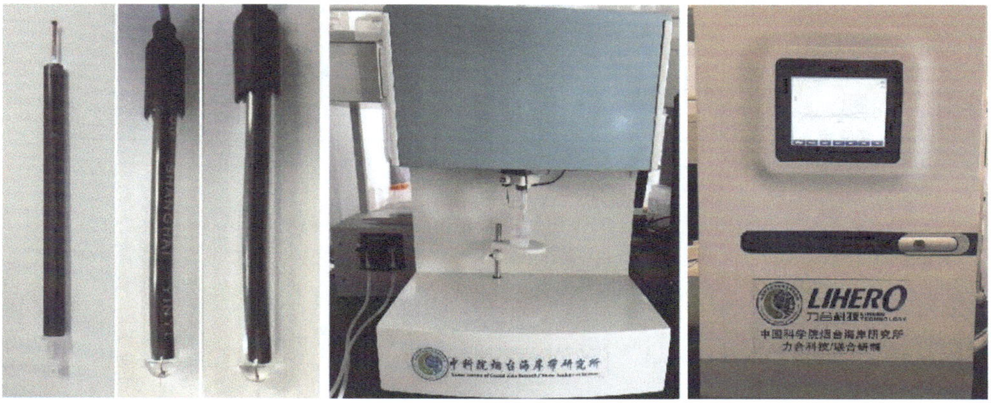

图 1.13　所研发的微电极及重金属分析仪

3. 检测结果

1）仪器检出限

所研制的重金属分析仪对重金属 Cd 和 Pb 的最低检出限分别为 0.04μg/L 和 0.03μg/L，检测水平达到了国内领先水平（图 1.14）。

2）仪器稳定性测试

将三电极系统置于模拟海水中，分别加入 0.01mg/L Cd、0.1mg/L Pb 的标准溶液进行连续 21 次的检测，将浓度检测结果与标准溶液的浓度进行对比，计算 Cd 和 Pb 浓度的相对标准偏差（RSD）。如图 1.15 所示，Cd、Pb 浓度的 RSD 分别为 11.6%、4.8%，远小于预期结果（15%）。结果表明此方法稳定性好，可以满足对海水进行长期、稳定检测的需求。

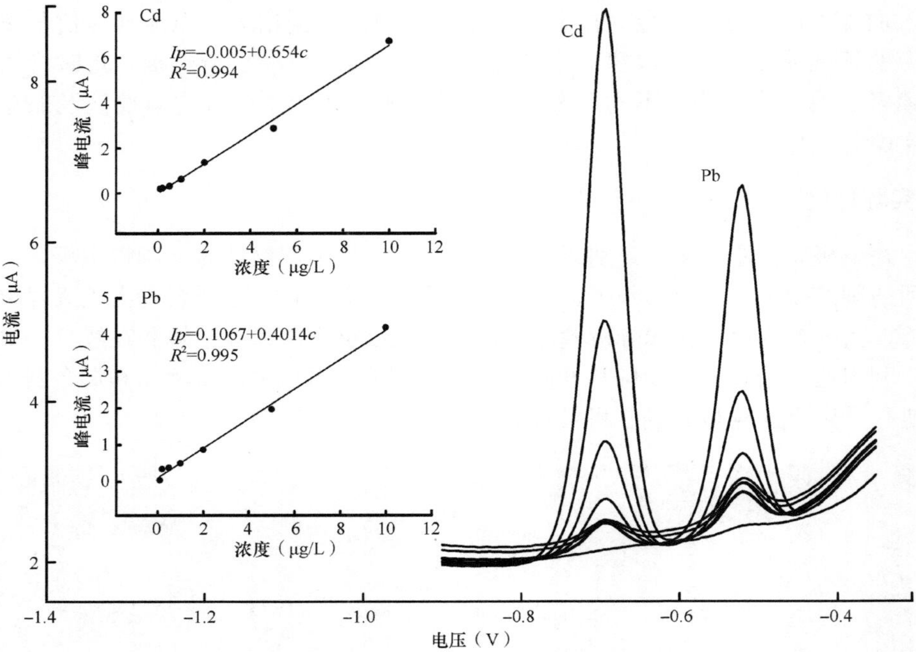

图 1.14　重金属分析仪测定 Cd、Pb 浓度的溶出伏安响应图

浓度依次为 0.1μg/L、0.2μg/L、0.5μg/L、1μg/L、2μg/L、5μg/L、10μg/L，插图为测定的 Cd、Pb 的线性曲线；*Ip* 为峰电流，*c* 为重金属浓度

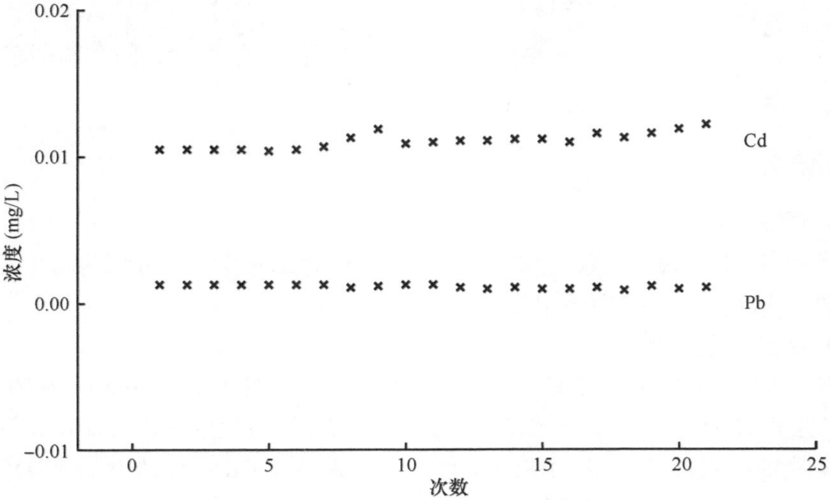

图 1.15　重金属分析仪对含有 Cd、Pb 的模拟海水进行连续 21 次测试的结果

3）仪器验证比对

采用重金属分析仪对实际海水样品中的 Cd 和 Pb 进行检测，可实现样品过滤、紫外消解和集富集溶出于一体的检测。样品取自烟台四十里湾，将该仪器检测结果与电感耦合等离子体-质谱（ICP-MS）仪测得的结果进行对比，结果见表 1.3。结果显示，二者所得结果较为吻合，具有良好的精确度，表明该方法准确可靠，可适用于船载海试实验。

表 1.3　重金属分析仪对实际海水样品中 Cd、Pb 浓度的测试结果与 ICP-MS 测试结果的对比

（单位：μg/L）

样品	重金属分析仪		ICP-MS	
	Cd	Pb	Cd	Pb
样品 1	0.2	1.1	0.3	1.4
样品 2	0.2	0.4	0.3	0.2
样品 3	0.3	0.4	0.3	0.3
样品 4	0	0.4	0.3	0.2
样品 5	0.4	0.5	0.4	0.3

4）东营野外台站定点监测实验

利用重金属分析仪在中国科学院黄河三角洲滨海湿地生态试验站进行了为期 5d 的连续定点定时检测。该仪器对野外多变的天气（如高温、降雨等）具有较好的应对能力，图 1.16 为仪器调试安装及测试结果。

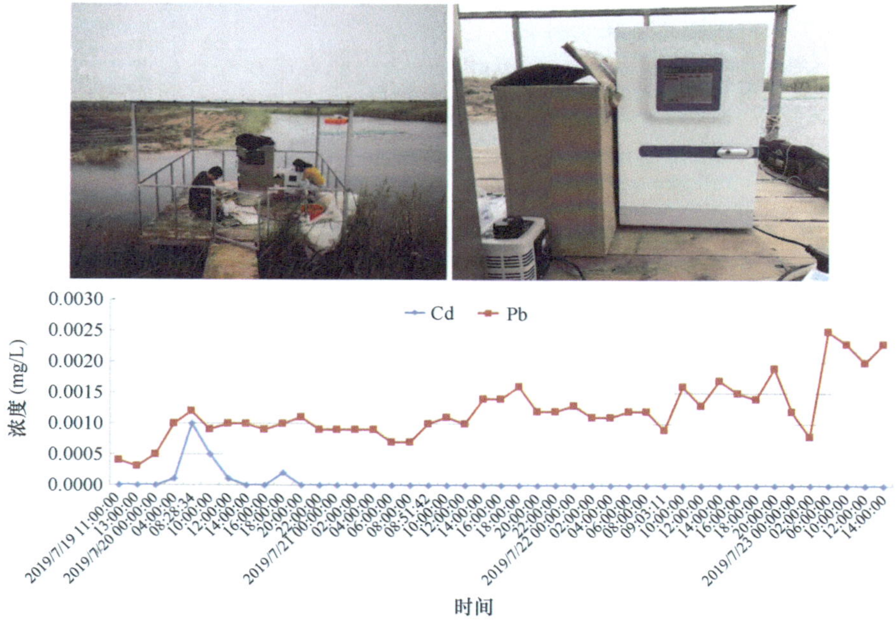

图 1.16　东营野外台站仪器调试安装和测试结果

5）船载海试实验

选取烟台四十里湾典型站点，利用重金属分析仪对海水 Cd、Pb 浓度进行了船载现场监测，实现了对海水中 Cd、Pb 浓度的现场监测。本海试实验选取了烟台四十里湾的 9 个站点，实现了大跨度的连续监测。表 1.4 为所测得的 Cd 和 Pb 浓度。结果表明，该仪器针对船载海试实验具有良好的检测能力，适用于船载现场检测。

表 1.4 重金属分析仪对实际海水样品中 Pb 和 Cd 浓度的测试结果 （单位：μg/L）

站点	Cd	Pb	站点	Cd	Pb
S1	0.1	0.9	S6	0.1	0.9
S2	0.2	0.9	S7	0.1	1.0
S3	0.2	0.9	S8	0	0.9
S4	0.1	0.9	S9	0	0.8
S5	0.1	0.9			

二、大气环境监测

（一）检测原理

气体分析仪是基于电化学分析原理，集成气体膜扩散技术和无线传输技术研制的便携式的气体检测装备，适用于低浓度、无动力电供应区域的污染性气体（SO_2、NO_x）的高频监测和实时数据传输。

气体分析仪通过隔膜泵将恒定流量的气体传输至电化学传感器表面，该表面覆盖共缩聚反应合成的聚砜嵌段共聚物膜材料（图 1.17），以提高酸性气体分离膜的气体透过系数，获得稳定的传质条件。待测酸性气体通过该膜材料之后，到达电化学传感器检测部分。该电化学传感器包括两个电极，一个用于测量气体浓度，另一个是固定的参比电极，采集的目标气体经过扩散进入传感器并穿过薄膜到达电极，气体到达电极后将发生电化学反应使电子从极板流向工作电极。上述电子流构成电流，并与气体浓度互成比例。利用两个电极之间的化学电位差确定目标气体浓度的电信号，通过无线传输模块，可以实现电脑、手机等网络通信设备实时查询。利用太阳能供电，可以将该仪器用于低浓度、无动力电供应区域的定点观测。

由于 SO_2 等污染性气体具有凝聚效应，在高分子材料中有较大的溶解度，因此，在设计膜材料时，可通过提高膜材料对 SO_2 等气体的溶解能力，进而提高分离系数。利用共缩聚反应合成聚砜-聚乙二醇嵌段共聚物膜材料（图 1.18），通过调节制膜工艺制备超薄致密气体分离膜来构建膜电极。聚乙二醇的引入可有效提高 SO_2 在分离膜的气体透过系数，测试发现 SO_2 气体的透过系数达到 $5600cm^3·cm/(cm^2·s·Pa)$。由于分离膜的富集作用，检测器的响应时间从 5min 缩短到 1min，监测量程为 1～

2000mg/L，可用于海岸带农牧场大气环境监测。

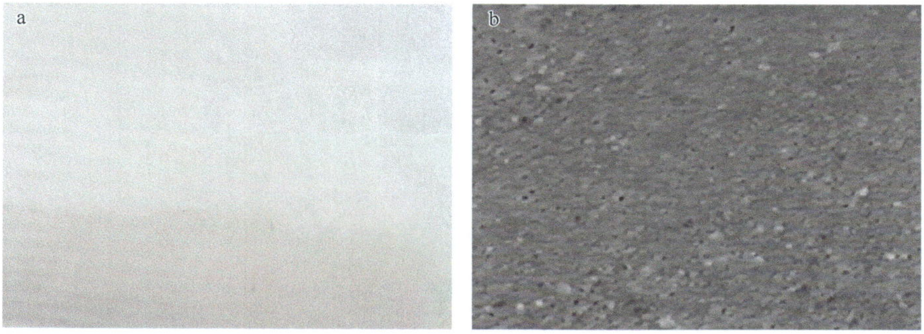

图 1.17　聚砜嵌段共聚物气体分离膜宏观照片（a）及微观照片（b）

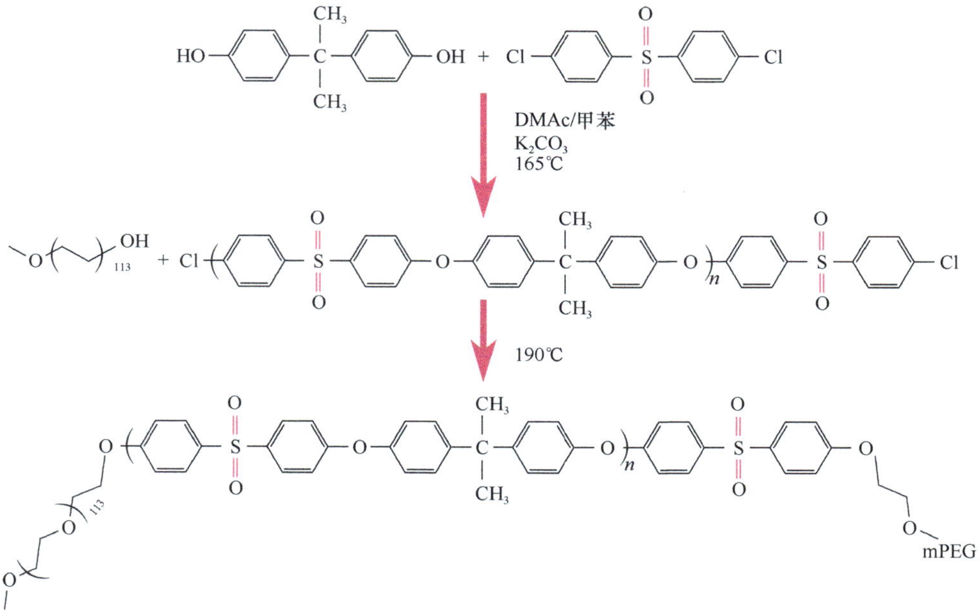

图 1.18　聚砜-聚乙二醇嵌段共聚物的合成路线

DMAc. 二甲基乙酰胺；mPEG. 聚乙二醇衍生物

（二）实际样机

基于以上技术，研制了 2 台便携式气体分析仪，如图 1.19 所示，两台仪器的主体功能是一样的，左侧的仪器不含液晶显示屏，没有现场查询和数据拷贝功能，右侧的仪器具有液晶显示屏，还有现场查询和数据拷贝功能。左侧的仪器对电力的需求较小，且对气温等环境条件的要求相对较低；而右侧的仪器因增设了液晶显示屏及上述功能，对电力的需求较大，在低于–10℃的情况下存在液晶屏不工作，甚至损坏的风险。利用图 1.19 中左侧的仪器在中国科学院黄河三角洲滨海湿地生态试验站进行了定点监测应用示范，如图 1.20 所示。

图 1.19 研发的 2 个便携式气体分析仪

图 1.20 气体监测设备现场调试及示范应用

（三）检测结果

该仪器实现了检测器响应时间＜5min，检测数据重复性＜10%，5V 电源输入支持检测器的正常电力供应，以及 RS485 数字信号的输出和屏幕显示等功能（图 1.21）。

2019 年 2 月在工作园区对 SO_2 和 NO_x 大气浓度进行连续试验观测，结果如图 1.22 所示。

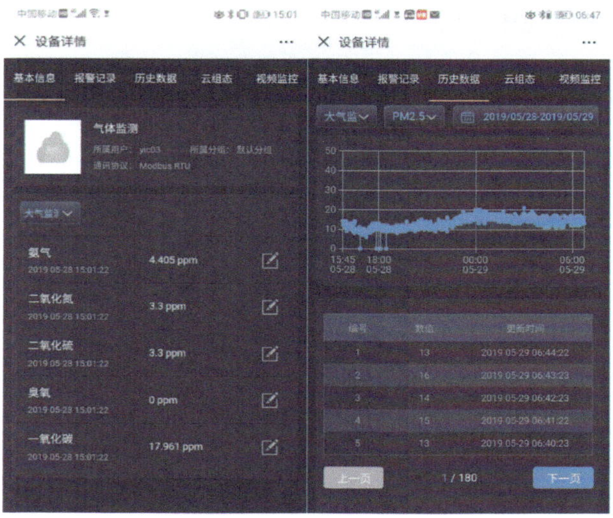

图 1.21　在线仪器输出显示及查询界面

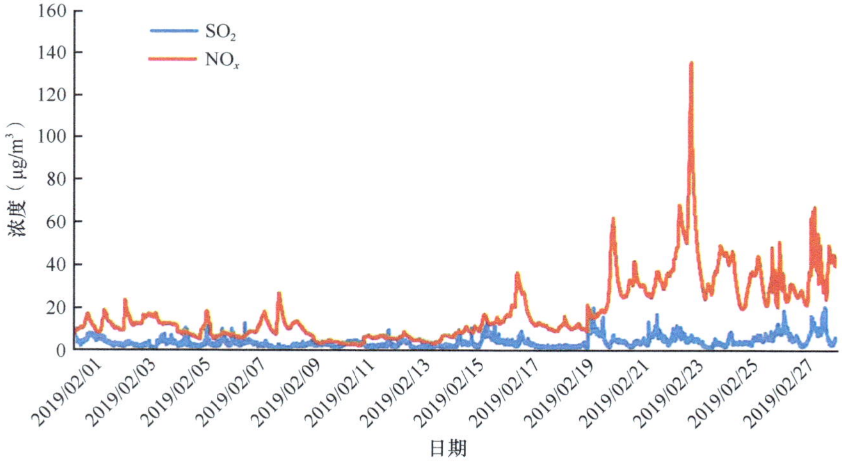

图 1.22　2019 年 2 月 SO_2 和 NO_x 大气浓度观测结果

为了估计观测数据的质量，收集了烟台市同期 SO_2 和 NO_x 日均浓度（环保监测浓度），并进行对比分析（图 1.23，图 1.24）。两组 SO_2 日均浓度时间序列的相关系数可以达到 0.88，两组 NO_x 日均浓度时间序列的相关系数可以达到 0.89。可见，观测的 SO_2 和 NO_x 日均浓度与烟台市同期报道的数据具有相似的时间变化趋势。该时段观测的 SO_2 浓度为（4.55±2.24）μg/L，低于报道的烟台市同期 SO_2 浓度［（13.1±5.80）μg/L］；观测的 NO_x 浓度为（18.5±12.8）μg/L，也低于报道的烟台市同期 NO_x 浓度［（31.9±22.4）μg/L］，表明该观测数据通过校正可以很好地用于实际环境大气观测应用。

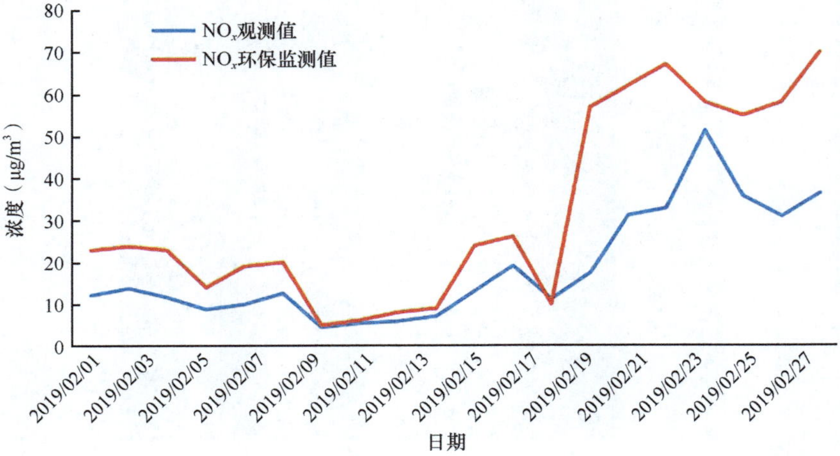

图 1.23　2019 年 2 月 NO_x 大气浓度观测结果与烟台市环保监测浓度对比图

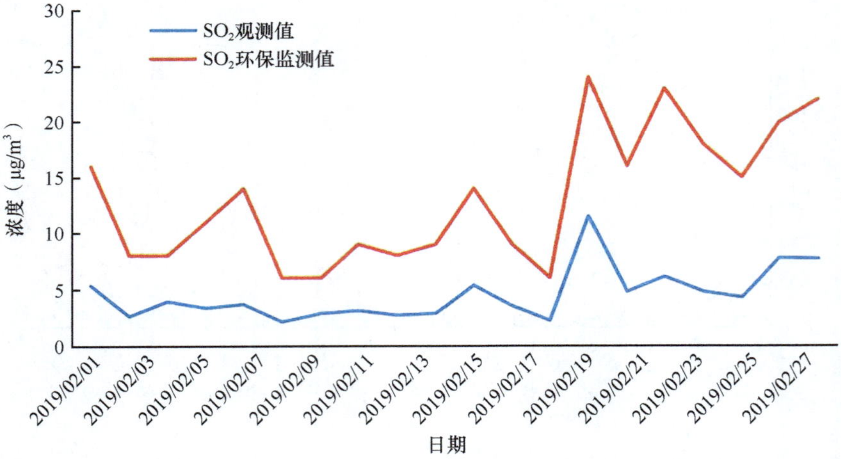

图 1.24　2019 年 2 月 SO_2 大气浓度观测结果与烟台市环保监测浓度对比图

利用有机聚合反应制备聚砜-聚乙二醇嵌段共聚物，以其构建膜电极，可实现污染性气体 SO_2 的快速检测。由于新型膜材料对 SO_2 气体的溶解渗透扩散系数高达 5600cm^3·cm/(cm^2·s·Pa)，可以快速实现 SO_2 气体的富集浓缩，使检测器的响应时间从 5min 缩短到 1min，监测量程为 1μg/L 至 2000mg/L。另外，通过传感器、电路和无线传输模块的集成，实现 SO_2 气体在线监测、本地数据硬拷贝和在线数据的历史统计分析功能，从而利用高效的气体扩散化学反应技术，突破电力供应和采样器/检测器布设困难等技术瓶颈，实现大气污染性气体 SO_2 的高频监测和实时数据传输，为海岸带农牧场的生态安全与环境保障提供监测数据。

三、水下环境观测

针对水下生物活动状态长期监测的需求，本文基于视频成像技术和无线传输技术研制出了水下视频在线观测系统。该系统具有水下视频的在线传输、存储及多客户端的在线播放等功能，能够对水下观测系统进行远程控制，实现水下运动控制、变焦、聚焦、白平衡、灯光照明等参数设置，实现在低照度水环境下生物运动的高清成像与远程观测。

（一）系统架构

本文设计了一种基于浮标的无线远程视频观测系统，利用 4G 无线传输技术实现了近岸水域中的水下视频在线观测。本系统构架如图 1.25 所示，系统分为视频采集端、水面终端、数据处理中心、客户端四个部分。视频采集端将主控板和相机安装在密封舱内进行水下观测，水面终端负责为视频采集端供电及无线数据传输。视频采集端通过电缆将采集的视频数据及控制信号发送给水面终端的无线传输单元，进行无线传输，发送给岸基服务器。数据处理中心负责接收视频数据，并进行存储及转发，同时，数据处理中心也负责与视频采集端进行交互指令的收发。用户可以通过客户端访问数据服务器观看水下在线视频及进行远程操作。

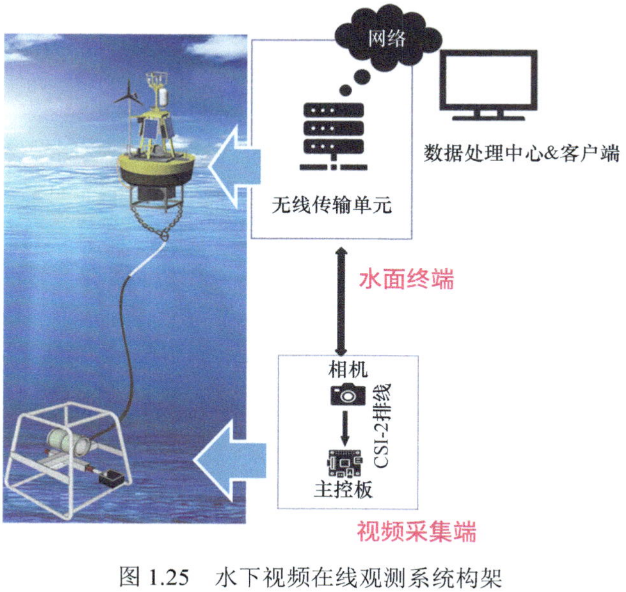

图 1.25　水下视频在线观测系统构架

（二）系统设计

本文旨在利用水下成像和无线传输网络研制水下视频在线观测系统，实现远程在线的原位可视化观测。根据水下视频监测的需求，我们进行了系统总体设计和模块化设计，确定系统结构和各个部分的功能。本系统的总体设计如图 1.26 所示，系统分为原位成像装置、服务器端和客户端三个主要部分。原位成像装置负责水下视频采集、数据传输和相机光源控制。服务器端（数据处理中心）负责视频数据的接收和管理，根据设置进行视频数据的存储。服务器端还负责与客户端的交互，根据客户端的请求发送实时在线数据或查询历史数据。客户端提供友好的人机界面，负责水下视频的在线观测、数据存储、查询等工作。

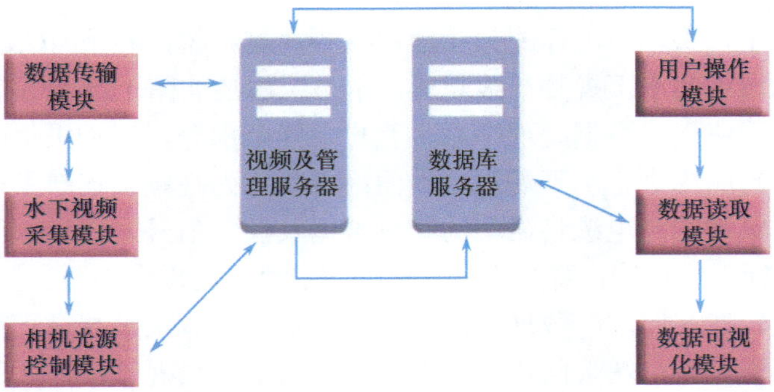

图 1.26　系统总体设计图

（三）视频采集及网络传输装置构建

我们经过性能比较选择了一款低功耗的嵌入式开发板为水下视频采集装置的控制器，该控制器可以连接多种接口的相机进行数据采集，系统功耗低于 4W，能够通过水面终端太阳能电池通电进行长期观测工作。本系统选择了一款 200 万像素的高清相机进行了视频采集开发，采用压缩编码发送视频流至视频管理服务器。服务器端构建了相关的视频接收、转发、存储服务，开发了视频在线观测客户端软件，实现了在线观测、水下拍摄、云台控制等功能。进行了无线视频传输测试，成像分辨率到达了 1920×1080 像素。本文研发的水下视频在线观测系统的工程样机如图 1.27 所示。该样机采用不锈钢密封设计，能够在水下

图 1.27　水下视频在线观测系统工程样机

100m 深度开展长期作业。

（四）水下视频原位观测

经过实验室内多种环境测试后，对该系统进行了水下布放及试运行。该系统在中国科学院牟平海岸带环境综合试验站实施布放（图 1.28）。本文设计了一个小型浮台作为水面终端，浮台采用了四组太阳能电池板进行供电，仪器舱及相关设备进行了防水密封处理，水下视频采集装置通过支架固定在水底。水下视频在线观测系统客户端如图 1.29 所示，登录验证后能够观测到实时的水下动态画面。该软件能够启动、停止视频观测，对接收到的视频流进行播放和存储。该软件还能控制水下云台的运动，调整拍摄角度。水下云台的运动范围是水平方向 180°和垂直方向 90°，可以动态采集所在区域的影像。经过运行测试，本文研制的水下视频在线观测系统在无人维护的状态下已经在水下连续工作了 2 个月以上，实现拍摄分辨率 200 万像素，拍摄帧率 25 帧，能够存储 H.264 格式的高清视频。

图 1.28　水下视频在线观测系统的布放

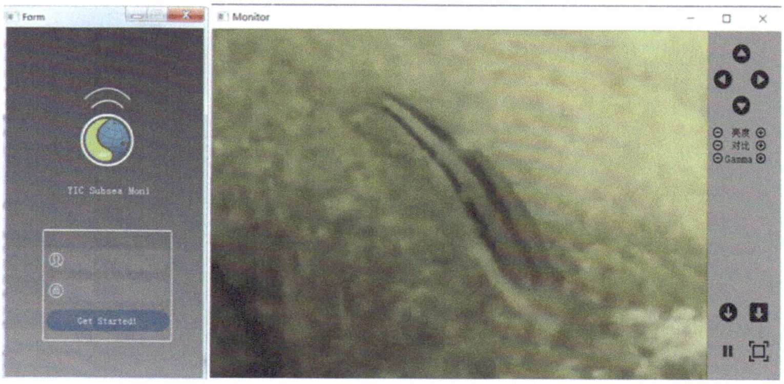

图 1.29　水下视频在线观测系统客户端

四、平台集成

海洋传感器技术和物联网技术的发展为海洋大数据系统的构建提供了技术基础。本文自主研发了海洋多水层生态环境在线监测系统、海水重金属分析仪、COD在线监测仪、便携式气体分析仪、水下视频在线观测系统，具备全方位采集海岸带农牧场多元数据的能力，同时，利用远程无线传输技术实现了多种环境参数的在线监测。通过传感器集成、数据融合等手段最终形成多源、异构的海岸带农牧场大数据平台，该平台可实现从水下生物信息、水体表层环境信息到大气参数的立体化、实时化的数据采集。通过长期连续监测建立海岸带农牧场多参数的大数据管理系统（图1.30）。

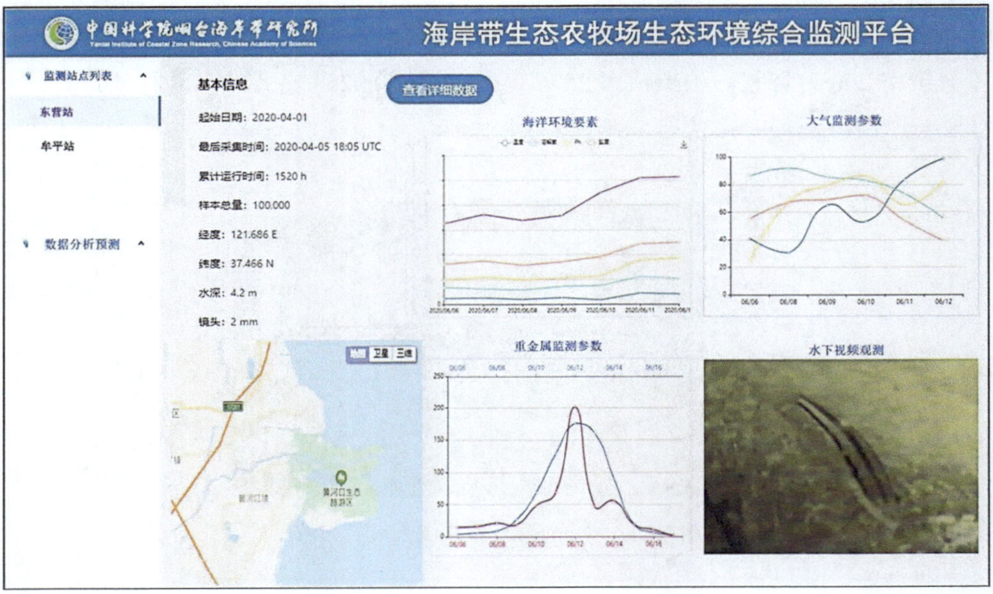

图1.30　项目实现的海岸带生态农牧场生态环境综合监测平台

此外，大数据平台具有大数据挖掘分析、可视化表达等功能。研究适用于海岸带农牧场风险预测、评估等的多元化智能分析模型，揭示各个环境因子与农牧场生态系统之间的关联，以及各环境因子相互间的作用与联系。通过大数据分析和模式识别获取直观的可视化数据，大数据平台内置丰富的可视化效果，根据农牧场监测需求以多种统计图表的形式展示给农牧场管理者，满足养殖评估、风险防范、疾病预测等的实际应用需求。

第四节 目前存在的问题及建议与展望

一、目前存在的问题

目前，生态农牧场是一种保护渔业资源和营造海洋人工生态系统的有效手段，也是一种新的可持续生产方式，其较好地实现了渔业工程技术与生态渔业的结合，丰富了经济、生态、资源可持续利用的理念，关于海岸带农牧场的研究、开发及应用已成为各主要海洋国家的战略选择，同时也是世界各国渔业发展的主要方向之一。但目前海岸带农牧场的监测还存在一些问题。

（1）满足海岸带农牧场监测需求的仪器装备的研究和应用还相对滞后。我国关于海洋牧场的研究与建设逐渐步入正轨，国内有关海洋牧场的项目正不断投入建设和应用，同时我国也越来越重视与海洋牧场生态环境监测、生物运动状态监控相关的高新配套设备的研发，但是能满足海岸带农牧场监测需求的仪器装备的研究和应用还相对滞后。我国海洋环境监测技术的研究虽然一直在发展，但是需要认识到的是，我国对海洋环境监测无论是在技术成果方面还是在产业化方面，都和国际先进水平有一定差距。海洋环境监测技术中最关键的是传感器技术，其种类、测量参数、测量准确度仍停留在水文气象等常规参数测量水平上，反映海洋环境污染程度的水质生物状态及物理化学参数测量的高精尖传感器在国内几乎还是空白。虽有少数成型产品，但其可靠性、稳定性、测量精度和连续工作时间满足不了国内海洋环境监测的要求。在生态农牧建设过程中，海洋环境监测需要承担对海水质量体系监测的任务，如果存在监测数据的偏差而导致决策应对不及时，其损失也是难以估量的。

（2）众多海洋监测工程装备缺乏在生态农牧场的实际应用。由于近海环境的复杂性，众多海洋监测工程装备很容易在配套使用中出现“水土不服”的现象。我国的海洋监测工程装备经过 30 余年的发展，建立了从无到有的技术和产品，取得的进步是不可忽视的。早在 2017 年农业部就印发了《国家级海洋牧场示范区建设规划（2017—2025 年）》（简称《建设规划》），给沿海海洋牧场建设提供了指导和安排，以探索沿海渔业良性发展的新方式。应该在考虑海洋牧场良性发展的同时，着手建设生态海洋牧场的助力因素。所以，在建设示范区的同时，还应建立海洋监测装备综合应用区，鼓励研发的新型海洋监测装备投入使用，实现产学研的良性结合。

（3）在软件设施方面，我国海洋仪器和装备的标准化体系建立不完善，海洋仪器装备的生产标准、入网标准、计量检定、测试和运行维护等系列标准方面未得到足够重视，致使我国海洋环境监测核心技术落后，远不能满足我国的重大业务需求。例如，虽然基于浮标平台的海洋牧场水质环境实时监测系统和基于运载器的海底生物环境监控系统正在部署实施，但是基于浮标平台的观测系统仅能监测海面要素，而监测不到真正影响海洋牧场动植物生活的海底生态环境要素，此外，这种基于浮标平台的观测系统成本高昂，无法在国内海洋牧场中得到广泛的应用；而基于运载器的海底生物环境监控系统只能在特定时间段对海底生态环境进行观测，无法长期连续地进行监测。由此可见，目前还缺少有效的监测系统来实现对海洋牧场海底生态环境和生物状态的长期连续在线监测（王志滨等，2017）。

二、建议与展望

随着传感技术、网络技术、海洋遥感等的发展，海洋环境监测技术向着高集成度、高时效、多平台、智能化和网络化方向发展，各海洋强国也进行了海洋观测网络的研究与开发。美国的 HABSOS（Harmful Algal Blooms Observing System）主要由卫星、海岸基自动观测站、浮标等监测系统组成，可获取全方位的监测数据，是以监测有害藻华并预测其影响为目标的高度集成的、综合的立体监测网络，现已逐步应用于全美沿海地区（卜志国，2010）。全球海洋观测系统（Global Ocean Observing System，GOOS）是由政府间海洋学委员会（IOC）、世界气象组织、国际科学联合会理事会、联合国环境规划署发起的迄今全球最大、综合性最强的海洋观测系统，通过发展卫星、声学监测等技术来提高和完善监测手段，可以系统地为海洋环境的研究、开发、保护和规划提供数据，其中包括美国和加拿大建立的美加 GOOS 和欧洲建立的欧洲海洋观测系统（EURO-GOOS）。德国联邦海事和水文局（BSH）20 世纪 90 年代中期与德国造船和核能研究中心（GKSS）合作，准备把欧洲海洋领域高技术计划（EUREKA-EUROMAR）第 417 号项目“海洋环境遥控测量和综合监测系统”（MERMAID）的成果与波罗的海和北海的 MARUM 监测网集成，该系统测量参数包括水文、气象、生物、化学及地质等项目（于志强，2007）。ARGO（Array for Real-time Geostrophic Oceanography）是全球海洋与气候观测系统（Global Ocean and Climate Observing Systems）中的一个试验计划，该计划始于 1998 年，其目的在于减少海洋热储存计算中的不确定性，截至 2009 年 1 月，在全球海洋上维持正常工作的 Argo 剖面浮标数量已经达到了 3291 个，它们共同构成了一个庞大的全球实时海洋监测网。挪威的 SEAWATCH 计划是由 OCEANOR 公司研制的海洋环境监测和信息系统，采用模块化和标准化结构，将数据采集、处理、预报、传送集于一体，对海洋环境参数进行综合监测，实时传输，目前已经商品化并在国际市场上取得良好的经济效益，在欧洲和东南亚地区多个国家得到了应用。2006 年，美国国家科学基金会（NSF）通过了由近海、区域、全球三大观测系统组成的“大洋观测倡议”（Ocean Observation Initiative，OOI），整套系统位于胡安·德富卡板块的最北部，以 800km 的光电缆作为主干，从温哥华西海岸穿过大陆架，进入深海平原，延伸至大洋中脊而后折回，形成环形回路，整个系统包括六大观测节点和300多个传感器，可以对水深2000m以内的海域进行水层、海底和地壳的长期连续实时观测，光电缆可传输高达10kV、60kW的能量和10GB/s的大数据。

自动化技术、检测技术、计算机技术和通信技术的日趋成熟为研制新型高效的海洋监测系统提供了有力的技术保障。在海洋监测技术提高的基础上，我国的海洋环境监测工作得到了快速发展，海洋环境监测的内容得到了全面拓展，监测手段逐渐丰富，监测结果的评价方法逐步改进和完善，并逐步建立起由海洋监测台站、浮标、调查船、卫星遥感及航空遥感等组成的海洋环境立体监测网络（赵聪蛟等，2016），并将无线传感网络、互联网等技术运用其中。我国的海洋环境监测已经开始向“点—线—面—层”立体化、实时化、全方位监测转变，主要包括：依靠海洋浮标、观测站进行的定点实时监测；依靠监测船进行的走航式线状监测；依靠遥感卫星、巡航飞机、有人/无人机进行的大面监测；依靠Argo浮标、漂流浮标、水下移动深潜器、水下机器人及水下固定监测站进行的海面以下分层监测及海底监测。初步统计，截至2014年5月，各省份已建（含在建，不含国家海洋局系统）的海洋水质浮标在线监测系统有67台（套），这些基础设施的建设发展，为我国近海海洋环境监测提供了重要的支持。但是，在此基础上针对我国海岸带生态农牧场监测技术与装备的建设还需要诸多步骤协同发展，补足短板，提高创新。

第一，大力鼓励海洋监测环境感知传感器方面的装备研发。改善现有监测技术手段、方式，补足我国海洋环境监测参数的短板，进一步提高监测准确度。针对海洋监测环境感知传感器，未来应重视两个方面的研发：一是高质量、高可靠性的船载海洋环境监测传感器及装备的研制；二是综合功能全、测量效能高、环境适应能力更加强大的测量船。研发快速、灵敏、高选择性的海岸带典型污染物新型传感器技术，研制具有自主知识产权的新型污染物现场、快速监测设施，集成创制陆地和海洋环境多参数在线监测系统；将海洋监测环境感知传感器结合数据采集与无线通信技术，将观测/监测数据发送至远程数据控制中心，实现环境多参数的原位、在线、一体化监测。

第二，建立海洋监测装备综合应用区。未来将建立生态农牧场监测装备综合应用示范区纳入《国家级海洋牧场示范区建设规划》，建立相应的工程配套中心，集合海洋环境工程装备整体性、配套性，通过不同装备的单一特性，拓展到多装备协同监测、分析。一方面，可以为研制成型的海洋监测装备提供良好的实际应用场所，可以进一步推广应用性能优异的装备；另一方面，通过公共平台管理，可以进一步提升装备研发综合能力，形成发展合力。正如我国水下滑翔机的研制过程，通过多年多单位合力攻关，取得了较好的研究成果。

第三，根据不同海洋环境参数监测平台（如浮标、岸基平台、空天卫星系统）

统筹数据质量控制，建立数据集成存储体系和海岸带灾害的遥感监测与区域预报预警系统。以海洋环境监测网为基础，对各平台不同技术获取的数据进行采集和综合，通过专业化数据处理形成数据产品和服务。研发海岸带多源数据融合、同化与数据挖掘及标准化模型方法，发展融合人工智能、专家系统、知识工程等现代科学方法和技术的智能管理信息系统。利用已有长期观测数据并结合遥感观测技术建立大数据集成平台，构建海洋数据算法平台。纵观国内外海洋大数据的分析技术研究，我国在数据表达可视化方面与发达国家相比存在差距。一方面，利用国家组网系统，控制数据质量分析，发展基于我国智能算法的海洋观测技术，能够在未来应对海洋环境变迁，预测全球气候变化方面做到提前布局。另一方面，在海洋环境监测仪器装备研制方面，在不断提高仪器装备可靠性等性能指标的前提下，可以实现连续现场监测并逐渐实现长期原位监测，将会出现海量的海洋环境监测数据，建立海洋环境数据集成平台，可以进一步推动我国海洋环境监测迈向科技化、数字化，进一步为生态海洋牧场建设提供重要支持。

因此，我国要针对性地对传感器研发、政策引导及数据处理等三类问题齐头并进协同发展，完善技术标准体系，努力接轨国际标准，加大经费投入和人才引进力度，研发新型海洋环境监测传感器，推进海洋环境监测仪器装备的通用化、系列化和组合化，以尽快缩小目前存在的巨大差距。

参 考 文 献

艾锦云, 何震江, 杨冠玲. 2004. 光电技术在大气氮氧化物检测中的应用. 环境监测管理与技术, 16: 7-9.

卜志国. 2010. 海洋生态环境监测系统数据集成与应用研究. 中国海洋大学博士学位论文

曹煊, 褚东志, 刘岩, 等. 2017. 基于微流控芯片的臭氧化学发光法测量海水化学需氧量(COD)分析系统的研究. 光谱学与光谱分析, 37(12): 3698-3702.

陈中华. 2012. 基于物联网的海洋环境监测系统的研究与应用. 上海海洋大学硕士学位论文.

崔苗, 端允. 2017. 微生物电极法快速测定水中的生化需氧量. 山西化工, 37(6): 41-44.

杜美, 钮朝霞, 杨蕾, 等. 2016. 环境水样中生化需氧量测定方法研究进展. 绿色科技, (10): 41-43.

冯巍巍, 李玲伟, 李未然, 等. 2012. 基于全光谱分析的水质化学耗氧量在线监测技术. 光子学报, 41(8): 883-887.

宓云軿, 王晓萍, 金鑫. 2008. 基于机器学习的水质 COD 预测方法. 浙江大学学报(工学版), 42(5): 790-793.

龚瑞昆, 于江, 唐瑞尹. 2001. 二氧化硫测量技术的进展. 传感器世界, 11: 11-13.

何金成, 李素青, 张性雄, 等. 2007a. 基于近红外光谱法的 BOD 在线实时测量系统的方案构架. 中国科技论文在线, (6): 417-419.

何金成, 杨祥龙, 王立人. 2007b. 近红外光谱透射法测量废水化学需氧量(COD)的光程选择. 红外与毫米波学报, (4): 317-320.

何蔓，胡斌，江祖成. 2004. 用于研究ICP-MS中基体效应的逐级稀释法. 高等学校化学学报, 12: 2232-2237.
黄平路，夏晓虹. 2004. 活性污泥曝气降解法快速测定BOD. 安徽农学通报, (3): 76.
黄书华，孙友文，刘文清，等. 2011. 基于非分散红外光谱吸收法的SO_2检测系统研究. 红外, 32: 10-13.
焦冰，叶松，陈振涛，等. 2012. 抛弃式海水温度测量系统的设计. 海洋技术学报, 31(3): 6-8, 16.
金兴良，刘丽，赵英，等. 2005. DO、BOD与COD的监测方法与相互关系探讨及其在海洋监测中的应用. 海洋湖沼通报, (1): 45-47.
来守军，岳昕，卢栋，等. 2019. 铬天青 S 分光光度法测定一次性纸杯中的铅. 食品工业, 40: 165-167.
李津津，郑锦辉. 2015. 压差法测定水中的生化需氧量. 东莞理工学院学报, 22(5): 77-80.
李鑫，盛宇博，姜吉光，等. 2019. COD光谱法检测中的波长优化及温度补偿实验研究. 光学技术, 45(6): 690-695.
李星蓉，李永倩. 2011. 测量海水温度分布的光纤光栅传感系统研究. 华北电力大学学报(自然科学版), 38(2): 80-83.
林毅东，林郑忠，张红园，等. 2015. 巯基化纳米 Fe_3O_4 在海水痕量汞检测中的应用. 环境化学, 34: 1470-1475.
刘长宇，董绍俊. 2018. 水质生化需氧量快速检测新方法研究进展——现场、实时和就地监测. 中国科学: 化学, 48(8): 956-963.
刘飞，董大明，赵贤德，等. 2017. 水体COD的光谱学在线测量方法-紫外和近红外光谱比较分析. 光谱学与光谱分析, 37(9): 2724-2729.
刘辉，奉杰，赵建民，2020. 海洋牧场生态系统监测评估研究进展与展望. 科技促进发展, 16: 213-218.
刘军，冯艳军，刘中军. 2008. 基于化学发光检测法的氮氧化物气体分析仪. 仪表技术与传感器, 16: 82-84.
刘赛. 2015. 高精度电极式海水电导盐度计设计与开发. 中国海洋大学硕士学位论文.
骆永明. 2016. 中国海岸带可持续发展中的生态环境问题与海岸科学发展. 中国科学院院刊, 31: 1133-1142.
任毅斌，康苏花，杨丽杰，等. 2013. 压差法测定生化需氧量的研究. 河北工业科技, 30(4): 280-282, 292.
宋建军，赵凌. 2018. 紫外吸收光谱法检测化学需氧量的方法. 传感器与微系统, 37(5): 30-33.
孙好芬，王露，高玉玺，等. 2018. 长寿命BOD微生物传感器的研制及应用. 山东化工, 47(23): 196-197, 200.
王福赓，怀国桢. 1978. 酸、碱、漂液等溶液浓度的自动检测(二). 印染, 3: 36-41.
王雪霁，胡炳樑，于涛，等，2019. 基于LLE-BPNN的小麦岛海水硝酸盐含量分析. 光谱学与光谱分析, 39(5): 1503-1508.
王玉红，王延凤，陈华，等. 2014. 海水中重金属检测方法研究及治理技术探索. 环境科学与技术, 37: 237-241, 362.
王志滨，李培良，顾艳镇. 2017. 海洋牧场生态环境在线观测平台的研发与应用. 气象水文海洋仪器, 34(1): 13-17.
王志丹. 2016. 光学浊度传感器的设计与实现. 南京信息工程大学硕士学位论文.
吴国庆，毕卫红，付广伟，等. 2013. 低浓度水质化学需氧量紫外吸光检测中浊度与 pH 影响分析. 光谱学与光谱分析, 33(11): 3079-3082.
吴国庆, 毕卫红, 吕佳明, 等. 2011. 近红外透射和紫外吸光度法检测水质化学需氧量的研究. 光谱学与光谱分析, 31(6): 1486-1489.
肖文静, 吴开华. 2009. 海水淡化中的 pH 在线检测技术综述. 机电工程, 26(2): 9-12, 21.
谢馨, 柏松. 2010. 定电位电解法测定烟气中 SO_2 的干扰问题及解决方法. 环境监控与预警, 2: 25-26.
辛建军. 1999. 法治渔业是保障渔业可持续发展的关键. 渔业研究, 4: 63-65.
徐海东, 胡长青, 张平. 2012. 机载抛弃式温度剖面仪系统设计. 声学技术, 31(6): 555-558.
杨红生. 2017. 海岸带生态农牧场新模式构建设想与途径——以黄河三角洲为例. 中国科学院院刊, 32: 1111-1117.
杨红生. 2018. 海洋牧场监测与生物承载力评估. 北京: 科学出版社.
杨红生, 章守宇, 张秀梅, 等. 2019. 中国现代化海洋牧场建设的战略思考. 水产学报, 43: 1255-1262.
杨鹏程. 2013. 紫外吸收光谱结合偏最小二乘法海水硝酸盐测量技术研究. 北京: 国家海洋技术中心.
杨鹏程, 杜军兰, 程长阔. 2016. 间隔偏最小二乘-紫外光谱法海水硝酸盐最佳建模波长区间选取. 海洋环境科学, 35(6): 943-947.
杨俭. 2019. 一种在线式水体化学需氧量检测系统设计. 仪器仪表用户, 26(1): 12-14, 30.
杨琼, 胡蓉, 张书然, 等. 2010. 近红外光谱法同时测定废水中化学需氧量和生化需氧量. 理化检验(化学分册), 46(3): 266-269.
姚勇, 卫薇, 陈华秋. 2001. 90 国际温标对 80 国际海水状态方程影响的研究. 海洋技术学报, 20(3): 74-78.
于西龙, 张学典, 潘丽娜, 等. 2014. COD 与 TOC、BOD 相关性的研究及其在水环境监测中的应用. 应用激光, 34(5): 455-459.
于志强. 2007. 海洋环境在线监测与实时信息发布系统的研究. 山东大学硕士学位论文.
张慧丽, 刘顺. 2019. 二氧化硫紫外荧光法性能指标确定的探讨. 环境保护与循环经济, 39: 63-65.
张来泉. 1991. 火焰光度检测器. 交通环保, 4: 47-52.
张丽平, 裴星媛, 赵春蓉. 2020. 盐酸萘乙二胺分光光度法测定环境空气中氮氧化物含量的不确定评定. 黄金科学导刊, 39: 91-96.
张明锦, 李亚楠, 杨辉, 等. 2019. 紫外光谱结合偏最小二乘法用于水样中化学需氧量的测定. 分析试验室, 38(12): 1444-1448.
张伟, 冯巍巍, 赵广立, 等. 2012. 全光谱法 COD 测量仪在水质监测中的应用. 现代科学仪器, (3): 77-78, 82.
张旭, 王永杰, 魏传杰, 等. 2016. 直读拖曳式光纤光栅温度剖面测量系统. 海洋技术学报, 35(1): 41-45.
张永. 2017. 基于紫外-可见光谱法水质 COD 检测方法与建模研究. 中国科学技术大学硕士学位论文.
张云鹏, 孙成龙, 魏玉超, 等. 2015. 基于表层温盐传感器的标定分析. 海洋技术学报, 34(1): 100-105.
张正斌. 2004. 海洋化学. 青岛: 中国海洋大学出版社.

赵聪蛟, 孔梅, 孙笑笑, 周燕. 2016. 浙江省海洋水质浮标在线监测系统构建及应用. 海洋环境科学, 35(2): 288-294.

赵友全, 王慧敏, 刘子毓, 等. 2010. 基于紫外光谱法的水质化学需氧量在线检测技术. 仪器仪表学报, 31(9): 1927-1932.

仲洋, 夏凤毅, 廉继尧. 2017. 紫外-近红外光谱法测定废水 COD 含量. 环境工程学报, 11(2): 1300-1304.

周娜, 罗彬, 廖激, 等. 2006. 紫外吸收光谱法直接测定化学需氧量的研究进展. 四川环境, (1): 84-87.

Ai S Y, Gao M N, Yang Y, et al. 2004a. Electrocatalytic sensor for the determination of chemical oxygen demand using a lead dioxide modified electrode. Electroanalysis, 16(5): 404-409.

Ai S Y, Li J Q, Ya Y, et al. 2004b. Study on photocatalytic oxidation for determination of chemical oxygen demand using a nano-TiO_2-$K_2Cr_2O_7$ system. Analytica Chimica Acta, 509(2): 237-241.

Asan A, Isildak I, Andac M, et al. 2003. A simple and selective flow-injection spectrophotometric determination of copper(Ⅱ) by using acetylsalicylhydroxamic acid. Talanta, 60: 861-866.

Baeyens W, Bowie A R, Buesseler K, et al. 2011. Size-fractionated labile trace elements in the Northwest Pacific and Southern Oceans. Marine Chemistry, 126: 108-113.

Balconi M L, Borgarello M, Ferraroli R, et al. 1992. Chemical oxygen-demand determination in well and river waters by flow-injection analysis using a microwave-oven during the oxidation step. Analytica Chimica Acta, 261(1-2): 295-299.

Barus C, Legrand D C, Striebig N, et al. 2018. First deployment and validation of *in situ* silicate electrochemical sensor in seawater. Frontiers in Marine Science, 5(60): 1-11.

Batley G E, Matousek J P. 1977. Determination of heavy metals in sea water by atomic absorption spectrometry after electrodeposition on pyrolytic graphite-coated tubes. Analytical Chemistry, 49: 2031-2035.

Batterham G J, Munksgaard N C, Parry D L. 1997. Determination of trace metals in sea-water byinductively coupled plasma mass spectrometry after off-line dithiocarbamate solvent extraction. Journal of Analytical Atomic Spectrometry, 12: 1277-1280.

Bhatt A H, Altouqi S, Karanjekar R V, et al. 2016. Preliminary regression models for estimating first-order rate constants for removal of BOD and COD from landfill leachate. Environmental Technology & Innovation, 5: 188-198.

Cai Z Q, Feng W W, Hou Y B. 2019. The development of chemical oxygen demand monitoring technology and instrument in seawater based on spectrum analysis. Proceedings SPIE 11191, Advanced Sensor Systems and Applications Ⅸ, 1119117.

Cairns W R L, Ranaldo M, Hennebelle R, et al. 2008. Speciation analysis of mercury in seawater from the lagoon of Venice by on-line pre-concentration HPLC-ICP-MS. Analytica Chimica Acta, 622: 62-69.

Carchi T, Lapo B, Alvarado J, et al. 2019. A nafion film cover to enhance the analytical performance of the CuO/Cu electrochemical sensor for determination of chemical oxygen demand. Sensors, 19(3): 669.

Castillo E, Cortina J, Beltrán J, et al. 2001. Simultaneous determination of Cd(Ⅱ), Cu(Ⅱ) and Pb(Ⅱ) in surface waters by solid phase extraction and flow injection analysis with spectrophotometric detection. Analyst, 126: 1149-1153.

Chen B S, Wu H A, Li S Y, 2014. Development of variable pathlength UV-vis spectroscopy combined with partial-least-squares regression for wastewater chemical oxygen demand (COD) monitoring. Talanta, 120: 325-330.

Chen J, Liu S, Qi X, et al. 2018. Study and design on chemical oxygen demand measurement based on ultraviolet absorption. Sensors and Actuators B: Chemical, 254: 778-784.

Chen S C, Tzeng J H, Tien Y, et al. 2001. Rapid determination of chemical oxygen demand (COD) using focused microwave digestion followed by a titrimetric method. Analytical Sciences, 17(4): 551-553.

Dalton F N, Herkelrath W N, Rawlins D S, et al. 1984. Time domain reflectometry: Simultaneous measurement of soil water content and electrical conductivity with a single probe. Science, 224: 989-990.

Dirksen C, Dasberg S. 1993. Improved calibration of time domain reflectometry soil water content measurements. Soil Science Society of America Journal, 57: 660-667.

Domini C E, Hidalgo M, Marken F, et al. 2006. Comparison of three optimized digestion methods for rapid determination of chemical oxygen demand: Closed microwaves, open microwaves and ultrasound irradiation. Analytica Chimica Acta, 569(1-2): 275-276.

Etheridge J R, Birgand F, Osborne J A, et al. 2014. Using *in situ* ultraviolet-visual spectroscopy to measure nitrogen, carbon, phosphorus, and suspended solids concentrations at a high frequency in a brackish tidal marsh. Limnology Oceanography Methods, 12: 10-22.

Feistel R. 2008. A Gibbs function for seawater thermodynamics for −6 to 80℃ and salinity up to 120 g kg^{-1}. Deep-Sea Research Part I: Oceanographic Research Papers, 55(12): 1639-1671.

Finch M S, Hydes D J, Clayson C H, et al. 1998. A low power ultra violet nitrate sensor for use in seawater: Introduction, calibration and initial sea trials. Analytica Chimica Acta, 377: 167-177.

Frank C, Meier D, Voß D, et al. 2014. Computation of nitrate concentrations in coastal waters using an *in situ* ultraviolet spectrophotometer: Behavior of different computation methods in a case study a steep salinity gradient in the southern North Sea. Methods in Oceanography, 9: 34-43.

Fujimori K, Ma W, Moriuchi-Kawakami T, et al. 2001. Chemiluminescence method with potassium permanganate for the determination of organic pollutants in seawater. Analytical Sciences, 17(8): 975-978.

Ge Y, Zhai Y, Niu D, et al. 2016. Electrochemical determination of chemical oxygen demand using Ti/TiO_2 electrode. International Journal of Electrochemical Science, 11(12): 9812-9821.

Ghasemi J, Jabbari A, Amini A, et al. 2004. Kinetic spectrophotometric determination of nitrite based on its catalytic effect on the oxidation of methyl red by bromate. Analytical Letters, 37: 2205-2214.

Gibbon-Walsh K, Salaün P, van den Berg C. 2012. Determination of arsenate in natural pH seawater using a manganese-coated gold microwire electrode. Analytica Chimica Acta, 710: 50-57.

Grand M M, Laes-Huon A, Fietz S, et al. 2019. Developing autonomous observing systems for micronutrient trace metals. Frontiers in Marine Science, 6: 00035.

Grosso A P, Malardé D, Menn M L, et al. 2010. Refractometer resolution limits for measuring seawater refractive index. Optical Engineering, 49(10): 83-84.

Gurr C G. 1962. Use of gamma ray in measuring water content and permeability in unsaturated columns of soil. Soil Science, 94: 224-229.

Hawke D J, Lloyd A. 1988. Determination of metals in sewage sludge by inductively coupled plasma atomic emission spectrometry using a simplified nitric acid digestion method. Analyst, 113(3): 413-417.

Hou B, Grosso P, Wu Z Y, et al. 2012. Turbidimeter based on a refractometer using a charge-coupled device. Optical Engineering, 51(2): 023605.

Hu X P, Pan D W, Lin M Y, et al. 2015. One-step electrochemical deposition of reduced graphene oxide-bismuth nanocomposites for determination of lead. ECS Electrochemistry Letters, 4(9):

H43-H45.

Hu Y T, Wen Y Z, Wang X P. 2016. Novel method of turbidity compensation for chemical oxygen demand measurements by using UV-vis spectrometry. Sensors and Actuators B: Chemical, 227: 393.

Johnson K S, Coletti L J. 2002. *In situ* ultraviolet spectrophotometry for high resolution and long-term monitoring of nitrate, bromide and bisulfide in the ocean. Deep-Sea Research Part I: Oceanographic Research Papers, 49(7): 1291-1305.

Jońca J, Giraud W, Barus C. 2013. Reagentless and silicate interference free electrochemical phosphate determination in seawater. Electrochimica Acta, 88: 165-169.

Kawata K, Yokoo H, Shimazaki R, et al. 2007. Classification of heavy-metal toxicity by human DNA microarray analysis. Environmental Science & Technology, 41: 3769-3774.

Kayaalp N, Ersahin M E, Ozgun H, et al. 2010. A new approach for chemical oxygen demand (COD) measurement at high salinity and low organic matter samples. Environmental Science and Pollution Research, 17(9): 1547-1552.

Kazemzadeh A, Ensafi A A. 2001. Simultaneous determination of nitrite and nitrate in various samples using flow-injection spectrophotometric detection. Microchemical Journal, 69: 61-68.

Kim Y C, Sasaki S, Yano K, et al. 2001. Photocatalytic sensor for the determination of chemical oxygen demand using flow injection analysis. Analytica Chimica Acta, 432(1): 59-66.

Krüger A J, Krieg H M, Grigoriev S A, et al. 2015. Various operating methods and parameters for SO_2 electrolysis. Energy Science & Engineering, 3: 468-480.

Langergraber G, Fleischmann N, Hofstädter F. 2003. A multivariate calibration procedure for UV/VIS spectrometric quantification of organic matter and nitrate in wastewater. Water Science and Technology, 47(2): 63-71.

Liu J H, Yang S L, Zhu Q, et al. 2014. Controls on suspended sediment concentration profiles in the shallow and turbid Yangtze Estuary. Continental Shelf Research, 90: 96-108.

Maity S, Sahu S K, Pandit G G. 2017. Determination of traces of Pb, Cu and Cd in seawater around Thane Creek by anodic stripping voltammetry method. Bulletin of Environmental Contamination and Toxicology, 98: 534-538.

McDougall T J, Jackett D R, Millero F J, et al. 2012. A global algorithm for estimating absolute salinity. Ocean Science, 8(6): 1123-1134.

Meyer D, Prien R D, Rautmann L, et al. 2018. *In situ* determination of nitrate and hydrogen sulfide in the Baltic Sea using an ultraviolet spectrophotometer. Frontiers in Marine Science, 5: 10-16.

Milne A, Landing W, Bizimis M. 2010. Determination of Mn, Fe, Co, Ni, Cu, Zn, Cd and Pb in seawater using high resolution magnetic sector inductively coupled mass spectrometry (HR-ICP-MS). Analytica Chimica Acta, 665: 200-207.

Nguyen L V, Vasiliev M, Alameh K. 2011. Three-wave fiber Fabry-Pérot interferometer for simultaneous measurement of temperature and water salinity of seawater. IEEE Photonics Technology Letters, 23(7): 450-452.

Pellerin B A, Bergamaschi B A, Downing B D, et al. 2013. Optical techniques for the determination of nitrate in environmental waters: Guidelines for instrument selection, operation, deployment, maintenance, quality assurance, and data reporting. U. S. Geological Survey Techniques and Methods, 1-D5: 37.

Pidcock R, Srokosz M, Allen J, et al. 2010. A novel integration of an ultraviolet nitrate sensor on board a towed vehicle for mapping open-ocean submesoscale nitrate variability. Journal of Atmospheric and Oceanic Technology, 27: 1410-1416.

Polton J A, Palmer M R, Howarth M J. 2011. Physical and dynamical oceanography of Liverpool Bay.

Ocean Dynamics, 61(9): 1421-1439.

Qu J H, Zhao X. 2008. Design of BDD-TiO_2 hybrid electrode with P-N function for photoelectrocatalytic degradation of organic contaminants. Environmental Science & Technology, 42(13): 4934-4939.

Répécaud M, Dégrés Y, Bernard N, et al. 2009. New instruments to monitor coastal sea water masses according to European Water Framework Directive-Trophimatique project. Europe Ocean, 2: 1084-1086.

Sakamoto C M, Johnson K S, Coletti L J, et al. 2017. Hourly in situ nitrate on a coastal mooring: A 15-year record and insights into new production. Oceanography, 4: 114-127.

Sedykh E M, Starshinova N P, Bannykh L N. 2000. Determination of heavy metals and their speciation in waters and bottom sediments of water reservoirs using inductively coupled plasma atomic emission spectrometry and electrothermal atomic absorption spectrometry. Journal of Analytical Chemistry, 55: 344-349.

Silva C R, Conceicao C D C, Bonifacio V G, et al. 2009. Determination of the chemical oxygen demand (COD) using a copper electrode: A clean alternative method. Journal of Solid State Electrochemistry, 13(5): 665-669.

Su Y Y, Li X H, Chen H, et al. 2007. Rapid, sensitive and on-line measurement of chemical oxygen demand by novel optical method based on UV photolysis and chemiluminescence. Microchemical Journal, 87(1): 56-61.

Sugiyama K, Anderson O R. 1997. Experimental and observational studies of radiolarian physiological ecology, 6. Effects of silicate-supplemented seawater on the longevity and weight gain of spongiose radiolarians *Spongaster tetras* and *Dictyocoryne truncatum*. Marine Micropaleontology, 29(2): 159-172.

Tokay F, Bagdat S. 2016. Preconcentration of Cu(Ⅱ), Co(Ⅱ), and Ni(Ⅱ) using an optimized enrichment procedure: Useful and alternative methodology for flame atomic absorption spectrometry. Applied Spectroscopy, 70: 543-551.

Topp G C. 1970. Soil water content from gamma ray attenuation: A comparison of ionization chamber and scintillation detectors. Canadian Journal of Soil Science, 50: 439-447.

Topp G C, Davis J L, Annan A P. 1982. Electromagnetic determination of soil water content using TDR: I. Applications to wetting fronts and steep Gradients. Soil Science Society of America Journal, 46: 672-678.

Torres A, Bertrand-Krajewski J L. 2008. Partial Least Squares local calibration of a UV-visible spectrometer used for *in situ* measurements of COD and TSS concentrations in urban drainage systems. Water Science and Technology, 57(4): 581-588.

Tsoumanis C M, Giokas D L, Vlessidis A G. 2010. Monitoring and classification of wastewater quality using supervised pattern recognition techniques and deterministic resolution of molecular absorption spectra based on multiwavelength UV spectra deconvolution. Talanta, 82(2): 575-581.

Urucu O A, Aydin A. 2015. Coprecipitation for the determination of Copper(Ⅱ), Zinc(Ⅱ), and Lead(Ⅱ) in seawater by flame atomic absorption spectrometry. Analytical Letters, 48: 1767-1776.

Vuillemin R, Sanfilippo L, Moscetta P, et al. 2009. Continuous nutrient automated monitoring on the Mediterranean Sea using in situ flow analyser. Proceedings of the OCEANS 2009, MTS/IEEE Biloxi: 1-8.

Wang J Q, Wu C, Wu K B, et al. 2012. Electrochemical sensing chemical oxygen demand based on the catalytic activity of cobalt oxide film. Analytica Chimica Acta, 736: 55-61.

Wei H, Pan D, Hu X. 2018. Voltammetric determination of copper in seawater at a glassy carbon disk electrode modified with Au@MnO_2 core-shell microspheres. Microchimica Acta, 185: 258.

Widmann A, van den Berg C. 2005. Mercury detection in seawater using a mercaptoacetic acid modified gold microwire electrode. Electroanalysis, 17: 825-831.

Wu J F, Boyle E A. 1998. Determination of iron in seawater by high-resolution isotope dilution inductively coupled plasma mass spectrometry after $Mg(OH)_2$ coprecipitation. Analytica Chimica Acta, 367: 183-191.

Wu X S, Tong R Y, Wang Y J, et al. 2019. Study on an online detection method for ground water quality and instrument design. Sensors, 19(9): 2153.

Yao N, Wang J Q, Zhou Y K. 2014. Rapid determination of the chemical oxygen demand of water using a thermal biosensor. Sensors, 14(6): 9949-9960.

Zangeneh H, Zinatizadeh A A L, Habibi M, et al. 2015. Photocatalytic oxidation of organic dyes and pollutants in wastewater using different modified titanium dioxides: A comparative review. Journal of Industrial and Engineering Chemistry, 26: 1-36.

Zegelin S J, White I, Jenkins D R. 1989. Improved field probe for soil water content and electric conductivity measurements using time domain reflectometry. Water Resources Research, 25: 2367-2376.

Zenki M, Fujiwara S, Yokoyama T. 2006. Repetitive determination of chemical oxygen demand by cyclic flow injection analysis using on-line regeneration of consumed permanganate. Analytical Sciences, 22(1): 77-80.

Zhang Z Y, Chang X, Chen A C. 2016. Determination of chemical oxygen demand based on photoelectrocatalysis of nanoporous TiO_2 electrodes. Sensors and Actuators B: Chemical, 223: 664-670.

Zhou Q Y, Shimada J, Sato A. 2001. Three-dimensional spatial and temporal monitoring of soil water content using electrical resistivity tomography. Water Resources Research, 37: 273-285.

Zhu J C, Niu Y W, Xiao Z B. 2020. Characterization of important sulfur and nitrogen compounds in Lang baijiu by application of gas chromatography-olfactometry, flame photometric detection, nitrogen phosphorus detector and odor activity value. Food Research International, 131: 109001.

第二章　盐碱地生态农牧场构建原理与模式

滨海盐碱地是我国重要的后备土地资源，合理开发利用盐碱地对缓解土地资源紧张和保障粮食安全至关重要。近年来，我国盐碱地开发利用秉承“可持续利用、因地制宜、分区开发、保护与利用并重”的原则，在不同盐碱区形成了一些具有区域特色的关键技术和模式，但依然存在无序开发、粗放经营及缺乏统一规划的问题。黄河三角洲滨海盐碱地面积广大，存在地下水位浅且矿化度高、土壤含盐量高、土质黏重且肥力低、淡水资源匮乏等问题。本研究依据水盐运动规律和植物适应盐渍环境原理，重点集成盐碱地异质性生境营造、高效抑盐控盐、土壤增碳培肥和耐盐物种合理配置等关键技术，突破传统的种植业，综合集成生态保育-种养渔牧-特色产品-休闲旅游，形成整体生态链的良性循环，既专注于滨海盐碱土提质增效和产能提升，又根植于生态环境安全与可持续发展，构建“盐碱地生态农牧场”新模式，并进行规模化示范，实现物质-能量-生态良性循环，促进一二三产融合发展，为盐碱地农业资源高效持续利用提供技术支持。该模式在黄河三角洲滨海盐碱地区域具有良好的应用前景，适宜大面积推广，能够充分提升该地区盐碱地开发利用的经济效益和社会效益，促进生态农业的良性发展。

第一节　引　　言

一、研究背景与意义

黄河三角洲盐碱化土地面积为44.3万hm^2，占总面积的一半以上，其中重度盐碱化土壤和盐碱光板地面积为23.6万hm^2，约占区内土地面积的28.4%，土壤表层含盐量为 0.4%～3.0%。以黄河三角洲滨海盐碱土为研究区，针对该区盐碱土含盐量高、土质黏重、肥力低和淡水资源匮乏等问题，依托中国科学院黄河三角洲滨海湿地生态试验站，本研究基于空间协调模式、物质能量循环模式、要素集约模式，通过建立盐碱地异质性生境优化组合模式，在促进植被生长的同时打造景观层次的多样性，该模式在突破盐碱地利用传统思维的同时有助于实现滨海盐碱地的高效综合利用。

二、盐碱地生态农牧场构建理论方法

盐碱地异质性生境岛构建，依据微地形特点进行异质性地貌改造，构建高度不等且坡度各异的生境岛和湖面，水域、坡面和岛顶的面积比例为 3∶2∶1。生境岛之间开挖深度为 2.0～3.0m 的人工湖作为集水区，可集蓄淡水，并且集水可用于生境岛灌溉，实现土壤淋盐保水功能，也能促进陆域与水域的物质循环。岛顶为平面，相当于降低地下水位，能够抑制土壤返盐，促进土壤自然脱盐，形成高度不同的旱生生境。生境岛的坡面为坡度 5°～9°的缓坡，坡面形成湿生和中生生境。各个生境岛之间用土桥相连，土桥下埋设 80cm 口径的玻璃钢管用于连通水系。进而营造出水生-湿生-旱生生境，生境的多样化将导致景观多样性和食物网复杂性，既能满足生态保育的功能，又能为发展多样化农业模式提供物质基础。

在生境岛顶面，采用秸秆碎屑和牛粪混合的方式进行土壤改良，灌水 20～40cm 压盐，创造适于经济植物的立地条件。依据植物耐盐能力分别在不同盐度地块种植耐盐经济植物：高盐度地块（盐度大于 8mS/cm）种植黑果枸杞、白刺等高耐盐植物，中盐度地块（盐度为 4～8mS/cm）种植海马齿、冬枣、海滨木槿，低盐度地块（盐度小于 4mS/cm）种植枸杞、油葵、海棠、单叶蔓荆、忍冬，实现经济作物、蔬菜和林木的多样化种植。

生境岛坡面是主要返盐区域，但坡面无法进行常规的大水洗盐，采取布设喷灌系统的方法，坡面中央围绕整个岛布设一条喷灌管道，每隔 10m 安装喷头，利用湖内微咸水对坡面进行喷灌淋盐，实现水分、盐分和养分循环利用。坡面土壤盐度较高，种植田菁、碱茅、羊草等耐盐牧草，采用起垄或挖浅宽沟、沟内播种牧草种子的方式，浅宽沟内存水较多可起到压盐作用，进而在坡面创造一个适宜牧草生长的低盐微环境。

在生境岛之间的水域，水质属于具有一定养分条件的微咸水，充分利用水循环特点，种植具有观赏性的耐盐水生植物，如美人蕉、香蒲、再力花、水葱（耐盐性能为再力花＞水葱＞香蒲＞美人蕉），采用生境岛周边水域种植、深水区生态浮床种植两种方式。水生植物吸收水中营养物质、净化水质，同时为水生鱼类提供养分、氧气，净化后的水体可为生境岛植被生长提供必需的水源，实现生态系统自循环。

对于鱼类养殖，依据水体内浮游动植物种类和数量确定养殖鱼的种类。经调查，水域中浮游植物有 5 门 15 属 17 种，其中绿藻门 4 属 5 种、硅藻门 4 属 4 种、蓝藻门 5 属 6 种、甲藻门 1 属 1 种、黄藻门 1 属 1 种；浮游动物有原生动物 2 种、轮虫 6 种、桡足类 2 种。选择养殖经济价值较高的鳜鱼、黄颡鱼，鳜鱼放养时间为 2018 年 6 月 23 日，规格为 2.70～4.75g/尾，投放鳜鱼苗 3400 尾，存活率按 80%计，预计鳜鱼产量 924.8kg，收益约 6.5 万元；黄颡鱼放养分两批，时间为 2018

年 6 月 23 日和 7 月 28 日，规格为 0.50～1.90g/尾，投放黄颡鱼苗 2.5 万尾，存活率按 60%计，预计黄颡鱼产量 1980kg，收益约 4.75 万元。

第二节　国内外研究进展

一、盐碱地改良研究进展

（一）盐碱地概况

盐碱土是指各种受盐碱作用的土壤类型的总称，包括盐土和碱土及其他不同程度盐化和碱化的土壤（王遵亲，1993）。根据联合国教育、科学及文化组织（UNESCO）和联合国粮食及农业组织（FAO）的统计，全球盐碱地面积已经达到 $9.54\times10^8hm^2$，遍布世界各个国家和地区，在美洲、欧洲、亚洲及大洋洲等均有分布，其中较为严重的有大洋洲的澳大利亚、中亚的巴基斯坦、东南亚的印度尼西亚及东亚的中国（Malcolm and Sumner，1998；赵可夫和李法曾，2013）。我国盐碱地总面积约为 $9.91\times10^7hm^2$，约为国土面积的 10.3%，从内陆干旱区到沿海湿润区都有分布，包括西北内陆盐碱区、黄河中上游半干旱盐碱区、黄淮海平原干旱半干旱洼地盐碱区、东北半湿润半干旱低洼盐碱区、沿海半湿润盐碱区等（张学杰和李法曾，2001）。

盐碱地的形成和分布受成土母质、地形状况、水文条件、气候变化及人类活动等多种因素的影响。根据所处地理位置和类型特点可以将我国盐碱地划分为滨海盐碱地、西北内陆干旱区盐碱地、东北苏打盐碱地。沿海地区长期受海水侵蚀，并且因海拔低，淤泥土层薄，盐分极易上升到地表，导致土壤盐碱化（高富聚和郭晓和，1999）。滨海盐碱地除含盐量高之外，还具有土壤有机质含量低、缺氮、贫磷、富钾等特点（李文炳，2001）。西北内陆干旱地区一方面年降水量不足，地下水位常年低于临界深度，与此同时，在地表强烈蒸发的作用下，土壤盐分得不到充分淋洗，从而在表层积累；另一方面土壤深层盐分在毛细作用下向上移动，又随着水分蒸发来到了表层，长此以往，土壤表层的含盐量越来越高，逐步形成了盐碱地（边荣荣等，2016）。该类盐碱地上种植的作物普遍出现生理性缺铁、缺钙现象（寇明明，2017）。东北苏打盐碱地是我国主要盐碱地类型之一，总面积达到了 500 万 hm^2，主要分布于东北西部，是典型的生态脆弱区（杨帆等，2016）。其成因复杂，在历史上受到过气候变化的影响、灌溉水利工程的影响、过牧的影响及石油开采的影响，其特点是土壤交换性钠含量高，盐分淋洗困难（张树文等，2010；Chi and Wang，2010）。

综上所述，我国盐碱地分布范围广，面积大，形成原因复杂，其改良所面临的挑战巨大。我国人多地少，随着我国经济不断发展和城镇化的加速，大量耕地被占，导致耕地数量呈持续减少的趋势，而灌溉不当也造成大量耕地盐碱化，此外，我国约 15 亿亩①盐碱地 80%处于荒芜状态（杨真和王宝山，2014；滕思翰，2016；梁辉等，2019）。截至 2011 年，我国耕地面积为 18.2476 亿亩，人均耕地面积为 1.35 亩，不到世界平均水平的一半，18 亿亩耕地红线越来越难以守住（唐任伍，2013）。因此，我国粮食进口规模不断扩大，21 世纪初我国从粮食净出口国转变为粮食净进口国，这非常不利于维护我国的粮食安全（孙玉娟和孙浩然，2020）。虽然盐碱地是一种中低产土壤类型，但其作为我国后备耕地资源具有巨大的利用潜力（姜天海，2016）。防治土壤盐渍化及合理利用盐碱地对保证国家粮食安全和维护生态环境稳定等具有重大战略意义，也是推动我国农业可持续发展的重要途径。

（二）盐碱地改良措施、技术及原理

盐碱地改良利用及农业可持续发展是一项世界性难题。自古以来，世界各国人民积累了不少开发利用盐碱地的方法和经验，但都无法大规模推广应用。土壤盐渍化的原因不同导致了不同的盐碱地类型，会影响土壤所含盐分的类型、土壤物理结构及化学特性等。因此，特定区域内改良和利用盐碱地所采用的技术和方法肯定不一致。总体上，应主要利用种植盐生植物等生物学措施改良利用滨海原生盐渍化土壤，而以其他改良措施作为辅助。目前国内外盐碱地开发利用方法主要有：物理改良、化学改良、水利改良和生物改良（周和平等，2007）。

物理改良主要是通过改变土壤物理结构或者通过地表覆盖来调控土壤水盐运移，从而达到抑制土壤蒸发、抑制返盐及提高洗盐效果的目的（杨真和王宝山，2014）。物理处理措施主要包括平整土地、深耕晒垡、及时松土、抬高地形、微区改土及地表覆盖。例如，在黄河三角洲滨海盐碱地种植棉花一般在 3～4 月进行平整土地并利用黄河水漫灌一次，及时深耕耙细可以显著降低含盐量，墒情合适时播种基本能保证苗全。蔺亚莉等（2016）采用在西北干旱盐碱土里掺沙的办法进行微区改土实验，降低了土壤全盐含量，增加了土壤肥力，使种植的玉米大幅增产。李健等（2020）对东北苏打盐碱地土壤进行深松实验，利用 SPSS 软件进行数据分析，证实了采用深松技术可有效改善苏打盐碱地土壤的各项物理指标。

化学改良是指通过施用化学改良剂促进盐碱地土壤盐度降低，常见的改良剂包括石膏、磷石膏、过磷酸钙、腐殖酸、泥炭、醋渣等。为解决滨海土壤盐碱化严重的问题，李婧男等（2019）将园林废弃物的发酵产物与膨润土按合适比例配合施用，使土壤盐度降低了 62.7%、养分增加了 57.2%，达到了很好的处理效果。

---

① 1 亩≈666.7m^2。

秦萍等（2019）以西北干旱区盐碱地为研究对象，通过研究单独或配合施用脱硫石膏、糠醛渣、醋糟和菌肥对土壤 pH、全盐含量和其他理化性质改善的效果，总结出了最佳配合施用比例。张瑜等（2020）在吉林省西部重度苏打盐碱地上利用磷石膏对土壤进行了改良，降低了土壤盐渍化程度，提高了土壤的养分含量，为苏打盐碱地化学改良提供了很好的参考。

水利改良是指通过水利工程设施对地下水和灌溉水进行调控，以降低土壤含盐量，达到盐碱地改良的目的，包括明沟排水、膜下滴灌、地下渗管排盐等，遵循“盐随水来，盐随水去”的水盐运动规律。陈瑞霞等（2019）在滨海盐碱土地区进行了膜下滴灌实验，发现该方法可以抑盐、提高地温，为农作物生长提供了良好的环境，从而提高了产量。但是由于水利改良实施过程中需要大量水，这在干旱、半干旱地区水资源紧缺的情况下，难以推广应用。

生物改良是指利用耐盐植物、微生物菌肥、有机肥来改良盐碱化土壤，主要分为增施有机肥、微生物改良、利用植物修复等。增施有机肥是改良盐碱地的一种重要方法。郭晓华和关丽菊（2007）利用酸性有机肥改良盐碱地的实验发现其不仅能提高水稻产量，还能通过改善土壤团粒结构，达到盐碱地改良的目的。土壤微生物是盐碱地改良的重要工具，与化学法和物理法相比，生物法的作用效果较慢，但其不会造成环境的二次污染，因此有很好的应用前景（孔涛等，2014）。寇一鸣等（2015）对上海滨海地区盐碱地微生物改良的研究表明，复合微生物改良后的土壤理化状况、微生物多样性指数和土壤酶学指标均得到了显著改善。植物改良技术费用低，见效快，能同时兼顾盐碱地改良和经济效益，其主要是利用植物生命活动积累土壤的有机质，减少土壤的水分蒸发，从而加速盐碱的淋洗，达到改良盐碱地的目的。因此，植物改良技术在盐碱地的改良中得到了广泛应用。郭树庆（2018）认为耐盐植物资源圃在改良盐碱地方面有非常广阔的应用前景。张永宏（2005）在西北干旱区盐碱地上种植耐盐植物红豆草、苜蓿、聚合草、小冠花、苇状羊茅等，发现可使该盐碱地 0～20cm、0～100cm 土层的平均脱盐率分别达到 31.1%和 19.1%。李倩等（2019）考虑到盲目引种耐盐植物可能破坏生态，对黄河三角洲地区耐盐植物提出了要求，即加强耐盐植物的研究，改良培育新的耐盐植物，同时加强耐盐机制、耐盐指标评价体系的研究。肖凤祥等（2016）在东北苏打盐碱地上分别采用不同的栽培密度、不同整地强度和不同的造林方式营造枸杞林，通过对各种不同方式的对比，总结出了能获得最大效益的方法，使该地区盐碱土得到了很好的开发利用。

物理措施、化学措施、水利工程措施和生物措施等盐碱地改良的多种技术具有不同的改良效果，也各有利弊。生物改良效果更好，应用范围更广，淡水资源消耗更少，且可选择性更强，有很好的发展前景，其中植物改良凭借其很好的经济效益成为近年来研究的热点。

（三）盐碱地作物微咸水灌溉的原理和方法

微咸水一般指矿化度为2～5g/L的含盐水（Hu et al.，2013）。我国是一个水资源大国，但人均水资源占有量或单位土地面积水资源拥有量低于世界平均水平，区域性缺水和季节性缺水也是我国水资源的一大特征。随着国民经济和工农业生产的迅速发展，各地用水量和需水量不断增加，水资源供求矛盾日益尖锐，而研究开发利用微咸水资源已成为微咸水分布区解决水资源短缺的有效途径。我国微咸水的分布比较广泛，且总量丰富，已有资料显示，我国地下微咸水大约有200亿m^3，其中可以开采利用的大约有130亿m^3，这些地下水的深度大概在100m以内，方便开采利用（刘友兆和付光辉，2004）。在淡水资源短缺的华北、西北这些地区，微咸水能在一定程度上解决城市生活水资源短缺的难题，也为灌溉农业可持续发展提供了潜在水源（王辉，2016）。虽然农作物在微咸水灌溉下会比在淡水灌溉下产量降低，但其有着不可忽视的节水作用，马文军等（2010）连续开展了多年的冬小麦和夏玉米微咸水灌溉田间长期定位试验，证实了微咸水灌溉下冬小麦和夏玉米的产量虽然只能达到充分淡水灌溉的85%～90%，但节约淡水量达到了60%～75%，这在基本保障农业经济效益的同时大大缓解了淡水资源紧缺。

微咸水的种类、浓度、矿化度及灌溉方式不同都会对其灌溉作用产生影响。李慧等（2020）通过室内土柱出流实验，探讨了不同种类和浓度的咸水灌溉对土壤渗透性能和盐分阳离子运移的影响，对微咸水灌溉的应用有很好的指导意义。刘小媛等（2018）通过微咸水室内一维垂直入渗实验，分析了4种不同矿化度的微咸水对重度盐入渗的影响，得出累计入渗量、湿润峰运移深度随微咸水矿化度的增加呈现增大的趋势，表明微咸水矿化度对盐分的入渗深度也有显著影响。另外，一些学者着眼于不同微咸水灌溉方式对作物产量的影响，寻找最佳灌溉方式，其中包括直接微咸水灌溉、微咸水与淡水混合灌溉及两者轮灌（叶胜兰，2019）。马文军等（2011）基于多年试验站数据对土壤水盐动态变化、盐分淋洗条件及淋洗需水量进行了分析，提出了提高灌溉频率、改变灌溉方法和额外灌溉等微咸水灌溉的具体方法。吕棚棚等（2020）采用正交实验设计，进行了9组西葫芦微咸水膜下滴灌实验，在正交实验极差分析的基础上，得出最优的灌水方案，其实验方法对确定最佳灌水方案时有一定的指导意义。有些学者在微咸水灌溉实验的同时施用改良剂，显著降低土壤含盐量，对微咸水灌溉造成潜在土壤盐碱化危险提供了解决办法，实现了改良盐碱土的目标（杨军等，2013）。逄焕成等（2014）通过微区定位实验，证明了麦秸覆盖配合微咸水灌溉对作物年产量无明显影响。综上所述，在利用微咸水灌溉时必须考虑微咸水的种类、浓度和矿化度，并选择合适的灌溉方式，必要时要采用一些辅助手段，才能到较好的灌溉效果。

黄河三角洲地区由于自然环境条件制约，地表淡水资源量较少，同时近年来由于气候变化、城市发展，淡水的供需失衡，淡水资源短缺成为制约农业可持续发展的重要因素（李琰，2015）。但黄河三角洲地区因其特殊的地质条件和历史演变，全区地下微咸水、咸水资源丰富，可利用性好（马志靖，2001）。刘小京（2018）认为在环渤海盐渍区科学地利用地下水资源可以实现盐碱地的高效开发。我国中西部、华北平原等地区很早就开始利用微咸水进行农业灌溉，20 世纪 20 年代宁夏就开始尝试利用微咸水灌溉；20 世纪 60 年代初河北因淡水资源匮乏，也开始研究微咸水的利用（徐秉信等，2013）。相比之下，黄河三角洲地区的微咸水利用起步晚，成果少，但有着广阔的应用前景，亟待开展深入研究。

（四）盐土农业定义及现状

根据《中国统计年鉴》和《中国土地资源公报》的数据，截至 2018 年，我国约有 $1.348\times10^{8}hm^{2}$ 的耕地，从 2009 年开始呈现出逐年减少的趋势。盐碱地是保障我国农业可持续发展和粮食安全的重要土地资源，在淡水资源缺乏及土地盐碱化面积日益增大的形势下，通过传统改良来实现盐碱地的农业开发利用，存在成本高、收益低及不可持续的缺点。突破盐碱地改良的传统思维，选育耐盐经济作物，发展盐土农业，提高种植效益，避免环境污染，是开发利用盐碱地的有效途径。

盐土农业是在盐碱地上种植耐盐经济作物，配合一定的土壤改良措施，结合微咸水灌溉，获得种植收益的盐碱地利用方式，这不同于传统直接高投入的盐碱地改良（Rozema and Flowers，2008；Panta et al.，2014；杨真和王宝山，2014；Qin et al.，2015）。盐碱土会对植物产生盐胁迫，影响作物正常生理代谢，抑制植物生长，甚至造成植株死亡。不同植物对盐胁迫的耐受程度不同，所以盐土农业的关键是选育和培养出耐盐性强且经济效益好的植物品种。国外盐土农业的研究从 20 世纪 30 年代开始，90 年代有了突破进展，经历了盐土植物资源的发现，到耐盐植物的引种驯化，再到耐盐植物新品种的开发等阶段（丁海荣等，2011）。我国盐碱土上有丰富的野生盐生植物种质资源，很多专家从 20 世纪 60 年代就开始进行耐盐育种和栽培方面的研究（秦光蔚等，2013）。早些时候，沈其荣等（1992）通过在滩涂地区种植田菁、大麦等耐盐植物来进行盐土农业的尝试。近几十年来，随着新兴技术的运用，耐盐育种取得了许多不错的成果。夏光敏等（2001）利用杂交技术培育耐盐小麦和牧草，获得的杂交后代可以在盐土上生长。同时我国在沿海滩涂大力推进发展盐土农业，并将其上升为国家战略。

耐盐作物的培育与选育主要分为两种途径：一是利用生物技术包括转基因技术，在分子水平改良作物，提升作物耐盐能力；二是直接利用有经济价值的耐盐作物或盐生植物，进行农业生产（冯立田等，2013）。在利用生物技术培育耐盐植物领域，李菲等（2019）认为转基因技术可以显著提高棉花的耐盐性，李大红等

（2017）的研究表明，转 *MsDREB1* 基因大豆也表现出明显的耐盐性。自然界本身就存在许多耐盐植物，这些植物不仅能够适应盐碱环境，还能改良盐碱化土壤。陈慧芳和王云平（2020）依据耐盐植物生长的土壤类型将其分为干旱土耐盐植物和湿成土耐盐植物，并总结了评价耐盐植物比较完善的指标体系，包括形态指标、生理指标、环境指标、经济指标。贾燕芳（2020）则将耐盐植物的盐碱土改良分为了三个方面：一是植物在一个生命周期从土壤吸收盐分并富集在体内，从而改良土壤；二是耐盐植物的种植提高了植被覆盖率，减少了土壤水分蒸发，从而减少了土壤盐分积累；三是耐盐植物根系作用改善土壤结构，改变土壤理化性质，改良了盐碱土。在选育耐盐植物时要结合植物本身及盐碱地的地理环境考虑这三个具体方面。宋协明等（2019）通过对滨海地区 7 种野生植物耐盐性的研究，发现除沙滩黄芩外，其他 6 种包括单叶蔓荆、大叶胡颓子、砂引草、烟台补血草、白茅和肾叶打碗花均可适应大部分盐渍土，有很好的推广价值。因此，直接选育耐盐植物发展盐土农业，需要清楚了解耐盐植物的耐盐能力阈值及对盐碱地的适应机制。

选育合适的耐盐植物，不仅要考虑其耐盐能力，还要关注其经济效益和环境效益。江苏省盐城在其海涂区试种的新品种菊芋，与其他主要农作物和耐盐植物相比有更好的经济效益（张振华等，2015）。在黄河三角洲盐碱地种植盐地碱蓬、柽柳、芦苇、甘草这四种耐盐植物，计算其生物产量和经济效益，结果表明它们都具有较高的经济效益（刘永信和王玉珍，2011）。张倩等（2019）对克拉玛依市南新公园盐碱地种植的耐盐植物进行了景观应用分析，结果表明耐盐植物既保护了生态环境，又解决了该地区绿化困难的问题。盐土农业是种植业的又一次革命，揭开了农业发展的新篇章，对补充我国耕地资源、确保国家粮食安全有着不可替代的作用。在现有的开发利用模式下，开发观念落后，研究力量分散，研究投入和产出难以平衡，要解决这些难题，我们要坚持可持续发展，集中研究投入，加大产业化的开发。我们要在今后的 10 年乃至 20 年加大投入，实现亿亩盐碱地的开发，在解决粮食问题的同时，实现从源头上控制耕地盐渍化的危害。

（五）黄河三角洲盐碱地农业开发的制约因素及前景展望

黄河三角洲位于山东省东北部、莱州湾西岸和渤海湾南岸，是黄河冲积而成的扇形三角洲，主要包含东营市和滨州市，陆地面积约达到 4000 万亩。黄河三角洲气候条件和地理位置优越，自然资源丰富，是我国最后一个未被大规模开发的大河三角洲，也是一块有待开发的宝地，后发优势明显，开发潜力巨大。由于独特的沉积环境、气候条件和成土母质，黄河三角洲区域盐碱化土壤广泛分布，该地区淡水资源缺乏，进一步加大了农业开发利用的难度。

黄河三角洲土地资源和水资源配置不平衡。黄河三角洲具有丰富的耕地资源，但质量不高。目前，黄河三角洲有未利用的盐碱地 270 万亩，土壤含盐量高，严重阻碍种植业的开展（欧阳竹等，2020）。黄河水是该地区农业发展的重要保障，但目前黄河水供给总量难以满足该地区工农业生产、湿地保护及生活用水的需要。虽然该地区农业用水占总用水量的 70% 以上，但仍然无法充分满足盐碱地改良和农业生产的需求。因此，盐碱地低效的土地资源和水资源供给不足的双重约束，阻碍了黄河三角洲农业的高质量发展。

黄河三角洲盐碱地农业开发利用首先要保证近海和湿地生态环境的安全，需要协调好其与湿地生态保护的矛盾。在黄河三角洲地区分布有近海及海岸湿地、沼泽湿地、河流湿地、人工湿地、湖泊湿地等，总面积约 832.65 万亩，发挥着重要的生态功能（王强等，2018）。湿地需要淡水补给，维持生态系统服务功能，做好湿地保护与盐碱地农业的水资源合理分配是该地区的重点问题。农业污染物对湿地和近海海域环境造成严重威胁，应当采用盐碱地农业绿色发展的思路，实现农业快速发展的同时也实现保护生态环境的目标。

传统盐碱地农业开发以粗放式开发为主，存在低质低效、投入高、治理难的问题。因此，黄河三角洲盐碱地农业高质量发展需要改变开发模式，突破盐碱地治理传统思维，立足盐土农业的思路，发展生态适应型农业，改变盐碱地粗放开发模式，发展盐碱地高效、高质、高值现代农业（白春礼，2020）。针对黄河三角洲的资源环境特点，根据不同的作物用途，筛选耐盐作物，进行不同含盐量盐碱地的适应性种植，建立不同类型的盐碱地农业生态系统。综合运用盐分消除技术、盐分阻隔技术、土壤改良培肥技术、植物调理技术等，合理利用土壤盐分胁迫对植物次生代谢的诱导作用，提高经济作物的产品品质，构建盐碱地的高产、高效、高质、高值农业模式。通过区域资源环境的分析，采用系统工程的方法，进行盐碱地农业优化模式和技术集成的设计，最大限度发挥黄河三角洲水、土、气、生资源的潜力（白春礼，2020）。

另外，在区域尺度上，黄河三角洲盐碱地农业开发还必须考虑并系统评估陆海生态连通性的现状，做到陆海统筹，强化海岸带建设和开发活动的工程示范，保证陆海生态系统结构和功能稳定，建立与海岸带各区域相互连通、融合发展的盐碱地生态农牧场模式，提升滨海盐碱地开发利用空间效益和综合效益（杨红生，2017）。

二、盐生植物选育

（一）选育盐生植物的意义及中国盐生植物种类与分布

土壤盐渍化是一个世界性的资源问题和生态问题。当前，全球盐碱地面积已达 $9.54\times10^8hm^2$，中国盐碱地总面积约为 $9.91\times10^7hm^2$，约为国土面积的 10.3%，从内陆干旱区到沿海湿润区都有分布。土壤盐分过多对植物造成的危害，称为盐害，也称盐胁迫。盐胁迫会使植物吸水困难，形成生理干旱，植物体内的渗透调节和基础代谢失衡，使得植物生物量降低，甚至导致植物死亡（Rahnama et al., 2010），造成农业减产，并威胁生态环境。

盐生植物是生长在盐碱化土壤中的一类植物，相对于淡土植物具有更高的耐盐能力，能够更好地适应盐渍生境（Flowers et al., 1977）。我国盐生植物资源丰富，具有巨大的生态效益、经济效益和社会效益，已知的盐生植物有 71 科 218 属 502 种，其中滨海盐生植物有 25 科 62 属 91 种。根据盐生植物的有效成分，可将它们分为 6 类 22 种盐生植物资源，有食用类盐生植物资源、饲用类盐生植物资源、药用类盐生植物资源、工业用盐生植物资源、保护和改造环境盐生植物资源、濒危盐生植物资源等（图 2.1）。根据我国盐碱土的分布区域，盐生植物资源分布为：①内陆盆地极端干旱盐渍土区盐生植物资源分布区；②内陆盆地干旱盐渍土区盐生植物资源分布区；③宁蒙高原干旱盐渍土区盐生植物资源分布区；④东北平原半干旱半湿润盐渍土区盐生植物资源分布区；⑤黄淮海平原半干旱半湿润盐渍土区盐生植物资源分布区；⑥滨海盐渍土区盐生植物资源分布区；⑦西藏高原高寒和干旱盐渍土区盐生植物资源分布区；⑧热带海滨盐渍化沼泽区盐生植物资源分布区等（赵可夫和冯立田，2001）。针对不同区域的特点，近年来国内学者也开展了一系列相关的调查研究工作，如黄河三角洲抗盐植物资源的开发利用（郭凯等，2013）、天津滨海湿地典型野生盐生植物的应用（莫训强和李洪远，2010）、青海盐生植物资源种类及利用研究（梁泽胜，2011）等。

图 2.1　6 类代表性的盐生植物资源

a. 食用类盐生植物资源——海蓬子；b. 饲用类盐生植物资源——羊草；c. 药用类盐生植物资源——罗布麻；d. 工业用盐生植物资源——田菁；e. 保护和改造环境盐生植物资源——盐地碱蓬；f. 濒危盐生植物资源——野大豆

近年来，盐生植物资源也得到了广泛的应用。有些盐生植物如盐地碱蓬含有丰富的糖类、蛋白质、脂肪、维生素等，具有很高的食用价值；有些盐生植物由于含有丰富的纤维，如芦苇，在造纸等工业生产中得到了广泛应用。我国已鉴定的6000多种中草药中，有100余种含有药用成分。我国广阔的戈壁、沙漠等风沙地带和海岸线，也需要盐生植物发挥防风沙、防侵袭的保护作用。除此之外，盐生植物的可利用特性还有很多，需要我们不断进行探究和挖掘，在保护濒危盐生植物资源的同时，对盐生植物资源进行综合利用、深细加工，充分发挥盐生植物资源的生态效益，以期达到经济效益、生态效益和社会效益的和谐统一。此外，传统的盐碱地开发利用模式以治理为主，需要消耗大量淡水资源及施用大量土壤改良剂，存在成本投入高、时间长、稳定性差及环境风险大等问题。突破盐碱地治理传统思维，发展生态适应型农业，收获高质、高值农产品，是实现盐碱地合理开发利用的有效途径，而该途径中最为关键的环节是选育适宜的耐盐经济植物。

黄河三角洲地区滨海盐碱地面积广大，是我国重要的后备土地资源，且分布着丰富的盐生植物资源（郭凯等，2013）。目前，棉花仍是黄河三角洲地区种植的主要经济作物，然而单一产品容易受到市场价格因素影响，增加了农民生产的风险，而黄河三角洲地区盐生植物的筛选和培育研究工作相对欠缺，亟待开发当地的盐生植物资源，服务于盐碱地农业开发利用。

（二）植物耐盐机制与耐盐性评价

植物通过调节生理代谢和形态发育适应盐渍环境，植物耐盐机制研究是开展植物耐盐性评价的基础，最终应用于耐盐作物新品种培育，从而提高作物在盐碱地的产量，服务于盐碱地的开发利用。盐碱地对大部分植物包括盐生植物来说都是一种胁迫生境，盐胁迫造成植物细胞内蛋白质、膜脂和核酸等生物大分子的损伤，扰乱植物生理代谢，抑制光合作用，减缓植物生长和生物量积累，严重的盐胁迫会导致植物死亡（廖岩等，2007；Munns and Tester，2008）。

盐胁迫主要通过渗透胁迫和离子毒害作用影响植物生理代谢和生长，此外，盐胁迫还会造成植物营养亏缺和氧化胁迫等次级胁迫（Zhu，2003；Munns and Tester，2008；Gill and Tuteja，2010；Hossain and Dietz，2016）。盐碱地土壤含盐量高，会降低土壤溶液的水势，引起渗透胁迫，导致根系吸水困难，进而降低叶片膨压，表现为叶片失水萎蔫，破坏正常生理代谢，最终造成植物组织损伤或死亡。Na^+是盐碱地土壤中的主要毒害离子，植物根系吸收时摄取了过量的Na^+，Na^+随蒸腾流进入地上部，使植物细胞质内离子浓度增高，对植物产生了毒害作用。细胞质内Na^+将与K^+竞争酶的结合位点，破坏酶的结构和活性，损伤核酸大分子，造成代谢紊乱和蛋白质的降解。Na^+还会使质膜的组分、透性、运输、离子流发生一系列变化，导致细胞膜的正常功能受损，进而使细胞的代谢及生理功能受到不同程度的破坏。盐胁迫对植物的伤害还表现为其带来的各种次生胁迫会严重影响植物正常的生长发育。盐胁迫下，植物经常会发生营养亏缺的现象，这是因为 Na^+ 与多重营养离子相互竞争影响了植物根系对矿质营养元素的吸收。例如，土壤高的 Na^+ 含量会抑制 K^+、Ca^{2+} 和 Mg^{2+} 的吸收，造成植物缺乏这些必需的营养元素；此外，盐胁迫可能会破坏细胞膜完整性，导致细胞内一些营养离子大量外渗，造成植物细胞内钾和磷等营养元素的流失。氧化胁迫是盐胁迫下植物将会面临的主要次生胁迫。正常生长环境下，植物体内活性氧处于产生和清除的动态平衡之中，能够避免氧化损伤，但盐胁迫下，植物叶绿体和线粒体电子传递链中泄漏的电子，与 O_2 反应生成 O_2^{-}、O^{2-}、H_2O_2，O^{2-} 和 H_2O_2 可以通过 Haber-Weiss 反应生成毒性很强的 OH^-（Gill and Tuteja，2010），进而引发膜脂的过氧化和脱酰化，破坏膜系统，并损伤核酸和蛋白质等生物大分子，破坏细胞内氧化还原平衡，引起氧化损伤。

盐胁迫下，植物可通过拒盐、盐分的区域化及泌盐等方式缓解离子毒害。Na^+ 可以通过非选择性离子通道进入植物根系，植物体内总会累积或多或少的盐分离子。对于已经进到体内的盐离子，植物会主动将其排出，或者将其分隔到代谢不活跃的区域。根系 Na^+ 进入与排出平衡的结果就是 Na^+ 在根部皮层细胞中净累积。细胞质膜 Na^+/H^+ 反向转运体起着排出 Na^+ 的作用，Na^+ 从共质体系统排出到外质体系统，从而降低其在关键代谢部位的累积。为使细胞质免受伤害，液泡膜上 Na^+/H^+ 反向转运体将细胞质内的 Na^+ 转运入液泡中，液泡膜 ATP 酶水解 ATP 为 Na^+ 转运提供能量（Zhu，2003；Munns and Tester，2008）。Na^+ 被分隔到液泡中，不仅解除了对细胞质的危害，还充当了渗透调节物，降低了水势。相对于根系，植物地上部的生理代谢对 Na^+ 更加敏感。为保持地上部低 Na^+ 水平，植物不仅从细胞水平上还从整株水平上进行调控，减少 Na^+ 往地上部的运输（Munns and Tester，2008）。首先，根部一些成熟细胞发育有良好的液泡，可以储存大量的 Na^+ 以减少 Na^+ 往地上部的运输。其次，增强对木质部 Na^+ 运输的控制，有研究表明离子从维管束向木质部的横向运动中，总是 K^+ 优先于 Na^+，从而抑制 Na^+ 通过木质部往地上部运输。此外，一些泌盐型盐生植物如柽柳、野大豆等的叶组织发育有盐腺和盐囊泡，能有效地将 Na^+ 分泌出体外，防御离子毒害。植物通过合成渗透调节物质，调节植物组织内水势，促进吸水，主动适应渗透胁迫。盐胁迫下，植物积累的渗透调节物质主要包括无机离子如 K^+、Ca^{2+} 和 Mg^{2+} 等，以及有机小分子物质如海藻糖、脯氨酸、甜菜碱、苹果酸等。这些有机小分子物质不仅能够降低植物组织水势，在细胞内还能起到保护生物膜及稳定蛋白质、核酸等生物大分子结构的作用。盐胁迫下，抑制植物体内蛋白质合成，促进其分解，会导致氨基酸含量上升，特别是水溶性最大的脯氨酸含量上升最为明显。盐渍条件下，植物细胞中积累的盐分离子大部分被区隔化在液泡中，导致液泡水势降低，存在造成细胞质脱水的危险。因而，细胞质内合成一定数量的脯氨酸和其他可溶性有机物质，实现液泡和细胞质的水势平衡，防止水分从细胞质进入液泡，保护细胞质（Szabados and Savoure，

2010）。此外，脯氨酸积累可以减弱蛋白质水解产生的游离氨的毒害作用，贮存氮素和碳架，为逆境解除后植物恢复生长提供呼吸基质和能源（Szabados and Savoure，2010）。甜菜碱也是公认的渗透调节物质，在植物细胞中起无毒渗透保护剂的作用，渗透胁迫下甜菜碱积累还可以起到保护许多代谢关键酶的作用（Ashraf and Foolad，2007）。植物抗氧化系统在防御盐胁迫引起的氧化胁迫中起着重要作用。植物抗氧化系统主要包括酶系统和非酶系统两大类，前者包括超氧化物歧化酶、过氧化氢酶、过氧化物酶和抗坏血酸过氧化物酶等，后者主要包括植物体内的一些还原性物质，如抗坏血酸、类胡萝卜素、谷胱甘肽及维生素 E 等（Gill and Tuteja，2010）。盐胁迫下，植物通过增强抗氧化酶活性、增加抗氧化剂含量、促进活性氧清除，来防御氧化损伤。

植物资源抗盐性准确评价是培育耐盐植物的首要环节。植物耐盐能力是植物为适应盐渍环境在形态和生理上的总体表现，筛选耐盐新品种和培育耐盐新品种必须建立在对植物耐盐能力进行评价的基础上。在自然的盐渍化区域进行调查，可初步筛选出对盐渍环境适应性强的植物。但是调查法不能对植物的耐盐能力指标进行量化，而且植物在盐渍环境中形态和生理生化都有比较复杂的变化，所以要客观准确地评价其耐盐能力，必须选取恰当的、能够量化的指标，对其耐盐性能进行量化评定，这是耐盐植物筛选工作中十分重要的环节。

植物耐盐性评价需要确定植物对盐胁迫最敏感的生长发育阶段、筛选评价指标及建立综合分析方法（张相锋等，2018）。大量的研究表明，植物耐盐性评价首先从盐胁迫对种子萌发和幼苗的影响开始，种子萌发及幼苗期为植物盐胁迫的敏感时期，是植物耐盐性评价常选时期。小麦的种子萌发和幼苗生长会受到盐胁迫的抑制（孙君艳等，2017），而盐胁迫显著影响蒙古扁桃种子萌发和幼苗生长（王进等，2017）。盐胁迫增加藜麦幼苗叶片内渗透调节物质的含量，诱导抗氧化酶活性增强，有效清除多余活性氧，促进幼苗根系生长（刘文瑜等，2017）。盐胁迫能抑制黑果枸杞种子萌发和幼苗生长，而且盐胁迫越强，抑制作用越强（罗君等，2017）。要确定植物耐盐性评价指标，还要了解盐胁迫对植物造成的影响，盐胁迫对植物的影响主要表现在形态发育和生理生化代谢两方面，选择植物耐盐性评价指标应主要考虑与这两个方面相关的量化指标。目前，种子萌发率、植物存活率、根长、株高、生物量等是广泛用于植物耐盐性评价的形态发育指标，而生物膜透性、光合作用强度、内源有机渗透调节剂含量、丙二醛含量、抗氧化酶活性和抗氧化剂含量及脱落酸含量等是广泛用于植物耐盐性评价的生理生化指标（支晓蓉等，2018；张相锋等，2018）。耐盐性是多种生理过程的总体反映，不同植物或不同品种在不同时期的耐盐能力并不一致，单一指标都不能准确有效地评价其耐盐性，采用多指标体系对植物耐盐性进行综合评价更加科学合理。但采用的指标过多会增加研究难度，也将造成资源的浪费，所以要找出那些与植物耐盐性关联度密切的指标，可以达到经济高效地评价植物耐盐性的目的。目前，植物耐盐性评价指标筛选和综合的方法很多，主要有相关分析、主成分分析、隶属函数法、主成分赋权法、回归分析及通径分析等（支晓蓉等，2018；张相锋等，2018）。植物耐盐性评价实际应用中还应建立一套系统的技术方案。首先，进行耐盐性能初步筛选，从多个品种中筛选一些耐盐性较强的品种；然后，以不同的形态指标和生理生化指标为参考，对不同生长发育阶段耐盐性能进行比较，确定与该种质耐盐性能相关性较大的指标，利用这些指标找出耐盐性差异较大的阶段，作为对该种质资源进行耐盐性评价的最佳时期；最后，筛选出与该物种耐盐性能关联度较高的指标，采用恰当的评价方法，建立相应的数学模型，利用各指标实测数据，对不同品种的耐盐性能进行评价，并与实际耐盐性进行比对，检验其评价的准确性，建立该类植物耐盐性综合评价的技术指标体系。

总之，通过植物耐盐机制研究，并进行植物耐盐性评价，筛选出耐盐性强的作物品种，不仅服务于耐盐新品种的培育，还能应用于在盐渍化土壤的推广种植。

（三）耐盐植物培育技术

耐盐植物新品种的培育对盐碱地农业发展具有重要意义。目前，耐盐植物的培育技术主要有转基因技术、选择育种技术、常规杂交技术和诱变育种技术。

转基因育种是指利用基因工程技术，把功能基因有目的、有针对性地导入特定品种，获得改良的转基因植株（王维飞等，2006）。转基因育种打破了育种学上遗传物质种间不亲和的历史，对农业生产产生了显著的效果。通过农杆菌、基因枪法或花粉管通道法将重组体导入目标植物细胞，使之在受体植物中表达，从而改变植物的耐盐性，产生新的植物种质。研究表明，从盐生植物山菠菜 cDNA 文库中分离得到了一个编码 EREBP/AP2 类蛋白质的基因 *AhDREB1*，该基因在烟草中过量表达激活了一些具有耐盐、抗旱效应的下游基因，显著提高了转基因烟草的耐盐和抗旱能力（Shen et al.，2003）。转基因分子改良育种是培育耐盐作物品种的有效方式，但是目前大部分研究只是采用盆栽试验探讨转基因植株的耐盐机制，鲜有研究通过大田种植检验分子改良的实际效果和生态效应（Bao et al.，2016；Kang et al.，2016）。

选择育种方式是对现有植物种类、品种或引进外来品种通过盐碱环境筛选培育耐盐碱新品种，确定它们的耐盐范围，其特点是以盐碱逆境为筛选条件，以表现性状作为选择标准，不考虑遗传物质如何变化。选择育种是耐盐碱新品种培育的一种有效手段，所选出的品种表现较稳定，但这种育种方法的选育周期较长。

杂交育种是培育耐盐品种的常规方法，目前通过杂交育种培育出了很多新种，但是在作物的培育过程中，许多品种的遗传变异资源已近枯竭，需要发现新的耐盐野生近缘种，并通过常规种与耐盐野生近缘种远缘杂交，培育耐盐新种。顾红艳等的（2007）研究中，母本中作 321 与抗盐碱的父本辽盐 2 号杂交培育出津原 101，再由津原 101 通过组织培养方法筛选得到组培后代抗盐碱品种津原 85。

辐射诱变育种是指人为利用一定剂量的物理射线，照射植物种子、花粉、植株、营养器官、愈伤组织等诱发使其产生遗传性的变异，并经过人工选择、鉴定、培育获得新的品种。辐射诱变可诱发植物基因和染色体畸变，易获得有价值的抗病、抗逆及其他特异突变体，是一种有前景的育种方法。早期辐射方法主要是 X 射线、γ 射线和 β 射线等高能辐射。但是，由于高能辐射诱变处理剂量难以控制，细胞会受到不同程度的伤害，且诱变株系长期耐盐筛选，会使一些有潜力的突变细胞丧失分化能力，导致耐盐细胞系难以再生完整植株，因此有必要对诱变剂量、细胞伤害程度及细胞再生完整植株能力的关系做进一步的研究（高玉红和李云，2004；徐恒戳，2008）。微波是一种频率 300MHz 至 300GHz（波长 1mm 至 1m）的电磁波，介于红外与无线电波之间，它具有波动性、高频性、热特性和非热特性四大基本特性，最常用的加热频率是 2450MHz。微波的组成中有电和磁两部分。微波能够透射到生物组织内部，改变蛋白质的构象与活性。微波生物效应包括热效应和非热效应，这两种效应的存在，可引起生物体产生一系列的正突变效应和副突变效应（贾红华等，2003）。微波诱变育种与其他诱变方式相比，具有操作简单、安全、变异率高、损伤轻等优点。目前，微波作为一种物理诱变剂在农业、畜牧业等育种方面取得了成效（贾红华等，2003）。为了减轻高能辐射所造成的损伤，许多育种家还进行了微波和高能辐射相结合的处理方法，以提高突变率。结果表明，微波对 γ 射线造成的损伤具有修复的作用，能提高诱变率。

目前，我国耐盐植物培育研究已取得大量的成果，在耐盐植物培育技术上也有很大进步，一方面为盐碱地的植物修复提供了大量优质的种质资源，另一方面也促进了我国盐土农业的发展，有利于获得更高的经济效益。

三、水生植物修复

（一）应用水生植物净化富营养水体

随着城市化和工农业的快速发展，大量富含氮、磷等营养物质的城市污水、工农业废水流入自然水域，氮、磷过多会导致水生植物大量繁殖，影响水体与大气正常的氧气交换，加之死亡藻类的分解消耗大量的氧气，造成水体溶解氧含量迅速下降，水质恶化，鱼类及其他生物大量死亡，加速了水体衰老的进程，这就是水体富营养化（程丽巍等，2007）。全球有 75%以上的封闭型水体存在富营养化问题，我国流域水污染也日趋严重（吴舜泽等，2000）。在国控重点湖泊（水库）中，富营养、中营养和贫营养的湖泊（水库）比例分别为 28%、57%和 15%。饮用水源富营养化问题同样日趋严重，因此如何治理富营养化的水体、减少其中营养物质的含量、恢复水体的综合功能是我们亟待解决的问题。

目前水质污染的修复技术种类繁多，尤其是富营养化水体的修复技术更多，如生物操纵技术的使用。水生植物修复是生态方法中极受关注的一种，水生植物大多具有较高的观赏价值，同时，还可以改善水体生态环境，起到净化水体的作用。近年来，植物生态修复在水体富营养化治理方面取得了较大的进展（丁海涛等，2020）。

水生植物主要包括两大类：水生维管植物和高等藻类。水生维管植物具有发达的机械组织，植物个体比较高大。水生维管植物通常具有 4 种生活型（颜素珠，1983），即挺水、浮叶、漂浮和沉水，具体指：①挺水植物，其根茎生于底泥中，植物体上部挺出水面，如芦苇、香蒲；②浮叶植物，其根茎生于底泥中，叶漂浮于水面，如睡莲、荇菜；③漂浮植物，植物体完全漂浮于水面，具有特化的适应漂浮生活的组织结构，如凤眼莲、浮萍；④沉水植物，植物体完全沉于水气界面以下，根扎于底泥或漂浮于水中，如狐尾藻、金鱼藻（图 2.2）。

图 2.2 典型水生植物

a. 香蒲；b. 睡莲；c. 浮萍；d. 狐尾藻

这些生活型的水生植物在用来净化水体的时候，主要形成三大类生态系统：漂浮植物系统、挺水植物系统和沉水植物系统（杨立红，2006）。目前研究应用得最多的是挺水植物系统，并且工艺设计已渐成熟；漂浮植物系统设计简单，但相关的工艺优化的研究较少（乔建荣等，1996），应用沉水植物系统的操作和实施难度较大，研究和应用较少。这些系统中，植物处于核心地位，它的光合作用使系统可以直接利用太阳能；而植物的生长带来的适宜的栖息环境，使多样化的生命形式在系统中的生存成为可能，并且正是植物和这些生物的联合作用使污染物得以降解（杨立红，2006）。

近年来，不少学者对水生植物净化水质方面进行了研究，多集中在凤眼莲（*Eichhornia crassipes*）、菖蒲（*Acorus calamus*）、千屈菜（*Lythrum salicaria*）、慈姑（*Sagittaria sagittifolia*）、菹草（*Potamogeton crispus*）、金鱼藻（*Ceratophyllum demersum*）、狐尾藻（*Myriophyllum verticillatum*）、伊乐藻（*Elodea nuttallii*）等植

物，且主要在针对湖泊、河流富营养化环境的水质治理问题上。曾乐媛（2016）、樊开青等（2011）选取芦苇、水葱、水花生、香蒲和慈姑 5 种挺水植物为研究对象，分析比较了其对重度富营养化水体氮、磷指标的去除效果，研究表明，5 种挺水植物对受试水体氮、磷营养物质均有不同程度的净化效果，其中水花生对于水体中铵态氮、硝态氮、总氮、总磷等营养物质均具有较好的去除效果，处理 10d 后，其去除率可分别达 92.24%、91.10%、91.60%、95.10%。汪怀建等（2008）研究了 3 种浮水植物对富营养化水体中营养盐的去除能力，结果发现凤眼莲和槐叶萍对水体中总氮和总磷的去除效果最好，尤其是对于总氮的去除率可分别达到 70%和 61%。

因此，以水生植物为核心的污水处理和富营养化水体的修复治理方式，具有净化效果好、经济效益高、能耗低、简单易行的优点，同时具有一定的观赏性，被广泛应用于城市污水处理和湿地公园建设。

（二）水生植物修复技术模式

目前，针对水体富营养化的处理有物理法、化学法及植物生态修复法。物理法主要有机械除藻、底泥疏浚、引水冲污等；化学方法主要有絮凝沉淀等。但两者在实际工程运行过程中成本较高，且治标不治本。相对于物理、化学方法，植物生态修复法具有投资少、操作简单、净化效果好等优点（曹文平和王冰冰，2013）。

Farahbakhshazad 和 Morrison（1997）发现，微生物同化作用对总磷的去除率为 50%～60%，而植物吸收仅为 1%～3%，其余为物理作用、化学吸附和沉淀作用。Liang 等（2003）也认为，人工湿地系统中植物的吸收作用仅去除了系统中 5%～10%的氮、10%～20%的磷，污染物大多是通过微生物的转化污染去除的，系统中基质、湿地植物、微生物之间的互作是污染物去除的主要机制，因此构建适宜的植物修复技术模式对于高效去除水体中的富营养物具有重要的意义。

朱彩云等（2015）对水生植物修复水体富营养化的修复模式进行了总结，认为当前针对不同的修复区域特征，主要有三种修复模式。

（1）植物浮岛修复：它是绿化技术和漂浮技术的结合体，以水生植物为主体，运用无土栽培技术原理，通过植物扎在水中的根系吸收大量的氮、磷等营养物质，促进减少有机污染物，同时，植物根系、浮床和基质为微生物和其他水生生物提供栖息、繁衍场所。

（2）人工湿地修复：它是 20 世纪 70 年代发展起来的一种废水处理新技术，采用生物调控法，在富营养化的污染水域里种植各种适宜的水生植物，通过植物根系的吸收和吸附作用来富集氮、磷等元素，同时降解其他有害物质，并以收获植物的形式将其搬离水体，从而达到保护水域、净化水质的目的。

（3）消落带修复：消落带是指河流、水库水位周期性涨落而形成的最高水位线与最低水位线之间的干湿交替区。水库消落带在库区水体与陆岸之间形成了巨大的环库生态隔离带，是一种特殊的水陆交错的湿地生态系统。消落带植被能拦截陆岸水土流失带来的大量泥沙并可吸收非点源污染物质，减少水库和河道的淤积与污染。消落带湿地生态系统能分解吸收库区水体中的营养物质，降低库区水体的富营养化程度，其健康状况直接影响大量生物的生存。此外，消落带植被有固定河岸的作用，能避免堤坡因河水的冲刷而崩垮。

另外，水生植物修复富营养化水体的效果与植物物种搭配有很大关系，使用水生植物构建水体修复模式，往往选用多种常绿植物进行搭配组建，这可能是因为：不同水生植物的净化优势不同，有的可高效吸收氮，有的能更好地富集磷；每种植物在不同时期的生长速率及代谢功能各不相同，由此导致植物不同时期对氮、磷等营养元素的吸收量也不同，且随着植物发育阶段的变化，附着在植物体内的微生物群落也会发生变化，而微生物群落的变化会直接影响植物对水体的净化率。一般认为，植物筛选原则是：筛选对氮、磷去除率高，具有一定经济价值，适于面源污水环境条件下生长，并且种源来源方便的植物。当多种植物搭配使用时，有利于植物间的取长补短，保持较为稳定的净化效果，同时多种植物搭配组建，具有合理的物种多样性，更容易保持长期的稳定性，而且也会减少病虫害发生。Coleman 等（2001）对香蒲、灯芯草和水葱 3 种植物混合种植和分别单独种植对生活污水中磷的净化作用进行了比较研究，发现三者混合种植比分别单独种植具有更好的净化效果。

传统的水处理方法不适用于处理湖泊、河流等大面积的水域，而以水生植物为主的生态处理方式具有构建运行费用低、应用范围广及易于操作等优点，已逐渐应用到水处理工程中，并已取得良好的效果。以水生植物为主的生态处理方式作为一种高效低耗的生态方式，在今后的污水治理领域中将会发挥巨大的潜在优势。

四、水生植物与水产动物养殖

（一）养殖水体中水生植物多样性

近年来，利用水生植物净化处理养殖污水和进行生态修复已经得到广泛运用，并已取得了良好的效果。因此，在淡水养殖过程中，经常选用多种水生植物清除养殖过程产生的富营养物质，目前用于水质调控的水生植物有许多种，按生活方式分为：①沉水植物，如苦草、菹草、轮叶黑藻；②挺水植物，如鸢尾、香蒲、美人蕉、千屈菜、水葱、水芹、再力花、伊乐藻；③浮叶植物，如水花生、水浮莲、空心菜；④漂浮植物，如浮萍等（图 2.3）。

图 2.3 用于水质调控的水生植物
a. 沉水植物-苦草；b. 挺水植物-香蒲；c. 浮叶植物-水浮莲；d. 漂浮植物-浮萍

（二）养殖系统中水生植物种植模式

水生植物种植一般分为两种，分别为单一植物种植和多种植物混合种植。张郁婷（2018）选择了旱伞草、再力花、菖蒲、水葱、茭白、香蒲 6 种挺水植物作为研究对象，分别在 3 种养殖的沼液废水浓度梯度下进行了单一植物种植与同一浓度下植物两两组合种植，对养殖的沼液废水净化效果及植物自身的生长适应性、耐污性进行了研究。实验表明，在两种不同模式下植物净化废水的能力有显著的差异。

当前基于不同的目的，主要有以下几种水生植物与水产动物养殖混合搭配的模式。

1. 养殖与景观相结合模式

目前浙江省有几种具有景观化潜力的水产动物养殖形式，其中包括跑道式流水养鱼、传统淡水鱼类池塘养殖、淡水鱼类池塘养殖与园林苗圃结合、淡水观赏鱼养殖（骆浩雯，2019）。水生植物不仅具有景观功能，还有作为指示物种、去除污染物、抑制浮游藻类、提供栖息环境等生态功能（孔杨勇和夏宜平，2015）。水生植物利用太阳能吸收养殖水体内有机物分解、矿化后产生的各种无机盐，缓解水体富营养化（牛天新等，2015）。

2. 养殖与建设“美丽乡村”相结合模式

我国养殖污水中含有大量的漂浮物和铵态氮，有机物浓度高且味道大，有的污水不经处理直接排在各家各户门口的地面、村边的沟渠或村内的湖泊中，严重破坏了农村的水质生态环境（杨楠，2019）。以草坪镇为例，通过构建绿狐尾藻湿地来净化水质，湿地内种植大量的绿狐尾藻，采用养殖废弃物资源化利用为主的治理模式，水生植物既获得了生长必需的养分，同时又对养殖废弃物进行了生态消纳，实现了建设“美丽乡村”的“双赢”。

3. 鱼菜共生技术模式

鱼菜共生系统可以很好地描述鱼类与水生植物的共生关系。它是一种新型的循环水养殖技术，通过循环水工艺设计，达到“以水养鱼，以鱼养菜，以菜净水，协同共生”的效果，从而实现养鱼不换水而无水质忧患，种菜不施肥而能正常生长的生态效应（饶伟等，2017）。常见的鱼菜共生类型有：①直接漂浮法；②消化过滤法；③分离滴灌法。这种模式成本低且带来的效益极佳，在一定程度上可以减少增氧机的使用，减少电费的支出；蔬菜具有生长迅速的特点，可以当作鱼类的天然饵料，因此减少了人工饲料的支出；在虾蟹的养殖中，也能够有效提高成活率，减少亏损（马新飙，2018）。

4. 整体生态渔业系统中集成技术模式

水生植物是渔业生态养殖中的重要组成部分之一，它不仅能提供水生动物青饲料，还可与水质处理系统、生态保护系统结为一体（谢钦铭和孔江红，2015）。国外已成功利用红树林作为养殖虾类辅助系统，可减少虾病发生，提高虾类产量（Shimoda et al.，2007）；也有利用水生植物（海藻）与其他养殖设施的集成技术（Chopin et al，2001），以及水生植物在工厂化循环水养殖系统中的应用技术（任华等，2013）。

5. 应用于退化渔业生态系统的恢复模式

水生植物可以生存于重度富营养化水体中，吸收、去除营养盐无机物（Zhang et al.，2014），也能有效地吸收分解部分有机污染物，从而恢复水体生态系统的活力。有些水生植物种类对特定污染物非常敏感（Harwell and Sharfstein，2009），是一种良好的环境质量指示生物。因此，特定种类的水生植物分布也可表明水体生态系统的恢复状况。

五、滨海盐碱地综合利用模式研究进展

（一）盐碱地开发利用现状

盐碱地是我国重要的后备土地资源，具有较大的开发潜力和经济价值，合理开发利用盐碱地、提高其利用效率是缓解土地资源紧张、保障粮食安全的重要途径之一（吕晓等，2012）。盐碱地的合理开发利用也是改善生态环境，促进区域经济协调发展的有效措施。我国盐碱地面积广大，分布广泛，类型众多（李彬等，2005），不同盐碱化程度的土地空间分布结构不同，根据盐碱地的土壤属性、水文地质、气候条件及经营管理状况形成了诸多水利工程、生物、农艺、化学等盐碱地综合治理技术（宋绍宪，2009；杨劲松和姚荣江，2015），以对不同盐碱化程度

的土壤进行开发和利用。

以盐碱地综合治理的发展阶段来看，我国盐碱地治理经历了以农业综合治理与生物措施为主的“农改”阶段，逐渐到以水利改良措施为主的“水改”阶段，发展到20世纪70年代以工程措施和农林生产措施为主的“农水”综合治理阶段（吕晓等，2012），促进了盐碱地综合利用效率的提升。同时，20世纪80年代我国在旱涝盐碱综合治理、盐碱农业发展战略及水盐运移等科学研究方面取得了重大进展（董红云等，2017）。近年来，我国盐碱地资源开发利用秉承“可持续利用、因地制宜，分区开发、保护与利用并重”的原则（李彬等，2005），并在不同盐碱区形成了一些具有区域特色的关键技术，如西北盐碱区覆膜滴灌技术（陈文娟等，2020）、东北盐碱区“稻-苇-鱼”洗盐改碱治理技术（李秀军等，2007；杨富亿等，2012a）（图2.4）及滨海盐碱区生态农牧场新型利用模式（杨红生，2017）（图2.5）。经过近年来持续不断对盐碱地的改造与治理，我国盐碱地面积总量呈逐渐减小的态势，轻盐碱地面积不断增加，重盐碱地比例不断降低（杨劲松和姚荣江，2015），光滩面积呈先增加后减小的变化趋势（宋绍宪，2009）。尽管盐碱地开发利用已经得到了大力发展，但依然存在无序开发、粗放经营及缺乏统一规划的问题（李彬等，2005），同时在全球气候极端变化及暖干化趋势的驱动下水资源制约愈发严重，存在局部区域盐渍化减缓和持久性的盐碱反复与加剧并存的状况（杨劲松等，2016）。因此，盐碱地开发与利用应该立足盐碱环境，跳出认知局限，施行以经济效益和生态效益并行的开发利用模式，对盐碱地进行统筹规划，加强后期管理，努力拓展盐碱地资源开发利用途径，实现资源的综合利用，以期形成高效生态综合利用模式，促进资源的可持续利用。

图2.4　覆膜滴灌技术与“稻-苇-鱼”洗盐改碱治理技术

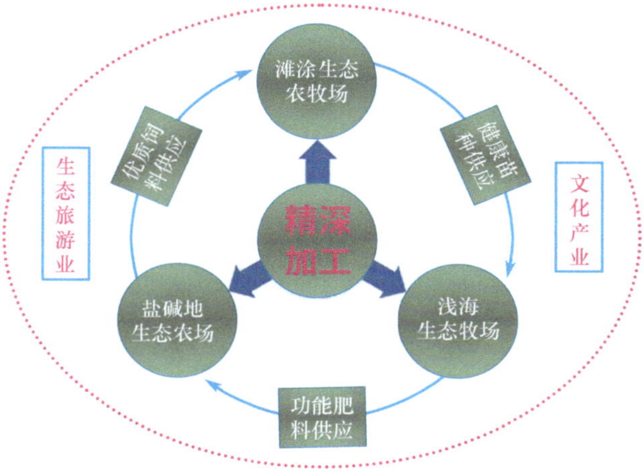

图 2.5　滨海盐碱区生态农牧场新型利用模式（杨红生，2017）

（二）内陆盐碱地综合利用方式

随着人们对盐碱地资源认识的不断加深，盐碱地开发利用经历了从单一治理改良模式到多方式结合的综合利用模式的转变。盐碱地综合利用是考虑盐碱地分布地域、盐碱类型、盐碱化程度和土地利用方式等条件差异（杨劲松和姚荣江，2015），以生态经济学原理，通过发展集成“工程—农业—生物”互利共生的综合开发利用模式打造生态农业，以实现盐碱地水土修复和生态循环，促进盐碱区生产效益的提升及资源的高效利用（杨劲松和姚荣江，2015）。

东北盐碱区通过种、养结合的共作模式，利用工程与农业相结合的改造技术，在养殖区芦苇沼泽地的四周边界处开挖封闭式环形沟，出土用于加高、加固堤坝，建立灌、排、蓄工程，养殖区芦苇沼泽地的内部开挖“井”字形明水沟，并与四周边界处的环形沟相通，明水沟的交点处分别扩建成越冬池，明水面包括环形沟、明水沟与越冬池（杨富亿等，2013）。该模式综合利用生物共生原理、生态位原理和自然资源合理利用的原理，显著增加了农业耕种面积和水产养殖面积，形成了具有区域特色的“稻-苇-鱼”“苇-鱼-禽（畜）”“稻-苇-鱼-蒲”“蟹-鱼-苇”等模式（杨富亿等，2012a），促进了种群多样性的增加，提高了水分及肥料的利用效率（李秀军等，2007）。与单一种植模式相比，种养复合模式具有更强的高效性和持续性（刘兆普等，2003）。“苇-鱼-虾-蟹”模式下的复合生态结构显著提高了芦苇沼泽湿地的碳汇能力，增加了当地的经济效益（杨富亿等，2012b）。

西北盐碱地区中度、重度盐碱地资源丰富，但开发利用难度大，利用物理、化学和生物相结合的盐碱地综合改良技术，西北盐碱区形成了“盐碱地改良—栽植枸杞—林下养禽—鸡粪还田—促进盐碱地改良”的生态复合利用模式，土壤结构和肥力状况得到进一步改善的同时盐碱土壤得到了持续改良，实现了以林养禽、以禽育林、优势互补、循环利用的生态发展模式，兼顾了生态效益、社会效益和经济效益（崔国忠等，2017）。

（三）滨海盐碱地综合利用方式

不同类型的滨海盐碱区具有不同的种养殖结合模式，江苏滩涂湿地以“光滩→盐生植被→养殖水面→耕地→建设用地”形成了不同利用形式的轮作综合开发模式（李建国等，2015）。该方法通过对低洼地势的盐碱地进行工程改造，挖塘筑埂形成养殖池塘，通过养殖鱼类降低池塘土壤盐碱度，利用池塘养殖的底泥重新复垦，耕种农林经济作物，在促进当地经济效益提升的同时增加耕地面积。盐碱地不同利用方式的轮作具有不同的生态效应（刘兆普等，2003），而这种模式也极大地缩短了生态系统的演变路径和周期（李建国等，2015）。滩涂湿地的人为演替与土壤水分、盐度、养分水平密切相关（Millennium Ecosystem Assessment，2005；Méndez Linares et al.，2007），所形成的微地形和产生的水文要素通过改变土壤盐分和水分，促进植物生态系统的恢复，进一步影响生态演替（Cui et al.，2018）。

滨海盐碱区采用挖池筑台及深沟排碱的“上粮下渔”改良方式，该模式是通过“挖土成池，筑土为台，台田种植，浅池养殖”来改良滨海盐渍土的一种科学立体的生态工程（张凌云，2006；张国明和张峰，2009；李颖等，2014），适用于土质黏重、地下水位高、地势低洼、土壤含盐量在 1%左右的重度盐渍土（张凌云，2006）。在盐碱地上挖坑塘，可在雨季蓄水或者在黄河丰水季引水入集水区，在旱季可抽水灌田（秦韧等，2005）；将低洼处的土筑成台田，提高土地耕作层，拉大与地下水的距离，从而避免含盐地下水通过地表土壤蒸发把盐分带到土壤表层；通过引水和降雨灌溉，使台田中的盐分下降并随排水沟排走，达到改碱的效果。而台田筑成 2m 高不会造成明显的地下水位上升顶托现象，是有效的脱盐安全区（张福信等，2007）。在挖出的坑塘中进行咸淡水养殖使得“上粮下渔”模式成为渔农结合的一种优质、高效的生态盐碱地改良技术。“上粮下渔”模式在保障盐渍土改良效果的同时，还形成了种植、养殖相结合的土地利用方式，改善盐碱旱地的生态环境，降低了台田土壤总盐量，提高了土壤的养分含量（刘树堂等，2005；李颖等，2014）。将盐碱地的渔业利用与农业种植相结合，可形成有效的立体生态农业系统，增加咸淡水渔业养殖面积，实现滨海盐碱地水资源的高效利用（Long et al.，2016）。

综上所述，不同滨海盐碱区通过工程与农业等措施相结合的方式及方法营造不同微地形及集水区，形成不同的下垫面，最终引起生态环境效应的差异（卫伟等，2013），提升了对盐碱地的抑盐、去盐效果，使土地资源得到优化配置。土壤水盐是影响盐碱地治理的重要因素（Cui et al.，2018），挖沟筑台有效增加了台面表层返盐临界深度与地下水位的相对距离，减轻了在蒸发作用的驱动下大量地下水挟带盐分向土壤表层富集的土壤返盐作用（贺文君等，2018）。灌水淋碱及自然降雨对台面耕层土壤进行淋洗，土壤盐分随水进入池塘及排碱沟等集水区，降低了台面土壤盐碱化程度。此外，极端降雨事件的不断涌现，加之滨海盐碱地地下水位浅，区域淹水深度及频率不断增加，也加大了对农业生产的不利影响（Han et al.，2015），而多方式结合的综合利用模式达到了抗旱、排涝、治碱、抑淹的综合治理效果，保证各种农作物均能正常生长。集水区水域面积的增大，加大了周边空气的相对湿度，改善了局部小气候，形成了有特色的微生境（李彬等，2005；卫伟等，2013），有助于动植物生存发展。此外，台田生态系统和水生生态系统通过食物链来完成物质运移和生物迁徙，加强了不同生境之间的连通性（韩广轩等，2018），物质养分在食物链之间的循环利用加大了对盐碱地土壤改良的概率（梁利群等，2013），从而形成良性反馈，促进生态系统稳定，最终形成健康、持续高效的生态农业模式。

（四）黄河三角洲盐碱地生态开发研究进展

黄河三角洲作为暖温带最完整的湿地生态系统，是陆海相互作用最为活跃的典型区（韩广轩等，2020）。受异常气候变化和人类活动的影响，黄河三角洲区域具有较强的生态脆弱性和敏感性。近 70 年内，黄河水沙通量持续降低，影响湿地淡水水源补给的同时引起了海岸强烈蚀退（王俊杰等，2020），造成土壤含盐量上升。同时，黄河三角洲气候暖干化趋势明显（宋德彬等，2016），将会进一步加剧土壤盐渍化，加大了该地区对淡水的依赖程度，限制了区域内淡水农业的发展。

地下水矿化度的大小及水位深度是影响土壤盐碱化的决定性因素。黄河三角洲地下水位浅、蒸发剧烈及降雨分配的不均匀性易引起湿地阶段性淹水，使得盐分在土壤剖面上的变化较为剧烈（Han et al.，2015；Chu et al.，2018；Luna et al.，2019）。灌溉及降雨影响土壤水盐的短期波动，强降雨在短时间内可降低表层土壤盐度，而对深层土壤盐度的影响并不显著（马文军等，2011）。长时间尺度上，充沛的灌溉和降雨通过渗透引起水分向深层土壤运输造成土壤脱盐，同时浅层地下咸水由于毛细作用在强烈的土壤蒸发下引起盐分表聚形成土壤积盐，使得土壤盐碱化程度具有一定的反复性和复杂性。

盐碱地治理重在降低地下水位，同时结合其他生物和农业措施综合治理，逐步降低耕作层土壤的盐分。通过水利工程措施拉大含盐地下水与地表耕作层的距离，使其大于临界深度，从而使地下水中的盐分无法通过土壤水分蒸发而上升到土壤耕作层；同时遵循“盐随水来，盐随水去”的水盐运动规律，通过引水和降水灌溉降低土壤盐度，进而运用生态农业的原理，采取科学的农业耕作措施培肥土壤，从而达到治理盐碱、生态开发的目的（秦韧等，2005；宋绍宪，2009）。

第三节　盐碱地生态农牧场高效利用模式

一、盐碱地生态农牧场模式构建

针对黄河三角洲滨海滩涂边际土壤含盐量高、土质黏重、肥力低、地下水位浅且矿化度高、淡水资源匮乏等问题，重点集成盐碱地异质性生境营造、高效抑盐控盐、土壤增碳培肥和耐盐物种合理配置等关键技术，结合适度轮牧和特色养殖业，构建基于微地形改造的多生境下“盐碱地生态农牧场”模式（图 2.6），实现滨海盐土生态功能恢复和产能提升，主要包括以下三个方面。

图 2.6　基于微地形改造的多生境下生态农牧场模式构建概念图

（1）基于微地形改造的抑淹保水技术模式与示范：研究基于微地形改造的结构特征和功能分异量化方法，营造各种微地形和集水区，构建集水区、坡地、平地镶嵌分布的多样性生境；研究地形地貌（沟渠、坡地、平地）、生境斑块构成（形状、面积、水深梯度设置等）的空间分布、密度与比例，建立盐碱地异质性生境优化组合模式，实现抑淹—保水—降盐的目标，并进行规模化示范。

（2）盐碱地土壤脱盐和地力培育技术：研发配套的盐碱地灌溉和排水系统，形成适用于微地形特征的节水灌溉技术与模式；研究缓释肥、有机肥、生物炭及化学改良剂对盐碱障碍消减、地力培育与养分固持增容的影响规律和控制因素，构建黄河三角洲盐碱地治理和养分高效利用综合调控技术方案；探索盐碱专用肥料的单独应用和配伍应用方法，研发植物-微生物联合改良技术，并形成技术规程。

（3）基于物质循环及功能连通的生态农牧场集成技术模式：划分种植与养殖区，针对性选育优质牧草与经济林果和蔬菜、湿地观赏植物及水生植物，研发与微地形配套的作物栽培与禽畜、水产养殖技术；探索种植与养殖相耦合的技术模式，形成农业种养殖与生态保育、观光旅游相融合的管理服务体系，实现物质-能量-生态良性循环，建设功能连通且高值利用的盐碱地生态农牧场。

二、异质性生境营造与示范区建设

黄河三角洲为典型的滨海区域，沉积环境、气候条件和土壤母质决定了盐渍化土壤在该区域广泛分布，超过50%的土地为不同程度的原生盐渍化土壤，此外，该地区地下水埋深浅且矿化度高，蒸降比大，容易产生土壤次生盐渍化。因此，黄河三角洲地区土壤盐渍化是限制农业发展的首要因素。黄河三角洲降水量逐年减少，而且时间分布不均匀，易造成涝害和干旱，导致作物减产，严重影响种植业的发展。因此，需要在黄河三角洲盐碱地通过微地形改造，构建集水区、坡地、平地镶嵌分布的多样性生境，适于不同类型植物生长，打破传统农业的模式，为生态农牧场建设打好物质基础。

项目示范区位于中国科学院黄河三角洲滨海湿地生态试验站，示范区总面积约200亩，包含湖面水域和12个生境岛。该区域土壤盐度高且通透性差，不适宜直接作为耕地开展传统种植业。首先，设计微地形改造的施工方案，将项目区域分割为12块，营造高度不等、形状与坡度各异的微地形（图2.7）。微地形生境岛的高度设计为1.2～1.5m，每个微地形设计4°、5°、6°、7°、8°和9°的缓坡。微地形周边以30°斜坡方式挖至1.5m（即在微地形周边2.6m处1.5m的等深线），其余水域垂直下挖至2.9m。其中，水深2.9m区域面积为24 437m^2（51.6%），水深0～1.5m区域面积为22 922m^2（48.4%），包括微地形生境岛周边1.5m等深线以内新开挖区域（15 676m^2，33.1%）和原有水域及水沟（7246m^2，15.3%）。

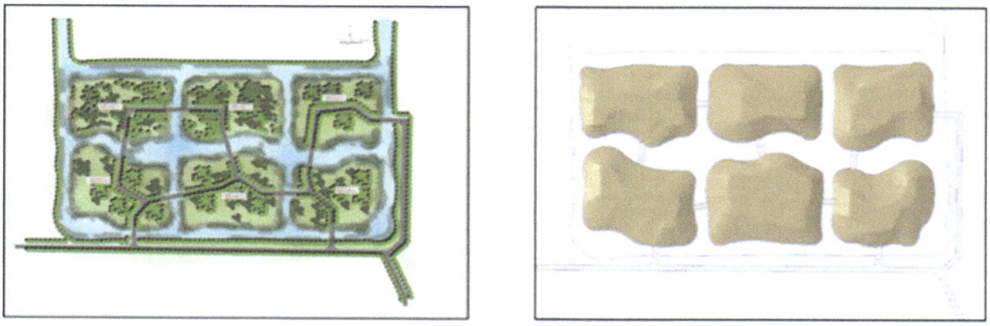

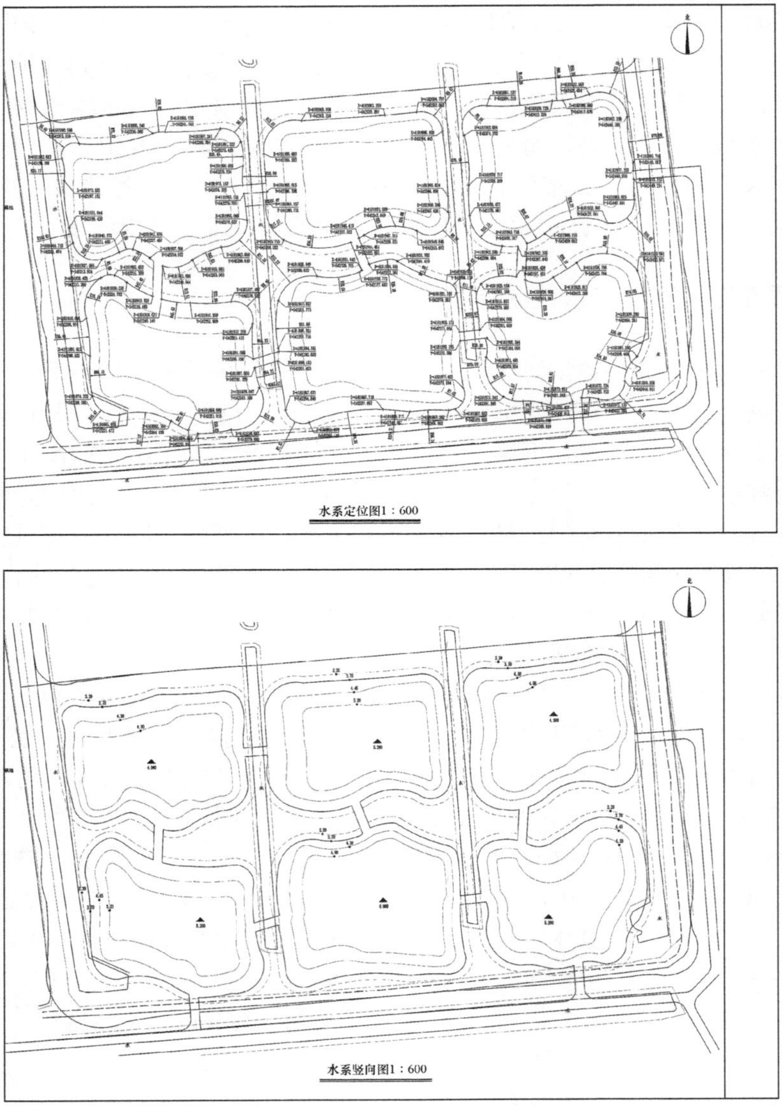

图 2.7　示范区效果图、俯视的定位图及竖向图

根据上述设计要点，2018 年 2 月 27 日完成项目区测绘，3 月 9 日完成项目施工图，2019 年 4 月建成 12 个高度不等且坡度各异的生境岛及水系连通的湖面（图 2.8，图 2.9）。示范区挖深 2.9m 的区域作为主要集水区，汇集周边农田淋盐后的微咸水或者集蓄夏季雨水，形成不同水深的水生生境。湖内挖出的土壤用于构建生境岛，生境岛高度为 1.2～1.5m。岛顶为平面，相当于降低地下水位，能够抑制土壤返盐，促进土壤自然脱盐，防御季节性的涝害，形成了旱生生境。

图 2.8　项目示范区异质性生境营造过程航拍图

图 2.9 盐碱地生态农牧场示范区建设施工

生境岛的坡面为坡度不同的缓坡，每个生境岛与地平面的夹角为 4°～9°，坡面与水域距离不同，将导致土壤含水量和盐度的不一致，在坡面形成了坡度各异的湿生和中生生境。各个生境岛之间用土桥相连，便于观测人员对各区域进行考察，每个土桥下水域中埋设 80cm 口径的玻璃钢管，用于连通水系（图 2.10）。

图 2.10 盐碱地生态农牧场示范区生境岛水系连通

经微地形改造后，示范区生境岛顶面面积为 15 766.82m^2，坡面面积为 28 874.18m^2，可利用土地总面积为 44 641m^2，水域总面积为 47 359m^2。水域集蓄的降雨及汇集的周边灌溉淋盐后的微咸水，用于生境岛灌溉，实现土壤淋盐保水功能，也能促进陆域与水域的物质循环，同时营造出了水生-湿生-旱生和不同的水深生境。生境的多样化将导致景观多样性和食物网复杂性，既能满足生态保育的功能，又能为发展多样化农业生产模式提供物质基础。生境岛顶面为抬田区域，可以进行灌溉压盐，并通过提升土壤肥力，用于种植高值耐盐经济作物；坡面为返盐泌盐区，土壤盐度高，可以通过筛选碱茅等耐盐牧草，结合沟槽种植技术，打造牧草种植区，耐盐牧草可以作为畜禽的食物来源，从而在坡面建立畜禽养殖区。坡面与水域的湿地过渡带可以种植香蒲等湿生植物，作为过渡带吸收陆源的氮、磷等元素，防止水域污染，形成湿地过渡带。水域内开展水产养殖，养殖适宜当地水质的鲑鱼等高附加值鱼类，提升整个生态农牧场示范区的经济效益。

总之，通过生境异质性营造，构建了包含生境岛与湖面的示范区，针对性解决了黄河三角洲地区土壤盐度高、春季干旱和夏季淹水等问题，为生境岛顶面耐盐经济作物种植、坡面牧草种植和畜禽养殖及水域水产养殖奠定了物质基础，是成功打造盐碱地生态农牧场的关键环节，能够突破盐碱地改良的传统思维，从而实现滨海盐碱地的高效综合利用。

三、生境岛顶面土壤改良与耐盐经济作物种植

生境岛顶面采用秸秆碎屑和牛粪混合的方式进行土壤改良，同时进行 20～40cm 的灌水压盐处理，为后期经济植物种植创造良好的立地条件。生境岛坡顶面为平地，可以常规压盐，但土壤盐度异质性也较大，依据植物耐盐能力分别在不同盐度地块种植。由此筛选出适宜黄河三角洲滨海盐碱地的耐盐经济植物共 9 种。

（一）高盐度地块

在生境岛顶面高盐度地块（盐度大于 8mS/cm）选育种植黑果枸杞和白刺两种高耐盐经济植物（图 2.11）。黑果枸杞（*Lycium ruthenicum*）是茄科枸杞属多棘刺灌木，高可达 150cm，多分枝；坚硬，有不规则的纵条纹，小枝顶端渐尖成棘刺状，节间短缩，有簇生叶或花、叶同时簇生，在幼枝上则单叶互生，肉质肥厚，顶端钝圆，基部渐狭，中脉不明显，花生于短枝上；花梗细瘦，花萼狭钟状，花冠漏斗状，浅紫色，裂片矩圆状卵形，耳片不明显；花柱与雄蕊近等长。浆果紫黑色，球状，种子肾形，褐色，5～10 月开花结果。黑果枸杞分布于中国陕西北部、宁夏、甘肃、青海、新疆和西藏，具有极强的耐盐碱能力，常生于盐碱荒地。黑果枸杞种植株行距为 1.5m×2m，4 月上中旬开始种植。定植穴深 30cm，直径 30cm，表土、底土分别堆放，土壤回填时，表土填下面，底土填上面，具体视苗木大小开挖定植坑，在高盐度地块种植后在土壤表面覆盖 2～5cm 厚的稻草或芦

苇秸秆防止地面蒸发返盐，再进行灌溉。苗木栽植后立即灌水，灌溉量为 30m^3/亩，15d 后再灌溉 1 次，待苗木完全成活后，每月灌溉 1 次，全生育期用水总量不超过 400m^3/亩。基肥施入复合肥 30kg/亩，待苗木完全成活即种植 1 个月后，施尿素 5kg/亩，花果期追施磷肥、钾肥 20～25kg/亩，全生育期施肥总量不超过 60kg/亩。待苗木完全成活后，可用竹竿或水泥桩拉铁丝固定苗木，以便培养树形，并防止果实贴地、遇水发霉变质及方便果实采摘等。

图 2.11　生境岛顶面高盐度地块栽种黑果枸杞（a）和白刺（b）成活

白刺（*Nitraria tangutorum*）是蒺藜科白刺属灌木，高 1～2m，多分枝，弯、平卧或开展；不孕枝先端刺针状；嫩枝白色。叶在嫩枝上 2～3 片簇生，宽倒披针形，长 18～30mm，宽 6～8mm，先端圆钝，基部渐窄成楔形，全缘，稀先端齿裂。花排列较密集。核果卵形，有时椭圆形，熟时深红色，果汁玫瑰色，长 8～12mm，直径 6～9mm。果核狭卵形，长 5～6mm，先端短渐尖，花期 5～6 月，果期 7～8 月。白刺分布于中国内蒙古西部、宁夏、甘肃河西、新疆、青海各沙漠地区，生于湖盆边缘、绿洲外围沙地。白刺果酸甜适口，有“沙樱桃”之称，具有健脾胃、滋补强壮、调经活血、催乳之功效，常用于治疗脾胃虚弱、消化不良、神经衰弱、高血压。白刺枝、叶、果可用作家畜饲料。

白刺的抗逆性较强，可生于荒漠边缘沙地，耐盐碱，喜壤质和沙壤质土，对立地条件无苛刻要求。果实成熟后采摘下来，待果肉变得柔软后用水浸泡一昼夜，洗去果肉，得净种，晒干备用。育苗地选择有灌溉条件的砂质壤土，提前整地，深翻施肥碎土，做好苗床。春播要催芽，用温水浸泡 1～2 昼夜，混沙催芽，待有 30%的种子裂嘴时，即可播种。播种方法：开沟条播，播种行距 20～30cm，覆土 4～5cm，镇压。白刺也可扦插育苗，春季于 3 月中旬至 4 月上旬剪取 1～2 年生的健壮枝条，截成插条，长 20cm 左右，粗 0.5～1.0cm，剪后在水中浸泡 5～6d，进行扦插，株行距为 2m×3m。苗木栽植后立即灌水，灌溉量 30m^3/亩，待苗木完全成活后，每月灌溉 1 次，全生育期用水总量不超过 400m^3/亩。基肥施入复合肥

40kg/亩，待苗木完全成活即种植 1 个月后，施尿素 6kg/亩，花果期追施磷肥、钾肥 20～30kg/亩，全生育期施肥总量不超过 80kg/亩。

（二）中盐度地块

在生境岛顶面中盐度地块（盐度为 4～8mS/cm）选育种植海滨木槿、冬枣与海马齿（图 2.12）。海滨木槿（*Hibiscus hamabo*）是锦葵科木槿属植物，落叶小乔木，株高 3～5m，胸径 20cm，扁球形树冠，枝叶繁盛。厚纸质单叶互生，扁圆形、倒卵形或宽倒卵形，先端钝近平，具短突尖，基部圆形或浅心形，叶缘中上部具细圆齿，叶面绿色光滑、具星状毛。花两性，单生于近枝端叶腋，花梗长 0.5～1cm，小苞片 8～10 枚，花萼长 2cm，花冠直径 5.8cm。三角状卵形蒴果，长 2cm；褐色种子呈肾形，长 0.5cm，具腺状乳突。原产于朝鲜、日本和中国，在中国分布于浙江舟山群岛和福建的沿海岛屿，江苏、上海、北京和天津等地均有引种栽培。海滨木槿多生长于海滨盐碱地上，生长良好，性喜光，对土壤的适应能力强，在酸性、碱性土壤都能生长良好，耐短期水涝，耐高温，耐低温（–10℃）。海滨木槿花色金黄，入秋后叶片变红，季相变化明显，是优良的观花观叶园林植物，可用于公园、广场绿地、庭园、住宅小区等绿化，也是花篱、花境的优秀植物材料。海滨木槿具有根系特别发达、树枝韧皮纤维柔软、抗盐抗碱、抗风耐瘠能力特强等生物学特性，为舟山群岛优良的乡土树种之一。海滨木槿苗木适宜在春秋季移栽种植，种植株行距为 2m×2m，种植前平整土地，定植穴深 50cm，直径 50cm，土壤回填，也可具体视苗木大小开挖定植坑。海滨木槿种植后，在土壤表面覆盖 2～5cm 厚的稻草或芦苇秸秆，防止地面蒸发返盐，之后再进行灌溉。苗木栽植后立即灌水，灌溉量 50m^3/亩，15d 内保持土壤湿润，待苗木完全成活后，根据土壤墒情进行灌溉，以植株为圆心，在半径 30cm 处开沟施加肥料，施入复合肥 1kg/株，花果期追施磷肥、钾肥 0.5kg/株。

图 2.12　生境岛顶面中盐度地块栽种海滨木槿（a）、冬枣（b）和海马齿（c）成活

冬枣（*Ziziphus jujuba*）是鼠李科枣属的鲜食优质栽培品种，主要分布在河北、山东交界的渤海湾地区。冬枣果实近圆形，果面平整光洁，似小苹果。纵径 2.7～2.9cm，横径 2.6～2.9cm。平均果重 10.7g，最大果重 23.2g，大小较整齐。果肩平圆，梗洼平，或微凹下。环洼大，中深。果顶圆，较肩端略瘦小，顶洼小，中深。果柄较长，果皮薄而脆，赭红色，不裂果。果点小，圆形，不明显。果肉绿白色，细嫩、多汁、甜味浓、略酸，含可溶性固形物 40%～42%（完熟前），可食率 96.9%，品质极上。果核短纺锤形，浅褐色，核纹浅，纵条状，多数具饱满种子。树体中等大，树姿开张，树冠多自然半圆形。树干灰褐色，表面粗糙，裂纹宽条状，树皮易剥落。枣头紫褐色，枝面较光滑。皮孔中大，长圆形，微凸，开裂，较稀。针刺退化，旺枝上的针刺最长 0.6cm，形扁质软，多在当年脱落。二次枝 3～8 节，节间较长，枝形平直，节上都无针刺。叶长圆形，窄长，两侧略向叶面褶起；色深绿，光泽较暗；叶间渐尖，先端钝圆；叶基圆形，叶绿具细锯齿，齿刻浅，齿尖圆。花多，枣吊着生花序 8～10 个，每序着花 37 朵。成熟花蕾五角形，角棱圆，浅绿色。花较小，花径 5.0～5.8cm，初开时蜜盘黄色。花萼中长。萼长与萼宽接近。夜间蕾裂，清晨半开，属夜开型。该品种适应性较强，丰产稳产。果实成熟晚，9 月底（白熟期）到 10 月中旬（完熟期）陆续采收，果实生育期 125～130d，为优质的鲜食晚熟品种。选择土地平整且灌排良好的中盐度地块种植冬枣，栽植株行距为 2m×3m，栽前挖长、宽、深各 80～100cm 的定植穴，穴施农家肥 40～50kg、磷肥 1.5kg，肥、土一定要混匀，回填后浇水。冬枣春、秋两季均可栽植。秋季栽植时间以落叶后（即寒露至立冬前）为宜，春季则以刚发芽时栽植最好。新栽幼树根系较小，根系以上表土十分疏松，水分极易蒸发。冬枣定植后覆盖 2～5cm 芦苇秸秆，既有利于提高根系附近水分的供应，又可改善土壤的团粒结构，同时提高地温，不但缓苗快，而且很少出现死苗现象。

海马齿（*Sesuvium portulacastrum*）为番杏科多年生匍匐草本，全株光滑，肉质，茎多分枝，平卧或匍匐，绿色或红色，有白色瘤状小点，多分枝，常节上生根，单叶对生椭圆状倒针形，几乎无柄，厚肉质，线状倒披针形或线形，长 1.5～5cm，顶端钝，中部以下渐狭成短柄状，基部变宽，边缘膜质，抱茎；花单生叶腋，花萼与花瓣合而为一，外侧绿色、内侧紫红色，花小，花梗长 5～15mm，花被长 6～8mm，筒长约 2mm，雄蕊着生花被筒顶部，花丝分离或近中部以下合生，子房卵圆形，无毛，花期为夏季；蒴果盖裂，种子多数，细小，黑色；植株形态与马齿苋相似，由于其生长于海边，故名海马齿。海马齿为多年生肉质草本，是典型海岸植物，多生长于沿海地区的鱼塘堤岸、海岸流动沙丘、泥滩或岩砾地，主要分布在福建、广东、广西、海南、香港和台湾等地区。海马齿喜光不耐阴、耐盐亦耐水湿、耐贫瘠，生命力强，不择土壤，可不断蔓延，形成地毯状的地被，冬季全株转红，是防风固沙、护岸的良好植物，也是一种海水蔬菜。地块平整后，挖沟垄，沟宽 20cm，沟深 20cm，垄高 20cm，垄宽 20cm，沟内播种海马齿，覆土 1～2cm，沟内浇灌，第一次灌满水沟，促进海马齿出芽生长，后期可根据墒情适时浇灌。海马齿生长旺盛期，沟内撒施一次复合肥（40kg/亩）。

（三）低盐度地块

在生境岛顶面低盐度地块（盐度小于 4mS/cm）种植中华枸杞、油葵、单叶蔓荆与忍冬（图 2.13）。中华枸杞（*Lycium chinense*）为多分枝灌木，分布于中国东北、河北、山西、陕西、甘肃南部及西南、华中、华南和华东各省（区、市）。中华枸杞高 0.5～1m，枝条细弱，弓状弯曲或俯垂，淡灰色，有纵条纹，棘刺长 0.5～2cm，生叶和花的棘刺较长，小枝顶端锐尖成棘刺状。叶纸质或栽培者质稍厚，单叶互生或 2～4 枚簇生，卵形、卵状菱形、长椭圆形、卵状披针形，顶端急尖，基部楔形，长 1.5～5cm，宽 0.5～2.5cm，栽培者较大，可长达 10cm 以上，宽达 4cm；叶柄长 0.4～1cm。花在长枝上单生或双生于叶腋，在短枝上则同叶簇生；花梗长 1～2cm，向顶端渐增粗。花萼长 3～4mm，通常 3 中裂或 4～5 齿裂，裂片多少有缘毛；花冠漏斗状，长 9～12mm，淡紫色，筒部向上骤然扩大，稍短于或近等于檐部裂片，5 深裂，裂片卵形，顶端圆钝，平展或稍向外反曲，边缘有缘毛，基部耳显著；雄蕊较花冠稍短，或因花冠裂片外展而伸出花冠，花丝在近基部处密生一圈绒毛并交织成椭圆状的毛丛，与毛丛等高处的花冠筒内壁亦密生一环绒毛；花柱稍伸出雄蕊，上端弓弯，柱头绿色。浆果红色，卵状，栽培者可成长矩圆状或长椭圆状，顶端尖或钝，长 7～15mm，栽培者长可达 2.2cm，直径 5～8mm。种子扁肾脏形，长 2.5～3mm，黄色，花果期 6～11 月。选择土地平整的低盐度地块种植中华枸杞，春、秋两季均可栽植，株行距为 1.5m×1.5m，栽前挖长、宽、深各 20～30cm 的定植穴，回填后灌水 10～20cm，15d 内保持土壤湿润，生育期内根据土壤墒情进行浇水，在行间施入复合肥 30kg/亩作为基肥，花果期追施磷肥、钾肥约 20kg/亩。

图 2.13 生境岛顶面低盐度地块栽种中华枸杞（a）、油葵（b）、单叶蔓荆（c）和忍冬（d）成活

油葵（*Helianthus annuus*）为菊科向日葵属的一年生高大草本，适应性较强，抗旱耐盐碱，对土壤的要求不高。茎直立，高 1～3m，粗壮，被白色粗硬毛，不分枝或有时上部分枝。叶互生，心状卵圆形或卵圆形，顶端急尖或渐尖，有三基出脉，边缘有粗锯齿，两面被短糙毛，有长柄。头状花序极大，径 10～30cm，单生于茎端或枝端，常下倾。总苞片多层，叶质，覆瓦状排列，卵形至卵状披针形，顶端尾状渐尖，被长硬毛或纤毛。花托平或稍凸、有半膜质托片。舌状花多数，黄色，舌片开展，长圆状卵形或长圆形，不结实。管状花极多数，棕色或紫色，有披针形裂片，结果实。瘦果倒卵形或卵状长圆形，稍扁压，长 10～15mm，有细肋，常被白色短柔毛，上端有 2 个膜片状早落的冠毛，花期 7～9 月，果期 8～9 月。葵花籽富含人体必需的不饱和脂肪酸——亚油酸，含量高达 58%～69%，在人体中起到“清道夫”的作用，能清除体内的“垃圾”；葵花籽油富含维生素 E，不含芥酸、胆固醇、黄曲霉素，具有清淡、开胃、润肺、补虚、美容、降血脂等功效，长期食用对人体起到保健作用。播种油葵首先要掌握好温度，土壤温度能

保持在5℃以上时就可以进行播种，播种深度3～4cm为宜，播种行距为30cm，播种后覆土2cm，立即浇水促进种子萌发出芽，为保证油葵的出苗率，播种之前应进行浸种。出苗后，要及时进行补苗，最好的方法是移苗补栽，补栽时间以傍晚或者是阴天为宜。等幼苗长到两对真叶时就要开始定苗，留取大苗和壮苗。在行间施入复合肥20～30kg/亩作为基肥，花果期追施磷肥、钾肥约20kg/亩。

单叶蔓荆（*Vitex trifolia* var. *simplicifolia*）是马鞭草科牡荆属蔓荆的变种。落叶灌木，罕为小乔木，高可达5m，有香味；茎匍匐，节处常生不定根。单叶对生，叶片倒卵形或近圆形，顶端通常钝圆或有短尖头，基部楔形，表面绿色，两面稍隆起。圆锥花序顶生，花序梗密被灰白色绒毛；花萼钟形，花冠淡紫色或蓝紫色，雄蕊伸出花冠外；子房、花柱无毛，核果近圆形，成熟时黑色；果萼宿存，7～8月开花，8～10 月结果。单叶蔓荆分布于中国辽宁、河北、山东、江苏、安徽、浙江、江西、福建、台湾、广东，日本、印度、缅甸、泰国、越南、马来西亚、澳大利亚、新西兰也有分布，生长在沙滩、海边及湖畔。单叶蔓荆干燥成熟果实可供药用，功能疏散风热；治头痛、眩晕、目痛等及湿痹拘挛。单叶蔓荆适应性较强，对环境要求不严，耐旱、耐碱、耐高温和短期霜冻，喜阳光充足，凡土质疏松和排水良好的河滩、沙地等处均可种植。在已经平整好的种植地上，于秋、冬或春季定植。挖长、宽、深均约为30cm的定植穴，可先在穴内施腐熟厩肥或土杂肥，每穴约10kg，然后将苗木栽入穴内，栽后应分层踏实，浇透水，用芦苇秸秆覆盖定植点周围，以便保墒抗旱。生育期内根据土壤墒情浇水，花果期在植株20cm半径内追施磷肥、钾肥约2kg/株。

忍冬（*Lonicera japonica*）俗称金银花，是忍冬科忍冬属多年生半常绿缠绕灌木，是重要的药用作物，亦作观赏植物。中国大部分地区多有分布，不少地区已栽培生产，其中以河南、山东所产最为闻名。金银花是一种具有悠久历史的常用中药，始载于《名医别录》，列为上品。“金银花”一名始见于李时珍《本草纲目》，文献沿用已久，已收入《中国药典》。忍冬花性甘寒，功能清热解毒、消炎退肿，对细菌性痢疾和各种化脓性疾病都有效。已生产的金银花制剂有“银翘解毒片”“银黄片”“银黄注射液”等。金银花的药用有效成分为绿原酸和异绿原酸，是植物代谢过程中产生的次生物质，其含量的高低不仅取决于植物的种类，还可能在很大程度上受气候、土壤等生态、地理条件及物候期的影响。金银花幼枝暗红褐色，密被黄褐色、开展的硬直糙毛、腺毛和短柔毛，下部常无毛。叶纸质，卵形至矩圆状卵形，有时卵状披针形，稀圆卵形或倒卵形，顶端尖或渐尖，少有钝、圆或微凹缺，基部圆形或近心形，有糙缘毛，上面深绿色，下面淡绿色，小枝上部叶通常两面均密被短糙毛，下部叶常平滑无毛而下面多少带青灰色；叶柄长4～8mm，密被短柔毛。总花梗通常单生于小枝上部叶腋，与叶柄等长或稍较短；苞片大，叶状，卵形至椭圆形，长达2～3cm，两面均有短柔毛或有时近无毛；小苞片顶端圆形或截形，长约 1mm，为萼筒的 1/2～4/5，有短糙毛和腺毛；萼筒长约 2mm，无毛，萼齿卵状三角形或长三角形，顶端尖而有长毛，外面和边缘都有密毛；花冠白色，有时基部向阳面呈微红色，后变黄色，长 2～6cm，唇形，筒稍长于唇瓣，很少近等长，外被多少倒生的开展或半开展糙毛和长腺毛，上唇裂片顶端钝形，下唇带状而反曲；雄蕊和花柱均高出花冠。果实圆形，直径 6～7mm，熟时蓝黑色，有光泽；种子卵圆形或椭圆形，褐色，长约 3mm，中部有凸起的脊，两侧有浅的横沟纹。花期为 4～6 月，秋季亦常开花。金银花的适应性很强，对土壤和气候的选择并不严格，以土层较厚的砂质壤土为最佳，山坡、梯田、地堰、堤坝、瘠薄的丘陵都可栽培。每年 2～3 月和秋后土壤封冻前进行金银花种植，选择土地平整的低盐度地块种植金银花，株行距为 1m×1.5m，栽前挖长、宽、深各 20～30cm 的定植穴，回填后灌水 5～10cm，7d 内保持土壤湿润，生育期内根据土壤墒情进行浇水，每年施肥 1～2 次，土杂肥和化肥混合使用。每次采花后追肥 1 次，以尿素为主，以增加采花次数。合理修剪整形，是提高产量的有效措施，剪枝要去顶，清脚丛，打内膛，修剪过长枝、病弱枝、枯枝、向下延伸枝，使枝条成丛直立，主干粗壮，分枝疏密均匀，花墩呈伞形，通风透光好，保证新枝多、花蕾多。

总之，依据不同经济作物对盐渍逆境的适应特性，在生境岛的高、中、低不同盐度地块分别成功栽种黑果枸杞、白刺、海滨木槿、冬枣、海马齿、中华枸杞、油葵、单叶蔓荆和忍冬等 9 种植物，实现了经济作物、蔬菜和林木的多样化种植，有助于提升生态农牧场的种植效益。

四、缓坡喷灌设备布设与耐盐牧草种植

针对黄河三角洲土壤盐渍化、季节性淹水与干旱等作物生长的胁迫因子，采取挖湖抬田的方式，达到集蓄淡水、抑制淹水和土壤降盐的目的。但是，抬田地块的坡面一直没有受到重视，未得到很好的利用。盐碱坡地难以用水压盐，且蒸发后容易返盐，用于栽培作物的难度较高。目前，盐碱坡地高效降盐与作物种植技术的相关专利和应用很少。专利《坡地盐碱土质绿化复水方法》公告号为 CN107889571A，提供了一种微喷灌结合盐碱水淡化处理的方法，实现了盐碱坡地降盐和绿化。专利《盐碱坡地种植系统》公告号为 CN105104004A，通过在坡面设置若干挡水隔板，防止水分直接流向坡底，坡面布设喷灌或滴灌系统，保证水均匀洒在坡面上下两个挡水隔板之间，降低土壤盐度，促进作物生长。专利《一种坡地型滨海重盐碱地草坪培育方法》公告号为 CN107155441A，从坡地顶部向坡地基部顺势开挖排盐沟，沟内铺设排盐暗管，并布设喷灌系统，种植耐盐草坪。上述方法的实施过程较为烦琐并采用淡水灌溉，效率低，成本较高。专利《一种干旱区盐碱荒坡地种植红豆草的方法》公告号为 CN104938173B，在新疆干旱区盐碱荒坡通过埋设滴灌管，免耕种植红豆草。但滴灌对坡地土壤压盐的效果有限，

成本较高，在滨海重度盐碱坡地不适用。目前，滨海盐碱坡地高效降盐与作物栽培的技术方法仍未有报道。

针对黄河三角洲地区不同盐度的坡面，研发了简单有效的滨海盐碱坡地牧草种植方法。采用简易喷灌装置进行微咸水灌溉，选育耐盐牧草配合相应的栽培技术，为盐碱坡面牧草种植提供系统的解决方案，配合水域鱼类养殖和坡顶高值经济植物种植，提升挖湖抬田的经济效益，促进黄河三角洲地区形成一种盐碱地生态农业开发的新模式。

示范区周边种植区灌溉压盐后的微咸水汇入排水渠，通过水泵注入示范区湖内作为湖水水源（图 2.14），进行二次利用，湖水盐度为 3g/L。人工岛坡面中央围绕整个岛一周铺设喷灌管道和安装喷灌头（图 2.15），首先根据坡面低端到顶端的长度（约 10m），确定在坡面中间埋设喷灌管道的位置。由于喷灌半径为 5～6m，将喷灌管道埋设在坡面中间位置，每隔 5m 安装一个喷灌头，一条喷灌管道即可覆盖全部坡面（图 2.16）。喷灌施工过程为首先进行坡面划线，确定喷灌管道埋设位置，机械开沟，埋设管道（图 2.17），安装喷灌头，水域内安装浮泵对接喷灌管道，布设电缆连接浮泵，安装电箱，操控喷灌系统（图 2.18）。

图 2.14　示范区湖水作为微咸水喷灌水源

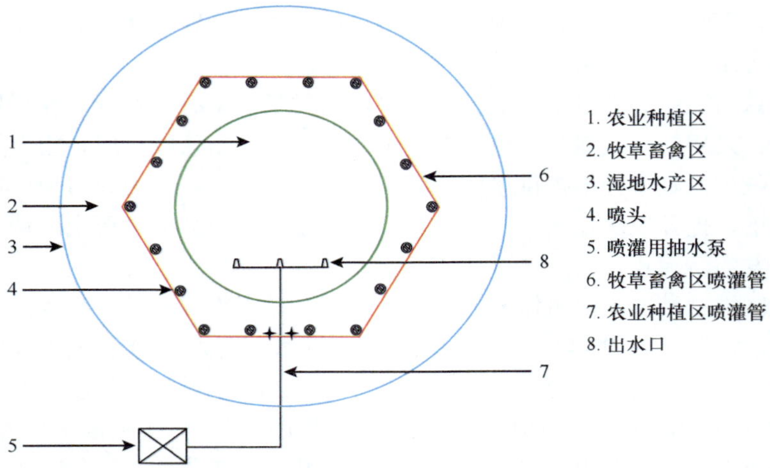

图 2.15　喷灌设计简图

图 2.16　喷灌覆盖全坡面

图 2.17 喷灌施工管道位置划线、机械开沟及埋设管道

图 2.18 水域内安装电箱操控喷灌系统

人工岛坡面耕层土壤（0～10cm）盐度为0.3%～2%，根据土壤盐度将滨海盐碱坡地分为中盐度坡面（含盐量0.3%～1%）和高盐度坡面（含盐量1%～2%）。坡面统一施加牛粪，机器旋耕疏松土壤（图2.19）。

图2.19　坡面施加牛粪、机器旋耕疏松土壤

前期开展了13种耐盐牧草的实地种植试验，最终筛选出耐盐能力强、适宜黄河三角洲气候和土壤的2种牧草，分别为碱茅和羊草，田菁为当地盐生牧草，可直接在生境岛的中盐度坡面进行种植（图2.20）。中盐度坡面利用人工或者机械沿坡面水平方向开挖沟槽（沟宽约30cm，沟深约20cm），坡面上下沟槽之间起垄（垄宽约20cm，垄高约20cm）（图2.21）。对坡面进行喷灌，水聚集于沟槽内，对部分集水效果差的沟槽进行修补，沟槽内水入渗之后，将牧草种子播种于沟槽内，覆土1～2cm，再进行喷水，牧草苗期内，根据土壤墒情进行喷水。沟槽存水能够起到土壤压盐的效果，沟槽内设置隔盐层不仅能促进盐分向深层淋洗，还能抑制土壤返盐，而土壤蒸发引起的返盐较多地汇集到垄上，因此沟槽内与垄上盐度差异明显，在沟槽内创建了适宜牧草生存的微环境（图2.22，表2.1）。

图2.20　适宜牧草筛选——碱茅、羊草和田菁出苗情况

图 2.21　人工或者机械沿坡面水平方向开挖沟槽及沟槽内播种牧草种子

图 2.22　坡面沟槽内种植的羊草（a）、田菁（b）和碱茅（c）生长良好

表 2.1　沟槽、垄上土壤盐度对比

牧草	土壤盐度（mS/cm）		降盐幅度（%）
	垄上	沟槽	
碱茅	5.24	3.64	30.5
羊草	5.93	3.22	45.7
田菁	3.54	2.02	42.9

我们针对田菁在开沟种植的基础上，开展了覆膜和施加玉米芯颗粒作为隔盐层的试验。中盐度坡面利用人工或者机械沿坡面水平方向开挖沟槽（沟宽约 30cm，沟深约 40cm），沟槽内填充 5cm 玉米芯颗粒或秸秆碎屑作为隔盐层，覆土 15cm。

坡面上下沟槽之间起垄（垄宽约 20cm，垄高约 20cm）。对坡面进行喷灌，水聚集于沟槽内，对部分集水效果差的沟槽进行修补。沟槽内水入渗之后，将田菁种子播种于沟槽内，覆土 1～2cm，再进行喷水，并用无纺布覆盖沟槽，促进种子萌发。田菁种子出苗后，可揭掉无纺布，根据土壤墒情进行喷水，并在沟槽内施肥。沟槽存水能够起到土壤压盐的效果，沟槽内设置隔盐层不仅能促进盐分向深层淋洗，还能抑制土壤返盐，而土壤蒸发引起的返盐较多地汇集到垄上。覆盖无纺布不影响浇水且透气性优于一般地膜，还能有效抑制蒸发，进一步抑制沟槽内土壤返盐，提高牧草出苗率。中盐度坡面沟垄结合施加玉米芯颗粒隔盐层与无纺布覆盖，实现了土壤降盐约 51%，更加有利于田菁出苗和生长（表 2.2）。

表 2.2 中盐度坡面沟槽、垄上土壤（0～10cm）总盐和田菁地上部鲜重

不同处理方式		土壤总盐（%）	出苗率（%）	株高（m）	地上部鲜重（kg/株）	地上部鲜重（t/亩）
对照	垄上	0.65±0.07	60	1.83	1.18±0.17	3.20±0.12
	沟槽	0.51±0.09				
施加玉米芯颗粒	垄上	0.67±0.05	80	2.35	1.95±0.21	4.81±0.17
	沟槽	0.40±0.07				
覆盖无纺布	垄上	0.70±0.09	70	1.93	1.54±0.15	4.01±0.21
	沟槽	0.45±0.05				
施加玉米芯颗粒并覆盖无纺布	垄上	0.74±0.11	85	2.39	2.28±0.31	5.20±0.23
	沟槽	0.36±0.08				

注：数据为 5 个取样点的平均值与标准差。沟垄结合施加玉米芯颗粒隔盐层与覆盖无纺布，实现降盐约 51%

高盐度坡面土壤盐度高且土壤黏重、结构差，灌溉后容易造成淤积，不利于作物出苗，因此需要调整垄沟的深度和宽度。开挖沟槽对高盐度土壤坡面压盐的效果有限，牧草种子萌发率很低，因此选择耐压能力更强的碱蓬作为种植材料，碱蓬又名海英菜，是一种优质的海水蔬菜。具体步骤为：利用机械沿坡面水平方向开挖沟槽（沟宽约 50cm，沟深约 30cm），坡面上下沟槽之间起垄（垄宽约 20cm，垄高约 10cm）。对坡面进行喷灌，水聚集于沟槽内，对部分集水效果差的沟槽进行修补。沟槽内水入渗之后，将碱蓬种子播种于沟槽内，覆土 1cm，再进行喷水，促进种子萌发。碱蓬种子出苗后，可根据土壤墒情进行喷水。沟槽存水能够起到土壤压盐的效果，而土壤蒸发引起的返盐较多地汇集到垄上。因此，坡面沟槽就形成了一个适宜碱蓬生长的低盐区域。此外，高盐度坡面加大了沟槽的宽度，降低了垄与沟的高度差，避免喷灌引起的沟槽内土壤淤积，提高幼苗存活率（图 2.23）。

总之，通过筛选耐盐牧草，利用坡面沟槽种植法，在中盐度坡面成功种植田菁、碱茅和羊草等牧草，在高盐度坡面成功种植碱蓬，实现了生境岛盐碱坡面的高效利用。

图 2.23　高盐度坡面开沟种植碱蓬的出苗和生长状况

五、水质监测及水生植物选育模式

生态农牧场水域水质属于具有一定养分条件的微咸水，充分利用水循环特点，种植具有观赏性的耐盐水生植物，吸收生态岛渗漏及径流水体中的营养物质，可在净化水质的同时为水生鱼类提供养分、氧气等，净化后的水体可为生态农牧场植被生长提供必需的水源，实现生态系统自循环。

根据水域水质特点，选择耐盐水生植物 7 种，分别为美人蕉、香蒲、再力花、鸢尾、水葱、茭白、千屈菜。经筛选，适应本研究区域水质的植被有美人蕉、香蒲、再力花、水葱，其耐盐性差异特征为再力花＞水葱＞香蒲＞美人蕉。因此，根据各自的适应特点，进行生态岛周边水域种植及生态浮床种植（图 2.24）。

图 2.24　生态浮床及水质监测系统

（一）水质监测

2018 年 6 月、8 月及 2019 年 3 月、5 月、7 月对中国科学院黄河三角洲滨海湿地生态试验站生态保护区水体温度（*T*）、盐度、溶解氧（DO）和 pH 使用多参数水质分析仪测定；铵态氮（NH_4-N）、亚硝酸氮（NO_2-N）、总氮（TN）和总磷（TP）浓度分别采用次溴酸钠氧化法、重氮-偶氮法、碱性过硫酸钾消解紫外分光光度法和过硫酸钾消解钼酸铵分光光度法测定；COD 采用碱性高锰酸钾法测定。共设置 12 个采样点，如图 2.25 所示。

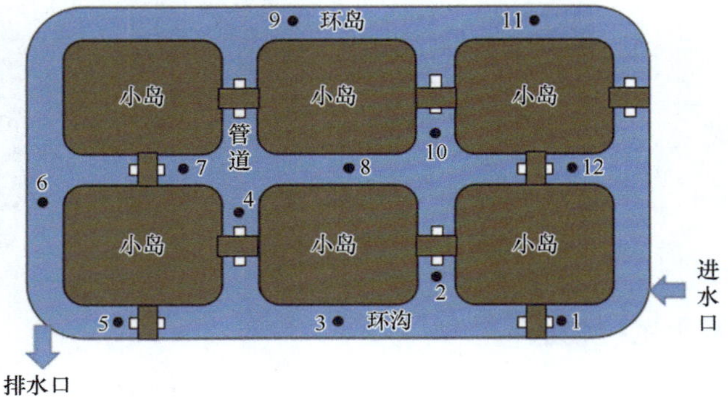

图 2.25　水质监测采样点

由于试验点十分接近黄河入海口，因此水体盐度（整体水平在 0.2%左右）很高，为咸水；水体 pH 为 7.8～9.1，呈碱性（图 2.26）。这符合试验点盐碱地水体水质的特征。

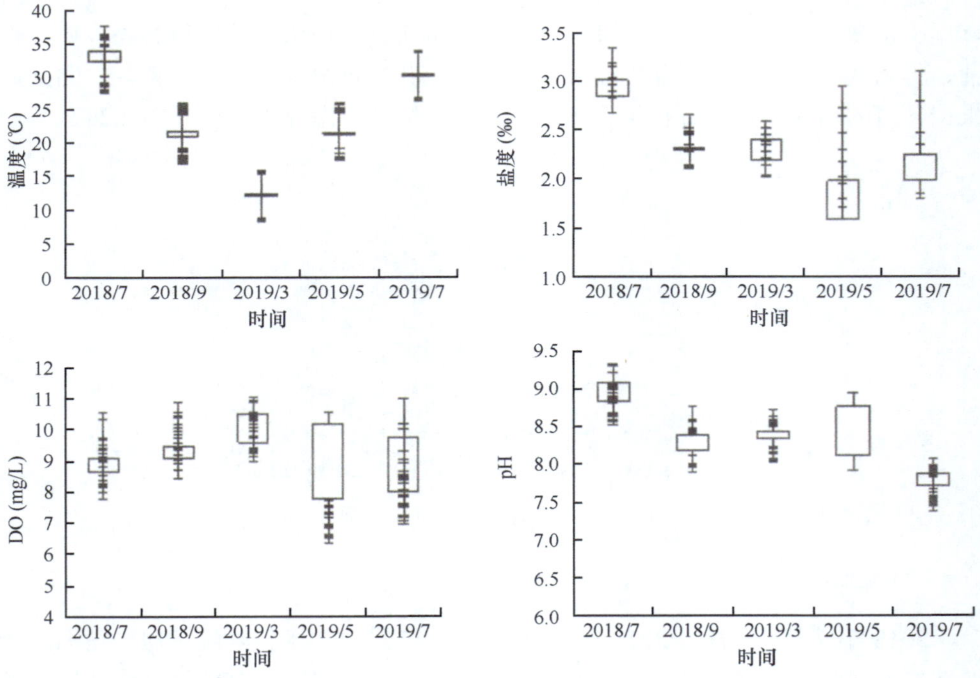

图 2.26　不同时间各采样点温度、盐度、DO、pH 变化

受补水和降雨的影响，各采样点水体总氮浓度随时间的变化基本一致，浓度

总体上波动较大。总氮浓度在 2019 年 3 月最低（0.83～1.04mg/L），在 2019 年 5 月最高（2.11～3.42mg/L）。各采样点水体总磷浓度随时间的变化基本一致，总磷浓度在 2019 年 5 月最高。各采样点铵态氮浓度随时间的变化基本一致，铵态氮浓度在 2019 年 5 月最高。各采样点亚硝酸氮浓度随时间的变化基本一致，大体上呈先减后增趋势。亚硝酸氮浓度在 2019 年 5 月最高（0.5156～2.5196mg/L），在 2019 年 3 月最低（0.0018～0.0086mg/L）（图 2.27）。

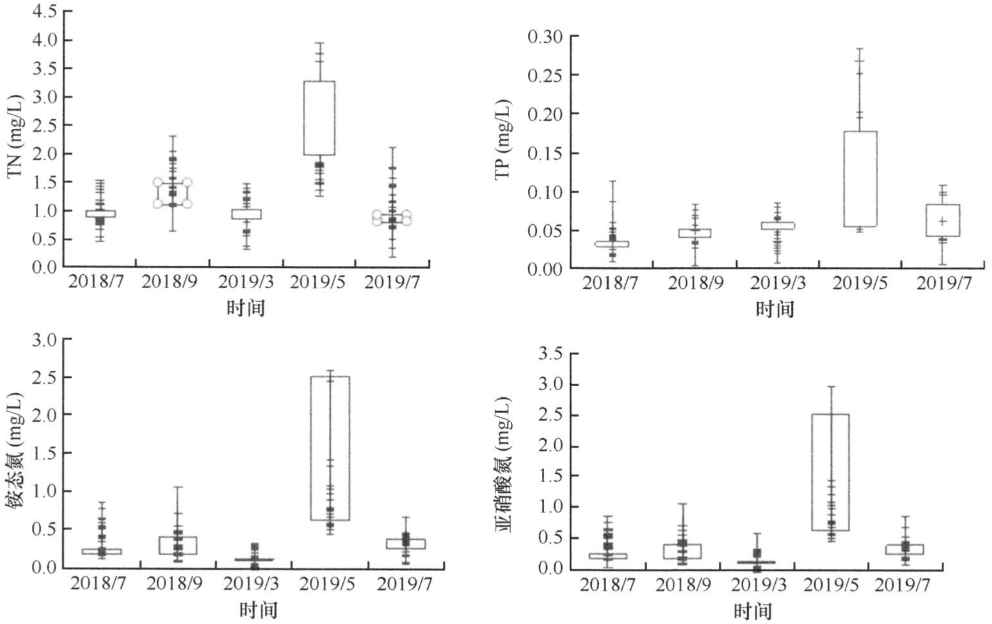

图 2.27 不同时间各采样点总氮、总磷、铵态氮、亚硝酸氮浓度变化

各采样点水体 COD 随时间的变化基本一致，呈总体增加的趋势（图 2.28），COD 在 2018 年 7 月最低（3.80～4.09mg/L）。

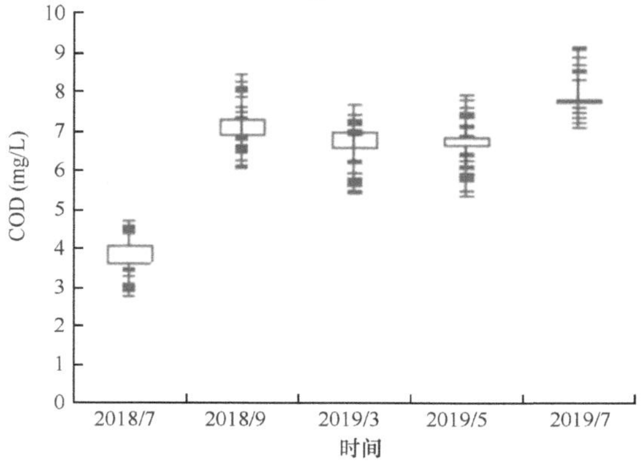

图 2.28 不同时间各采样点 COD 变化

（二）水生植物模式

图 2.29　生态岛香蒲群落带

通过水生植物选育，我们发现香蒲在盐度相对较低的地方长势很好，在土壤返盐严重区域，香蒲成活率低，而浅水区的水葱、再力花成活率高，耐盐性较强，即使在坡面土壤返盐的情况下也能生长。总之，在有淡水或微咸水的区域，即使土壤表层盐度较高，也不会严重影响水生植物香蒲（图 2.29）、小香蒲（图 2.30）和睡莲（图 2.31）的正常生长。但如果淡水资源短缺，即使是轻度盐渍化区域植被也无法正常生长。

图 2.30　小香蒲群落

图 2.31　睡莲花开

（三）浮游植物种类及组成

试验站水域浮游植物共检出 5 门 15 属 17 种（表 2.3），其中绿藻门有 4 属 5 种，占总种数的 29.4%；硅藻门有 4 属 4 种，占总种数的 23.5%；蓝藻门有 5 属 6 种，占总种数的 35.3%；甲藻门有 1 属 1 种，占总种数的 5.9%；黄藻门有 1 属 1 种，占总种数的 5.9%（图 2.32）。

表 2.3　浮游植物名录

门	属	种
蓝藻门 Cyanophyta	平裂藻属 *Merismopedia*	点形平裂藻 *Merismopedia punctata*
	色球藻属 *Chroococcus*	色球藻 *Chroococcus* sp.
	腔球藻属 *Coelosphaerium*	腔球藻 *Coelosphaerium* sp.

续表

门	属	种
蓝藻门 Cyanophyta	螺旋藻属 *Spirulina*	螺旋藻 *Spirulina* sp.
	鱼腥藻属 *Anabaena*	球孢鱼腥藻 *Anabaena sphaerica*
		维盖拉鱼腥藻 *Anabaena viguieri*
甲藻门 Pyrrophyta	角甲藻属 *Ceratium*	飞燕角甲藻 *Ceratium hirundinella*
黄藻门 Xanthophyta	黄丝藻属 *Tribonema*	黄丝藻 *Tribonema* sp.
硅藻门 Bacillariophyta	铁杆藻属 *Synedra*	美小铁杆藻 *Synedra pulchella*
	菱形藻属 *Nitzschia*	长菱形藻 *Nitzschia longissima*
	舟形藻属 *Navicula*	舟形藻 *Navicula capitatoradiata*
	桥弯藻属 *Cymbella*	中华桥弯藻 *Cymbella sinensis*
绿藻门 Chlorophyta	新月藻属 *Closterium*	库津新月藻 *Closterium kuetzingii*
	集星藻属 *Actinastrum*	集星藻 *Actinastrum* sp.
	栅藻属 *Scenedesmus*	爪哇栅藻 *Scenedesmus javaensis*
	纤维藻属 *Ankistrodesmus*	纤维藻 *Ankistrodesmus* sp.
		针形纤维藻 *Ankistrodesmus acicularis*

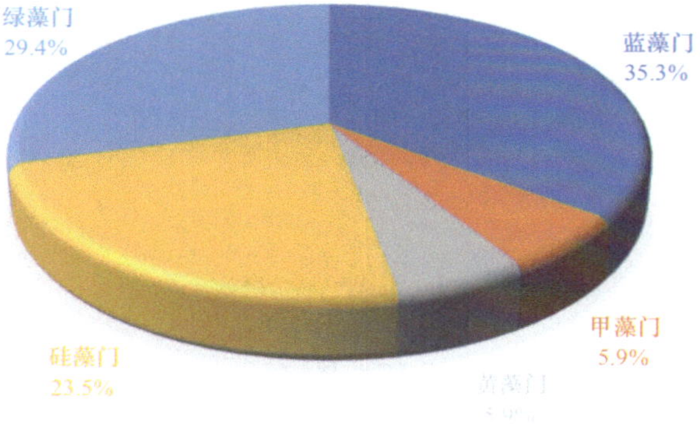

图 2.32　浮游植物种类组成

（四）浮游动物种类及组成

试验站水域浮游动物共检出 10 种（表 2.4）。在所有浮游动物种类中，原生动物门有 2 种，占总种数的 20%；轮虫动物门有 6 种，占总种数的 60%；节肢动物门有 2 种，占总种数的 20%（图 2.33）。

表 2.4 浮游动物名录

门	种
原生动物门 Protozoa	淡水麻铃虫 *Leprotintinnus fluviatile*
	长筒拟铃虫 *Tintinnopsis longus*
轮虫动物门 Rotifera	盘状鞍甲轮虫 *Lepadella patella*
	尾突臂尾轮虫 *Brachionus caudatus*
	壶状臂尾轮虫 *Brachionus urceus*
	曲腿龟甲轮虫 *Keratella valga*
	矩形龟甲轮虫 *Keratella quadrala*
	月形腔轮虫 *Lecane luna*
节肢动物门 Arthropoda	桡足类无节幼体 nauplius larva
	广布中剑水蚤 *Mesocyclops leuckarti*

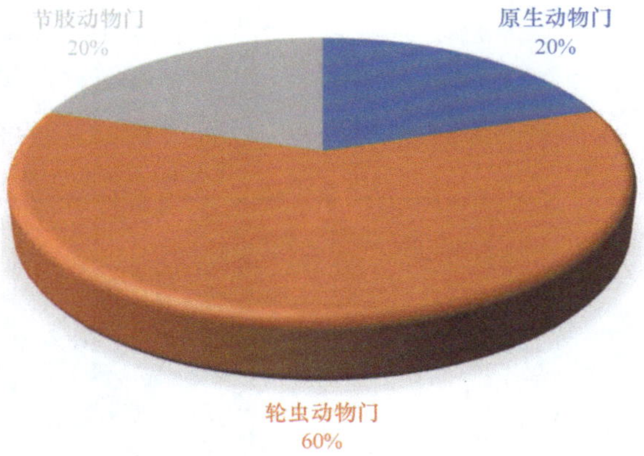

图 2.33 浮游动物种类组成

六、鳜鱼和黄颡鱼生长及鱼产力分析

截至 2019 年 7 月，鳜鱼个体体长为 19.10～24.78cm，体重为 214.09～456.03g；黄颡鱼个体体长为 16.10～23.10cm，体重为 86.43～178.97g。鳜鱼个体的丰满度随体长的增加而不断上升（表 2.5），黄颡鱼个体的丰满度随体长的增加而不断下降（表 2.6）。

表 2.5 不同时间鳜鱼生长情况

时间	全长（cm）	体长（cm）	体重（g）	丰满度	样本数
2018 年 7 月	6.41±0.77	5.99±0.77	4.53±1.51	2.07±0.33	10
2019 年 3 月	19.18±3.97	16.31±3.52	99.91±62.74	2.07±0.16	11
2019 年 7 月	26.43±2.26	22.00±1.94	340.52±97.77	2.92±0.27	15

表 2.6　不同时间黄颡鱼生长情况

时间	全长（cm）	体长（cm）	体重（g）	丰满度	样本数
2018 年 7 月	4.32±0.75	3.55±0.66	0.95±0.48	2.01±0.29	10
2019 年 3 月	22.35±0.21	18.90±0.28	133.56±12.58	1.98±0.10	7
2019 年 7 月	22.70±6.08	19.60±4.95	132.70±65.44	1.76±0.44	15

对鳜鱼和黄颡鱼的体长（TL）、体重（W）关系进行幂函数回归分析（图 2.34），关系式分别如下：

$$\text{鳜鱼}\quad W=0.0154\times TL^{3.1539}\ (R^2=0.9911,\ n=29)$$

$$\text{黄颡鱼}\quad W=0.0218\times TL^{2.9346}\ (R^2=0.9969,\ n=25)$$

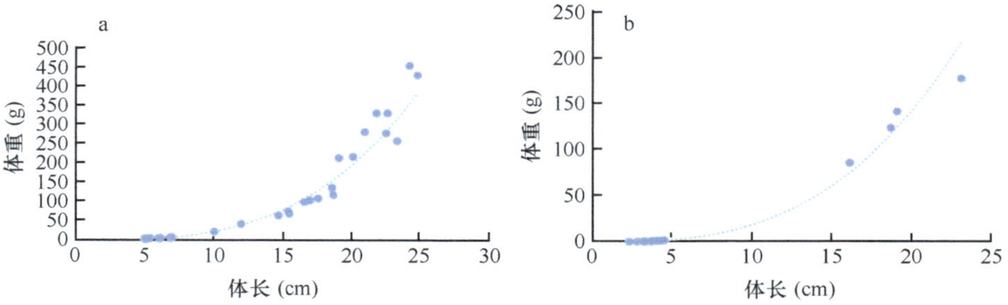

图 2.34　鳜鱼（a）和黄颡鱼（b）的体长-体重关系

鳜鱼放养时间为 2018 年 6 月 23 日，规格为 2.70～4.75g/尾，共投放鳜鱼苗 3400 尾。在东营永安镇的池塘鳜鱼养殖试验中，鳜鱼存活率为 77.2%～87.8%；由于生态试验站养殖水体目前不宜干塘，按鳜鱼存活率为 80%计，预计试验养殖存活鳜鱼 2720 尾，目前平均体重 340g，估算鳜鱼产量 924.8kg，按目前塘边价格 70 元/kg 计算，预计鳜鱼的收益约为 6.5 万元。

黄颡鱼放养分两批，时间为 2018 年 6 月 23 日和 7 月 28 日，规格为 0.50～1.90g/尾，共投放黄颡鱼苗 2.5 万尾。按存活率为 60%计，目前平均规格为 132g/尾，预计黄颡鱼产量为 1980kg，按目前塘边价格 24 元/kg 计算，预计黄颡鱼的收益约为 4.75 万元。

在盐碱地生态养殖区，水生植物、水产养殖活动及外部环境因素等共同影响养殖水域环境。7～9 月为鳜鱼生长期，需定时投喂饲料，同时也是芦苇等水生植物生长期，两者的共同作用影响水质状况。鳜鱼幼苗期对饵料氮、磷的转化率较低，大部分转化为排泄物，饵料是水域养殖中最主要的外源性污染源，残饵连同粪便一起累积在养殖系统中，这可能是造成 7～9 月各水质指标浓度升高的主要原因之一。除了饵料，7～9 月温度较高，微藻大量繁殖，这可能也会造成水质指标浓度的升高。7～9 月水温高，会影响鳜鱼对饵料的利用效率，这也可能是导致水质变差的原因之一。

总磷浓度的变化趋势与其他指标浓度的变化趋势略有不同，总体表现为 7 月中旬后总磷浓度较低，这可能与芦苇等水生植物对磷的选择性吸收有关，植物对磷元素的吸收与自身结构特点和生长节律有很大的关系，磷元素对植物遗传物质的增加有重要作用，在生长中、后期芦苇对磷元素的吸收较多，这可能是水体中总含量相对低的原因。

COD 在一定程度上可以表征陆源污染带来的营养盐含量。7～9 月降水量最大，降水过程将陆源污染物带入养殖环沟内，这可能导致 COD 升高。7～9 月养殖水体中铵态氮浓度过高，可能会对鳜鱼的养殖产生不良影响。9 月是芦苇生长末期，芦苇根部会为明年的萌芽储备大量营养物质，对氮、磷的需求较高，对水质起到了一定的净化作用，这可能会导致 9 月以后铵态氮、总氮和总磷浓度较低。而亚硝酸氮浓度在 5 月最高，可能是因为亚硝酸氮是不稳定的价态，其浓度变化主要受铵态氮的氧化反应或硝酸氮的还原反应的影响，而这两种反应受生物活动的影响较大。

七、综合效益与应用推广

本项目通过微地形改造，构建水域、坡地、平地镶嵌分布的多样性生境，适宜经济作物、耐盐牧草、水生植物等不同类型植物生长，并开展水产养殖，打破以治理为主的盐碱地传统农业模式，集成微地形营造、盐渍土壤改良培肥、微咸水利用、坡面牧草沟垄种植及鱼类养殖等技术，建立了“耐盐牧草-人工湿地-耐盐花卉苗木-特色产品-生态农业园”综合利用模式，打造盐碱地生态农牧场的典范，建成 200 亩核心示范区，显著提高了区域土地的综合利用价值和经济效益。

该理论和技术体系既专注于提质增效和产能提升，又根植于生态环境安全与可持续发展，形成盐碱地生态农业新模式，为滨海湿地生态保护与修复及盐碱地改良与利用提供理论与技术支撑。2019 年 5 月，新华社《瞭望》周刊对这一模式进行了报道，并给予了充分肯定，认为“这一将保护与发展相结合的探索，高度契合了东营现实发展的需要”。依托该技术模式，中国科学院黄河三角洲滨海湿地生态试验站承担了东营市现代畜牧业示范区管理委员会委托的东营市东八路湿地生态修复项目，修复河岸带长度为 13km，设计 113hm^2 荷塘湿地。因而，该技术模式的应用推广已经取得了突出的成果。

本项目 200 亩核心示范区位于中国科学院黄河三角洲滨海湿地生态试验站，多批领导和专家学者进行了调研和考察，对“盐碱地生态农牧场”这一滨海盐渍土的综合利用模式给予了充分的肯定和高度的评价。此外，盐碱地生态农牧场示范区也作为高校师生和干部研修班的培训地，发挥了重要的科普和教育作用。

2018 年 10 月 13 日，中国科学院植物研究所学术所长方精云院士、中国科学院科技促进发展局农业科技办公室王竑晟常务副主任一行到中国科学院黄河三角洲滨海湿地生态试验站调研。方精云院士一行调研了中国科学院黄河三角洲滨海湿地生态试验站盐碱地生态农牧场示范区，并听取了韩广轩站长的工作报告。方精云院士对盐碱地生态农牧场的构建理论和技术都表达了浓厚的兴趣，希望与会各方进一步加强交流，推动合作。

2018 年 11 月 6 日，中国科学院院士、原副院长孙鸿烈一行到中国科学院黄河三角洲滨海湿地生态试验站进行调研，东营市人民政府副市长、党组成员韩利学等陪同调研。孙鸿烈一行听取了韩广轩站长的工作汇报，详细了解了黄河三角洲面临的主要生态环境问题和台站建设历程、功能定位、科研进展及发展规划，详细交流了盐碱地生态农牧场建设的理念和技术体系，并对取得的成果表达了赞许。韩利学副市长认同盐碱地生态农牧场模式的理念，并建议将该模式的技术体系在东营市东八路湿地生态修复中推广应用。

2019 年 7 月 12 日，北京大学城市与环境学院师生 10 余人来中国科学院黄河三角洲滨海湿地生态试验站进行大学专业实习活动。宋维民博士首先向同学们介绍了台站的建设历程、功能定位、立体观测体系建设、主要科研进展及未来的发展规划，随后带领大家到全球气候变化试验平台及盐碱地生态农牧场示范区进行了实地参观。

2019 年 7 月 10 日，人力资源社会保障部乡村振兴高级研修班的 70 余名学员到中国科学院黄河三角洲滨海湿地生态试验站进行现场参观学习。试验站管博副研究员进行了现场教学。管博副研究员首先对研修班学员的到来表示了热烈欢迎，随后现场介绍了中国科学院黄河三角洲滨海湿地生态试验站的建设历程、功能定位、研究方向、创新发展和近年来的研究成果，最后带领研修班学员参观了全球变化野外控制试验平台和盐碱地生态农牧场示范区。研修班学员详细了解了生态农牧场示范区的构建理念、示范成果和可推广性，对试验站科研人员能够扎根黄河三角洲、艰苦奋斗、为保护黄河三角洲滨海湿地和乡村振兴所做的科研监测及模式探索工作给予了充分肯定。

2019 年 10 月 13～15 日，中国林学会盐碱地分会 2019 年学术研讨会暨泰山科技论坛在滨州学院举办，颜坤副研究员代表中国科学院黄河三角洲滨海湿地生态试验站参会并做了题为《黄河三角洲滨海盐碱地生态农牧场构建理论方法与技术模式》的报告。10 月 15 日，中国林业科学研究院副院长黄坚与中国林学会盐碱地分会秘书长张华新研究员带领与会专家和学者来到中国科学院黄河三角洲滨海湿地生态试验站进行了考察。与会专家和学者对盐碱地生态农牧场示范区模式构建的理念和相关技术有了更加直观的认识，一致认同该模式是针对黄河三角洲地域特征开展的创新性研究，有利于保护黄河三角洲滨海湿地的同时实现了盐碱湿地的合理利用。与会专家和学者从经济林木选育和栽培及土壤改良方面也给出了很多宝贵意见。

总之，盐碱地生态农牧场模式显著提高了区域土地的综合利用效益，为滨海湿地生态保护与修复及盐碱地改良与利用提供了理论和技术支撑，目前该模式的理念和技术体系已经得到大面积推广应用，未来也将会在整个黄河三角洲生态保护与合理利用中发挥关键的作用。

第四节　目前存在的问题与展望

本研究依据盐碱地异质性生境营造、高效抑盐控盐、土壤增碳培肥和耐盐物种合理配置等关键技术，构建了“盐碱地生态农牧场”的新模式，并进行规模化示范，该模式在黄河三角洲滨海盐碱地区域具有良好的应用前景，适宜大面积推广，能够充分提升该地区盐碱地开发利用的经济效益和社会效益，促进生态农业的良性发展，但某些具体的技术关节仍有待于进一步的优化和改进。

有待进一步筛选耐盐牧草或提升牧草抗盐能力以适应高盐度坡面。生境岛的坡面是蒸发返盐的主要区域，但又难以进行常规灌溉压盐，是种植的难点，特别是部分坡面盐度高且土壤黏重、结构差，灌溉后容易造成淤积，依靠沟垄法种植方式及常规覆膜和添加隔盐层的控盐方法，无法实现牧草正常生长。本研究选择耐盐能力更强的碱蓬作为种植材料，碱蓬又称海英菜，是一种优质的海水蔬菜。下一步的工作中有必要继续进行耐盐牧草的筛选，或者通过传统杂交或分子育种的方法培育出耐盐能力强的牧草品种，以适应高盐坡面环境。

生境岛顶面经济植物的微咸水灌溉技术方法有待明确。生境岛顶面耐盐经济作物采用微咸水灌溉，不同于淡水灌溉，每种经济作物的耐盐能力不同，微咸水灌溉的安全阈值并不一致，不合理的微咸水灌溉方式将会抑制经济作物的生长，甚至造成死亡。因此，下一步工作有必要针对筛选出的经济作物，开展微咸水灌溉试验，结合肥料配施和耕种管理，实现每一种经济作物配备一套优化的种植规程，以便于更有效地推广应用。

有待加强土壤改良与地力培肥技术的集成应用。本研究主要利用微地形改造、微咸水灌溉、沟垄种植的方式来进行盐碱化土壤的抑盐控盐，并结合耐盐植物选育，实现生境岛顶面经济作物和坡面牧草的成功栽培。但是，土壤化学改良、生物改良及地力培肥技术未得到充分的应用，今后有必要开展有机物料、化学改良剂及微生物菌剂菌肥的施用试验，获得适用于“盐碱地生态农牧场”模式的土壤改良措施，进而更有效地服务于成果的推广应用。

此外，依托盐碱地生态农牧场示范区，还应加强技术规程的总结和凝练，形成多项技术标准，以便于成果的推广应用，同时加强核心示范区的信息化管理，提升管理水平和展示度；加强与企业的合作，实现专利技术的成果转化，形成可投放市场的专利产品。

黄河三角洲地区滨海湿地面积广大，发挥着重要的生态功能，因而黄河三角洲盐碱地农业开发利用首先要保证近海和湿地生态环境的安全，需要协调好与湿地生态保护的矛盾。湿地生态系统也需要大量淡水资源的补给来保证生态系统平衡，保障其生态系统服务功能。因此，协调湿地生态系统和盐碱地农业开发的水资源利用，降低农业源污染物对湿地和近海海域环境破坏的风险，是该地区农业开发中面临的关键问题。农业生产产生的污染物对湿地和近海海域环境的破坏，均成为该地区农业开发中面对的重大风险问题。唯有厉行盐碱地农业绿色发展的思路才能在实现农业高产、安全、高效的同时达到保护生态和环境的目的。

“盐碱地生态农牧场”突破了传统以治理为主的盐碱地开发利用模式，大幅度降低淡水资源的消耗，采用了生态适应型农业的开发理念，集成盐碱地异质性生境营造、高效抑盐控盐、土壤增碳培肥和耐盐物种合理配置等关键技术，并融合一二三产，提质增效，开拓了盐碱地高效、高质、高值现代农业的发展道路，在海岸带地区拥有良好的推广应用前景。“盐碱地生态农牧场”模式在今后的推广应用过程中，应考虑陆海生态连通性的现状，做到陆海统筹，强化海岸带建设和开发活动的工程示范，保证陆海生态系统结构和功能稳定，进一步建成与海岸带各区域相互连通、融合发展的“盐碱地生态农牧场”模式，提升整个海岸带地区开发利用的综合效益。

参 考 文 献

白春礼. 2020. 科技创新引领黄河三角洲农业高质量发展. 中国科学院院刊, 35(2): 138-144.
边荣荣, 孙兆军, 李向辉, 等. 2016. 西北盐碱地改良利用技术研究现状及展望. 宁夏工程技术, 15(4): 404-408.
曹文平, 王冰冰. 2013. 生态浮床的应用及进展. 工业水处理, 33(2): 5-9.
陈栋, 王海明, 郑晓龙. 2019. 盐碱地农业高效利用措施探讨. 农家参谋, 43: 37.
陈慧芳, 王云平. 2020. 耐性植物种类研究进展. 山西农业科学, 48(1): 126-130.
陈瑞霞, 叶澜涛, 陆孝峰, 等. 2019. 盐碱地膜下滴灌玉米生长研究综述. 课程教育研究, 17: 37-38.
陈文娟, 李明思, 秦文豹, 等. 2020. 水平翻耕措施对覆膜滴灌土壤水盐分布调控效果研究. 农业机械学报, 51(3): 276-286.
程丽巍, 许海, 陈铭达, 等. 2007. 水体富营养化成因及其防治措施研究进展. 环境保护科学, 33(1): 18-21, 38.
崔国忠, 徐小燕, 王惠萍. 2017. 西北荒漠区中重度盐碱地改良与农林牧生态复合利用模式初探. 中国园艺文摘, 33(10): 217-219.
丁海荣, 洪立洲, 王茂文, 等. 2011. 盐土农业及研究进展. 安徽农业科学, 39(34): 21024-21025.

丁海涛, 黄文涛, 邓呈逊, 等. 2020. 水生植物对富营养化水体的净化效果研究. 佳木斯大学学报(自然科学版), 38: 112-116.
董红云, 朱振林, 李新华, 等. 2017. 山东省盐碱地分布、改良利用现状与治理成效潜力分析. 山东农业科学, 49(5): 134-139.
杜伟, 吕应堂. 2004. 拟南芥高盐耐受突变体的筛选与鉴定. 武汉大学学报(理学版), 50(6): 781-785.
樊开青, 王其娟, 汪伟. 2011. 5 种挺水植物净化富营养化水体氮磷效果的比较. 江苏农业科学, 39(6): 598-599.
冯立田, 赵文祥, 刘敏. 2013. 黄河三角洲高效生态农业发展对策. 山东农业科学, (3): 141-145.
高富聚, 郭晓和. 1999. 滨海盐渍土地区地基基础设计与施工刍议. 建筑结构, (11): 46-49.
高玉红, 李云. 2004. 植物离体培养筛选耐盐突变体的研究. 核农学报, 18(6): 448-452, 422.
顾红艳, 于福安, 魏天权, 等. 2007. 耐盐碱水稻新品种津原 85 选育及栽培技术. 农业科技通讯, 1: 20-21.
郭凯, 许征宇, 曲乐, 等. 2013. 黄河三角洲高等抗盐植物资源. 安徽农业资源, 41(25): 10463-10466.
郭树庆, 耿安红, 李亚芳, 等. 2018. 耐盐植物生态修复技术对盐碱地的改良研究. 农村科技, (28): 117-118.
郭晓华, 关丽菊. 2007. 酸性有机肥改良重盐碱的效果对比. 新疆农业科技, (3): 22.
韩广轩, 牛振国, 栾兆擎, 等. 2018. 河口三角洲湿地健康生态圈构建: 理论与方法. 应用生态学报, 29(8): 2787-2796.
韩广轩, 宋维民, 李培广, 等. 2020. 长期生态学研究为滨海湿地保护提供科技支撑. 中国科学院院刊, 35(2): 218-228.
贺文君, 韩广轩, 许延宁, 等. 2018. 潮汐作用下干湿交替对黄河三角洲盐沼湿地净生态系统 CO_2 交换的影响. 应用生态学报, 29(1): 269-277.
贾红华, 周华, 韦萍. 2003. 微波诱变育种研究及应用进展. 工业微生物, 33(2): 46-50.
贾燕芳. 2020. 盐生植物修复盐碱地应用及资源化利用途径. 农业开发与装备, 1: 41-42.
姜天海. 2016. 偶获至宝: 粉垄"克"盐碱. 科学新闻, (2): 30-32.
孔涛, 张德胜, 徐慧, 等. 2014. 盐碱地及其改良过程中土壤微生物生态特征研究进展. 土壤, 46(4): 581-588.
孔杨勇, 夏宜平. 2015. 水生植物种植设计与施工. 杭州: 浙江大学出版社.
寇明明. 2017. 西北地区盐碱地绿化栽植与养护管理. 农村科技, (10): 57-58.
寇一鸣, 戴佳伟, 刘石秀, 等. 2015. 上海滨海地区盐碱地蔬菜栽培土壤的微生物改良及其评价. 上海师范大学学报(自然科学版), 44(6): 599-605.
李彬, 王志春, 孙志高, 等. 2005. 中国盐碱地资源与可持续利用研究. 干旱地区农业研究, 23(2): 154-158.
李大红, 蒋炳伸, 邬海燕. 2017. 苜蓿 *MsDREB1* 基因的诱导表达增强大豆的耐盐性. 大豆科学, 36(1): 17-23.
李菲, 龚记熠, 李欲柯, 等. 2019. 抗旱耐盐植物功能基因发掘及其在棉花育种中的应用. 分子植物育种, 22(17): 7395-7400.
李慧, 林青, 徐绍辉. 2020. 咸水/微咸水入渗对土壤渗透性和盐分阳离子运移的影响. 土壤学报, 57: 656-666.
李建国, 濮励杰, 徐彩瑶, 等. 2015. 1977-2014 年江苏中部滨海湿地演化与围垦空间演变趋势. 地理学报, 70(1): 17-28.

李健, 郭颖杰, 王景立. 2020. 深松技术与化学改良剂在苏打盐碱地土壤改良中的应用效果. 吉林农业大学学报, (6): 699-702.
李婧男, 孙向阳, 李素艳. 2019. 有机无机改良剂对滨海盐渍化土壤酶活性和土壤微生物量的影响. 水土保持通报, (5): 160-165.
李倩, 李晓霞, 齐冬梅, 等. 2019. 黄河三角洲地区耐盐植物研究进展与展望. 西南民族大学学报(自然科学版), (3): 266-271.
李文炳. 2001. 山东棉花. 上海: 上海科学技术出版社.
李秀军, 杨福亿, 刘兴土. 2007. 松嫩平原西部盐碱湿地"稻-苇-鱼"模式研究. 中国生态农业学报, 15(5): 174-177.
李琰. 2015. 黄河河口地区微咸水灌溉的水土环境效应研究. 济南大学硕士学位论文.
李颖, 陶军, 钞锦龙, 等. 2014. 滨海盐碱地"台田-浅池"改良措施的研究进展. 干旱地区农业研究, 32(5): 154-160, 167.
梁辉, 严诗琦, 李海云. 2019. 我国城镇化与耕地资源的时空耦合关系研究——基于 2001—2016 年的数据. 湖北经济学院学报, 17(4): 79-89.
梁利群, 任波, 常玉梅, 等. 2013. 中国内陆咸(盐碱)水资源及渔业综合开发利用. 中国渔业经济, 31(4): 138-145.
梁泽胜. 2011. 青海省都兰县天然草地盐生植物资源种类及利用研究. 安徽农业科学, 39(27): 16757-16758.
廖岩, 彭友贵, 陈桂珠. 2007. 植物耐盐性机理研究进展. 生态学报, 27(5): 2077-2089.
蔺亚莉, 李跃进, 陈玉海, 等. 2016. 碱化盐土掺砂对土壤理化性质和玉米产量影响的研究. 中国土壤与肥料, (1): 119-123.
刘树堂, 秦韧, 王学锋, 等. 2005. 滨海盐碱地"上农下渔"改良模式对土壤肥力的影响. 山东农业科学, (2): 50-51.
刘文瑜, 杨发荣, 黄杰, 等. 2017. NaCl 胁迫对藜麦幼苗生长和抗氧化酶活性的影响. 西北植物学报, 37(9): 1797-1804.
刘小京. 2018. 环渤海缺水区盐碱地改良利用技术研究. 中国生态农业学报, 26(10): 1521-1527.
刘小媛, 高佩玲, 张晴雯, 等. 2018. 微咸水矿化度对重度盐碱地土壤入渗特征的影响. 干旱地区农业研究, 36(1): 102-107.
刘永信, 王玉珍. 2011. 盐碱地种植耐盐植物经济效益分析. 北方园艺, (10): 44-46.
刘友兆, 付光辉. 2004. 中国微咸水资源化若干问题研究. 地理与地理信息科学, 20(2): 57-60.
刘兆普, 邓力群, 刘友兆, 等. 2003. 海涂人工湿地不同利用方式能值特征与生态效应. 南京农业大学学报, 4: 51-55.
罗君, 彭飞, 王涛, 等. 2017. 黑果枸杞(*Lycium ruthenicum*)种子萌发及幼苗生长对盐胁迫的响应. 中国沙漠, 37(2): 261-267.
骆浩雯. 2019. 浙江省淡水鱼类养殖场景观化探索. 浙江农林大学硕士学位论文.
吕棚棚, 毕远杰, 孔晓燕, 等. 2020. 基于模糊层次的微咸水滴灌西葫芦的最优灌水方案研究. 节水灌溉, (1): 19-24.
吕晓, 徐慧, 李丽, 等. 2012. 盐碱地农业可持续利用及其评价. 土壤, 44(2): 203-207.
马超颖, 李小六, 石洪凌, 等. 2010. 常见的耐盐植物及应用. 北方园艺, 3: 191-196.
马文军, 程琴娟, 李良涛, 等. 2010. 微咸水灌溉下土壤水盐动态及对作物产量的影响. 农业工程学报, 26(1): 73-80.

马文军, 程琴娟, 宇振荣. 2011. 华北平原微咸水灌溉下土壤盐分淋洗规律与灌溉策略. 干旱区资源与环境, 25(4): 184-188.
马新飙. 2018. 水生经济植物在水产养殖中的应用. 农民致富之友, (10): 237.
马志靖. 2001. 黄河三角洲地区浅层地下淡水资源开发及供水前景研究//中国地质学会. 中国地质科学院“九五”科技成果汇编: 120-121.
莫训强, 李洪远. 2010. 天津滨海湿地典型野生盐生植物的应用. 城市环境与城市生态, 23(2): 14-17.
牛天新, 周毅飞, 吴根良, 等. 2015. 杭州水产养殖污染的现状和对策. 安徽农业科学, 43: 336-339.
欧阳竹, 王竑晟, 来剑斌, 等. 2020. 黄河三角洲农业高质量发展新模式. 中国科学院院刊, 35(2): 145-153.
逄焕成, 杨劲松, 严惠峻. 2014. 微咸水灌溉对土壤盐分和作物产量影响研究. 植物营养与肥料学报, 10(6): 599-603.
乔建荣, 任久长, 陈艳卿, 等. 1996. 常见沉水植物对草海水体总磷去除速率的研究团. 北京大学学报(自然科学版), 32(6): 108-112.
秦光蔚, 陈爱晶, 徐汉亿, 等. 2013. 耐盐植物和盐土农业研究进展. 农业开发与装备, (2): 1-2, 48.
秦萍, 张俊华, 孙兆军, 等. 2019. 降碱抑盐改良剂对重度盐化碱土的改良效果. 干旱地区农业研究, (4): 269-275, 283.
秦韧, 王学锋, 刘树堂. 2005. 盐碱地改良研究进展——东营市河口区“上农下渔”改良模式. 当代生态农业, (Z1): 32-34.
饶伟, 李道亮, 位耀光, 等. 2017. 循环水养殖新模式-鱼菜共生系统. 中国水产, (5): 76-79.
任华, 蓝泽桥, 李义勇, 等. 2013. 水生植物对鲟鱼循环水养殖效果的研究. 渔业信息与战略, 28(3): 228-232.
沈其荣, 刘兆普, 茆泽圣, 等. 1992. 滨海盐土农业改良利用模式初探. 江苏农业科学, (2): 41-42.
宋德彬, 于君宝, 王光美, 等. 2016. 1961～2010 年黄河三角洲湿地区年平均气温和年降水量变化特征. 湿地科学, 14(2): 248-253.
宋绍宪. 2009. 黄河三角洲重盐碱地生态开发模式分析. 中国石油大学(华东)硕士学位论文.
宋协明, 周潇蕾, 徐艳. 2019. 威海市滨海地区 7 种野生植物耐盐性研究. 现代农业科技, 21: 145, 151.
孙君艳, 程琴, 李淑梅. 2017. 盐胁迫对小麦种子萌发及幼苗生长的影响. 分子植物育种, 6: 2348-2352.
孙玉娟, 孙浩然. 2020. 粮食安全视阈下中国粮食进口贸易研究. 价格月刊, (3): 41-52.
唐任伍. 2013. 耕地减少与粮食安全挑战民生根基//唐任伍. 2013 中国民生发展报告: 新城市化进程中的民生隐忧. 北京: 北京师范大学出版社: 61-83.
滕思翰. 2016. 基于 SPOT-5 的阿鲁科尔沁旗土地荒漠化动态变化研究. 内蒙古农业大学硕士学位论文.
汪怀建, 丁雪杉, 谭文津, 等. 2008. 浮水植物对富营养水体的作用研究. 安徽农业科学, 36(24): 10654-10656.
王辉. 2016. 我国微咸水灌溉研究进展. 节水灌溉, (6): 59-63.
王进, 罗光宏, 颜霞, 等. 2017. 单盐胁迫对蒙古扁桃种子萌发和幼苗生长的影响. 中草药, 48(12): 2509-2515.
王俊杰, 拾兵, 巴彦斌. 2020. 近 70 年黄河入海水沙通量演变特征. 水土保持研究, 27(3): 57-62, 69.

王强, 张红军, 张太平, 等. 2018. 黄河三角洲湿地资源地质环境评价与保护对策研究. 山东国土资源, 34(5): 81-86.
王维飞, 韩烈保, 曾会明. 2006. 高羊茅转基因研究进展. 中国生物工程杂志, 26(8): 15-21.
王鑫, 胡秉安, 史建明. 2020. 盐碱地渔农综合利用试验示范. 农业科技与信息, (4): 13-14.
王遵亲. 1993. 中国盐渍土. 北京: 科学出版社.
卫伟, 余韵, 贾福岩, 等. 2013. 微地形改造的生态环境效应研究进展. 生态学报, 33(20): 6462-6469.
吴舜泽, 夏青, 刘鸿亮. 2000. 中国流域水污染分析. 环境科学与技术, 23(2): 1-6.
夏光敏, 陈穗云, 向凤宁. 2001. 小麦与高冰草体细胞杂种 F_3～F_5 代的耐盐性研究. 山东农业科学, (6): 12-14.
肖凤祥, 陈淑华, 叶雅玲, 等. 2016. 吉林西部苏打盐碱地枸杞造林试验. 防护林科技, (10): 50-52.
谢钦铭, 孔江红. 2015. 水生植物在渔业生态养殖中的开发应用(综述). 亚热带植物科学, 44: 175-180.
徐秉信, 李如意, 武东波, 等. 2013. 微咸水利用现状和研究进展. 安徽农业科学, 41(36): 13914-13916, 13981.
徐恒戬. 2008. 作物耐盐诱变育种研究进展. 种子, 27(1): 51-54.
颜素珠. 1983. 中国水生高等植物图说. 北京: 科学出版社.
杨帆, 王志春, 马红媛, 等. 2016. 东北苏打盐碱地生态治理关键技术研发与集成示范. 生态学报, 36(22): 7054-7058.
杨富亿, 李秀军, 刘兴土. 2012a. 苏打型盐碱化芦苇沼泽地“苇-蟹-鳜-鲴”模式研究. 中国生态农业学报, 20(1): 116-120.
杨富亿, 李秀军, 刘兴土. 2012b. 沼泽湿地生物碳汇扩增与碳汇型生态农业利用模式. 农业工程学报, 28(19): 156-162.
杨富亿, 李秀军, 刘兴土. 2013. 内陆苏打型盐碱化芦苇沼泽地苇-鱼-虾-蟹复合生态养殖的方法: CN201110416256.7. 2013-04-03.
杨红生. 2017. 海岸带生态农牧场新模式构建设想与途径——以黄河三角洲为例. 中国科学院院刊, 32(10): 1111-1117.
杨劲松, 姚荣江. 2015. 我国盐碱地的治理与农业高效利用. 中国科学院院刊, 30(Z1): 257-264.
杨劲松, 姚荣江, 王相平, 等. 2016. 河套平原盐碱地生态治理和生态产业发展模式. 生态学报, 36(22): 7059-7063.
杨军, 邵玉翠, 高伟, 等. 2013. 微咸水灌溉对土壤盐分和作物产量的影响研究. 水土保持通报, 33(2): 17-20, 25.
杨立红. 2006. 水生植物对富营养化水体净化能力的研究. 东北林业大学硕士学位论文.
杨楠. 2019. 水生植物在美丽乡村建设中的应用研究——以常德市鼎城区草坪镇为例. 中南林业科技大学硕士学位论文.
杨真, 王宝山. 2014. 中国盐碱地改良利用技术研究进展及未来趋势. 水土保持, 2: 1-11.
叶胜兰. 2019. 微咸水灌溉的应用进展概述. 绿色科技, (6): 165-166, 169.
曾乐媛. 2016. 5 种水生植物对富营养水体的净化研究. 中南林业科技大学硕士学位论文.
张福信, 吴伟, 范庆明, 等. 2007. 黄河三角洲地区“上农下渔”的研究和示范成果. 安徽农业科学, 14: 4367, 4369.
张国明, 张峰. 2009. 开发海冰水资源及改良滨海盐碱土的研究. 安徽农业科学, 37(23):

11139-11141.
张凌云. 2006. 黄河三角洲地区滨海盐渍土农业生态的利用模式. 土壤肥料, 1: 38-43.
张倩, 曾焕斌, 刘倩. 2019. 6种耐盐碱植物在城市景观中的应用与实践——以克拉玛依市南新公园二期为例. 绿色科技, (21): 61-65, 67.
张树文, 杨久春, 李颖, 等. 2010. 1950s中期以来东北地区盐碱地时空变化及成因分析. 自然资源学报, 25(3): 435-442.
张相锋, 杨晓绒, 焦子伟. 2018. 植物耐盐性评价研究进展及评价策略. 生物学杂志, 35(6): 91-94.
张学杰, 李法曾. 2001. 中国盐生植物区系研究. 西北植物学报, 21(2): 360-367.
张永宏. 2005. 盐碱地种植耐盐植物的脱盐效果. 甘肃农业科技, (3): 48-49.
张瑜, 徐子棋, 杨献坤. 2020. 不同改良剂对吉林西部重度盐碱土的改良及牧草的增产. 森林工程, (2): 25-34.
张郁婷. 2018. 水生植物对养殖废水处理效果比较研究. 中南林业科技大学硕士学位论文.
张振华, 罗佳, 洪艺, 等. 2015. 江苏沿海地区菊芋产业化种植经济效益分析. 江苏农业科学, 43(8): 480-483.
赵可夫, 冯立田. 2001. 中国盐生植物资源. 北京: 科学出版社.
赵可夫, 李法曾. 2013. 中国盐生植物. 2版. 北京: 科学出版社.
支晓蓉, 杨秀艳, 任坚毅, 等. 2018. 我国园林植物耐盐性评价及鉴定研究进展. 世界林业研究, 31(5): 51-57.
周和平, 张立新, 禹锋, 等. 2007. 我国盐碱地改良技术综述及展望. 现代农业科技, (11): 159-161, 164.
朱彩云, 白洁瑞, 顾国洪. 2015. 水生植物水体修复模式探析. 上海农业科技, (1): 29.
Ashraf M, Foolad M R. 2007. Roles of glycine betaine and proline in improving plant abiotic stress resistance. Environmental and Experimental Botany, 59(2): 206-216.
Bao A K, Du B Q, Touil L, et al. 2016. Co-expression of tonoplast cation/H^+ antiporter and H^+-pyrophosphatase from xerophyte *Zygophyllum xanthoxylum* improves alfalfa plant growth under salinity, drought and field conditions. Plant Biotechnology Journal, 14: 964-975.
Chi C M, Wang Z C. 2010. Characterizing salt-affected soils of Songnen plain saturated paste and 1∶5 soil-to-water extraction methods. Arid Research and Management, 24(1): 1-11.
Chopin T, Buschmann A H, Halling C, et al. 2001. Integrating seaweeds into marine aquaculture systems: A key toward sustainability. Journal of Phycology, 37: 975-986.
Chu X J, Han G X, Xing Q H, et al. 2018. Dual effect of precipitation redistribution on net ecosystem CO_2 exchange of a coastal wetland in the Yellow River Delta. Agricultural and Forest Meteorology, 249: 286-296.
Coleman J, Hench K, Garbutt K, et al. 2001. Treatment of domestic wastewater by three plant species in constructed wetlands. Water, Air and Soil Pollution, 128: 283-295.
Cui L L, Li G S, Ouyang N L, et al. 2018. Analyzing coastal wetland degradation and its key restoration technologies in the coastal area of Jiangsu, China. Wetlands, 38(3): 525-537.
Farahbakhshazad N, Morrison G M. 1997. Ammonia removal processes for urine in an upflow macrophyte system. Environment Science and Technology, 31(11): 3314-3317.
Flowers T J, Troke P F, Yeo A R. 1977. The mechanism of salt tolerance in halophytes. Annual Review of Plant Physiology, 28: 89-121.
Gill S S, Tuteja N. 2010. Reactive oxygen species and antioxidant machinery in abiotic stress tolerance in crop plants. Plant Physiology and Biochemistry, 48: 909-930.

Han G X, Chu X J, Xing Q H, et al. 2015. Effects of episodic flooding on the net ecosystem CO_2 exchange of a supratidal wetland in the Yellow River Delta. Journal of Geophysical Research: Biogeosciences, 120(8): 1506-1520.

Harwell M C, Sharfstein B. 2009. Submerged aquatic vegetation and bulrush in Lake Okeechobee as indicators of greater Everglades ecosystem restoration. Ecological Indicators, 9(6S): S46-S55.

Hossain M S, Dietz K J. 2016. Tuning of redox regulatory mechanisms, reactive oxygen species and redox homeostasis under salinity stress. Frontiers in Plant Science, 7: 548.

Hu S J, Shen Y J, Chen X L, et al. 2013. Effects of saline water drip irrigation on soil salinity and cotton growth in an Oasis Field. Ecohydrology, 6: 1021-1030.

Kang P, Bao A K, Kumar T, et al. 2016. Assessment of stress tolerance, productivity, and forage quality in T_1 transgenic Alfalfa co-overexpressing *ZxNHX* and *ZxVP1-1* from *Zygophyllum xanthoxylum*. Frontiers in Plant Science, 7: 1598.

Liang W, Wu Z B, Cheng S P, et al. 2003. Roles of substrate microorganisms and urease activities in wastewater purification in a constructed wetland system. Ecological Engineering, 21: 191-195.

Long X H, Liu L P, Shao T Y, et al. 2016. Developing and sustainably utilize the coastal mudflat areas in China. Science of the Total Environment, (569-570): 1077-1086.

Luna E, Jouany C, Castañeda C. 2019. Soil composition and plant nutrients at the interface between crops and saline wetlands in arid environments in NE Spain. Catena, 173: 384-393.

Malcolm E, Sumner R N. 1998. Sodic Soils-distribution, Properties, Management, and Environmental Consequences. New York: Oxford University Press.

Méndez Linares A P, López-Portillo J, Hernández-Santana J R, et al. 2007. The mangrove communities in the Arroyo Seco deltaic fan, Jalisco, Mexico, and their relation with the geomorphic and physical–geographic zonation. Catena, 70(2): 127-142.

Millennium Ecosystem Assessment. 2005. Ecosystems and Human Wellbeing: Desertification Synthesis. Washington: Island Press.

Munns R, Tester M. 2008. Mechanisms of salinity tolerance. Annual Review of Plant Biology, 59: 651-681.

Panta S, Flowers T, Lane P, et al. 2014. Halophyte agriculture: success stories. Environmental and Experimental Botany, 107: 71-83.

Qin P, Han R M, Zhou M X, et al. 2015. Ecological engineering through the biosecure introduction of *Kosteletzkya virginica* (seashore mallow) to saline lands in China: A review of 20 years of activity. Ecological Engineering, 74: 174-186.

Rahnama A, James R A, Poustini K. 2010. Stomatal conductance as a screen for osmotic stress tolerance in durum wheat growing in saline soil. Functional Plant Biology, 37(3): 255-263.

Rozema J, Flowers T. 2008. Ecology crops for a salinized world. Science, 322: 1478-1480.

Shen Y G, Zhang W K, Yan D Q, et al. 2003. Characterization of a DRE-binding transcription factor from a halophyte Atriplex hortensis. Theoretical and Applied Genetics, 107(1): 155-161.

Shimoda T, Fujioka Y, Srithong C, et al. 2007. Effect of water exchange with mangrove enclosures based on nitrogen budget in *Penaeus monodon* aquaculture ponds. Fisheries Science, 73: 221-226.

Szabados L, Savoure A. 2010. Proline: A multifunctional amino acid. Trends in Plant Science, 15(2): 89-97.

Türkana I, Demiral T. 2009. Recent developments in understanding salinity tolerance. Environmental and Experimental Botany, 67: 2-9.

Zhang Q Z, Chi D, Varenyam A, et al. 2014. Potential for nutrient removal by integrated remediation methods in a eutrophicated artificial lake-a case study in Dishui Lake, Lingang New City, China. Water Science and Technology, 70(12): 2031-2039.

Zhu J K. 2003. Regulation of ion homeostasis under salt stress. Current Opinion in Plant Biology, 6: 441-445.

第三章　滩涂生态农牧场种养殖技术与模式构建

滩涂种养殖是滩涂开发利用的重要类型，在我国海洋水产养殖中仅次于海上养殖，多元化、高效化的种养殖模式是当前滩涂种养殖的重点研究方向。本章重点介绍柽柳-肉苁蓉种植技术、海蓬子水体净化能力、海蓬子-刺参综合种养殖技术、海马齿-银鲑综合种养殖技术与模式构建的研究和探索，以及在黄河三角洲滩涂区的示范应用。

第一节　引　　言

滩涂是位于陆地与海洋交汇处的湿地生态系统，蕴含丰富的海洋资源，具有缓解海浪对近岸的侵蚀、稳定底质、净化水质及保护生物多样性等功能。沿海滩涂是沿海大潮高潮位与大潮低潮位之间的潮浸地带，是海岸带的重要组成部分。我国滩涂总面积约为 217.04 万 hm^2，主要分为泥滩、岩滩、沙滩和生物滩 4 种基本类型，其中泥滩所占面积最大，约占我国滩涂总面积的 80%（张长宽和陈欣迪，2016）。滩涂是处于动态变化中的海陆过渡地带，具有明显的海陆交互作用。滩涂是重要的后备土地资源，具有面积大、分布集中、区位条件好、农牧渔业综合开发潜力大的特点，是水产养殖和农业生产的重要基地，是开发海洋、发展海洋产业的一笔宝贵财富。潮间带滩涂历来生物资源丰富，具有较快形成农牧渔业畜产用地的潜力，同时也是开发海洋的前沿阵地。

滩涂是人类最早开发利用海洋的场所，自古“营渔盐之利、行周楫之便”就与滩涂密切相连。滩涂作为最早被开发和被利用的海洋国土资源，利用类型齐全，主要开发方式包括：农业种植、水产养殖等农业用地；沿海防护、生态旅游、自然保护区建设等生态用地；港区、造船厂等工业用地；以及城乡建设、交通管道运输等基础建设用地（朱会义等，2001）。目前，建设码头、临港工业区等非农业用地面积逐渐增加，沿海区域用地矛盾日益加剧，填海造地侵占了大量滩涂面积。与 20 世纪 50 年代相比，围填海等工程致使红树林、珊瑚礁等海洋典型生态系统面积减小 60%以上，海草床生态系统面临消失的危机（魏海峰等，2018）。

目前，滩涂养殖是滩涂开发利用的主要类型，也是我国水产养殖最为重要的组成部分之一，仅次于海上养殖。2018 年我国滩涂养殖产量高达约 622.8 万 t，占我国海水养殖总产量的 30.7%，与 2017 年相比增加了约 3.1 万 t。2018 年我国滩涂养殖面积约为 60 万 hm^2，占我国海水养殖总面积的 29.2%，与 2017 年相比减少了 6 万 hm^2 以上（《2019 中国渔业统计年鉴》）。由此可见，我国滩涂养殖产量虽然有所增加，但养殖面积已开始逐渐减小。贝类是我国滩涂养殖的主要组成生物，在我国海洋滩涂养殖中占有很大比例。在现行大规模滩涂贝类养殖过程中，贝类排泄出的代谢废物及食物残饵会导致水体中氮、磷等浓度增高，造成水体富营养化，增加贝类死亡的风险。宗虎民等（2017）发现，虽然养殖污染物产出量总体小于陆源排放量，但氮、磷等产出量已占有较大比例，海水养殖自身污染已成为近岸的主要污染源之一。海洋中的污染物还会通过不同方式进入沉积物中，导致底质环境的改变，进而影响底栖生物的群落组成和结构（薛超波等，2004）。现有的滩涂养殖总体而言技术和模式较为落后，在养殖容量、病害防控等方面的研究滞后，对近岸海域生态环境带来了很多负面影响，亟待转变发展模式（薛超波等，2004）。近年来，随着我国海洋环保工作的加强，相关部门开始对不合理的滩涂养殖方式进行整改，从而实现了滩涂生物资源的合理保护与开发。

第二节　国内外研究进展

一、肉苁蓉种植技术

肉苁蓉又名大芸，为列当科（Orobanchaceae）肉苁蓉属（*Cistanche*）多年生寄生性草本植物，主要分布于我国的新疆、内蒙古、甘肃、青海和宁夏等地区的荒漠地带（盛晋华等，2004）。我国有肉苁蓉属植物 4 种 1 变种，分别为肉苁蓉（荒漠肉苁蓉）（*Cistanche deserticola*）、盐生肉苁蓉（*C. salsa*）、白花盐苁蓉（*C. salsa* var. *albiflora*）、管花肉苁蓉（*C. tubulosa*）及沙苁蓉（*C. sinensis*）。肉苁蓉属的寄主多为沙生植物或盐生植物，如梭梭、柽柳、碱蓬、驼绒藜、珍珠柴等（屠鹏飞等，2015）。其中，荒漠肉苁蓉和管花肉苁蓉是我国特有的沙生濒危药材，被《中华人民共和国药典》（2005 年版　一部）收载（国家药典委员会，2005），并被列入《国家重点保护野生植物名录》。作为临床常用补益类中药，肉苁蓉市场需求量大，过去市场主要来源于野生资源，目前我国已经禁止采挖野生资源。伴随人工种植技术的逐步成熟，在市场需求的推动下，人工种植肉苁蓉产业在我国发展迅猛，肉苁蓉在我国西北自然产区已经成为一种新的栽培作物（Hamilton，2004；Xu et al.，2009；Hu et al.，2011），并被一些地区列为沙产业发展的支柱项目（李克云和杨永奇，2002；屠鹏飞等，2011）。

目前我国已形成规模化种植的肉苁蓉只有荒漠肉苁蓉和管花肉苁蓉，荒漠肉苁蓉寄主植物是梭梭，主要分布于西北干旱区；管花肉苁蓉的寄主植物为柽柳，属于隐域性植被，从我国较为湿润的东部沿海地区到西部极端干旱地区均有分布。由于自然条件的限制，我国管花肉苁蓉目前主要是在新疆南疆盆地的塔克拉玛干沙漠南缘的一些县（市）种植，尤其以于田县为主要种植产地（谢彩香等，2011）。在河北、山东也有管花肉苁蓉试种成功和推广的报道，但一直存在腐烂问题，没有根本解决（杨太新等，2005；侯蕾等，2018），一旦这方面技术有所突破，可以预测，这些地区就会成为管花肉苁蓉的另一个主产区。

我国探索人工种植肉苁蓉技术始于 20 世纪 80 年代，经过三十多年的研究发展，人工接种肉苁蓉已不是一件难事，而且可以实现高产。当前新疆南疆管花肉苁蓉主产区平均亩产可以稳定在 100kg（鲜重）以上，高的可以达到 800kg 以上，一些地区还制定了肉苁蓉种植技术方面的地方标准或企业标准（崔旭盛等，2012a，2012b）。然而，各地区间显著的自然条件差异，使肉苁蓉表现出了不同的物候特征，而且在一些关键环节上，人工种植肉苁蓉的技术还需要进一步完善，如高产稳产、寄主和肉苁蓉寄生体系合理关系控制、产量和品质控制等问题。目前，管花肉苁蓉的自然产地和人工种植区主要是在新疆塔里木盆地南缘的塔克拉玛干沙漠边缘的 27 个县（市），其分布具有明显的区域性和局限性。管花肉苁蓉的冻害问题是其受限制的主要因素，即使是在主要种植产区的和田县，也存在冻害风险，并一直受冻害问题的困扰，难以提高人工种植肉苁蓉的品质。河北、山东等地受肉苁蓉腐烂问题的困扰，有待进一步探究和解决。

二、海水蔬菜在水域养殖中的应用

目前，保护浅海滩涂资源环境、维护生态平衡、引导滩涂经济走可持续发展的道路已成为普遍共识。解决滩涂水体养殖环境污染及其对外环境污染的问题成为当务之急，已经有较多研究来探索易实现、低能耗、无二次污染的解决方案。其中，利用高等植物来处理养殖废水的方法受到全球各国的较多认可。

在淡水养殖中，可作为生物过滤器的水生植物种类十分丰富，利用水生高等植物（如水葫芦、水芹菜、美人蕉等）净化城镇污水、富营养化湖泊、水库、河道等的研究已相当成熟，且取得了很好的净化效果（Gersberg et al.，1986；Harberl et al.，1995；Sansanayuth et al.，1996；Li et al.，2007；Xu et al.，2010；劳善根等，1998；葛滢等，1999；关保华等，2002；刘晓丹等，2013；邹艺娜等，2015）。在海水养殖中，目前也已经发现了多种水生植物（如红树林、碱蓬、海蓬子等）用于滩涂养殖废水的吸收和净化，并取得了一定效果（Chu et al.，1998；Ye et al.，2001；董哲仁等，2004；Wang et al.，2007；Marinho-Soriano et al.，2009；于德花，2009；张亚等，2016；Garza-Torres et al.，2020）。

Nedwell（1974）较早就提出将初级处理污水排放到红树林生态系统会减少污水直接入海带来的富营养化效应。越南、泰国、美国等曾探索过池塘养虾与红树林的立体复合模式，据估算，1hm^2 半精养对虾养殖池塘需配 2～3hm^2 红树林来过滤污染物，1hm^{2}精养池塘则至多需要配22hm^{2}红树林（Robertson and Phillips，1995）。

随着研究的深入和推广，利用海水蔬菜来原位净化水质或作为近岸海水生物滤池屏障既净化了养殖废水，避免了近岸海水污染，又满足了粮食生产的多样化，在沿海附近的水产养殖活动中逐渐得到推广应用。Mcmurtry等（1990）进行了砂培蔬菜生物净化罗非鱼循环养殖系统的废水的实验，在不需要添加任何肥料的情况下取得了很好的鱼菜共生效果。国外对于以海蓬子为基础构建生态湿地以处理因滩涂养殖而造成的水体富营养化的研究已经十分成熟。Brown和Glenn（1999）采用盐地碱蓬（*Suaeda esteroa*）来生物过滤罗非鱼养殖系统中的高盐废水（盐度为31），其过滤液中硝酸氮（NO_3-N）的浓度低于美国环境保护机构对出水排放规定的平均限值，18hm^{2}的盐地碱蓬一周可净化1hm^2 1.5m深的虾塘养殖水。在以色列南部，海蓬子被用作半开放循环海水养殖系统的生物过滤器，可有效地去除N、P和总可溶性固形物（TSS），根据试验结论，在一年内，需要约种植1×10^4m^{2}海蓬子的人工湿地来去除900kg 45%粗蛋白鱼饲料（11m^2/kg饲料）中产生的N和TSS（Shpigel et al.，2013）。Watanabe和Farnell（2018）在美国的北卡罗来纳大学威尔明顿海洋科学中心赖茨维尔（Wrightsville）海滩进行了海蓬子对条纹锯鮨（*Centropristis striata*）再循环水产养殖系统出水溶解养分的生物处理能力的试验，结果表明，海蓬子生物量越大对于过剩营养物质的去除率就越高；在获得最大生物量的第141天，对总铵态氮（TAN）、NO_3-N、总无机氮（TIN）和总磷（TP）的去除率分别达到了82.2%、67.1%、79.2%和73.9%。Garza-Torres等（2020）实现了海蓬子种植试验区与海水养殖排放池相连的滴灌模式，在海岸线距海30m处建立尺寸为10m×7m、间距为70cm的海蓬子种植地块（图3.1），通过滴灌连接到距海150m的水产养殖排放池，种植池中水产养殖物种为凡纳滨对虾（*Litopenaeus vannamei*）和黄笛鲷鱼（*Lutjanus argentiventris*）。结果表明，海蓬子比普通作物生命周期长（9个月），耐盐度高（平均37.6，夏季最高达45），因此其具有作为沿海水产养殖的生物滤池的潜在用途（Garza-Torres et al.，2020）。

图3.1　采用养殖废水滴灌的海蓬子种植试验区（Garza-Torres et al.，2020）

在 20 世纪 90 年代，生态浮床系统作为原位水处理技术已有所发展（图 3.2）（Kadlec et al.，2017）。21 世纪以来，在处理富营养化海水时，生态浮床系统显示了较强的污水处理能力。20 世纪 80 年代，德国 ESTMAN 公司第一个生产出了生态浮床，并首次将其应用于净化污染水体（李英杰等，2008）。1995 年，国际湖泊会议召开后，该技术被进一步认可，并迅速在日本、欧美等发达国家得到推广应用。有学者在霞浦湖进行隔离水域试验时发现，当生态浮床覆盖率为 25%时，削减了 50%的 COD 和 94%的浮游植物，在生态浮床设置 1 年后，对水体中 TP、TN 的去除率分别达到了 $0.4g/(d·m^2)$和 $0.02g/(d·m^2)$。21 世纪初日本的生态浮床总面积可达 $70\,000m^2$（孙远奎等，2009；李梅等，2010；戴青松等，2014）。

图 3.2 生态浮床原位水处理技术
图 a 摘自王进进（2017）；图 b 摘自翟哲（2017）

我国劳动人民自古就有鱼菜共生等养殖模式的发明和实践。我国滩涂湿地资源丰富，地域辽阔，利用滩涂的天然优势发展高产优质的水产养殖极大地丰富了人们的菜篮子，满足了人们越来越大的优质蛋白质的需求。但沿海滩涂由于具有无与伦比的地域优势，工业高速发展，城市生活污水和工业废水的超负荷排放导致水道河涌水体严重污染。养殖的水源首先就不能保证水质达标，再加上养殖自身的严重污染，水产养殖业的可持续发展受到严重的挑战。不同于其他生活污水和工业废水可以集中起来进行工程处理，养殖系统特殊的环境状况要求在不影响水产养殖的前提下修复好养殖生态系统。

Lin 等（2002）在台湾省台南市一个 $0.2hm^2$ 的养殖遮目鱼（*Chanos chanos*）的鱼塘旁构建了一个潜流和表面流人工湿地串联的湿地处理系统，内部种植水菠菜、芦苇等水生植物，经过 8 个月的运行，湿地能去除 86%～98%的铵态氮（NH_4-N）、95%～98%的溶解态无机氮（DIN），对 PO_4-P 的去除率达到 $0.117g/(m^2·d)$，去除 COD

和 TSS 的比例分别为 25%～55%和 47%～86%。

我国广西北海曾试用国际上推崇的红树林“基围”海水养殖模式（范航清，1995），即海堤内的养殖沟通过海堤闸门与海水相连，周期性地更新海水。该生态养殖模式建立使用后，对净化海水和养殖水体及促进近海渔业发展、维系近海生态系统平衡有着很大的贡献。陈桂珠教授承担了国家高技术研究发展计划（863 计划）项目“滩涂海水种植-养殖系统技术研究”，建立了新的生态养殖模式。在被大量的工业污水和生活废水所污染的水体进入养殖系统后，系统内红树林植物的光合放氧和对污染物的降解吸收净化作用，解决了海水养殖系统的水质净化问题。养殖塘内筑成小畦种植红树林，每个养殖塘深 2m，红树林种植畦稍高于养殖塘水面，养殖塘间种植了不同种类和不同比例的红树植物，如海桑（*Sonneratia caseolaris*）、秋茄树（*Kandelia candel*）和桐花树（*Aegiceras corniculatum*），养殖动物为美国红鱼（*Sciaenops ocellatus*），试验发现三种红树植物品种的生态适应性不同，种植比例和推广示范价值也不同，但均能有效降低海水中的三氮（硝酸氮、亚硝酸氮、铵态氮）含量、磷酸盐含量和细菌数量，将进入系统内的Ⅳ～Ⅴ类海水提高到了Ⅱ～Ⅲ类水质标准，细菌数量显著降低（1～2 个数量级），同时增加了水中溶解氧的浓度，提高了养殖产量（黄凤莲等，2004a，2005）。这种新型的养殖模式采用红树林吸收水体中的污染物，而鱼虾类水生生物又利用红树林的枯枝落叶生长繁殖，充分利用系统内部的物质循环和能量流动，既净化了养殖污水，又给鱼类提供了饵料，这种养殖模式有利于促进滩涂养殖系统的可持续发展（彭友贵等，2004；黄凤莲等，2004a）。

慈溪市水产技术推广中心在杭州湾南岸利用水生动植物互惠共生的生态原理对岸线高潮位滩涂实行了科学规划，探索了多茬多品种养殖和青蟹、梭鱼混养两种养殖模式，确立了当地滩涂最佳的自然生态养殖模式技术，发展了滩涂养殖面积 1.8 万亩。试验发现，滩涂养殖模式应以多品种综合养殖为好，按照充分利用自然资源的原则选择了当地滩涂养殖的成熟品种，塘内滩面要留有一定面积的水草，一方面为养殖生物提供庇护场所，另一方面可以吸收池塘内水体的营养物质，改善水体环境，减少养殖的自身污染，水草的比例以整个塘面积的 20%～30%为宜（戎华南，2017）。

近年来，国内学者引进海蓬子进行栽培种植、人工湿地建设及生态浮床建设等研究（叶妙水等，2006），初步形成了以海蓬子为盐生植物的滩涂生态农牧场种养殖模式。南春容等（2017）采用北美海蓬子浮岛种植技术对养虾废水进行净化吸收，发现北美海蓬子对养虾废水中的 NH_4-N 具有优先吸收的作用，其次是 NO_2-N，对 TN 和 TP 的去除量分别为 4.55g/m^2、0.82g/m^2。吴英杰等（2018）探讨了不同覆盖率（25%、50%、75%）生态浮床对养殖海水的净化效果及其对北美海蓬子和南美白对虾生长的影响，结果表明，50%覆盖率的生态浮床对水体中 TN、

NH_4-N、NO_3-N 和 COD 的去除效果最好，去除率分别为 44.90%、34.43%、44.45% 和 35.64%；75%覆盖率的生态浮床对水体 TP 的去除效果最好，去除率为 30.32%；与此同时，生态浮床模式对虾养殖具有显著的增产效果，50%覆盖率的处理比不设置生态浮床增产 7.8 倍。

国内采用海马齿生态浮床技术与养殖池鱼、虾水产养殖进行混养也取得了较好的效果（张志英等，2009；林永青等，2011）。窦碧霞等（2011）利用海马齿与罗非鱼构建了共生的生态浮床养殖系统，经过 2 个月的处理发现，对 NH_4-N 的去除率为 60%～91%，对 NO_2-N 的去除率为 71%～98%，对 TN 的去除率为 11%～33%，对 COD 的去除率为 61%～85%，对 TN 的去除率为 35%～71%，大大降低了水体的富营养化程度，形成了适宜鱼类生长的环境条件。袁星等（2016）在广东省滩涂水域的海水围塘中铺设了海马齿生态浮床，使海马齿铺设面积达到了试验海水围塘的 10%，实现了黄鳍鲷（*Sparus latus*）、罗非鱼（*Oreochromis mossambicus*）与海马齿的生态农牧场种养殖模式，海马齿生态浮床的应用改善了养殖区域的生态环境。王进进（2017）在湛江市徐闻县的高位养殖池实现了海马齿与凡纳滨对虾（*Litopenaeus vannamei*）和卵形鲳鲹（*Trachinotus ovatus*）的种养殖模式，试验结果显示，海马齿可耐受 15.3～24.3 的盐度，生长良好，且对水体中 NH_4-N、NO_3-N、TN、PO_4-P、COD 的去除率分别达到 47.41%、89.02%、42.24%、76.07%、66.09%，水体净化效果显著，而且海马齿生态浮床对鱼、虾肌肉品质产生了积极的影响，提高了鱼、虾的营养价值。

翟哲（2017）在广东省阳江市海陵大堤附近的一个海水围塘，通过铺设海马齿生态浮床进行了原位修复，并投放尼罗罗非鱼（*Oreochromis niloticus*）、黄鳍鲷（*Sparus latus*）、鲻（*Mugil cephalus*）、泥蚶（*Tegillarca granosa*）和近江牡蛎（*Crassostrea rivularis*），构建了“生物耦联”生态养殖模式，并评价了基于“生物耦联”的生态养殖模式对水质、生物群落和水产品品质的影响，结果表明，生态养殖模式可有效改善养殖水体，增加浮游生物多样性，塘中养殖鱼的氨基酸、不饱和脂肪酸、粗蛋白质等营养价值明显高于对照塘的，且体内重金属含量明显低于对照塘的。

第三节　滩涂生态农牧场种养与示范

滩涂生态农牧场项目重点开展了柽柳-肉苁蓉种植技术、海蓬子-刺参综合种养殖技术、海马齿-银鲑综合种养殖技术的研究与探索，并在黄河三角洲滩涂养殖区域进行了推广应用。在海蓬子-刺参、海马齿-银鲑综合种养殖技术研究中，利用生态浮床的原理，将所构建的高等植物生态浮床应用于海水养殖系统中，同时放养一些营中上层生活的滤食性鱼类和营底层生活的贝类，使处于不同营养级和生态位的生物构成互利共生的关系，在进行物质循环的同时“耦联”着能量流动，形成了一个“生物耦联”的滩涂生态农牧场种养殖系统（图 3.3）。

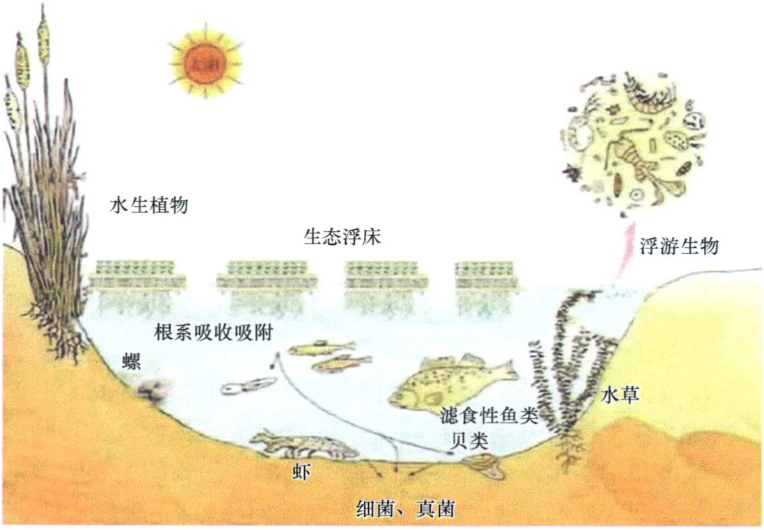

图 3.3　滩涂生态农牧场种养殖系统示意图（翟哲，2017）

一、柽柳-肉苁蓉种植技术体系和示范

（一）实验区自然条件状况

实验区位于山东省林业科学研究院东营分院园区实验区内和东营军马场一团 5 分场，均属于典型黄河三角洲区域。年均气温为 12.2℃，无霜期 206d，≥10℃的积温在 4200℃左右，年日照时数为 2520.8h。年平均降水量为 550mm 左右，其中约 65%的降水集中于夏季，降水量年际变化大，年平均蒸发量为 1800mm 左右，约是降水量的 3.3 倍。实验区林地土壤盐分以氯化钠为主，土壤类型为盐化潮土（表 3.1），部分区域有黏土层分布。地下水埋深较浅，一般为 1～2m，水质矿化度较高。区域内自然分布有大量柽柳，多以甘蒙柽柳（*Tamarix austromongolica*）为主，人工种植以中国柽柳（*Tamarix chinensis*）为主。

表 3.1　实验区林地土壤理化特性

土壤类型	深度（cm）	Cl^-（mg/g）	SO_4^{2-}（mg/g）	Ca^{2+}（mg/g）	K^+（mg/g）	Mg^{2+}（mg/g）	Na^+（mg/g）	CO_3^{2-}（mg/g）	HCO_3^-（mg/g）	pH	电导率（μS/cm）	总盐（mg/g）
盐化潮土	0	0.1577	0.544	0.272	0.023	0.020	0.037	0	0.333	8.39	283	2.12
	30	1.6354	0.760	0.578	0.113	0.056	1.283	0	0.450	8.74	885	4.12
	50	1.5566	0.460	0.209	未检出	未检出	1.193	0	0.370	8.68	1054	4.72

续表

土壤类型	深度（cm）	Cl^-（mg/g）	SO_4^{2-}（mg/g）	Ca^{2+}（mg/g）	K^+（mg/g）	Mg^{2+}（mg/g）	Na^+（mg/g）	CO_3^{2-}（mg/g）	HCO_3^-（mg/g）	pH	电导率（μS/cm）	总盐（mg/g）
沙土	0	0.1593	0.111	0.032	0.004	0.006	0.132	0	0.244	7.98	214	1.88
	30	0.0750	0.207	0.192	0.023	0.022	0.042	0	0.306	8.85	99.8	1.40
	50	0.0551	0.124	0.156	0.001	0.017	0.103	0	0.196	8.47	276	2.02
新疆和田潮土	0	1.70	0.65	0.20	0.08	0.03	1.14	0	0.15	8.56	—	4.07
	30	1.53	0.54	0.12	0.07	0.03	1.05	0	0.11	8.68	—	3.51
	50	1.42	0.41	0.10	0.07	0.02	0.98	0	0.12	8.80	—	3.16

（二）肉苁蓉接种实验

1. 实验设置

如前所述，当前在新疆南疆种植管花肉苁蓉的技术已经基本成熟，但在东营黄河三角洲区域却没有天然的肉苁蓉分布。有研究表明，在该区人工接种肉苁蓉可以获得成功（王运涛和王兴军，2015；侯蕾等，2018），面临的主要障碍是肉苁蓉的腐烂问题。有鉴于此，课题组重点围绕肉苁蓉腐烂问题，从不同立地类型、不同接种深度入手，开展肉苁蓉接种实验，并对土壤温度（主要是冬季可能存在的冻害）、土壤水分及肉苁蓉物候特征进行监测。实验接种时间为2018年4月25～27日。

1）不同立地类型接种实验

在山东省林业科学研究院东营分院实验园区选择平坦林地和高台垄地林地（模仿水产养殖池地），均为盐化潮土；在东营军马场一团5分场选择平坦沙地柽柳林地，因此共三个立地类型，林地均为3～5年柽柳成熟林，株行距1m×3m，每个处理设置3个重复，长度20m，接种深度50cm。

从表3.1和表3.2可以看出，当地沙土与盐化潮土相比，土壤总盐和肥力均比较低，尤其是土壤养分，沙土除表层枯枝落叶层外，显著低于盐化潮土。除表层土壤外，总盐均表现为下部高于上部，并且总盐总体较高，盐化潮土接近5mg/g。与管花肉苁蓉原产地新疆和田地区柽柳林地潮土相比，实验区盐化潮土表层以下土壤总盐略高，但新疆和田地区的潮土表层土壤总盐显著高于实验区，这是干旱区典型表聚作用的体现。

表3.2　实验区林地土壤养分特性

土壤类型	深度（cm）	有机质（g/kg）	全氮（g/kg）	全磷（g/kg）	全钾（g/kg）	速效氮（mg/kg）	速效磷（mg/kg）	速效钾（mg/kg）
盐化潮土	0	16.658	1.084	0.598	24.950	51.208	4.166	412
	30	9.366	0.662	0.540	24.818	42.440	2.677	315
	50	5.878	0.389	0.522	22.015	23.498	2.677	228

续表

土壤类型	深度（cm）	有机质（g/kg）	全氮（g/kg）	全磷（g/kg）	全钾（g/kg）	速效氮（mg/kg）	速效磷（mg/kg）	速效钾（mg/kg）
沙土	0	20.001	1.307	0.599	19.276	25.775	5.175	109
	30	1.695	0.157	0.440	19.000	92.070	0.929	40
	50	1.817	0.107	0.462	17.577	18.057	1.309	37

2）不同接种深度接种实验

在山东省林业科学研究院东营分院实验园区平坦林地和高台垄地林地分10cm、20cm、30cm、40cm、50cm 五个深度接种肉苁蓉，每个处理设置 3 个重复，长度 20m。

3）接种方法

采用开沟方式播种，肉苁蓉种子千粒重 0.04g，杂质含量≤5%。接种流程：开沟→撒种→搂耙覆土→施肥→再覆土→踏实。

开沟：采用人工方式在林带一侧，距寄主 30cm 左右处开沟，沟宽 10～20cm，沟上下一致，将沟壁上的植物根系全部截断，断口整齐。

撒种：沿沟底均匀撒播，播种量为 1000～1500 粒/m。

搂耙覆土：撒种后立刻进行搂耙覆土；搂耙应采用适合沟宽、操作自如的钉耙；搂耙应正反各搂 1 遍，搂耙深 2～3cm，然后覆土至沟顶，踏实，直至略高于或与原始地面齐平。

4）调查方法

采用温度监测仪对裸地、麦草覆盖（0.5kg/m^2）和覆膜的不同深度土壤温度进行监测，采用烘干法定期采样测定土壤水分。肉苁蓉接种及出土情况分别在 2018 年 12 月 17 日和 2019 年 5 月 3 日进行调查。

寄主根系的调查采取壕沟法，在距离寄主 20cm 处，以寄主为中心，沿种植线开挖 1m 长的沟槽，深度至 50cm 为止。将向树一侧的沟壁铲平，并在沙土上 1m 长度范围内，划出 10cm×10cm 的方格网，分层统计每个方格内不同粗度的柽柳根系的数量。粗度划分为：≤1mm 为细根；1～3mm 为中根；≥3mm 为粗根。

2. 结果分析

1）肉苁蓉接种及出土情况

2018 年 12 月 17 日调查肉苁蓉接种情况：平坦区盐化潮土 30cm、40cm 深度均接种成功，50cm 深度没有发现接种现象，但已经接种上的肉苁蓉全部霉变发黑，有的彻底腐烂，大的直径已达到 6～8cm，小的仅 1～2mm，均呈球状。值得注意的是，肉苁蓉虽然腐烂，但柽柳根系正常。东营军马场一团 5 分场平坦沙地柽柳林地也接种成功，没有腐烂。高台垄地接种效果较好，全部接种成功。

2019 年 5 月 3 日调查肉苁蓉出土情况：高台垄地 20cm、30cm、40cm 深度肉苁蓉正常出土，出土率均达到 1.5 株/m，50cm 深度的出土率为 0.5 株/m。10cm 深度及表层 5cm 深度也有肉苁蓉接种生长，但已经发黑霉变。平坦区没有肉苁蓉出土。

2）管花肉苁蓉物候特征

东营实验区与管花肉苁蓉原产地和田地区相比，两地地处纬度基本一致，都属于暖温带。经过近 2 年的观测对比，东营实验区与管花肉苁蓉原产地和田地区的物候特征基本一致，如表 3.3 所示。东营实验区 2018 年和 2019 年均是在 4 月 20 日前后开始陆续出土，5 月 6 日前后进入开花盛期。和田地区出土一般比东营早几天，这可能是与大陆干旱气候春季土壤升温较快有关。

表 3.3　管花肉苁蓉物候特征

地区	年平均气温（℃）	无霜期（d）	降水量（mm）	出土期	开花期	结果期
东营	12.2	206	550	4 月中下至 5 月初	4 月下至 5 月中	6 月中下
和田	11.9	196	＜50	4 月中至 5 月初	4 月下至 5 月中	6 月中下

3）土壤温度状况

如图 3.4 所示，2018 年 12 月至 2019 年 2 月整个冬季期间，裸地分别在 2018 年 12 月 28 日至 2019 年 1 月 3 日和 2019 年的 1 月 16～18 日、2 月 9～11 日、2 月 16～17 日共计有 15 日 10cm 深度土壤温度达到 0°以下。这说明在东营地区，10cm 以上深度管花肉苁蓉存在冻害风险。覆地膜、覆麦草两种保温处理措施和裸地相比，覆麦草效果要好于覆地膜，覆地膜仍然存在冻害风险。仪器监测显示，20cm 以下深度土壤温度全年均在 0°以上。这和垄上肉苁蓉出土腐烂特征相一致：垄上秋季调查 10cm 以上深度接种的肉苁蓉来年春季冻坏发黑。相比较而言，同期监测的新疆塔里木盆地塔克拉玛干沙漠北缘阿拉尔肉苁蓉种植实验地 50cm 深度的土壤温度在 2017 年 12 月 4 日至 2019 年 2 月 19 日均在 0℃以下，最低达到 –5℃，肉苁蓉全部冻坏腐烂，不适合管花肉苁蓉的种植。由此可见，在东营黄河三角洲地区种植管花肉苁蓉，冻害风险相对较小，但接种深度不能小于 20cm，否则也可能存在冻害腐烂的风险。实际上，为了保证肉苁蓉的产量和品质，一般接种深度都在 40cm 以下，因此可以判断，山东等地种植管花肉苁蓉冻害不是肉苁蓉腐烂的主要原因。

4）土壤水分状况

从图 3.5～图 3.7 可以看出，该区域土壤含水量在季节上表现为夏秋季大于春季，沙土小于盐化潮土；春季垄上土壤含水量小于平地，而在夏秋季，垄上土壤含水量却大于平地，这是平地大雨积水后人工抽水作业所致。所有土层土壤含水量表现为从上至下依次增加。平地盐化潮土夏秋季 10～50cm 深度土层土壤含水量为 14%～27%，春季为 21%～26%；垄上夏秋季为 19%～27%，春季为 11%～18%。在肉苁蓉原产区的新疆南疆沙地，在灌溉条件下，一般土壤含水量不超过 10%。结合肉苁蓉接种出土情况，可以看出，平地和垄上两种立地类型都可以正常接种上肉苁蓉，在 14%～27%土壤含水量情况下，肉苁蓉可以正常出土并完成生活史，但仅限于排水良好的地势相对较高的垄地或沙地，其他平坦地肉苁蓉可以接种上，但最终都腐烂不能出土。这是为什么呢？我们分析，这和气候条件有关，主要是该区域属于典型季风气候，在夏秋季降雨较为集中，经常产生暴雨，地面容易产生积水，使接种肉苁蓉的土层长时间处于饱和含水量状态，通气性极差，这是肉苁蓉腐烂的根本原因。而排水良好的地势如相对较高的垄地和沙地即使土壤含水量较高，但由于不会长时间积水，肉苁蓉仍然可以正常生长。由此可见，河北、山东等地区种植管花肉苁蓉存在的腐烂问题不是土壤含水量较高（相对原产地），而是大雨造成地面积水所致。东营肉苁蓉实验区 2018 年 8 月 18～20 日遭遇超过 400mm 的暴雨，平坦地平均积水厚度超过 20cm，虽经抽水排涝，但也经历了 6 日，平坦区实验地已接种上的肉苁蓉全部发黑变质，而垄区没有受到影响即是这个因素所致。

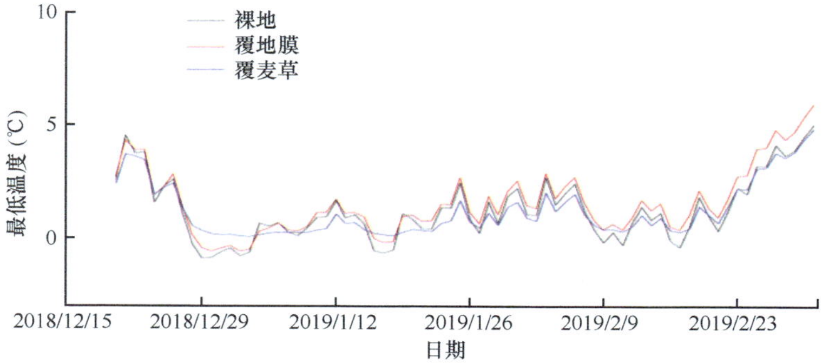

图 3.4　不同覆盖措施 10cm 深度土壤日最低温度

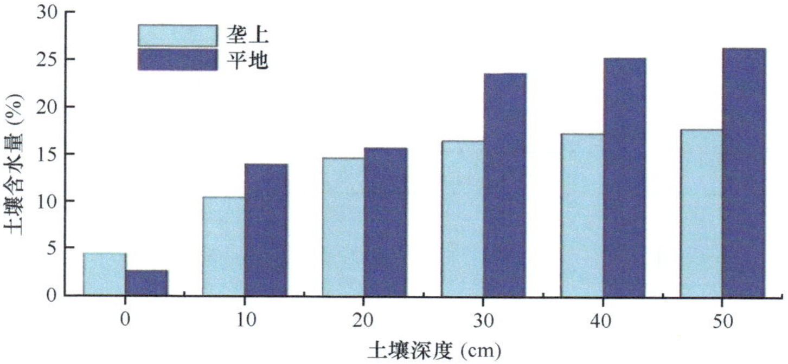

图 3.5　春季不同立地条件土壤含水率

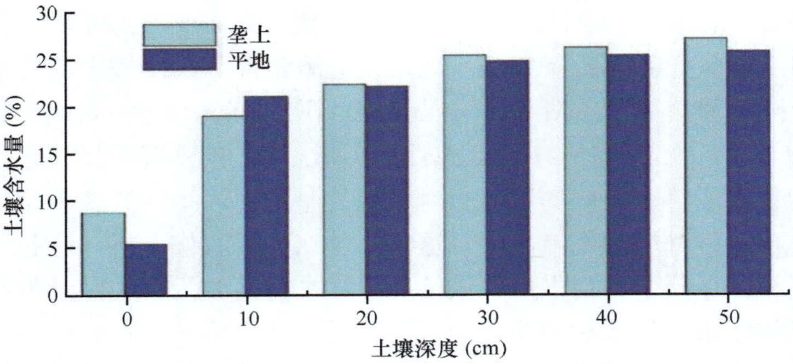

图 3.6 夏秋季不同立地条件土壤含水率

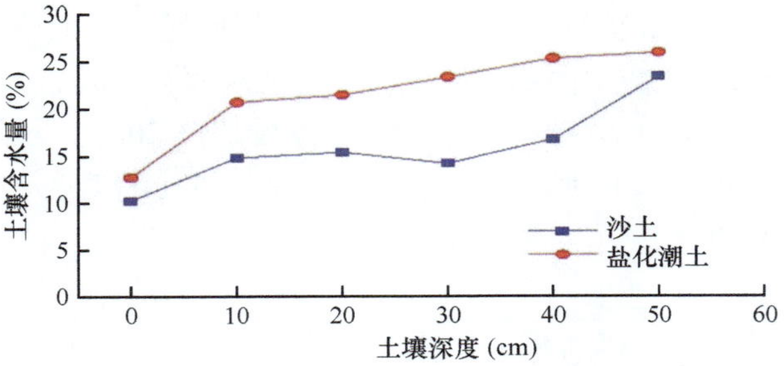

图 3.7 不同类型土壤含水率

5）寄主根系分布情况

调查显示，实验区寄主中华柽柳根系分布较浅，主要根系分布在 40cm 以上（表 3.4）。这与干旱的和田地区不同。和田地处极端干旱区，肉苁蓉种植区的柽柳主要是多枝柽柳，全部需要人工灌水，因此主要根系分布层相对较深。而在黄河三角洲地区，柽柳无须灌溉，主要靠天然降雨，地下水也较浅，此外，为了保证柽柳长势，该区中华柽柳在造林时一般都采取断主根措施，因此柽柳根系分布较浅。结合前面土壤含水量特征和肉苁蓉出土情况，在黄河三角洲地区种植管花肉苁蓉接种深度在 30～40cm 为宜，而和田地区一般是 40～60cm。

表 3.4 寄主中华柽柳根系分布状况

深度（cm）	细根（≤1mm）		中根（1～3mm）		粗根（≥3mm）	
	数量	占比（%）	数量	占比（%）	数量	占比（%）
10～20	198	51.4	9	47.4	2	100.0
20～30	112	29.1	7	36.8	0	0.0
30～40	65	16.9	3	15.8	0	0.0
40～50	10	2.6	0	0.0	0	0.0

3. 小结

（1）在山东东部的黄河三角洲地区种植管花肉苁蓉，夏秋季土壤含水量较高不是肉苁蓉腐烂的直接原因，而雨季较大降雨造成地面积水可能是肉苁蓉腐烂的主要原因。

（2）选择渗透性好、排水良好的立地条件或通过高台垄作整地方式，在山东东部的黄河三角洲地区可以种植管花肉苁蓉，并可获得高产。

（3）种植肉苁蓉的柽柳林配置：人工接种的株行距采用 1m×3m，机械作业的采用 1m×4m 或 1m×5m；播种深度 40cm，基本不存在冻害。

（三）高效种植机械的试验研发

1. 肉苁蓉播种存在的主要问题

肉苁蓉种子颗粒极小（千粒重 0.04g 左右），精准机械控制非常困难。目前肉苁蓉播种主要还是依靠手工操作控制，效率低、精度低、均匀度差。市场上也出现了一些机械播种设备，如采用气动吹气方式，但最终都是依靠孔洞大小和孔洞数量来控制种子落地的数量。由于肉苁蓉种子存在颗粒小、个体大小差异大、外形不规则等特性，基于上述原理和方法的设备极易出现堵塞现象，难以实现精准控制，所以实践中只能增大孔径，但由此也增大了播种量（6000～10 000 粒/m），同时降低了播种的均匀度。试验研究表明，当肉苁蓉种子播种量达到一定值时，肉苁蓉的接种数量随着播量增加而增大的幅度很小，开沟方式种植肉苁蓉理想播种量是 1000 粒/m 左右，市场急需播种相对均匀、精确且接种效果好的方法或机械，以降低种植肉苁蓉成本、提高效益。

为此课题组前期与相关厂家合作开展了肉苁蓉精确定量播种机的研制，目前已经研制成功并在试验区得到验证，播种精度达到±50 粒/m 的水平，极大提高了肉苁蓉人工种植效率和水平。

2. 新型播种机技术原理

受数学极限原理的启发，在难以实现肉苁蓉种子连续播种、均匀落地的情况下，采取小间隔、小量撒种方式，即每隔一定间距实现撒种 1 次，只要保证合适的撒种间距，加之控制好播种机的行走，就可以达到连续落种、均匀的效果，而这种小间隔撒种很容易实现机械控制，难点在于每次撒种数量的控制。受古老水车原理的启发，该问题也得以顺利解决，如图 3.8 所示。肉苁蓉精确机械播种装置由种料箱 1、加料口 2、同步传动轴 3、投料器 4、投料门 5、播种箱 6 和投料触动开关 7 等构成。具体播种原理为：一是通过种料箱 1 上的加料口 2 加注肉苁蓉种子，通过与牵引开沟机械行走同步转动的同步传动轴 3 使圆盘形的种料箱 1 逆时针同步转动，当种料箱 1 上的投料器 4 运行到种料箱 1 的中下部时，肉苁蓉种子在重力作用下落入投料器 4 内部的种料灌注仓和储种仓而进入待播状态；当投料器 4 向上运行到与地面平行状态时，投料器 4 的储种仓口外的投料门 5 被安装在播种箱 6 上的投料触动开关 7 所打开，储种仓内的肉苁蓉种子在重力作用下落入播种箱 6，从而完成一次种子播撒的过程；二是种料箱 1 上的投料器 4 间距为 10cm，设定同步传动轴和开沟机械行走轮轴合适的齿轮比，控制实际撒种的距离间隔在 18～20cm；三是播种箱下部可以根据机械开沟方式和需求，制作连接种子输送管道，使落入播种箱 6 的种子在重力作用下可以继续向下运移，最终撒落到目标深度土层，这样就完成了一整套肉苁蓉种子的播种过程，达到了预想的目的。

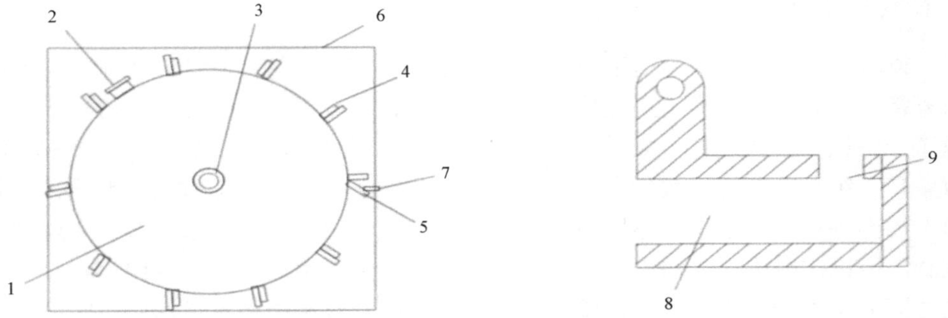

图 3.8 肉苁蓉播种机原理图

1-种料箱；2-加料口；3-同步传动轴；4-投料器；5-投料门；6-播种箱；7-投料触动开关；8-储种仓；9-灌注仓

经过试验测试，实践中又进一步优化改进了投料门，取消了弹簧，改为斜面金属块，增加了重量，依靠重力作用自动开启，因此也省去了触动开关装置，大大提高了设备的可靠性和耐用性，同时通过控制投料门数量（间距）和转速可以实现播种量的控制，满足种植户的不同需求。

3. 肉苁蓉精准播种机

把该播种机与开沟机相结合，利用大马力拖拉机牵引，即可实现肉苁蓉播种的精准机械化。与当前一些播种的机械方法相比，该播种方法将极大地提高播种均匀度和精度，提高种子的使用效率，降低接种成本，从根本上解决长期困扰荒漠肉苁蓉种植产业成本高、种子浪费严重的问题。经过实地检测，结合犁地式开沟机接种肉苁蓉，播种精度可以控制在±50 粒/m，播种速度达到 4000～5000m/h，是人工作业效率的 200 多倍，肉苁蓉接种出土率和均匀度均好于人工接种。

4. 试验示范及技术推广

1）试验示范

课题组在开展肉苁蓉种植试验的同时，先后在 3 处进行了管花肉苁蓉的试验示范基地建设。

（1）人工接种：2018 年 4 月底至 5 月初课题组与东营市河口区森泉苗木农民专业合作社合作，在东营军马场三团 13 分场和一团 5 分场的中国柽柳成林（定植 3 年，株行距 1m×3m），采用人工接种方式接种管花肉苁蓉 20 亩。在山东柽霖生态科技股份有限公司的潍坊柽柳海岸防护林中采用人工接种方式试种 50 亩。前者由于没有整地，2018 年 8 月 18～20 日的特大暴雨造成示范基地严重积水，2019 年春季调查，接种上的肉苁蓉全部霉变腐烂；后者在 2019 年春季达到亩产 250kg 的水平，并且在当年 6 月底成功采收管花肉苁蓉种子 5kg，产生了初步的经济效益。

（2）机械接种：2019 年 3 月底在东营弘力祥安园艺有限公司的柽柳林（3 年生苗木，定植 1 年，株行距 1m×3m），利用 1604 型大马力拖拉机牵引新研发的肉苁蓉播种机接种管花肉苁蓉 30 亩。播种量（1500±50）粒/m，播种深度 40～50cm，2020 年 5 月初肉苁蓉出土开花，效果良好。

2）技术推广

2019 年 5 月 8 日，山东柽霖生态科技股份有限公司在潍坊 3000 亩柽柳海岸防护林中，采用研发的播种机接种管花肉苁蓉 1000 亩，2020 年 4 月 23 日经有关部门测产，亩产达到 1362kg，获得丰产，产生了显著的经济效益。有鉴于此，该公司 2020 年 5 月又继续扩大接种了 1000 亩，同时开展管花肉苁蓉产品加工尝试，肉苁蓉产业发展前景广阔，在山东开启了沿海荒滩治理的生态防护可持续发展新模式。

二、海蓬子培育及对养殖废水的净化效果

海蓬子隶属于藜科盐角草属，为一年生草本植物，是生长在海滩、盐碱滩涂沙地，有梗无叶的绿色植物，生长期约 220d，其中有 50～60d 可以保持青嫩鲜绿枝茎（图 3.9）。海蓬子对盐度适应范围广，可达 5～50（Glenn et al.，1991）。作为高等绿色开花植物，其在夏季高温季节依然生长旺盛。

海蓬子除了可以作为生物过滤器处理养殖废水，还是很有利用潜力的盐生植物，其中根据市场需求，北美海蓬子可开发成油料作物（种子油和饼粕）、饲料作物（地上部生物量）、蔬菜作物（鲜嫩茎枝）、木材替代作物和生物能源作物（枯萎茎枝）、环境改良作物（大气 CO_2 吸收、土壤中重金属元素的清除、农业和城市污水处理及湿地生态构建）等。其幼嫩茎枝富含矿质元素钾、钠、钙、镁和人

体所必需的微量元素如碘、铁、铜、锌、锰等。海蓬子嫩尖组织中所含的微量皂角苷对于降低血管壁上的胆固醇有明显作用，在欧洲被用作治疗肥胖症的传统药物（吕忠进等，2001）。

图 3.9 海蓬子植株形态特征

a. 欧洲海蓬子；b. 北美海蓬子

本项目研究了两种海蓬子[北美海蓬子（*Salicornia bigelovii*）和欧洲海蓬子（*Salicornia europaea*）]生长和生理特性的差异、植物激素促进海蓬子种子萌发和促进海马齿生根的效果，并用海蓬子制作了生态浮床，将海蓬子生态浮床实际应用在海参养殖池中，并研究了海蓬子生态浮床对海水养殖废水的处理效果。此外，本项目从温度和盐度两个环境因素入手，研究了温度和盐度对海蓬子吸收营养盐速率的影响，获得了海蓬子吸收营养盐速率最大时的温度和盐度范围，为海蓬子处理不同富营养水体时，发挥出较高的吸收效率和吸收效果提供了科学参考。

（一）不同植物激素处理对海蓬子种子发芽的影响

实验用的种子采自中国科学院牟平海岸带环境综合试验站种植的生长健壮的欧洲海蓬子和北美海蓬子植株上。选取大小均匀、饱满的两种海蓬子种子进行发芽试验。试验分别用赤霉素、吲哚乙酸和萘乙酸三种植物激素处理两种海蓬子种子，其浸种浓度分别为 20mg/L、40mg/L、60mg/L、80mg/L、100mg/L（表 3.5，表 3.6）。每种处理都做 5 次重复，每个重复用 100 粒种子，浸种时间为 12h，浸种温度为 25℃，浸种后将种子取出晾至半干，置于光照培养箱中培养，每天观测记录发芽数，计算发芽率、发芽指数、发芽势（图 3.10）。

表 3.5　不同植物激素处理对北美海蓬子种子发芽的影响

植物激素名称	处理浓度（mg/L）	发芽率（%）	发芽势	发芽指数
赤霉素	20	74.7^{a}	57.3^{a}	19.9^{a}
	40	80.5^{a}	60.2^{b}	22.4^{a}
	60	74.5^{a}	57.8^{a}	20.8^{a}
	80	72.6^{a}	55.7^{a}	17.6^{b}
	100	66.2^{b}	50.3^{b}	16.5^{b}
萘乙酸	20	76.1^{a}	59.5^{a}	18.4^{a}
	40	92.4^{b}	71.4^{b}	20.3^{a}
	60	84.3^{b}	68.3^{b}	18.7^{a}
	80	70.8^{a}	53.2^{a}	16.5^{b}
	100	62.9^{b}	47.9^{b}	14.3^{b}
吲哚乙酸	20	93.8^{b}	84.3^{b}	21.8^{b}
	40	85.7^{b}	74.1^{b}	18.9^{a}
	60	77.4^{a}	61.5^{b}	18.5^{a}
	80	71.8^{a}	56.8^{a}	17.1^{a}
	100	67.9^{a}	50.4^{a}	15.2^{b}
空白对照	0	73.1	54.3	18

注：同一列数据标记的字母不同表示具有显著差异（P<0.05）

表 3.6　不同植物激素处理对欧洲海蓬子种子发芽的影响

植物激素名称	处理浓度（mg/L）	发芽率（%）	发芽势	发芽指数
赤霉素	20	48.9^{a}	39.2^{a}	13.7^{a}
	40	52.4^{a}	42.6^{a}	16.1^{a}
	60	49.5^{a}	39.6^{a}	14.1^{a}
	80	46.8^{a}	37.4^{a}	12.0^{b}
	100	40.2^{b}	32.6^{b}	10.3^{b}
萘乙酸	20	50.4^{a}	42.5^{a}	12.8^{a}
	40	66.8^{b}	55.2^{b}	14.3^{b}
	60	58.4^{b}	50.2^{b}	13.0^{b}
	80	45.6^{a}	36.1^{b}	10.4^{b}
	100	37.8^{b}	30.2^{b}	8.9^{b}
吲哚乙酸	20	78.1^{b}	66.8^{b}	15.7^{b}
	40	65.5^{b}	56.1^{b}	13.5^{a}
	60	52.5^{b}	43.4^{b}	12.5^{a}
	80	46.3^{a}	39.5^{a}	11.6^{b}
	100	41.5^{a}	32.9^{a}	9.8^{b}
空白对照	0	47.2	38.4	11.9

注：同一列数据标记的字母不同表示具有显著差异（P<0.05）

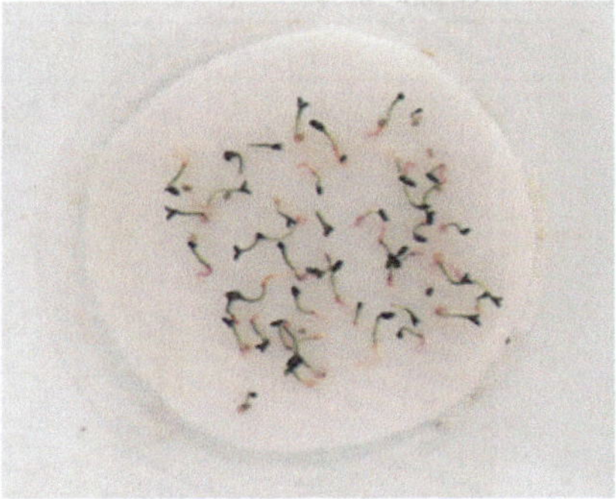

图 3.10　海蓬子种子发芽率试验

通过比较发现，欧洲海蓬子与北美海蓬子相比，发芽率、发芽势和发芽指数均较低，因此北美海蓬子在发芽率和种子活性上占有优势。在适宜浓度下植物激素吲哚乙酸和萘乙酸对两种海蓬子种子的萌发都有明显的促进作用，而赤霉素对两种种子的萌发影响不大，萘乙酸浓度为40mg/L时海蓬子种子萌发的效果最好，吲哚乙酸浓度为20mg/L时海蓬子种子萌发效果最好，植物激素浓度过高时反而会抑制海蓬子种子的萌发。

对实验室条件下培育出的健康生长至5cm左右的两种海蓬子植株进行生长发育特征分析。如表3.7所示，北美海蓬子在湿重、株高、茎粗和生物量方面均比欧洲海蓬子略大，二者在茎节数上无差异，表明北美海蓬子相较于欧洲海蓬子具有更好的生长发育特征。

表 3.7　两种海蓬子幼苗生理生化特征

品种	湿重（g）	株高（mm）	茎节数（个）	茎粗（mm）	根长（mm）	生物量（g）
北美海蓬子	1.36±0.16	50.13±2.6	3±0	2.32±0.21	54.51±8.52	0.14±0.03
欧洲海蓬子	1.21±0.13	49.32±3.5	3±0	2.17±0.18	54.83 ± 6.21	0.13±0.02

（二）温度对北美海蓬子吸收营养盐速率的影响

实验用的海蓬子植株于2019年6月采自中国科学院牟平海岸带环境综合试验站，采集处于生长旺盛时期、生长健壮且大小相似的植株。将海蓬子植株用吸水纸吸干水分，再用酒精棉擦拭，除去植株上的泥土灰尘和细菌，然后称重并记录重量。称重完成后用消毒海水冲洗海蓬子植株。实验开始前将海蓬子植株置于实验室水箱中充气预培14d，预培养液为人工配制，培养条件为20～25℃，光照为7000lx，光照周期12L+12D，海水的盐度为32，pH为8.0。

温度梯度实验设置20℃、25℃、30℃、35℃四个梯度，盐度为32，实验用2L的烧杯，加入1.8L培养液，将海蓬子植株放入浮床上置于烧杯中，保持海蓬子的根部在水体液面以下，放置于恒温光照培养箱中进行密闭培养。每个梯度设置5个平行。每隔48h取一次水样并冷冻储藏，共取10d。每次取完水样更换一次培养液，更换过程保持培养液体积不变。

营养盐吸收速率采用公式（3.1）进行计算：

$$U=(C_0-C_t)\cdot V/(t\cdot G) \tag{3.1}$$

式中，U为吸收速率［mg/(g·d)］；C_0为实验开始前测得的所用培养液的营养盐浓度（mg/L）；C_t为所取得的水样的营养盐浓度（mg/L）；V为培养液的体积（L）；t为培养天数，即两次取样的时间间隔，本次实验为 2d；G为海蓬子的生物量（g）。

海蓬子在不同温度下对硅酸盐（SiO_3-Si）的吸收速率如图 3.11 所示。随着实验的进行，海蓬子对 SiO_3-Si 的吸收速率不断增大，之后趋于平稳。最终海蓬子的吸收速率在 30℃的温度下最大。

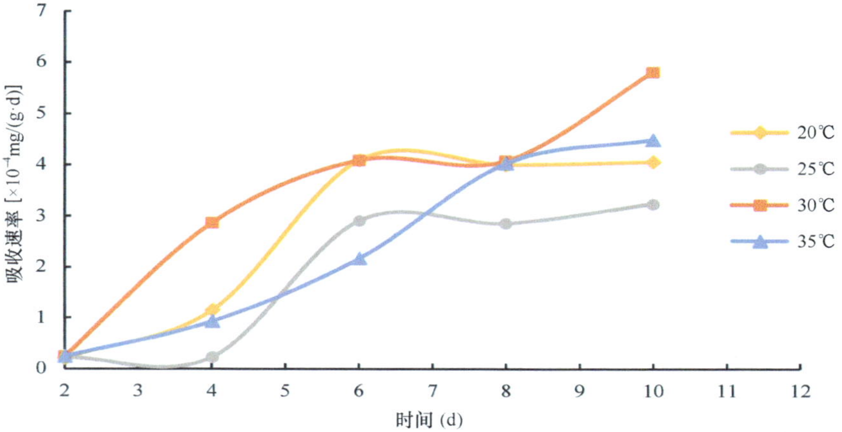

图 3.11　海蓬子在不同温度下对 SiO_3-Si 的吸收速率

海蓬子在不同温度下对 PO_4-P 的吸收速率如图 3.12 所示。随着实验的进行，海蓬子对水体中 PO_4-P 的吸收速率增大，之后趋于稳定。最终在 35℃下海蓬子有最大的吸收速率，在其他温度下吸收速率基本相同。由此可知，35℃对海蓬子吸收 PO_4-P 有极大的促进作用。

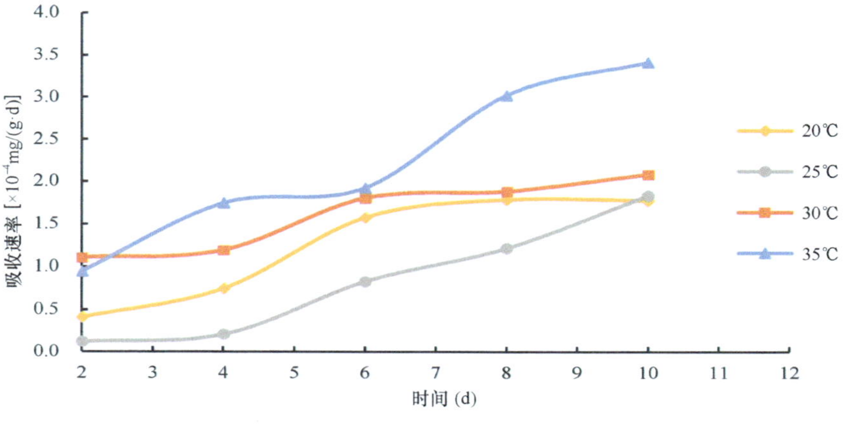

图 3.12　海蓬子在不同温度下对 PO_4-P 的吸收速率

海蓬子在不同温度下对 NH_4-N 的吸收速率如图 3.13 所示。随着实验的进行，海蓬子对 NH_4-N 的吸收速率逐渐增大，之后趋于平稳，在 30℃时吸收速率最大，在 20℃、25℃下也有较大的吸收速率，但是在 35℃时吸收速率却显著减小。由此可推断，海蓬子吸收水体中 NH_4-N 的最适宜温度为 30℃，过高的温度反而会抑制海蓬子对 NH_4-N 的吸收。

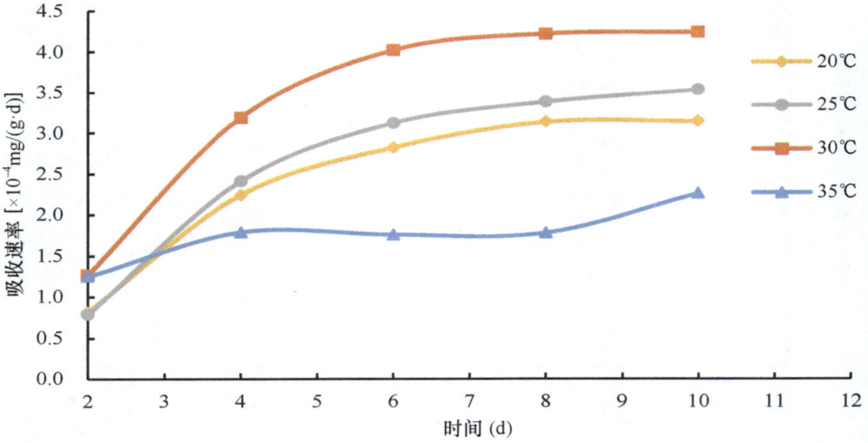

图 3.13　海蓬子在不同温度下对 NH_4-N 的吸收速率

海蓬子在不同温度下对 NO_3-N 的吸收速率如图 3.14 所示。随着温度的升高，海蓬子对 NO_3-N 的吸收速率不断增大，之后趋于平稳。最终在 35℃时吸收速率最大，在 25℃和 30℃下海蓬子对 NO_3-N 也有比较大的吸收速率，说明高温能够促进海蓬子对 NO_3-N 的吸收，温度越高吸收速率越大，低温时吸收比较缓慢。

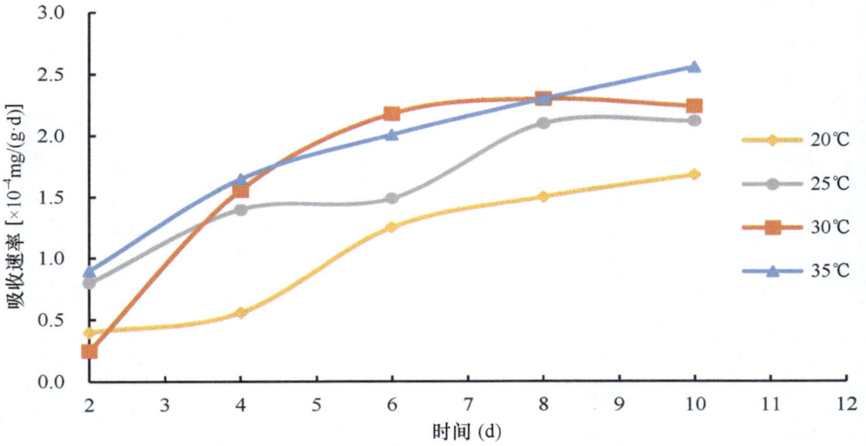

图 3.14　海蓬子在不同温度下对 NO_3-N 的吸收速率

海蓬子在不同温度下对 NO_2-N 的吸收速率如图 3.15 所示。随着温度升高，海蓬子对 NO_2-N 的吸收速率逐渐增大，在实验末期趋于平稳，最终在 30℃时吸收速率最大，在 35℃时也有较大的吸收速率，20℃和 25℃时吸收速率较小。因此，较高的温度会促进海蓬子对 NO_2-N 的吸收，在 30℃和 35℃时海蓬子对 NO_2-N 具有较大的吸收速率。

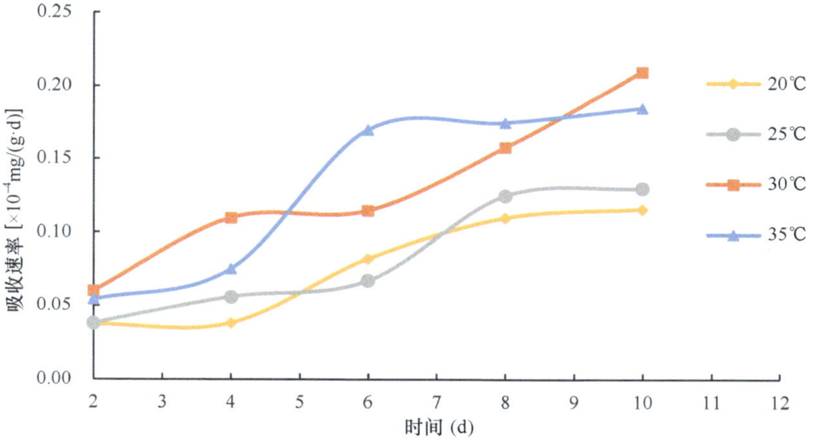

图 3.15　海蓬子在不同温度下对 NO_2-N 的吸收速率

海蓬子在不同温度下对 TP 的吸收速率如图 3.16 所示。在 30℃和 35℃时，海蓬子对 TP 起始的吸收速率很小，而 20℃和 25℃时海蓬子对 TP 的起始吸收速率很大。25℃、30℃、35℃下，随着实验的进行海蓬子对 TP 的吸收速率逐渐增大，实验末期趋于平稳，而 20℃下吸收速率在实验中期达到最大值，在实验后期逐渐减小。由此可以推测，在温度较低时海蓬子刚开始需要吸收大量的磷来供应自身生长，而温度较高时需要的磷比较少，所以吸收速率较小，当生长稳定后较低的温度又会反过来抑制海蓬子对磷的吸收，而较高的温度能显著增大海蓬子对磷的吸收速率。在 35℃时吸收速率最大可达到$(18.2\pm2.74)\times10^{-4}$mg/(g·d)。

海蓬子在不同温度下对 TN 的吸收速率如图 3.17 所示。20℃和 25℃下，海蓬子对 TN 的吸收速率比较小，在 30℃和 35℃下海蓬子对 TN 的吸收速率比较大。随着实验的进行，各温度下海蓬子的吸收速率逐渐增大，最后趋于平稳，在 35℃时吸收速率最大达到了$(11.20\pm1.73)\times10^{-4}$mg/(g·d)。在 30℃时也有较大的吸收速率$(8.12\pm1.51)\times10^{-4}$mg/(g·d)。由此可见，较高温度对于海蓬子吸收 TN 具有促进作用，温度越高，效果越好。这可能是由于低温时植物的生长活动较缓慢，对于 TN 的吸收比较迟缓；而高温时，植物的生长活动旺盛，对 TN 的吸收较迅速。

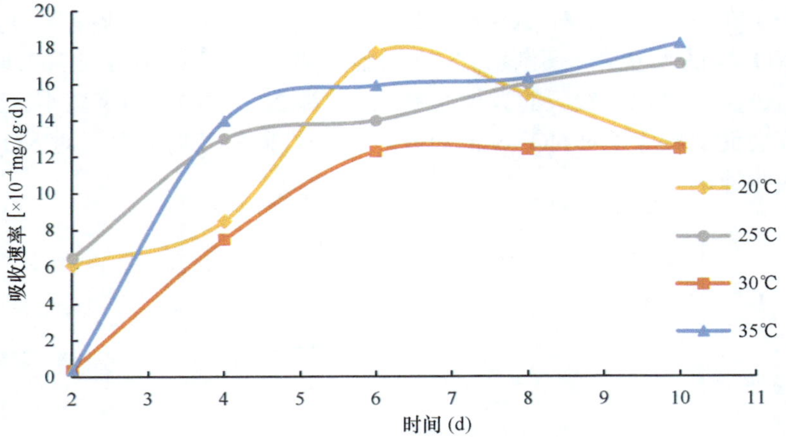

图 3.16　海蓬子在不同温度下对 TP 的吸收速率

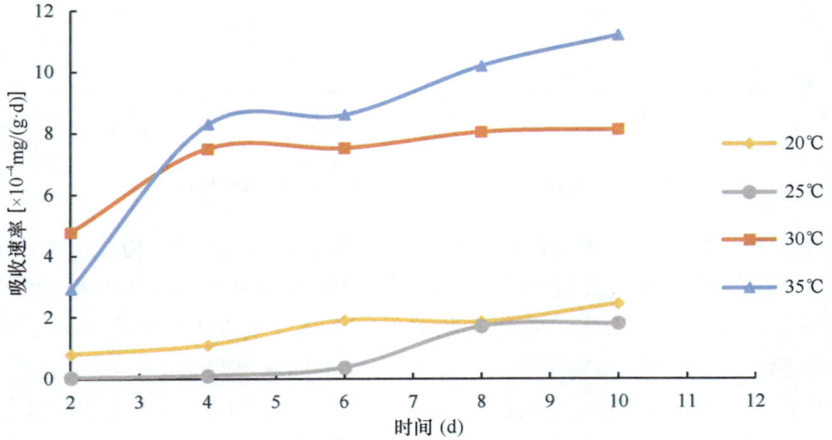

图 3.17　海蓬子在不同温度下对 TN 的吸收速率

（三）盐度对北美海蓬子吸收营养盐速率的影响

盐度梯度实验同温度梯度实验，选用处于生长旺盛时期的海蓬子，预处理后再进行实验。盐度梯度实验设置 32、24、16、8 四个盐度梯度。实验用 2L 的烧杯，加入 1.8L 培养液，将海蓬子植株放入浮床上置于烧杯中，保持海蓬子的根部在水体液面以下。放置于 25℃恒温光照培养箱中进行密闭培养，其余环境条件与预培养时相同。每个梯度设置 5 个平行。每隔 48h 取一次水样并冷冻储藏，共计取样 10d。取完水样后更换相应盐度的培养液，保持培养液的盐度不变。

海蓬子在不同盐度下对 SiO_3-Si 的吸收速率如图 3.18 所示。在培养的第 4 天，8 和 16 海水盐度下海蓬子对 SiO_3-Si 的吸收速率达到最大值，随后逐渐减小，培养 6 天后，稍增大并趋于稳定，而 24 和 32 海水盐度下海蓬子对 SiO_3-Si 的吸收速率逐渐增大，但增长缓慢。由此可见，海水盐度为 16 有利于海蓬子对 SiO_3-Si 的吸收，而海水盐度为 8 的条件下，海蓬子吸收速率最小。

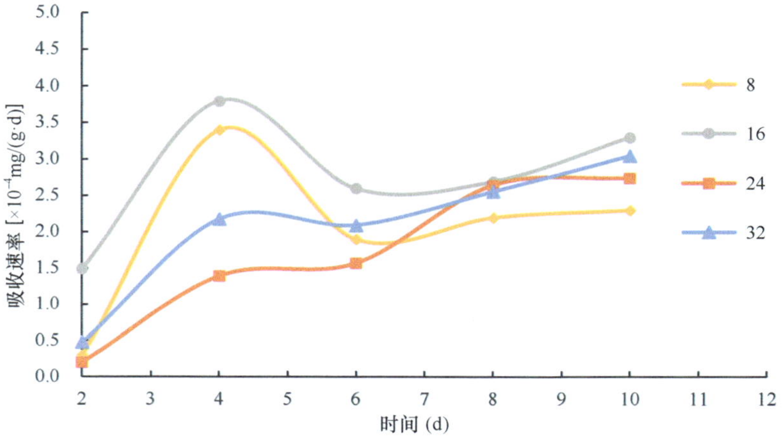

图 3.18　海蓬子在不同盐度下对 SiO_3-Si 的吸收速率

海蓬子在不同盐度下对 PO_4-P 的吸收速率如图 3.19 所示。随着实验的进行，海蓬子对 PO_4-P 的吸收速率逐渐增大，最后趋于平稳。在海水盐度为 8 的条件下，海蓬子对 PO_4-P 的吸收速率最大，在海水盐度为 16 的条件下，海蓬子对 PO_4-P 也有较大的吸收速率，在海水盐度为 24 和 32 的条件下，海蓬子吸收速率较小。由此推断，低盐度的海水能够促进海蓬子对 PO_4-P 的吸收，高盐度的海水会减小海蓬子对 PO_4-P 的吸收速率。

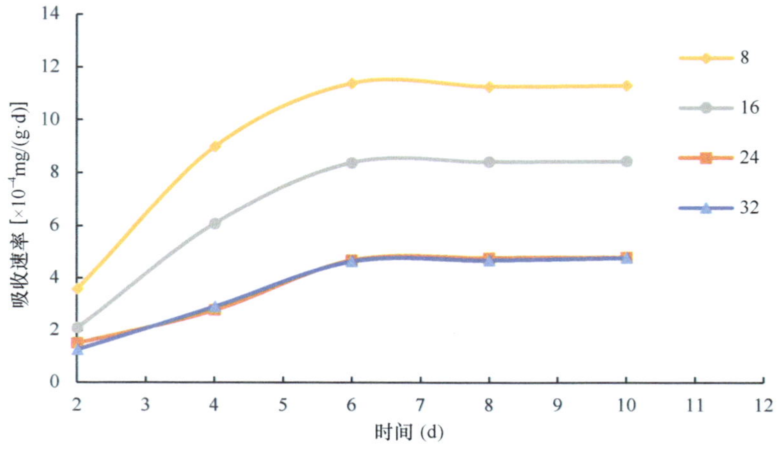

图 3.19　海蓬子在不同盐度下对 PO_4-P 的吸收速率

海蓬子在不同盐度下对 NH_4-N 的吸收速率如图 3.20 所示。可以看出，海水盐度对于海蓬子吸收 NH_4-N 的影响不大。海水盐度为 8 时，吸收速率最大，其次为 16，在海水盐度为 24 和 32 的条件下，海蓬子对于 NH_4-N 的吸收速率均较小。由此推断，低盐度海水能促进海蓬子对水体中 NH_4-N 的吸收，在海水盐度为 8 的条件下，吸收效果最好。

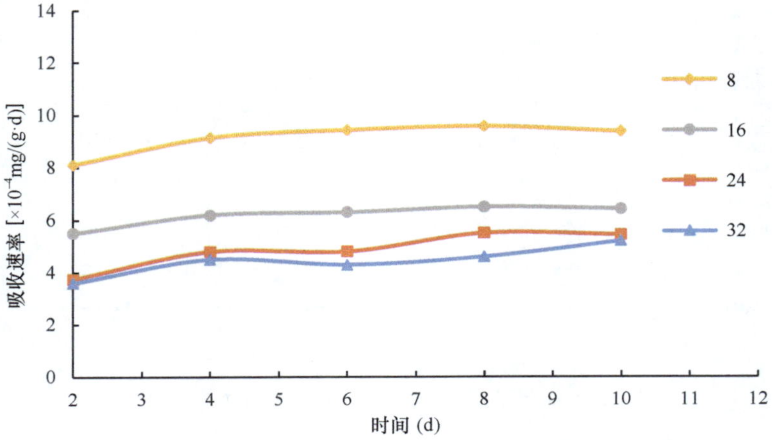

图 3.20　海蓬子在不同盐度下对 NH_4-N 的吸收速率

海蓬子在不同盐度下对 NO_3-N 的吸收速率如图 3.21 所示。在海水盐度为 8 和 16 的条件下，海蓬子对 NO_3-N 的吸收速率变化幅度较大，呈现先增大、后减小、再增大、最后趋于平稳的趋势。其中，海水盐度为 16 时，海蓬子对 NO_3-N 的吸收速率最大，海水盐度为 8 时吸收速率次之，在 24 和 32 海水盐度下，海蓬子对 NO_3-N 的吸收速率较小。由此推断，低盐度的海水能明显地促进海蓬子对 NO_3-N 的吸收。

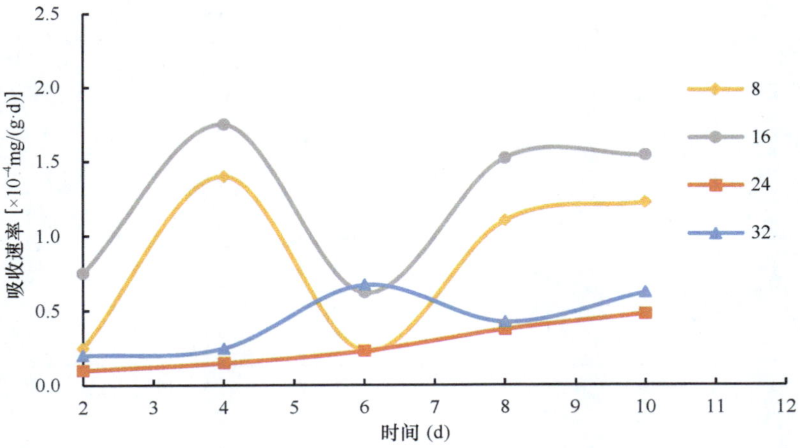

图 3.21　海蓬子在不同盐度下对 NO_3-N 的吸收速率

海蓬子在不同盐度下对 NO_2-N 的吸收速率如图 3.22 所示。不同盐度对于海蓬子吸收 NO_2-N 的影响不同。在海水盐度为 8 和 16 的条件下，海蓬子对 NO_2-N 有较大的吸收速率，而在 24 和 32 海水盐度下，海蓬子对 NO_2-N 吸收速率较小。因此，高盐度的海水对于促进海蓬子吸收 NO_2-N 的作用不明显，低盐度的海水对于海蓬子吸收 NO_2-N 具有明显的促进作用。

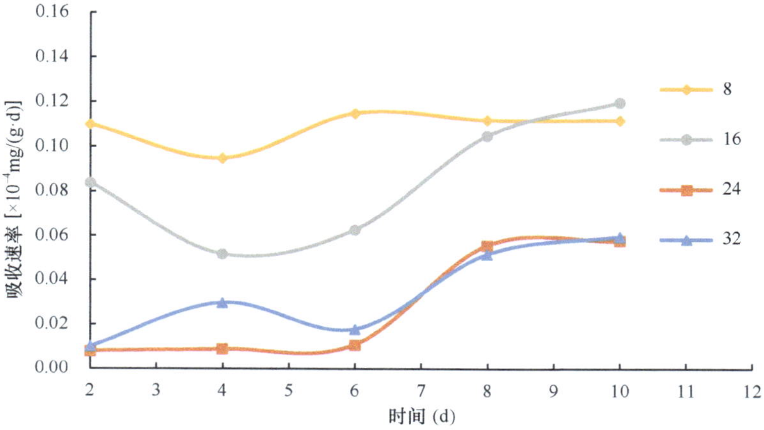

图 3.22　海蓬子在不同盐度下对 NO_2-N 的吸收速率

海蓬子在不同盐度下对 TP 的吸收速率如图 3.23 所示。在 8 和 16 海水盐度下，海蓬子对 TP 的初始吸收速率很大，随着实验的进行吸收速率呈现先增大后减小，再增大并趋于稳定的变化趋势，在海水盐度为 8 的条件下，海蓬子对 TP 具有最大的吸收速率，吸收速率达到$(9.8\pm0.74)\times10^{-4}$mg/(g·d)。在 24 和 32 海水盐度下，海蓬子初始吸收速率较小，随实验的进行呈现逐渐增大最后趋于平稳的趋势，但

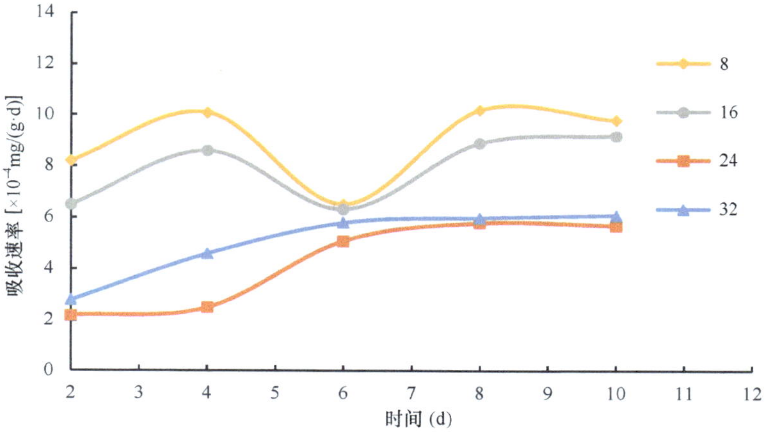

图 3.23　海蓬子在不同盐度下对 TP 的吸收速率

其吸收速率仍小于 8 和 16 海水盐度下的吸收速率。由此可推断，低盐度的海水对于海蓬子吸收 TP 具有明显的促进作用，而高盐度的海水对于海蓬子吸收 TP 促进作用不明显。

海蓬子在不同盐度下对 TN 的吸收速率如图 3.24 所示。随着实验的进行，海蓬子对 TN 的吸收速率总体呈增加趋势，在海水盐度为 8 的条件下，海蓬子对 TN 具有最大的吸收速率，吸收速率最大可达(16.40±1.00)×10^{-4}mg/(g·d)，低盐度海水对海蓬子吸收 TN 的促进作用明显。

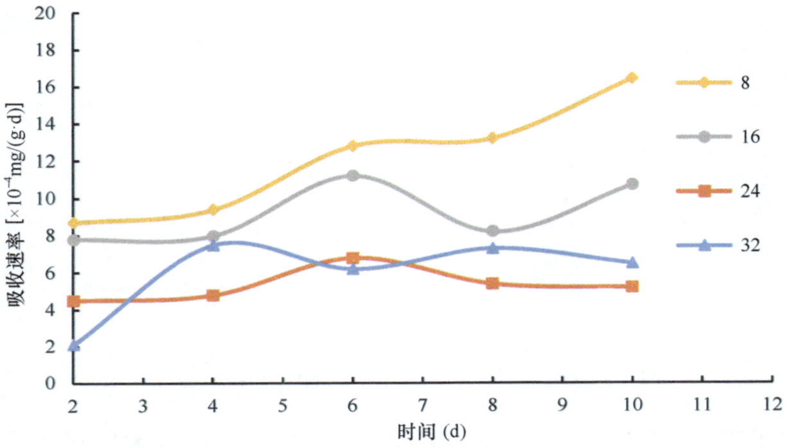

图 3.24　海蓬子在不同盐度下对 TN 的吸收速率

以上实验研究发现，海蓬子属于典型好光喜热的植物，随着温度的升高，海蓬子对水体中各类营养盐的吸收速率均有显著的增加，对各类营养盐的最大吸收速率大多出现在 30℃和 35℃条件下。在盐度为 8～16 时，海蓬子对各类营养盐的吸收速率较大，吸收效果较好，这与姜丹等（2008）的结论一致，盐度为 10～20 时，海蓬子根系生长迅速，根系伸长量是茎伸长量的 4 倍；相反，在高盐度时根系伸长的下降率明显高于茎。

我国是世界上海水养殖最发达的国家，养殖面积和养殖总产量居于世界首位（Chen et al.，2016；陈一波等，2016），大规模海水养殖产生了大量的粪便和饵料残留，使海水中氮、磷含量猛增，水质恶化，水体富营养化加重，病菌滋生（Henriksson et al.，2018；Li et al.，2017）。研究低成本、低能耗、高净化效率的海水养殖水体修复技术已成为目前亟待解决的问题（Liu et al.，2018；Wu et al.，2015；Fan et al.，2019）。海蓬子作为耐高温盐生植物，能够有效地吸收海水中的氮、磷等营养元素。通过本研究得出，在利用海蓬子处理养殖水体时，需要“因地制宜”，例如，对虾工厂化养殖废水中的氮、磷含量较高，养殖温度在 23～27℃

（刘海英，2006），温度较接近 30℃，此时选用海蓬子生态浮床来处理养殖废水能够有效地去除水体中的氮、磷；吴英杰等（2018）发现北美海蓬子生态浮床对养殖海水具有显著的净化效果，而且对虾养殖具有显著的增产效果。由此可见，生态浮床种植海蓬子可作为原位净化水质的不错选择，海蓬子是优良的海水渔业养殖废水的生物过滤器，适用于生态农牧场种养殖技术与模式的构建。

三、海蓬子-刺参综合种养殖技术模式与示范

项目实施地选择东营市河口区的山东通和水产有限公司，依据黄河三角洲区域海水环境特点和实施地实际情况，引进了刺参新品种“东科 1 号”作为研究对象，开展了适于黄河三角洲区域的刺参新品种良种扩繁与生态苗种中间培育技术研发。通过海水蔬菜海蓬子的池塘栽培、池塘底部附着基和制冷管道的铺设及池塘上方遮阳网的架设，构建了可复制、可推广的海蓬子-刺参生态多元化综合种养殖模式，提高了刺参成活率和单位面积产量，为解决黄河三角洲区域刺参安全度夏的难题提供了模式和技术支撑。

（一）优质苗种引进

根据黄河三角洲附近区域夏季温度较高的气候特征，选择并引进了生长速度快、度夏成活率高的刺参新品种“东科 1 号”。该品种是项目组以 2005 年从山东烟台蓬莱、青岛即墨和黄岛及日照岚山的 4 个刺参养殖群体中收集挑选的 740 头个体为基础群体，以体重和度夏成活率为目标性状，采用群体选育技术，经连续 4 代选育而成。在相同养殖条件下，与未经选育的刺参群体相比，24 月龄刺参体重平均提高 23.2%，度夏成活率平均提高 13.6%。

项目实施以来，先后引进刺参浮游幼体 29.5 亿个，在室内开展了规模化苗种培育，经过室内水温和水质调控，饵料投喂及日常管理，引进的“东科 1 号”浮游幼体发育顺利。培育浮游幼体时，以培育池容积为准，培育密度控制在 0.2～0.3 个/ml；在幼体选优后将培育池加 1/2 的水，培育前 5d 逐渐把水加满，培育后期（3～4d）每日换水 1 次，每次换 1/3；培育期间，全程投喂角毛藻、盐藻或海洋红酵母，每日 1～2 次，日投饵量 2 万～4 万个细胞/ml，在具体的育苗实践中，应根据幼虫的密度、摄食情况等因素确定实际投饵量。采取微充气的方式为培育水体增加溶解氧，每 3～5m^2 一个气石。培育水体环境为：水温 20～22℃，溶解氧含量 3.5mg/L，盐度 26～34，光照 50～100lx。

当浮游幼体进入樽形幼体阶段时，开始向培育水体投放经过消毒处理的聚乙烯网片，为五触手幼体变态附着提供附着基。统计结果表明，浮游幼体发育成五触手幼体的变态率达 95%以上，个体发育整齐。

（二）礁体选择与布放

池塘底部礁体的构型对夏季高温期刺参成活率影响很大，特别是在池塘底部缺氧时，投放一定数量的海参礁体和适宜的礁体构型可改善刺参栖息环境，减少死亡现象的发生。

海参礁体选择的标准有：①礁体由硬质材料构成，以利于刺参栖息；②礁体紧密接触池塘底部，以利于刺参在池塘地质恶化时顺利上行；③礁体遮阴面积充足，以保证有足够的面积供刺参附着；④根据刺参喜暗不喜光的生态习性，礁体的颜色应以黑色或暗色为主；⑤礁体高度不宜过低，以保证刺参上行高度，避开底部恶化环境。根据上述标准，本研究选择了黑色的管式礁体，每套礁体由 3 个管式礁体组合而成，高度达到 50cm 以上。本项目按照每 5m^2 布放 1 套礁体，在池塘底部进行了规模化投放，总计投放礁体 16 000 余套（图 3.25）。现场调查结果表明，在高温夏眠期间，大部分刺参个体蛰伏在最上层礁体内部，每套礁体最多可栖息 100 余头刺参，没有出现个体死亡现象，聚参效果和养殖效果显著。

图 3.25　塑料管式礁体布放

（三）地下深井水池塘降温

近年来，受全球气温持续走高的影响，我国刺参增养殖产业受到了前所未有的损失。黄河三角洲是我国刺参主要养殖区之一，而且气温和水温均相对较高，也是刺参养殖损失比较严重的区域，因此，降低池塘水温是促进刺参养殖业健康发展的关键。

本研究充分利用项目实施地山东通和水产有限公司丰富的地下深井水资源，将部分低温深井水直接通过管道接入池塘底部，对刺参夏眠蛰伏区附近水体进行降温；同时，将部分深井水通过热交换设备和空气压缩机结合，对压缩空气进行降温处理，并将制冷后的空气输送到池塘养殖水体，在有效降低池塘水体温度的同时，也增加了水体溶解氧含量，避免了水体缺氧对刺参产生的负面影响（图 3.26）。设备运行结果表明，利用地下深井水对池塘养殖水体进行降温效果显著，比对照池塘水温下降 1～2℃。该技术全面解决了夏季高温和低氧导致的养殖刺参大面积死亡问题，为刺参安全度夏提供了技术支撑。

图 3.26 地下水热交换设备安装与池塘水体冷气增氧降温

（四）海水蔬菜栽培

大规模海水养殖残留了大量饵料和动物粪便，使海水中的氮、磷猛增，导致水质恶化和水体富营养化，使海产动物容易出现集体死亡的现象，造成严重的经济损失；而养殖尾水排放到海洋和周围环境，将会给海洋生态造成严重威胁。相关研究结果表明，利用植物浮床对富营养化水体进行生态修复，可以起到很好的净化效果。本项目选择海蓬子为研究对象，在刺参养殖池塘利用浮岛进行了栽培试验，以期在净化养殖水体的同时，为刺参养殖提供遮阳降温的效果。项目购置廊坊绿景环保科技有限公司生产的浮岛 6000 套，以浮岛为栽培单元，开展了海蓬子海水栽培试验。本项目以刺参养殖池塘土壤为基质，每个栽培单元栽种海蓬子苗种 6～10 株，每 3 个栽培单元为一组，将浮岛连接成排，漂浮在池塘水面，以浸水栽培的方式在刺参池塘进行了海蓬子养殖（图 3.27）。经过近 1 个月的跟踪监测，海蓬子苗种长势良好。

图 3.27 刺参养殖池塘海蓬子苗种栽培

（五）遮阳网架设

刺参有较为特殊的生活习性，当夏季水温过高时即迁移到海水较深处，隐藏入岩石间或草丛中不食不动，进入夏眠状态。而池塘养殖刺参水体一般都较浅，多数水深在 1～3m，夏季因太阳照射严重，池塘水温会大幅度上升，导致刺参较早进入夏眠状态，严重时影响刺参的生长。2013 年以来频繁出现的夏季高温已导致山东、辽宁养殖刺参大面积死亡，对产业影响巨大。近年来发展起来的在刺参养殖池塘架设遮阳网设施，对减少太阳直射、降低水体温度起到了很好的效果，是一种可复制、可推广的预防措施。

本项目根据黄河三角洲区域水体温度高、沿海风力大的特点，在刺参养殖池塘两岸打桩，两岸之间利用钢丝连接，上方架设遮阳网，遮阳网可以根据天气情况展开或收起，避免了风力太大而损毁。遮阳面积占池塘水面面积的 70%以上，有效降低了阳光直射导致的水体温度上升。目前已架设遮阳网的池塘面积达 120 亩以上（图 3.28）。

图 3.28　海水蔬菜和遮阳设施联用

（六）幼参池塘投放

图 3.29　“东科 1 号”刺参苗种

2019 年 5 月，总计向池塘投放了 9500kg 规格为 200～600 头/kg 的“东科 1 号”刺参苗种（图 3.29），养殖面积 1600 亩。2019 年 10 月 20 日的检查结果表明，“东科 1 号”苗种成活率比普通刺参提高 21%以上，平均亩产比普通刺参提高 16.8%。截至 2019 年 11 月，向池塘投放规格为 200～400 头/kg 的苗种 2000kg，池塘投放面积 480 亩；在车间保苗 2250kg，苗种规格为 1200～

1600 头/kg，预计第二年的 4～5 月可增加到 10 000kg 以上，可投放池塘面积 1600 亩以上。

（七）水温和溶氧变化

本项目实施期间，分别利用温度记录仪和溶氧仪全程监测了实验池塘和未安装降温设施的对照池塘的水温和溶解氧的变化情况。2019 年 8 月 9 日前，实验池塘最高水温为 31.9℃，对照池塘最高水温为 34℃，温差为 3.15℃。8 月 10 日至 11 日，超级台风“利奇马”过境，此后实验池塘和对照池塘水温都显著下降（图 3.30）。上述结果表明，采取了降温措施（深井水、遮阳网和植物浮岛）的实验池塘水温比对照池塘水温降低 0.5～3.4℃，平均温度下降（1.59±0.75）℃，降温效果显著。从溶解氧变化曲线可以看出（图 3.31），实验池塘水体的溶解氧含量整体高于对照池塘，变化幅度为 0～1.50mg/L，实验池塘水体平均溶解氧含量提高（0.41±0.38）mg/L，效果显著。

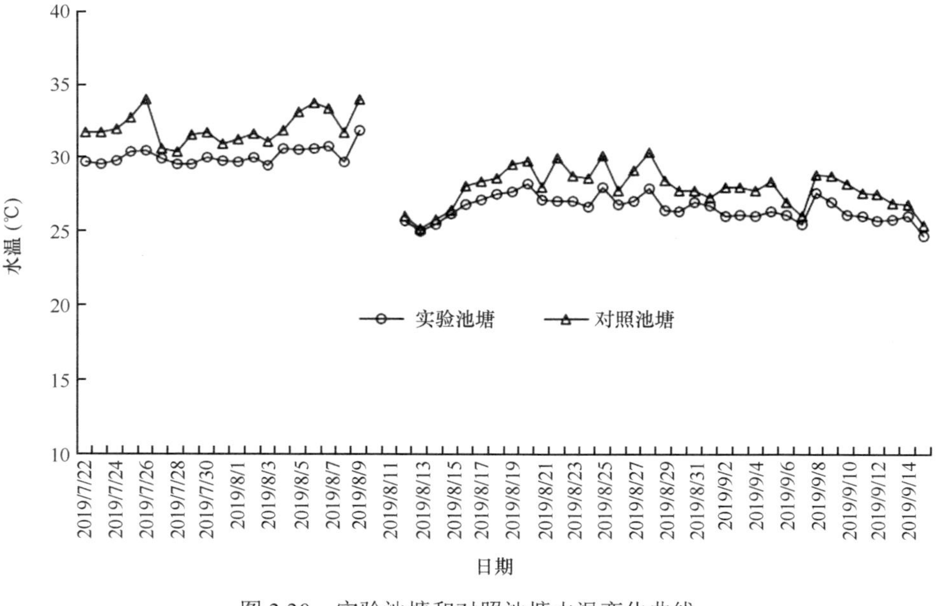

图 3.30　实验池塘和对照池塘水温变化曲线

（八）刺参行为监测与可视化管理

为及时了解池塘养殖刺参生长和生活状态，本项目在实验池塘安装了集视频监测和水质环境实时监测于一体的在线监测系统。该系统包括水质测定探头和视频监测探头，通过无线传输，将监测数据和视频信号传输到办公电脑终端，实现了养殖水体水质环境和刺参行为的实时监控（图 3.32），为安全生产提供了可靠保障。

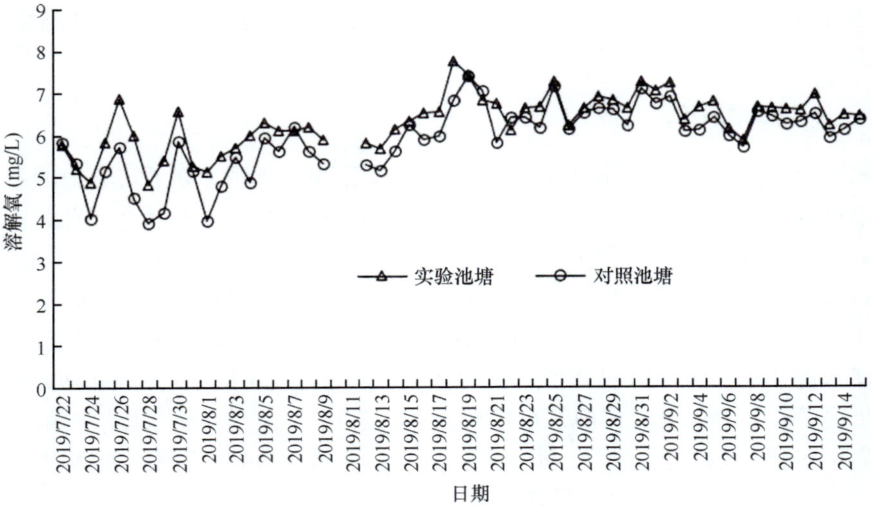

图 3.31 实验池塘和对照池塘水体溶解氧曲线

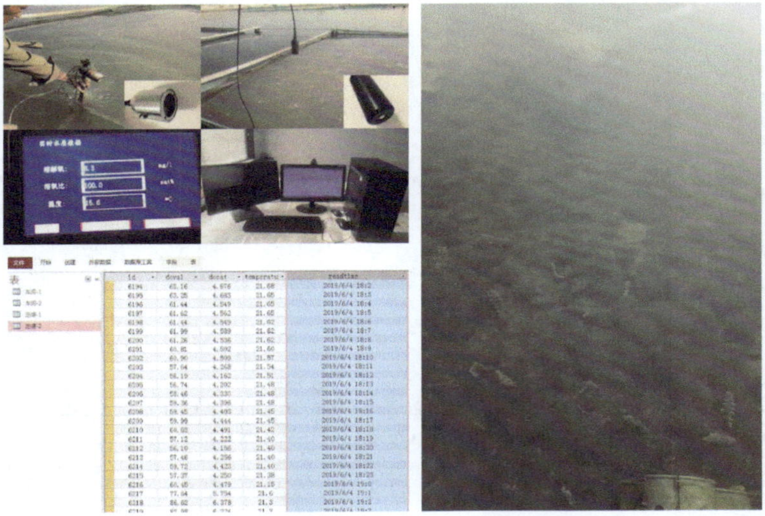

图 3.32 池塘水质环境和刺参行为实时在线监测系统及监测数据

四、海马齿-银鲑综合种养殖模式建立与示范

海马齿（*Sesuvium portulacastrum*）是一种分布于全球热带和亚热带海岸的番杏科海马齿属盐生植物（图 3.33），能够耐受较高的盐度与营养化环境，因此常被应用于盐碱地修复，也是降低养殖废水（尤其是海水养殖废水）营养盐和重金属含量的良好植物品种（窦碧霞等，2011；林彦彦等，2016；曾碧健等，2017；Feng et al.，2018）。而且，海马齿生态浮床养殖系统还可有效降低养殖水产品重金属含量，提升其肌肉品质（翟哲等，2017）。

图 3.33 海马齿形态特征（Lokhande et al.，2013）

海马齿作为滨海盐生植物，具备海洋蔬菜的一些特点，有着内陆植物没有的独特营养价值。海马齿的营养丰富，蛋白质含量较高，氨基酸种类齐全，必需氨基酸比例合理，矿质元素种类丰富，含量较高，含有丰富的β-胡萝卜素，为人体提供丰富的维生素 A。海马齿是肉质化植物，鲜味氨基酸含量较高，经过合适的烹调可成为可口的食品。本项目所设计的海马齿-银鲑综合种养殖系统建立在山东东营艾格蓝海水产科技有限公司的银鲑养殖基地。选取相邻两个面积相同，长 20m、宽 8m、深 1.5m 的养殖池塘，一个作为铺设海马齿生态浮床的实验池塘，另一个作为没有铺设浮床的对照池塘，池塘内水体为银鲑循环养殖车间统一排出来的养殖废水（图 3.34）。海马齿栽种于山东东营艾格蓝海水产科技有限公司种植大棚（图 3.35）。

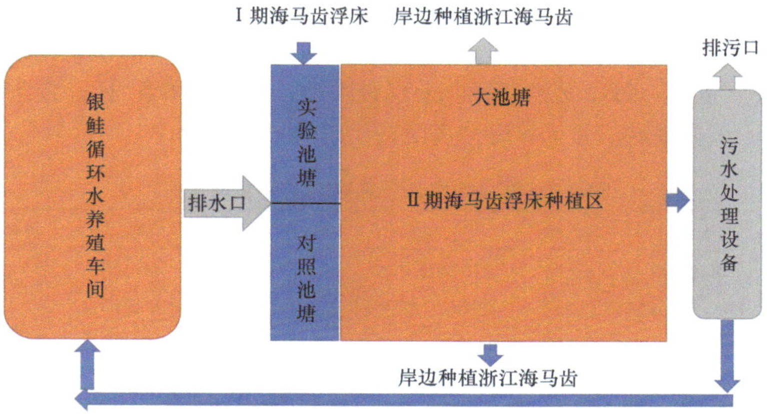

图 3.34 海马齿-银鲑综合种养殖系统构建图

图 3.35　海马齿种植实验基地

选取生长健壮的处于生长旺盛期的海马齿进行生态浮床的构建。每张浮床栽种 30～40cm 的海马齿 60 株，利用绳子相互固定，覆盖面积约为实验池塘的 20%（图 3.36）。

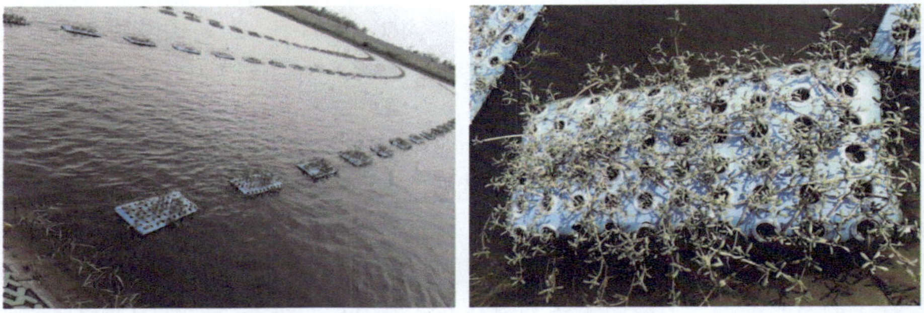

图 3.36　实验池塘海马齿生态浮床

铺设浮床后每个月从浮床中随机采取完整的海马齿 30 株，冲洗后放入封口袋带回实验室测定各项生长指标（表 3.8）。每 15d 对水体进行一次采样。采样在当日 8:30 左右进行。每个采样点采取上层、中层、下层水体各 1L，混匀后作为一个样品进行水质测定，并计算海马齿对各类营养盐的去除率。

表 3.8　海马齿生长旺盛期的主要生长指标

采样时间	湿重（g）	叶片数	茎长（mm）	茎粗（mm）	茎节数（个）	最大根长（mm）
6 月	8.06 ± 0.13^{a}	9 ± 3^{a}	310.00 ± 36.06^{a}	4.94 ± 0.04^{a}	4 ± 1^{a}	0
7 月	11.31 ± 0.59^{b}	17 ± 3^{b}	391.67 ± 10.41^{b}	4.97 ± 0.01^{a}	7 ± 1^{b}	18.08 ± 0.86^{a}
8 月	15.38 ± 0.40^{c}	25 ± 5^{c}	452.67 ± 6.81^{c}	5.01 ± 0.02^{ab}	9 ± 1^{c}	33.59 ± 0.71^{b}
9 月	19.33 ± 0.72^{d}	31 ± 1^{d}	494.33 ± 8.14^{d}	5.03 ± 0.01^{bc}	12 ± 1^{d}	43.22 ± 0.98^{c}

注：同一列数据标记的字母不同表示具有显著差异（$P<0.05$）

项目实施过程中发现，海马齿叶片鲜绿且茂盛，根系发达，分蘖较多，生长状况良好。7月、8月、9月，海马齿湿重、叶片数、茎长、茎节数、最大根长显著增加。6～9月海马齿茎粗变化不显著，月净增长量相差不大。

实验池塘中海马齿生长旺盛，相较于对照池塘，实验池塘中的氮、磷等营养元素显著减少，其中硝态氮、亚硝态氮、TP、TN、磷酸盐的去除率都达到80%以上，对于铵态氮、硅酸盐的去除率相对较低，但也在14%以上。因此，海马齿浮床适合用于滩涂养殖水体的净化和修复。

第四节　目前存在的问题及建议与展望

一、目前存在的问题

半个多世纪以来，我国滩涂增养殖业发展迅速，为国民经济做出了重要贡献。但因缺乏统一规划和片面追求高产量，忽视了长远的生态效益和社会效益，局部养殖区出现过度开发，超载运行，水产养殖污染严重，生态系统失衡，养殖病害加剧。对虾养殖业的滑坡，以及滩涂贝类的苗种不足和病害问题，都严重影响了我国滩涂海水养殖业的可持续发展。因此，开展滩涂持续利用的战略理论和技术研究，具有重要的现实意义（杨红生和邢军武，2002）。

滩涂作为一个典型的陆海过渡带，承担着海洋与陆地互相连接的角色，是我国海洋开发的关注区域之一。目前相对独立的滩涂生态农牧场的构建，忽略了陆海之间的生态连通性，已无法满足现代农业的发展需求，会阻碍滩涂的保护和持续利用（王清等，2020）。此外，急需探讨滩涂的动态演变机制。滩涂受海陆动力作用影响，具有明显的冲淤现象，其空间位置不断变化。目前对于滩涂形成与演化机制及动态监测技术研究需要进一步加强。

我国滩涂增养殖业至今没有整体规划布局，滩涂养殖容量尚未彻底查明，产业结构调整既缺乏成熟理论，又缺少成熟经验，更缺少可行模式。环保、生态与可持续意识仍十分欠缺，尤其缺少强有力的宏观政策引导。同时，未经考虑引入外来入侵物种容易对盐沼植被生物多样性、底栖动物和鸟类栖息地质量等构成威胁，同时对海水养殖、航运等产生诸多负面影响。因此，必须从构建滩涂大农业、生态农牧场的角度出发，将可持续意识、可持续目标与实际生产模式和生产技术相结合，形成具有可实施性与可操作性，可持续发展的生产模式和技术体系。对这种模式和技术体系的创新，是实现滩涂可持续发展的关键。

二、建议与展望

滩涂作为一个处于动态变化的海陆过渡带，连接着河口盐碱地区域和近岸浅海区域，是我国海洋开发的重要区域。陆地-滩涂-浅海三者之间具有明显的水文和生态连通性，因此需要从全局的角度出发，探讨滩涂利用新模式，开展海岸带生态农牧场构建，将盐碱地生态农牧场、滩涂生态农牧场和浅海生态牧场统筹构建，形成“三场联通”和“三产融合”的海岸带保护与可持续利用新模式。在盐碱地生态农牧场大力发展以牧草种植、耐盐植物高效恢复为基础，以芦苇生物资源、稻-鱼-蟹养殖等为补充的现代生态农业；在滩涂生态农牧场开展柽柳-肉苁蓉种植、海水蔬菜栽培、海产动物健康苗种培育与产业化应用；在浅海生态牧场着重开展海草床、牡蛎礁保护与修复及渔业资源修复等。由此强化三场的生态功能相互支撑，实现生态系统之间的紧密联系，构建高效的生态经济新模式。

总之，滩涂是我们不可替代的自然环境，也是我们的资源宝库和生存基础。对滩涂的开发必须建立在保护的前提下，必须寻求和坚持可持续发展的道路。而创建切实可行的滩涂生态农牧场种养殖技术，走滩涂可持续利用的道路，是解决我国滩涂资源利用与环境日益恶化矛盾的重要技术手段，是我国滩涂可持续利用的重要发展方向和应用前景。

参考文献

曹瑞, 马虹, 王迎春. 2004. 名贵药材肉苁蓉原植物形态的多样性研究. 中国中药杂志, 29(1): 39-41.

陈一波, 宋国宝, 赵文星, 等. 2016. 中国海水养殖污染负荷估算. 海洋环境科学, 35(1): 1-6, 12.

崔旭盛, 杜友, 冯坚冰, 等. 2012a. 新疆和田地区管花肉苁蓉生产技术标准操作规程(SOP). 中国现代中药, 14(6): 31-34.

崔旭盛, 郑雷, 袁野, 等. 2012b. 磴口县肉苁蓉生产技术标准操作规程. 中国现代中药, 14(2): 37-39.

戴青松, 韩锡荣, 黄浩, 等. 2014. 生态浮床的应用现状及前景. 水理技术, (7): 7-11.

董哲仁, 周怀东, 李文奇. 2004. 受损水体修复的生态工程研究与示范. 中国水利, 22: 64-66.

窦碧霞, 黄建荣, 李连春, 等. 2011. 海马齿对海水养殖系统中氮、磷的移除效果研究. 水生态学杂志, 32(5): 94-99.

范航清. 1995. 广西沿海红树林养护海堤的生态模式及其效益评估. 广西科学, (4): 48-53.

葛滢, 王晓月, 常杰. 1999. 不同程度富营养化水中植物净化能力比较研究. 环境科学学报, 19(6): 690-692.

关保华, 葛滢, 常杰, 等. 2002. 富营养化水体中植物的元素吸收与净化能力的关系. 浙江大学学报(理学版), 29(2): 190-197.

国家药典委员会. 2005. 中华人民共和国药典 2005 年版 一部. 北京: 化学工业出版社.

侯蕾, 王运涛, 范仲学, 等. 2018. 黄河三角洲野生柽柳接种管花肉苁蓉研究. 中国现代中药, 20(4): 437-440.

黄凤莲, 陈桂珠, 夏北成, 等. 2005. 滩涂海水养殖生态模式研究. 海洋环境科学, 24(1): 16-20.

黄凤莲, 夏北成, 戴欣, 等. 2004a. 滩涂海水种植-养殖系统细菌生态学研究. 应用生态学报, 15(6): 1030-1034.

黄凤莲, 张寒冰, 夏北成, 等. 2004b. 滩涂种植-养殖系统换水周期内细菌的消长动态研究. 中山大学学报(自然科学版), 43(6): 155-158.
姜丹, 李银心, 黄凌风, 等. 2008. 盐度和温度对北美海蓬子在厦门海区引种以及生长特性的影响. 植物学通报, (5): 533-542.
劳善根, 崔绍荣, 苗香雯. 1998. 植物土培系统对养殖废水的净化与利用. 农业工程学报, (1): 174-177.
李克云, 杨永奇. 2002. 阿拉善盟梭梭肉苁蓉开发利用成为地区重点产业化建设工程. 中国沙漠, 22(5): 510-512.
李梅, 孙远奎, 张见魁. 2010. 生态浮床技术应用研究. 工业安全与环保, 36(1): 35-36.
李英杰, 年跃刚, 胡社荣, 等. 2008. 生态浮床对河口水质的净化效果研究. 中国给水排水, (11): 60-63, 67.
林彦彦, 高珊珊, 陈婧芳, 等. 2016. 海马齿对锌的耐性与富集特征. 湿地科学, 14(4): 561-567.
林永青, 吴佳鑫, 郑新庆, 等. 2011. 浮床栽培海马齿对海水中悬浮颗粒物清除作用的实验研究. 厦门大学学报(自然科学版), 50(5): 909-914.
刘海英. 2006. 对虾工厂化养殖水质特征及高溶解氧对养殖的影响. 中国海洋大学硕士学位论文.
刘晓丹, 李军, 龚一富, 等. 2013. 5 种水培植物对富营养化水体的净化能力. 环境工程学报, 7(7): 2607-2612.
吕忠进, Glenn E P, Hodges R M, 等. 2001. 全海水灌溉的作物——北美海蓬子(下). 世界农业, (3): 19-20.
南春容, 陈琛, 戴伟东, 等. 2017. 北美海蓬子浮岛种植技术及对养虾废水的净化作用. 环境工程学报, 11(7): 3971-3977.
彭友贵, 陈桂珠, 佘忠明, 等. 2004. 红树林滩涂海水种植养殖生态耦合系统初步研究. 中山大学学报(自然科学版), 43(6): 150-154.
戎华南. 2017. 滩涂生态养殖开发技术研究. 农村科学实验, 6: 112.
盛晋华, 翟志席, 杨太新, 等. 2004. 肉苁蓉寄生生物学研究. 中国农业科技导报, 6(1): 57-62.
孙远奎, 李梅, 王姗姗. 2009. 人工生态浮床技术及其应用. 节能与环保, (10): 33-35.
屠鹏飞, 姜勇, 郭玉海, 等. 2011. 肉苁蓉研究及其产业发展. 中国药学杂志, 46(12): 882-887.
屠鹏飞, 姜勇, 郭玉海, 等. 2015. 发展肉苁蓉生态产业推进西部荒漠地区生态文明. 中国现代中药, 17(4): 297-301.
王进进. 2017. 海马齿生态浮床对高位池养殖效果的研究. 中山大学硕士学位论文.
王清, 朱效鹏, 赵建民. 2020. 滩涂生态牧场构建与展望. 科技促进发展, 16(2): 219-224.
王运涛, 王兴军. 2015. 山东省东营柽柳接种管花肉苁蓉获得成功. 山东农业科学, 47(8): 157.
魏海峰, 陈怡锦, 夏宁, 等. 2018. 退化滩涂生态修复研究进展. 湿地科学与管理, 14(2): 70-73.
吴英杰, 马璐瑶, 陈琛, 等. 2018. 北美海蓬子生态浮床对养殖海水的净化和对虾的增产效果. 环境工程学报, 12(12): 3351-3361.
谢彩香, 董梁, 陈君, 等. 2011. 管花肉苁蓉产地适宜性之再分析. 中国中药杂志, 46(12): 891-895.
薛超波, 王国良, 金珊. 2004. 海洋滩涂贝类养殖环境的研究现状. 生态环境, 13(1): 116-118.
杨红生, 邢军武. 2002. 试论我国滩涂资源的持续利用. 21 世纪青年学者论坛, 24(1): 47-51.
杨太新, 王华磊, 王长林, 等. 2005. 华北平原管花肉苁蓉引种试验研究研究. 中国农业大学学报, 10(1): 27-29.
叶妙水, 钟克亚, 张桂和, 等. 2006. 盐生经济作物北美海蓬子与盐渍地生态环境改造. 草业科学, (6): 6-14.

于德花. 2009. 黄河三角洲滩涂耐盐植物筛选试种及生理指标分析. 泰安: 山东农业大学.

袁星, 林彦彦, 黄建荣, 等. 2016. 海马齿生态浮床对海水养殖池塘的修复效果. 安徽农业科学, 44(14): 69-75.

曾碧健, 窦碧霞, 黎祖福, 等. 2017. 海洋盐生植物海马齿(*Sesuvium portulacastrum*)对环境盐度胁迫的耐受性及营养价值综合评价. 海洋与湖沼, 48(3): 568-575.

翟哲. 2017. "生物耦联"养殖模式原位生态修复效果研究. 中山大学硕士学位论文.

翟哲, 冯建祥, 高珊珊, 等. 2017. 生态浮床对养殖水产品中重金属含量和肌肉品质的影响. 水产学报, 41(1): 88-98.

张长宽, 陈欣迪. 2016. 海岸带滩涂资源的开发利用与保护研究进展. 河海大学学报(自然科学版), 44(1): 25-33.

张亚, 常雅军, 刘晓静, 等. 2016. 碱蓬对不同盐度富营养化模拟海水的净化效应及其生长特性. 植物资源与环境学报, 25(4): 34-41.

张志英, 黄凌风, 姜丹, 等. 2009. 浮床种植海马齿对富营养化海水氮、磷移除能力的初步研究//中国环境科学学会. 中国环境科学学会 2009 年学术年会论文集(第二卷). 北京: 北京航空航天大学出版社: 60-65.

朱会义, 李秀彬, 何书金, 等. 2001. 环渤海地区土地利用的时空变化分析. 地理学报, 56(3): 253-260.

宗虎民, 袁秀堂, 王立军, 等. 2017. 我国海水养殖业氮、磷产出量的初步评估. 海洋环境科学, 36(3): 336-342.

邹艺娜, 胡振, 张建, 等. 2015. 鱼菜共生系统氮素迁移转化的研究与优化. 环境工程学报, 9(9): 4211-4216.

Brown J J, Glenn E P. 1999. Reuse of highly saline aquaculture effluent to irrigate a potential forage halophyte, *Suaeda esteroa*. Aquacultural Engineering, 20(2): 91-111.

Chen Y, Dong S L, Wang F, et al. 2016. Carbon dioxide and methane fluxes from feeding and no-feeding mariculture ponds. Environmental Pollution, 212: 489-497.

Chu H Y, Chen N C, Yeung M C, et al. 1998. Tide-tank system simulating mangrove wetland for removal of nutrients and heavy metals from wastewater. Water Science and Technology, 38(1): 361-368.

Fan W, Zhao R L, Yao Z Z, et al. 2019. Nutrient removal from Chinese coastal waters by large-scale seaweed aquaculture using artificial upwelling. Water, 11(9): 1754.

Feng J, Lin Y, Yang Y, et al. 2018. Tolerance and bioaccumulation of Cd and Cu in *Sesuvium portulacastrum*. Ecotoxicology and Environmental Safety, 147: 306-312.

Garza-Torres R, Troyo-Diéguez E, Nieto-Garibay A, et al. 2020. Environmental and management considerations for adopting the halophyte *Salicornia bigelovii* Torr. as a sustainable seawater-irrigated crop. Sustainability, 12(2): 707.

Gersberg R M, Elkins B V, Lyon S R, et al. 1986. Role of aquatic plants in wastewater treatment by artificial wetlands. Water Research, 20(3): 363-368.

Glenn E P, O'Leary J W, Watson M C, et al. 1991. *Salicornia bigelovii* Torr.: An oilseed halophyte for seawater irrigation. Science, 251(4997): 1065-1067.

Hamilton A C. 2004. Medicinal plants, conservation and livelihoods. Biodiversity and Conservation, 13(8): 1477-1517.

Harberl R, Perfler R, Mayer H. 1995. Constructed wetlands in Europe. Water Science and Technology, 32(3): 305-315.

Henriksson P J G, Belton B, Jahan M E, et al. 2018. Measuring the potential for sustainable intensification of aquaculture in Bangladesh using life cycle assessment. Proceedings of the National Academy of Sciences of the United States of America, 115(12): 2958-2963.

Hu G S, Hur Y J, Jia J M, et al. 2011. Effects of 2-aminoindan-2-phosphonic acid treatment on the accumulation of salidroside and four phenylethanoid glycosides in suspension cell culture of *Cistanche deserticola*. Plant Cell Rep, 30(4): 665-674.

Kadlec R H, Knight R, Vymazal J, et al. 2017. Constructed Wetlands for Pollution Control. London: IWA Publishing.

Li H, Li X, Li Q, et al. 2017. Environmental response to long-term mariculture activities in the Weihai coastal area, China. Science of the Total Environment, 601-602: 22-31.

Li M, Wu Y J, Yu Z L, et al. 2007. Nitrogen removal from eutrophic water by floating-bed-grown water spinach (*Ipomoea aquatica* Forsk.) with ion implantation. Water Research, 41(14): 3152-3158.

Lin Y F, Jing S R, Lee D Y. 2002. Nutrient removal from aquaculture wastewater using a constructed wetlands system. Aquaculture, 209: 169-184.

Liu Q, Sun B, Huo Y, et al. 2018. Nutrient bioextraction and microalgae growth inhibition using submerged macrophyte *Myriophyllum spicatum* in a low salinity area of East China Sea. Marine Pollution Bulletin, 127: 67-72.

Lokhande V H, Gor B K, Desai N S, et al. 2013. *Sesuvium portulacastrum*, a plant for drought, salt stress, sand fixation, food and phytoremediation: A review. Agronomy for Sustainable Development, 33(2): 329-348.

Marinho-Soriano E, Nunes S O, Carneiro M A A, et al. 2009. Nutrients' removal from aquaculture wastewater using the macroalgae *Gracilaria birdiae*. Biomass and Bioenergy, 33(2): 327-331.

McMurtry M R, Nelson P V, Sanders D C, et al. 1990. Sand culture of vegetables using recirculated aquacultural effluents. Applied Agricultural Research, 5(4): 280-284.

Nedwell D B. 1974. Sewage treatment and discharge into tropical coastal waters. Search, 5(5): 187-190.

Robertson A I, Phillips M J. 1995. Mangroves as filters of shrimp pond effluent: Predictions and biogeochemical research needs. Hydrobiologia, 295: 311-321.

Sansanayuth P, Phadungchep A, Ngammontha S, et al. 1996. Shrimp pond effluent pollution problems and treatment by constructed wetlands. Water Science and Technology, 34(11): 93-98.

Shpigel M, Ben-Ezra D, Shauli L, et al. 2013. Constructed wetland with *Salicornia* as a biofilter for mariculture effluents. Aquaculture, 412: 52-63.

Wang H, Liu C F, Qin C X, et al. 2007. Using a macroalgae *Ulva pertusa* biofilter in a recirculating system for production of juvenile sea cucumber *Apostichopus japonicus*. Aquacultural Engineering, 36(3): 217-224.

Watanabe W O, Farnell R D. 2018. Experimental evaluation of the halophyte *Salicornia virginica* for biomitigation of dissolved nutrients in effluent from a recirculating aquaculture system for marine finfish. Journal of the World Aquaculture Society, 49(4): 735-754.

Wu H, Huo Y, Zhang J, et al. 2015. Bioremediation efficiency of the largest scale artificial *Porphyra yezoensis* cultivation in the open sea in China. Marine Pollution Bulletin, 95(1): 289-296.

Xu R, Chen J, Chen S L, et al. 2009. *Cistanche deserticola* Ma cultivated as a new crop in China. Genetic Resources & Crop Evolution, 56(1): 137-142.

Xu Y, Fang J, Tang Q, et al. 2010. Improvement of water quality by the macroalgae, *Gracilaria lemaneiformis* (Rhodophyta), near aquaculture effluent outlets. Journal of the World Aquaculture Society, 39(4): 549-555.

Ye Y, Tam N F Y, Wong Y S. 2001. Livestock wastewater treatment by a mangrove pot-cultivation system and the effect of salinity on the nutrient removal efficiency. Marine Pollution Bulletin, 42(6): 512-520.

第四章 浅海生态牧场生境与生物资源修复

浅海区通常指潮下带至大陆架边缘的陆架海水域，是海洋中最具生产力和经济价值的区域之一。由于生产力水平比较高，浅海区也是重要的渔场分布区，全世界绝大部分渔业都位于该海域。同时由于距离海岸线近，浅海区是人类活动的重要海域，大量的工农业、养殖业和生活废水通过河流、排污口等直接或间接地排入浅海，对浅海生态系统如海草床生态系统、牡蛎礁生态系统等产生严重影响。此外，浅海生态系统还会受到生物入侵的干扰，如互花米草等。因此，我国浅海生物资源利用面临重大转型与升级，在我国大力发展海洋牧场的背景下，急需对生物资源进行修复。本研究以浅海生态修复原理为基础，提出了生物入侵种互花米草的综合防治技术、海草床与牡蛎礁的综合修复技术，以期为我国浅海生态系统修复提供参考。

第一节 引 言

近年来，为改善我国近海生物资源衰退和养殖自身污染的现状，海洋牧场建设已经成为近海渔业发展的重要方向。海洋牧场是基于海洋生态学原理和现代海洋工程技术，充分利用自然生产力，在特定海域科学培育和管理渔业资源而形成的人工渔场。发展现代化海洋牧场，是修复海洋生态环境、养护水生生物资源、拓展海洋渔业发展新空间的有效途径，也是促进海洋渔业转型升级和可持续发展的重要举措。

我国的海洋牧场建设始于20世纪70年代，以人工鱼礁投放和增殖放流为主，渔业资源恢复的目标种以鱼类、虾蟹和刺参等海珍品为主。相比而言，以生境修复为主的藻礁构建与藻类资源修复开展得较少。目前我国海洋牧场的建设区域主要集中在相对较深的内湾海域（＞10m），缺乏对广大浅海（＜6m）海域的生境与生物资源进行恢复。因此急需拓展海洋牧场发展空间，开展浅海生态牧场建设。上述浅海区域即通常所讲的滨海湿地，主要是指低潮时水深不足6m的水域及其沿岸浸湿地带，包括水深不超过6m的永久性水域、潮间带和沿海低洼地带。根据《关于特别是作为水禽栖息地的国际重要湿地公约》的规定，滨海湿地具有维护生物多样性和生态功能、保护海岸等价值，应加强保护和管理，严禁破坏。因此，浅海生态牧场建设不宜开展大规模投礁建设，应以植物修复和生物资源恢复为主。

在黄河入海口附近海域，黄河等20多条入海河流输入了大量营养盐，为鱼、虾、蟹等经济动物提供了丰富的食物来源，因此其成为渤海和黄海近百种渔业生物的产卵场和育幼场。黄河三角洲附近海域面积广阔，生物资源丰富，是发展浅海生态牧场的绝佳区域。黄河三角洲海域还存有牡蛎礁和海草床两种重要的近海生态系统，具有极为重要的研究意义和修复潜力。

近年来，互花米草在我国滩涂区域大肆繁殖和扩张。截至 2015 年，黄河三角洲互花米草分布面积已超过 20km^2，遍布黄河三角洲潮间带区域。互花米草在黄河三角洲的无序扩张对盐沼植被生物多样性、底栖动物和鸟类栖息地质量等构成威胁，同时也对海水养殖、石油开采等产生了负面影响。尽管已有学者开展了互花米草防护工作，但效果并不显著，亟待加强相关研究。

海草床生态系统具有净化水质、护堤减灾、提供栖息地和促进营养物质循环等重要功能。海草床水域海洋生物资源丰富，盛产鱼类、贝类和棘皮类等经济动物，也是世界许多国家重要的渔场。我国的海草床生态系统主要分布在南海海域和黄渤海海域。近年来，受人类活动和环境污染等因素影响，我国近海海草床生态系统受损严重，相关修复工作迫在眉睫。

牡蛎礁是由大量牡蛎固着生长所形成的一种生物礁系统，广泛分布于温带河口和滨海区。牡蛎礁不仅为人类提供大量牡蛎食用，还具有净化水质、提供栖息地、促进物质循环与能量流动等生态功能。近年来，由于泥沙冲积和人类过度捕捞等，全球 85%的牡蛎礁生态系统丧失，牡蛎礁丰度达不到之前的 10%。目前，仅我国长江口、渤海湾等区域存有大规模牡蛎礁。因此，亟待开展相关研究和技术攻关，恢复黄河三角洲海域的牡蛎礁生态系统。

第二节　国内外研究进展

一、互花米草入侵与防治

（一）互花米草入侵

米草属（*Spartina*）隶属于禾本科虎尾草族，全球共有 17 种，均为多年生盐沼植物，原产于北美洲东部的美国沿岸、欧洲和非洲北部，多数生长于滨海盐沼和河口区域（Mabberley，1997）。米草属植物在其原产地盐沼中是常见的优势种，在被无意或有意引入其他地区后，7 种米草具有很强的入侵性（Daehler and Strong，1996）。互花米草（*Spartina alterniflora*）原产于北美洲东部的美国沿岸，在全球很多沿海地区是臭名昭著的入侵者，如中国、西班牙、新西兰、非洲南部和美国的太平洋海岸等（Taylor and Hastings，2004；Chung，2006；Adams et al.，2016）。互花米草在沿海沼泽中占据优势，威胁甚至取代了当地的植物（Li et al.，2009）。

快速有效地控制互花米草、限制其扩散的速度和规模，尽可能减少或规避其生态危害，成为滨海湿地管理中迫切需要解决的重要问题。

基于保滩护岸、促淤造陆及改良土壤等目的，我国共引入了 4 种米草，分别是大米草（*Spartina anglica*）、互花米草（*Spartina alterniflora*）、狐米草（*Spartina patens*）、大绳草（*Spartina cynosuriodes*）（Chung，2006）。大绳草和狐米草的生态位一般在潮上带，没有入侵性，其地上部分含盐量小，被作为牧草推广，分布区域和范围全部受人工控制。大米草主要生长在潮间带上部，植株矮小，分布稀疏，在我国海岸带区域退化严重，面积不足 16hm^2（左平等，2009）。互花米草于 1979 年被引入我国（徐国万等，1989），具有极强的耐盐、耐淹和繁殖能力，在我国海岸带快速蔓延（An et al.，2007；宫璐等，2014），对大部分沿海滩涂湿地的生物多样性维持等生态安全构成严重威胁（Li et al.，2009），成为我国沿海滩涂危害性最强的入侵植物。2003 年初，国家环境保护总局和中国科学院联合发布了首批入侵我国的 16 种外来入侵种名单，互花米草作为唯一的盐沼植物名列其中。

基于遥感影像数据和野外调查，近十年来，我国科学家对 2007 年和 2014 年前后互花米草的分布情况进行了全国范围的调查研究，2014～2015 年，我国互花米草总面积为 54 580～55 181hm^2，江苏互花米草的面积占全国互花米草面积的比例最大，为 34%～54%（表 4.1）。对互花米草入侵历史过程的研究表明，在主要分布省（区、市）中，只有广东的互花米草面积自 1995 年后呈现持续下降趋势，其他省（区、市）均为持续上升趋势（Zhang et al.，2017）。不同人员统计调查的全国互花米草总面积非常一致，差别仅在 1%左右，但具体到省级面积时，则有很大差异，尤其是 2014～2015 年的数据，在 Zhang 等（2017）和 Liu 等（2018）的研究中，山东、浙江、福建、广东和广西的互花米草面积差别均达 20%以上（表 4.1），这可能是由于不同研究采用的遥感影像不同，也可能是野外调查不够充分所致。

表 4.1　中国主要分布区的互花米草种群面积　（单位：hm^2）

辽宁	河北	天津	山东	江苏	上海	浙江	福建	广东	广西	总计	数据时间	文献
57	474	163	686	18 711	4 741	4 812	4 166	546	95	34 451	2007 年*	左平等，2009
	241	570	564	17 842	5 336	5 092	3 932	349	251	34 177	2006～2008 年	Lu and Zhang，2013
		684	3 284	21 843	9 548	9 662	9 485	198	444	55 181	2014 年#	Zhang et al.，2017
	26	426	2 484	18 363	10 109	14 282	7 267	780	843	54 580	2015 年	Liu et al.，2018

* 香港和澳门有零星互花米草，一般不足 200m^2

\# 2014 年天津数据实为天津和河北的总和，另外，在辽宁和海南有少量互花米草

（二）互花米草防治

为减少或避免互花米草入侵的生态危害，科学家投入了巨大的精力研究互花米草的入侵机制与防控方法（Gao et al.，2009；Yuan et al.，2011；Adams et al.，2016；Strong and Ayres，2016；谢宝华和韩广轩，2018；谢宝华等，2018；乔沛阳等，2019），并在少数地区进行了大尺度的防控实践（Kerr et al.，2016；汤臣栋，2016；Patten et al.，2017）。

互花米草为多年生草本植物，其繁殖方式包括种子的有性繁殖和根茎或营养片段的无性繁殖（邓自发等，2006），地上植株进行光合作用，合成有机物质，开花结实，进行有性繁殖，地下部分（根茎和须根）可吸收养分，促进生长，并进行无性繁殖。各种方法防治互花米草的原理，便是单一或同时限制互花米草的生长、有性繁殖和无性繁殖（图 4.1），从而实现控制互花米草扩散或完全清除互花米草的目标。

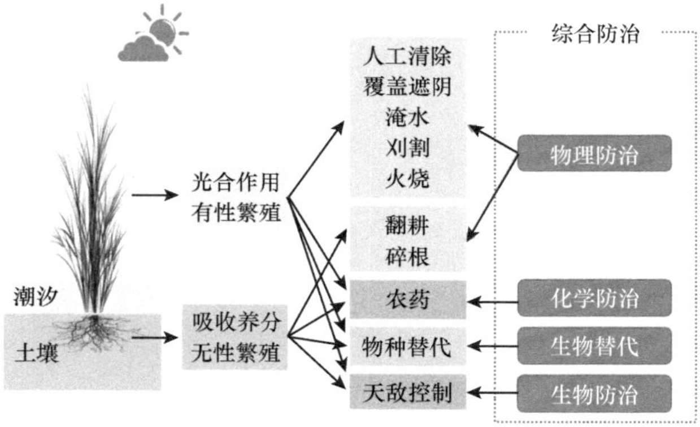

图 4.1　互花米草防治方法汇总（谢宝华和韩广轩，2018）

对应于互花米草入侵地区，亚洲、北美洲、欧洲和非洲均有互花米草防治研究的报道，其中中国和美国最多（表 4.2），中国的研究以上海、山东和福建为最多，均尝试了至少 6 种防治方法，美国的研究集中在路易斯安那州和华盛顿州，欧洲的研究主要在西班牙，不同地区的研究侧重点也不同，这可能与各地区互花米草生境及人力和物力成本不同有关，国外以化学防治为主，国内以物理防治为主，国外无生物替代的研究，国内则无生物防治的研究（谢宝华和韩广轩，2018）。

表 4.2　全球互花米草防治研究概况*

措施类别	防治措施名称	福建	广西北海	上海崇明	江苏盐城	广东珠海	山东东营	美国弗吉尼亚州	美国华盛顿州	美国路易斯安那州	南非大布拉克河口	西班牙大西洋沿岸
	措施种数	7	1	8	1	4	6	1	4	6	1	4

续表

措施类别	防治措施名称	福建	广西北海	上海崇明	江苏盐城	广东珠海	山东东营	美国弗吉尼亚州	美国华盛顿州	美国路易斯安那州	南非大布拉克河口	西班牙大西洋沿岸
化学防治	高效盖草能			√			√					
	滩涂互花米草除控剂	√										
	米草净	√										
	米草星	√										
	草铵膦						√			√		
	草甘膦						√			√		√
	咪唑烟酸								√	√		
	咪唑乙烟酸									√		
	草甘膦+咪唑烟酸										√	
生物防治	玉黍螺							√				
	麦角菌								√			
	稻飞虱								√			
生物替代	芦苇			√								
	海桑					√						
	无瓣海桑					√						
	海桑和无瓣海桑					√						
物理防治	刈割	√		√			√					√
	覆盖遮阴	√				√						
	人工清除								√			
	翻耕			√						√		
	火烧			√						√		
	碎根			√								√
	淹水			√	√							
综合防治	刈割+翻耕	√					√					
	刈割+翻耕+生物替代	√										
	刈割+覆盖遮阴		√									
	刈割+淹水			√			√					
	刈割+草甘膦											√

* 修改自文献：谢宝华和韩广轩（2018）

1. 物理防治

物理防治方法一般不会造成环境污染，对生物种类的影响也较小，主要包括人工清除、覆盖遮阴、刈割、火烧、淹水等措施，可限制互花米草呼吸或光合作用，最终杀死植株，物理措施也常被作为生物替代方法的前期处理。利用物理控制技术治理互花米草，必须充分考虑米草生育期、控制技术的频度和强度等因素，才能有效发挥其防治效果（Hedge et al.，2003；李贺鹏和张利权，2007）。

关于物理防治措施的环境影响的研究较少，主要涉及人工清除、刈割、翻耕和淹水这几种措施。控制互花米草扩散的刈割、翻耕和淹水等物理措施均普遍增强了土壤微生物的活动，从而提高了有机碳输出，降低了盐沼土壤有机质含量（陈曦等，2010；Chen et al.，2012a）。人工清除互花米草 2 年后，红树林湿地大型底栖动物物种栖息密度和生物量均显著降低，但不同地点的物种丰富度有增有减（倪平等，2014）。水位调控措施改变了高潮带生境的自然水文状况，对盐沼中大型底栖动物的密度、生物量和多样性产生负面影响，但这种影响在水位调控措施结束后可逐渐自然恢复（王睿照和张利权，2009）。

总体而言，物理防治措施比较费时费力，但对环境影响小，一般在短期内可取得较好的控制效果，但需要在足够大的区域内同步进行，才能达成彻底清除互花米草的目标。

2. 化学防治

化学防治一般是通过施用除草剂对互花米草进行灭除，目前证实有效的除草剂包括高效盖草能（有效成分为高效氟吡甲禾灵 haloxyfop-R-methyl）、草甘膦（glyphosate）、草铵膦（glufosinate ammonium）、咪唑烟酸（imazapyr）及互花米草除控剂等。除草剂的应用和控制效果受风力、潮汐周期和茎叶上覆盖的沉积物等因素影响（Hedge et al.，2003），美国环境保护署（EPA）只允许草甘膦和咪唑烟酸在河口环境中使用（Knott et al.，2013）。

用化学方法治理互花米草，很可能带来一定的负面影响，一方面化学药剂通常会造成一定的残毒，另一方面施用化学药剂容易对其他动植物造成危害，进而破坏本地土壤和生态系统（Paveglio et al.，1996；Kilbride and Paveglio，2001）。然而，很多研究发现施用除草剂对滩涂和河口生物没有危害（Patten，2003；刘建等，2005；Shimeta et al.，2016）。这种无危害可能是由于农药低剂量暴露，因为除草剂主要被植物叶片摄取，只有少量达到沉积物并迅速水解。农药影响的监测结果也可能和用药环境和监测时间有关，有些研究在喷药 30d 后才检测土壤残留（刘建等，2005；杜文琴等，2006），此时农药很可能已被潮水冲刷殆尽，因此其无农药残留的结论值得商榷。

有研究人员尝试用根际缓释农药的方式灭除互花米草，发现在同样的灭除效果下可以减少一半的农药用量（胡宏友等，2011）。然而，根际缓释增加了农药在土壤中的滞留时间，土壤中的农药含量也可能增加，从而对土壤动物造成更大的威胁。目前缓释技术还很不成熟，例如，研究中用 PVC 管制作缓释装置，这很难推广，缓释所用材料如果不能快速降解且对环境无害，那么根际缓释农药在入侵植物防治中推广使用只能是空谈。

综上分析，草甘膦、咪唑烟酸等除草剂对互花米草有很好的灭杀效果，虽然文献报道互花米草除控剂、米草星等国内开发的药剂也有很好的灭除互花米草的效果，但未见上市销售、推广应用。另外，施用除草剂对海岸带生态系统（本土植被、底栖动物、鱼类等）的影响还需要进行深入细致的研究。

3. 生物防治

杂草的生物防治，是指利用寄主范围较为专一的植食性动物或病原微生物，通过直接取食、形成虫瘿、穴居植物组织或造成植物病害等方式，将有害杂草控制在经济、生态或环境美化容许水平以下的防治方法，主要风险是对非目标本土物种产生影响（Goeden，1988）。生物防治方法由来已久，但对于互花米草的研究很少，可用于控制互花米草的潜在生物主要有：玉黍螺（*Littoraria irrorata*）、麦角菌（*Claviceps purpurea*）和稻飞虱（*Prokelisia marginata*）。生物防治方法虽可降低互花米草密度、有利于滩涂生态系统的恢复，但却难以完全清除互花米草，存活的互花米草仍可以通过种子传播入侵新的区域。而且，从长远来看，植物对天敌的抗性和耐受性改变可能导致防治失败（Daehler and Strong，1997）。

4. 生物替代

生物替代技术是根据植物群落演替的规律，由竞争力强的本地植物取代外来入侵植物的一种生态学防治技术，但在特定地区找出快速、有效、安全的替代种及防除方法仍是个难题，目前研究较多的是利用芦苇、无瓣海桑（*Sonneratia apetala*）和海桑（*Sonneratia caseolaris*）等物种对互花米草进行生物替代。用芦苇替代互花米草的应用很有限，此法也被证实行不通，替代后第三个生长季，所有小区的芦苇几乎全部死亡（平原和张利权，2010）。

海桑是天然分布于我国海南岛的红树植物（李海生和陈桂珠，2004），无瓣海桑是从孟加拉国引入我国的外来种（李云等，1998），有较丰富的遗传多样性和较强的环境适应能力（李海生和陈桂珠，2005），可对本土红树植物产生抑制生长的化感作用（李玫等，2004）。虽然在珠海市淇澳岛的监测表明，引种 12 年后无瓣海桑并没有入侵本土红树林（Chen et al.，2014），但淇澳岛是个面积很小的孤岛，代表性不足。而且无瓣海桑也是外来物种，仍需加强对无瓣海桑生态风险的评估研究，使其在恢复红树林生态系统中发挥积极作用（廖宝文等，2004；唐国玲等，2007）。海桑是海南的本土物种，在未来研究中可多加关注。

5. 综合防治

物理防治、化学防治、生物防治及生物替代各有优缺点，单独采用一种方法难以彻底有效地治理互花米草，将几种方法结合使用，可获得更好的控制效果。目前证明有效的综合防治方法包括刈割+翻耕、刈割+覆盖遮阴、刈割+农药、刈割+淹水和刈割+翻耕+生物替代等。综合集成的方法可比单一方法取得更好的控制效果，并且有可能降低治理成本，应该是未来研究和推广应用的重点。

刈割+覆盖遮阴的综合控制方法适用于去除入侵早期、面积较小的单一互花米草种群，刈割后贴地遮阴，可显著抑制互花米草生长和幼苗形成，完全抑制有性繁殖，显著降低种群密度，最后导致地上植株全部死亡（赵相健等，2014，2017）。刈割+翻耕和刈割+淹水的综合方法可完全清除互花米草（谭芳林，2008；Gao et al.，2014；盛强等，2014），但刈割必须选择关键生育期—营养生长期后期至扬花期（袁琳等，2008；Xie et al.，2019）。刈割+淹水可用于大面积治理互花米草，但还需要细化技术细节，如确定有效的最低淹水水位，以降低治理成本（谢宝华等，2018）。另外，如果把控制区的水放掉，将很快出现互花米草二次入侵（Yuan et al.，2011），因此需要在足够大的区域进行治理。采用刈割+翻耕+生物替代的综合方法可清除红树林地区的互花米草。先割草再深翻，然后引种无瓣海桑、拉贡木等速生红树，当林分郁闭度超过 0.6 时，无瓣海桑通过化感和遮阴作用致使米草死亡，并取而代之，最终达到生物替代的生态效果（陈振忠，2016）。

二、海草床退化与修复

工业革命以来，在人类活动（如围填海、港口建设、航道疏浚、海水养殖等）对近海生境干扰加剧及全球变化等自然因素多重作用下，全球海草床大面积衰退，自 1980 年以来，海草床面积以每年 110km^2 的速度减小（Waycott et al.，2009），仅 1993 年到 2003 年就约有 2.6×10^{4}km^2 海草床消失，达到总数的 15%（Green and Short，2003）。近几十年来，受海岸建设等人类活动的影响，我国海草床同样发生严重退化，甚至已经完全消失。据《中国海湾志》记载，莱州湾芙蓉岛附近 1982 年时还存在 1334hm^2 的鳗草海草床，但在 2000 年已基本消失（叶春江和赵可夫，2002）；2015 年实地考察、估测莱州湾芙蓉岛鳗草海草床面积小于 1hm^2，鳗草呈斑块状分布。中国科学院海洋生物标本馆资料显示，20 世纪 50 年代日照市石臼所（现日照港附近）、威海乳山等沿海海域均有鳗草分布，但近年的实地考察并未发现鳗草，推测以上海域鳗草已完全消失。此外，青岛近海海域历史上曾分布较广的鳗草海草床，现只在汇泉湾、青岛湾等几处海域有分布（杨宗岱和吴宝铃，1984；郭栋等，2010）。

在全球性海草退化比较严重的背景下，海草床的保护和生态修复已成为世界性的研究热点。国内外研究人员开发的海草修复方法主要包括移植法和种子法。移植法是在适宜生长海域直接移植成熟植株的方法，通常是将海草单个或多个成熟茎枝与固定物（枚订、石块、框架等）一起移植到新生境中，使其在新的生境中生存、繁殖下去，最终达到建立新的海草床的目的。该方法主要包括草块法和根茎法，前者对原海草床破坏较大，而后者目前国际上较为常用，可根据栽种方式不同细分为很多方法，主要包括直插法、枚钉法、框架法、贝壳法、夹苗法。种子法是在适宜修复海域散播或埋藏成熟海草种子，以实现海草床的恢复和构建，该方法可提高海草床的遗传多样性，而且收集种子对原海草床造成的干扰相对较小，因此利用种子进行海草床修复逐步发展成为海草床生态修复的重要手段。

目前，国内对海草的保护缺乏政策的支持，公众对于海草本身、海草床生态服务功能及经济价值的关注和认知水平较低，工程建设和人为经济活动对海草床不可避免地造成难以估量的影响。加强海草床的保护，需要政府相关政策的支持和引导，同时借鉴国外发达国家海草床保护和修复的经验，可以降低生态修复成本。

三、牡蛎礁退化与修复

牡蛎是我国最重要的经济贝类之一，在我国广泛分布。牡蛎营固着生活，左壳固着于某些基质上，终生不脱离固着物，靠着右壳完成生理活动。大多数牡蛎为雌雄异体，亦有少数为雌雄同体，且存在性反转的现象。牡蛎礁是由大量牡蛎固着生长所形成的一种生物礁系统，广泛分布于温带河口和滨海区。与热带海洋中的珊瑚礁相似，牡蛎礁在稳定生态系统平衡方面发挥作用，同时被称为“生态系统工程师”。牡蛎礁具有立体空间结构，为许多重要的鱼类和海洋底栖动物等生物提供栖息地，有利于其个体繁殖、生长与发育；同时也为各种生物营造避难所，使其尽可能躲避天敌的攻击与追杀。在美国东南部（南卡罗来纳州、北卡罗来纳州和佛罗里达州的部分地区），牡蛎礁大多数存在于河口潮间带；切萨皮克湾和墨西哥湾牡蛎礁的潮汐振幅要小得多。有些研究表明，美国路易斯安那州沿海牡蛎礁区鱼、蟹等物种多于邻近海区，群落物种组成和生物多样性指数存在显著差异，牡蛎礁为鱼、蟹和无脊椎动物等物种提供了繁殖场所。

牡蛎礁在保护海岸线方面也发挥着重要的作用，如稳定海底沉积物、减少波浪能量和海岸线侵蚀、降低风暴潮的危害。墨西哥湾沿岸牡蛎礁每年提供价值约为 230 亿美元的防风暴生态服务，海岸附近的石油和天然气管道基础设施得到保护，进一步确保了美国的经济和能源安全（Meyer et al.，1997）。牡蛎礁对生态环境多样性的提高有巨大贡献，因此，需要深入研究其生态服务价值，完善牡蛎礁生态功能科学评价体系。

近年来，由于环境污染和人类活动等，牡蛎礁受到严重的破坏，牡蛎礁资源调查与修复已受到国内外学者的广泛关注。中国水产科学研究院东海水产研究所在长江口牡蛎礁生态系统修复中做了大量工作，开展了一系列生态修复工程，包括牡蛎增殖放流、补充牡蛎种群数量、构建人工礁体等。2004 年中国水产科学研究院东海水产研究所在长江口导堤进行生态修复，创建了面积约为 75km^2 的混凝土结构礁体，全为民等（2006）监测其恢复效果，发现牡蛎种群数量增长，2007 年他们又分析了长江口巨牡蛎的生物富集功能，评估了牡蛎礁带来的经济价值和生态价值（全为民等，2007）。同时，沈新强等（2011）基于长江口牡蛎礁恢复的调查结果，估算了人工礁体具有的碳汇能力，发现牡蛎礁固碳能力较强，为我国碳汇渔业发展奠定了良好的基础，对开展牡蛎礁恢复工作也具有指导性意义。全为民等（2012）报道了江苏小庙洪牡蛎礁区内大型底栖动物的状况，全为民等（2016）随后评价了江苏蛎岈山的牡蛎礁生态状况，发现形势不容乐观，并提出牡蛎礁恢复的重点是增加附着底物；随后开展了蛎岈山牡蛎礁的恢复工程（人工造礁），工程实施后，大型底栖动物群落迅速增多，恢复工程取得初步成功。

目前，相关研究主要集中在沿海保护和生态功能等方面。研究表明，2007 年长江口牡蛎礁累计生态服务价值达约 132 万美元。Volety 等（2014）评价了美国佛罗里达州西南大陆架生态系统中牡蛎礁的生态价值，Megan 等（2014）监测了墨西哥湾（2009～2012 年）牡蛎礁的恢复效果，并系统地评价了牡蛎礁的生态服务功能。牡蛎礁最重要的生态功能之一是净化水质，作为滤食性动物，牡蛎具有较强的过滤能力，每个牡蛎每天可以过滤 40～50gal①的水，每年的过滤能力相当于净化污水 7.31×10^6t/a。Lim 等（1995）在马来西亚污染严重的河口区发现，牡蛎对铜、锌等重金属有较强的富集能力；Dame 等（2000）的研究表明，牡蛎对锌、镉等重金属有富集和净化作用。因此，牡蛎礁不仅为人类提供大量牡蛎食用，还具有净化水质、提供栖息地、促进物质循环与能量流动等生态功能。

近 100 多年来，由于泥沙冲积和人类过度捕捞等，全球 85%的牡蛎礁生态系统丧失，在大多数海湾和河口地区，牡蛎礁丰度达不到之前的 10%。目前，仅我国长江口、渤海湾等区域存在大规模牡蛎礁。近年来，笔者所在团队也在我国黄河口发现了大规模牡蛎礁体。

牡蛎礁修复是指在人为因素的干扰下，通过补充牡蛎幼体和构建礁体等方式进行牡蛎礁资源保护与修复。贝壳礁退化与损失成为全球性问题，天然牡蛎礁生境遭到破坏。随着人类对牡蛎礁所提供的宝贵生态系统服务有了更多的了解，许多区域牡蛎礁的恢复工作越来越受到密切关注。人工鱼礁通常采用贝壳作为底质材料构建礁体，其空间结构成为鱼类、牡蛎和底栖动物生存的有力保障。1950 年，使用贝壳（扇贝壳、牡蛎壳和蛤蜊壳等）构建人工鱼礁在美国开始兴起，通过长期研究不同类型贝壳的附着效果，美国筛选出牡蛎壳来构造贝壳礁。美国弗吉尼

① gal 是体积单位，1gal≈3.785 43L。

亚州和南卡罗来纳州分别采集牡蛎壳进行牡蛎礁修复：1993～2003 年，弗吉尼亚州通过“牡蛎遗产”项目在滨海共建造 69 个牡蛎礁；2001～2004 年，南卡罗来纳州消耗基质材料牡蛎壳约 250t，在东海岸成功建造 98 个牡蛎礁。2010 年，英国石油公司在墨西哥湾发生油井漏油事件，世界各地海洋环境保护者构建人工牡蛎礁（袋装牡蛎壳）并堆积于海岸，以保护海岸线和改善生态环境。同时，美国路易斯安那州海岸线修复联盟（Coalition to Restore Coastal Louisiana）也采取大量回收牡蛎壳的行动。研究表明，使用贝壳礁体养殖海产品，借助牡蛎壳礁体制作方法及其配套制作装置，可以提升牡蛎壳礁体增殖海洋生物的效果。

我国人民自古以来就利用插木桩和石块等方式在滩涂海域增殖牡蛎，这也是一种人工牡蛎礁体，但是大规模应用可能会影响海区的水体交换，而且不易于管理，目前已很少采用。我国北方浅海区域的某些海洋牧场构建过程中大量投石，也可以形成人工牡蛎礁，但适合海区较少且所需经费较大。因此，在合适的滩涂区域开展牡蛎礁构建和修复，是一种较为行之有效的生态牧场构建方式。

构建和修复牡蛎礁，对礁体修复材料的选择至关重要，这些材料对牡蛎幼虫附着、生长与发育及新礁体的形成起着关键作用。目前，用于牡蛎礁修复的材料不仅包括牡蛎壳，还有混凝土和石灰石等材质。针对不同的底质类型，选取不同的牡蛎物种进行礁体构建。在砂质或粉砂等底质较硬的滩涂区域，通常选择最常见的长牡蛎进行礁体构建，由于自然环境下牡蛎幼虫较多，一般仅需投放礁体即可。而在泥质底为主的河口滩涂中，需要选择适应河口环境的近江牡蛎，易于淤积的石块和水泥构件不适合作为礁体，礁体材料应以天然牡蛎壳为主。由于近江牡蛎野生种群数量大幅减少，可通过室内人工培育技术将其附着于牡蛎壳上，然后将其投入修复海域。目前，我国已有数个海洋牧场在浅海区域成功构建人工牡蛎礁，但在河口滩涂等区域尚未有牡蛎礁构建成功，山东东营黄河口部分海域是牡蛎礁修复的绝佳区域。笔者所在团队已在部分海域如东营垦利海域开展牡蛎礁修复工作（图 4.2），相关研究和实践有待进一步加强。

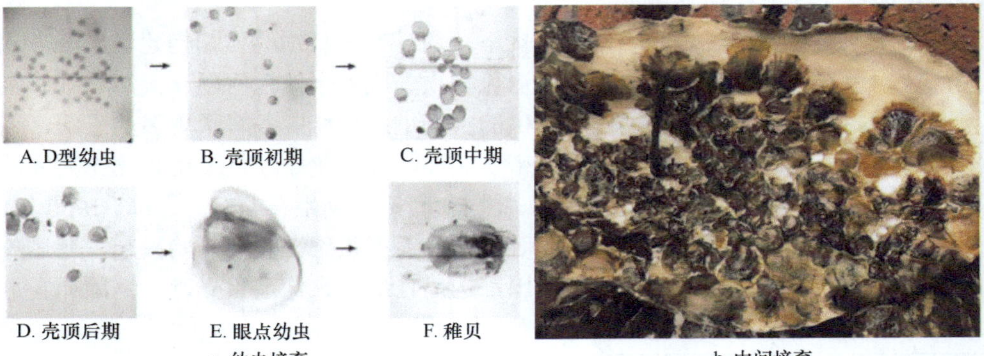

a. 幼虫培育

b. 中间培育

c. 贝壳礁

d. 恢复近江牡蛎个体

图 4.2　东营垦利海域牡蛎礁修复（刘鲁雷摄）

第三节　浅海生态牧场生境与生物资源修复技术

一、互花米草综合防治技术

（一）黄河三角洲互花米草分布现状

1990 年，互花米草被引入黄河三角洲五号桩附近，互花米草面积在 1990～2010 年变化很小，2010 年以后，黄河三角洲互花米草面积进入爆发性增长期，2019 年面积已超过 4466hm^2（图 4.3）。目前在黄河三角洲潮间带，从西北到东南，均有互花米草分布，其中面积最大的是黄河入海口南北两侧。

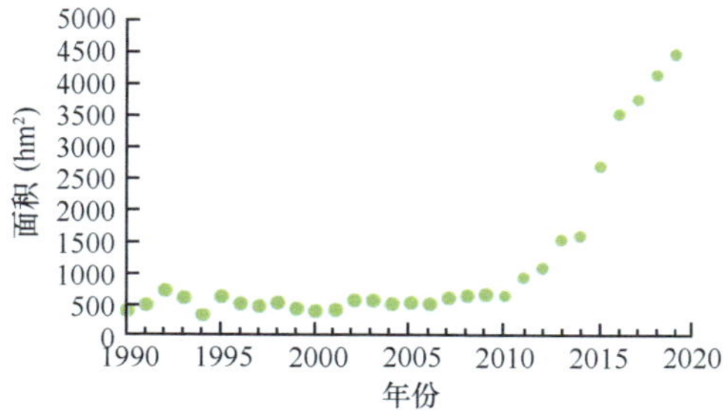

图 4.3　黄河三角洲互花米草分布面积年度变化

（二）黄河三角洲互花米草入侵扩散机制

1. 根茎的无性繁殖与扩散

2017 年 3 月下旬，在 121 油井附近布设试验设备，人工监测互花米草扩散。在互花米草斑块边缘插上 PVC 管，每月定位监测互花米草扩散距离，然后在互花米草斑块新边缘再插上 PVC 管。

互花米草斑块通过根茎克隆繁殖向外扩张，从萌芽期至 8 月底，互花米草斑块持续向外扩张，其半径扩张速率为 0.5～1.45cm/d，其中 5 月扩张最慢，4 月扩张最快（图 4.4a）。8 月底后，根茎克隆繁殖基本停止，互花米草斑块不再扩张，整个生长季互花米草斑块的半径累计向外扩张了（1.49±0.11）m（图 4.4b）。

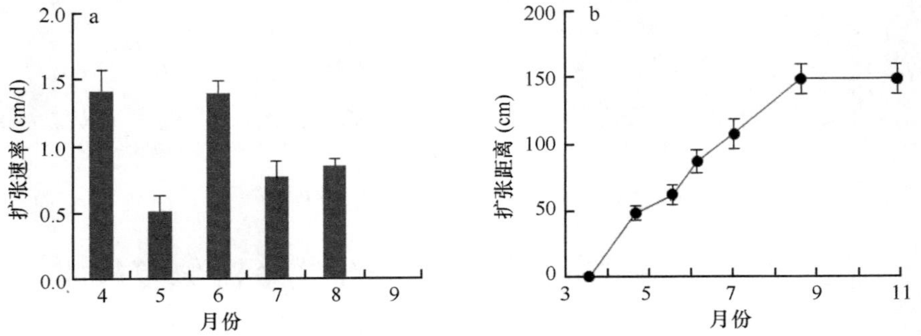

图 4.4　互花米草斑块扩张速率及扩张距离

2. 种子的有性繁殖与扩散

实地调查发现，在由海向陆的方向上，互花米草可通过种子向陆地方向快速扩张，扩张速率可超过 100m/a，最大约为 180m/a。

（三）黄河三角洲互花米草防治技术

1. 刈割+淹水综合防治

1）试验设计

黄河入海口南侧 121 油井附近的潮间带为互花米草入侵区域，2017 年在该区域开展了刈割时间和淹水深度的交互试验。

刈割处理：设计不同刈割时间和次数的 2 个处理。刈割 1：只刈割一次，时间在互花米草快速营养生长期（6 月上旬）。刈割 2：刈割两次，第一次刈割在互花米草快速营养生长期（6 月上旬），第二次刈割在互花米草扬花期（8 月上旬）。每个处理均设 6 个重复小区，随机选择 6 个互花米草斑块，每个斑块一分为二，进行 2 个刈割处理。

淹水处理：设计 5 个淹水深度梯度，0cm、10cm、20cm、30cm 和 40cm，0cm 水深作为对照处理，对其中的互花米草不进行刈割，每个处理均设 6 个重复。在每个刈割小区中，把内直径 31cm 的 PVC 管打入地下 40cm，地上露出高度分别为 0cm、10cm、20cm、30cm、40cm，PVC 管中可保持相应深度的淹水。

2）互花米草控制结果

2017 年的监测表明，刈割+淹水可以有效抑制互花米草根茎的克隆繁殖，淹水 10cm 和 20cm 的抑制效果稍差，淹水 30cm 和 40cm 时，无论是在 6 月上旬还是在 8 月上旬刈割地上植株，淹水均可有效抑制互花米草根茎的克隆繁殖（图 4.5）。

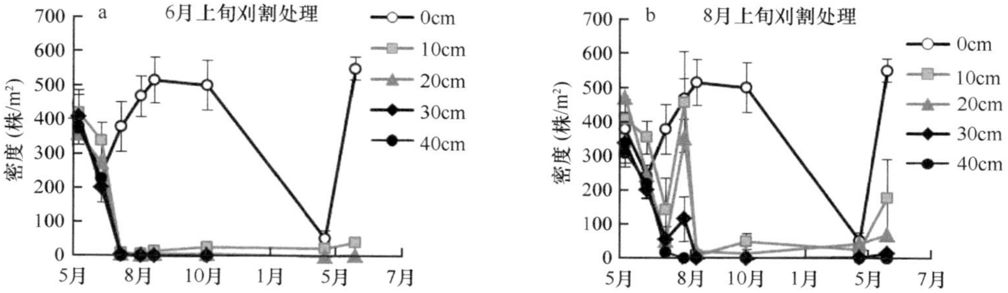

图 4.5　不同刈割+淹水处理中互花米草密度的变化动态

2018 年的跟踪调查发现，无论刈割时间选在 6 月还是 8 月，刈割+淹水 30cm 和刈割+淹水 40cm 的小区内，均没有出现互花米草；6 月刈割+淹水 20cm 的小区中，也没有出现互花米草；但 8 月刈割+淹水 20cm 的小区中，出现了互花米草克隆苗，这说明这个处理中的互花米草根茎没有死亡，第二年仍可萌生幼苗。

2. 刈割+翻耕综合防治

1）试验设计

2016 年 10 月中旬，在生长季结束后，刈割互花米草地上植株，然后人工或机械翻耕土壤，破坏根系。曾尝试使用微型旋耕机，但由于土壤泥泞没有硬底层，不适宜用普通轮子的旋耕机。改用人工翻耕，先刈割互花米草，然后用铁锹挖土倒扣或侧扣在原地，互花米草根系留在土壤中（图 4.6）。

图 4.6　刈割+翻耕试验小区

2）研究结果

Ⅰ）刈割+翻耕对互花米草密度的影响

互花米草的繁殖方式包括有性繁殖和无性繁殖，有性繁殖是种子萌发幼苗（实生苗），无性繁殖主要是地下根茎萌发幼苗（克隆苗）。在2017年生长季前半期，从形态上很容易区分实生苗和克隆苗，前者纤细、生长缓慢，后者粗壮、生长迅速；而2017年7月以后，难以从形态上区分实生苗和克隆苗。

生长季末的刈割+翻耕几乎完全抑制了次年互花米草的无性繁殖（$P<0.001$），2017年5月上旬至6月上旬，翻耕处理的克隆苗密度为2.5～3.5株/m^2，不足对照处理的1%（图4.7a）。翻耕前刈割并移除了互花米草地上植株，可清除几乎全部的互花米草种子，然而，翻耕小区中仍有种子萌发的实生苗，一方面，刈割时可能有散落在地的种子，另一方面，由于翻耕小区是开放式的，周边互花米草的种子可以在风力或潮水作用下进入翻耕小区，从而造成二次入侵。2017年5～6月，翻耕处理的实生苗密度比对照处理低10%～14%（$P>0.05$）（图4.7b）。7月开始，由于实生苗已经长高、分蘖，同时新生根茎开始萌发克隆苗，此时从形态上已无法区分实生苗和克隆苗。在生殖生长期（2017年7～11月），翻耕处理的互花米草密度为对照处理的9%～64%（$P<0.001$）（图4.7c）。

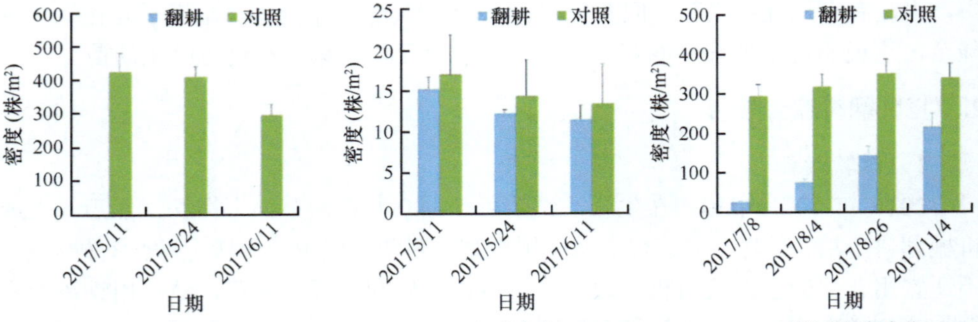

a. 克隆苗　b. 实生苗　c. 克隆苗与实生苗

图4.7　刈割+翻耕后互花米草密度变化动态

Ⅱ）刈割+翻耕对互花米草株高的影响

生长季末的刈割+翻耕措施不仅有效抑制了次年互花米草的萌发，还对互花米草幼苗的生长有显著的抑制作用（图4.8）。2017年5～6月是互花米草的营养生长期，翻耕处理和对照处理的克隆苗株高均不断增加，但翻耕处理显著抑制了克隆苗的生长，其株高为对照处理的24.6%～42.3%（$P<0.001$）（图4.8a）。2017年从萌芽至6月上旬，实生苗生长极其缓慢，株高始终小于7cm，翻耕处理和对照处理的实生苗株高无显著差异（图4.8b）。7月以后，互花米草进入生殖生长期，对照处理中互花米草株高在8月下旬后增加缓慢，翻耕处理中互花米草株高仍然

显著增加，但其株高仍显著低于对照处理。11 月初，翻耕处理中互花米草平均株高为对照处理的 65.2%（$P<0.001$）（图 4.8c）。因此，刈割+翻耕不仅抑制了第二年互花米草的萌发，还抑制了互花米草的生长。

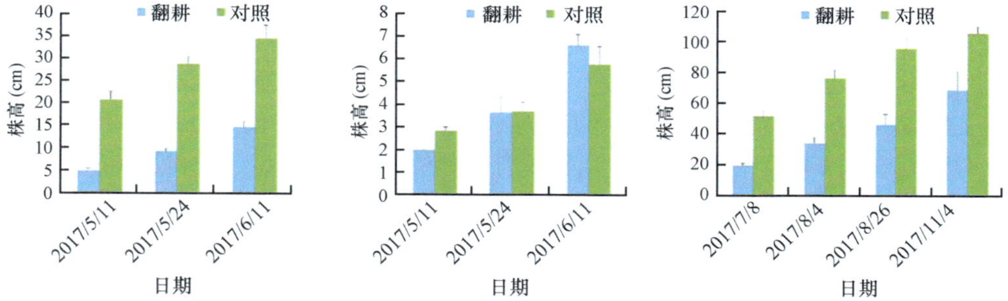

a. 克隆苗　b. 实生苗　c. 克隆苗与实生苗

图 4.8　刈割+翻耕后互花米草株高变化动态

III）刈割+翻耕对互花米草结穗的影响

2017 年 11 月初调查了互花米草的结穗情况，刈割+翻耕显著降低了第二年（2017 年）互花米草的穗密度和结穗率，翻耕处理的穗密度和结穗率分别为对照处理（CK）的 21.9%和 36.8%（$P<0.01$）。翻耕处理抑制了互花米草生长，从而影响其结穗率（结穗率=结穗的互花米草株数/互花米草总株数×100%）。这些数据说明，在生长季末期采用刈割+翻耕的措施治理互花米草，第二年互花米草种子产量会显著降低，因此互花米草的有性繁殖将被持续抑制。

3. 化学防治

1）试验设计

2017 年，在黄河入海口北岸潮间带的互花米草分布区设立了 9 个小区，小区面积为 50m^2，每个小区喷施一种除草剂，7 月上旬和 8 月下旬各喷药一次，选用的 9 种除草剂见表 4.3。

表 4.3　供试除草剂的有效成分及用量

编号	供试除草剂	有效成分	用量
1	稻杰水稻除草剂	2.5%五氟磺草胺	0.4ml/m^2
2	高效盖草能	12.5%高效氟吡甲禾灵	0.4ml/m^2
3	芦飞盖草能	15.8%高效氟吡甲禾灵	0.4ml/m^2
4	巴斯夫百垄通	24%甲咪唑烟酸	0.16ml/m^2
5	谷草净（原谷草灵）	10%单嘧磺隆	2.8g/m^2
6	果园牛筋草杂草胺膦	20%草胺磷	2.0g/m^2
7	神锄水稻除草剂	50%二氯喹啉酸	0.5g/m^2
8	草甘膦农药	30%草甘膦（41%草甘膦异丙胺盐）	0.4ml/m^2
9	青稗千金克	20%氰氟草酯	1.0ml/m^2

2）研究结果

喷洒农药后，当年的跟踪调查发现，高效氟吡甲禾灵和氰氟草酯可以完全杀死互花米草地上部分，草甘膦农药和甲咪唑烟酸对互花米草也有一定的灭除效果。至生长季末，几个有效农药处理的互花米草株高相近，比对照处理（CK）低 36%~45%（图 4.9）。9 区（20%氰氟草酯）、2 区（12.5%高效氟吡甲禾灵）和 3 区（15.8%高效氟吡甲禾灵）的地上植被均完全死亡，因而穗密度为 0 穗/m^2。8 区[30%草甘膦（41%草甘膦异丙胺盐）]的地上植株虽未死亡，但结穗率仅为 0.3%，且穗长也比对照处理低 74%，因而该处理几乎没有成熟的种子，第二年的有性繁殖能力几乎丧失。4 区（24%甲咪唑烟酸）的穗密度和结穗率降低，分别为对照处理的 75%和 56%，因而其有性繁殖也被抑制。

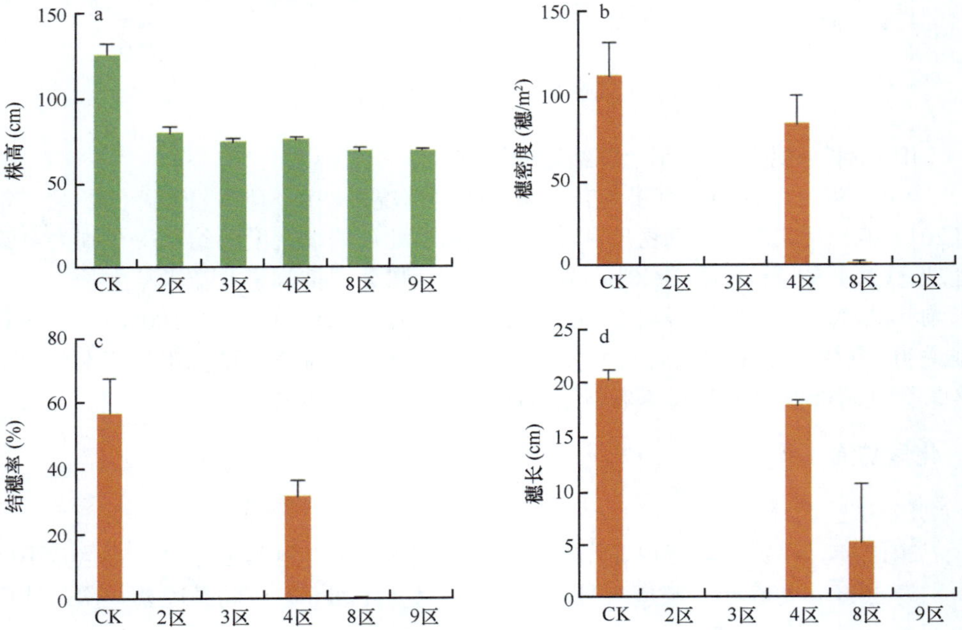

图 4.9　生长季末期不同农药处理中互花米草的株高及结穗情况

2018 年的跟踪调查发现，高浓度的高效氟吡甲禾灵小区没有互花米草幼苗，而低浓度高效氟吡甲禾灵小区和氰氟草酯小区有零星克隆苗萌生，克隆苗密度仅为对照处理的 1.2%和 12.1%（$P<0.01$），株高与对照处理无明显差异（$P>0.05$）；草甘膦对次年克隆苗的密度和株高都没有明显影响（$P>0.05$），这说明草甘膦虽然抑制了互花米草的生长和有性繁殖，但无法抑制其无性繁殖。

4. 防治技术总结

绝大多数互花米草防治研究是基于小区试验的点位研究，专注于防治技术和防治效果，但在大区域防治互花米草时，需要有轻重缓急的控制策略。长期以来，数学模型被用来描述生物入侵的动态，并评估有害入侵种的控制策略，应用数学模型的模拟结果可以大大减少控制成本，提高局部或完全根除入侵种的可能性。数学模型为入侵物种管理提供了有力的工具，但是在这一领域尚未得到广泛应用（Buhle et al.，2012），部分原因是它们很少包括对不确定性的正式评估，决策者难以权衡推荐行动的风险和收益（Epanchin-Niell and Hastings，2010）。

可用于改进外来入侵物种根除进程的通用性指导方针非常少，Buhle 等（2012）利用最优支持模型比较不同的控制策略，发现互花米草年均去除效率和成功根除概率之间的关系是高度非线性的，在互花米草入侵早期进行控制的成功根除概率远高于入侵晚期进行控制。抑制种子的形成和扩散不是有效的控制策略，控制互花米草最有效的方案是首先清除外围最小的克隆株斑块，因为它们的面积增长速率大于大斑块，但若有充足的年度财政预算，最佳策略是优先清除高密度亚群的互花米草（Taylor and Hastings，2004；Grevstad，2005；Buhle et al.，2012）。控制措施的平均去除率应大于 75%，否则该方法的实用价值非常小，因为在没有二次入侵的情况下需要至少 4 年的连续治理才能完全根除互花米草，即使控制效率达到 75%，只要有明显的种子或幼苗源输入，就不能实现根除互花米草。因此控制工作应该在足够大的范围内进行，以最大限度地减少来自新幼苗的威胁（Patten，2004）。

无论采取何种控制措施，都必须防止互花米草二次入侵，在评价控制效果时，也需要考虑二次入侵的影响，很多文献报道的防治效果不好，其实是二次入侵造成的。二次入侵的主要途径是种子和实生苗的入侵定植，2 年即可使互花米草治理区恢复如初（肖德荣等，2012）。种子传播主要依靠水流输送，物理隔离措施必然改变潮滩的间歇性淹水环境，因此，彻底消除治理区周边的互花米草扩散源才是杜绝二次入侵的有效手段，这便意味着需要在足够大的范围内同时治理互花米草。

（四）互花米草防治研究展望

互花米草的快速扩张和超强竞争力给入侵地的海岸带系统生态安全带来了严重威胁，但至今仍缺少经济、环保、高效的办法来解决这一国际性的难题，因此仍需加强互花米草防治的研究，未来应着重从以下几方面入手。

（1）定量化评估互花米草入侵风险，提出分区防控对策与防控工程建议。互花米草入侵造成的生态后果已被逐步认识，但从生态系统角度进行全面评价的研究还很少，未来还需要结合海平面上升、近海富营养化等全球变化因素，从时间和空间尺度上认识互花米草对区域生态系统结构和功能的影响，定量化评估互花米草入侵风险，对其进行生态风险防控分区，提出分步骤、有侧重的分区防控对策和防控工程建议。

（2）加强综合治理技术研究，核算治理成本。互花米草有着极强的环境适应性和抗物理干扰能力，不同区域的互花米草生境不尽相同，单一防治方法的效果难如人意，应因地制宜地加强综合防治研究，细化技术方案，包括防治时间、频率、面积和效果等。同时需要加强成本核算和环境影响评价，根据不同生境筛选出防治效果好、可行性高、经济成本低、环境影响小的技术方案。

（3）加强适宜在滩涂作业的机械研发。无论是规模化控制还是利用互花米草，都离不开机械设备，应该尽快研制出适于滩涂环境的收割或翻耕设备，这是大规模清除或利用互花米草资源的前提。

（4）加快互花米草利用的研发，变害为宝。在互花米草大面积入侵区域，全部清除互花米草几乎是不可能的，在控制其扩张速度和规模的同时，应加强对互花米草的开发利用，尤其是高值化利用，如挖掘其药用价值，或利用其抗盐基因培育耐盐作物。国内已开展了一些互花米草应用的研究，如利用互花米草厌氧发酵生产沼气、在互花米草中提取功能性成分作为天然添加剂或用以制药等，但目前这些技术还有待完善，基本未见成功商业化的产品或技术。

二、海草床综合修复技术

大型底栖植被群落的构建是浅海生态牧场生境修复的优选途径之一。海草是海洋中唯一的被子植物，一亿年前从陆地重返海洋，在植物进化史上具有重要地位（Olsen et al.，2016）。与陆地被子植物相比，海草的种类多样性非常低，全球海草已知的只有 72 种（6 科）（Short et al.，2011），其中中国分布有 22 种，且南北沿海海草种类差异巨大，仅有日本鳗草（*Zostera japonica*）为南北沿海共有种类（郑凤英等，2013）。海草床具有极强的生态服务功能，与红树林和珊瑚礁并称为三大典型的近海海洋生态系统，也是世界公认的重要的渔业生境（Unsworth et al.，2019）。然而，在气候变化和生境丧失形势下，世界范围内海草退化速率明显加快（Waycott et al.，2009），引起全球对海草保护和恢复的关注。全球海草风险评估结果显示，海草物种多样性丧失最严重的是中国、日本和韩国沿海，海岸过度开发已导致 80%～100%的海草种类发生退化（Green and Short，2003）。近年中国海草退化的趋势仍在加剧，多个海草种类已难觅踪迹，过度的人类活动干扰是海草退化的主要原因（黄小平等，2006；范航清等，2007；郑凤英等，2013）。因此，海草的保护和恢复是当前海草研究最紧迫的任务之一。

黄河三角洲地区分布有目前国内面积最大的日本鳗草海草床（周毅等，2016）和众多中国川蔓草（*Ruppia sinensis*）海草床（Gu et al.，2019）。日本鳗草属于传统海草种类，常见于海湾、潟湖、河口等生境类型的潮间带区域，而中国川蔓草属于广义上的海草，广泛分布于海岸带咸水生境（池、沟、塘等），在部分地区也见于沿海潮间带。海草床在黄河三角洲浅海生态牧场中扮演重要角色，具有重要的生态功能，包括食物供给、提供栖息地（包括产卵场、育幼场和庇护场所）、营养盐调控、固碳（气候调节）等方面。近年来，黄河三角洲海草床受人类活动、环境污染和生物入侵等严重影响，连续大面积海草发生退化并向斑块状分布趋势发展，严重威胁了黄河三角洲浅海生态牧场生境健康与安全。海草床的修复对于黄河三角洲浅海生态牧场维持稳定具有重大意义。本章着重介绍黄河三角洲地区海草资源基本生态特征、生态功能和海草床修复技术。

（一）黄河三角洲海草基本生态特征与生态功能

黄河三角洲地区分布有两种海草日本鳗草和中国川蔓草，分别生长于三角洲沿海潮间带区域和三角洲海岸带池塘、沟渠等咸水生境。两种海草在分布、形态和生态特征等方面具有明显不同。

1. 日本鳗草

1）日本鳗草简介

日本鳗草（*Zostera japonica*），又名日本大叶藻、矮大叶藻，隶属于单子叶植物纲泽泻目（Alismatales）鳗草科（Zosteraceae）鳗草属（*Zostera*）。与其他鳗草属种类不同，日本鳗草叶鞘开放，叶片狭窄（＜3mm）且具有三条叶脉（图 4.10）（Shin and Choi，1998）。

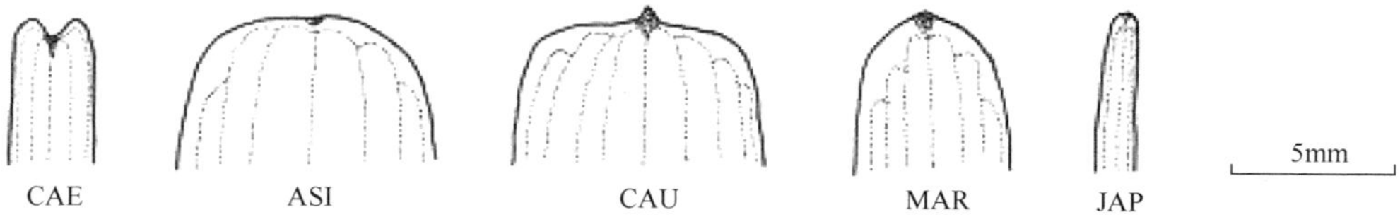

图 4.10　东亚鳗草属叶尖典型性状（Shin and Choi，1998）

CAE-丛生鳗草（*Z. caespitosa*）；ASI-宽叶鳗草（*Z. asiatica*）；CAU-具茎鳗草（*Z. caulescens*）；MAR-鳗草（*Z. marina*）；JAP-日本鳗草（*Z. japonica*）

日本鳗草原本仅生长于西北太平洋沿海，北起俄罗斯库页岛，南至越南南部（Shin and Choi，1998），后在 20 世纪前半叶经牡蛎运输由日本沿岸传至北美洲的太平洋沿岸（Harrison and Bigley，1982）。日本鳗草是典型的潮间带海草，冠层高度一般低于 50cm，喜泥沙底质（张晓梅，2013），多分布于潮间带中上部，低潮时往往暴露于空气中，潟湖、河口或较封闭的海湾是其生长的典型生境；分布水深一般为 1m 以浅，但据报道在日本某些区域分布水深可达 3～7m（Hayashida，2000；Nakaoka and Aioi，2001；Abe et al.，2010）。相比其他海草，最为独特的是日本鳗草属于全球少有的从寒温带至热带均有分布的海草种类，也是我国唯一在温带和热带-亚热带海域均有分布的海草。在《世界自然保护联盟濒危物种红色名录》中日本鳗草被评定为无危（least concern），且资源处于增长状态。然而，在其原产地亚洲多个国家如日本（Abe et al.，2009；Hodoki et al.，2013）、韩国（Lee et al.，2004）和中国（Zhang et al.，2019）等都出现了严重的衰退。

2）黄河三角洲日本鳗草的分布

在黄河三角洲国家级自然保护区内，植被盖度达到55.1%，主要是碱蓬、柽柳和罗布麻。在保护区内，黄河三角洲泥质滩涂呈现出独特的植被更替景观，由陆向海依次是芦苇、柽柳、盐地碱蓬、互花米草，最后是日本鳗草（Zhang et al.，2019）（图 4.11）。周毅等（2016）首次记录了日本鳗草在黄河三角洲浅海水域的分布，草床面积夏季最大且核心区盖度达 100%，为我国面积最大的日本鳗草海草床。通过实地走船和无人机辅助等手段，估算草床为 1031.8hm^2，河口北侧面积为 563.2hm^2，河口南侧为468.6hm^2，越靠近河口，草床越稀疏，随着盐度降低，海草消失（周毅等，2016；Zhang et al.，2019）（图 4.12，图 4.13）。

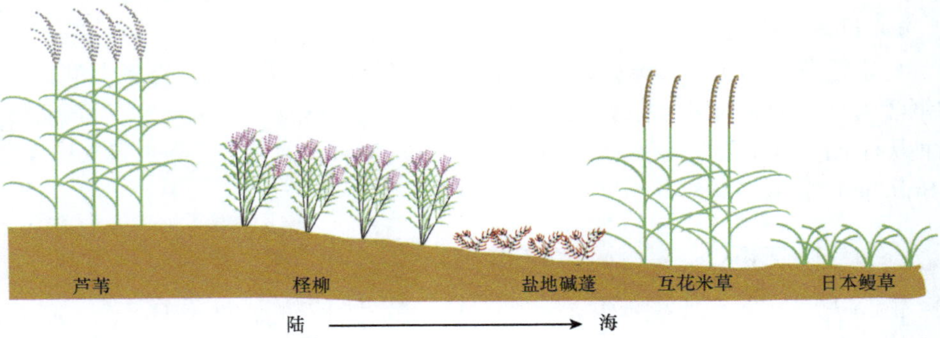

图 4.11　黄河三角洲由陆向海的植物群落分布（Zhang et al.，2019）

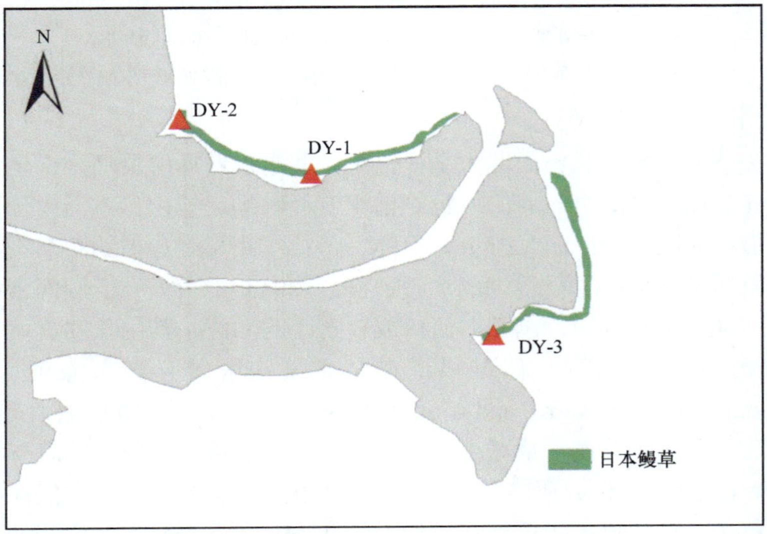

图 4.12　黄河三角洲日本鳗草分布和三个调查站位（Zhang et al.，2019）

图 4.13　黄河三角洲日本鳗草海草床（Zhang et al.，2019）

a. 夏季低潮时完全裸露的草床（2015 年 8 月摄于 DY-3 站位）；b. 涨潮时没于水下的日本鳗草（2015 年 8 月摄于 DY-1 站位）；c. 冬季低潮时完全裸露的草床（2016 年 12 月摄于 DY-2 站位）

黄河三角洲处于海洋、河口和陆地交互作用的地带，环境特征受陆地气候、黄河径流和潮汐的影响非常显著，进而深刻影响日本鳗草的分布和生长状况。黄河三角洲气温年平均值变化不明显，但冬季受极端寒潮影响会发生气温的急剧下降，例如，2016 年 1 月气温下降至–12.57℃，导致该月的日平均气温远低于 2015 年冬季的气温（图 4.14a）。冬季气温对日本鳗草次年种群补充策略的影响剧烈，气温下降导致过冬茎枝减少，次年草床恢复则更多地依赖于沉积物的种子（Zhang et al.，2019，2020）。另外，沉积物的大颗粒物多为光滑河蓝蛤（*Potamocorbula laevis*），但并未在草床内部发现活的蛤仔。黄河淡水输入相对较弱，日本鳗草海草床的水体盐度无明显季节变化，范围为 19.8～35.3，平均值近 28，属于海草生长的适宜盐度，只有在近河口的位置盐度接近 0，日本鳗草无法生长（图 4.14b）。大量悬浮泥沙的输入，导致黄河口附近水体浊度增加，同时沉积物组成发生变化。不同站位间沉积物均以粉砂和黏土比重最高，而砂仅占 13.02%±3.71%（DY-3）至 20.12%±11.44%（DY-2）（图 4.14c）。三个站位水体的悬浮颗粒物浓度较高，并且变化剧烈，相对而言，夏秋季节（5～11 月）颗粒物浓度高于冬春季节（12

月到 4 月），且距离河口最远的站位（DY-2）悬浮颗粒物浓度最低。黄河三角洲的潮汐动力较弱，潮差较小（＜1m）（王开荣等，2001），大部分区域属于不规则半日潮，少量区域属于规则日潮（Hu et al.，1998）。日本鳗草在高潮时淹没于水下，低潮时可完全裸露于空气中（图 4.13），并且三角洲春夏季低潮发生在白天，低潮时草床裸露时间较长（4～8h）。因此，尽管悬浮物浓度较高，但草床冠层的光照强度（PPFD）相对而言并不低，并表现出春季和初夏较高、秋季和冬季较低的特征（图 4.14d）。一般而言，高浊度水体会限制水生植物的盖度（Iverson and Bittaker，1986；Duarte，1991；Sand-Jensen et al.，2008；Krausejensen et al.，2011），但黄河口草床利用低潮的露空时间，获得了较为充足的光照，使日本鳗草可较充分地进行光合作用，以储备足够的能量满足生长与繁殖需求。同时，黄河口日本鳗草将更多的生物量分配给地上组织，进一步增强了其光合作用的强度。

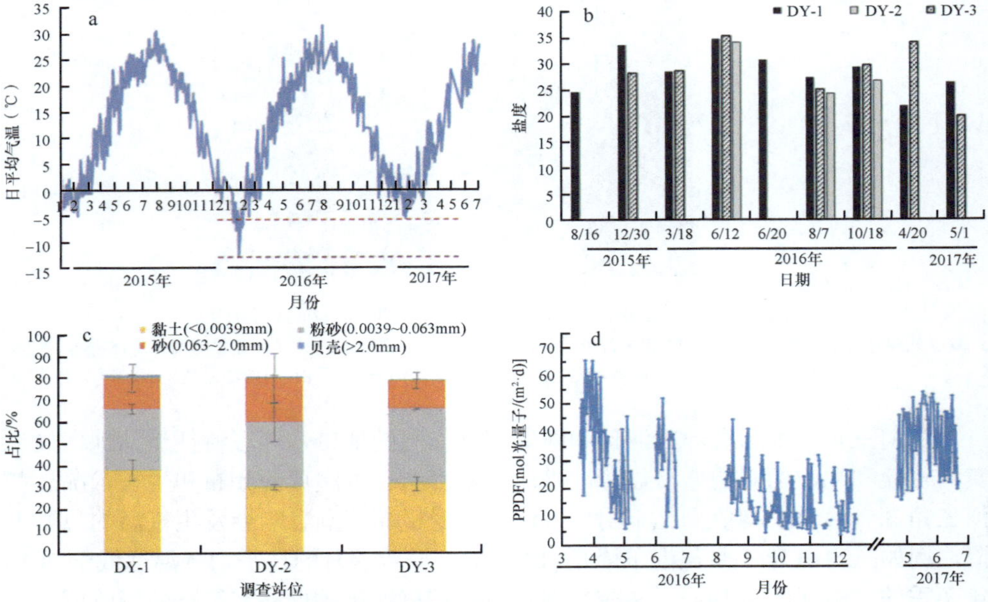

图 4.14　黄河三角洲日本鳗草海草床环境特征（Zhang et al.，2019）

3）黄河三角洲日本鳗草种群生态特征

受河口剧烈的环境因素影响，黄河三角洲日本鳗草种群的季节动态变化比山东其他日本鳗草种群的季节动态变化大，如青岛汇泉湾、威海天鹅湖（Zhang et al.，2020）。海草床核心区域的茎枝高度、茎枝密度和生物量在春夏季节迅速增大，甚至成倍增加，8 月达到高峰，最大茎枝高度［（34.3±9.2）cm］、茎枝密度［（6930±2406）茎枝/m^2］和生物量［（362.4±99.9）g DW/m^2］均发生在 DY-3 站位（图 4.15）。秋季 9～10 月各指标迅速下降，12 月至次年 3 月底质中海草组织碎片大量存在，但存活茎枝数量十分少（图 4.15）。

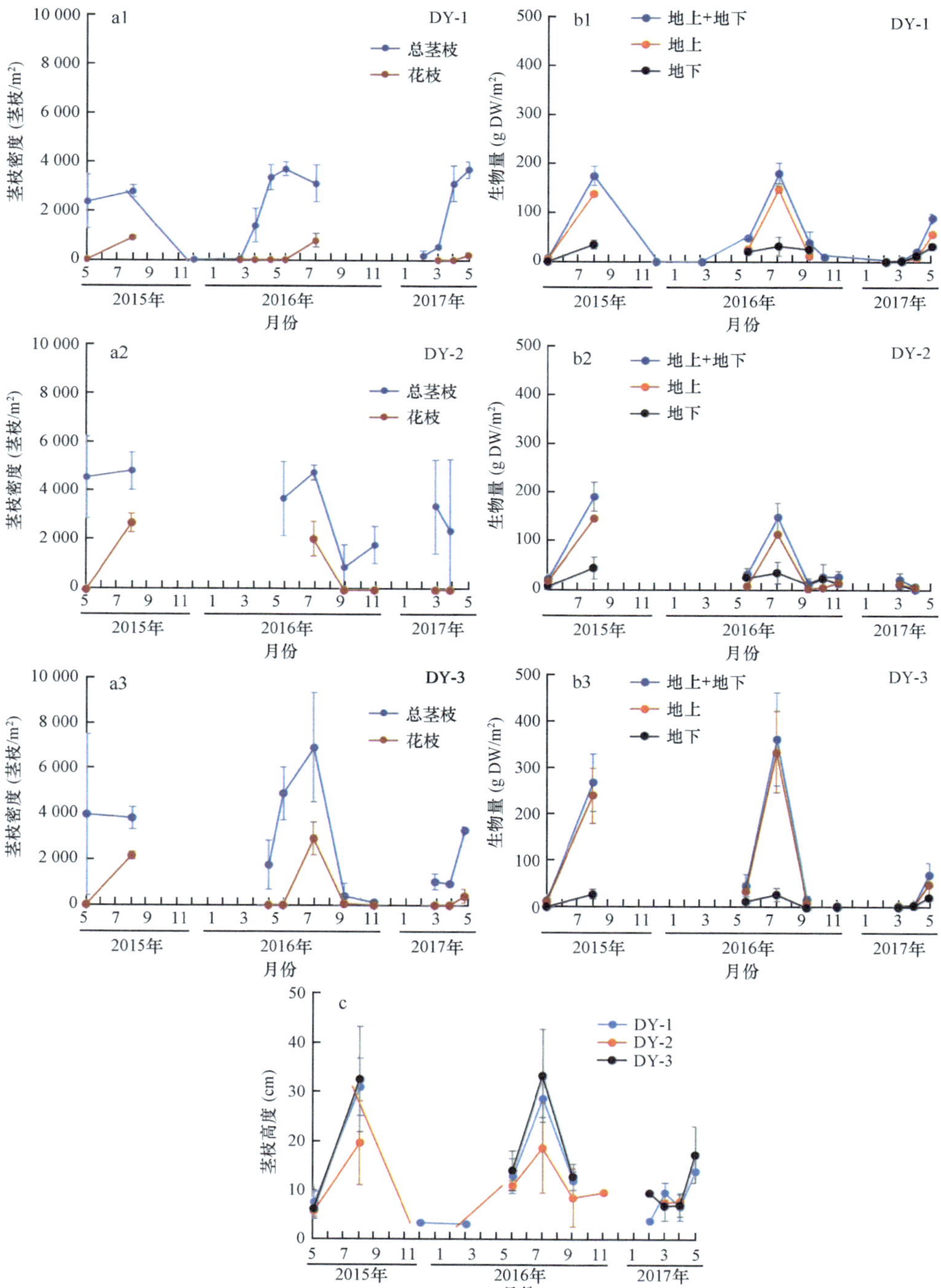

图 4.15　黄河三角洲三个站位（DY-1、DY-2、DY-3）日本鳗草茎枝密度、生物量和茎枝高度的季节变化

黄河三角洲日本鳗草花期从 6 月开始，8～9 月为花盛期，10 月花枝衰退消失，平均最大花枝密度为（794±279）茎枝/m^2（DY-1）至（2919±727）茎枝/m^2（DY-3），花枝比例为 25.81%±9.27%（DY-1）至 57.25%±12.04%（DY-3）（图 4.15）。体现种子生产能力的指标，包括每个花枝的佛焰苞总数、受精的佛焰苞数及每个佛焰苞内的种子数。佛焰苞总数和受精的佛焰苞数存在明显的年际变化（2015 年大于 2016 年），而苞内种子数年际变化不明显（图 4.16）。因此，根据 2015 年数据估算三个站位（DY-1、DY-2、DY-3）的单枝种子产量依次为（14.5±6.1）个/枝、（10.8±6.4）个/枝、（14.2±6.3）个/枝，单位面积种子产量依次为 13 137 个/m^2、29 160 个/m^2 和 30 784 个/m^2。

种子成熟后，通过物理过程或生物干扰等进入底质形成种子库。黄河三角洲日本鳗草底质种子库的空间分布极不均匀，且其密度在花期结束后的秋冬季节较大，最大种子库密度是（2382±1606）茎枝/m^2，至次年春季则剧烈减小，在萌发季节过后完全消失（图 4.17）。尽管黄河三角洲日本鳗草种子产量与威海天鹅湖（Zhang et al.，2020）相当，但种子库明显大于后者，这可能是由于三角洲较低的潮差和水动力环境限制了种子的扩散。

黄河三角洲日本鳗草海草床冬季几乎消退殆尽，但春季可以通过种子萌发和过冬茎枝的克隆繁殖快速恢复，而两者的相对贡献年际变化显著（图 4.18）。2016 年 3 月 18 日观察到在站位 DY-1 的三个剖面（T-1、T-2 和 T-3）中，过冬茎枝密度仅（29.8±30.4）茎枝/m^2，种子在 4～5 月大量萌发，至 5 月种苗茎枝密度高达（3084±716）茎枝/m^2（图 4.18），此时种苗茎枝密度占总密度的 96.51%±5.5.1%，显示出种子对种群补充的绝对贡献。但是 2017 年 3 月过冬茎枝密度明显大于 2016 年同期，为（162.0±205.5）茎枝/m^2，而 2017 年 5 月的种苗茎枝密度明显低于 2016 年同期，为（343±395）茎枝/m^2，此时种苗茎枝密度占总密度的比例仅为 35.46%±34.36%，显示出过冬茎枝对种群补充的贡献明显增强。Harrison（1979）也观察到海草种群种苗补充比例存在年际的波动变化，并认为这与种子萌发、建苗期间的天气有关。黄河三角洲日本鳗草种苗比例年际的剧烈波动可能是由于 2016 年 1 月的极端寒冷天气，异常低温导致过冬茎枝密度剧烈降低，进而种苗补充比例大幅上升。此外，过冬茎枝密度减小，则其余幼苗之间的竞争强度明显降低，进而导致幼苗的存活率大大提高（Olesen，1999；Rivers et al.，2011）。

4）日本鳗草海草床生态功能

黄河三角洲地区日本鳗草海草床为目前国内发现的面积最大的日本鳗草海草床，面积高达 1031.8hm^2，具有重要的生态功能，主要包括食物供给、提供栖息地（包括产卵场、育幼场和庇护场所）、营养盐调控、固碳（气候调节）等方面。

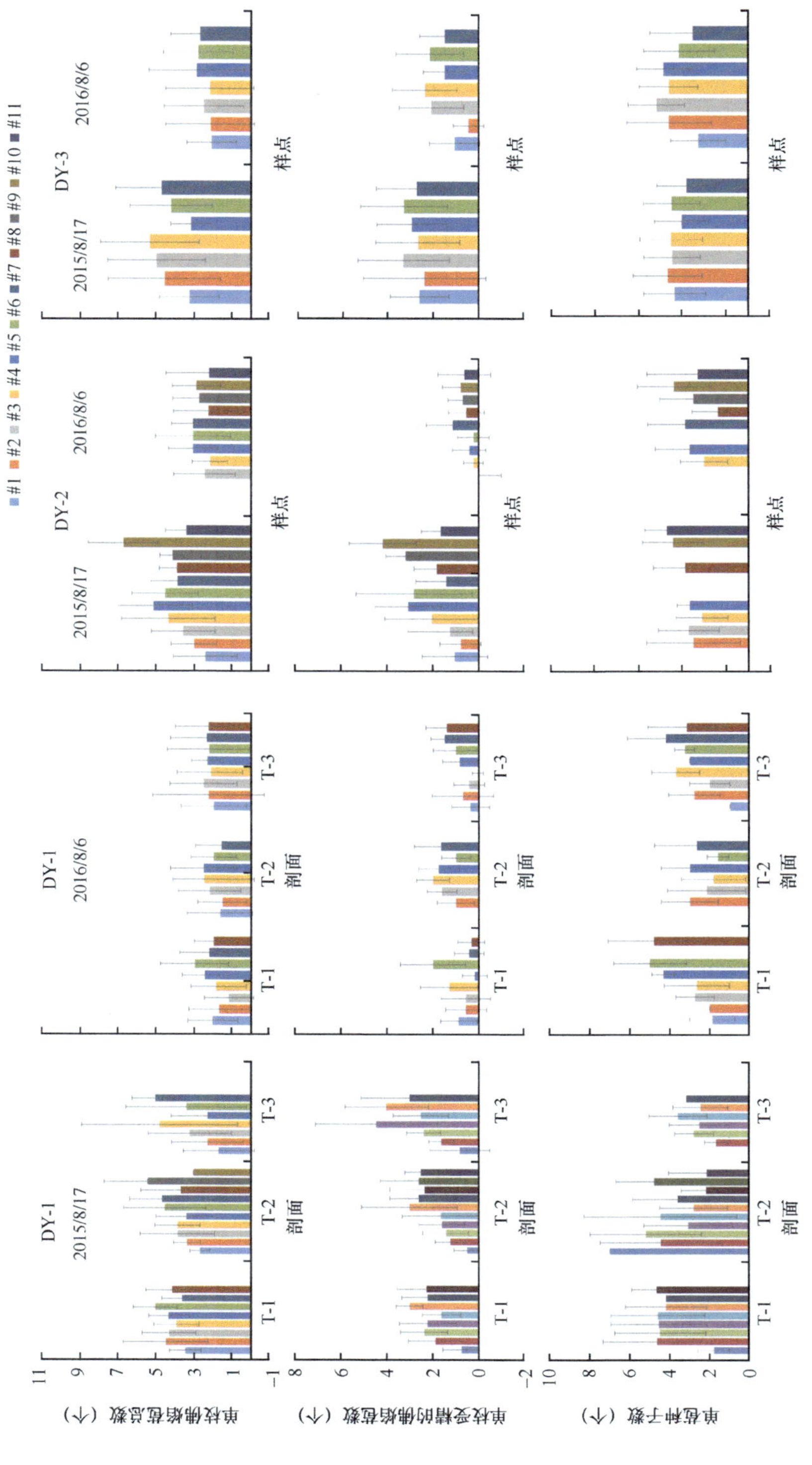

图4.16　黄河三角洲三个站位（DY-1、DY-2、DY-3）日本鳗草产种能力随剖面的变化

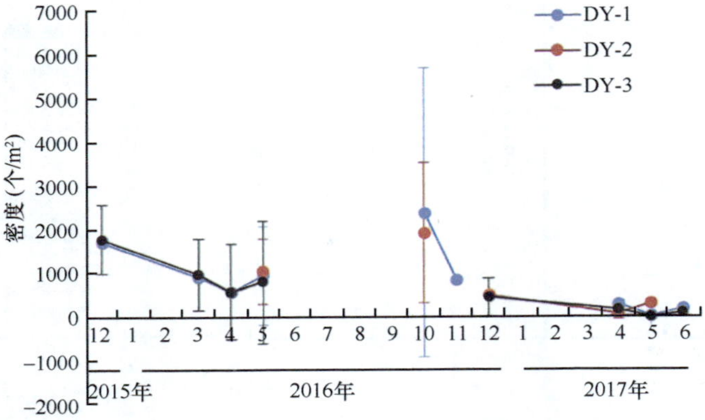

图 4.17 黄河三角洲日本鳗草底质种子库的季节变化

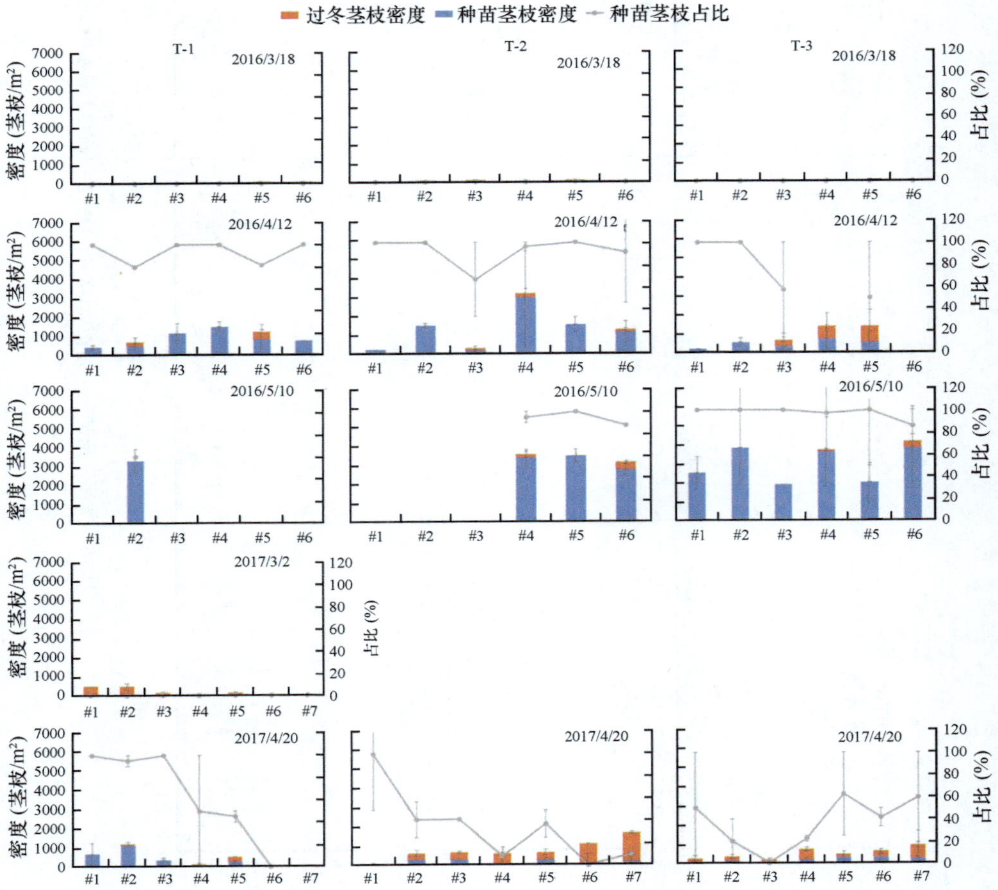

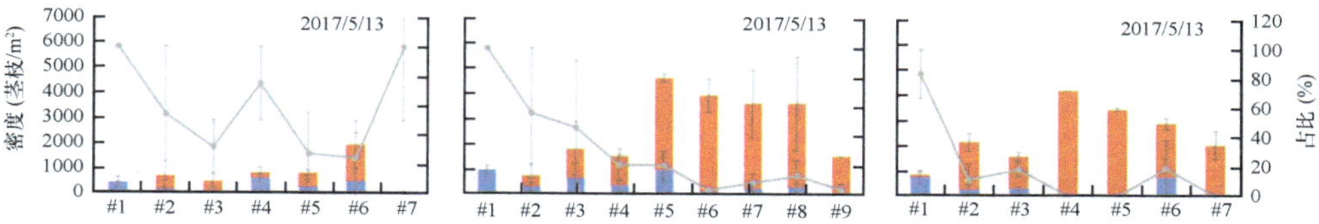

图 4.18　黄河三角洲 DY-1 站位日本鳗草种苗和过冬茎枝密度的时间变化

Ⅰ）渔业生物及珍稀物种的栖息地和食物来源

每年黄河径流向渤海输入大量的淡水、泥沙和营养物质，与黄河三角洲环境相互作用，形成了适宜海洋生物生长、发育的良好生态环境，使该海域渔业资源丰富（表 4.4）（朱鑫华等，2001；张旭，2009；吕振波等，2013；翟璐等，2015；王娇等，2017），成为重要渔场之一。海草床拥有极高的生产力和复杂的食物链结构，黄河三角洲超 1000hm^2 的日本鳗草海草床可为众多种类的渔业生物（如鱼类、贝类、虾蟹类和头足类等）提供重要的栖息场所、繁衍场所、庇护场所和索饵场所，Unsworth 等（2018）的研究证实海草床是全球性的重要渔场；黄河三角洲鸟类众多，日本鳗草海草床的存在增加了海鸟栖息地的多样性，同时日本鳗草为许多珍稀鸟类（如大天鹅等）提供了重要的食物来源（王峰，2015）；另外，脱落的海草碎屑又是复杂食物链形成的基础，按 Zhang 等（2019）对黄河三角洲日本鳗草生态特征调查数据估算，黄河三角洲日本鳗草海草床每年可输出 2.34 万 t 有机质，为一些蟹类、滤食性动物提供食物，因而海草的存在极大地丰富了周围环境的生物多样性。

表 4.4　黄河口及邻近海域渔业资源名录

大类	种名	拉丁名
鱼类	青鳞小沙丁鱼	*Sardinella zunasi*
	斑鰶	*Konosirus punctatus*
	黄鲫	*Setipinna taty*
	安氏新银鱼	*Neosalanx anderssoni*
	鲻	*Mugil cephalus*
	梭鱼	*Liza haematocheila*
	鲬	*Platycephalus indicus*
	大泷六线鱼	*Hexagrammos otakii*
	小杜父鱼	*Cottiusculus gonez*
	蓝点马鲛	*Scomberomorus niphonius*
	银鲳	*Pampus argenteus*
	小黄鱼	*Larimichthys polyactis*
	小带鱼	*Eupleurogrammus muticus*
	大银鱼	*Protosalanx chinensis*

续表

大类	种名	拉丁名
鱼类	长蛇鲻	*Saurida elongata*
	日本下鱵	*Hyporhamphus sajori*
	细纹狮子鱼	*Liparis tanakae*
	太平洋鲱	*Clupea pallasi*
	黑鳃梅童	*Collichthys niveatus*
	多鳞鱚	*Sillago sihama*
	日本海马	*Hippocampus japonicus*
	尖海龙	*Syngnathus acus*
	花鲈	*Lateolabrax japonicus*
	松江鲈	*Trachidermus fasciatus*
	绯鲔	*Callionymus beniteguri*
	李氏鲔	*Callionymus richardsonii*
	短鳍鲔	*Callionymus kitaharae*
	普氏栉虾虎鱼	*Rhinogobius pflaumi*
	裸项蜂巢虾虎鱼	*Favonigobius gymnauchen*
	髭缟虾虎鱼	*Tridentiger barbatus*
	斑尾刺虾虎鱼	*Acanthogobius ommaturus*
	矛尾虾虎鱼	*Chaeturichthys stigmatias*
	拉氏狼牙虾虎鱼	*Odontamblyopus lacepedii*
	中华栉孔虾虎鱼	*Ctenotrypauchen chinensis*
	纹缟虾虎鱼	*Tridentiger trigonocephalus*
	六丝钝尾虾虎鱼	*Amblychaeturichthys hexanema*
	长丝虾虎鱼	*Cryptocentrus filifer*
	六丝矛尾虾虎鱼	*Chaeturichthys hexanema*
	小头栉孔虾虎鱼	*Ctenotrypauchen microcephalus*
	斑尾复虾虎鱼	*Synechogobius ommaturus*
	皮氏叫姑鱼	*Johnius belangerii*
	白姑鱼	*Pennahia argentata*
	叫姑鱼	*Johnius grypotus*
	黄姑鱼	*Nibea albiflora*
	黑棘鲷	*Acanthopagrus schlegelii*
	细条天竺鲷	*Apogon lineatus*
	方氏锦鳚	*Pholis fangi*
	绵鳚	*Zoarces elongatus*
	日本鳀	*Engraulis japonicus*
	赤鼻棱鳀	*Thryssa kammalensis*

续表

大类	种名	拉丁名
鱼类	中颌棱鳀	*Thryssa mystax*
	短吻红舌鳎	*Cynoglossus joyneri*
	半滑舌鳎	*Cynoglossus semilaevis*
	长吻红舌鳎	*Cynoglossus lighti*
	假睛东方鲀	*Takifugu pseudommus*
	网纹东方鲀	*Takifugu reticularis*
	圆斑星鲽	*Verasper variegatus*
	钝吻黄盖鲽	*Pseudopleuronectes yokohamae*
	石鲽	*Kareius bicoloratus*
	角木叶鲽	*Pleuronichthys cornutus*
	褐菖鲉	*Sebastiscus marmoratus*
	许氏平鲉	*Sebastes schlegelii*
虾类	中国毛虾	*Acetes chinensis*
	口虾蛄	*Oratosquilla oratoria*
	鹰爪虾	*Trachysalambria curvirostris*
	脊腹褐虾	*Crangon affinis*
	日本鼓虾	*Alpheus japonicus*
	鲜明鼓虾	*Alpheus digitalis*
	细巧仿对虾	*Batepenaeopsis tenella*
	脊尾白虾	*Exopalaemon carinicauda*
	葛氏长臂虾	*Palaemon gravieri*
蟹类	日本蟳	*Charybdis japonica*
	双斑蟳	*Charybdis bimaculata*
	绒毛细足蟹	*Raphidopus ciliatus*
	锯额豆瓷蟹	*Pisidia serratifrons*
	三疣梭子蟹	*Portunus trituberculatus*
	红线黎明蟹	*Matuta planipes*
	隆线强蟹	*Eucrate crenata*
	尖齿拳蟹	*Philyra acutidens*
	豆形拳蟹	*Philyra pisum*
	关公蟹	*Dorippe* sp.
	寄居蟹	*Diogenes* sp.
头足类	剑尖枪乌贼	*Loligo edulis*
	日本枪乌贼	*Loligo japonica*
	双喙耳乌贼	*Sepiola birostrata*
	长蛸	*Octopus variabilis*

续表

大类	种名	拉丁名
头足类	短蛸	*Octopus ocellatus*
贝类	橄榄蚶	*Estellacar olivacea*
	小刀蛏	*Cultellus attenuatus*
	四角蛤蜊	*Mactra veneriformis*
	微黄镰玉螺	*Lunatia gilva*
	红螺	*Busycon canaliculatum*
	毛蚶	*Scapharca subcrenata*
	扁玉螺	*Neverita didyma*
	纵肋织纹螺	*Nassarius variciferus*
	红带织纹螺	*Nassarius succinctus*

Ⅱ）水质净化和营养循环功能

海草床能加速悬浮颗粒物的沉积（Bos et al.，2007），阻止沉积物的再悬浮，进而提升水质透明度，黄河径流挟带大量泥沙，经日本鳗草海草床“过滤”，水质透明度得到一定的提升；同时海草床吸收水体中的营养盐，并通过光合作用释放氧气，能够促进对 N、P 及重金属元素的吸收和转化，按日本鳗草 N、P 含量（Zhang et al.，2015b）估算，黄河三角洲日本鳗草海草床每年可吸收水体中的 N 585.63t、P 81.99t，具有净化水质及调控营养盐循环的功能；另外，Lin 等（2016a）的研究发现，黄河三角洲日本鳗草对 As、Cd、Cr、Cu、Pb 和 Zn 等重金属具有富集作用；近来的研究还表明海草床还能减少鱼类、无脊椎动物和人类暴露于致病菌的机会（Lamb et al.，2017）。

Ⅲ）护堤减灾功能

海草稠密的根系起着固定底质的作用，具有抗波浪与潮汐的能力，是保护海岸的天然屏障，防止或减缓海滩和海岸的流失及侵蚀（Adriano et al.，2005），因而对海洋底栖生物也具有保护作用。

Ⅳ）气候调节功能

海草床的保护和恢复，已被国际社会认为是封存大气二氧化碳以应对全球气候变化的重要措施之一。海草床被证明是地球上最有效的碳捕获和封存系统，是全球重要的碳库。海草床广泛分布于温带-热带海域，是地球上生产力最高的生态系统之一，按全球海草床平均固碳速率为 83g C/(m^2·a)估算，黄河三角洲日本鳗草海草床每年可固碳 856.39t。

在海草保护中，保护区发挥着十分重要的作用（Bulthuis，1995；Zhou et al.，2015；Lopez-calderon et al.，2016），山东黄河三角洲国家级自然保护区是以保护新生湿地生态系统和珍稀濒危鸟类为主的湿地类型自然保护区。日本鳗草本不是其建立之初保护的目标物种之一，但其草床位于保护区的核心区域。保护区内禁止破坏性捕捞、水产养殖和土地或海域开垦，也不允许游客进入核心区。这些限制措施使得保护区内人类活动干扰强度降低，有效保护了日本鳗草资源。

2. 中国川蔓草

1）中国川蔓草简介

中国川蔓草（*Ruppia sinensis*），隶属于单子叶植物纲泽泻目（Alismatales）川蔓草科（Ruppiaceae）川蔓草属（*Ruppia*）（Anderson，1982；黄小平等，2018）。川蔓草（*Ruppia* spp.）具有极强的环境适应能力，能生长在水深 0.5～4.5m、盐度 0～230 的环境中（Brock，1982），广泛分布于热带和温带滨海、潟湖、盐沼地等浅水水域（Verhoeven，1979；Mannino et al.，2014；Strazisar et al.，2016）。由于生长环境多变，分布范围广泛，川蔓草属不同生态型间植株差异较大（于硕，2010），因此川蔓草属的定种仍存在较多争论。近年借助分子生物学技术，不断有新的川蔓草种类得到鉴定确认（den Hartog et al.，2016；Ito et al.，2016）。于硕（2010）对我国的川蔓草进行调查后发现，南、北方川蔓草之间形态和遗传组成存在较大差异，与世界其他地区分布的川蔓草也明显不同，故将我国南、北方川蔓草重新定种命名为短柄川蔓草（*R. brevipedunculata*）与中国川蔓草（*R. sinensis*）。我国温带地区川蔓草主要分布在咸水和半咸水环境，其中咸水景观河道、咸水池塘、盐场及咸水养殖池最为常见（黄小平等，2018；Yu and den Hartog，2014）。

2）黄河三角洲中国川蔓草分布

李峰等（2009）对黄河口地区分布的湿地植物调查时发现，不同的调查区域水体盐度具有较大的差异（表 4.5），其中 6 区、8 区、9 区和 10 区盐度较高，而所有区域均有川蔓草分布（图 4.19）。同时，黄河口三角洲地区分布的川蔓草种主要为中国川蔓草（图 4.20）。分布地点生境类型包括咸水湖泊、咸水池塘、沟渠、排水池、养殖池。

表 4.5　黄河三角洲湿地各调查区域水体盐度（李峰等，2009）

调查区域	水体盐度	调查区域	水体盐度	调查区域	水体盐度
1	8.27±2.36	5	7.68±1.75	8	14.27±3.47
2	6.56±0.83	6	22.37±4.99	9	27.48±4.21
3	7.26±2.30	7	5.99±0.98	10	16.16±4.73
4	7.25±1.58				

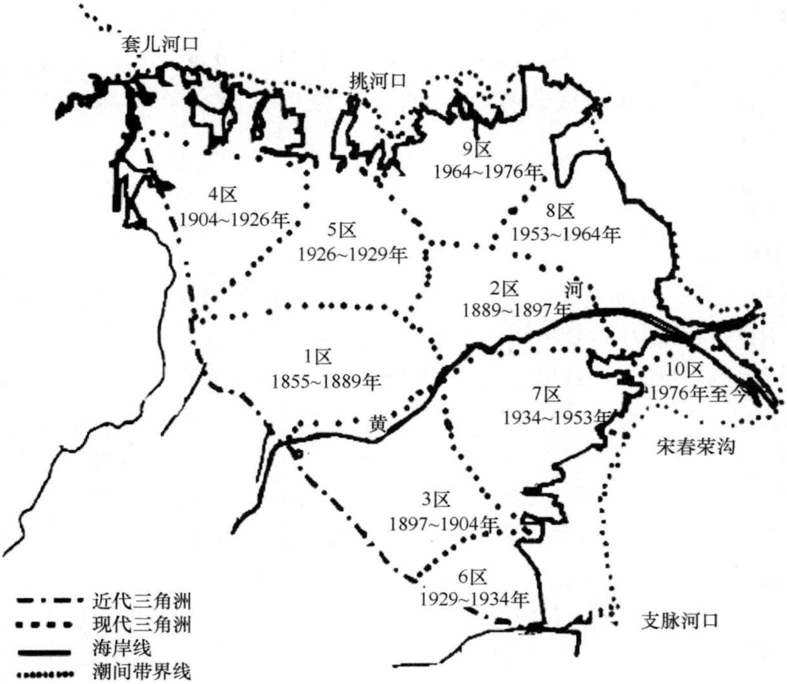

图 4.19　黄河三角洲湿地野外调查示意图（张晓惠，2007）

图 4.20　黄河三角洲地区自然状态下的中国川蔓草种群

3）黄河三角洲中国川蔓草种群生态特征

川蔓草具有一年生和多年生两种不同的生活史策略（Riddin and Adams，2009；Strazisar et al.，2016）。虽然多年生和一年生川蔓草种群分别主要依靠克隆生长和种子萌发维持种群大小，但两种生活史策略的川蔓草种群生活史中均包含有性繁殖和无性繁殖过程（Verhoeven，1979；Strazisar et al.，2015）。川蔓草种群生活史与生境中的水位变化具有较强的相关性，其中间歇性覆水生境中仅存在一年生川蔓草种群，但水位稳定的生境中可以观察到两种不同生活史策略的川蔓草种群（Brock，1982；Calado and Duarte，2000；Strazisar et al.，2015；Mannino and Geraci，2016）。不同生活史策略的川蔓草植株形态学具有一定的差异，如多年生川蔓草种群中的植株叶片更大，根更长，而一年生川蔓草种群在繁殖季节能开更多的花（Malea et al.，2004；Mannino and Geraci，2016）。

黄河三角洲地区分布的川蔓草种群具有一年生和多年生两种不同的生活史策略。选取黄河三角洲地区不同生活史策略的中国川蔓草种群进行监测。选择位于东营市黄河三角洲的两个具有不同生活史策略的中国川蔓草种群进行调查。其中，站点 1 位于黄河三角洲自然保护区的一条约 1200m^2 的沟渠（37°45′55.83″N，118°58′13.03″E）。该站点水位随季节变化较大，且常于冬季出现干涸，导致该站点的川蔓草为一年生生活史策略。站点 2 位于东营市刁口乡一处咸水池塘（37°59′52″N，118°36′33″E），其面积约为 5000m^2，该池塘蓄水量大，即使在冬季也有一定的上覆水存在。2016 年 12 月对该站点进行调查时发现站点 2 有大量过冬茎枝生长，故认为该站点的中国川蔓草种群具有多年生生活史策略。调查期间，站点 1、站点 2 水体的盐度分别为 7.2～11.6、9.3～16.7。

站点 1 和站点 2 两个川蔓草种群生物量峰值均出现在 5～8 月，且在此期间种群生物量月际变化差异不显著（表 4.6），除 2017 年 5 月外，两个中国川蔓草种群月平均生物量相近。对一年生种群更详细的调查结果显示，该一年生中国川蔓草（*R. sinensis*）的生活史与川蔓草（*R. maritima*）（Strazisar et al.，2015）的生活史相似：共分为种子期、苗期、营养生长成体期和生殖生长成体期四种生命阶段（表 4.7，图 4.21）。2 月种子萌发并长至幼苗；3～4 月中国川蔓草幼苗继续营养生长至营养生长成体期，此时植株密度相对较低，在此期间中国川蔓草植株开始进行无性繁殖，且叶片上有大量的附生藻附着（图 4.22）；5 时种群内中国川蔓草植株密度和生物量开始上升，分别达到 4 月植株密度的 10 倍、生物量的 30 倍，且种群中出现花苞和未成熟的种子，种群开始进行有性繁殖（表 4.6）；6～8 月种群有性繁殖进入高峰期，在此期间有大量的种子生成。

表 4.6 黄河三角洲地区不同生活史策略的中国川蔓草种群生长状况

项目	时间	站点 1（一年生种群）	站点 2（多年生种群）
生物量（g/m^2）	2017 年 5 月	206.21±61.66	367.06±54.84*
	2017 年 6 月	349.90±156.22	439.51±107.62
	2017 年 8 月	151.25±7.19	220.93±65.49
	2017 年 12 月至 2018 年 4 月	0	0
	2018 年 5 月	0	29.22±9.56

续表

项目	时间	站点 1 （一年生种群）	站点 2 （多年生种群）
种子密度（个/m²）	2017 年 3 月	4 836±1 924	109 814±15 659*
	2017 年 5 月	5 662±433	59 684±19 669*
	2017 年 10 月	18 519±5 819	113 470±19 810*
	2017 年 12 月	26 008±9 247	112 703±22 736*
	2018 年 5 月	26 362±3 134	39 278±3 148*

*表示站点间差异显著（$P<0.05$）

表 4.7　东营市大汶流区域一年生中国川蔓草种群生长状况（站点 1）

调查时间	环境水位	生长状态	株高（cm）	植株密度（株/m²）	生物量（g/m²）
2017 年 2 月	高水位	中国川蔓草种子开始萌发，长出新生幼苗	—	—	—
2017 年 3 月	高水位	中国川蔓草幼苗长成成株，开始克隆繁殖	3.98±2.34	1 299.55±930.33	6.37±4.56
2017 年 4 月	高水位	植株继续伸长生长	7.83±2.78	1 169.60±568.32	6.88±3.34
2017 年 5 月	高水位	开始有性繁殖，植株中出现花苞，开始出现未成熟的种子	8.21±1.03	16 175.62±4 840.48	206.21±61.67
2017 年 6 月	高水位	有性生殖进入高峰，大量种子成熟，部分种子外果皮褪去	11.46±1.55	3 812.82±1 868.04	349.90 ±156.22
2017 年 8 月	高水位	大量种子成熟且褪去外果皮，但是仍有部分种子未成熟	—	—	151.25 ± 7.19
2017 年 10 月	低水位	草床中的中国川蔓草矮小，似新萌发的川蔓草幼苗	4.13±2.34	—	—
2017 年 12 月	无水	草床中无上覆水，川蔓草均干枯，死亡	—	—	—
2018 年 3 月	无水	—	—	—	—
2018 年 4 月	无水	—	—	—	—
2018 年 5 月	低水位	少量上覆水，有一些川蔓草幼苗存在	3.73±1.82	1 360.86±330.66	5.73±1.87

注：高水位指水深为（30±10）cm（图 4.21a）；低水位指水深为（10±10）cm（图 4.21b）；无水指调查站点无上覆水存在（图 4.21c）

图 4.21　一年生中国川蔓草种群生境不同水位（站点 1）
a. 高水位情况（摄于 2017 年 5 月）；b. 低水位情况（摄于 2018 年 5 月）；c. 无水情况（摄于 2017 年 12 月）

中国川蔓草种子成熟过程与 *R. maritima* 相似（Strazisar et al.，2016）。6 月大量的种子已经生成了坚硬的内果皮和绿色的外果皮（阶段 5），8 月种群中的种子大多已经褪去外果皮，露出黑色的坚硬的内果皮。从 2017 年 3 月开始，一年生种群沉积物中种子库中种子数量开始显著下降；5 月种群进入新的繁殖季，沉积物中种子库中种子数量开始回升；10 月种子库中种子数量达到顶峰（图 4.23）。

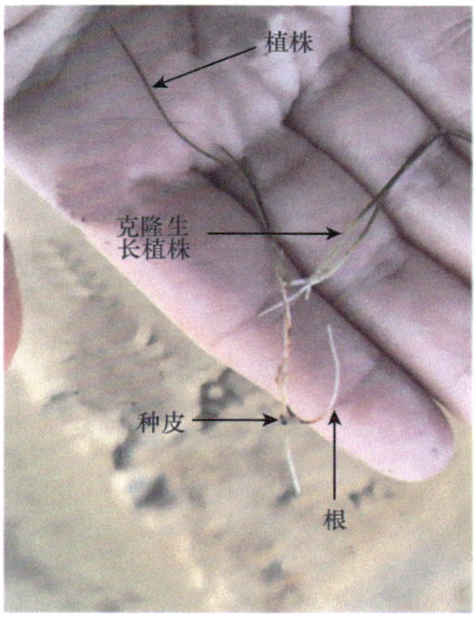

图 4.22　2017 年 3 月站点 2 无性繁殖中的中国川蔓草

2018 年黄河三角洲地区出现极端干旱天气，该地区的一年生和多年生中国川蔓草海草床发生干涸，且两个种群均经历了 5 个月无上覆水的干燥暴露。随着 2018 年 5 月该地区降水量增加，两个站点均恢复一定量的上覆水，2018 年 5 月对两个站点进行跟踪调查时发现，一年生中国川蔓草站点（站点 1）沉积物中的种子迅速萌发，该站点能观察到稀疏的中国川蔓草幼苗，而多年生中国川蔓草站点（站点 2）虽然恢复了上覆水，但没有发现中国川蔓草幼苗（图 4.24）。故认为，一年生的中国川蔓草种群较多年生的中国川蔓草种群有更强的恢复力稳定性。

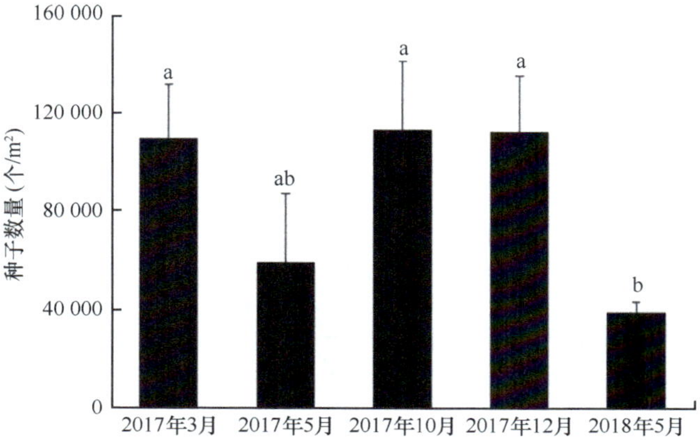

图 4.23　黄河口三角洲一年生中国川蔓草海草床沉积物中种子库季节性变化

不同小写字母代表差异显著（$P<0.05$）

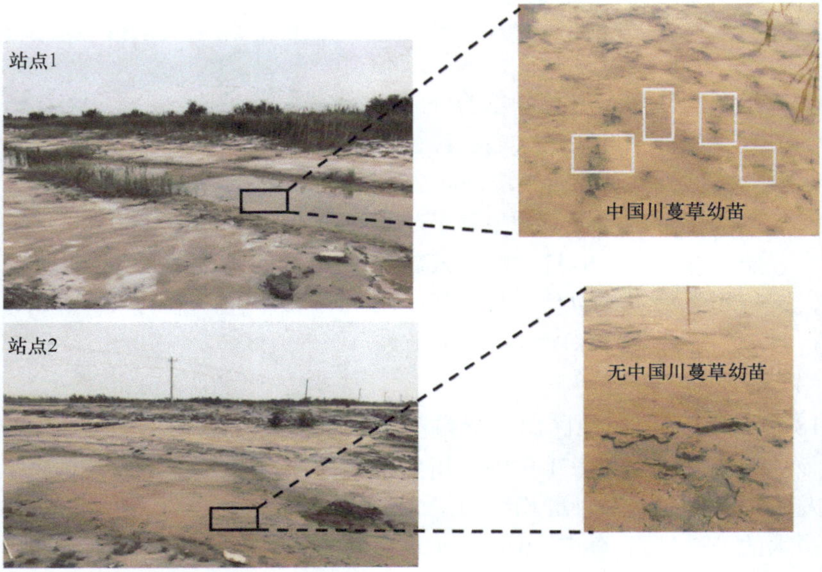

图 4.24　一年生（站点 1）和多年生（站点 2）中国川蔓草海草床经历极端干燥暴露后的生长情况（摄于 2018 年 5 月）

虽然黄河口地区一年生中国川蔓草种群每年都会经历一段时间的干燥暴露，但生境干涸超过 3 个月，会显著影响其生活史周期。正常年份（2017 年）中国川蔓草生活史周期与 *R. maritima* 相似（Strazisar et al.，2015），2 月，随着生境上覆水重新出现，沉积物中的种子开始萌发，种群新的生命周期开始；种子萌发 4 个月后植株结出成熟的种子，中国川蔓草种群生物量在 6 月达到峰值。较长的生境干燥暴露会延迟中国川蔓草的生长，改变当地中国川蔓草种群的生长节律，使得其从 5 月才开始逐渐恢复，这很可能会影响当年的种子产量及后续的种子库补充（图 4.25）。

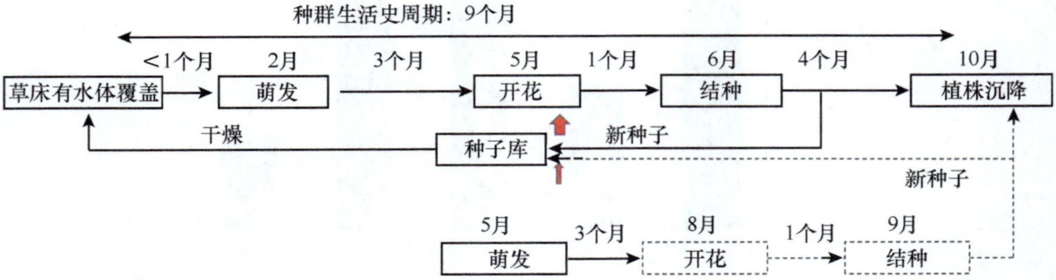

图 4.25　一年生中国川蔓草生活史（2017～2018 年）

实线部分代表该种群川蔓草生活史实际调查结果，虚线代表推测出的生活史阶段

4）中国川蔓草生态功能

与其他海草一样，川蔓草是水域生态系统中的重要组成成分和初级生产力（Kantrud，1991），它不仅可以为水禽提供食物（Triest and Sierens，2014）、为鱼类提供产卵场和孵化场、栖息地（Humphries et al.，1992），还能改善生长区域水体和沉积物环境（付春平等，2005；Pulich，1985）。同时，川蔓草还可以用于富营养化水体净化和水域环境中微量重金属含量监测。

对于沉水植物而言，底质吸收是其矿质营养的主要来源（刘建康，1999）。P是植物代谢中的重要元素之一，川蔓草大部分的P来源于沉积物。沉积物中氨氮的浓度远高于表层水，川蔓草根部对于氨氮的吸收优先于硝酸盐，而水层中的N以硝酸盐为主，川蔓草叶片也主要吸收硝酸盐。在水与植物体鲜重比为1000∶5的实验系统中培养6d，则川蔓草对水体中不同形态的N、P有较高的去除率（付春平等，2005）（表4.8）。王卫红（2006）通过室内实验研究川蔓草对再生水的氮、磷元素的净化效果，研究结果表明不同川蔓草生长密度与再生水体中总磷和总氮的去除效率均呈现先上升后下降的趋势，当川蔓草生长密度为5.02g/L时，再生水体中总磷去除率达94.06%，当生长密度为7.04g/L时，处理组对总磷的去除效率开始降低；而对于环境中的总氮，当川蔓草生长密度为7.04g/L，去除效率最高，达到43.01%，当生长密度为10.12g/L时，总氮去除率出现明显回落。

表4.8 川蔓草对水体中氮、磷的去除实验（付春平等，2005）

水质指标	TN	NO_3-N	NH_4-N	PO_4-P
原水水质（mg/L）	27.65	16.90	4.839	4.355
实验后水质（mg/L）	15.48	9.88	0.167	0.248
去除量（mg/L）	12.02	7.02	4.672	4.107
去除率（%）	43.48	41.51	96.54	94.31

川蔓草对重金属元素的富集监测研究显示，Cu和Cd都主要富集在*R. maritima*根部，其次为叶片部分（Malea et al.，2008）；而Cd在卷轴川蔓草（*R. cirrhosa*）体内的富集规律与*R. maritima*相似（Sanchiz et al.，1999）。以上结果均表明，沉积物根部为重金属Cu和Cd进入川蔓草体内的主要途径（Malea et al.，2008）。*R. maritima*根部富集的Cd的浓度能达到周围沉积物中Cd浓度的20倍。黄河口三角洲地区的中国川蔓草生长环境和植物样本中Cu和Cd浓度从高至低分别为沉积物＞植物地上组织＞植物地下组织＞上覆水。由此可见，环境中的Cu和Cd污染物主要富集于沉积物中，且从根部吸收是自然环境中Cu和Cd进入中国川蔓草体内的主要途径（表4.9）。两种重金属元素在中国川蔓草地上部分均有较高浓度富集，而自然环境中Cu和Cd主要通过中国川蔓草地下部分吸收后转移

至地上部分进行储存。

表 4.9　中国川蔓草地上/地下部分及其生存环境中 Cu 和 Cd 的含量（平均值±标准差）

测试对象		Cu	Cd
上覆水（μg/L）		1.24±0.08[d]	0.03±0.01[b]
沉积物（mg/kg）		15.13±0.97[a]	1.00±0.38[a]
中国川蔓草（*Ruppia sinensis*）	地上部分（mg/kg）	9.44±0.34[b]	0.31±0.08[ab]
	地下部分（mg/kg）	6.70±0.54[c]	0.22±0.05[ab]

注：同一列数据标记的字母不同表示存在显著差异

（二）黄河三角洲海草种子法修复技术

海草不仅可以通过分化的根茎进行无性繁殖，还可以通过种子进行有性繁殖，使用海草种子进行生态修复即是利用了海草这一生物特性。海草种子在海草床修复中具有较大的应用潜力。了解和掌握海草种子形态结构、休眠、萌发和建苗等海草种子生态学特征，可为利用海草种子进行海草床修复提供理论基础。基于对种子生态学特征的研究，开发海草种子采集技术、生殖株保育技术和构建人工海草种子库技术，可以为海草床修复提供技术支持。

1. 海草种子基本生态学特征

不同海草的种子形态有明显差异，例如，鳗草属（*Zostera*）种子呈纺锤形（Xu et al.，2016），波喜荡草属（*Posidonia*）种子具有膜翅结构，有利于种子飘浮扩散（Kendrick et al.，2019）。种子颜色往往是判断海草种子成熟度的关键依据，如成熟的鳗草种子多呈深邃的黑色（Xu et al.，2016）。在不同生长环境下的海草，其种子大小和形状往往存在差异。在不同生境中分布的不同波喜荡草属海草种子的膜翅结构大小不同，其中分布在水动力较强环境中的革质波喜荡草（*Posidonia coriacea*）种子具有最大面积的膜翅结构，从而使其种子能够在波动较大的环境中稳固地附着于海底（Kendrick et al.，2019）。生长在北美洲不同地理位置的鳗草种群种子大小也会有一定差异，潮下带的鳗草种群种子比潮间带或较浅潮下带的鳗草种群种子大（Wyllie-Echeverria et al.，2003）。

种子生产和扩散是植物种群动态变化和基因交流的关键过程。不同属间海草种子产量差异超过两个数量级，质地较硬且具休眠期的种子产量较大，如鳗草属种子（Orth et al.，2007）。覃乐政（2015）调查发现，山东荣成天鹅湖鳗草潜在种子产量为 416～60 793 个/m^2。Lee 等（2005）发现韩国升凤岛（Seungbong Island）的日本鳗草每个花枝佛焰苞为 2～6 个，佛焰苞内种子数为 3～7 个。Henderson 和 Hacker（2015）统计得出，雅奎娜湾（Yaquina Bay）的日本鳗草种群每平方米约有 2721 个佛焰苞。

尽管鳗草属种子的产量很高，但是其产生后并不会立刻萌发，而是沉积到底质表面或内部形成底质种子库，通过不同长度的休眠期来躲避不适宜的环境条件，待条件适宜时解除休眠开始萌发。Thompson 等（1997）根据种子在底质中存活的时间长短将其分为三类：瞬时（transient）种子库，种子在底质内存活时间小于 1 年；短期持久（short-term persistent）种子库，种子在底质内存活时间为 1～5 年；长期持久（long-term persistent）种子库，种子存活时间超过 5 年。海草种子库持续时间普遍短于 1 年，属于瞬时种子库。海草种子库的空间分布极度不均匀且随时间变化明显，其种子库数量通常远低于潜在种子产量（Xu et al.，2018；Zhang et al.，2019，2020），造成种子流失的原因主要包括种子死亡、被摄食等（Fishman and Orth，1996）。

种子萌发和建苗是海草有性补充最薄弱的环节，这一过程受到温度、盐度、光照等复杂环境因素的影响，且各因素对不同海草的影响存在差异。大量研究通过控制实验较为准确地测定了不同海草种子萌发和种苗生长的温度、盐度、光照等关键条件。鳗草种子萌发最适温度为 6～11℃（Probert and Brenchley，1999）或者 10～15℃（Abe et al.，2008）；幼苗生长最适温度是 20～25℃（Abe et al.，2008）。日本鳗草种子萌发最适温度是 10～15℃（萌发率 14%）（Abe et al.，2009），适当的温度波动有利于提高萌发率（Morita et al.，2011）；幼苗生长的最适温度是 20～25℃，极限温度是 29℃（Abe et al.，2009）。盐度对种子萌发的影响比温度更为显著，并且通常低盐更有利于海草种子萌发（Kaldy et al.，2015；Yue et al.，2019b），例如，Kaldy 等（2015）和 Yue 等（2019b）均发现日本鳗草在低盐（0）条件下萌发率最高。然而过低盐度不利于种苗的形成与生长，徐少春（2017）发现在低盐（＜20）条件下鳗草种苗长度、叶片数和生物量显著降低，分化进程受到明显抑制；Fernández-Torquemeda 和 Sánchez-Lizaso（2013）发现在低盐条件下培育的波喜荡草幼苗死亡率显著高于较高盐度条件下培养的死亡率。因此，通常较高盐度（＞20）较为适合海草种苗生长和建苗。

光照对种子萌发没有明显作用（Harrison，1991；Moore et al.，1993；Orth et al.，2000），但对种苗的生长和成活至关重要，鳗草最低光照需求是 8mol 量子/(m^2·d)（Bintz and Nixon，2001）；5～29℃时，日本鳗草的幼苗光饱和（Ik）强度是 87.0～234μmol 光量子/(m^2·s)，光补偿点（Ic）是 20.8～45.5μmol 光量子/(m^2·s)（Abe et al.，2010）。同时，缺氧条件也是包括鳗草属海草在内的众多水生植物种子萌发的重要因素，在无氧条件下种子萌发更快，萌发率更高（Brenchley and Probert，1998；Probert and Brenchley，1999）。另外，较高的营养水平（Tanner and Parham，2010）、较浅的埋藏深度（Granger et al.，2000；Marion and Orth，2012；Jarvis and Moore，2015）及较细的底质（Marion and Orth，2011；Jarvis and Moore，2015）均有利于种子萌发。

种子的保存，即通过人为控制环境条件抑制种子萌发并保持种子活力，进而达到一定时间内有效保存种子的目的，如陆地植物种子通常进行干燥保存。但除川蔓草外，大部分海草种子属于干燥敏感型，无法耐受长时间干燥状态，必须在海水内保存，因此海水水体的盐度、温度等条件是种子保存质量的关键影响因素。研究发现，川蔓草类对干燥的耐受性处于中等水平，它们的种子可以在干燥条件下存活数月，因此可以进行一定时间的干燥保存（Cho and Sanders，2009；Gu et al.，2018b）。

2. 日本鳗草种子法修复技术

利用种子进行海草恢复，首要的是建立种子库，以有效尤其是长期保持种子活力。目前岳世栋、顾瑞婷已经分别对日本鳗草和中国川蔓草种子休眠、萌发及建苗的主要影响因素进行了系统研究（Yue et al.，2019a，2019b；Gu et al.，2018a，2018b），并形成了系统的采集、萌发及种子库构建技术，为两种海草基于种子法进行恢复或者利用提供了重要的理论依据和技术支撑。

1）日本鳗草种子

日本鳗草（图 4.26）的种子呈纺锤形，一端稍扁，一端稍尖细，长 1～2mm，宽 0.7～0.8mm，含水率 47.6%±2.0%，成熟种子呈深褐色或黑色（图 4.27d）。日本鳗草为雌雄同株异花植物，其肉穗花序外包有一片大型苞叶，称为佛焰苞（spathe）。每个佛焰苞内含 4～5 个雄花和 4～7 个雌花（Bigley，1981）。花序轴扁平，其上生多数单性无柄小花，两雄一雌交互排列于花序轴两侧。

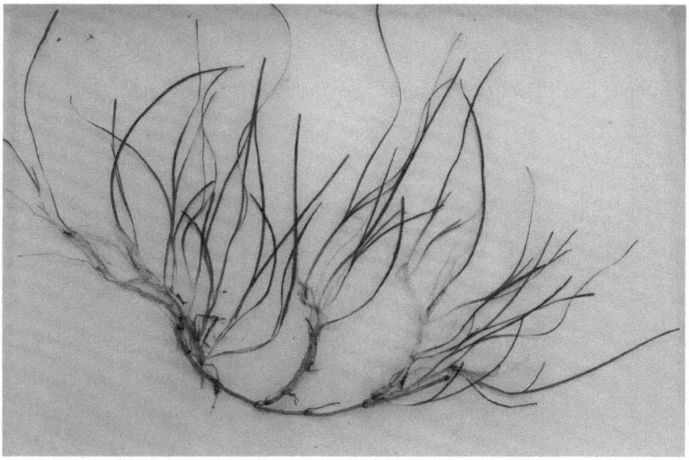

图 4.26　日本鳗草

图 4.27　日本鳗草花苞（a，b）、种苞（c）与种子（d）

2）种子收集方法

黄河三角洲日本鳗草花期为 6～9 月，种子成熟期为 8～9 月上旬。因此，应在 8～9 月上旬人工采集带有成熟种子的生殖枝，在每月大潮期间可携带网具等徒步进入海草床，徒手采集生殖枝，保证生殖枝上部的佛焰苞被采集即可。采集的生殖枝宜进行冷藏运输。

采集的生殖枝可通过野外或室内暂养，待种子完全成熟脱落后进行收集。野外暂养的方法：将生殖枝装入细网袋（孔径≤0.7mm），以防止种子流失，然后将细网袋装入大孔径网袋内以避免剐蹭；将网袋固定在海湾附近的船只、木桩、筏架等设施上进行暂养。室内暂养的方法：采集的生殖枝应尽快（72h 以内冷藏保存）置于海水池中进行暂养，生殖枝可直接散置或用网袋分装悬挂于海水中。$1m^3$ 水体暂养的生殖枝不超过 2kg。用细网（孔径≤0.7mm）封住水池出水口，避免种子流失；给予自然光照（光照周期为 12L+12D），保持通氧，水温不宜超过 26℃，每日换水并充分搅动生殖枝或者抖动网袋，以避免堆积缺氧引起种子腐烂。

至种子完全成熟脱落后，用海水反复漂洗，剔除易悬浮的腐烂植物组织，最后对种子进行收集，转入室内进行保存。室外暂养不需要日常维护，但应选择安全、风浪较小的潟湖或者海湾。

3）种子萌发技术

Yue 等（2019b）在室内观察了日本鳗草种子的萌发、建苗过程，将其分为 5 个阶段（图 4.28）：阶段Ⅰ，成熟的种子开始萌发，生成白色子叶；阶段Ⅱ，子叶伸长并变为绿色；阶段Ⅲ，子叶分化形成第一片真叶，且生成不定根；阶段Ⅳ，子叶叶片基部发生分化，生成第二片真叶；阶段Ⅴ，根和叶继续生长延伸，形成幼苗。

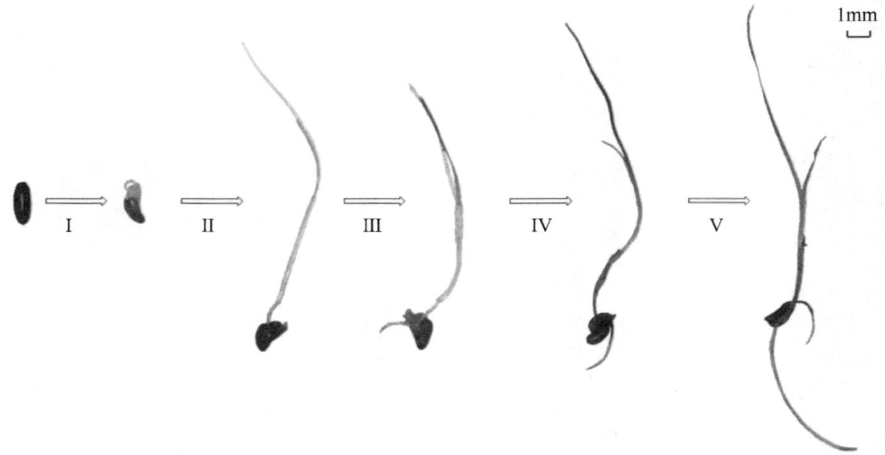

图 4.28　日本鳗草种子的萌发、建苗过程

通过双因素交叉实验，Yue 等（2019b）研究了温度、盐度对日本鳗草种子萌发与建苗的影响，并探索了日本鳗草萌发与建苗的适宜条件。结果显示，温度和盐度均对日本鳗草种子萌发有重要影响，萌发率随盐度的升高（0～50）而降低，当盐度为 50 时，萌发率为零。相反地，日本鳗草种子的萌发率随温度的升高（5～30℃）而升高，在温度为 30℃、盐度为 0～5 条件下，种子萌发率均超过 75%（图 4.29）。Kaldy 等（2015）研究了温度和盐度对美国俄勒冈州雅奎娜湾（Yaquina Bay）日本鳗草种子萌发的影响，其得出的结论与上述一致。

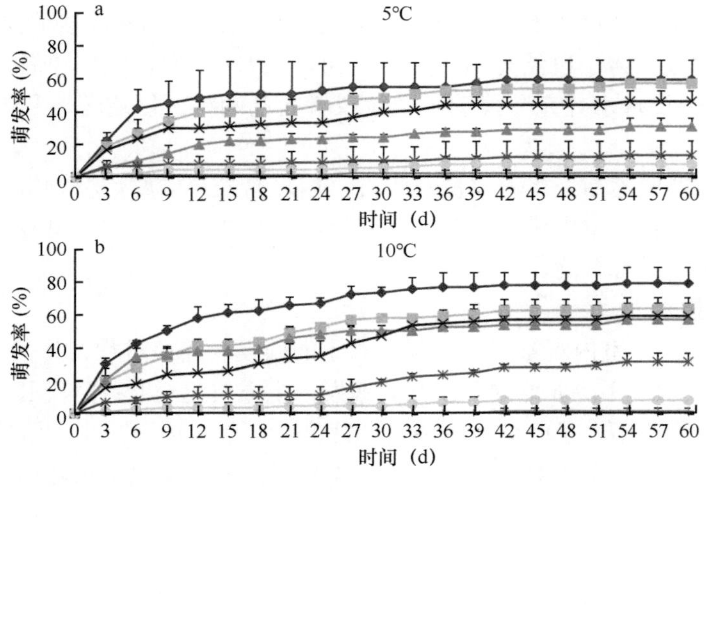

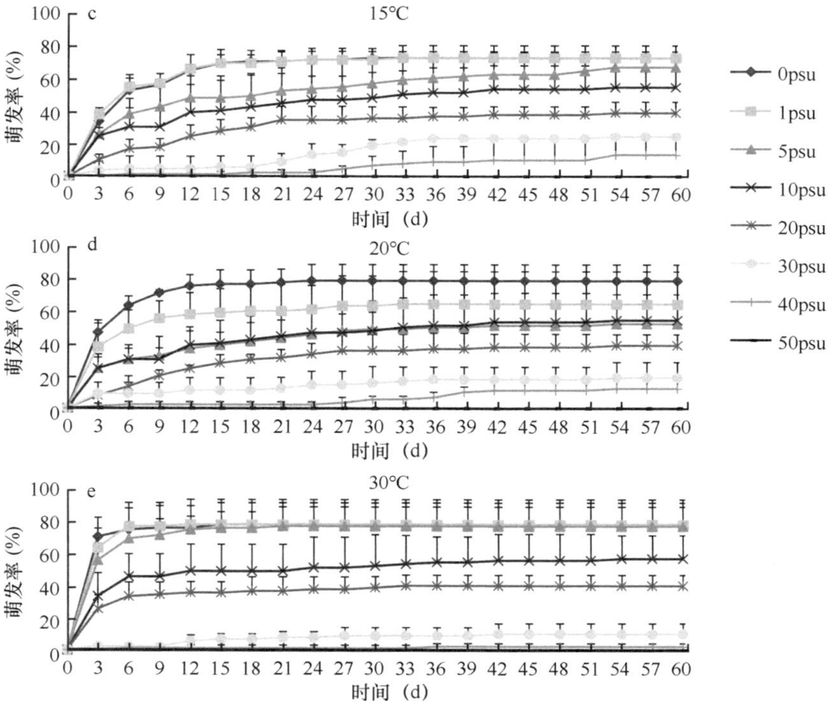

图 4.29 不同温盐条件下种子累计萌发率

尽管在低盐（淡水或盐度为 1）条件下，日本鳗草种子的萌发率非常高，但是萌发的种子无法分化形成叶片，进而无法形成幼苗。但将这部分萌发的种子转移到盐度为 20 条件下，则有 2.9%～8.3%的种子能够成功建苗（表 4.10）。在低盐（0～10）条件下萌发的种子，转移到盐度 20 后建苗率均出现明显升高。因此，可采取低盐与高盐切换的方式分别进行萌发和建苗，以实现最大萌发率和建苗率。Yue 等（2019b）推荐的日本鳗草种子适宜萌发条件为 30℃和盐度 10，适宜的建苗条件为 20℃和盐度 10～20。在该条件下，种子萌发培养 6d 后，萌发率可达 45.6%，建苗培养 6d 后，建苗率可达 14.3%。

表 4.10 在 20℃、不同盐度下日本鳗草种子的建苗率（只列出建苗率＞0 的数据）

萌发温度（℃）	萌发盐度	建苗盐度	建苗率（%）
5	0	20	3.8
5	1	20	7.4
5	5	5	7.1
5	5	20	14.3
5	10	10	23.8
5	10	20	38.1
5	20	20	8.3
10	0	20	2.9

续表

萌发温度（℃）	萌发盐度	建苗盐度	建苗率（%）
10	1	20	8.3
10	5	5	3.6
10	5	20	4.3
10	10	10	22.2
10	10	20	7.7
10	20	20	7.1
15	5	5	9.4
15	5	20	10.7
15	10	10	8.0
15	10	20	20.8
15	20	20	5.7
20	1	20	3.8
20	10	10	4.2
20	20	20	14.3
30	1	20	5.3
30	5	20	2.9
30	10	10	25.9
30	10	20	17.4
30	20	20	15.0

4）种子库构建技术

目前，海草种子通常储存在4～7℃的自然海水中，从而实现种子的长期保存（Kishima et al.，2011；Dooley et al.，2013；Pan et al.，2014；Ambo-Rappe and Yasir，2015；Kaldy et al.，2015；Xu et al.，2016；Gu et al.，2018a）。在室温、自然海水条件下，鳗草种子可以存活8个月（Churchill，1983），而Dooley等（2013）发现鳗草种子可以在5℃条件下保持数年活力。然而，Kaldy等（2015）的实验发现，在4℃下储存日本鳗草种子14个月后，种子累计损失率超过52%。

在萌发实验50盐度条件下，日本鳗草种子不萌发。Yue等（2019a）发现，将较高盐度（30、40和50）条件下未萌发的种子转移至盐度5、20℃条件，大多数种子能够萌发（图4.30），这表明高盐可抑制种子的萌发，且保持了大部分种子的活力。因此可以将高盐作为种子长期保存的关键控制条件。

Yue等（2019a）发现日本鳗草种子对干燥敏感，干燥24h后活力完全丧失，因此需要带水保存其种子。Pan等（2012）发现与其同属的鳗草种子同样对干燥敏感，也需带水进行保存。

Yue等（2019b）监测了不同温度、盐度下日本鳗草种子损失率、种子活力随保存时间的变化情况，发现日本鳗草种子保存温度不能低于–5℃，否则其活力会大幅降低（表4.11）。在室温、30盐度下储存种子，360d后种子累计损失率高达60.8%（图4.31）；随着温度降低、盐度升高，种子累计损失率均会降低。在低温下，真菌和其他微生物的生长受到抑制，种子损失率会降低。与4℃相比，0℃条件下储存的种子不易被细菌或真菌感染，因此损失率更低。由于损失率较高，4℃不是理想的种子保存条件。在温度为0℃和盐度为40～60的保存条件下，种子损失率低且活力高（图4.32），有效延长了种子的休眠期，是日本鳗草种子保存的适宜条件。在温度为0℃和盐度为50的保存条件下，种子保存540d后，仍具有较高的活力（57.8%±16.8%）。因此，温度为0℃、盐度为50是黄河三角洲日本鳗草种子长期保存的适宜条件。

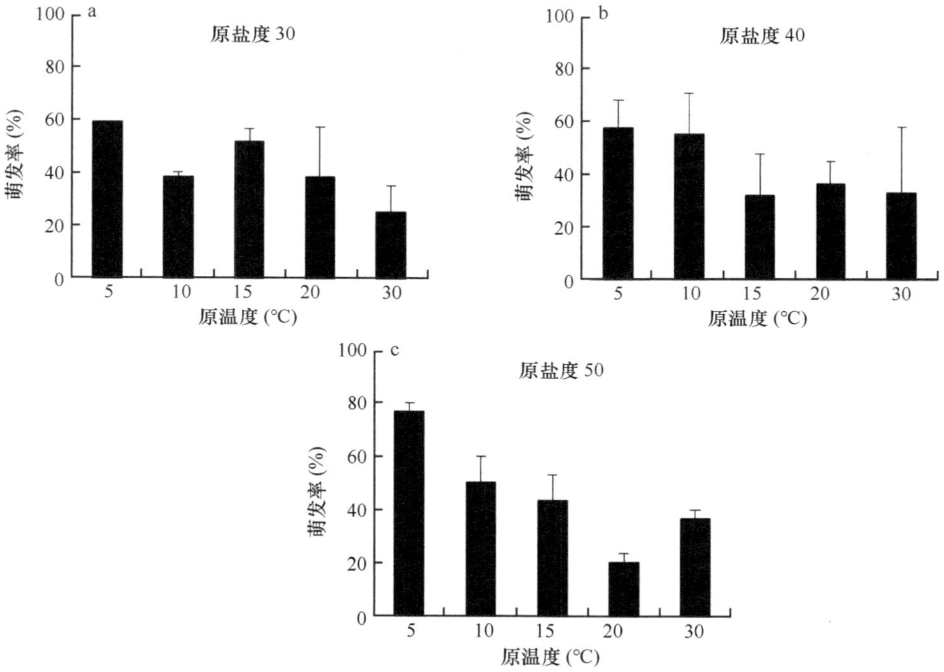

图4.30 高盐（≥30）不同温度条件下种子转移至低盐（5）、20℃条件后的累计萌发率

表4.11 在−5℃下保存的日本鳗草种子活力

保存时间（d）	保存条件	种子活力（%）
1	干燥	$31.3\pm13.8^{*a}$
	自然海水	5.0 ± 4.1^{a}
3	干燥	1.3 ± 2.5^{b}
	自然海水	6.3 ± 6.3^{a}
7	干燥	0.0 ± 0.0^{b}
	自然海水	0.0 ± 0.0^{a}

注：*表示相同保存时间不同保存条件下种子活力存在显著差异（$P<0.05$）；不同小写字母表示相同保存条件不同保存时间下种子活力存在显著差异（$P<0.05$）

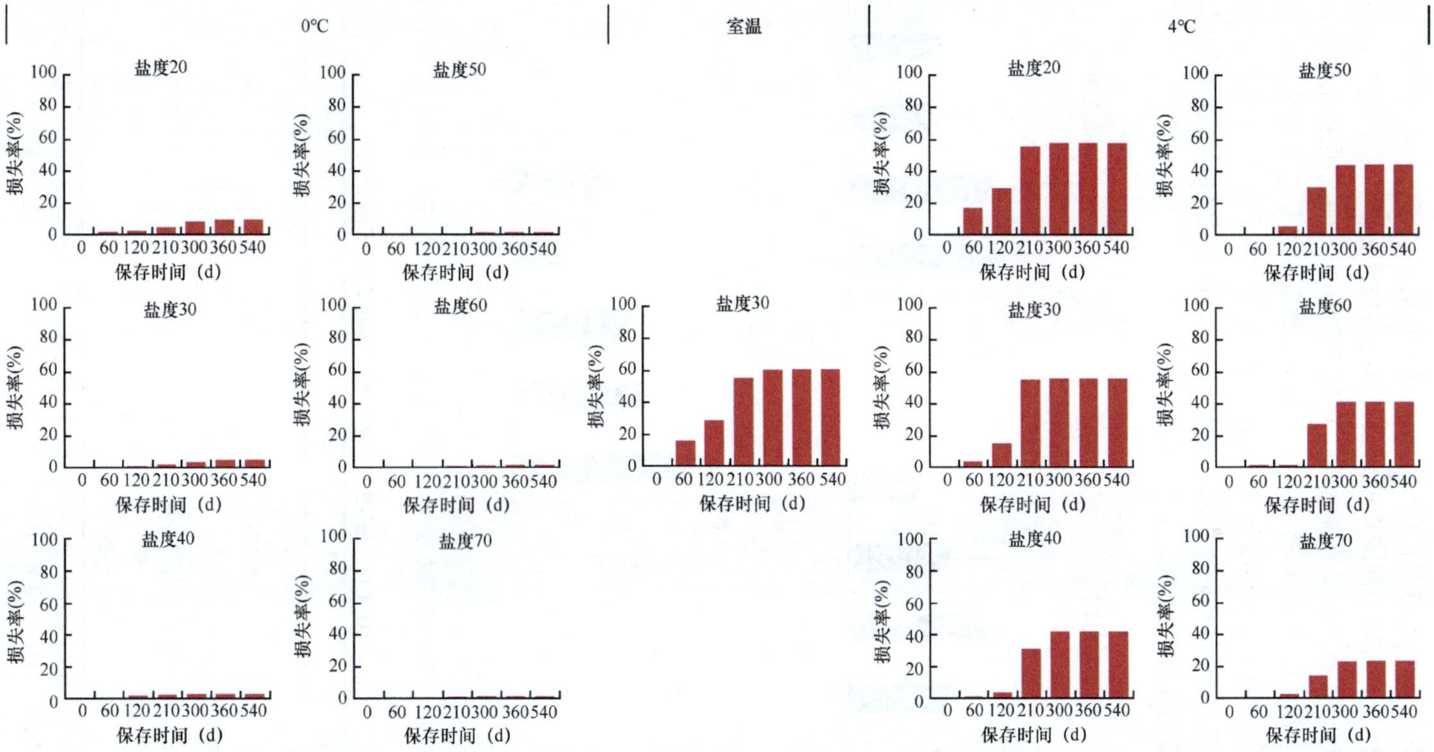

图4.31　不同储存条件下日本鳗草种子组成变化

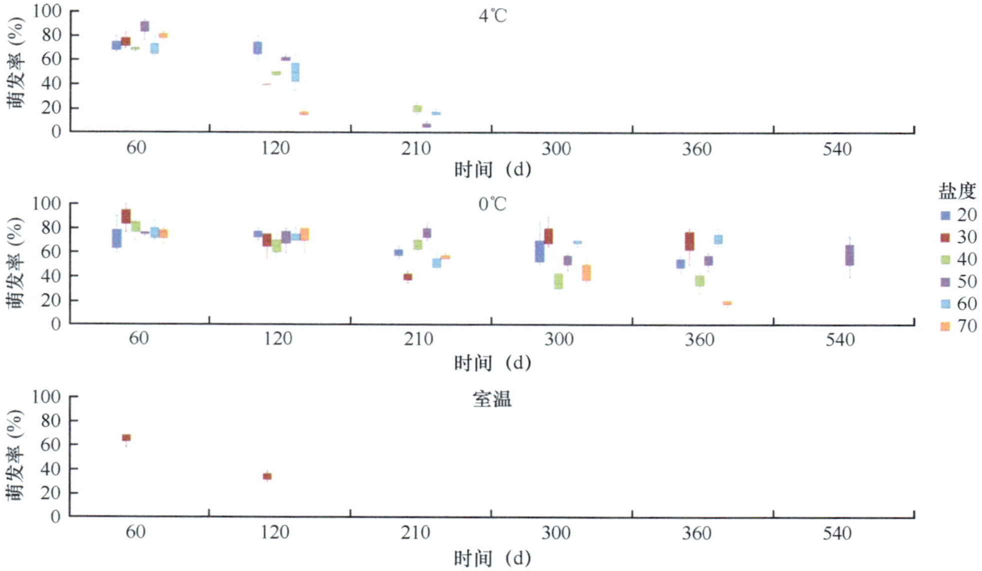

图 4.32　不同储存条件下日本鳗草种子活力随时间的变化

3. 中国川蔓草种子法修复技术

1）中国川蔓草种子

黄河三角洲的中国川蔓草种群种子具有三类不同的形态（图 4.33），分别为个体较大、中型和较小，其中两种个体大小差异较大的种子数量较多，而个体大小介于这两种种子之间的中型种子数量较少。故将上述两种个体大小差异较大的种子分别命名为大种子、小种子（图 4.34）。

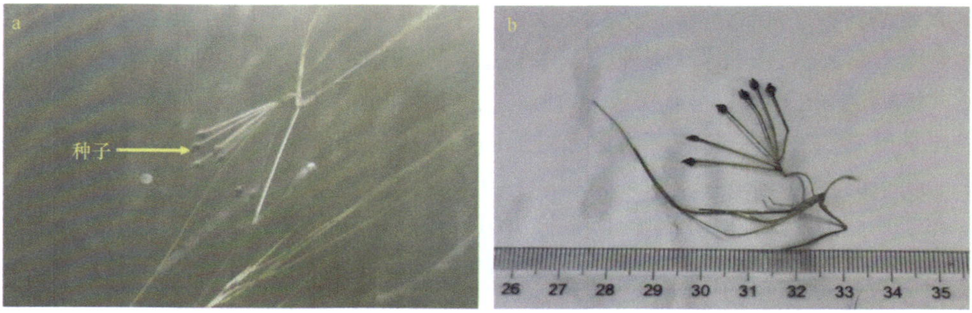

图 4.33　在中国川蔓草植株同一花序轴上的不同形态种子

a. 自然状态的中国川蔓草种子；b. 实验室测量中的中国川蔓草种子

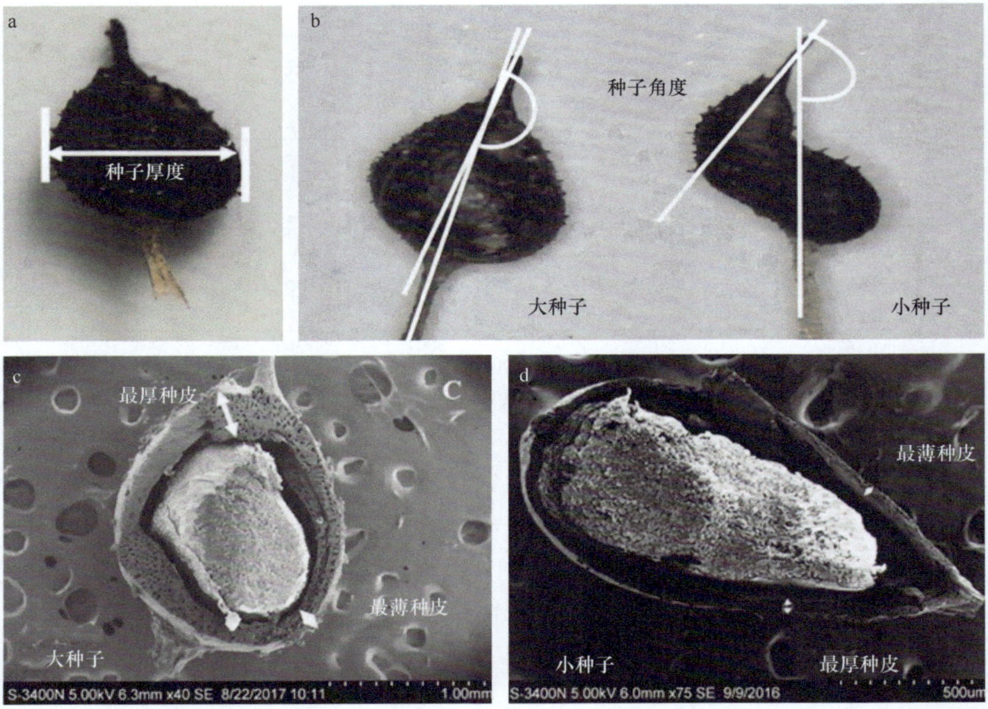

图 4.34　中国川蔓草大种子和小种子形态

经过野外观察，发现两种不同形态的中国川蔓草种子可以生长在同一花序轴上（图 4.33）。大种子和小种子约占东营地区中国川蔓草种群种子总数的 85.26%，其中调查站点沉积物中小种子比例显著高于大种子。两种形态种子的厚度、角度、干重差异显著，但其胚干重及含水率差异不显著，故认为两种种子内种皮厚度差异造成了其种子质量差异（表 4.12）。大种子和小种子干胚中碳水化合物和蛋白质含量无显著差异。同时，两种种子中的总不饱和脂肪酸和总饱和脂肪酸含量也相近。棕榈酸（C16:0）、异油酸（C18:1）和亚麻油酸（C18:2）是中国川蔓草种子中含量最高的三种脂肪酸，而这三种脂肪酸在小种子干胚中的含量显著高于大种子干胚中的含量（表 4.13）。以上测试结果表明，大种子和小种子虽然具有显著的形态差异，但是它们干胚中的化学物质组成差异总体不显著。

表 4.12　中国川蔓草大种子和小种子形态特征差异

	沉积物中所占比例（%）	种子干重（mg）	胚干重（mg）	含水率（%）	内种皮重占种子干重的比例（%）	种子厚度（mm）	种子角度（°）	内种皮厚度（μm）
大种子	35.99±5.28^{a}	1.50±0.05^{a}	0.44±0.03^{a}	38.60±2.07^{a}	52.09±8.59^{a}	1.32±0.02^{a}	177.5±1.2^{a}	224.50±13.70^{a}
小种子	49.27±4.85^{b}	0.67±0.02^{b}	0.37±0.02^{a}	39.23±0.77^{a}	39.24±4.92^{b}	0.67±0.01^{b}	146.7±1.6^{b}	18.75±1.83^{b}

注：不同的字母代表该指标在两种不同形态种子中差异显著（$P<0.05$）

表 4.13　中国川蔓草不同形态种子干胚中化学组成和萌发率

	碳水化合物（mg/g）	蛋白质（%）	脂肪酸					萌发率（%）
			C16:0	C18:1	C18:2	总不饱和脂肪酸	总饱和脂肪酸	
大种子	478.34±68.06[a]	16.95±0.76[a]	11.66±0.46[b]	76.89±2.61[b]	134.25±7.32[b]	211.40±9.95[a]	17.92±0.76[a]	53.33±3.84[a]
小种子	543.48±56.39[a]	17.89±0.48[a]	17.38±1.83[a]	104.26±12.26[a]	206.25±23.78[a]	310.66±36.09[a]	25.77±2.75[a]	53.33±11.76[a]

注：不同的字母代表该指标在两种不同形态种子中差异显著（$P<0.05$）

2）种子收集方法

中国川蔓草 5～7 月生长旺盛，8～10 月达到繁殖高峰。因此，种子采集最佳季节为秋季，可直接采集中国川蔓草生殖株进行室内暂养，待种子成熟后进行收集，此外，还可在冬季直接筛洗沉积物中的种子。

Ⅰ）生殖株种子收集法

ⅰ）生殖株采集与运输

在不同水深中国川蔓草生境中，可采用不同的措施，进行生殖株采集。

1）当中国川蔓草海草床水深≤1m 时，可徒步进入草床，直接用筛子（孔径 0.5mm）轻轻横扫中国川蔓草冠层，大量带有中国川蔓草种子的果柄或花序轴即可落入筛子。此法获得的成熟种子比例较高，且对中国川蔓草海草床影响较小，尤其适用于种子大量成熟季节。

2）当中国川蔓草海草床水深＞1m 时，徒步进入中国川蔓草海草床有一定危险性，故可行船进入中国川蔓草海草床，控制船速，用网、筛、钩等工具捞或钩取冠层的生殖枝部分。此法适用于大面积草床种子采集，但易将植株连根带起，对草床影响较大，应控制采集量、避免过度干扰草床。

生殖枝采集完成后，宜尽量控干水分，装入泡沫箱内、加适量冰袋进行运输。

ⅱ）生殖株种子的收集

1）生殖枝的暂养。回到室内环境后，应将生殖枝尽快置于大体积海水水池（60L）中避光暂养。1m^3 海水水体（盐度为 33±5）暂养不超过 2kg 中国川蔓草植株。在暂养过程中，应保证每日换水、通氧，并充分搅动生殖株，以避免植株堆积、造成缺氧、引起种子腐烂。

2）生殖枝种子收集。至中国川蔓草植株完全衰败后，捞出腐败的茎枝叶片形成的较大碎屑团，然后快速搅动水池内的水体，细小植物碎屑和泥沙将会悬浮，缓慢倾倒，去除较小的植物碎屑和泥沙，重复上述操作，待杂质基本去除后，收集沉于池底的种子。用干净的海水将池底的种子单独进行再次筛洗，去除杂质。

捞出的碎屑团，也常挟带较多川蔓草种子，故需要对其进一步筛洗处理：将碎屑团置于水桶中，用干净海水冲洗，充分搅动，使缠绕打结的组织碎片分散；快速搅动至腐败组织充分悬浮，趁机将上层水体倒出，反复多次，至水体清澈，即可收集底部种子。

Ⅱ）底泥种子库收集法

在中国川蔓草花期结束，种子成熟脱落进入底泥后，挖取草床表层沉积物，以收集其中包含的中国川蔓草种子。由于该法需要消耗较大人力，且种子收集效率较低，因此该法仅适用于中国川蔓草海草床水体基本干涸或者水深较浅的情况，如果错过生殖枝收集，也可采用此法。

在中国川蔓草花期结束后，挖取表层 15cm 以浅的沉积物，先经过粗筛（2mm）和细筛（0.5mm）两道筛洗，去除较大和较细小的颗粒杂质，收集种子与相似粒径泥沙的混合物，然后将其置于桶内，用干净海水（盐度为 33±5）反复搅动筛洗，去除杂质，即可收集干净的中国川蔓草种子。

3）种子萌发技术

中国川蔓草种子萌发过程可以分为 5 个阶段（图 4.35）：阶段一，萌发开始，种子萌发瓣（germination valve）打开，伸出白色子叶（图 4.35a）；阶段二，子叶颜色变绿，开始伸长生长，（图 4.35b）；阶段三，第一片真叶长出，且出现根的分化，幼苗成功建成（图 4.35c）；阶段四，幼苗长出第二片真叶（图 4.35d）；阶段五，叶片继续伸长生长，根也分化出多根（图 4.35e）。

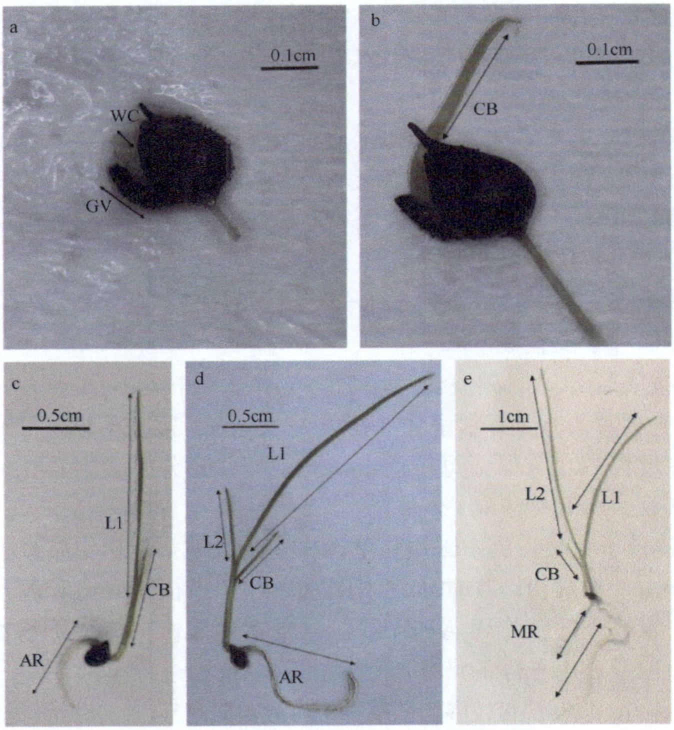

图 4.35　中国川蔓草种子萌发及建苗过程

GV. 萌发瓣；WC. 白色子叶；CB. 逐渐伸长变绿的子叶；L1. 第一片真叶；L2. 第二片分化叶；AR. 第一条根；MR. 分化出的多根

不同温度下，中国川蔓草种子具有三种不同的萌发模式：①较高温度下（22℃和30℃），种子立即萌发，萌发10d内，种子萌发量达到最高值（图4.36a、b）；②较低温度下（5℃、10℃和15℃），种子萌发出现一段时间的延迟，且温度越低，萌发延迟时间越长，例如，在5℃、10℃和15℃条件下萌发的种子分别在培养28d、12d和3d后萌发（图4.36c～e）；③在0℃环境中，种子不萌发（图4.37）。在高盐度环境下（40～50）种子萌发也出现了一定程度的延迟。其中30℃、5萌发条件下的中国川蔓草种子萌发率最高，达到73.08%±0.90%。

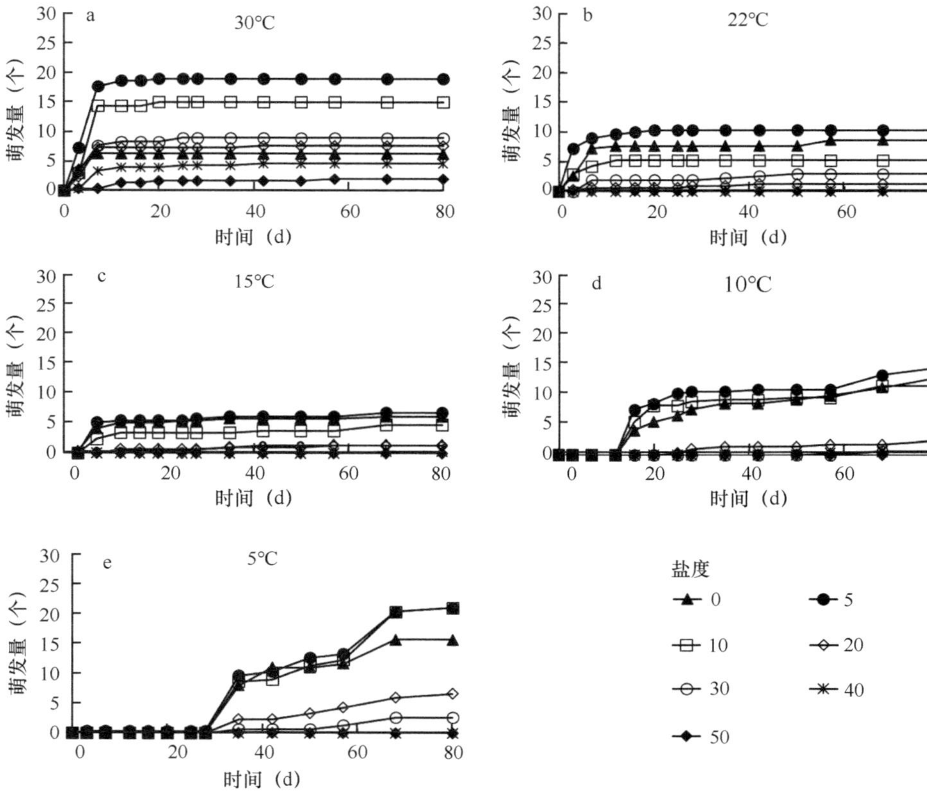

图4.36　中国川蔓草种子在不同温度、盐度环境中的平均累计萌发量

各处理组的标准差均低于该组平均萌发量的15%

经过0℃暴露的中国川蔓草种子转移至适宜萌发的温度环境（22℃）后，其累计萌发量显著高于未经0℃暴露的种子在相应盐度处理下的萌发量（图4.37），其中，经过0℃暴露的种子在20盐度环境中最高萌发率达到94.4%±1.11%。将从0℃转移至22℃的种子最终萌发情况与其他温度各盐度处理组种子的萌发情况进行对比，除50盐度处理外，发现转移后种子萌发情况显著优于对应盐度下未进

行温度转移的种子。故认为 0℃环境能抑制中国川蔓草种子萌发，但是一段时间的 0℃暴露可以提高中国川蔓草进入适宜萌发温度后的种子萌发率。

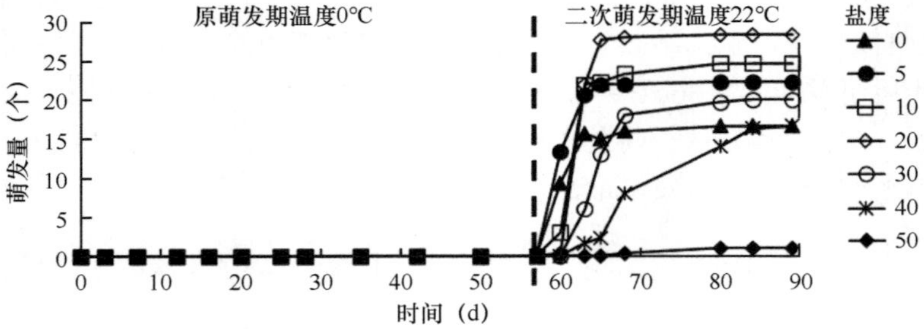

图 4.37　0℃温度下中国川蔓草种子的累计萌发量及该批种子转移至 22℃温度后的累计萌发量

中国川蔓草种子在低盐度环境（0～10）中萌发率较高，而在较高盐度环境（20～50）中萌发率较低。将 5℃和 10℃萌发环境中高盐度处理组中未萌发的中国川蔓草种子转移至 5、30℃环境中进行为期两周的二次萌发，发现最初置于 40～50 盐度环境中的中国川蔓草种子转移后的萌发率显著高于原置于 20～30 环境中的种子萌发率，故认为一定时长的高盐度暴露也能够显著提高中国川蔓草种子转移至适宜萌发环境后的萌发率（图 4.38）。

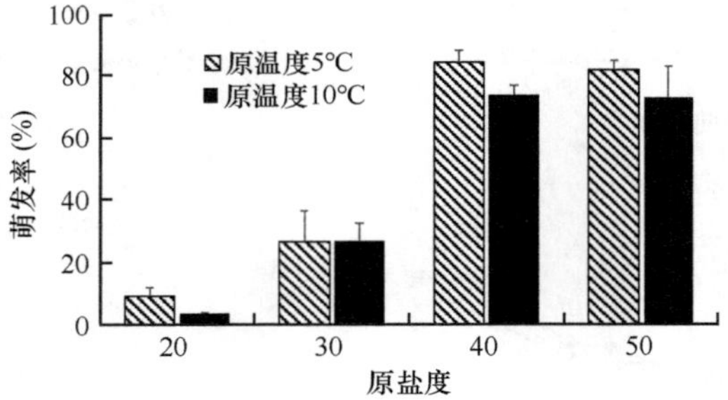

图 4.38　中国川蔓草种子转移至适宜萌发环境（盐度 5、30℃）后的萌发率（平均值±标准差）

通过观察中国川蔓草种子在 4 个适宜萌发条件（30℃、盐度 5，30℃、盐度 10，22℃、盐度 5，22℃、盐度 10）中的萌发建苗情况，总结出中国川蔓草在最适萌发、建苗环境中的生长特征。用种苗长度代表种苗生长状态，种苗越长代表该环境越适宜种苗生长。实验结果显示（表 4.14），30℃温度条件下生长的中国川蔓草种苗长度显著大于在 22℃环境中的种苗长度（F=12.65，Df=135，P<0.001），而同一温度条件下，不同盐度中的幼苗长度无显著差异，故认为在适宜中国川蔓草种子萌发和幼苗生长的环境条件下，影响幼苗建苗成功的关键环境因子为温度，在 5～30℃，温度越高，幼苗建苗效果越好。例如，萌发第 3 天，30℃温度条件下种子进入萌发

第二阶段（图 4.35b），而 22℃种子仍停留在萌发第一阶段（图 4.35a）。综上所述，环境温度 30℃、盐度 5～10 为中国川蔓草幼苗建苗及生长的最适条件。

表 4.14　中国川蔓草种子萌发率和种苗形态变化

时间	指标	30℃		22℃	
		盐度 10	盐度 5	盐度 10	盐度 5
第 1 天	萌发率（%）	开始萌发	—	—	—
第 3 天	萌发率（%）	55.13±4.01	67.95±1.11	16.67±2.00	34.62±2.55
	其他形态变化	阶段二	阶段二	阶段一	阶段一
第 5 天	萌发率（%）	55.13±4.01	71.80±1.11	20.51±2.78	37.18±2.78
	苗长（cm）	$1.27±0.05^a$	$1.21±0.04^a$	$0.52±0.06^b$	$0.55±0.03^b$
	其他形态变化	阶段二	阶段二	阶段一和阶段二	阶段一和阶段二
第 7 天	萌发率（%）	55.13±4.01	71.80±1.11	20.51±2.78	37.18±2.78
	苗长（cm）	$2.47±0.13^a$	$2.64±0.10^a$	$1.11±0.12^b$	$1.06±0.08^b$
	其他形态变化	阶段二和阶段三	阶段二和阶段三	阶段一和阶段二	阶段一和阶段二
第 9 天	萌发率（%）	55.13±4.01	71.80±1.11	20.51±2.78	37.18±2.78
	苗长（cm）	$2.72±0.16^a$	$3.08±0.13^a$	$1.49±0.18^b$	$1.50±0.12^b$
	其他形态变化	阶段三和阶段四	阶段三和阶段四	阶段一和阶段二	阶段一和阶段二
第 11 天	萌发率（%）	55.13±4.01	71.80±1.11	20.51±2.78	38.46±3.33
	苗长（cm）	$3.01±0.16^a$	$3.16±0.12^a$	$2.03±0.19^b$	$1.82±0.17^b$
	其他形态变化	阶段四和阶段五	阶段四和阶段五	阶段三和阶段四	阶段三和阶段四
第 13 天	萌发率（%）	57.70±4.19	73.08±0.96	20.51±2.78	39.75±3.09
	苗长（cm）	$2.95±0.18^a$	$3.2±0.12^a$	$2.16±0.20^b$	$2.04±0.17^b$
	其他形态变化	阶段四和阶段五	阶段四和阶段五	阶段三至阶段五	阶段三和阶段四
第 15 天	萌发率（%）	57.70±4.19	73.08±0.96	20.51±2.78	39.75±3.09
	苗长（cm）	$2.96±0.19^a$	$3.45±0.12^a$	$2.33±0.22^b$	$2.10±0.20^b$
	其他形态变化	阶段四和阶段五	阶段四和阶段五	阶段三至阶段五	阶段三至阶段五

注：不同的字母 a、b 代表同一观察时间不同处理组中苗长差异显著（$P<0.05$）

黄河三角洲地区中国川蔓草海草床常于夏季和冬季干涸，植株暴露于干燥空气中（图 4.39）。实验室短期干燥实验结果显示，干燥暴露时长和暴露温度均显著影响中国川蔓草种子活力（图 4.40）。中国川蔓草种子短期暴露于–10℃的干燥环境后，种子依然具有活力，但种子在极端低温（低于–27℃）环境下暴露 2h 后，转移至适宜萌发环境（盐度 2，26～30℃）的萌发量显著降低（图 4.40）。故认为极端低温、干燥环境会降低中国川蔓草种子活力。

对两种不同形态的中国川蔓草种子（大种子和小种子）进行短期干燥（7d）后，在 30℃、盐度 5 条件下萌发后发现，两种种子的萌发率无显著差异（$P>0.05$），故认为两种不同形态的中国川蔓草种子对短期干燥暴露的耐受能力无显著差异。

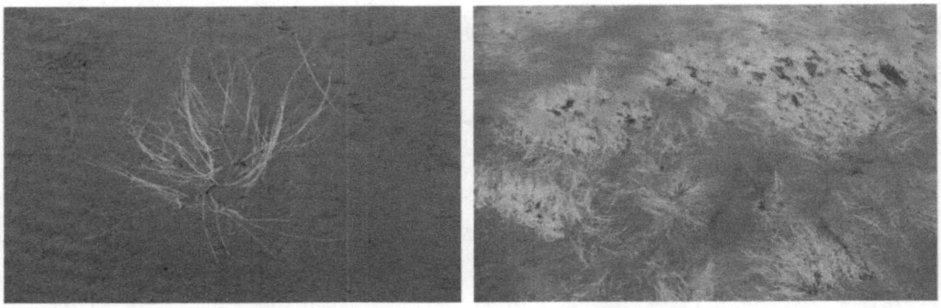

图 4.39　黄河三角洲地区中国川蔓草及种子干燥暴露

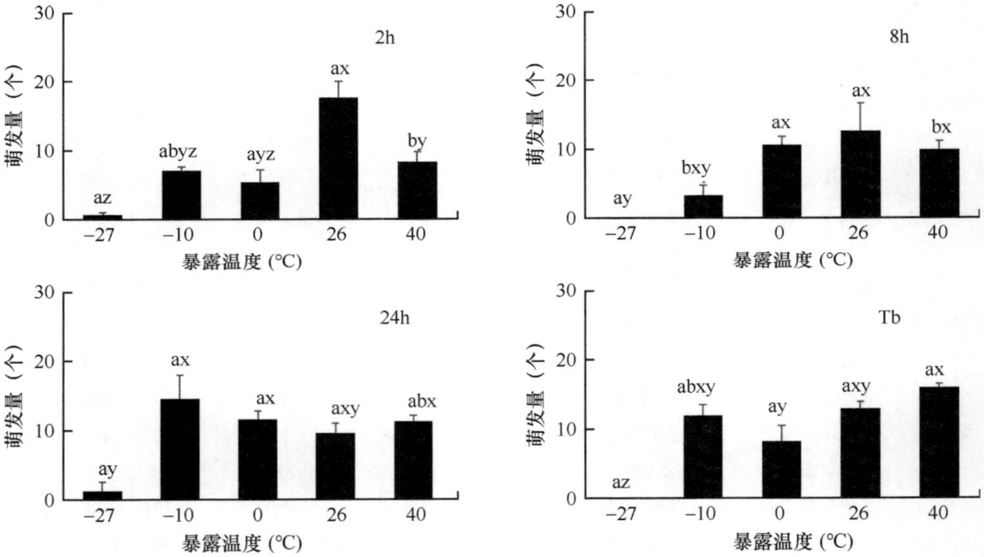

图 4.40　中国川蔓草种子经过短期干燥暴露后在盐度 2、室温（26～30℃）环境下的萌发量（平均值±标准误差）

不同字母 a、b、c 代表干燥暴露于同一温度下、不同暴露时长处理种子萌发量具有显著差异；不同字母 x、y 代表同一暴露时长下不同暴露温度处理种子萌发量具有显著差异（$P<0.05$）

4）种子库构建技术

Ⅰ）中国川蔓草种子湿法保存

湿法保存是指在海水中进行种子保存的方法。温度和盐度是湿法保存的重要影响因素。温度 0℃条件下中国川蔓草种子可长期保存。温度 4℃能短期抑制中国川蔓草种子萌发，但 3 个月后盐度≤50 的种子库均出现不同程度的萌发损失，且盐度越低损失率越高（图 4.41）。在 3 个月和 9 个月时，分别检测各组剩余种子的活力，除 4℃、盐度 10 组外，两次检验各组的种子活力均>65%，且各盐度梯度间无显著差异。综上，0℃和盐度 30～40 是中国川蔓草种子湿法保存的最佳温盐条件（图 4.42）。

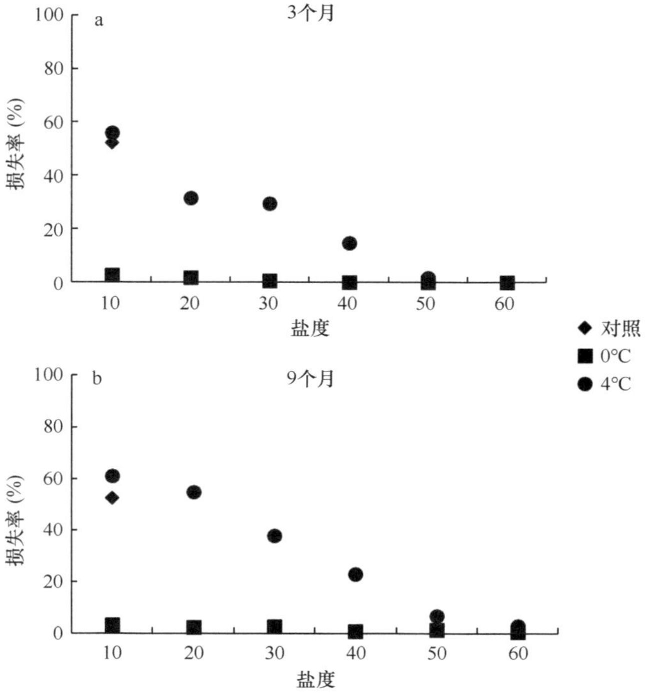

图 4.41　中国川蔓草种子在不同温度、盐度条件下长期湿法保存的损失率

对照组中的种子保存于盐度 10、室温（10～25℃）条件下

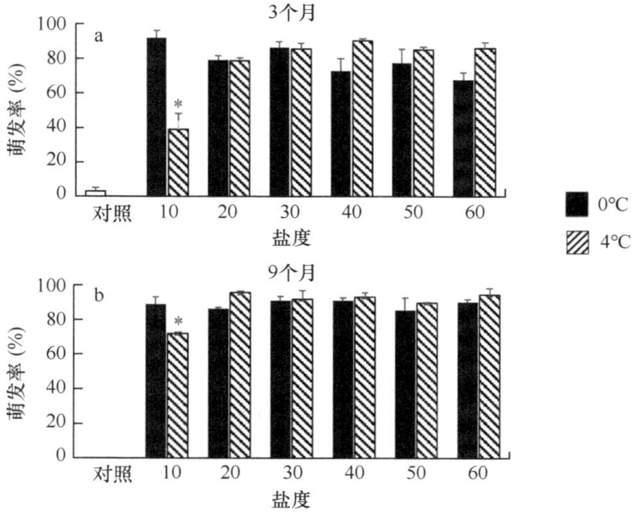

图 4.42　在不同温度、盐度条件下湿法长期保存 3 个月（a）和 9 个月（b）后中国川蔓草种子的萌发率

*表示同一盐度、不同温度条件下种子活力具有显著差异。对照组种子保存条件为盐度 10、室温（10～25℃）

Ⅱ）中国川蔓草种子干法保存

与其他海草不同，中国川蔓草可耐受一定程度的干燥条件（相对湿度33%±10%），且耐受温度范围较大。在干燥和不同温度（–10～40℃）条件下短期保存（2h 至 7d），中国川蔓草种子活力在各温度梯度间无显著差异，但极端低温（–27℃）会迅速（≤24h）降低中国川蔓草种子活力。但干燥保存 9 个月后，在 5℃和 22℃温度条件下的种子活力分别为 74.22%±2.22%和 63.91%±7.21%，与未经过长期保存的种子在最适萌发条件下的萌发率无显著差异（图 4.43）。并且，干燥保存过程中无须换水，极大地节约了人力成本，因此干燥保存是一种较为简便的中国川蔓草种子保存方法。

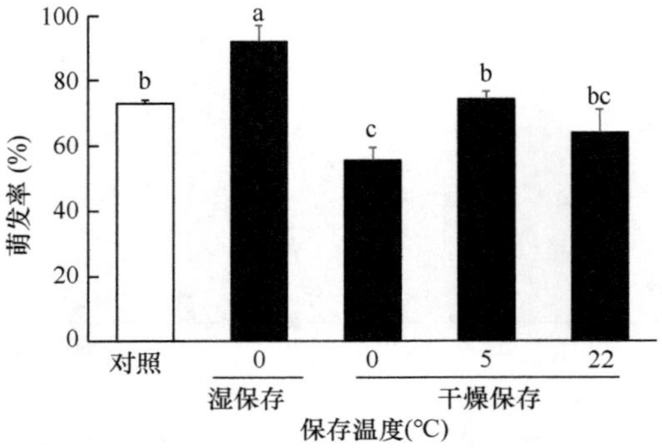

图 4.43　中国川蔓草种子在不同温度下干燥保存和 0℃湿保存 9 个月后的萌发率

对照组表示在该萌发条件下未经长期保存的中国川蔓草种子的萌发率。不同的字母 a、b、c 代表不同处理组间差异显著（$P<0.05$）。所有种子萌发条件均为中国川蔓草最适萌发条件（30℃、盐度 5）

（三）黄河三角洲海草床综合修复技术

长期以来，海草床在海洋中的重要作用始终未得到足够的重视，全球海草床不断衰退和消失。近年来，受互花米草入侵、海岸建设、陆源污染和渔业养殖等的影响，黄河三角洲海草发生严重退化。在充分掌握海草床退化机制的基础上，开展退化海草床修复技术研究，研发适宜的修复治理技术，以解决黄河三角洲海草床严重退化的难题。

1. 黄河三角洲日本鳗草面临的主要威胁

近年随着研究的日趋增多，黄河三角洲的海草床及其重要的生态功能才逐渐为人们所知。同我国大部分地区一样，由于长期缺乏对海草床重要性的认知，黄河三角洲的海草床生境已遭受大面积的破坏，并面临着严重威胁。海草床生境的主要威胁来自人类活动，极端天气等自然因素也会造成一定影响（图 4.44）。

图 4.44　黄河三角洲日本鳗草海草床面临的主要威胁

a. 堤坝建设；b. 码头作业；c. 人类挖捕活动；d. 互花米草入侵

1）海岸工程建设活动

改革开放以来，沿海的海岸建设活动越来越频繁，围填海、码头作业、防波堤建设及石油开采配套的钻井平台和道路建设等工程作业极为普遍，这些活动不仅可能直接侵占海草床生境，还可能影响周边适宜的海草生存条件。例如，围填海、码头作业、航道疏浚等活动的直接效应就是造成海草被直接清除或掩埋，导致海草床区域性灭绝，同时水体悬浮物增加、水体浊度上升、悬浮泥沙附着在海草叶片表面，则直接影响海草的光合作用，且退潮后在太阳暴晒下泥沙温度迅速升高，造成海草灼伤；自然岸线被建筑物所取代，也可能引起海平面升高、水动力改变，进而导致海草因不适宜的水深或水动力条件而退化；此外，码头船只长期停泊遮挡光线，油污泄漏漂浮或吸附于叶片表面，均会影响海草的光合作用。

2）渔业养殖活动

潮间带养殖池塘建造也会直接侵占海草床生境，对海草床破坏极大。潮间带渔业采挖活动，如利用铲子或耙子采挖蛤仔、泥螺等活动，直接折断海草的根茎或将海草连根翻起；通过船只吸沙方式采集贝类的活动，直接将海底一定深度内的底质完全吸起后重新释放，底质环境剧烈改变，水体悬浮物剧烈增加，对包括海草在内的各种底内、底上生物均造成毁灭性影响，多处海草床均存在过或者仍存在此种作业方式。

3）陆源污染

由于人口和经济的增长，陆源污染也是海草床面临的主要威胁之一。黄河径流挟带污染物入海，造成水体浊度升高、重金属等污染物超标（Lin et al.，2016a）。一方面，悬浮物入海造成海水浑浊，悬浮泥沙附着在海草叶片表面，影响海草的光合作用；另一方面，重金属对海草的叶绿体和类囊体膜有破坏作用，降低叶绿素的合成，阻断电子传递体的电子传递，影响海草的光合作用。

4）互花米草入侵

互花米草入侵已经成为我国南北方普遍面临的问题。在黄河三角洲沿海，互花米草已经成为潮间带海草床的重要威胁。尤其是在黄河三角洲国家级自然保护区内，人类活动相对较少，海草床面积快速减小的主要威胁即来自互花米草的入侵。互花米草冠层高大、根系深而发达，以绝对竞争优势快速扩展，不断侵蚀海草床，且互花米草的治理迄今仍是一个难题。

2. 黄河三角洲浅水海域互花米草对海草床的冲击及治理技术

互花米草（*Spartina alterniflora*）隶属于禾本科（Poaceae）米草属（*Spartina*），是一种多年生草本植物，原产于加拿大至阿根廷的美洲大西洋沿岸（Meng et al.，2020），具有广盐性、高适应性、繁殖能力强等生态学特点（Simenstad and Thom，1995；Levine et al.，1998；Qin et al.，1998；Crooks，2002；Chung et al.，2004；Zhang et al.，2004；Chung，2006；Huang and Zhang，2007）。

1）互花米草入侵的危害

为减缓海岸线侵蚀，互花米草已经被引入欧洲、北美洲、亚洲多个国家及澳大利亚（Maricle and Lee，2002）。1979 年 12 月，互花米草被引入我国（Chung，1993），1980 年在福建省罗源湾试种成功，之后向全国各沿海地区推广（刘明月，2018）。因强大的竞争和繁殖能力，其在我国的分布面积以惊人的速度增加。1985 年，我国互花米草的总面积约为 260hm^2（Meng et al.，2020）。2003 年，互花米草被我国国家环境保护总局列为入侵物种。如今，我国互花米草分布总面积已高达 50 000hm^2（Meng et al.，2020）。

作为一种生物入侵者，互花米草与原生植物竞争，威胁生态系统和沿海水产养殖，并可能导致当地生物多样性下降（图 4.45）（Brusati and Grosholz，2007；Callaway and Josselyn，1992；Daehler and Strong，1996；Zuo et al.，2012）。在威拉帕湾（Willapa Bay）和旧金山海湾的研究表明，互花米草强烈排斥鳗草、盐角草、海韭菜、叶米草和 *Jaumea carnosa* 等土著植物（Corkhill，1984；Scholten and Rozema，1990；Callaway and Josselyn，1992；Simenstad and Thom，1995；Daehler and Strong，1996）。在我国，互花米草的引入导致崇明岛东滩本地种海三棱藨草的丰度、盖度、种子和球茎产量显著降低，并可能导致该地鸟类多样性减少（Chen et al.，2004）。由于互花米草的扩张，盐城沿海滩涂本地植物数量迅速减少，生境发生剧烈改变，可能导致越冬鸟类急剧减少（Liu et al.，2013a）。在我国温州湾，大型底栖动物群落的生物多样性在互花米草入侵早期增加，而在中后期显著减少（Ge et al.，2012）。互花米草对促淤保滩具有一定作用（王卿等，2006），但泥沙快速淤积会妨碍潮沟和水道畅通，影响潮水正常流动（Hubbard，1965），导致一些地区（如旧金山海湾）航道、防洪潮沟被堵塞（Daehler and Strong，1996）。

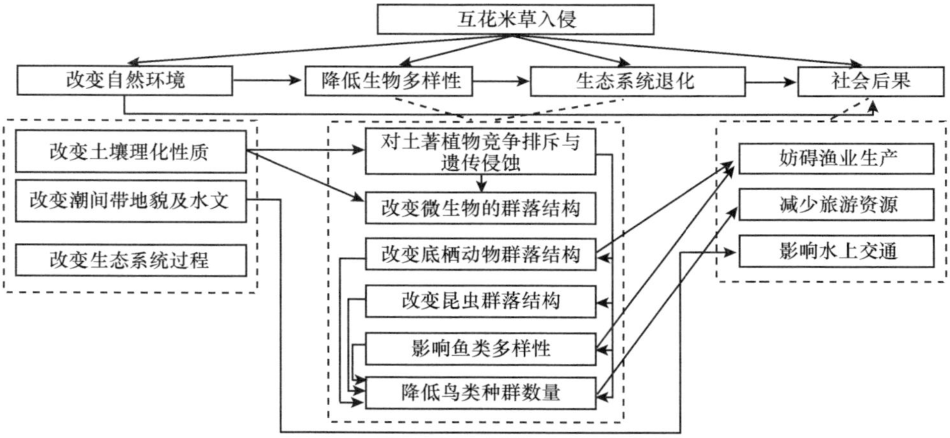

图 4.45　互花米草的入侵后果（王卿等，2006）

2）互花米草入侵现状及对海草的影响

由于黄河来水来沙量的锐减（孙卫东和彭子成，1996；张晓龙和李培英，2008）和地面沉降（赵全基，1992），现代黄河三角洲大面积区域发生不同程度的侵蚀。为减缓海岸侵蚀，1990 年黄河三角洲孤东采油区北侧五号桩附近引种了互花米草。Ren 等（2019）基于遥感和 GIS 技术，分析了互花米草在现代黄河三角洲的发展和变迁。1999 年，在遥感图像中观测到了面积约为 1.56hm^2 的互花米草，分布于五号桩附近。2008 年，在黄河三角洲北岸发现互花米草 0.72hm^2；2011 年，在黄河三角洲南岸发现互花米草 1.61hm^2。自 2008 年起，虽然五号桩附近的互花米草分布面积逐渐减小，但是 2011 年以后其在黄河三角洲却以惊人的速度扩张。2011～2017 年，互花米草分布面积每年约增加 528.57hm^2，2018 年新定植的面积甚至达到了 2011 年的 12 倍。2018 年，其分布面积已经增加至 4005.89hm^2（图 4.46）（Ren et al.，2019）。

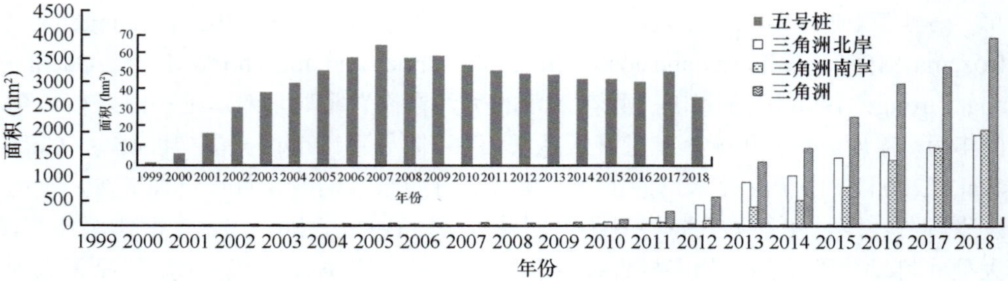

图 4.46　黄河三角洲互花米草分布面积变化（Ren et al.，2019）

在黄河三角洲，互花米草和日本鳗草之间存在生态位重叠现象（图 4.47）。其入侵对本土植物、鸟类和部分底栖动物等生存造成了严重威胁。在黄河三角洲孤东海堤旁潮间带，日本鳗草原是群落中的优势种，自 2015 年观测到若干丛（总面积＜$100m^2$）互花米草至今，当地群落结构发生了巨大变化，互花米草严重侵蚀了日本鳗草的栖息地（图 4.47），2016 年互花米草面积约为 $1.25hm^2$，2019 年急剧扩增至 $5.16hm^2$。

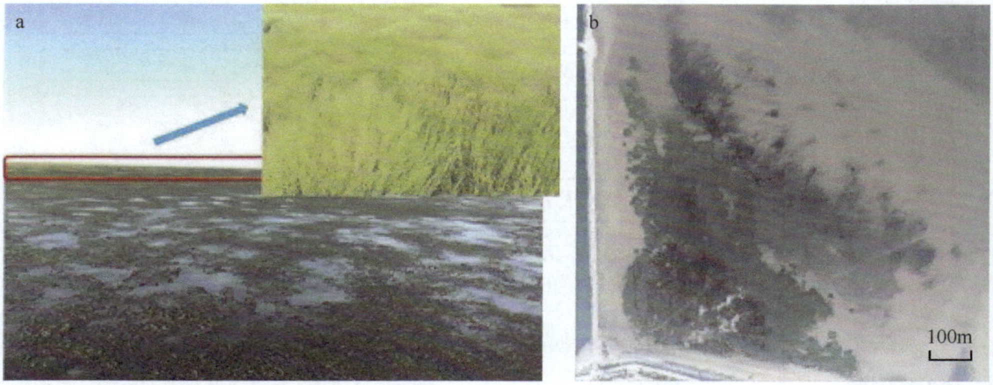

图 4.47　互花米草入侵日本鳗草海草床(a)与孤东海堤旁互花米草入侵日本鳗草海草床现象(b)

在现场调查中发现，沿着向海方向（站位 1 至站位 11），日本鳗草生物量大体上逐渐增加，互花米草呈不规则分布，生物量存在起伏变化，并且其种苗向日本鳗草栖息地内扩散的程度高（图 4.48）。在 3 个月之后的再次调查发现，原先分布有日本鳗草的 3、4 站位，已经无日本鳗草分布；原先无互花米草分布的 9、10 站位，现在已经有互花米草分布（图 4.49）。因此，可以得出在 3 个月的时间内，互花米草向日本鳗草分布区推进了 14m。根据现场调查，确定互花米草主要依靠种子进行远距离扩散，种子产生后，随水流扩散至海草床内萌发建苗，单独一棵种苗可通过克隆繁殖形成圆形斑块，最终不同斑块不断扩展形成连片分布，不断吞噬日本鳗草海草床。

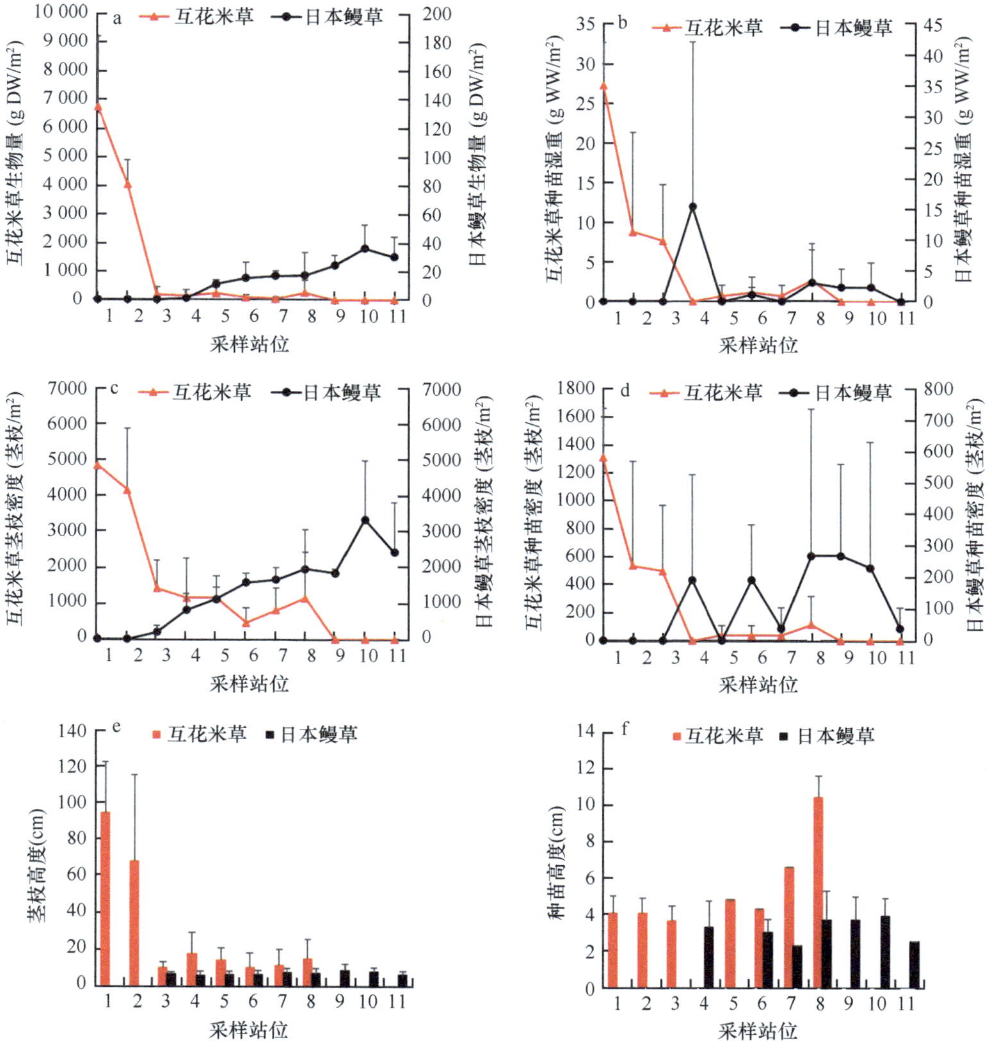

图 4.48　互花米草和日本鳗草沿向海断面的生物学特征变化（2019 年 4 月）

互花米草入侵早期，与日本鳗草共同存活，形成了独特的交错带景观。在黄河三角洲孤东海堤旁潮间带，按照植被差异，可分为互花米草分布区、交错带、日本鳗草分布区和裸露泥滩。在互花米草分布区内部、边缘和交错带内，去除互花米草后移植日本鳗草，发现在交错带内的日本鳗草生长良好，而另外两个区域内日本鳗草的生物量、茎枝密度和高度等均明显减小，生长受到严重抑制（图 4.50）。三个区域分别象征着互花米草入侵的末期、中期和早期，移植实验更加证明了互花米草的入侵优势。

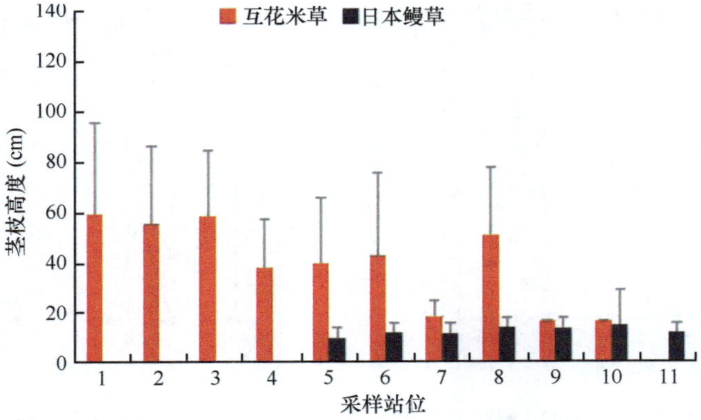

图 4.49　互花米草和日本鳗草茎枝高度沿向海断面的变化（2019 年 7 月）

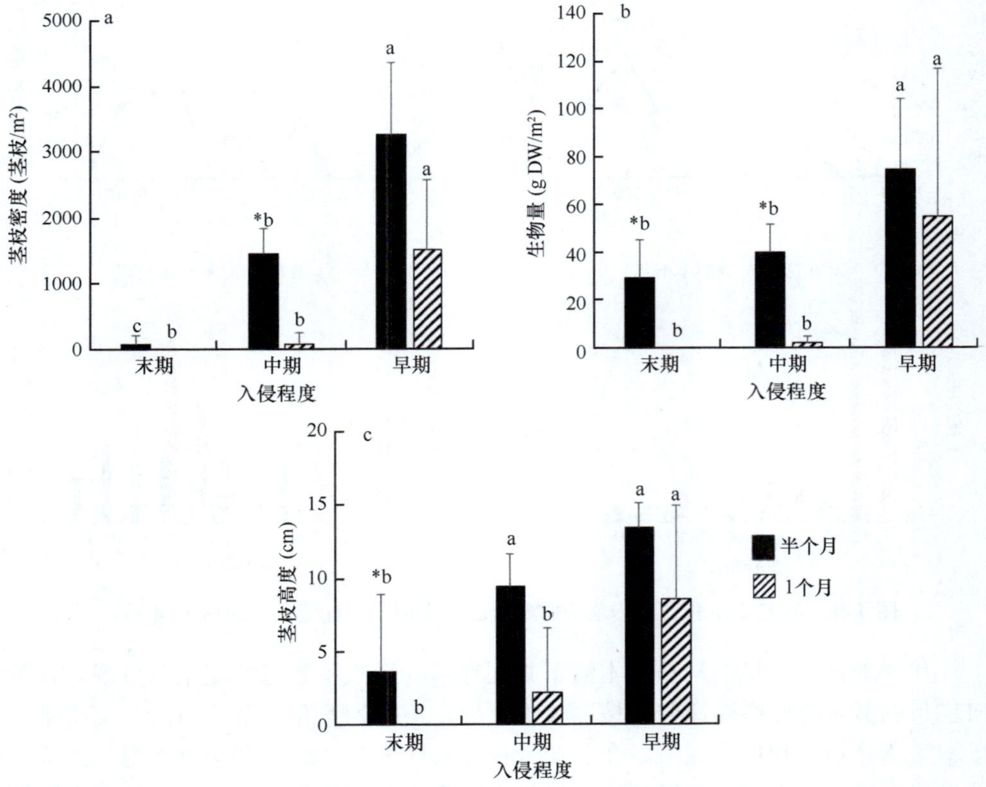

图 4.50　不同互花米草入侵程度日本鳗草的生长差异

海草床是多种海洋生物的栖息地、产卵场和育幼场，能够平稳水流，改善养分循环和食物网结构，并能够稳定底泥沉积物（Costanza et al.，1997；Jackson et al.，2001；Barbier et al.，2011；Liu et al.，2013；Nordlund et al.，2018；Unsworth et al.，2018）。互花米草的入侵可能会减弱日本鳗草海草床的生态功能。在上海崇明岛湿地，互花米草群落内鸟类丰度远低于原生芦苇群落（Meng et al.，2020）。黄河三角洲国家级自然保护区内大面积的浅海滩涂和沼泽，以及丰富的湿地植被和水生生物资源，为鸟类的繁衍生息、迁徙越冬提供了优良的环境，是东北亚内陆和环西太平洋鸟类迁徙的重要驿站，是鸟类南迁北移、东西迁徙的重要中转站和越冬栖息地。在这里分布有许多珍稀濒危鸟类，如丹顶鹤（*Grus japonensis*）、白琵鹭（*Platalea leucorodia*）和东方白鹳（*Ciconia boyciana*）等。密集的互花米草会成为鸟类与其食物资源之间的“隔离带”，这可能会降低保护区内鸟类的多样性。海草床生态系统能够捕获和存储大量的碳，是“蓝碳”的重要组成部分之一（Prentice et al.，2020）。互花米草入侵盐地碱蓬和芦苇群落后，表层 0～30cm 沉积物中的有机碳含量显著增加（Yang et al.，2013）。因此，在互花米草入侵后，埋藏在日本鳗草海草床内的有机碳含量可能会发生变化。

3）互花米草防治技术

目前，互花米草防治方法主要有物理防治、生物防治、生物替代、化学防治和综合防治等（Grevstad et al.，2003；李贺鹏和张利权，2007；Li et al.，2009；覃盈盈和梁士楚，2008；Chen et al.，2014）。物理防治主要是通过人工或机械设施，采用刈割、淹水、火烧、翻耕和碎根等物理手段控制互花米草的生长与繁殖，缺点在于人力消耗巨大（平原和张利权，2010；谢宝华等，2018）；生物防治技术尚不成熟，而且有可能引入新的物种，可能会引起新的生物入侵现象（林嵩，2012；杨东和万福绪，2014）；生物替代是根据植物群落演替的规律，由竞争力强的本地植物取代外来入侵植物，但在特定地区找出快速、有效、安全的替代种以及防除方法仍是个难题（平原和张利权，2010）；化学防治是使用除草剂灭除互花米草植株，见效较快且经济成本较低，但是存在污染环境、威胁本地生物等风险（谢宝华和韩广轩，2018）。综合防治是将上述几种方法相互结合，形成防治效果更好的技术体系。当前应用较多的是物理防治和生物防治相结合进行治理（王洁等，2017）。

为优化互花米草物理防治技术，并为综合防治提供技术支撑，设计制作了厚度为 1cm 的 PVC 板（1m×1m）和直径 1cm 的 U 形铆钉（直径 1cm，长度 50cm）（图 4.51），PVC 板四角钻孔以供 U 形铆钉穿过。在互花米草分布区内，选定 16m×2m 区域，割除互花米草后，加盖 PVC 板，并将相邻板块用 U 形铆钉固定。一年后发现，PVC 板能够抵御风浪，并且盖板区域互花米草生长被遏制（图 4.52）。这一新型技术可与生物防治技术相互结合，在初步遏制互花米草生长后，可尝试移植其他本地盐生植物，从而实现原生植物的重新定植。

图 4.51 互花米草防治盖板（PVC）与 U 形铆钉（可回收）

图 4.52 互花米草物理防治实践

3. 黄河三角洲浅水海域日本鳗草海草床综合修复技术

1）海草修复方法

由于自然条件的变迁和人类活动的干扰，海草床退化趋势日趋加剧。自 1879 年海草有记录以来，已经有 29%的海草资源（超过 51 000km^2）消失，资源消失速度从 1940 年的 0.9%升高到 7%，并且仍在加剧（Waycott et al.，2009）。其退化的原因主要有：风暴潮、台风浪冲刷海草，将海草连根拔起或冲刷滩涂中的泥沙掩埋海草，对海草造成破坏；海平面的上升、海水温度的变化影响海草床的稳定，对海草床造成一定程度的破坏；人类活动如海水养殖、围网捕捞、填海、溢油、船舶活动、人为污染与开挖航道等提高了水体的浑浊度，导致藻类的过量繁殖，最终造成了海草的消亡，直接和间接地导致了海草床的衰退。当前，海草保护和修复是海草研究最迫切的任务和目标。

现行海草恢复工程形式多样，手段也各有不同，但总体上可以归为三类，即自然恢复法、移植法和种子法。移植法和种子法分别以地下茎和种子为前提（Fishman and Orth，1996）。而海草床的自然恢复是通过有性繁殖和无性繁殖共同完成的。

自然恢复法只利用海草的自然恢复力，而不需要大量的人力、物力投入，但是需要很长的时间，Vaudrey 等（2010）通过对美国芒福德湾（Mumford Cove）长期跟踪监测发现，通过对海湾进行机械清除污水，控制营养盐输入，十几年的时间该区域通过自然恢复重新回到了以鳗草为优势种的生态系统。

移植法是在适宜生长的海域直接移植海草幼苗或成熟植株（张沛东等，2013），通常是将海草成熟的单个或多个茎枝与固定物一起移植到新生境中，使其在新的生境中生存繁殖，最终建立新的海草床的方法。根据海草移植方式和数量不同，移植法分为草块法和根茎法。在某些情况下，甚至直接移植海草床草皮，但是这种移植方式需要的海草资源量较大，对原海草床的破坏较大。根茎法需要的海草资源量较少，是一种有效且合理的恢复方法，移植后海草具有较高的成活率。根茎法包括直插法、枚钉法、绑石法、框架法等。由于移植单元与框架结构之间的绑缚材料具有可降解的功能，框架结构可以回收再利用，该方法对海草单元的固定较好，移植成活率高，缺点是框架的制作与回收增加了移植和劳动成本。

一般而言，移植法的优点是成活率较高，但缺点是人工成本较高（常常需要潜水移植），存在需要耗费大量劳动成本的问题。近年来，国内也进行了一系列海草移植方法的研究。中国科学院海洋研究所周毅研究员团队提出的根茎棉线（或麻绳）绑石法（图 4.53），简便易行（刘鹏等，2013；Liu et al.，2019；Zhou et al.，2014）。由于海草生长呈现明显的季节性，移植海草的存活和生长很大程度上受制于移植的时间。移植的最佳时间一般是在海草生长低谷之后，在下一个生长低谷到来前有最长的时间来生长扩张，如分布于温带海域的鳗草最佳的移植时间一般为春季和秋季。进行海草移植时，需要进行适宜性评价，最好选择历史上有海草分布而现在退化的海区，这样可以提高移植的成活率。同时，还需要考虑水体流动、底质运动及人为活动等因素，确保移植后海草不会被水流冲走、沙子掩埋或者人为破坏。

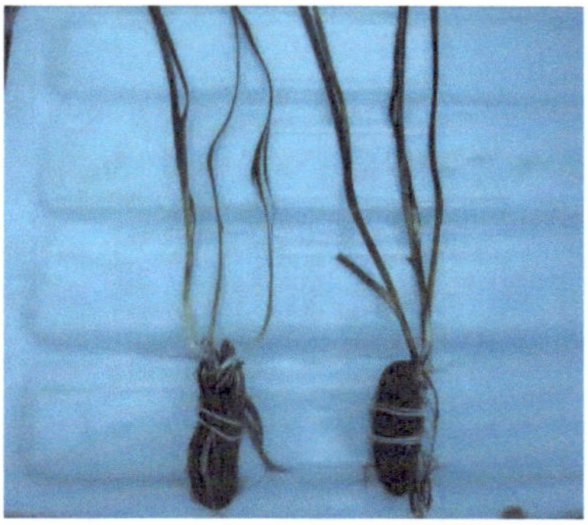

图 4.53　鳗草根茎棉线（或麻绳）绑石法移植单元

种子法是利用种子来恢复和重建海草床，不但可以提高海草床的遗传多样性，同时海草种子具有体积小易于运输的优点，而且收集种子对原海草床造成的危害相对较小，因此利用种子进行海草修复逐步发展成为海草床生态修复的重要手段。美国学者研发了一种播种机，将鳗草的种子比较均匀地散播在底质 1～2cm 深处，提高了播种效率（Orth et al.，2009）。种子法的优点是不破坏原有的海草床，一旦收集到足够的种子，就可以很快地大面积播种。但是如何有效地收集种子和保存种子，如何寻找合适的播种方法和适宜的播种时间，是种子法恢复海草床的难点。

近年来，国内一些学者对鳗草和日本鳗草的有性繁殖特征（Xu et al.，2018；Zhang et al.，2020）、种子萌发条件（Xu et al.，2016；Gu et al.，2018b；Yue et al.，2019b）、种子保存方法（Xu et al.，2019；Yue et al.，2019a）等进行了比较多的研究。还有研究者发明了蛤蜊播种技术，将种子采用糯米糊粘在蛤蜊贝壳上，随蛤蜊穴居被埋入底质，种子成苗率为23.2%（Zhang et al.，2015a）。

2）三角洲日本鳗草修复技术

周毅等对黄河三角洲日本鳗草的移植修复方法进行了试验研究（图4.54），提出了适合该海域的移植修复策略，该海域日本鳗草最适宜移植时间为每年的6～7月；该研究还优化了日本鳗草根部固定移植方法，提高了移植效率，并初步移植修复了退化日本鳗草海草床100hm^2。

图4.54　日本鳗草现场移植

4. 黄河三角洲咸水池塘海草床构建技术

在黄河三角洲海水养殖池塘尾水排放区，进行海草床构建，以净化处理水产养殖排放的尾水。在试验区挖筑3个30m×30m实验池，并埋设进排水设施（图4.55）。分别于黄河口潮间带与盐碱地咸水水塘采集日本鳗草与中国川蔓草，将日本鳗草带泥草皮、中国川蔓草无泥植株运至实验地。将两种海草植入湿软实验池底，加入0.5m深的海水，进行人工池塘海草床构建（图4.56）。

图 4.55　黄河三角洲海水养殖区海草床构建实验池建设

a. 海水养殖池塘；b. 受养殖活动污染的池塘底质；c. 实验池挖筑；d. 建成的实验池

图 4.56　构建的黄河三角洲池塘海草床

三、近江牡蛎礁修复技术

目前，对牡蛎礁现状和修复的评估内容，主要体现在牡蛎礁的经济效益与生态功能方面，包括环境理化因子和生物指标等其他指标。通过对各项指标的测定，来反馈牡蛎礁的生态情况和恢复效果。Black（2011）在美国北卡罗来纳州测定牡蛎礁的环境参数，包含温度、盐度、溶解氧和浊度等，通过牡蛎礁中牡蛎密度和大小及相关动物群落结构等来评价修复成功与否；Megan 等（2014）研究了美国路易斯安那州牡蛎礁修复工程中多个生态系统服务在时间尺度上的发展，认为牡蛎礁的恢复效果与牡蛎的生长发育程度有关，其生长取决于当地的环境条件。

可持续发展对人工湿地至关重要，生态系统稳定性和抗干扰性主要取决于生物多样性和丰富度。牡蛎礁底栖环境中的主要动物类群为大型底栖动物，其对环境扰动具有较强的敏感性，被作为评价牡蛎礁生态健康的有效生态指标。因此，可利用大型底栖动物多样性指数（香农-维纳多样性指数、物种均匀度指数和物种丰富度指数）评价牡蛎礁的健康状况。牡蛎礁不仅为大型底栖动物创造相对安全的生活环境，还促进了其多样性发展。Lv 等（2016）多次对长江口牡蛎礁进行大型底栖动物多样性调查，结合历史数据发现其多样性经过大的波动以后呈现稳定的趋势；人工牡蛎礁提高了大型底栖动物的多样性，建立自然保护区有效地维护了牡蛎礁的可持续发展。

（一）近江牡蛎礁现状调查

1. 礁体牡蛎种群现状

牡蛎礁是由牡蛎长时间堆积形成的天然礁体，其主要分布在温带河口区。牡蛎礁不仅能够提供高效的经济和药用价值，还能够保持生态系统稳定性，具有净化水质、提供栖息地和稳定海岸线等生态功能。牡蛎礁既可以存在于潮间带，又可以出现在潮下带。

活体牡蛎礁广泛分布于中国沿海地区，不同区域牡蛎礁内的牡蛎种类各式各样，如渤海湾浅海活牡蛎礁内分布有长牡蛎（*Crassostrea gigas*）、大连湾牡蛎（*Ostrea talienwhanensis*）和密鳞牡蛎（*Ostrea denselamellosa*）；江苏小庙洪牡蛎礁的牡蛎品种主要为近江牡蛎（*Crassostrea ariakensis*）、熊本牡蛎（*Crassostrea sikamea*）和密鳞牡蛎（*Ostrea denselamellosa*）；福建深沪湾牡蛎礁内主要存在长牡蛎（*Crassostrea gigas*）和近江牡蛎（*Crassostrea ariakensis*）。

研究表明，我国渤海湾活牡蛎礁主要分布范围为 39°7′30″～39°10′36″N、117°55′18″～117°59′36″E。该区域面积共约 35km^2，底质以砂质为主。以东营垦利近江牡蛎礁为研究对象，发现牡蛎礁斑块分布比较集中，总面积为 0.24km^2，主要礁区所占的比例约为95.8%。近江牡蛎平均壳长为22.83cm，平均壳高为9.75cm。大多数近江牡蛎埋栖于海底生长，平均埋栖深度为12.23cm（图4.57）。线粒体16S rDNA序列分析结果表明，构成东营垦利牡蛎礁的牡蛎种类为近江牡蛎（*Crassostrea ariakensis*），且种类较为单一。东营垦利近江牡蛎春季（4月）和秋季（9月）肥满度分别为21.80%和21.66%，不存在显著差异。然而，在调查过程中未发现近江牡蛎幼体，这表明近江牡蛎幼体补充可能受到影响。通过对大型底栖动物进行鉴定，该海域大型底栖动物的主要类型为软体动物和多毛类（图4.58），各站位的生物量和丰度在2018年4月和9月均无显著差异。

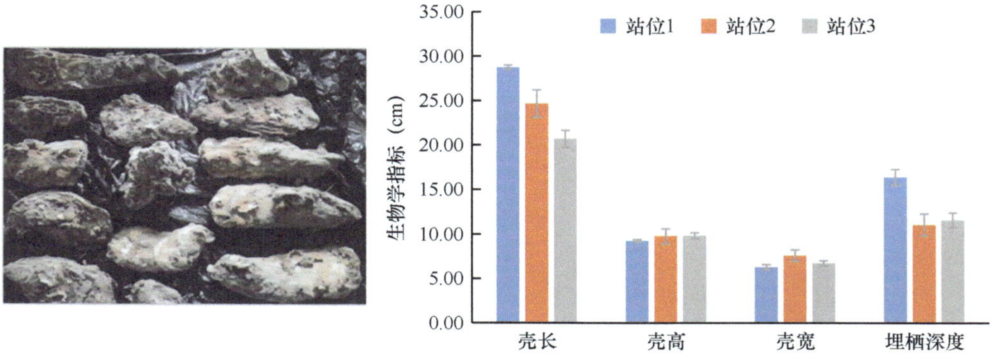

图4.57　东营垦利近江牡蛎及其生物学指标

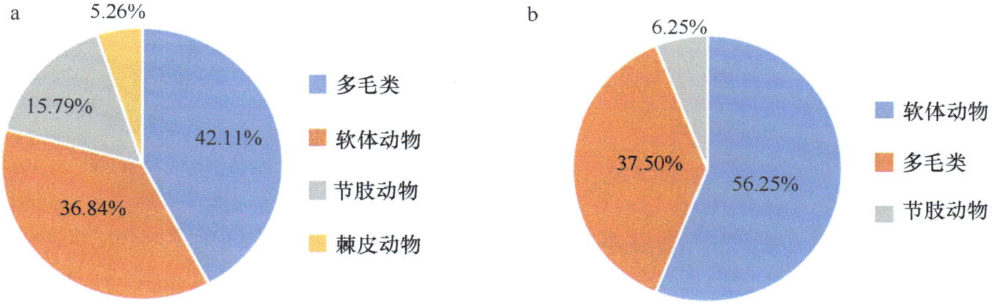

图4.58　2018年4月（a）和9月（b）大型底栖生物种类组成

此外，江苏小庙洪牡蛎礁主要分布范围为32°8′10.8″～32°9′29.4″N、121°32′0″～121°33′51.6″E。^{14}C的测年结果表明，该牡蛎礁体已存在1400余年。此处牡蛎礁与其他地区有所不同，是一种生长于沙洲潮间带，基于古牡蛎礁形成的礁体。2002年的调查结果表明，礁体由带状、斑状和环状礁体构成。礁区面积约为3.5km^2，核心区为1.5km^2，该自然牡蛎礁主要分布在蛎岈山和洪西堆两个区，由750个大小不同的潮间带斑块组成。1986年，福建省地震局工作人员在福建深沪湾南岸的潮间带发现大片牡蛎礁层。深沪湾分布范围为118°38′0″～118°41′0″N、

24°37′0″～24°41′0″E，位于福建东南沿海晋江市深沪镇，此海区牡蛎礁分布在西南部中低潮带，主要成分为牡蛎壳和砂质黏土等，所占比例分别为60%和35%。

2. 水体质量

水体理化环境指标是影响牡蛎礁生境复杂性的重要因子之一，牡蛎种群的形成和发展依赖于适宜的生存环境（如温度、盐度、溶解氧等）。2018 年 4 月采用型号为 Humminbird 1199 的侧扫声呐扫描仪器在东营垦利海域（37°33′28.8″～37°36′28.8″N，119°0′32″～119°3′0″E）进行牡蛎礁分布范围探测。将所有探测数据生成 mosaic 图像，绘制牡蛎礁分布图（图 4.59），在其海域范围内布设 11 个站位开展取样工作，其中 S1～S4 位于礁区，S5～S11 位于非礁区。

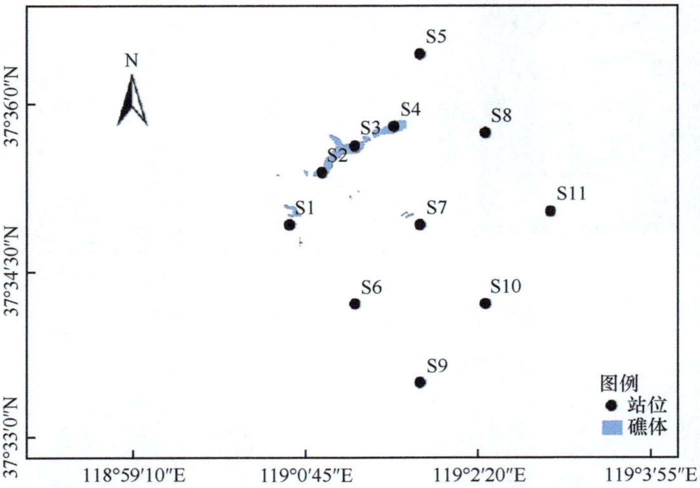

图 4.59　牡蛎礁分布和站位布设

2018 年 4 月东营垦利海域水温范围为 12.55～13.05℃，均值为 12.87℃；盐度范围为 31.37～31.61，均值为 31.48；溶解氧（DO）含量范围为 9.80～11.28mg/L，均值为 10.44mg/L；pH 范围为 8.11～8.18，均值为 8.14；悬浮物（SS）含量范围为 88.34～239.64mg/L，均值为 174.38mg/L；叶绿素 a（Chl a）含量范围为 2.99～7.69mg/L，均值为 4.72mg/L（表 4.15）。2018 年 9 月该海域水温范围为 21.60～22.20℃，均值为 21.80℃；盐度范围为 25.58～26.34，均值为 25.84；DO 含量范围为 8.81～9.87mg/L，均值为 9.33mg/L；pH 范围为 8.12～8.37，均值为 8.29；TSS 含量范围为 85.56～128.66mg/L，均值为 97.13mg/L；Chl a 含量范围为 6.50～10.51mg/L，均值为 8.22mg/L（表 4.16）。因此，礁区春季和秋季水体环境因子（温度、盐度、DO、pH）数值均在近江牡蛎生长和发育的最适范围内，为近江牡蛎提供了有利的环境条件。

表 4.15　2018 年 4 月不同站位水文指标

站位	水温（℃）	盐度	DO（mg/L）	pH	SS（mg/L）	Chl a（mg/L）
S1	12.55	31.41	10.49	8.15	236.14	3.65
S2	12.65	31.50	10.01	8.14	218.94	4.27
S3	12.70	31.54	10.94	8.13	193.24	2.99
S4	12.85	31.61	9.80	8.13	177.64	3.66
S5	13.00	31.46	10.20	8.11	239.64	3.64
S6	13.05	31.46	10.71	8.18	88.34	5.41
S7	13.00	31.44	10.76	8.14	127.44	7.69
S8	13.05	31.59	11.28	8.12	182.64	3.94
S9	12.85	31.38	10.20	8.18	124.44	6.51
S10	12.85	31.37	10.15	8.16	154.64	6.77
S11	13.05	31.53	10.32	8.12	175.04	3.41
平均	12.87	31.48	10.44	8.14	174.38	4.72

表 4.16　2018 年 9 月不同站位水文指标

站位	水温（℃）	盐度	DO（mg/L）	pH	SS（mg/L）	Chl a（mg/L）
S1	21.80	25.70	9.87	8.12	111.16[a]	10.51
S2	21.70	25.83	9.48	8.22	112.56[a]	9.67
S3	21.60	25.97	9.03	8.24	128.66[a]	8.17
S4	21.70	25.64	9.04	8.32	94.96[a]	6.50
S5	21.70	25.79	9.18	8.32	86.86[b]	7.59
S6	22.00	25.84	9.53	8.32	93.66[b]	9.69
S7	21.70	25.80	9.85	8.32	93.16[b]	8.47
S8	21.60	25.58	8.81	8.32	85.56[b]	7.01
S9	22.20	26.34	9.00	8.37	86.66[b]	9.60
S10	22.00	26.07	9.59	8.34	87.56[b]	6.69
S11	21.80	25.73	9.28	8.34	87.66[b]	6.51
平均	21.80	25.84	9.33	8.29	97.13	8.22

悬浮物含量是反映我国近岸海水环境质量的重要参数，直接影响水体的透明度和浑浊度，进而影响水体生态环境和水生态系统健康。通过检测东营垦利海域牡蛎礁区与非礁区 11 个站位春季和秋季的表层水样品，发现春季各站位悬浮物含量范围为 124.44～239.64mg/L，平均为 183.48mg/L；秋季范围为 85.56～128.66mg/L，平均为 97.13mg/L。春季各站位悬浮物含量高于秋季。

该海域春秋季节各站位溶解无机氮（DIN）浓度范围为 0.154～0.276mg/L，符合国家二类水质标准。春季 DIN 的组成中，硝酸氮（NO_3-N）、亚硝酸氮（NO_2-N）和铵态氮（NH_4-N）平均占比分别为 72.99%、2.18%和 24.83%，秋季的比例分别为 80.51%、6.55%和 12.94%。春秋季节礁区各站位 DIN 平均浓度低于非礁区

（图 4.60），表明牡蛎礁可以有效降低 DIN 浓度。

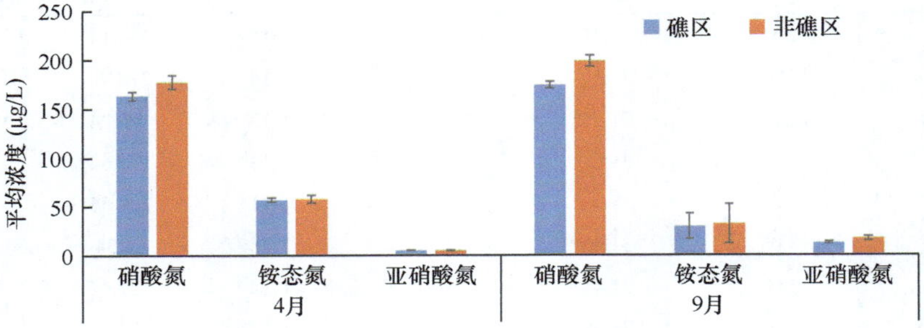

图 4.60　2018 年 4 月和 9 月各站位溶解无机氮平均浓度

2018 年 4 月该海域 SiO_3-Si 浓度均值为 98.13μg/L，9 月浓度均值为 13.22μg/L；4 月 PO_4-P 的浓度均值为 11.27μg/L，9 月浓度均值为 2.27μg/L（图 4.61）。方差分析结果表明，该海域 SiO_3-Si 和 PO_4-P 在 4 月和 9 月均存在显著差异（$P<0.05$），同一季节礁区与非礁区各站位 SiO_3-Si 和 PO_4-P 均无显著差异（$P>0.05$）。同一季节礁区各站位的 SiO_3-Si 和 PO_4-P 平均浓度均低于非礁区，表明牡蛎礁可以有效降低 SiO_3-Si 和 PO_4-P 浓度。

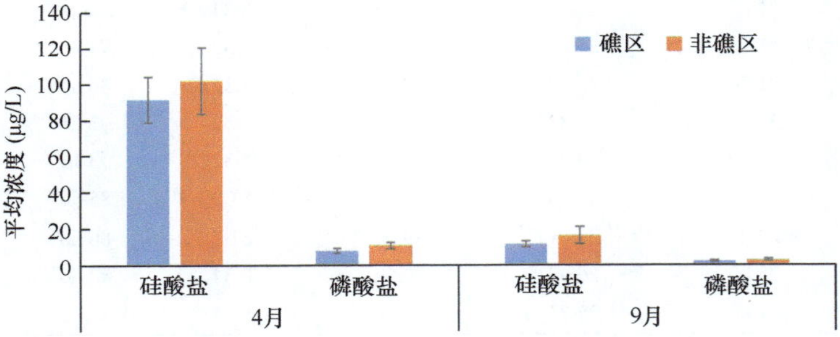

图 4.61　2018 年 4 月和 9 月各站位硅酸盐、磷酸盐平均浓度

3. 沉积物质量

粒度特征是沉积物的重要物理性质之一。在牡蛎礁的顶部通常覆盖有泥质沉积物，称为礁体上覆泥层。牡蛎礁本身由两部分组成，一部分是构成礁体的牡蛎壳，另一部分是沉积在牡蛎个体与个体缝隙间的沉积物。许多研究结果表明，细粒径沉积物环境有利于牡蛎附着生长，促进牡蛎礁体形成。例如，王亚明（2018）发现由水流的扰动而扬起的粗粒径颗粒会刮擦牡蛎幼体的外表，阻碍牡蛎的繁殖发育。根据沉积物粒径组成，东营垦利海域礁区底质类型为粉砂，非礁区为砂质粉砂（表 4.17），这表明牡蛎礁区底质粒径小于非礁区。

表 4.17　不同站位底质类型

站位	礁区				非礁区						
	S1	S2	S3	S4	S5	S6	S7	S8	S9	S10	S11
底质类型	粉砂	粉砂	粉砂	粉砂	砂质粉砂	砂质粉砂	砂质粉砂	砂质粉砂	砂质粉砂	砂质粉砂	砂质粉砂

4. 各站位大型底栖动物分布特征

大型底栖动物在海洋生态系统的物质循环和能量流动中占据着举足轻重的地位，其群落结构变化能够客观地反映海洋环境质量状况，是海洋环境监测的重要指示生物。本研究中大型底栖动物的种类组成与 Ren 等（2016）的研究结果一致，主要是由软体动物和多毛类构成（图 4.57）。李晓静等（2017）认为个别大型底栖动物引起生物量和丰度空间分布不均匀，该海域大型底栖动物生物量和丰度空间分布不均匀可能与个体较小、但数量较多的凸壳肌蛤（*Musculus senhousia*）有关，同时也会引起群落结构差异。

2018 年 4 月各站位生物量分布（图 4.62a）：最高值出现在 S10 站位，为 29.43g/m^2；S11 站位出现最低值 0.42g/m^2。总平均生物量为 5.26g/m^2，其中软体动物生物量最高，为 4.64g/m^2，占总平均生物量的 88.21%；其次为多毛类 0.41g/m^2（7.80%）；节肢动物为 0.20g/m^2（3.80%）；棘皮动物为 0.01g/m^2（0.19%）。

2018 年 4 月各站位丰度分布（图 4.62b）：最高值出现在 S10 站位，达到 2178.57ind/m^2，S9 站位出现最低值 71.43ind/m^2。总平均丰度为 343.08ind/m^2，其中软体动物丰度最高，为 229.44ind/m^2，占总平均丰度的 66.88%；其次为节肢动物 64.94ind/m^2（18.93%）；多毛类为 47.62ind/m^2（13.88%）；棘皮动物为 1.08ind/m^2（0.31%）。

2018 年 9 月各站位生物量分布（图 4.62c）：最高值出现在 S7 站位，达到 9.83g/m^2；S9 站位出现最低值 0.91g/m^2。总平均生物量为 2.68g/m^2，其中软体动物生物量最高，为 2.28g/m^2，占总平均生物量的 85.07%；其次为多毛类 0.35g/m^2（13.06%）；节肢动物为 0.05g/m^2（1.87%）。

2018 年 9 月各站位丰度分布（图 4.62d）：最高值出现在 S7 站位，达到 821.43ind/m^2；S11 站位出现最低值 47.62ind/m^2。总平均丰度为 409.09ind/m^2，其中软体动物丰度最高，为 353.90ind/m^2，占总平均丰度的 86.51%；其次为多毛类 46.54ind/m^2（11.38%）；节肢动物为 8.66ind/m^2（2.11%）。

从表 4.18 可以看出，礁区优势种多于非礁区，其中凸壳肌蛤和窄异跳钩虾优势度显著高于其他物种。

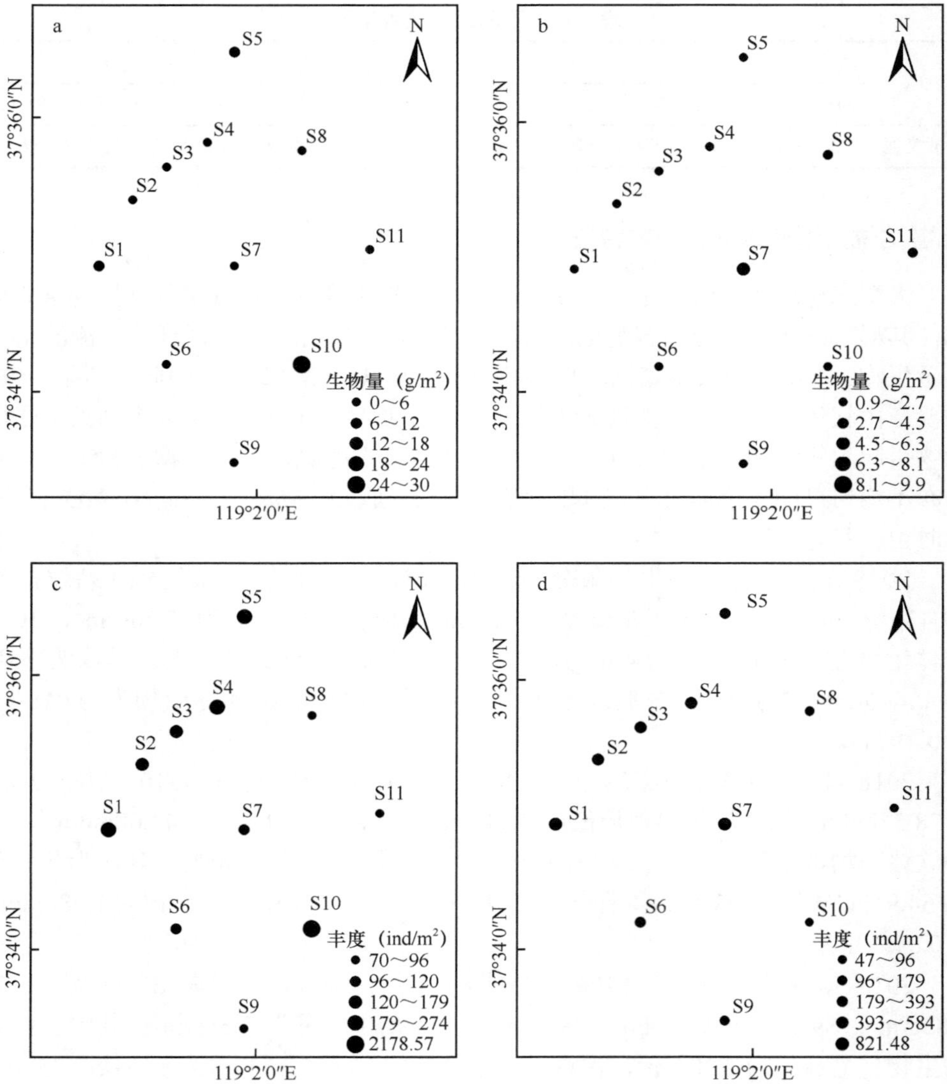

图 4.62　2018 年 4 月和 9 月各站位生物量和丰度分布图

生物量：a. 4 月 b. 9 月；丰度：c. 4 月 d. 9 月；注：S1～S4 位于礁区

表 4.18　东营牡蛎礁区与非礁区大型底栖动物群落优势种及其优势度

时间	区域	优势种	优势度
2018 年 4 月	礁区	窄异跳钩虾（*Allorchestes angustus*）	0.43
		凸壳肌蛤（*Musculus senhousia*）	0.07
		橄榄胡桃蛤（*Nucula tenuis*）	0.05
		寡鳃齿吻沙蚕（*Nephtys oligobranchia*）	0.03

续表

时间	区域	优势种	优势度
2018 年 4 月	非礁区	凸壳肌蛤（*Musculus senhousia*）	0.32
		钩虾一种（Gammaridea sp.）	0.09
2018 年 9 月	礁区	凸壳肌蛤（*Musculus senhousia*）	0.76
		橄榄胡桃蛤（*Nucula tenuis*）	0.03
		扁模裂虫（*Typosyllis fasciata*）	0.03
		钩虾一种（Gammaridea sp.）	0.02
2018 年 9 月	非礁区	凸壳肌蛤（*Musculus senhousia*）	0.30
		等边浅蛤（*Gomphina aequilatera*）	0.10
		马丁海稚虫（*Spio martinensis*）	0.06

分析大型底栖动物群落多样性常用指数为香农-维纳多样性指数（H'）、物种丰富度指数（D）、物种均匀度指数（J）。本研究中礁区香农-维纳多样性指数高于非礁区，表明礁区生物资源丰富（图 4.63）。礁区与非礁区物种丰富度指数在春季和秋季均存在显著差异，可能的原因是牡蛎礁区礁体复杂结构为各种大型底栖动物提供避难场所，进而丰富了礁区大型底栖动物物种结构，牡蛎礁内大多数鱼类和甲壳动物丰富度显著高于邻近的光滩生境。礁区物种优势度高于非礁区，主要优势种为双壳贝类和甲壳动物，可能与该海域粉砂底质环境有关，为凸壳肌蛤（*Musculus senhousia*）和钩虾提供了良好的栖息环境。引起大型底栖动物群落差异的因素诸多，还需要进一步研究。

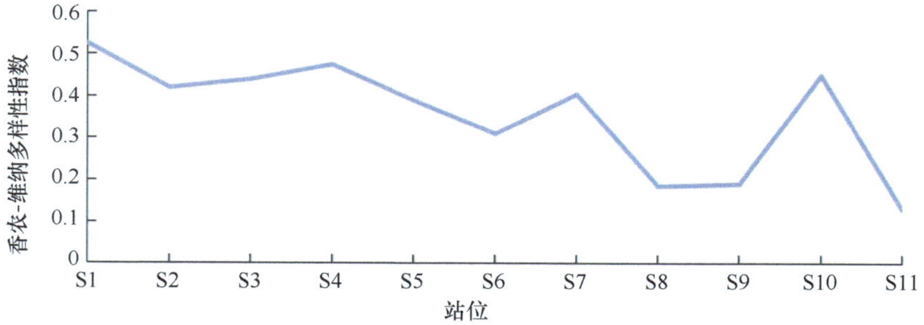

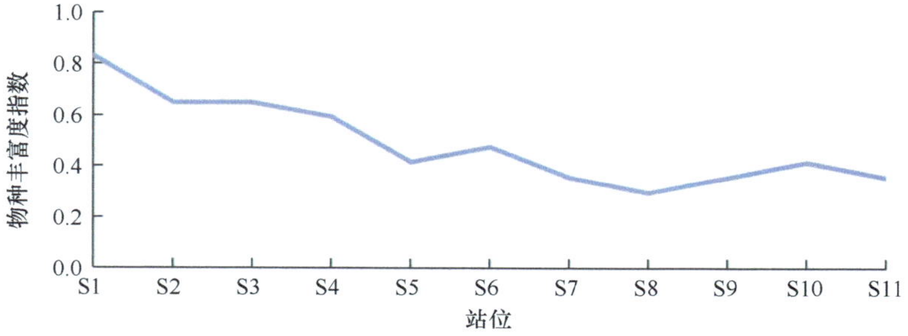

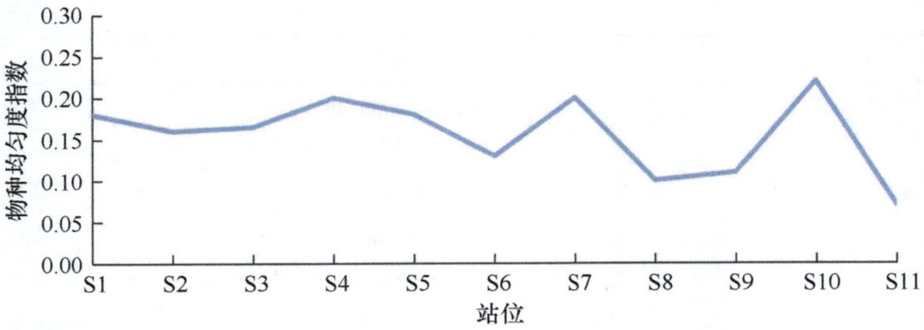

图 4.63　各站位 4 月和 9 月香农-维纳多样性指数、物种丰富度指数、物种均匀度指数平均值变化

（二）近江牡蛎人工育苗与中间培育技术

目前，用于牡蛎礁修复的材料不仅包括牡蛎壳，还有混凝土和石灰石等。这些材料对牡蛎幼虫附着、生长与发育及新礁体的形成起着关键作用（Schulte et al.，2009）。牡蛎壳是一种常用材料，其底质和化学成分可以吸引牡蛎幼虫，增加牡蛎的繁殖。由于水质退化和过度捕捞等因素，牡蛎壳变得相对短缺，在牡蛎壳供不应求时，石灰石或混凝土等材料已被证明是很好的替代品，这些材料在美国北卡罗来纳州得到广泛应用（Black，2011）。研究表明，由牡蛎壳与混凝土材料组成的防护堤，礁体的混合强度得到增强，可有效地防止海岸线受到侵蚀（Meyer et al.，1997）。将人工牡蛎礁体投放于海底后，通常野生牡蛎的幼体会附着到礁体上。但由于海水中牡蛎自然繁殖产生幼苗的能力有限，因此，即使有了牡蛎壳、石灰石和钢筋混凝土结构等附着基，牡蛎礁的恢复也无法达到最佳效果。因而，通过人工育苗的方式补充一些牡蛎幼体变得非常重要。

1. 室内人工育苗

近江牡蛎的繁殖方式为卵生型，亲贝将成熟的精子和卵子排出体外，在体外受精并发育成幼虫，附着变态后发育为稚贝。相对于幼生型繁殖方式，这种繁殖方式经常受到敌害和恶劣环境的影响，因此自然海水中近江牡蛎受精率、孵化率和成活率较低。综上，人工补充大量的牡蛎种苗是牡蛎礁修复和可持续发展的关键技术手段之一（Osman et al.，1989）。我国牡蛎人工育苗始于 20 世纪 60 年代，梁广耀等（1983）在广西北海养殖场反复进行近江牡蛎人工育苗试验，初步掌握了近江牡蛎室内人工育苗技术。研究发现，精卵质量、受精过程中精卵混合比例及育苗池水温等因素，对卵子受精和胚胎发育具有重要影响，采苗附着基的选择亦很重要。蔡英亚等（1989）在湛江水产学院海水养殖场进行近江牡蛎人工育苗，幼虫培育投喂的饵料不仅有扁藻和酵母，还补充了鸡蛋黄和叉鞭金藻；眼点幼虫之前在室内水泥池内完成，在室外水泥池进行采苗与育苗。

在对东营垦利近江牡蛎研究中，我们构建了近江牡蛎幼体培育技术，室内采用投喂微藻等手段对近江牡蛎亲贝人工促熟 2 个月，培育近江牡蛎亲贝 100 余个，可采用解剖法对近江牡蛎进行人工授精，也可采用阴干和流水刺激诱导亲贝产卵的方式。近江牡蛎的受精卵发育至 D 型幼虫需要约 22h。研究期间，培育近江牡蛎 D 型幼虫 2 池，每育苗池约 5000 万粒幼虫，共培育近江牡蛎 D 型幼虫约 1 亿粒。D 型幼虫在平均 26.5℃的温度培育 18d，壳高发育至 270μm 开始出现眼点（图 4.64）。使用近江牡蛎壳作为附着基，采苗时眼点幼虫密度为 2～3ind/ml，稚贝附着率最高可达 68%（图 4.65）。眼点幼虫至稚贝发育期间，幼体壳高增长率为 7.12%，高于受精卵至眼点幼虫时期的壳高增长率（6.07%）。在近江牡蛎人工育苗过程中，需要严格把控育苗每一个环节，提高采苗效率，为牡蛎礁资源修复补充牡蛎幼苗。

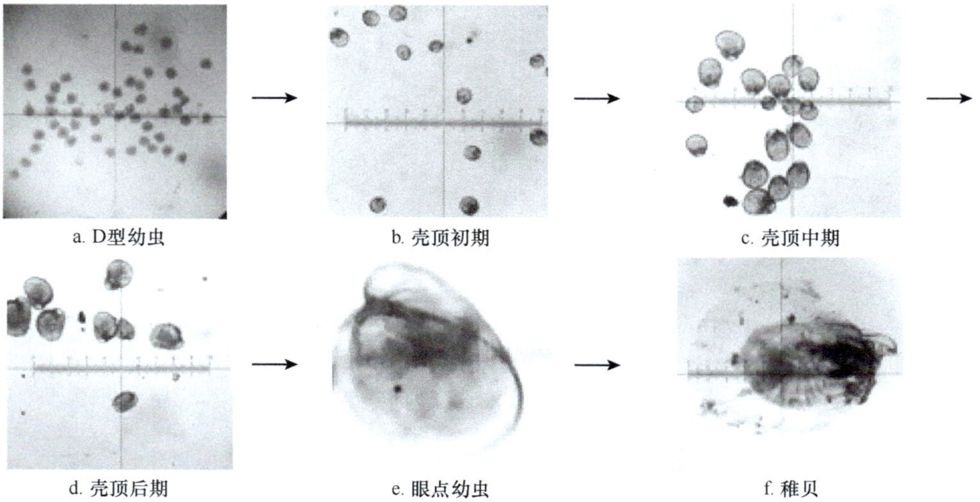

图 4.64　近江牡蛎幼虫各个时期发育

图 4.65　近江牡蛎采苗附着基及稚贝

2. 池塘中间培育

为了使稚贝适应海区自然环境，在近江牡蛎幼苗大部分附着在牡蛎壳上后，从室内培育池转移至室外池塘暂养。将附有牡蛎稚贝的牡蛎串垂于室外池塘中进行暂养。池中水温、盐度等与育苗池保持相同，每天投喂饵料一次。15d 后，将其移植到自然水域（图 4.66）。

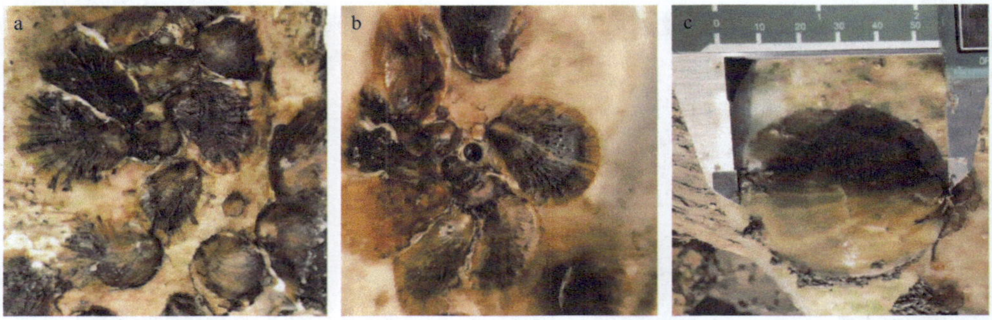

图 4.66 中间培育后的幼苗（a、b）和礁区生长 3 个月的牡蛎（c）

3. 浅海中间培育

在确认自然海区无野生牡蛎浮游幼虫污染后，将培育的牡蛎幼苗投放到东营礁区笼式浮筏悬挂养殖。养殖期间，每 2 个月将笼取回，剔除笼上附着生物，观察生长状况，并逐渐疏散密度。

（三）礁体投放与效果评价

1. 水泥构件礁体

如图 4.67 所示，人工构建规格为 60cm×40cm×35cm 的钢筋混凝土礁体 30 个，原料为细沙、水泥、石子、钢筋。每个礁体表面插上 20 个近江牡蛎壳作为牡蛎附着基，于 2018 年 5 月投放于东营垦利海域牡蛎礁区。

图 4.67 钢筋混凝土礁体制作与投放

钢筋混凝土礁体投放 6 个月后，对其进行监测。如图 4.68 所示，钢筋混凝土礁体下陷深度约 7cm，礁体表面分布的藤壶、牡蛎和脉红螺平均密度分别为 3.43×10^{3}ind/m^{2}、83.33ind/m^{2} 和 20.68ind/m^{2}，出现部分牡蛎幼体死亡的现象。

图 4.68　钢筋混凝土礁体监测

有研究表明，投放在天津大神堂牡蛎礁国家级海洋特别保护区适度利用区的钢筋混凝土，已经成为牡蛎等生物的栖息场所，在一年的时间内 30%～40%的面积被底栖生物附着，且附着生物的种类较多（于庆云等，2014）。同时，混凝土礁体投放后可引起水流向上运动，形成上升流，为鱼群带来丰富营养；还可帮助鱼类躲避风浪和天敌，有利于鱼类的栖息和繁衍（于庆云等，2014）。大神堂海域人工礁体投放区域生物多样性得到明显提高，主要为聚集大量的经济性鱼类。越来越多的钢筋混凝土礁体建设和投放，将带来可观的经济效益和生态效益。钢筋混凝土结构可为牡蛎等固着生物提供栖息环境，具备一定的人工修复效果，但总体效果较为一般。

2. 贝壳礁体

在原生牡蛎礁海区 5000 亩的范围内，投放附有牡蛎幼贝的贝壳礁体 0.5 万余片，每个贝壳附着幼贝约 100 个，投放苗种 3 个月后调查发现近江牡蛎幼贝平均壳长 4.89cm，最大壳长达到 6cm，近江牡蛎幼贝存活率为 51.6%。可见，采用近江牡蛎贝壳作为附着基进行育苗和中间培育，然后将其投放至原生牡蛎礁海区进行生态修复的方法较为切实可行（图 4.69）。

图 4.69　牡蛎礁海区投放的近江牡蛎幼贝生长情况

第四节　目前存在的问题及建议与展望

一、目前存在的问题

在浅海生态牧场构建海草床生境当前面临的主要问题包括以下两方面：①缺乏对海草床及其渔业产出功能的科学认知。近年来，尽管国内逐渐认识到海草床的重要性，但在浅海生态牧场建设中对海草床生境构建的意义还缺乏深入的认识。②缺乏系统高效的浅海生态牧场海草床生境构建技术。目前，浅海生态牧场海域海草床构建的适宜性评价技术及适宜的生境改造技术尚不成熟，缺乏高效的海草移植和种子种植修复技术与设备。

总之，将海草床的构建融入浅海生态牧场的建设中去，需要解决诸多认识和技术层面的问题。

尽管近江牡蛎人工育苗和中间培育技术已经较为成熟，但其苗种在海区环境中的生长、存活及对各种环境因子的适应性尚未查明，急需开展相关研究，为其海区投放提供技术支撑。此外，由于黄河每年带来大量泥沙，黄河口附近海域沉积物沉降较快，且冬季大风易导致泥沙再悬浮和沉降，因此，该海域投放的贝壳礁体易被沉积物掩埋，影响牡蛎幼体存活和生物礁体形成。该海域浑浊度较高，无法采用常规视频手段监测礁体状况，缺乏对礁体的有效看护和管理，导致修复效果大打折扣。此外，科研机构小规模培育的苗种价格高，导致修复成本过高，限制了该技术的推广和应用。

二、建议与展望

互花米草入侵给海岸带系统生态安全带来了严重威胁，但至今仍缺少经济、环保、高效的办法来解决这一国际性的难题，事实上，也很难达成经济、环保和高效的统一，未来仍需加强互花米草防治的研究，建议着重从以下几方面入手：①定量化评估互花米草入侵风险，对互花米草进行生态风险防控分区，提出因地制宜的分区防控对策和防控工程建议；②完善综合治理技术研究，降低治理成本，单一防治方法的效果难如人意，应因地制宜地加强综合防治研究，细化技术方案，包括防治时间、频率、面积和效果等，根据不同生境筛选出防治效果好、可行性高、经济成本低、环境影响小的技术方案；③加强适宜在滩涂治理互花米草的机械研发；④在控制互花米草扩张速度和规模的同时，加强对互花米草的开发利用，尤其是高值化利用，如挖掘其药用价值，或利用其抗盐基因培育耐盐作物。

浅海生态牧场建设中广泛构建海草床生境，有助于实现海洋牧场的可持续健康发展，主要建议与举措如下：①加快提高对浅海生态牧场海草床生境及其渔业产出功能的科学认知水平，广泛开展海草床渔业功能的调查研究，结合专业培训及科普宣传提高社会对海草床及其渔业产出功能的科学认识水平；②加快研发高效的浅海生态牧场海草床构建技术。当前，浅海生态牧场海草床生境的构建，需要突破关键海草种类规模化扩繁和机械辅助移栽/播种技术，快速构建浅海生态牧场海草群落。同时，需要研发牧场海域海草床生境构建的适宜性评价技术及适宜的生境改造技术，研发高效的海草移植、种植技术与相关设备，提高机械化水平及海草床生境构建的效率。

首先，不同海域牡蛎礁修复所采用的方法，应当根据当地条件和项目目标而有所侧重。潮间带区域修复工作应以投放附着底物为主，潮下带礁体修复采用装满附壳幼体的网袋作为底质物来构建礁体。其次，可以在浅海区域采用养殖笼（绳）吊养附壳牡蛎，待牡蛎幼苗生长至稚贝阶段，将牡蛎笼（绳）取下投放至适宜海域底部构建牡蛎礁。再次，鼓励和扶持水产养殖及育苗企业参与修复工作，降低苗种生产成本。最后，需要加大对近江牡蛎栖息地和修复场地的保护力度，减少渔业捕捞和环境污染等对修复效果的影响。

参考文献

蔡英亚，刘志刚，何水养. 1989. 近江牡蛎的人工育苗. 海洋科学, (1): 53-56.

陈曦，张利权，袁琳. 2010. 持续淹水治理互花米草技术对盐沼土壤的影响. 环境科学学报, 30: 1093-1100.

陈振忠. 2016. 闽南沿海滩涂互花米草生物替代治理技术研究. 安徽农学通报, 22: 117-119.

邓自发，安树青，智颖飙，等. 2006. 外来种互花米草入侵模式与爆发机制. 生态学报, (8): 2678-2686.

杜文琴，马丽娜，刘建，等. 2006. 红树林区内互花米草防除技术研究. 中国生态农业学报, 14: 154-156.

范昌福，高抒，王宏，等. 2006. 渤海湾西北岸全新世埋藏牡蛎礁建造记录中的间断及其解释. 海洋地质与第四纪地质, (5): 27-35.

范昌福，王宏，裴艳东，等. 2008. 渤海湾西北岸滨海湖埋藏牡蛎礁古生态环境. 海洋地质与第四纪地质, (1): 33-41.
范航清, 彭胜, 石雅君, 等. 2007. 广西北部湾沿海海草资源与研究状况. 广西科学, 14(3): 289-295.
房恩军, 李雯雯, 于杰. 2007. 渤海湾活牡蛎礁(Oyster reef)及可持续利用. 现代渔业信息, 22(11): 12-14.
付春平, 唐运平, 张志扬, 等. 2005. 沉水植物对景观河道水体氮磷去除的研究. 农业环境科学学报, 24(z1): 114-117.
宫璐, 李俊生, 柳晓燕, 等. 2014. 中国沿海互花米草遗传多样性及其遗传结构. 草业科学, 31: 1290-1297.
顾瑞婷. 2020. 温带沿海中国川蔓草(*Ruppia sinensis*)种群特征及生态修复潜力研究. 中国科学院大学博士学位论文.
郭栋, 张沛东, 张秀梅, 等. 2010. 山东近岸海域海草种类的初步调查研究. 海洋湖沼通报, (2): 17-21.
郭占锋. 2003. 汉沽大神堂外海贝类资源增养殖探讨. 天津水产, (1): 10-13.
韩秋影, 施平. 2008. 海草生态学研究进展. 生态学报, (11): 5561-5570.
胡宏友, 董克钻, 林光辉, 等. 2011. 防除滩涂米草入侵的根际缓释方法. 农业工程学报, 27: 283-287.
黄小平, 江志坚, 张景平, 等. 2018. 全球海草的中文命名. 海洋学报, 40(4): 127-133.
李峰, 谢永宏, 陈心胜, 等. 2009. 黄河三角洲湿地水生植物组成及生态位. 生态学报, 29(11): 6257-6265.
李海生, 陈桂珠. 2004. 海南岛红树植物海桑遗传多样性的 ISSR 分析. 生态学报, 24: 1657-1663.
李海生, 陈桂珠. 2005. 无瓣海桑引种种群遗传多样性的 ISSR 分析. 热带海洋学报, 24: 7-13.
李贺鹏, 张利权. 2007. 外来植物互花米草的物理控制实验研究. 华东师范大学学报(自然科学版), (6): 44-55.
李玫, 廖宝文, 郑松发, 等. 2004. 无瓣海桑对乡土红树植物的化感作用. 林业科学研究, 17: 641-645.
李晓静, 周政权, 陈琳琳, 等. 2017. 渤海湾曹妃甸围填海工程对大型底栖动物群落的影响. 海洋与湖沼, 48(3): 617-627.
李云, 郑德璋, 陈焕雄, 等. 1998. 红树植物无瓣海桑引种的初步研究. 林业科学研究, 11: 42-47.
梁广耀, 陈生泰, 许国领. 1983. 近江牡蛎人工育苗试验报告. 海洋科学, (5): 41-44.
廖宝文, 郑松发, 陈玉军, 等. 2004. 外来红树植物无瓣海桑生物学特性与生态环境适应性分析. 生态学杂志, 23: 10-15.
林嵩. 2012. 外来入侵植物——互花米草的控制措施. 福建农业科技, (5): 72-76.
刘建, 杜文琴, 马丽娜, 等. 2005. 大米草防除剂——米草净的试验研究. 农业环境科学学报, 24: 410-411.
刘建康. 1999. 高级水生生物学. 北京: 科学出版社.
刘明月. 2018. 中国滨海湿地互花米草入侵遥感监测及变化分析. 中国科学院大学博士学位论文.
刘鹏, 周毅, 刘炳舰, 等. 2013. 大叶藻海草床的生态恢复: 根茎棉线绑石移植法及其效果. 海洋科学, 37(10): 1-8.
刘振宇, 崔廷伟, 张胜花, 等. 2018. 黄河口海域悬浮物浓度 Landsat8 OLI 分段线性反演. 光谱学与光谱分析, 38(8): 2536-2541.

吕振波, 李凡, 曲业兵, 等. 2013. 2010 年夏季黄河口及邻近海域鱼类群落多样性. 渔业科学进展, 34(2): 10-18.
倪平, 董燕红, 朱艾嘉, 等. 2014. 人工拔除互花米草对红树林大型底栖动物群落的影响. 生物安全学报, 23: 165-172.
平原, 张利权. 2010. 物理措施控制互花米草的长期效果研究. 海洋环境科学, 29: 32-35.
乔沛阳, 王安东, 谢宝华, 等. 2019. 除草剂对黄河三角洲入侵植物互花米草的影响. 生态学报, 39: 5627-5634.
覃乐政. 2015. 山东半岛天鹅湖大叶藻(*Zostera marina* L.)的生活史策略研究. 中国海洋大学硕士学位论文.
覃盈盈, 梁士楚. 2008. 外来种互花米草在广西海岸的入侵现状及防治对策. 湿地科学与管理, 4(2): 47-50.
邱广龙, 林幸助, 李宗善, 等. 2014. 海草生态系统的固碳机理及贡献. 应用生态学报, 25(6): 1825-1832.
全为民, 安传光, 马春艳, 等. 2012. 江苏小庙洪牡蛎礁大型底栖动物多样性及群落结构. 海洋与湖沼, 43(5): 992-1000.
全为民, 沈新强, 罗民波, 等. 2006. 河口地区牡蛎礁的生态功能及恢复措施. 生态学杂志, (10): 1234-1239.
全为民, 张锦平, 平仙隐, 等. 2007. 巨牡蛎对长江口环境的净化功能及其生态服务价值. 应用生态学报, 18(4): 871-876.
全为民, 周为峰, 马春艳, 等. 2016. 江苏海门蛎岈山牡蛎礁生态现状评价. 生态学报, 36(23): 7749-7757.
阙华勇, 陈勇, 张秀梅, 等. 2016. 现代海洋牧场建设的现状与发展对策. 中国工程科学, 18(3): 79-84.
商志文, 范昌福, 李冬玲, 等. 2010. 硅藻组合指示的渤海湾西北岸两个牡蛎礁体生长环境的差异. 海洋地质与第四纪地质, 30(5): 33-39.
沈新强, 全为民, 袁骐. 2011. 长江口牡蛎礁恢复及碳汇潜力评估. 农业环境科学学报, 30(10): 2119-2123.
盛强, 黄铭垚, 汤臣栋, 等. 2014. 不同互花米草治理措施对植物与大型底栖动物的影响. 水生生物学报, 38: 279-290.
孙卫东, 彭子成. 1996. 治理黄河三角洲海岸蚀退的生物措施——米草生态防护工程. 中国地质灾害与防治学报, 7(3): 17, 45-48.
孙兆跃, 王桃妮, 范瑞良, 等. 2019. 近江牡蛎人工繁育研究. 渔业信息与战略, 34(2): 121-127.
谭芳林. 2008. 机械法治理互花米草效果及其对滩涂土壤性状影响研究. 湿地科学, 6: 526-530.
汤臣栋. 2016. 上海崇明东滩互花米草生态控制与鸟类栖息地优化工程. 湿地科学与管理, 12: 4-8.
唐国玲, 沈禄恒, 翁伟花, 等. 2007. 无瓣海桑对互花米草的生态控制效果. 华南农业大学学报, 28: 10-13.
王峰. 2015. 典型海湾两种大型牧食性动物的摄食生态学研究. 中国科学院大学硕士学位论文.
王宏, 范昌福, 李建芬, 等. 2006. 渤海湾西北岸全新世牡蛎礁研究概述. 地质通报, (3): 315-331.
王娇, 张崇良, 薛莹, 等. 2017. 黄河口及其邻近水域鱼类生态类群组成及其季节变化. 2017 年中国水产学会学术年会论文摘要集: 1.
王洁, 顾燕飞, 尤海平. 2017. 互花米草治理措施及利用现状研究进展. 基因组学与应用生物学, 36(8): 3152-3156.

王开荣, 姚文艺, 张希芳, 等. 2001. 黄河口的现状及其治理. 海洋科学, 10: 52-54.
王磊. 2007. 人工鱼礁的优化设计和礁区布局的初步研究. 中国海洋大学硕士学位论文.
王卿, 安树青, 马志军, 等. 2006. 入侵植物互花米草——生物学、生态学及管理. 植物分类学报, 44(5): 559-588.
王睿照, 张利权. 2009. 水位调控措施治理互花米草对大型底栖动物群落的影响. 生态学报, 29: 2639-2645.
王卫红. 2006. 川蔓藻对滨海景观再生水河道水质富营养化的控制机制研究. 天津大学博士学位论文.
王亚明. 2018. 天津古海岸牡蛎礁时空分布及成因研究. 地质灾害环境保护, 29(1): 108-112.
肖德荣, 祝振昌, 袁琳, 等. 2012. 上海崇明东滩外来物种互花米草二次入侵过程. 应用生态学报, 23: 2997-3002.
谢宝华, 韩广轩. 2018. 外来入侵种互花米草防治研究进展. 应用生态学报, 29: 3464-3476.
谢宝华, 王安东, 赵亚杰, 等. 2018. 刈割加淹水对互花米草萌发和幼苗生长的影响. 生态学杂志, 37: 417-423.
徐国万, 卓荣宗, 曹豪, 等. 1989. 互花米草生物量年动态及其与滩涂生境的关系. 植物生态学与地植物学学报, 13: 230-235.
徐少春. 2017. 山东沿海典型海草床鳗草种子生态学研究. 中国科学院大学硕士学位论文.
杨东, 万福绪. 2014. 外来入侵种互花米草的研究进展. 植物保护, 40(2): 5-10.
杨红生. 2016. 我国海洋牧场建设回顾与展望. 水产学报, 40: 1133-1140.
杨宗岱, 吴宝铃. 1984. 青岛近海的海草场及其附生生物. 黄渤海海洋, 2(2): 56-67.
姚庆元. 1988. 福建深沪湾古森林遗迹和牡蛎礁发现的古地理意义. 台湾海峡, 7(3): 89-92, 102.
叶春江, 赵可夫. 2002. 高等植物大叶藻研究进展及其对海洋沉水生活的适应. 植物学通报, 19(2): 184-193.
于庆云, 张晓理, 韩锡锡. 2014. 天津大神堂活牡蛎礁渔业资源养护与生态修复浅析. 海洋经济, 4(5): 16-22.
于硕. 2010. 中国沿海川蔓藻(*Ruppia*)的分布及其影响因素. 华东师范大学硕士学位论文.
袁琳, 张利权, 肖德荣, 等. 2008. 刈割与水位调节集成技术控制互花米草(*Spartina alterniflora*). 生态学报, 28: 5723-5730.
翟璐, 徐宾铎, 纪毓鹏, 等. 2015. 黄河口及其邻近水域夏季鱼类群落空间格局及其与环境因子的关系. 应用生态学报, 26(9): 2852-2858.
张沛东, 曾星, 孙燕, 等. 2013. 海草植株移植方法的研究进展. 海洋科学, 37(5): 100-107.
张晓惠. 2007. 黄河三角洲湿地生态服务功能价值评估. 山东师范大学硕士学位论文.
张晓龙, 李培英. 2008. 现代黄河三角洲的海岸侵蚀及其环境影响. 海洋环境科学, 27(5): 475-479.
张晓梅. 2013. 山东沿海矮大叶藻基础生物学与生态恢复研究. 中国科学院大学硕士学位论文.
张晓梅. 2016. 矮大叶藻种群补充机制与种群遗传学研究. 中国科学院大学博士学位论文.
张旭. 2009. 黄河口海域渔业资源调查及现状评价的初步研究. 中国海洋大学硕士学位论文.
赵良成, 吴志毅. 2008. 川蔓藻属系统分类和演化评述. 植物分类学报, 46(4): 467-478.
赵全基. 1992. 我国海岸侵蚀灾害及对策. 灾害学, 7(4): 39-42.
赵相健, 李俊生, 柳晓燕, 等. 2017. 刈割加遮荫对互花米草生长和存活的影响. 广西植物, 37: 303-307.
赵相健, 柳晓燕, 宫璐, 等. 2014. 刈割加遮荫综合治理互花米草(*Spartina alterniflora*). 生态学杂志, 33: 2714-2719.
郑凤英, 邱广龙, 范航清, 等. 2013. 中国海草的多样性、分布及保护. 生物多样性, 21(5): 517-526.
中国海湾志编纂委员会. 1991. 中国海湾志 第三分册. 北京: 海洋出版社.
周毅, 徐少春, 张晓梅, 等. 2020. 海洋牧场海草床生境构建技术. 科技促进发展, 16(2): 200-205.
周毅, 许帅, 徐少春, 等. 2019. 中国温带海域新发现较大面积(大于0. 5km²)海草床: II 声呐探测技术在渤海唐山沿海海域发现中国面积最大的鳗草海草床. 海洋科学, 43: 50-55.
周毅, 张晓梅, 宋肖跃, 等. 2016. 中国温带海域新发现较大面积(大于 50ha)的海草床: I 黄河河口区罕见大面积日本鳗草海草床. 海洋科学, 40(9): 95-97.
朱鑫华, 缪锋, 刘栋, 等. 2001. 黄河口及邻近海域鱼类群落时空格局与优势种特征研究. 海洋科学集刊: 141-151.
左平, 刘长安, 赵书河, 等. 2009. 米草属植物在中国海岸带的分布现状. 海洋学报(中文版), 31(5): 101-111.
Abe M, Kurashima A, Maegawa M. 2008. Temperature requirements for seed germination and seedling growth of *Zostera marina* from central Japan. Fisheries Science, 74: 589-593.
Abe M, Yokota K, Kurashima A, et al. 2009. Temperature characteristics in seed germination and growth of *Zostera japonica* Ascherson & Graebner from Ago Bay, Mie Prefecture, central Japan. Fisheries Science, 75: 921-927.
Abe M, Yokota K, Kurashima A, et al. 2010. Estimation of light requirement for growth of *Zostera japonica* cultured seedlings based on photosynthetic properties. Fisheries Science, 76: 235-242.
Ackerman J D. 2007. Sexual reproduction of seagrasses: Pollination in the marine context//Larkum A, Orth R J, Duarte C M. Seagrasses: Biology, Ecology and Conservation. Netherlands: Springer: 89-109.
Adams J, van Wyk E, Riddin T. 2016. First record of *Spartina alterniflora* in southern Africa indicates adaptive potential of this saline grass. Biological Invasions, 18: 2153-2158.
Adriano S, Chiara F, Antonio M. 2005. Sedimentation rates and erosion processes in the lagoon of Venice. Environment International, 31: 983-992.
Ambo-Rappe R, Yasir I. 2015. The effect of storage condition on viability of *Enhalus acoroides* seedlings. Aquatic Botany, 127: 57-61.
An S Q, Gu B H, Zhou C F, et al. 2007. *Spartina* invasion in China: Implications for invasive species management and future research. Weed Research, 47: 183-191.
Anderson W R. 1982. An integrated system of classification of flowering plants. Brittonia, 34(2): 268-270.
Arber A. 2010. Water Plants: A Study of Aquatic Angiosperms. Cambridge: Cambridge University Press.
Baggett L P, Powers S P, Brumbaugh R D, et al. 2015. Guidelines for evaluating performance of oyster habitat restoration. Restoration Ecology, 23(6): 737-745.
Barbier E B, Hacker S D, Kennedy C, et al. 2011. The value of estuarine and coastal ecosystem services. Ecological monographs, 81: 169-193.
Bickford D, Lohman D J, Sodhi N S, et al. 2007. Cryptic species as a window on diversity and conservation. Trends in Ecology & Evolution, 22: 148-155.
Bigley R E. 1981. The population biology of two intertidal seagrasses, *Zostera japonica* and *Ruppia maritima*, at Roberts Bank, British Columbia. Vancouver: University of British Columbia.
Bintz J C, Nixon S W. 2001. Responses of eelgrass *Zostera marina* seedlings to reduced light. Marine Ecology Progress Series, 223: 133-141.
Black J. 2011. Oyster reef restoration in North Carolina: Recommendations for improvements in

techniques and monitoring. Clinical Microbiology and Infection, 16(6): 671-675.

Bos A R, Bouma T J, De Kort G L, et al. 2007. Ecosystem engineering by annual intertidal seagrass beds: Sediment accretion and modification. Estuarine, Coastal and Shelf Science, 74: 344-348.

Brenchley J L, Probert R J. 1998. Seed germination responses to some environmental factors in the seagrass *Zostera capricorni* from eastern Australia. Aquatic Botany, 62: 177-188.

Brock M A. 1982. Biology of the salinity tolerant genus *Ruppia* L. in saline lakes in South Australia Ⅱ. Population ecology and reproductive biology. Aquatic Botany, 13: 249-268.

Brusati E D, Grosholz E D. 2007. Effect of native and invasive cordgrass on *Macoma petalum* density, growth, and isotopic signatures. Estuarine, Coastal and Shelf Science, 71: 517-522.

Buhle E R, Feist B E, Hilborn R. 2012. Population dynamics and control of invasive *Spartina alterniflora*: Inference and forecasting under uncertainty. Ecological Applications, 22: 880-893.

Bulthuis D A. 1995. Distribution of seagrasses in a north Puget Sound Estuary: Padilla Bay, Washington, USA. Aquatic Botany, 50: 99-105.

Calado G, Duarte P. 2000. Modelling growth of *Ruppia cirrhosa*. Aquatic Botany, 68: 29-44.

Callaway J C, Josselyn M N. 1992. The introduction and spread of smooth cordgrass (*Spartina alterniflora*) in South San Francisco Bay. Estuaries, 15: 218-226.

Chen H, Liao B, Liu B E, et al. 2014. Eradicating invasive *Spartina alterniflora* with alien *Sonneratia apetala* and its implications for invasion controls. Ecological Engineering, 73: 367-372.

Chen J, Wang L, Li Y, et al. 2012a. Effect of *Spartina alterniflora* invasion and its controlling technologies on soil microbial respiration of a tidal wetland in Chongming Dongtan, China. Ecological Engineering, 41: 52-59.

Chen X, Wang N, Zhu Y. 2012b. Progress in study of plant atavisms. Acta Agriculturae Shanghai, 28: 102-105.

Chen Z, Li B, Zhong Y, et al. 2004. Local competitive effects of introduced *Spartina alterniflora* on *Scirpus mariqueter* at Dongtan of Chongming Island, the Yangtze River Estuary and their potential ecological consequences. Hydrobiologia, 528: 99-106.

Cho H J, Sanders Y L. 2009. Note on organic dormancy of estuarine *Ruppia maritima* L. seeds. Hydrobiologia, 617: 197-201.

Chung C H. 1993. Thirty years of ecological engineering with *Spartina* plantations in China. Ecological Engineering, 2: 261-289.

Chung C H. 2006. Forty years of ecological engineering with *Spartina* plantations in China. Ecological Engineering, 27: 49-57.

Chung C H, Zhuo R Z, Xu G W. 2004. Creation of *Spartina* plantations for reclaiming Dongtai, China, tidal flats and offshore sands. Ecological Engineering, 23: 135-150.

Churchill A C. 1983. Field studies on seed germination and seedling development in *Zostera marina* L. Aquatic Botany, 16: 21-29.

Corkhill P. 1984. *Spartina* at Lindisfarne NNR and details of recent attempts to control its spread. *Spartina anglica* in Great Britain: 60-63.

Costanza R, D'arge R, De Groot R, et al. 1997. The value of the world's ecosystem services and natural capital. Nature, 387: 253-260.

Crooks J A. 2002. Characterizing ecosystem - level consequences of biological invasions: The role of ecosystem engineers. Oikos, 97: 153-166.

Daehler C C, Strong D R. 1996. Status, prediction and prevention of introduced cordgrass *Spartina* spp. invasions in Pacific Estuaries, USA. Biological Conservation, 78: 51-58.

Daehler C C, Strong D R. 1997. Reduced herbivore resistance in introduced smooth cordgrass (*Spartina alterniflora*) after a century of herbivore-free growth. Oecologia, 110: 99-108.

Dame R D, Bushek D, Allen D, et al. 2000. The experimental analysis of tidal creeks dominated by oyster reefs: The premanipulation year. Journal of Shellfish Research, 19: 1361-1369.

Darnell K M, Booth D M, Koch E W, et al. 2015. The interactive effects of water flow and reproductive strategies on seed and seedling dispersal along the substrate in two sub-tropical seagrass species. Journal of Experimental Marine Biology and Ecology, 471: 30-40.

den Hartog C. 1970. The sea-grasses of the world. North-Holland, Amsterdam.

den Hartog C, Van Tussenbroek B, Wong J, et al. 2016. A new *Ruppia* from Mexico: *Ruppia mexicana* n. sp. Aquatic Botany, 131: 38-44.

Dooley F D, Wyllie-Echeverria S, Van Volkenburgh E. 2013. Long-term seed storage and viability of *Zostera marina*. Aquatic Botany, 111: 130-134.

Duarte C M. 1991. Seagrass depth limits. Aquatic Botany, 40: 363-377.

Epanchin-Niell R S, Hastings A. 2010. Controlling established invaders: Integrating economics and spread dynamics to determine optimal management. Ecology Letters, 13: 528-541.

Fernández-Torquemada Y, Sánchez-Lizaso J L. 2013. Effects of salinity on seed germination and early seedling growth of the Mediterranean seagrass *Posidonia oceanica* (L.) Delile. Estuarine, Coastal and Shelf Science, 119: 64-70.

Fishman J R, Orth R J. 1996. Effects of predation on *Zostera marina* L. seed abundance. Journal of Experimental Marine Biology and Ecology, 198: 11-26.

Gao Y, Tang L, Wang J, et al. 2009. Clipping at early florescence is more efficient for controlling the invasive plant *Spartina alterniflora*. Ecological Research, 24: 1033-1041.

Gao Y, Yan W L, Li B, et al. 2014. The substantial influences of non-resource conditions on recovery of plants: A case study of clipped *Spartina alterniflora* asphyxiated by submergence. Ecological Engineering, 73: 345-352.

Ge B M, Bao Y X, Cheng H Y, et al. 2012. Influence of *Spartina alterniflora* invasion stages on macrobenthic communities on a tidal flat in Wenzhou Bay, China. Brazilian Journal of Oceanography, 60: 441-448.

Goeden R D. 1988. A capsule history of biological control of weeds. Biocontrol News and Information, 9: 55-61.

Granger S, Traber M, Nixon S. 2000. The influence of planting depth and density on germination and development of *Zostera marina* L. seeds. Biologia Marina Mediterranea, 7: 55-58.

Green E P, Short F T. 2003. World Atlas of Seagrasses. Berkeley: University of California Press.

Grevstad F S. 2005. Simulating control strategies for a spatially structured weed invasion: *Spartina alterniflora* (Loisel) in Pacific coast estuaries. Biological Invasions, 7: 665-677.

Grevstad F S, Strong D, Garcia-Rossi D, et al. 2003. Biological control of *Spartina alterniflora* in Willapa Bay, Washington using the planthopper *Prokelisia marginata*: Agent specificity and early results. Biological Control, 27: 32-42.

Gu R T, Song X Y, Zhou Y, et al. 2019. *In situ* investigation of the influence of desiccation on sediment seed banks and population recruitment of the seagrass *Ruppia sinensis* in the Yellow River Delta, China. Marine Pollution Bulletin, 149: 110620.

Gu R T, Zhou Y, Song X Y, et al. 2018a. Tolerance of *Ruppia sinensis* seeds to desiccation, low temperature, and high salinity with special reference to long-term seed storage. Frontiers in Plant Science, 9: 221.

Gu R T, Zhou Y, Song X Y, et al. 2108b. Effects of temperature and salinity on *Ruppia sinensis* seed germination, seedling establishment, and seedling growth. Marine Pollution Bulletin, 134: 177-185.

Harrison P G. 1979. Reproductive strategies in intertidal populations of two co-occurring seagrasses (*Zostera* spp.). Canadian Journal of Botany, 57: 2635-2638.

Harrison P G. 1991. Mechanisms of seed dormancy in an annual population of *Zostera marina* (eelgrass) from the Netherlands. Canadian Journal of Botany, 69: 1972-1976.

Harrison P G, Bigley R E. 1982. The recent introduction of the seagrass *Zostera japonica* Aschers. and Graebn. to the Pacific coast of North America. Canadian Journal of Fisheries and Aquatic Sciences, 39: 1642-1648.

Hayashida F. 2000. Vertical distribution and seasonal variation of eelgrass beds in Iwachi Bay, Izu Peninsula, Japan. Hydrobiologia, 428: 179-185.

Hedge P, Kriwoken L K, Patten K. 2003. A review of *Spartina* management in Washington State, US. Journal of Aquatic Plant Management, 41: 82-90.

Henderson J, Hacker S D. 2015. Buried alive: An invasive seagrass (*Zostera japonica*) changes its reproductive allocation in response to sediment disturbance. Marine Ecology Progress Series, 532: 123-136.

Hodoki Y, Ohbayashi K, Tanaka N, et al. 2013. Evaluation of genetic diversity in *Zostera japonica* (Aschers. et Graebn.) for seagrass conservation in brackish lower reaches of the Hii River System, Japan. Estuaries and Coasts, 36: 127-134.

Hootsmans M, Vermaat J, Van Vierssen W. 1987. Seed-bank development, germination and early seedling survival of two seagrass species from The Netherlands: *Zostera marina* L. and *Zostera noltii* Hornem. Aquatic Botany, 28: 275-285.

Hu C, Ji Z, Wang T. 1998. Dynamic characteristics of sea currents and sediment dispersion in the Yellow River Estuary. International Journal of Sediment Research, 2: 20-30.

Huang H, Zhang L. 2007. A study of the population dynamics of *Spartina alterniflora* at Jiuduansha shoals, Shanghai, China. Ecological Engineering, 29: 164-172.

Hubbard J. 1965. Electron correlations in narrow energy bands-Ⅳ. The atomic representation. Proceedings of the Royal Society of London. Series A. Mathematical and Physical Sciences, 285(1403): 542-560.

Humphries P, Potter I C, Loneragan N R. 1992. The fish community in the shallows of a temperate australian estuary: Relationships with the aquatic macrophyte *Ruppia megacarpaand* environmental variables. Estuarine, Coastal and Shelf Science, 34: 325-346.

Inglis G J. 2000. Disturbance-related heterogeneity in the seed banks of a marine angiosperm. Journal of Ecology, 88: 88-99.

Ito Y, Ohi-Toma T, Tanaka N, et al. 2016. Phylogeny of *Ruppia* (Ruppiaceae) revisited: Molecular and morphological evidence for a new species from Western Cape, South Africa. Systematic Botany, 40: 942-949.

IUCN. 2010. IUCN Red List of threatened species. Version 2010. 3. IUCN: International Union for Conservation of Nature and Natural Resources.

Iverson R L, Bittaker H F. 1986. Seagrass distribution and abundance in eastern Gulf of Mexico coastal waters. Estuarine, Coastal and Shelf Science, 22: 577-602.

Jackson E L, Rowden A A, Attrill M J, et al. 2001. The importance of seagrass beds as a habitat for fishery species. Oceanography and Marine Biology, 39: 269-304.

Jackson J B C, Kirby M X, Berger W H, et al. 2001. Historical overfishing and the recent collapse of coastal ecosystems. Science, 293(5530): 629-637.

Jarvis J C, Moore K A. 2015. Effects of seed source, sediment type, and burial depth on mixed-annual and perennial *Zostera marina* L. seed germination and seedling establishment. Estuaries and coasts, 38: 964-978.

Kaldy J E, Shafer D J. 2013. Effects of salinity on survival of the exotic seagrass *Zostera japonica* subjected to extreme high temperature stress. Botanica Marina, 56: 75-82.

Kaldy J E, Shafer D J, Ailstock M S, et al. 2015. Effects of temperature, salinity and seed age on induction of *Zostera japonica* germination in North America, USA. Aquatic Botany, 126: 73-79.

Kantrud H A. 1991. Wigeongrass (*Ruppia maritima* L.): A literature review.

Kendrick G A, Pomeroy A W, Orth R J, et al. 2019. A novel adaptation facilitates seed establishment under marine turbulent flows. Scientific Reports, 9: 1-8.

Kendrick G A, Waycott M, Carruthers T J, et al. 2012. The central role of dispersal in the maintenance and persistence of seagrass populations. Bioscience, 62: 56-65.

Kerr D W, Hogle I B, Ort B S, et al. 2016. A review of 15 years of *Spartina* management in the San Francisco Estuary. Biological Invasions, 18: 2247-2266.

Kilbride K M, Paveglio F L. 2001. Long-term fate of glyphosate associated with repeated rodeo applications to control smooth cordgrass (*Spartina alterniflora*) in Willapa Bay, Washington. Archives of Environmental Contamination and Toxicology, 40: 179-183.

Kishima J, Harada S, Sakurai R. 2011. Suitable water temperature for seed storage of *Zostera japonica* for subtropical seagrass bed restoration. Ecological Engineering, 37: 1416-1419.

Knott C A, Webster E P, Nabukalu P. 2013. Control of smooth cordgrass (*Spartina alterniflora*) seedlings with four herbicides. Journal of Aquatic Plant Management, 51: 132-135.

Koch E, Seeliger U. 1988. Germination ecology of two *Ruppia maritima* L. populations in southern Brazil. Aquatic Botany, 31: 321-327.

Krause-Jensen D, Carstensen J, Nielsen S L, et al. 2011. Sea bottom characteristics affect depth limits of eelgrass *Zostera marina*. Marine Ecology Progress Series, 425: 91-102.

Lamb J B, Van De Water J A, Bourne D G, et al. 2017. Seagrass ecosystems reduce exposure to bacterial pathogens of humans, fishes, and invertebrates. Science, 355: 731-733.

Lee S, Ma S, Lim Y, et al. 2004. Genetic diversity and its implications in the conservation of endangered *Zostera japonica* in Korea. Journal of Plant Biology, 47: 275.

Lee S Y, Oh J H, Choi C I, et al. 2005. Leaf growth and population dynamics of intertidal *Zostera japonica* on the western coast of Korea. Aquatic Botany, 83: 263-280.

Levine J M, Brewer J S, Bertness M D. 1998. Nutrients, competition and plant zonation in a New England salt marsh. Journal of Ecology, 86(2): 285-292.

Li B, Liao C H, Zhang X D, et al. 2009. *Spartina alterniflora* invasions in the Yangtze River Estuary, China: An overview of current status and ecosystem effects. Ecological Engineering, 35: 511-520.

Lim P E, Lee C K, Din Z. 1995. Accumulation of heavy metals by cultured oysters from Merbok Estuary, Malaysia. Marine Pollution Bulletin, 31: 420-423.

Lin H Y, Sun T, Adams M P, et al. 2018a. Seasonal dynamics of trace elements in sediment and seagrass tissues in the largest *Zostera japonica* habitat, the Yellow River Estuary, northern China. Marine Pollution Bulletin, 134: 5-13.

Lin H Y, Sun T, Xue S F, et al. 2016a. Heavy metal spatial variation, bioaccumulation, and risk assessment of *Zostera japonica* habitat in the Yellow River Estuary, China. Science of the Total Environment, 541: 435-443.

Lin H Y, Sun T, Zhou Y, et al. 2016b. Anti-oxidative feedback and biomarkers in the intertidal seagrass *Zostera japonica* caused by exposure to copper, lead and cadmium. Marine Pollution Bulletin, 109: 325-333.

Lin H Y, Sun T, Zhou Y, et al. 2018b. Which genes in a typical intertidal seagrass (*Zostera japonica*) indicate copper-, lead-, and cadmium pollution? Frontiers in Plant Science, 9: 1545.

Liu C, Jiang H, Zhang S, et al. 2013a. Multi-scale analysis to uncover habitat use of red-crowned cranes: Implications for conservation. Current Zoology, 59: 604-617.

Liu M, Mao D, Wang Z, et al. 2018. Rapid invasion of *Spartina alterniflora* in the coastal zone of

mainland China: New observations from Landsat OLI images. Remote Sensing, 10: 1933.
Liu X, Zhou Y, Liu B, et al. 2019. Temporal dynamics of the natural and trimmed angiosperm *Zostera marina* L. (Potamogetonales: Zosteraceae), and an effective technique for transplantation of long shoots in a temperate tidal zone (northern China). Wetlands, 39: 1043-1056.
Liu X, Zhou Y, Yang H, et al. 2013b. Eelgrass detritus as a food source for the sea cucumber *Apostichopus japonicus* Selenka (Echinidermata: Holothuroidea) in coastal waters of North China: An experimental study in flow-through systems. PLoS One, 8: e58293.
Lopez-Calderon J M, Riosmena-Rodríguez R, Torre J, et al. 2016. *Zostera marina* meadows from the Gulf of California: Conservation status. Biodiversity and Conservation, 25: 261-273.
Lu J, Zhang Y. 2013. Spatial distribution of an invasive plant *Spartina alterniflora* and its potential as biofuels in China. Ecological Engineering, 52: 175-181.
Lv W W, Huang Y H, Liu Z Q, et al. 2016. Application of macrobenthic diversity to estimate ecological health of artificial oyster reef in Yangtze Estuary, China. Marine Pollution Bulletin, 103(1-2): 137-143.
Mabberley D J. 1997. The Plant Book: A Portable Dictionary of the Vascular Plants. 2nd ed. Cambridge: Cambridge University Press.
Malea P, Boubonari T, Kevrekidis T. 2008. Iron, zinc, copper, lead and cadmium contents in *Ruppia maritima* from a Mediterranean coastal lagoon: Monthly variation and distribution in different plant fractions. Botanica Marina, 51(4): 320-330.
Malea P, Kevrekidis T, Mogias A. 2004. Annual versus perennial growth cycle in *Ruppia maritima* L.: Temporal variation in population characteristics in Mediterranean lagoons (Monolimni and Drana Lagoons, Northern Aegean Sea). Botanica Marina, 8(5): 209-366.
Mannino A M, Geraci A. 2016. Diploid *Ruppia cirrhosa* populations from a southern Mediterranean shallow system. Aquatic Botany, 132: 37-40.
Mannino A M, Graziano M. 2016. Differences in the growth cycle of *Ruppia cirrhosa* (Petagna) Grande in a Mediterranean shallow system. Plant Biosystems-An International Journal Dealing with all Aspects of Plant Biology, 150: 54-61.
Maricle B R, Lee R W. 2002. Aerenchyma development and oxygen transport in the estuarine cordgrasses *Spartina alterniflora* and *S. anglica*. Aquatic Botany, 74: 109-120.
Marion S R, Orth R J. 2012. Seedling establishment in eelgrass: Seed burial effects on winter losses of developing seedlings. Marine Ecology Progress Series, 448: 197-207.
Megan L P, Jessica F, Laura A B, et al. 2014. Oyster reef restoration in the northern Gulf of Mexico: Extent, methods and outcomes. Ocean & Coastal Management, 89: 20-28.
Meng W, Feagin R A, Innocenti R A, et al. 2020. Invasion and ecological effects of exotic smooth cordgrass *Spartina alterniflora* in China. Ecological Engineering, 143: 105670.
Meyer D L, Townsend E C, Thayer G W. 1997. Stabilization and erosion control value of oyster cultch for intertidal marsh. Restoration Ecology, 5: 93-99.
Moore K A, Orth R J, Nowak J F. 1993. Environmental regulation of seed germination in *Zostera marina* L. (eelgrass) in Chesapeake Bay: Effects of light, oxygen and sediment burial. Aquatic Botany, 45: 79-91.
Morita T, Miyamatsu A, Fujii M, et al. 2011. Germination in *Zostera japonica* is determined by cold stratification, tidal elevation and sediment type. Aquatic Botany, 95: 234-241.
Nakaoka M, Aioi K. 2001. Ecology of seagrasses *Zostera* spp. (Zosteraceae) in Japanese waters: A review. Otsuchi Marine Science, 26: 7-22.
Nordlund L M, Jackson E L, Nakaoka M, et al. 2018. Seagrass ecosystem services–What's next? Marine Pollution Bulletin, 134: 145-151.

Nordlund L M, Unsworth R K F, Gullström M, et al. 2018. Global significance of seagrass fishery activity. Fish and Fisheries, 19(3): 399-412.

O'Beirn F X, Luckenbach M W, Nestlerode J A, et al. 2000. Toward design criteria in constructed oyster reefs: Oyster recruitment as a function of substrate type and tidal height. Journal of Shellfish Research, 19: 387-395.

Olesen B. 1999. Reproduction in Danish eelgrass (*Zostera marina* L.) stands: Size-dependence and biomass partitioning. Aquatic Botany, 65: 209-219.

Olsen J L, Rouzé P, Verhelst B, et al. 2016. The genome of the seagrass *Zostera marina* reveals angiosperm adaptation to the sea. Nature, 530: 331-335.

Orth R J, Harwell M C, Bailey E M, et al. 2000. A review of issues in seagrass seed dormancy and germination: Implications for conservation and restoration. Marine Ecology Progress Series, 200: 277-288.

Orth R J, Harwell M C, Inglis G J. 2007. Ecology of seagrass seeds and seagrass dispersal processes//Larkum A, Orth R J, Duarte C M. Seagrasses: Biology, Ecology and Conservation. Netherlands: Springer: 111-133.

Orth R J, Marion S R, Granger S, et al. 2009. Evaluation of a mechanical seed planter for transplanting *Zostera marina* (eelgrass) seeds. Aquatic Botany, 90: 204-208.

Osman R W, Whitlatch R B, Zajac R N. 1989. Effects of resident species on recruitment into a community: Larval settlement versus post-settlement mortality in the oyster *Crassostrea virginica*. Marine Ecology Progress Series, 54: 61-73.

Pan J, Han H, Jiang X, et al. 2012. Desiccation, moisture content and germination of *Zostera marina* L. seed. Restoration Ecology, 20: 311-314.

Pan J, Jiang X, Li X, et al. 2014. An effective method for collecting and storing seeds from *Zostera marina* (eelgrass) in the Yellow Sea, China. Wiley Online Library.

Partridge T. 1987. *Spartina* in New Zealand. New Zealand Journal of Botany, 25: 567-575.

Patten K. 2003. Persistence and non-target impact of imazapyr associated with smooth cordgrass control in an estuary. Journal of Aquatic Plant Management, 41: 1-6.

Patten K. 2004. Comparison of chemical and mechanical control efforts for invasive *Spartina* in Willapa Bay, Washington. Proceedings of the Third International Conference on Invasive *Spartina*: 249-254.

Patten K, O'Casey C, Metzger C. 2017. Large-scale chemical control of smooth cordgrass (*Spartina alterniflora*) in Willapa Bay, WA: Towards eradication and ecological restoration. Invasive Plant Science abd Management, 10: 284-292.

Paveglio F L, Kilbride K M, Grue C E, et al. 1996. Use of Rodeo® and X-77® spreader to control smooth cordgrass (*Spartina alterniflora*) in a southwestern Washington estuary: 1. Environmental fate. Environmental Toxicology and Chemistry, 15: 961-968.

Posey M H. 1988. Community changes associated with the spread of an introduced seagrass, *Zostera japonica*. Ecology, 69: 974-983.

Prentice C, Poppe K, Lutz M, et al. 2020. A synthesis of blue carbon stocks, sources, and accumulation rates in eelgrass (*Zostera marina*) meadows in the Northeast Pacific. Global Biogeochemical Cycles, 34: e2019GB006345.

Probert R J, Brenchley J L. 1999. The effect of environmental factors on field and laboratory germination in a population of *Zostera marina* L. from southern England. Seed Science Research, 9: 331-339.

Procaccini G, Mazzella L. 1998. Population genetic structure and gene flow in the seagrass *Posidonia oceanica* assessed using microsatellite analysis. Marine Ecology Progress Series, 169: 133-141.

Pulich Jr W M. 1985. Seasonal growth dynamics of *Ruppia maritima* L.s.l and *Halodule wrightii* Aschers. in southern Texas and evaluation of sediment fertility status. Aquatic Botany, 23: 53-66.

Qin L Z, Li W T, Zhang X M, et al. 2014. Sexual reproduction and seed dispersal pattern of annual and perennial *Zostera marina* in a heterogeneous habitat. Wetlands Ecology and Management, 22: 671-682.

Qin P, Xie M, Jiang Y. 1998. *Spartina* green food ecological engineering. Ecological Engineering, 11: 147-156.

Ranwell D S. 1964. *Spartina* marshes in southern England. Ⅱ. Rate and seasonal pattern of sediment accretion. Journal of Ecology, 52(1): 79-94.

Rasheed M A. 2004. Recovery and succession in a multi-species tropical seagrass meadow following experimental disturbance: The role of sexual and asexual reproduction. Journal of Experimental Marine Biology and Ecology, 310: 13-45.

Reed D C, Holbrook S J, Solomon E, et al. 1998. Studies on germination and root development in the surfgrass *Phyllospadix torreyi*: Implications for habitat restoration. Aquatic Botany, 62: 71-80.

Ren G B, Wang J J, Wang A D, et al. 2019. Monitoring the invasion of smooth cordgrass *Spartina alterniflora* within the modern Yellow River Delta using remote sensing. Journal of Coastal Research, 90: 135-145.

Ren Z H, Li F, Wei J L, et al. 2016. Community characteristics of macrobenthos in the Huanghe (Yellow River) Estuary during water and sediment discharge regulation. Acta Oceanologica Sinica, 35(8): 74-81.

Reynolds L K, Waycott M, Mcglathery K J. 2013. Restoration recovers population structure and landscape genetic connectivity in a dispersal - limited ecosystem. Journal of Ecology, 101: 1288-1297.

Reynolds L K, Waycott M, Mcglathery K J, et al. 2012. Eelgrass restoration by seed maintains genetic diversity: Case study from a coastal bay system. Marine Ecology Progress Series, 448: 223-233.

Riddin T, Adams J. 2009. The seed banks of two temporarily open/closed estuaries in South Africa. Aquatic Botany, 90: 328-332.

Rivers D O, Kendrick G A, Walker D I. 2011. Microsites play an important role for seedling survival in the seagrass *Amphibolis antarctica*. Journal of Experimental Marine Biology and Ecology, 401: 29-35.

Rodney W S, Paynter K T. 2006. Comparisons of macrofaunal assemblages on restored and non-restored oyster reefs in mesohaline regions of Chesapeake Bay in Maryland. Journal of Experimental Marine Biology and Ecology, 335(1): 39-51.

Sanchiz C, Garcia-Carrascosa A, Pastor A. 1999. Bioaccumulation of Hg, Cd, Pb and Zn in four marine phanerogams and the alga *Caulerpa prolifera* (Försskal) Lamouroux from the east coast of Spain. Botanica Marina, 42(2): 157-164.

Sand-Jensen K, Pedersen N L, Thorsgaard I, et al. 2008. 100 years of vegetation decline and recovery in Lake Fure, Denmark. Journal of Ecology, 96: 260-271.

Scholten M, Rozema J. 1990. The competitive ability of *Spartina anglica* on Dutch salt marshes. *Spartina anglica*–A Research Review: 39-47.

Schulte D M, Russell P B, Romuald N L. 2009. Unprecedented restoration of a native oyster metapopulation. Science, 325: 1124-1128.

Shafer D J, Kaldy J E, Sherman T D, et al. 2011. Effects of salinity on photosynthesis and respiration of the seagrass *Zostera japonica*: A comparison of two established populations in North America. Aquatic Botany, 95: 214-220.

Shimeta J, Saint L, Verspaandonk E R, et al. 2016. Long-term ecological consequences of herbicide treatment to control the invasive grass, *Spartina anglica*, in an Australian saltmarsh. Estuarine Coastal and Shelf Science, 176: 58-66.

Shin H, Choi H K. 1998. Taxonomy and distribution of *Zostera* (Zosteraceae) in eastern Asia, with special reference to Korea. Aquatic Botany, 60: 49-66.

Short F T, Polidoro B, Livingstone S R, et al. 2011. Extinction risk assessment of the world's seagrass species. Biological Conservation, 144: 1961-1971.

Simenstad C, Thom R. 1995. *Spartina alterniflora* (smooth cordgrass) as an invasive halophyte in Pacific northwest estuaries. Hortus Northwest: A Pacific Northwest Native Plant Directory & Journal, 6: 9-13.

Strathmann R R, Strathmann M F. 1982. The relationship between adult size and brooding in marine invertebrates. The American Naturalist, 119(1): 91-101.

Strazisar T, Koch M S, Frankovich T A, et al. 2016. The importance of recurrent reproductive events for *Ruppia maritima* seed bank viability in a highly variable estuary. Aquatic Botany, 134: 103-112.

Strazisar T, Koch M S, Madden C J. 2015. Seagrass (*Ruppia maritima* L.) life history transitions in response to salinity dynamics along the Everglades-Florida Bay ecotone. Estuaries and Coasts, 38: 337-352.

Strong D R, Ayres D A. 2016. Control and consequences of *Spartina* spp. invasions with focus upon San Francisco Bay. Biological Invasions, 18: 2237-2246.

Stunz G W, Minello T J, Rozas L P. 2010. Relative value of oyster reef as habitat for estuarine nekton in Galveston Bay, Texas. Marine Ecology Progress Series, 406: 147-159.

Tanner C E, Parham T. 2010. Growing *Zostera marina* (eelgrass) from seeds in land - based culture systems for use in restoration projects. Restoration Ecology, 18: 527-537.

Taylor C M, Hastings A. 2004. Finding optimal control strategies for invasive species: A density-structured model for *Spartina alterniflora*. Journal of Applied Ecology, 41: 1049-1057.

Thompson K, Bakker J P, Bekker R M 1997. The soil seed banks of North West Europe: Methodology, density and longevity. Cambridge: Cambridge university press.

Triest L, Sierens T. 2014. Reprint of "Is the genetic structure of Mediterranean *Ruppia* shaped by bird-mediated dispersal or sea currents?". Aquatic Botany, 115: 45-53.

Tutin T. 1938. The autecology of *Zostera marina* in relation to its wasting disease. New Phytologist, 37: 50-71.

Tweddle J C, Dickie J B, Baskin C C, et al. 2003. Ecological aspects of seed desiccation sensitivity. Journal of Ecology, 91: 294-304.

Unsworth R K, Nordlund L M, Cullen - Unsworth L C. 2019. Seagrass meadows support global fisheries production. Conservation Letters, 12: e12566.

Vaudrey J M, Kremer J N, Branco B F, et al. 2010. Eelgrass recovery after nutrient enrichment reversal. Aquatic Botany, 93: 237-243.

Verhoeven J T A. 1979. The ecology of *Ruppia*-dominated communities in Western Europe. I. Distribution of *Ruppia* representatives in relation to their autecology. Aquatic Botany, 6: 197-267.

Volety A K. 2008. Effects of salinity, heavy metals and pesticides on health and physiology of oysters in the Caloosahatchee Estuary, Florida. Ecotoxicology, 17: 579-590.

Volety A K, Haynes L, Goodman P, et al. 2014. Ecological condition and value of oyster reefs of the Southwest Florida shelf ecosystem. Ecological Indicators, 44: 108-119.

Waycott M, Duarte C M, Carruthers T J B, et al. 2009. Accelerating loss of seagrasses across the globe threatens coastal ecosystems. Proceedings of the National Academy of Sciences of the United States of America, 106: 12377-12381.

Williams S L. 1990. Experimental studies of Caribbean seagrass bed development. Ecological Monographs, 60: 449-469.

Wyllie-Echeverria S, Cox P, Churchill A, et al. 2003. Seed size variation within *Zostera marina* L. (Zosteraceae). Botanical Journal of the Linnean Society, 142: 281-288.

Xie B, Han G, Qiao P, et al. 2019. Effects of mechanical and chemical control on invasive *Spartina alterniflora* in the Yellow River Delta, China. PeerJ, 7: e7655.

Xu S C, Wang P, Zhou Y, et al. 2018. New insights into different reproductive effort and sexual recruitment contribution between two geographic *Zostera marina* L. populations in temperate China. Frontiers in Plant Science, 9: 15.

Xu S C, Zhou Y, Wang P, et al. 2016. Salinity and temperature significantly influence seed germination, seedling establishment, and seedling growth of eelgrass *Zostera marina* L. PeerJ, 4: e2697.

Xu S C, Zhou Y, Xu S, et al. 2019. Seed selection and storage with nano-silver and copper as potential antibacterial agents for the seagrass *Zostera marina*: Implications for habitat restoration. Scientific Reports, 9: 20249.

Yang W, Zhao H, Chen X, et al. 2013. Consequences of short-term C_4 plant *Spartina alterniflora* invasions for soil organic carbon dynamics in a coastal wetland of Eastern China. Ecological Engineering, 61: 50-57.

Yu S, den Hartog C. 2014. Taxonomy of the genus *Ruppia* in China. Aquatic Botany, 119: 66-72.

Yuan L, Zhang L, Xiao D, et al. 2011. The application of cutting plus waterlogging to control *Spartina alterniflora* on saltmarshes in the Yangtze Estuary, China. Estuarine Coastal and Shelf Science, 92: 103-110.

Yue S D, Zhang Y, Zhou Y, et al. 2019a. Optimal long-term seed storage conditions for the endangered seagrass *Zostera japonica*: Implications for habitat conservation and restoration. Plant Methods, 15: 158.

Yue S D, Zhou Y, Zhang Y, et al. 2019b. Effects of salinity and temperature on seed germination and seedling establishment in the endangered seagrass *Zostera japonica* Asch. & Graebn. in northern China. Marine Pollution Bulletin, 146: 848-856.

Zhang D, Hu Y, Liu M, et al. 2017. Introduction and spread of an exotic plant, *Spartina alterniflora*, along coastal marshes of China. Wetlands, 37: 1181-1193.

Zhang P D, Fang C, Liu J, et al. 2015a. An effective seed protection method for planting *Zostera marina* (eelgrass) seeds: Implications for their large-scale restoration. Marine Pollution Bulletin, 95: 89-99.

Zhang R, Shen Y, Lu L, et al. 2004. Formation of *Spartina alterniflora* salt marshes on the coast of Jiangsu Province, China. Ecological Engineering, 23: 95-105.

Zhang X M, Lin H Y, Song X Y, et al. 2019. A unique meadow of the marine angiosperm *Zostera japonica*, covering a large area in the turbid intertidal Yellow River Delta, China. Science of the Total Environment, 686: 118-130.

Zhang X M, Zhou Y, Liu P, et al. 2015b. Temporal pattern in biometrics and nutrient stoichiometry of the intertidal seagrass *Zostera japonica* and its adaptation to air exposure in a temperate marine lagoon (China): Implications for restoration and management. Marine Pollution Bulletin, 94: 103-113.

Zhang X M, Zhou Y, Xu S C, et al. 2020. Differences in reproductive effort and sexual recruitment of the seagrass *Zostera japonica* between two geographic populations in northern China. Marine Ecology Progress Series, 638: 65-81.

Zhang X M, Zhou Y, Xue D, et al. 2015c. Development of microsatellite loci for the endangered seagrass *Zostera japonica* (Zosteraceae). Applications in Plant Sciences, 3: 1500064.

Zhou Y, Liu P, Liu B, et al. 2014. Restoring eelgrass (*Zostera marina* L.) habitats using a simple and effective transplanting technique. PLoS One, 9: e92982.

Zhou Y, Liu X, Liu B, et al. 2015. Unusual pattern in characteristics of the eelgrass *Zostera marina* L. in a shallow lagoon (Swan Lake), north China: Implications on the importance of seagrass conservation. Aquatic Botany, 120: 178-184.

Zuo P, Zhao S, Liu C A, et al. 2012. Distribution of *Spartina* spp. along China's coast. Ecological Engineering, 40: 160-166.

第五章　生态农牧场特色生物资源产品开发与应用

黄河三角洲具有丰富的生物资源，受到从陆到海的盐度变化的影响，与陆源及海源的生物资源具有明显的区别，种类多样，特色突出，所蕴含的活性成分极具开发价值，是生态农牧场的重要组成部分。但是与海洋生物资源相比，该区域生物资源的开发相对落后，注重耐盐植物的种植，虾、蟹、参、贝等水产动物的养殖属于粗放型的经济模式，不符合生态保护的要求，也未能完全体现区域特色生物资源该有的价值。因此，在“生态文明”“绿色养殖”“提质增效”等重大方针指导下，强调高质化生产，以最小的生物加工量实现经济价值的明显提升，有利于改善种养殖模式，保障服务业发展，促进“三产融合”。以耐盐植物菊芋、盐生植物盐地碱蓬、水产动物虾蟹、水产植物藻类及特色微生物为加工利用对象，发展高质化利用技术，实现高值化产品的开发，为黄河三角洲区域生物资源的高效生态利用提供示范，促进生态农牧场的建设，推动黄河三角洲持续利用新模式的构建。

第一节　引　　言

一、黄河三角洲生物资源的种类和特色

黄河三角洲湿地作为世界上最年轻、最具特色的滨海湿地，具有很高的生态价值和经济价值。植物作为湿地生态系统的重要组成部分，是维持湿地生态结构和服务功能的重要支撑，是生物多样性的基本载体之一，为研究物种共存机制提供了重要信息（Loreau et al.，2001；Tilman et al.，2006）。物种多样性作为生物多样性的重要组成部分，维持着生态系统结构和功能的稳定。黄河三角洲地区盐碱化程度高，该区本土植物共 50 科 202 种，主要有芦苇、盐地碱蓬、菊芋、柽柳和旱柳等（郗金标等，1999）。其中菊芋和盐地碱蓬等耐盐/盐生植物大面积种植不但可以起到防风固沙、保持水土、改良土壤、维护生态平衡的作用，而且能够产生多种生物产品，包括菊糖、天然水溶性色素等，可以应用于食品、医药等领域。

浮游藻类是水体生态系统中最重要的初级生产者，其种类和数量的变化直接或间接地影响其他水生生物，甚至会影响整个生态系统的稳定（胡韧等，2002）。在渔业和盐业系统中，浮游藻类既是其他水生动物的基础饵料，又具有防止盐池

卤水渗漏及底泥中有害物质反渗的作用，还通过影响卤水的温度、黏度等影响原盐的质量和产量（马志珍等，1992）。它们可以耐受各种温度、盐度和 pH；可以单独生长或与其他生物共生，甚至可以在干燥的沙漠环境中存活。藻类按大小分类为大型藻类和微藻类。大型藻类是肉眼可见的多细胞藻类，类似于海带（*Laminaria japonica*），而微藻类是显微单细胞，可以是原核生物或真核生物，类似于蓝藻门（Cyanobacteria）或小球藻属（*Chlorella*）。微藻是碳化合物的丰富来源，可用于生产生物燃料、保健品、药物和化妆品；还可用于废水处理和减少大气中的二氧化碳（Das et al.，2011）。微藻能够产生多种生物产品，包括类胡萝卜素、蛋白质、维生素等生物活性化合物和抗氧化剂（Brennan and Owende，2010），还可以用来开发生物能源如生物柴油。随着基因工程和合成生物学的发展，在不久的未来将会有越来越多的微藻被开发并在商业上应用。

黄河三角洲的动物主要分为两种生态群：陆生动物生态群和海洋动物生态群。该地区丰富的植物资源和适宜的温带季风性气候，为各种动物生存、栖息和繁殖提供了适宜的条件，因此该地区动物资源丰富，主要包括 300 种陆生脊椎动物、583 种无脊椎动物、223 种陆生性水生动物和 418 种海洋性水生动物，共计 1524 种野生动物（刘清志，2014），其中节肢动物、软体动物和环节动物为优势门类。潮间带动物生物量以软体动物为最高，甲壳动物次之。经济贝类和饵料动物生物量较大，具有很大的生产潜力（蔡学军和田家怡，2000）。

黄河三角洲区域微生物资源丰富，特殊的生存环境使其中的微生物形成了不同于陆生生物的特殊次级代谢机制和酶反应机制，产生了许多结构新颖、功能独特的活性物质。因此，该区域微生物来源的活性物质研究越来越受到天然产物研究者的重视。真菌能够产生许多骨架结构新颖，具有抗肿瘤、抗炎、抗菌、抗病毒和抗氧化等活性的次级代谢产物。次级代谢产物种类丰富，包括萜类化合物、生物碱类化合物、聚酮类化合物、肽类化合物和类固醇等。近二三十年来，药物研发变得越来越困难，同时耐药性的产生又急需我们找到结构新颖、生物活性显著和作用机制独特的新天然产物，因此海岸带微生物来源的次级代谢产物成为开发新药先导化合物的重要源泉。未来海岸带微生物将成为海洋天然产物研究的重要宝库，源源不断地为药物研发提供先导化合物，推动药物化学和生命科学的发展。

二、生物资源到生物制品

黄河三角洲是从陆到海的过渡区域，所孕育的生物资源具有明显的自身特色，盐生及耐盐植物、淡水及咸水养殖、滩涂混养等介于陆海之间的模式赋予了该区域独有的特色，蕴藏着许多与陆源及海源生物不同、结构新颖、功能独特的活性物质。运用生物工程、酶工程、细胞工程和发酵工程等现代生物技术手段，将这些活性物质开发成新型海洋药物、生物材料、农用制品、功能食品等高值化产品，将促进“三产融合”，促进生态农牧场的建设，推动黄河三角洲持续利用新模式的发展。从生物资源到生物制品的转化与陆源及海源生物资源的开发思路基本相同，主要包括以下几个方面：利用菊芋、盐地碱蓬等耐盐植物开发食品或食品添加剂；利用虾、蟹的加工废弃物，进行多糖等活性成分的利用，开发功能食品、涂料、饲料等相关产品；研究从藻类中提取藻胆蛋白、多糖、膳食纤维等活性成分的方法与技术，筛选具有特殊功能的保健食品；针对盐碱地、潮间带、近海、养殖区等典型环境中的微生物资源及其代谢产物，开发固氮、杀菌、杀虫及促生长农用菌剂或功能肥料，研制污染物降解、酶制剂等功能产品。

进行生物制品开发的对象仍然以种养殖的生物资源为主，一方面，种养殖生物资源的生物量充足，另一方面，避免野生资源的过度利用，符合“生态保护优先”的要求。但是没有体现出该区域应有的特色，且在种养殖的过程中不可避免地有外源饲料、肥料、药物的介入，无形中增加了外源物质尤其是化学成分的使用对滩涂区域生态的影响，如果可以把本区域自有的生物资源以相应的饲料、肥料、药物的形式进行制品的开发，并用于区域内的种养殖业，就可以形成内部循环利用的模式，将有利于黄河三角洲及其他相似滩涂区域的原位保护。

第二节　国内外研究进展

一、耐盐/盐生植物的研究进展

黄河三角洲地区盐碱化比较严重，盐碱地改良措施主要有两类：一是利用物理化学等工程改良，如洗盐、滴灌控盐、地下排水等，这种方法见效快，但成本高且容易反复，难以在根本上解决盐碱化问题；二是种植耐盐植物进行生物改良，此方法见效慢，但费用低、效益高且效果稳定，短期内难以取得成果，但长期坚持能够彻底解决黄河三角洲的盐碱化问题（周和平等，2007）。

耐盐植物（salt-tolerant plant），泛指具有较强耐盐能力的植物。研究已表明，植物的生长发育和能量代谢等均会受到盐胁迫的影响。耐盐植物适应环境的方式是调整自身形态，确保盐胁迫条件下生理功能正常（王宏信等，2019）。全世界有1500多种耐盐植物，中国拥有丰富的耐盐植物资源，仅滨海地区就有517种耐盐植物，共115科359属。其中禾本科（Poaceae）、藜科（Chenopodiaceae）和菊科（Asteraceae）是数量最多的3个科（陈兴龙等，1999）。下面以耐盐植物菊芋和盐生植物盐地碱蓬为例，介绍生物资源的产品开发与应用。

1. 菊芋

菊芋（*Jerusalem artichoke*）又名洋姜、鬼子姜，是一种菊科向日葵属宿根性多年生草本植物，原产自北美洲，目前在我国各地均有种植。菊芋耐寒抗冻，抗贫瘠和干旱，对土壤要求不高，抗风沙和病虫害，适应性强，繁殖能力强，栽植一次可连续多年利用（曾小宇等，2010），可在黄河三角洲的盐碱地和滩涂等海岸带地区各种生态环境下广泛种植（姜吉禹，1999；昌盛等，2012）。菊芋块茎质地细嫩爽脆，可直接生食或烹调后食用（郭洪涛和郭衍银，2011）。目前菊芋块茎的食品制品在我国较为多见，这也是菊芋最主要的利用方式。菊芋还可进行深加工，用来生产果糖、低聚果糖，甚至发酵生产乙醇，这为提高菊芋工业附加值提供了生产方向。因此，菊芋是一种极具开发潜力的半野生资源（孙纪录等，2003）。

1）菊芋的形态特征

菊芋为多年生草本植物，植株可高达 2～4m，有块状的地下茎及纤维状根（图 5.1）。茎直立，有分枝，茎上有白色短糙毛或刚毛（祝海峰，2008）。叶通常对生，有叶柄，但上部叶互生，下部叶卵圆形或卵状椭圆形。菊芋为须根系，入土较深，但因须根纤细，所以在生长的中、后期遇风雨易倒伏。菊芋根茎呈块状，分为红皮和白皮，内部主要是白色，形状有梨形、圆形、纺锤形或不规则瘤形等（Liu et al.，2011b）。菊芋耐寒、耐旱，块茎在 6～7℃时萌芽，8～10℃时出苗，并且幼苗能耐 1～2℃的低温。块茎极为抗冻，0℃以下开始冬眠，可在–40～25℃的冻土层内安全越冬。只要确保其被土覆盖不暴露，在–50℃时也不会被冻死，第二年仍可正常发芽生长。

图 5.1　菊芋花叶和块茎

2）菊芋的应用

目前我国对于菊芋的开发利用主要集中于食品加工制作方面，如制作饮料、菊芋茶包和菊芋果脯等（李光跃，2000；郭衍银等，2008；郑立红等，2008）。菊芋的茎叶和块茎可入药，具有清热凉血、消肿利湿、抗菌消炎等功效。菊芋中的菊糖对于人体血糖有双向调节功能，即在血糖偏高时降低血糖，而在血糖偏低时升高血糖（Rumessen et al.，1990），因此，菊糖可以用于糖尿病的辅助治疗。而且菊芋甜度高、热量低，因而适合高血脂、高血压及肥胖症患者服用（郭洪涛和郭衍银，2011）。

菊芋对种植环境要求低，可以耐旱、耐寒、耐贫瘠，抗风沙和多种病虫害，具有非常好的适应性和繁殖能力，极易种植，只要把菊芋种上就基本不用特别管理，且以每年 20 倍以上的增长速度扩张，还可以通过人工采收部分块茎作为种子，进一步扩大种植面积。菊芋是一种很好的防沙治沙、保持水土植物。菊芋成熟后，每株都有上百根长达 0.5～2m 的根系扎在土中，地下块茎、根系可加大对沙土的抓力，共同起到牢固地表层水土的作用（孔涛等，2009）。菊芋的地上茎可形成低矮的防护带，可以起到防风固沙、保持水土、改良土壤、维护生态平衡的作用。

菊芋也可以作为一种可再生资源用来生产新型清洁能源。利用菊芋发酵的产油菌株，菌体油脂含量可达 60%以上，这为制备生物柴油提供了可能（Cheng et al.，2009）。而菊芋茎秆中含有的大量非结构性碳水化合物经发酵后可以产生甲烷，这为菊芋的利用开辟了新的可能性（Kays and Nottingham，2008；谢光辉等，2011）。

3）菊糖

菊芋块茎含丰富的碳水化合物、氨基酸、维生素及矿物质（李琬聪，2015），100g 新鲜块茎含水分 79.8g、碳水化合物 16.6g、粗纤维 0.6g、灰分 2.8g、蛋白质 0.1g、钙 49mg、铁 8.4mg、磷 119mg、脂肪 0.1g、维生素 A 10.13mg、维生素 B 20.06mg、烟酸 0.6mg、维生素 C 6mg；其中碳水化合物中主要是菊糖、淀粉、多聚戊糖等物质，菊糖含量最高，占菊芋块茎干重的 50%～75%、鲜重的 15%～20%（魏凌云，2006）。

菊糖又名菊粉，是一种天然果聚糖的混合物，呋喃构型的 D-果糖分子通过 β（1→2）糖苷键连接（Bacon and Edelman，1951），聚合程度为 2～100，糖链末端是葡萄糖。菊芋、菊苣、雪莲果和大丽花等植物都富含菊糖，其中主要来源是菊芋（Cherbut，2002）。德国科学家最早发现并命名菊糖，其分子式表示为 GF*n*，其中 G 表示终端的葡萄糖单位，F 代表果糖分子，*n* 则代表果糖单位数，菊糖的平均分子质量为 5500Da。菊糖分子结构如图 5.2 所示。

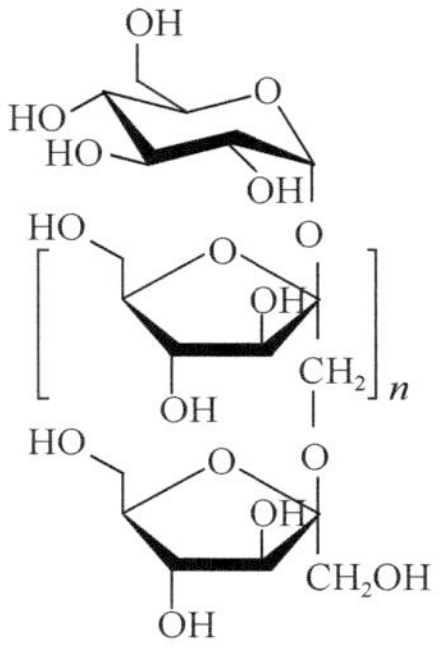

图 5.2　菊糖分子结构示意图

不同聚合度的果糖生理功能存在差异，低聚合度果糖能够促进肠道双歧杆菌的增殖，并最终改善肠道功能（Kruse et al.，1999），提高宿主免疫力和抗病力（侯东军和曾凡坤，2002）；高聚合度果糖常用于制备超高果糖浆（曹力强，2008）。菊糖及低聚果糖结构明确，已经证明其具有生理保健功能，广泛应用于低热量、低糖、低脂的健康饮食中。我国菊糖的开发应用处于起步阶段，2000 年以后，已经有企业在我国西北地区，利用沙化土地种植菊芋，提取菊糖。现在已经建成初具规模的生产线。但是与欧美同类产品相比，技术比较落后，竞争力较弱。国内外市场对菊糖需求旺盛，我国需要大量进口高纯度菊糖以供给国内食品行业使用。

菊糖已经被 40 多个国家认可、批准为功能食品，在医药、保健品、食品工业等领域得到广泛应用（Apolinário et al.，2014）。我国大众对菊糖的认知也逐步加深，菊糖生产及其相关产业链发展迅速，2009 年 3 月，卫生部批准菊糖作为新资源食品，为菊糖产业的发展提供了契机。

菊糖属于可溶性膳食纤维，具有调节血糖血脂、改善肠道环境、提高运动耐力、替代脂肪等多种生理功能。国内外高度重视，将菊糖广泛用于食品、保健、医药等领域。菊糖在食品领域主要是应用于乳制品、肉制品、面制品、巧克力和冰淇淋等食品加工中。菊糖可以改善乳制品的口感，提供类似脂肪的润滑口感。菊糖可以部分代替肉制品中的脂肪，得到与全脂肉制品类似的口感。在面包中适量添加菊糖可以改变面包的内部结构，降低面包的硬度和缩短老化速率，并延长面包的货架期。菊糖还可以与益生元结合开发成膳食纤维饮品，用来调节肠胃。

菊糖的主要功效包括以下几个方面。

（1）调节血脂：菊糖可被肠道中的菌群降解为短链脂肪酸（short-chain fatty acid，SCFA），主要包括乙酸盐、丙酸盐和丁酸盐等。肠道上皮细胞吸收短链脂肪酸进入血液后，能够调节新陈代谢并提供能量。其中，细菌主要通过分解乙酸盐来为宿主提供能量；被肝脏分解代谢的丙酸盐会参与丙酮酸逆转化葡萄糖，对抑制肝脏内胆固醇及脂肪酸的合成具有显著作用，可以有效降低人体胆固醇水平。

（2）控制血糖：近年来，中国糖尿病的发病率不断上升，其中大约 10%的糖尿病患者患有非胰岛素依赖型糖尿病（NIDDM）。此类糖尿病患者可通过调整膳食结构来控制症状。菊糖是很好的膳食调节剂，其在肠道内不会被降解为单糖，只能被肠道菌群降解利用，所以人体在摄入菊糖后不会导致血糖上升（孙艳波等，2005）。也有研究认为，菊糖被肠道菌群发酵成短链脂肪酸会促进糖原合成，并降低人体血糖浓度（Kim and Shin，1996）。

（3）增加肠道有益菌群，促进矿物质的吸收：菊糖可以降低肠道内有害菌的相对丰度，增加有益菌数量。菊糖结肠末端发酵后，会产生大量短链脂肪酸，降低肠道 pH，从而抑制有害菌生长（Biedrzycka and Bielecka，2004）。菊糖可以增加矿物质的溶解度，促进机体对矿物质的吸收，而日常其他膳食纤维却会阻碍机体对食物中矿物质的吸收，因为此类食品往往含有大量植酸，会影响矿物质的吸收（Hsieh et al.，2013）。

（4）抗肿瘤：机体免疫功能失衡会导致肿瘤产生。机体摄入菊糖后能显著促进有益菌增殖，抑制有害菌生长，减少肠道内有毒物质产生，并且可以吸附螯合这些有毒发酵产物，以此来清除肠道内的腐败产物和细菌毒素。并且菊糖发酵后产生的丁酸可以促进肠道上皮细胞增生，修复细胞损伤的DNA，抑制肿瘤细胞生长，诱导癌细胞凋亡，抗癌作用显著。

2. 盐地碱蓬

1）盐地碱蓬的形态特征

盐地碱蓬（*Suaeda salsa*）是藜科碱蓬属植物，又名翅碱蓬，是黄河三角洲地区绝对优势种（胡博路和杭瑚，2001；Terahara et al.，2001；杨秀娟等，2005）。盐地碱蓬为一年生草本植物，高20～80cm，绿色或紫红色。茎直立，圆柱状，黄褐色，有微条棱，无毛；分枝多集中于茎的上部，细瘦，开散或斜升。叶条形，半圆柱状。团伞花序通常含 3～5 花，腋生，在分枝上排列成有间断的穗状花序（图5.3）。胞果包于花被内。种子横生，双凸镜形或歪卵形。花果期7～10月。

图5.3　盐地碱蓬叶子和盐地碱蓬田

2）盐地碱蓬的应用

盐地碱蓬耐盐能力很强，是目前改良利用盐碱土壤的首选植物品种。种植盐地碱蓬能够有效地降低土壤表层含盐量，增加土壤有机质含量，提高土壤中氮、磷、钾的含量，因此对滨海盐渍土具有显著的改良作用，可取得良好的环境效益、经济效益和社会效益（赵可夫等，2002；孙宇梅等，2005；张立宾等，2007）。在间隙海水-沉积物-植物构成的生态系统中，盐地碱蓬可以吸收利用和迁移重金属污染物，这一特性使得种植盐地碱蓬可以达到降低重金属对海洋环境的危害的目的，对海洋生态环境起到一定的修复作用（Terry and Bacuelos，1999；毕春娟等，2003）。

近年来也有文献从基因分子角度对盐地碱蓬进行研究，它具有耐盐基因，这种基因决定的一种具有运输功能的蛋白质，使盐地碱蓬具有一系列的抗盐特性。为了改良盐碱土地，扩大可利用耕地面积，通过盐地碱蓬培育耐盐农作物的基因工程研究具有重要意义（孙宇梅等，2005）。

盐地碱蓬的幼苗可用来做菜，中国北方沿海群众春夏多采食；种子也可食用，含有30%的脂肪，而且脂肪酸中不饱和脂肪酸的比例较高，是一种优质的食用原料。盐地碱蓬的营养丰富，它的籽可以榨油食用，是一种优质的蔬菜和油料作物。同时，盐地碱蓬中蛋白质、膳食纤维、维生素、矿物质和黄酮类化合物含量丰富，其食用价值较高。盐地碱蓬还具有较高的药用价值。现代医学研究发现，碱蓬属植物具有降血糖、降血压、扩张血管、防治心脏病和增强人体免疫力等作用，适用于心血管系统疾病的预防，特别是对于高血压病人具有显著的保健作用（丁海荣等，2008）。

盐地碱蓬的生物特性和功效决定了它具有广阔的应用前景，其研究与开发具有很大的经济价值与社会价值。针对我国的资源条件，开发盐碱荒地以扩大土地面积势在必行，对盐地碱蓬的研究利用就更具有独特的意义。

盐地碱蓬中含有丰富的水溶性红色素，是天然色素的重要来源。目前食品工业上所用的色素多为合成色素，几乎都有不同程度的毒性，长期食用会危害人的健康，因此天然色素就越来越引起了科研领域的关注。从盐地碱蓬中提取的天然色素，具有较高的安全性能，而且具有抗突变、抗氧化、降血压、保护肝脏等保健功能，属于功能性食品添加剂。

二、微藻的研究进展

（一）饵料微藻在水产养殖中的应用

浮游藻类是养殖水体中的重要组成部分，特别是作为鱼、虾等经济动物的饵料生物，其群落结构与渔业生产关系密切（Tackaert and Sorgeloos，1986；Feuga，2000）。浮游藻类是对虾的天然活饵料，并且影响早期对虾的存活率和健康状况（查广才等，2006）。曹煜成等（2007）的研究认为，绿藻类和硅藻类是对虾养殖系统优良浮游植物群落的备选种类，具有吸收有害物质、保持水质“活、爽”的功能。但是部分不良浮游植物的大量繁殖可能会威胁养殖生物的生长，并影响疫病的发生程度（Haxby and Tackaert，1987），故而科学地调控浮游植物群落对渔业生产作用重大（董贯仓等，2019）。

盐田系统（图 5.4）中的浮游植物具有防止盐池卤水渗漏及底泥中有害物质反渗的作用，可影响原盐的质量和产量（马志珍等，1992）。适宜的浮游植物群落特别是平衡的盐田生态系统，可有效降低卤水黏度、促进卤水蒸发、提高盐的结晶粒度和纯度，对盐产量和质量产生积极的影响（Haxby and Tackaert，1987；Davis，2006）。但是，绿球藻、棕鞭藻、隐杆藻等藻类的大量繁殖及盐田生态系统的不平衡，也会增加卤水的黏度并影响卤水的蒸发量和原盐的质量（Davis，2006）。徐宝政和刘保国（1993）的研究认为，中级卤水区的卤虫可滤食水体中的浮游植物及有机、无机碎屑，降低黏度并促进 $CaSO_4$ 结晶析出，有利于海盐生产特别是提高盐质。故而，合理地实施渔业生产并利用贝类、卤虫等生物对藻类的滤食作用，可降低藻类密度、减少黏性物质，从而提高卤水的蒸发量和原盐质量。此外，中度卤水的酸化提溴过程可能会导致绿球藻等藻类的大量出现并形成优势，对原盐生产及其品质造成不良影响（管来霞，2000）。虽然本研究区未检测到绿球藻的存在，但在梯度利用过程中，如水产增养殖、盐化工等产业设置及其人为的干预，亦须综合考虑。

图 5.4　盐田风光

（二）微藻高附加值产品的开发利用

藻类按大小分类为大型藻类和微藻类。微藻类是显微单细胞，可以是原核生物，类似于蓝藻门（Cyanobacteria）或真核生物。微藻作为食品开发已有几十年的历史，随着对微藻营养保健和药用价值的不断阐明，人们越来越重视微藻保健功能和药用价值的开发与利用，目前已经规模化生产的微藻如图 5.5 所示，以类胡萝卜素为例：微藻来源的天然 β-胡萝卜素比人工合成的更容易被人体吸收，在医药行业中更令人关注。为了进一步提高 β-胡萝卜素产量，Chen 等（2017）合成了编码 297 个氨基酸的 *psy* 基因（891bp），并在栅藻（*Scenedesmus* sp. CPC2）中表达，使重组藻株 β-胡萝卜素含量（31.8mg/g）提高了 3 倍；酮类胡萝卜素

(ketocarotenoid)作为人类的营养品，需求量是很大的，但是大多数藻类和高等植物没有胡萝卜素酮酶活性，不合成酮类胡萝卜素。因此，将来源于雨生红球藻(*Haematococcus pluvialis*)的一些基因转入其他藻株(如衣藻、盐藻)中表达以合成酮类胡萝卜素是未来工厂化的一种很有前途的方式(Vila et al.，2012)。编码β-胡萝卜素酮酶和β-胡萝卜素羟化酶的 *bkt* 和 *bch* 基因，是雨生红球藻合成虾青素所必需的关键酶，Zheng 等(2014)将含有 *bkt* 和 *bch* 基因的两种载体共转化到莱茵衣藻中，获得了比野生型多累积 34%的虾青素。这表明外源 *bkt* 和 *bch* 基因在异源成功表达，并负责催化转基因藻类中虾青素的生物合成。另一份研究也通过转基因的方法验证了杜氏盐藻合成虾青素的可行性(Anila et al.，2016)。然而，在具有生长优势的藻株中表达虾青素的研究处于起步阶段，存在的问题依旧是产量低下，还需要不断地优化以提高产量。

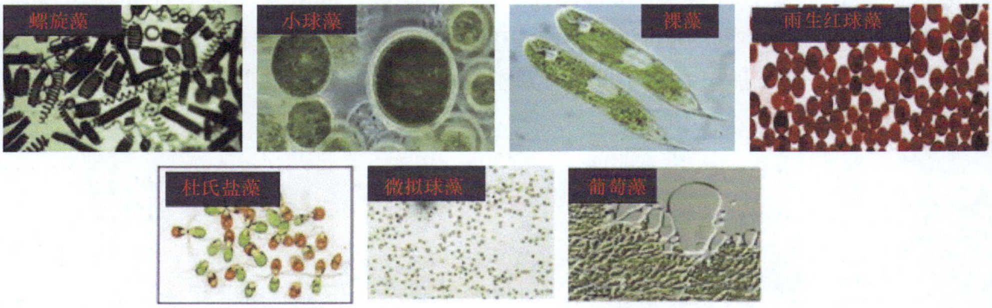

图 5.5　目前已经规模化生产的微藻

大量的营养和毒理学评估已证明藻类生物质适合作为饲料补充剂(Santhosh and Hemalatha，2016)。藻类中天然维生素、矿物质和必需脂肪酸的含量较高，因此可以改善免疫反应、提高繁殖力、控制体重和改善外观，如健康的皮肤和动物的光泽皮毛。此外，藻类可直接替代家禽饲料中的常规蛋白质来源(Madeira et al.，2017)。藻类在家禽养殖中的应用为其在动物饲养中的商业应用提供了最有希望的前景。目前，已经提出了经过基因改造的衣藻和微拟球藻，用于将疫苗和生长激素递送到养殖鱼和贝类(Siripornadulsil et al.，2007；Li and Tsai，2009；Kang et al.，2017)。这不仅提高了幼体的成活率，还避免了在抗生素下选择的具有抗性的病原体与废水一起传播，从而造成的严重的环境污染风险。同样地，微藻的营养价值使其具有为家禽和家畜提供"功能化饲料"的可能性，例如，在衣藻中表达的植酸酶(肌醇六磷酸酶)提高了家禽和家畜对植酸的利用效率并减少了植酸的排泄，这证明了在不需要蛋白质纯化的情况下直接利用转基因微藻作为食品添加剂提供膳食酶的可行性(Yoon et al.，2011；Erpel et al.，2016)。

近年来，对微藻作为生产生物燃料的可再生和可持续原料的兴趣激发了人们对生物炼制的关注（Pradhan and Das，2018）。微藻合成的脂肪酸、生物乙醇和氢气等都可以作为生物能源的原料（Jagadevan et al.，2018）。生长促进技术和基因工程可用于提高其作为可再生生物产品未来来源的潜力（Khan et al.，2018）。通过基因工程和代谢工程调控微藻的脂质含量是生产经济上可行的微藻生物燃料的先决条件，许多研究已经实现了微藻中脂肪酸过量产生。脂肪酸的生物合成途径是以丙酮酸合成的乙酰辅酶 A 为底物，经乙酰辅酶 A 羧化酶（ACCase）的催化后进入脂肪酸合成途径（Hu et al.，2008）。因此，Li 等（2018）在三角褐指藻（*Phaeodactylum tricornutum*）叶绿体中过表达了 ACCase，从而使细胞中的油脂过量产生，这种方法为具有工业意义的微藻生物反应器提供了有价值的基因工程工具。脂肪酸合成酶（FAS）的核心酰基载体蛋白质（ACP）与硫酯酶（TE）的相互作用调控着脂肪酸的释放，它决定了脂肪酸链的长度和性质。Blatti 等（2012）以莱茵衣藻为模型系统，证明了 ACP 和 TE 的相互作用控制着藻类叶绿体内脂肪酸水解的机制。探究藻类 FAS 结构域及蛋白质之间的相互作用将会对优化微藻中脂肪酸生物合成酶的异源表达发挥重要的作用，并显著改变转基因藻株的脂肪酸谱（Wei et al.，2015）。而事实上短链脂肪酸更适于生物柴油的生产，因为较高的短链脂肪酸含量能够改善冷流特性，因此，Liu 等（2011a）将对短链脂肪酸特异的酰基-ACP 硫酯酶基因转入野生型集胞藻（*Synechocystis* sp. PCC6803）中提高了藻细胞的短链脂肪酸含量。目前，研究人员正致力于脂肪酸合成相关基因的过度表达及 β-氧化和脂肪酶水解相关基因的同时下调。这些研究将有助于提高细胞内脂肪酸的含量，同时在不久的将来经济地生产藻类生物柴油。

三、微生物的研究进展

真菌资源的分布往往依赖于其生存基质的分布，在海岸带区域天然活性物质研究涉及的真菌菌株主要来自海藻、海绵、沉积物和红树林，目前对黄河三角洲区域微生物活性成分的研究较少，可以借鉴海岸带区域相关的研究思路与方法。

Nazir 等（2015）从采集自波罗的海的绿藻 *Enteromorpha* sp.中分离得到盾壳霉属真菌 *Coniothyrium cereale*，从中分离出 2 个聚酮化合物(–)-cereoaldomine 和(–)-trypethelone，并提出了这 2 个化合物可能的生源合成路径。其中化合物(–)-cereoaldomine 对人体白细胞弹性蛋白酶具有明显的抑制作用，半抑制浓度（IC_{50}）为 3.0μmol/L；化合物(–)-trypethelone 对小鼠成纤维细胞有毒性，IC_{50} 为 7.5μmol/L。Yurchenko 等（2016）从越南海域的褐藻 *Padina* sp.样品中分离出青霉属（*Penicillium*）真菌，从其脂溶性提取物中分离得到具有环二硫结构的二酮哌嗪类化合物 *N*-methylpretrichodermamide B，其对 22Rv1 人类前列腺癌细胞有很高的细胞毒性，对雄激素受体靶向治疗具有耐药性，同时，仅在半数有效量（ED_{50}）

为 62.1μmol/L 和大于 100μmol/L 时才分别对非恶性细胞脾细胞和红细胞具有细胞毒性，因此该化合物或许是治疗人类耐药前列腺癌的一个有希望的候选药物。Zhang 等（2016）从红藻 *Grateloupia turuturu* 内生真菌 *Paecilomyces variotii* 中得到两个含有苯并呋喃结构的吲哚类化合物 varioloid A 和 varioloid B，这 2 个化合物对肺腺癌细胞 A549、结肠癌细胞 HCT116 和肝癌细胞 HepG2 都具有显著的细胞毒性。Li 等（2017）从红藻 *Laurencia okamurai* 踝节菌属内生真菌 *Talaromyces islandicus* 中分离出 1 个新的多羟基蒽醌 4*S*,8-dihydroxy-10-*O*-methyldendryol E，该化合物既对金黄色葡萄球菌有抑制活性，又具有清除自由基二苯代苦味酰自由基（DPPH）和 2,2′-连氮-双-3-乙基苯并噻唑啉-6-磺酸（ABTS）的活性。Chen 等（2018）从红藻枝顶孢属内生真菌 *Acremonium vitellinum* 中分离得到 1 种氯霉素衍生物，该化合物有抗棉铃虫（*Helicoverpa armigera*）活性，半致死浓度（LC_{50}）为（0.56±0.03）mg/ml，因此，可考虑将其发展成新型、高效、安全的杀虫剂。Suzukia 等（2019）从红藻 *Chondrus ocellatus* 内生真菌 *Paraconiothyrium* sp. 中分离得到 1 个新的聚酮类化合物 paralactonic acid D。活性实验表明，化合物 paralactonic acid D 能够激活 Ca^{2+} 信号，使受到抑制的突变酵母菌株恢复生长活性（以上化合物的结构式见图 5.6）。

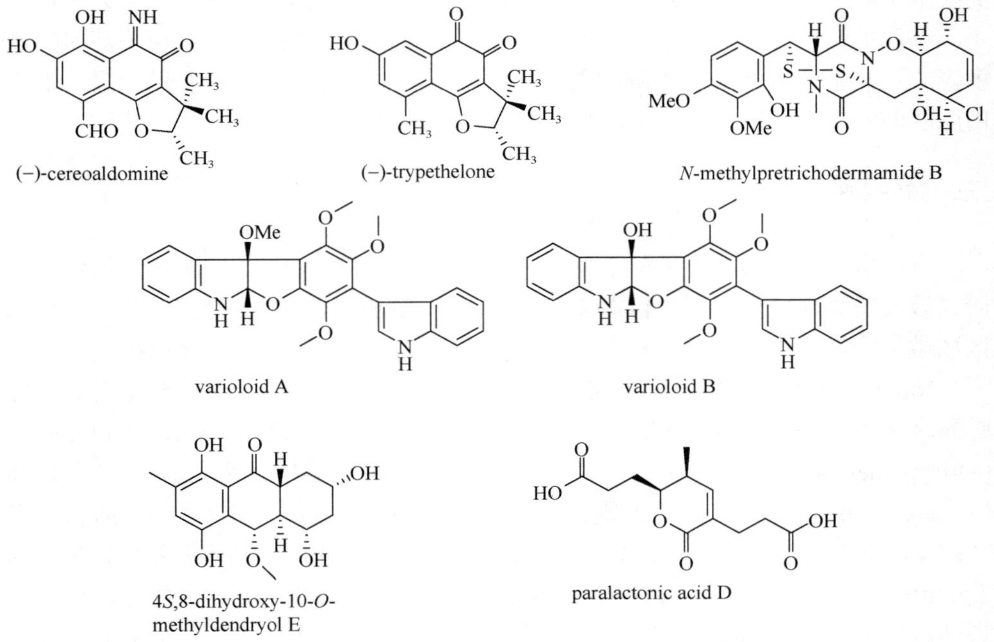

图 5.6　海藻来源真菌活性物质

Wu 等（2015）从红树林来源的曲霉属真菌 *Aspergillus versicolor* 中分离出 1

个新二聚体化合物 versixanthone E，该化合物对拓扑异构酶 I 有抑制作用。Zhang 等（2015）从红树林 *Avicennia marina* 叶内的青霉属真菌 *Penicillium brocae* 中分离出化合物 brocaketone A 和 brocaketone B，这 2 个化合物不仅能清除 DPPH 自由基，还能清除 ABTS 自由基，IC_{50} 为 5.9～18.7μg/ml。Gao 等（2016）从红树林毛霉菌属真菌 *Rhizophora stylosa* 内生真菌 *Mucor irregularis* 中分离出 1 个新吲哚二萜 rhizovarin A，并提出了 rhizovarin A 可能的生源合成路径。化合物 rhizovarin A 对肿瘤细胞 A-549 有细胞毒性，IC_{50} 为 11.5μmol/L（以上化合物的结构式见图 5.7）。

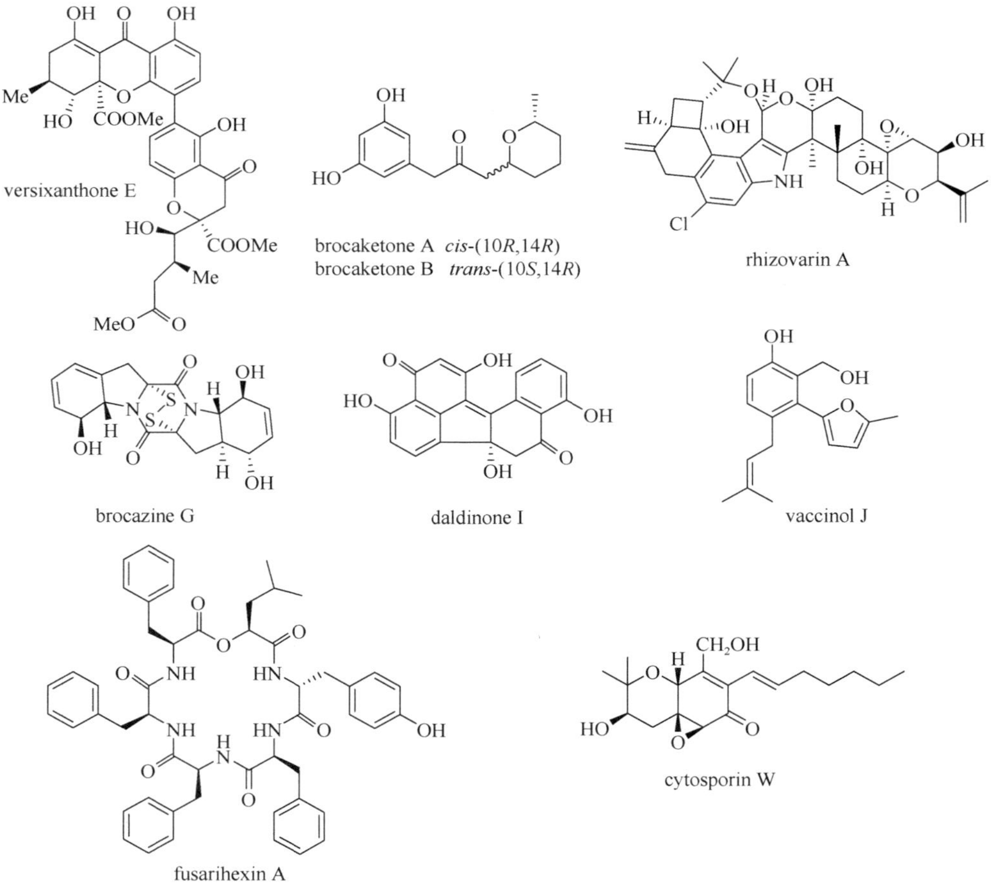

图 5.7　红树林来源真菌活性物质

Meng 等（2016）从红树林 *Avicennia marina* 内生青霉属真菌 *Penicillium brocae* 中分离出 1 种新二硫代二酮哌嗪 brocazine G，并提出了可能的生源合成路径。化合物 brocazine G 对人类卵巢癌细胞 A2780 和 A2780 有细胞毒性，IC_{50} 分别为

664nmol/L 和 661nmol/L，同时其对金黄色葡萄球菌有很强的抑制活性，最低抑制浓度（MIC）为 0.25μg/ml。Liu 等（2017）从红树林 *Rhizophora racemosa* 果实内生环纹炭团菌属真菌 *Annulohypoxylon* sp.中分离出 1 个次生代谢产物 daldinone I。化合物 daldinone I 对肿瘤细胞表现出强至中度的细胞毒性。Wang 等（2017a）从红树林 *Kandelia candel* 来源的内生拟盘多毛孢属真菌 *Pestalotiopsis vaccinia* 中分离出 1 个新的水杨酸衍生物 vaccinol J。在体外活性测试实验中，化合物 vaccinol J 有抗肠病毒 EV71 的活性，IC_{50} 为 30.7μmol/L。Zhu 等（2018）从红树林 *Myoporum bontioides* 内生镰刀菌属真菌 *Fusarium* sp.中分离出 1 个新环肽 fusarihexin A。此化合物对植物炭疽病菌、香蕉炭疽病菌和番茄镰刀菌均有抑制活性，MIC 分别为 14μmol/L、29μmol/L 和 14μmol/L。Yu 等（2020）从红树林 *Rhizophora racemosa* 根部 *Pseudopestalotiopsis theae* 真菌中分离鉴定了 18 个新的聚酮衍生物，其中化合物 cytosporin W 对小鼠淋巴瘤细胞系 L5178Y 具有显著的毒性，IC_{50} 为 3.0μmol/L（以上化合物的结构式见图 5.7）。

Suzue 等（2016）从海绵 *Halichondria okadai* 来源的哈茨木霉 *Trichoderma harzianum* 中分离出 1 个新的具有细胞毒性的十氢化萘衍生物 tandyukisin D。活性研究表明，化合物 tandyukisin D 对 P388、HL-60 和 L1210 这 3 种癌细胞均有毒性，IC_{50} 分别为 3.8μmol/L、3.9μmol/L 和 6.3μmol/L。Tian 等（2016）从海绵 *Callyspongia* sp.来源的曲霉属真菌 *Aspergillus* sp.中分离出 2 个新的具有抗病毒活性的化合物 asteltoxin E 和 asteltoxin F。这 2 个化合物对 H3N2 病毒有显著的活性，IC_{50} 分别为（6.2±0.08）μmol/L 和（8.9±0.3）μmol/L。Fang 等（2017）从海绵 *Hymeniacidon perleve* 来源的哈茨木霉 *Trichoderma harzianum* 中分离得到 1 个新的环戊烯酮 5-hydroxycyclopenicillone。活性测试表明，该化合物显著降低了 H_2O_2 诱导的 SH-SY5Y 细胞的神经毒性，体外可减少 β-淀粉纤维化和清除 DPPH 自由基，可见该化合物有望是一种很好的自由基清除剂。Pang 等（2018）从海绵 *Callyspongia* sp.木霉属真菌 *Trichoderma* sp.中得到 1 个聚酮化合物 7-acetyl-1,3,6-trihydroxyanthracene-9,10-dione，该化合物有抗 EV71 病毒活性，IC_{50} 为 25.7μmol/L。Wu 等（2018）从似雪海绵属海绵 *Niphates* sp.中得到的真菌 *Hansfordia sinuosae* 中分离出 1 个新聚酯化合物 hansforester A，hansforester A 对黄瓜角斑病菌、根癌土壤杆菌、疮痂病菌和青枯病菌这些农业致病菌都有抑制活性，可见，hansforester A 有望开发成农业抗菌药物。Nagabhishek 和 Madankumar（2019）从海绵 *Clathria frondifera* 来源的红曲霉属真菌 *Monascus* sp.中得到 1 个新的能诱导细胞凋亡的代谢产物 monacolin X。活性测试显示，该化合物能减弱乳腺癌细胞的增殖、迁移和活性氧（ROS）应激调控的凋亡（以上化合物的结构式见图 5.8）。

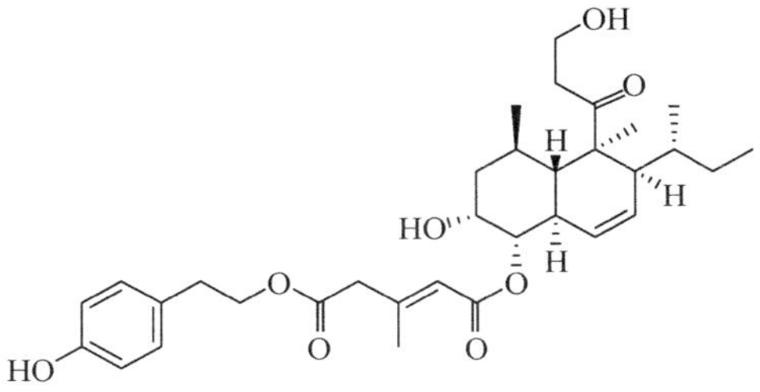

tandyukisin D

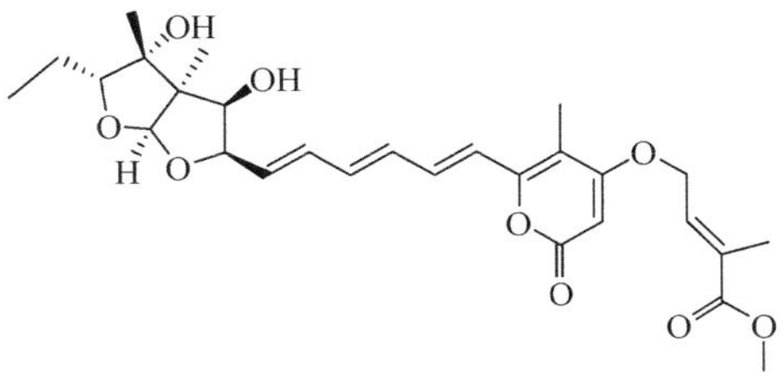

asteltoxin E

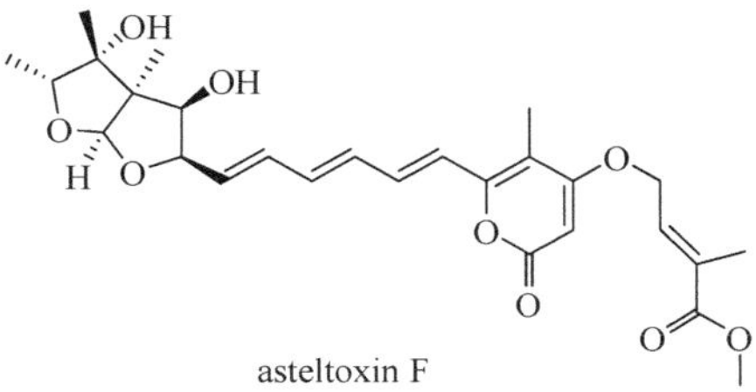

asteltoxin F

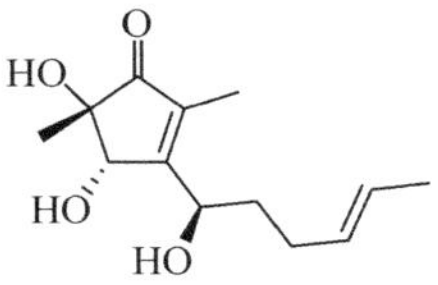

5-hydroxycyclopenicillone

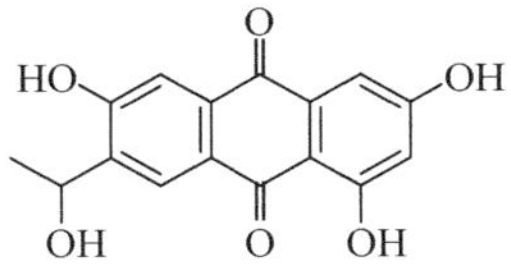

7-acetyl-1,3,6-trihydroxyanthracene-9,10-dione

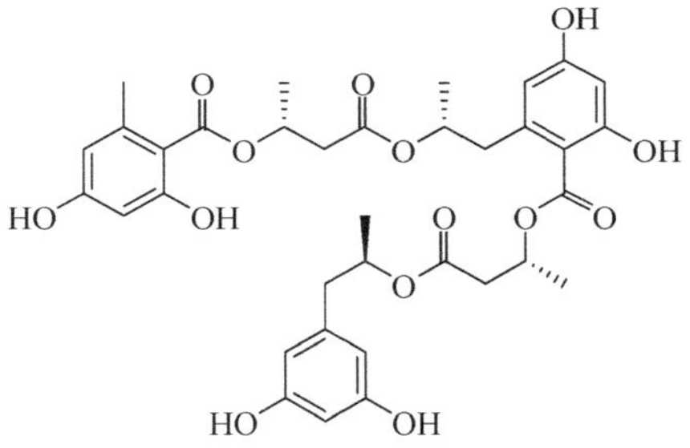

hansforester A

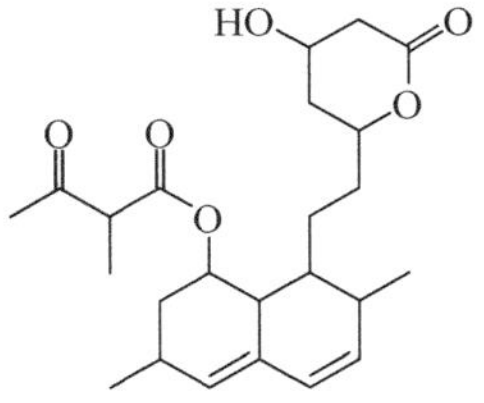

monacolin X

图 5.8　海绵来源真菌活性物质

Lin 等（2015）从胶州湾沉积物穗霉属真菌 *Spicaria elegans* 中得到 2 个新异苯并呋喃二聚体化合物 spicarin C 和 spicarin D。在体外抗炎实验中，spicarin C 和 spicarin D 能抑制脂多糖（LPS）诱导的 BV2 小胶质细胞产生一氧化氮，IC_{50} 分别为 30μmol/L 和 75μmol/L。Cao 等（2016）从渤海沉积物 *Pleosporales* sp.真菌中分离出 1 个新的化合物 pleosporalone A。该化合物对灰霉菌、米根霉菌和辣椒疫霉菌有显著的抑制活性，MIC 分别为 0.39μmol/L、0.78μmol/L 和 0.78μmol/L。Yun 等（2016）从沉积物毛壳属真菌 *Chaetomium cristatum* 中分离得到 1 个新的生物碱 cristazine。cristazine 不仅能清除 DPPH 自由基，还对宫颈癌细胞 HeLa 有细胞毒性，IC_{50} 分别为 20μmol/L 和 0.5μmol/L。Yu 等（2018）从辽东湾沉积物顶孢霉属真菌 *Acrostalagmus luteoalbus* 中分离出 1 个新的化合物 chetracin E。活性实验表明，该化合物对癌细胞 H1975 的细胞毒性显著，IC_{50} 为 0.2μmol/L。Yang 等（2018）

从沉积物曲霉属真菌 *Aspergillus terreus* 中分离得到 1 个新丁烯酸内脂 asperteretal F。活性实验表明，化合物对脂多糖诱导的小胶质细胞有潜在的抗神经炎症活性。Yurchenko 等（2020）从曲霉属真菌 *Aspergillus niveoglaucus* 中分离出 1 个新化合物 niveoglaucin A，并提出了化合物可能的生源合成路径。该化合物在 6-OHDA 诱导的帕金森细胞模型中能起到保护神经的作用（以上化合物的结构式见图 5.9）。

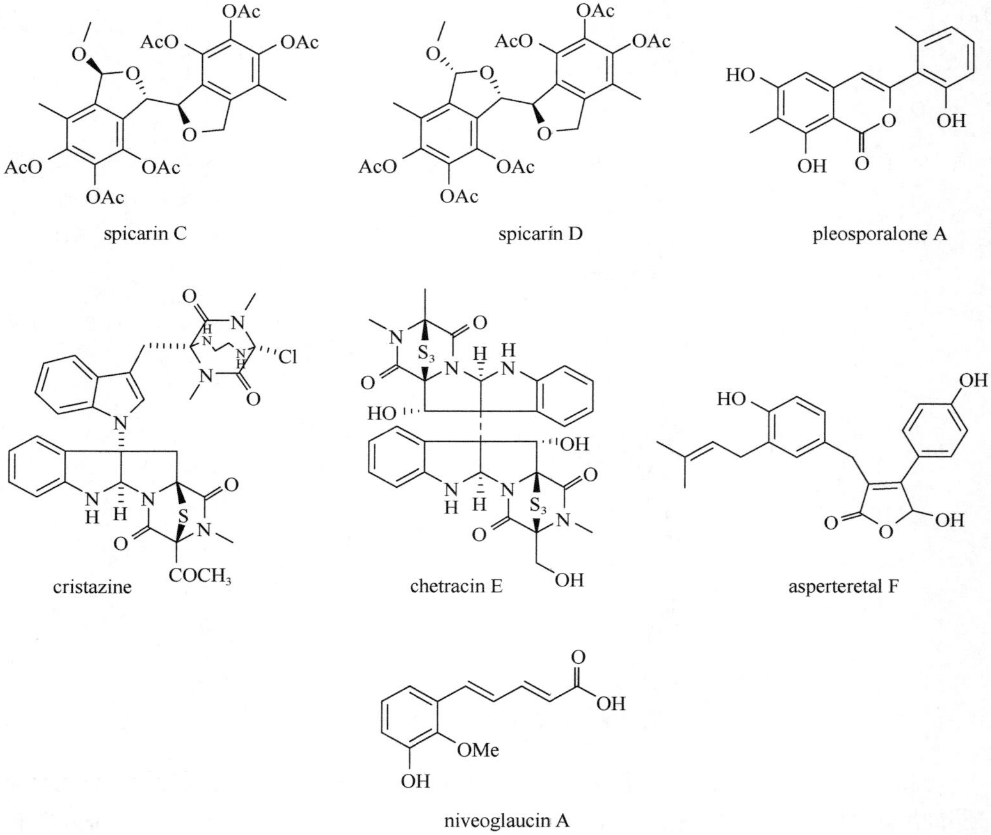

图 5.9　沉积物来源真菌活性物质

四、水产废弃物虾、蟹壳中壳聚糖的研究进展

大量水产品废弃物的产生不仅造成了资源浪费，还给环境带来了巨大压力。提高水产品的利用率并实现水产品废弃物的高值化利用是海洋生物产业相关的新旧动能转换的重要工作。相关技术的开发，可以变废为宝，在直接提高附加值的同时有利于环境保护。壳聚糖是从水产废弃物虾、蟹壳中提取的甲壳素部分或者完全脱乙酰基而制备得到的高分子聚合物（结构式如图 5.10 所示），相关应用开

发属于废弃物的再利用，符合海洋经济发展与海洋生态环境保护相统一的要求。

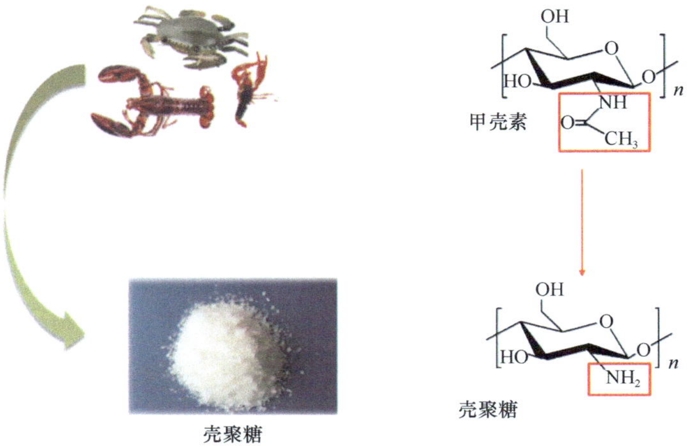

图 5.10　壳聚糖和甲壳素

作为迄今为止自然界中所发现的唯一一种带阳离子的天然多糖，壳聚糖天然无毒、可生物降解、具有独特的物理化学结构，在功能食品、医药、医疗用品及生物工程等方面都有广泛的用途。现在，壳聚糖的研究和应用开发，已成为国内糖类研究的热点。壳寡糖是壳聚糖降解后的低聚糖类，其水溶性优于壳聚糖，可利用率高，是甲壳素、壳聚糖产品的升级产品。2014 年，壳寡糖被国家批准为新资源食品原料，进一步推动了壳聚糖与壳寡糖应用的快速发展。

壳聚糖及壳寡糖安全无毒副作用，具有良好的生物相容性和生物可降解性，因氨基的存在表现出一定的抑菌、抗氧化、免疫调节、抑制肿瘤生长等活性，在农业、食品、医药、护肤品、环保等领域得到了广泛的应用。

（一）农业领域

壳聚糖及壳寡糖具有改良土壤的作用，能够改变土壤理化性质、诱导土壤微生物菌群发生特异性变化。此外，土壤微生物可以分解或者降解壳聚糖或者壳寡糖，为植物生长提供所需的营养物质，促进植物生长。将壳聚糖及壳寡糖水溶液喷洒经济作物或对经济作物浸种和拌种处理，能够促进植株生根、增加幼苗分蘖、增强作物的抗病虫害能力，起到很好的植物生长调节作用（El-Sawy et al.，2010；蒋小姝等，2013；Akter Mukta et al.，2017）。壳聚糖及壳寡糖还具有极好的成膜性和生物可降解性，可以保护经济作物种子或植株，增强其对低温环境的抗逆性，预防种子或植株的枯萎溃烂等病害（Benhamou and Theriault，1992；El Hadrami et al.，2010；张源等，2015）。壳聚糖还具有较强的抑菌和杀虫能力，对植物病原菌和有害昆虫能起到较好的抑制作用，被开发成抗菌剂、植物生长调节剂（“生物耐克苗”）、植物病害诱抗剂、土壤改良剂、果蔬保鲜剂（李浙江等，2005），还有以壳聚糖为壁材的农药微胶囊，药物缓释性能明显增强，能够达到延长药物持效期的目的（丁芳芳和王飞娟，2018）。由于壳聚糖分子量高、溶解性差，溶解在酸性溶液中对于土壤和环境会产生不利影响，因此壳聚糖降解产物水溶性壳寡糖替代壳聚糖作为生物农药及生物肥料得到了快速发展和应用。目前为止，以壳聚糖和壳寡糖为生产原料，氨基寡糖素农药登记产品约 76 个、几丁聚糖类农药登记产品约 21 个。甲壳素及壳聚糖生物肥料得到快速应用，已经有 80 多家甲壳素肥料生产厂家，在售产品 400 多种。此外，壳聚糖和甲壳素可以直接作为饲料添加剂，主要是利用壳聚糖的抗菌性、絮凝作用、吸附性等特性，可增强动物机体的免疫机能、调节动物体内脂肪代谢、保护动物的消化系统（钟志梅等，2008）。

（二）医药领域

壳聚糖成本低廉，具有良好的生物相容性、很强的可塑性及不引起异体免疫反应等特点，近年来壳聚糖在医药材料领域得到了极大的关注。壳聚糖分子中含有大量的氨基，氨基表现出正电性，其可以与致病菌细胞膜结构表面所携带的负电子物质结合，改变细胞膜结构的通透性，膜结构内外的渗透平衡被打破，细胞膜结构破裂，内容物泄漏。此外，氨基还具有吸附金属离子的能力，可以螯合微生物生长所需的金属离子，从而表现出抑菌活性。壳聚糖主要的结构单元为氨基葡萄糖，其结构与细胞基质中糖胺聚糖的结构非常相似。葡糖胺作为软骨细胞的胞外基质成分之一，可以与胶原纤维发生相互作用，在细胞-细胞黏附中起重要作用。壳聚糖的降解主要通过几丁质酶或溶菌酶的作用实现，从高分子量壳聚糖到低分子量壳聚糖，再到壳寡糖直至降解单体产物氨基葡萄糖，氨基葡萄糖不但对人体无毒副作用，而且在体内不积累、不引起抗原反应。因此，壳聚糖及壳寡糖具有生物降解性、生物相容性、抗菌性、可塑性及成膜性，可将其制成不同临床目的的医用材料，如手术缝合线、止血材料、护创凝胶贴、壳聚糖术后粘连材料、壳聚糖人造皮肤、壳聚糖牙周引导组织再生膜、壳聚糖妇用抗菌凝胶、壳聚糖骨组织工程支架、壳聚糖纳米组织支架等新型医用材料（位晓娟等，2010；Ahmad et al.，2017；Baranwal et al.，2018）。同时，壳聚糖作为高分子化合物，大量游离的氨基发生质子化后带正电荷，表现出一定的凝血功能、免疫调节功能，其单体氨基葡萄糖盐酸盐可以用于治疗关节炎等疾病。壳聚糖可以作为高分子无毒材料，用于药物靶向给药系统，以壳聚糖为原理制作的载药微球和磁性靶向给药系统在药物释放和肿瘤治疗领域具有广阔的应用前景，可以对药物进行控制释放，可以有效地解决药物对肠道的副作用，还可降低药物吸收前代谢，提高药物的稳定性和生物利用度，且可以特异性地识别肿瘤细胞，以减少药物的用量，极大减轻对人体组织和器官的损伤。

但在看到壳聚糖材料优越性的同时，也必须要认识到壳聚糖基材料在医药领域的研究和应用还存在一些问题和不足，性能和力学结构的可持续性、自降解的可控性等都亟待进一步的研究（孔祥烨等，2009）。

（三）食品领域

壳聚糖及壳寡糖分子中含有大量游离的氨基、羟基，作为质子供体可以给活性自由基提供氢质子，从而中断自由基参与的链式反应，稳定活性自由基，并在超氧化物歧化酶和过氧化氢酶的作用下将自由基转化为水和氧气，避免机体氧化损伤。而机体的衰老和病变都与体内自由基平衡失调和长期堆积紧密相关，一旦机体自动清除能力下降，活性氧自由基不断堆积，就会对机体内的组织和器官的功能产生影响，容易导致组织器官发生病变。因此，壳聚糖及壳寡糖可以作为保健食品，防止机体活性氧自由基导致氧化损伤。

壳聚糖及壳寡糖本身是安全无毒副作用的，尤其是壳寡糖是国家卫生和计划生育委员会在 2014 年批准的新资源食品原料，并且壳寡糖由于其独特的氨基正电特性，具有众多的生物活性，如降血糖、降血压、降血脂、提高机体免疫力、抗氧化等，因此，壳寡糖是食品和药品开发的重要原料。实验及临床研究证明，血液的 pH 每下降 0.1，胰岛素活性就下降 30%，而壳聚糖呈碱性，服用后能使体液 pH 上升，从而提高胰岛素的敏感性和利用率，使胰岛素分泌得以改善，起到一定的调节血糖作用。壳寡糖分子量小，溶于水，可被机体吸收利用，一些生理活性或功能性质更为显著，如提高机体免疫力、抗氧化作用、抗肿瘤作用、调节血脂、抗感染、防治病原微生物感染、促进双歧杆菌生长、降血糖作用，因此壳寡糖可作为糖尿病患者和肿瘤患者的特殊医学用途配方食品使用。此外，壳聚糖在人体内降解缓慢，壳寡糖及其单体氨基葡萄糖因人体内缺乏可吸收利用的酶而无法被消化吸收，在胃肠中使人有饱腹感而不会给人体提供热量，可以作为膳食纤维、减肥吸脂食品。

壳聚糖具有抑菌、抗氧化活性及很好的成膜特性，是制作保鲜剂的天然优势生物材料。将壳聚糖溶解后直接覆盖于果蔬表面或者制备成复合薄膜材料，可减少水分蒸发，阻挡外界氧气的进入、减少乙烯逸出、提高果蔬组织内二氧化碳含量，从而降低果蔬呼吸代谢强度，减缓果蔬熟化，起到保鲜的作用（Bai et al.，1988）。据报道，涂抹壳聚糖对荔枝、甜瓜、金柑、苹果和葡萄等水果及水产品和肉类都具有较好的保鲜效果（Dong et al.，2004）。此外，壳聚糖及壳寡糖所具有的阳离子电荷可以与饮料、果汁或者酒类中带负电荷的物质（如果胶、树胶质等）发生离子作用，起到澄清絮凝作用，可延长饮品的保质期（赵盼等，2010）。作为食品添加剂，壳聚糖已被制备成增稠剂、被膜剂、风味改良剂、乳化剂等（毕继才等，

2018）；而壳聚糖作为食品防腐剂，可以有效延长食物的储存时间，如作为抗菌涂层能有效地延缓微生物入侵，使食物不易腐烂，而且可以直接食用。

（四）护肤品领域

壳聚糖作为一种亲水性胶体，分子中含有大量的游离的亲水性氨基和羟基基团，具有一定的水分子结合能力，可与蛋白质等相互作用形成保护膜，起到保湿作用。因此，壳聚糖被开发为面膜使用，如壳聚糖舒缓修复面膜，主要针对敏感肌肤，起到舒缓作用，并且能够促进皮肤损伤的修复，但因其只能溶于稀酸溶液中而极大地阻碍了其在护肤品领域的应用。因此，单纯壳聚糖在护肤品领域的应用十分有限，在该领域研究比较多的是壳聚糖经过醚化反应接枝亲水性基团形成的一些水溶性好的衍生物，包括羟基化壳聚糖衍生物、羧基化壳聚糖衍生物、酰基化壳聚糖衍生物及壳聚糖季铵盐等。研究发现，一些壳聚糖衍生物（如羧甲基壳聚糖）在护肤品等产品中具有很好的应用前景，羧甲基壳聚糖已经应用到了保湿型护手霜、修复面膜、修复精华等护肤品中（Fonseca-Santos and Chorilli，2017）。

（五）环保领域

壳聚糖对重金属和水溶性染料具有一定的吸附能力，在污水处理、水质净化领域具有应用潜力。但是壳聚糖本身对重金属和化学染料的吸附能力不强，适用的 pH 范围比较窄，无法满足工程需要（Fan et al.，2012）。经过适当的物理和化学改性可以提高壳聚糖的疏水性和吸附能力，如制作成磁性壳聚糖复合材料、壳聚糖嫁接共聚物自组装微球、壳聚糖矿物质复合材料等，对 Pb^{2+}、Cd^{2+}、As^{3+}/As^{5+}、Cu^{2+}、Cr^{3+}/Cr^{6+}、Hg^{2+}、Mn^{2+}、Ni^{2+}、Zn^{2+}等重金属离子及亚甲蓝等染料具有很好的吸附效果（Liu et al.，2015，2018；Salama and Hesemann，2018）。

（六）功能化改性

虽然壳聚糖具有良好的生物相容性、生物可降解性、安全无毒等优点，但在实际应用中，由于其溶解性差，抑菌、抗氧化、抗肿瘤活性弱，而无法真正进行市场应用。对壳聚糖分子进行物理或化学结构改性是提高壳聚糖应用价值的有效途径。物理改性方面，主要是通过酶法降解壳聚糖制备分子量低、水溶性好的壳寡糖，尤其是在功能食品领域，得到了较快发展；将壳聚糖制备成纳米材料，作为药物靶向缓释载体，近年来也得到了越来越多的关注。化学改性方面，因为壳聚糖分子中含有化学反应活性较高的氨基和羟基基团，以壳聚糖 2 位氨基和 6 位羟基为结构修饰位点，通过羧基化、酰化、烷基化、席夫碱化、季铵化及氧化等化学反应制备了多个系列的具有多种活性功能的壳聚糖衍生物。其中研究最多的是羧基化壳聚糖和季铵化壳聚糖。羧甲基壳聚糖是一种阴离子型壳聚糖衍生物，水溶性好，性能稳定，具有促进伤口愈合、吸附重金属等优异性能。羧甲基壳聚糖具有极好的吸湿保湿活性，其性能与透明质酸钠类似，其因价格优势而在护肤品领域具有巨大的发展空间。同时以羧甲基壳聚糖为反应中间体可进一步衍生化，由于羧甲基负离子的存在，既可以提高衍生物的水溶性，又可中和壳聚糖氨基阳离子或者其他阳离子的正电荷，从而可以降低衍生物的细胞毒性、增强其细胞相容性，在环境保护、水质净化、护肤品及医疗卫生领域受到了高度关注。季铵化壳聚糖，进一步增强了壳聚糖的正电荷性质，且其正电荷性质不受环境酸碱度的影响，环境稳定性强，因为具有较大的正电荷密度而表现出更强的抗氧化和抑菌活性，在医用材料、食品工业、农业和纺织品加工等领域有广阔的应用前景（Yadav et al.，2020；Tabriz et al.，2019；Wang et al.，2017b；车秋凌等，2018）。但是，也应当看到，壳聚糖的化学衍生化依然存在很多需要解决的问题。构效关系解析困难，壳聚糖衍生物一般化学选择性比较差，反应效率比较低，分子量变化比较大，操作步骤比较多，可重复性低，生物细胞毒性增大，安全性降低（Qin et al.，2020）。因此，壳聚糖的衍生化研究还需要进一步去探索更简便高效的反应方式和类型。

壳聚糖及壳寡糖具有生物活性的根源在于其氨基基团，而当氨基成盐状态时活性尤为显著，所以，阳离子化的壳聚糖具有更好的生物生理活性。从目前国内外的发展来看，壳寡糖产品主要是壳寡糖盐酸盐与壳寡糖乙酸盐，实现了壳寡糖的阳离子化，并得到了广泛的应用。但是，相对于壳寡糖可以存在的阳离子化形式而言，壳寡糖盐酸盐与壳寡糖乙酸盐的存在形式比较单一，而且乙酸根离子和氯离子本身不具备特殊的生物活性，主要起到成盐后提高稳定性的作用。

第三节　项目研究进展

一、耐盐/盐生植物的研究与开发

（一）菊芋

菊芋是黄河三角洲特色的耐盐经济植物，在中国科学院科技服务网络计划（简称“STS 计划”）重点项目的资助下，主要针对菊芋块茎中的菊糖，研究其聚合度的变化、聚合度与益生活性的关系，开发菊芋全粉饲料，同时对菊芋中的甾醇进行了提取及纯化工作。

1. 菊糖

1）菊糖的提取

菊芋和菊苣是生产菊糖的主要原料，这两种原料在块茎形状和大小、菊糖含量、菊糖中果糖的聚合度及蛋白质和果胶等含量组成等方面都差异巨大。国外生产的菊糖主要从菊苣中提取，已经形成了利用菊苣提取并制备高品质菊糖的成熟技术；而在我国，菊糖主要从菊芋中提取。原料的明显差异决定了我们不能直接使用国外先进的菊糖提取工艺，需要自主研发适合菊芋原料特点的菊糖提取创新技术。

加热菊芋干片粉水溶液是现在通用的菊糖生产工艺，其耗水量大、能耗高、提取率低、工序长且成本高（黄亮等，2007；熊善柏等，2001；严慧如等，2002；郑文竹和姚炳新，1996）。另外，菊芋含有大量的多酚类物质，具有涩味且色素多，在菊芋中提取的菊糖颜色灰暗，而且含有涩味，商品价值低，制约了菊糖的产业化进程（纵伟和夏文水，2006；吕丽爽和潘道东，2004；胡爱军和郑捷，2004；王启为等，2002）。

除此之外，还有传统热水浸提、热水螺旋压榨和罐组式动态逆流提取等菊糖提取技术。传统热水浸提是一种非常广泛选用的传统工艺，将新鲜菊芋经过预处理后按比例加水，在预定的温度和时间下浸提，制得菊糖，用该种方法需要 1∶20 以上的固液比，能耗高、操作复杂（何四旺等，2003）；热水螺旋压榨的提取率较低，通常只能达到 85%，罐组式动态逆流提取通常将两个以上的动态提取罐机组串联，逆流提取固液比仅为 1∶4～1∶2，可以有效解决其他工艺能耗高、提取率低的问题，但设备复杂，成本造价高。

Ⅰ）带式压榨法提取菊糖

将菊芋洗净脱皮后，放入粉碎机中搅碎成浆，加入 3‰的柠檬酸护色，在实验温度下，在菊芋浆中按照液料比加入去离子水进行提取，后采用带式压榨法压榨，称量菊芋滤渣质量和量取滤液体积并记录，滤渣需要进行二、三次压榨，将三次滤液合并。在提取液中加入石灰、充入二氧化碳除杂、粗滤和精滤，浓缩至菊糖浓度为 20%以上，使用离子交换树脂对浓缩液进行脱盐，使用双效蒸发器进一步浓缩，然后喷雾干燥得到菊糖。通过单因素实验探讨提取温度、提取时间、液料比对菊糖得率的影响。

由图 5.11 可知，菊糖得率在 70℃前与提取温度呈正相关关系，在 70℃后得率增长缓慢。这是由于菊糖的溶解度随温度升高而增加，但菊糖溶液黏度也会随之增大，因此菊糖得率增长缓慢，并在 70℃左右达到平衡。菊糖得率在 60min 之内与提取时间呈正相关关系；在 60min 以后，菊糖得率呈大幅下降趋势。菊糖得率与液料比呈正相关关系，在浸提过程中浓度差越大，传质推动力越大，提取速率也就越快，得率同时越高。提取率在液料比为 3∶1ml/g 或者 4∶1ml/g 时相近。考虑实验结果和实际生产，可选择液料比 3∶1ml/g。

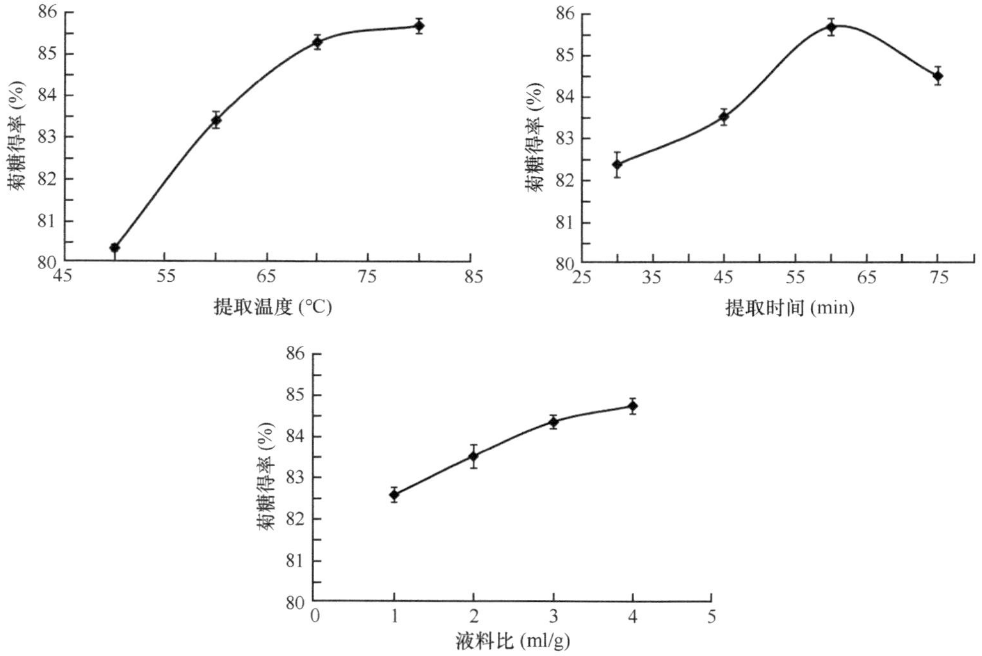

图 5.11　提取温度、提取时间、液料比对菊糖得率的影响

Ⅱ）响应面分析

在单因素实验基础上，应用 Design Expert 8.0.6 软件，采用 Box-Behnken Design 设计实验方案进行响应面分析，影响因素为提取温度（*A*）、提取时间（*B*）和液料比（*C*），菊糖得率（*Y*）为响应值，设立处理组，每组实验均重复三次。

自变量为提取温度（*A*）、提取时间（*B*）和液料比（*C*），因变量为菊糖得率（*Y*），利用 Design Expert 8.0.6 软件，对实验结果进行二次回归分析。将 17 个实验点分为析因点和零点，其中，自变量取值在 X_1、X_2、X_3 所构成的三维顶点为析因点，区域的中心点为零点，中心点进行 5 次实验，以此估算实验误差。三因子经过拟合可得到多元二次响应面回归方程：

$$Y=84.24+0.23A-0.65C-0.13AC-0.21BC-0.43A^2-0.36B^2$$

如图 5.12 所示，根据 Design Expert 8.0.6 软件分析，当菊糖提取条件为温度 74.09℃、时间 65.35min 和液料比 4ml/g 时可得到最大响应值。但是还需考虑实际操作，对最佳条件进行修饰后，以温度 74℃、时间 65min、液料比 4ml/g 的实验条件经过三次平行实验验证可行性，测得的菊糖平均得率为 85.4%±

0.5%，与预测值 86%相近，由此可见，该模型与实际情况拟合度较高（史雪洁，2017）。

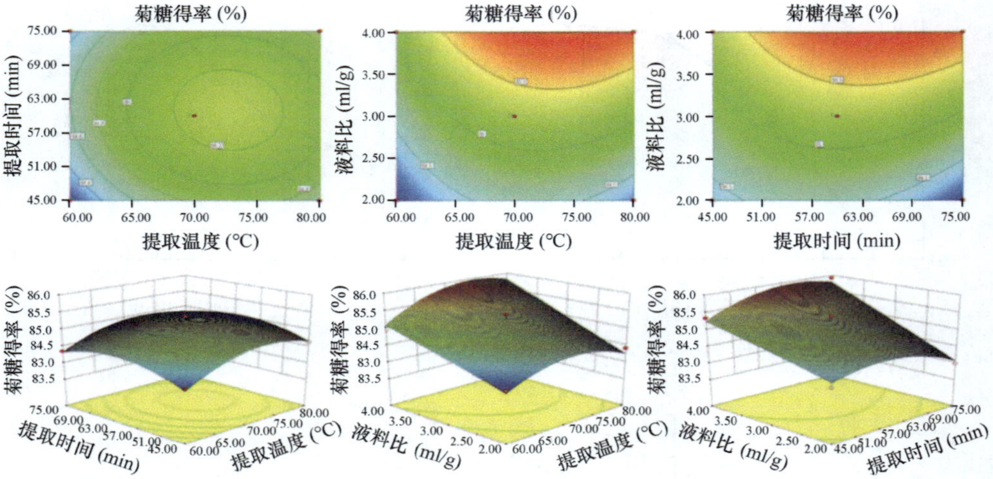

图 5.12 提取温度与时间、提取温度与液料比、提取时间与液料比的交互作用响应曲面图及等高线图

2）菊糖脱盐脱色工艺

菊芋粗提液中杂质主要有蛋白质、有色物质及矿物盐等，对菊芋粗提液进行脱盐和脱色工艺处理才能得到高纯度菊糖。菊芋粗提液中有色物质多且复杂，包括菊芋本身所含物质及其化学反应物，既影响菊糖颜色又影响纯度，需要设法除去。

Ⅰ）活性炭脱色

活性炭是一种无臭、无味、无毒的黑色细微粉末，表面积大，色素吸附能力强，吸附作用分为物理吸附和化学吸附。物理吸附作用依靠活性炭表面和色素分子之间的范德华力，吸附速度快，吸附量与温度呈负相关关系，容易吸附。化学吸附作用通过活性炭表面的不饱和键与色素分子的极性基团形成共价键进行吸附，吸附速度慢，吸附量与温度呈正相关关系，具有选择性。活性炭具有良好的脱色效果，还可以反复使用，成本低，适合应用于工业化生产中，但是活性炭在脱色过程中同样会吸附菊糖，导致菊糖得率下降。

Ⅱ）离子交换树脂法脱盐脱色

离子交换树脂是一类网状结构高分子化合物（吴洪特等，2007），此物质可以置换外界离子，来净化溶液。离子交换树脂再生就是将离子置换成原物质，恢复活性。离子交换树脂的基体骨架以苯乙烯和丙烯酸（酯）为原料，固定离子和可交换离子组成的活性基团，利用悬浮聚合、单次交联的方法来制备。离子交换树脂具有选择、交换、催化和吸附等功能，在冶金工业、生物工程、制备工业高纯水、医药卫生等领域均有广泛应用（卢秉钧，2004）。

离子交换树脂依靠树脂本身的离子交换作用产生吸附效果。样品溶液经过碱性离子交换树脂时，树脂中的 OH^-离子会与溶液中的阴离子进行交换，将溶液中的盐离子吸附在树脂颗粒中，而洗脱后的溶液因含有大量交换出的 OH^-离子而呈碱性；与之相似，当溶液经过酸性离子交换树脂时，树脂中的 H^+离子会与溶液中的阳离子进行交换，洗脱后溶液呈酸性（Malovanyy et al.，2013）。菊芋初榨液过柱处理脱盐，会得到不同酸碱度的溶液，将不同性质的离子交换树脂组合使用，才能得到适宜酸碱度的澄清菊芋处理液，食用产品的 pH 要求接近 7。菊糖在酸碱环境不适当的条件下，容易降解，因此菊芋脱盐过程对酸碱度的要求较高。菊芋提取液过柱后，能从橙色液体变为澄清状态，离子交换树脂颗粒颜色也有明显变化，这是由于树脂颗粒对色素离子进行了交换。离子交换树脂在使用过一段时间之后，吸附达到饱和，树脂颗粒就没有了能够参与交换的离子，吸附能力会大大降低，离子交换树脂经过酸碱浸泡和去离子水的多次冲洗，才能重新满足实验要求的标准（Zhao et al.，2014；Kim et al.，2015）。

在食品工业的处理工艺应用领域，离子交换树脂的消耗量巨大，仅排在水资源消耗之后。在糖（黄祥斌和于淑娟，2002；洛铁男等，1998）、味精（李春辰和杨萍，2001）等的制备过程中都广泛使用离子交换树脂。目前我国已经能够生产符合食品卫生安全标准的离子交换树脂，伴随着食品工业的完善和发展，食品级离子交换树脂具有极高的市场价值。离子交换树脂吸附性能强，可高效去除不同性质离子，还可以反复利用，经济环保。美中不足的是，部分离子交换树脂较脆易碎。实验中选用颗粒大小平均的离子交换树脂吸附效果最好，但是由于部分树脂易碎的性质常常会有颗粒分布不均的树脂投入使用的情况，造成实验系统误差增大。

III）离子交换树脂组合方案脱盐脱色效果比较

实验使用 3 种强碱性阴离子交换树脂（D202、201×7、氯型），分别与 001×7 强酸性阳离子交换树脂及 D315 弱碱性阴离子交换树脂构成组合。分别使用 3 种离子交换柱组合对菊芋提取液进行脱盐脱色。

实验使用 5 种强酸性阳离子交换树脂（001×7、FPC11、钠型、HD-8、D001），分别与 D202 强碱性阴离子交换树脂及 D315 弱碱性阴离子交换树脂构成组合。将菊芋提取液分别通过 5 种组合离子交换柱。

在离子交换柱中装入两种阴离子交换树脂（D301、D315），分别与上述筛选的效果最佳的强碱性阴离子交换树脂及强酸性阳离子交换树脂构成组合。将菊芋提取液分别通过 2 种组合离子交换柱。

初步筛选后，可得最好的搭配洗脱方案。对前两种较好的离子交换树脂组合方案进行菊糖吸附效果及耐受饱和程度的试验，分别为 D202 强碱性阴离子交换树脂→001×7 强酸性阳离子交换树脂→D315 弱碱性阴离子交换树脂和 D202 强碱性阴离子交换树脂→HD-8 强酸性阳离子交换树脂→D315 弱碱性阴离子交换树脂。用蠕动泵控制过柱流速为 20r/min，每 100ml 收集一次样品，得到关于溶液电导率的变化曲线图。

表 5.1～表 5.3 分别表示菊芋提取液在经过离子交换处理过后的实验指标测定结果，以此分别得到对强碱性阴离子交换树脂、强酸性阳离子交换树脂和弱碱性阴离子交换树脂的筛选结果。

表 5.1　强碱性阴离子交换树脂的筛选结果

树脂型号	初始电导率（μS/cm）	过柱后电导率（μS/cm）	离子脱除率（%）	pH	脱色率（%）
D202	8310	649	92.19	7.35	99.61
201×7	5760	415	92.80	5.81	99.35
氯型	5760	518	91.01	6.16	99.48

表 5.2　强酸性阳离子交换树脂的筛选结果

树脂型号	初始电导率（μS/cm）	过柱后电导率（μS/cm）	离子脱除率（%）	pH	脱色率（%）
001×7	5760	278	95.17	5.56	99.61
FPC11	5760	472	91.81	6.94	97.93
钠型	5760	406	92.95	7.46	99.09
HD-8	5190	328	93.68	6.98	99.76
D001	8430	554	93.43	7.42	99.22

表 5.3　弱碱性阴离子交换树脂的筛选结果

树脂型号	初始电导率（μS/cm）	过柱后电导率（μS/cm）	离子脱除率（%）	pH	脱色率（%）
D315	5760	278	95.17	6.56	99.61
D301	5760	377	93.45	7.86	97.02

Ⅳ）最佳方案的树脂组合耐受程度测定

由图 5.13 可以看出，菊芋提取液在过柱洗脱初始阶段电导率大幅下降。按照 D202 强碱性阴离子交换树脂→001×7 强酸性阳离子交换树脂→D315 弱碱性阴离子交换树脂顺序的组合（组合 1）中电导率由 7310μS/cm 下降到 675μS/cm，盐度由 0.39%下降到 0.03%；按照 D202 强碱性阴离子交换树脂→HD-8 强酸性阳离子交换树脂→D315 弱碱性阴离子交换树脂顺序的组合（组合 2）中电导率由 8300μS/cm 下降到 560μS/cm，盐度由 0.45%下降到 0.02%，随后电导率开始逐渐增加。当菊芋提取液的处理体积达到约 1600ml 时，离子交换树脂达到饱和，溶液电导率和盐度逐渐增大，说明树脂已经吸附饱和，脱盐能力下降，此时应停止工序。因此，实验表明，运用离子交换树脂组合对菊芋提取液脱盐，最大处理体积约为离子交换树脂体积的 4 倍。最佳树脂组合方案为 D202 强碱性阴离子交换树脂→HD-8 强酸性阳离子交换树脂→D315 弱碱性阴离子交换树脂，其脱色率能够达到 99.76%，离子脱除率能够达到 93.68%（史雪洁，2017）。

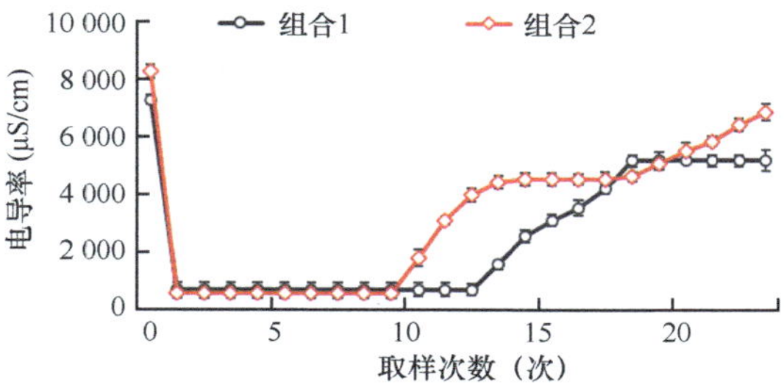

图 5.13　不同树脂组合脱盐电导率变化曲线

3）菊糖的应用

我国生产的菊糖广泛应用在医药、保健和食品等行业。但在畜牧生产中的研究尚处于起步阶段。人们对畜产品的安全意识不断提高，抗生素滥用所带来的危害却日益严重，在水产养殖中，还会破坏水体微生物群落平衡，破坏水产动物肠道微生态平衡，降低水产动物免疫力，另外药物残留还会加快耐药菌株生成等。无抗养殖将是必然的趋势。菊糖不被宿主自身消化，可被肠道末端的细菌发酵，选择性地增殖肠道有益菌，并且具有提高宿主免疫力及抗氧化等重要作用，有潜力成为新型水产动物饲料添加剂。

Ⅰ）菊糖在食品工业中的应用

菊糖在工业上可作为脂肪替代品，代替奶油、冰淇淋等食品中的脂肪。菊糖特有的持水性，使产品润滑口感与脂肪高度相似；菊糖为可溶性膳食纤维，作为食品配料既不会产生沉淀，也不会吸收大量的水分而影响食品风味；菊糖可作为食品质构改良剂，以发挥菊糖的凝胶能力和抗老化性。也可以以菊糖为原料制备高果糖浆。除此以外，菊糖添加到食品中可降低食品的氧化程度，添加到乳制品中能够促进有益菌的生长，添加到酸奶中可增强酸奶的乳脂性和黏性（王金刚和杜宁娟，2008）。

Ⅱ）菊糖在畜禽生产中的应用

仔猪断奶应激会改变肠道形态结构及打破肠道微生态的平衡，造成仔猪腹泻。菊糖型果聚糖对猪的肠道健康有益，菊糖能够被肠道末端的双歧杆菌和乳酸菌利用，产生短链脂肪酸，降低肠道内 pH，刺激机体产生免疫球蛋白，可竞争性排除病原体，从而保护肠道健康。而菊糖在家禽生产中也已得到广泛关注。在肉鸡饲料中添加菊糖可以激活肉鸡的免疫力。但菊糖对家禽生长性能的影响，在不同研究资料中结果有差异，菊糖产品质量和添加水平、家禽的品种及饲养环境等都会影响实验结果（陈佳亿等，2018）。

III）菊糖在水产养殖中的应用

水产养殖中抗生素带来的问题日益突出，菊糖等绿色新型的功能性饲料添加剂逐渐崭露头角。菊糖是一种益生元，不被宿主消化吸收，可被机体肠道末端的有益菌发酵而产生短链脂肪酸，降低肠道内 pH，保护宿主的健康（陈蕾，2016）。研究表明，菊糖可通过调节水产动物肠道菌群状况，增强其免疫力，加快其生长速度（贾晨晨，2019）；还可以减少或取代抗生素的使用，避免抗药性菌株产生、药物残留等问题，降低饲料成本，产生巨大的经济效益，促进水产养殖业的可持续发展。

菊糖在自然界中广泛地分布、在工业生产中的重要应用，以及菊糖作为一种可再生新资源的发展前景，使得菊糖近年来获得了越来越多的关注。本项目对菊糖的研究主要集中在两个方面：①不同聚合度菊糖的分离纯化及生物活性研究；②菊芋全粉在水产养殖中的应用。

4）不同聚合度菊糖的分离纯化及生物活性研究

Ⅰ）不同生长阶段的菊芋中菊糖的提取及生物活性研究

为了明确菊芋中菊糖的聚合度与菊芋生长阶段的关系，结合菊芋中菊糖的生物合成机制（Laere and Ende，2002），阐述菊糖的生物聚合情况，并为均一高活性菊糖的提取提供理论依据，进而促进其工业生产，确定研究思路：从菊芋块茎生成开始，一直到采收，对整个生长阶段菊芋中菊糖的聚合度进行研究，同时考虑到含量的变化，对生物活性进行探讨。

所有样品来源于山东省东营市东隋村（位于黄河三角洲，37.64°N、118.87°E），从菊芋开花前 10d 开始，每隔约 10d 采收一次菊芋块茎，共采收 10 次。采收日期分别为 2012 年 8 月 30 日、9 月 8 日、9 月 19 日、9 月 28 日、10 月 9 日、10 月 19 日、10 月 28 日、11 月 6 日、11 月 16 日、11 月 26 日。所有样品经过煮沸、浸提、调节酸碱度、离心过滤、脱色、沉淀、冷冻干燥后提取菊糖并进行纯化，然后进行结构鉴定、总糖含量测定及还原糖含量测定（胡素琴等，2011；高健等，2009；胡秀沂等，2007）。

Ⅱ）提取菊糖结构分析

图 5.14～图 5.16 分别为提取的菊糖与购买自上海蓝季科技发展有限公司的菊糖的红外光谱图、氢核磁共振谱图、碳核磁共振谱图，二者的谱图基本一致，说明确实成功提取到了菊糖，且杂质较少。

III）菊糖含量变化

提取物中菊糖的含量可采用以下公式计算得到：

$$w=w_1-w_0$$

式中，w 为菊糖含量（%）；w_1 为总糖含量（%），采用苯酚-硫酸法测定；w_0 为还原糖含量（%），采用 3,5-二硝基水杨酸比色法（DNS 法）测定。

对采收的自菊芋开花前 10d 至菊芋开花后 80d 的 10 批次样品分别进行提取，按照上述公式计算提取物中总糖含量、还原糖含量、菊糖含量，具体数据见表 5.4。数据显示，最初菊芋提取物中总糖含量较低，还原糖含量较高，经计算，提取物中菊糖含量不足 50%；之后，菊芋提取物中总糖含量快速突破 70%，并稳定在这一水平上，还原糖含量则稳定在 3.7%左右；最终，菊芋提取物中总糖含量略微降低至 62.88%，但还原糖含量未发生较大变化。

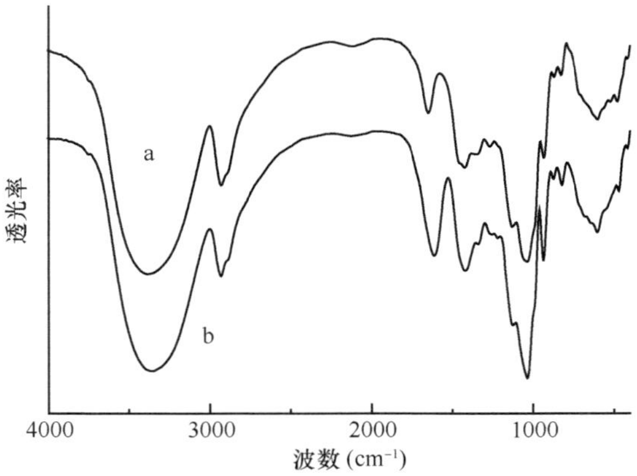

图 5.14　购买的菊糖（a）和自提的菊糖（b）的红外光谱图

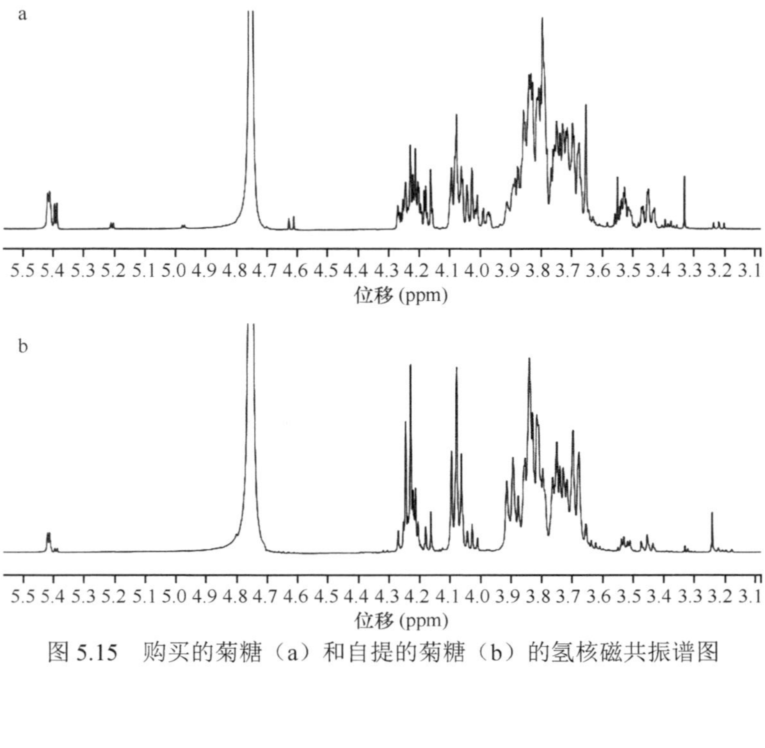

图 5.15　购买的菊糖（a）和自提的菊糖（b）的氢核磁共振谱图

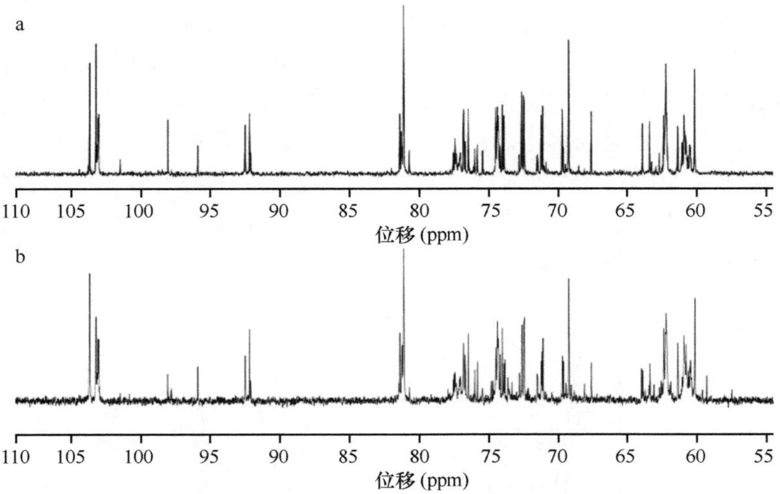

图 5.16 购买的菊糖（a）和自提的菊糖（b）的碳核磁共振谱图

表 5.4 各批次提取物中的菊糖含量

采样时间	总糖含量（%）	还原糖含量（%）	菊糖含量（%）	采样时间	总糖含量（%）	还原糖含量（%）	菊糖含量（%）
开花前 10d	54.71	5.55	49.16	开花后 40d	70.10	3.62	66.48
开花时	74.90	3.62	71.28	开花后 50d	82.84	3.62	79.22
开花后 10d	78.75	3.76	74.99	开花后 60d	72.26	3.62	68.64
开花后 20d	72.50	3.76	68.74	开花后 70d	80.23	3.62	76.61
开花后 30d	88.61	3.76	84.85	开花后 80d	62.88	3.62	59.26

进一步研究菊糖在采集的新鲜菊芋块茎中的含量（图 5.17），结果显示，随着菊芋块茎的生长，菊糖的含量整体呈现出先升后降的趋势，在菊芋开花后 40d 左右，块茎中的菊糖含量达到最大值。这一变化过程符合已知的菊糖生物合成过程。

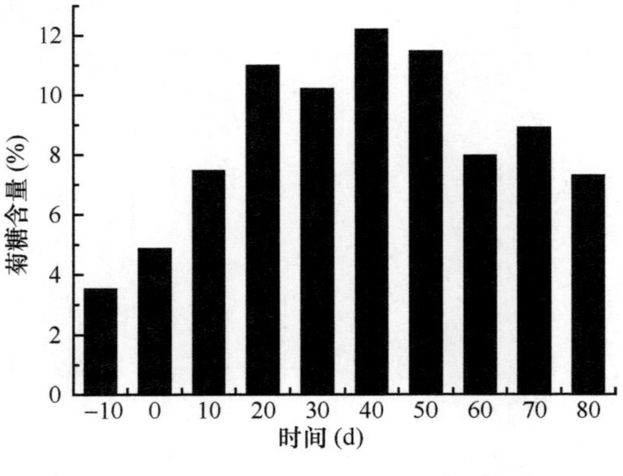

图 5.17 不同收获时间菊芋新鲜块茎中菊糖含量

负值表示菊芋开花前的时间，正值表示菊芋开花后的时间，下文同

Ⅳ）不同生长阶段菊芋块茎中菊糖分子量的变化

采用高效凝胶过滤色谱法（HPGFC）检测 10 批次菊芋提取物中菊糖的分子量，观察菊芋生长过程中菊糖聚合度（DP）的变化发现，菊糖聚合度与含量的变化过程基本一致，亦呈现先升后降的总体趋势，菊糖聚合度最低时为菊芋开花前 10d，菊芋开花后 40～50d，菊糖聚合度达到峰值（DP=19），最终菊糖聚合度降低至 8 左右（图 5.18）。

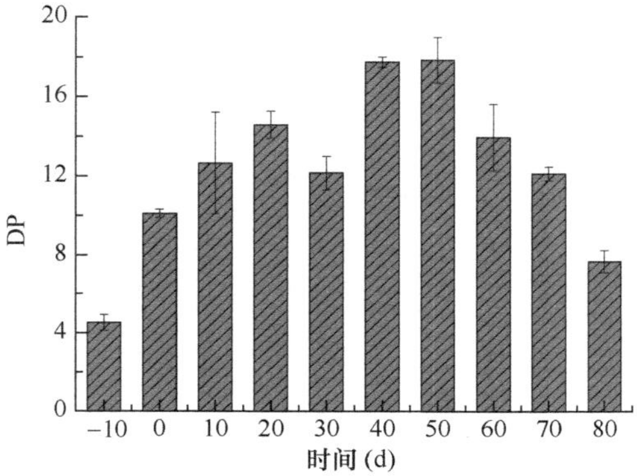

图 5.18 菊芋整个生长过程中菊糖聚合度的变化

Ⅴ）不同批次菊糖对双歧杆菌的益生活性

如图 5.19 所示，菊糖对双歧杆菌的生长具有促进作用。检测不同批次具有不同聚合度的菊糖对于双歧杆菌的益生活性（OD），结果表明，菊糖的聚合度及其对双歧杆菌的益生活性基本呈负相关关系，即聚合度较低的菊糖能够更好地促进双歧杆菌的生长。

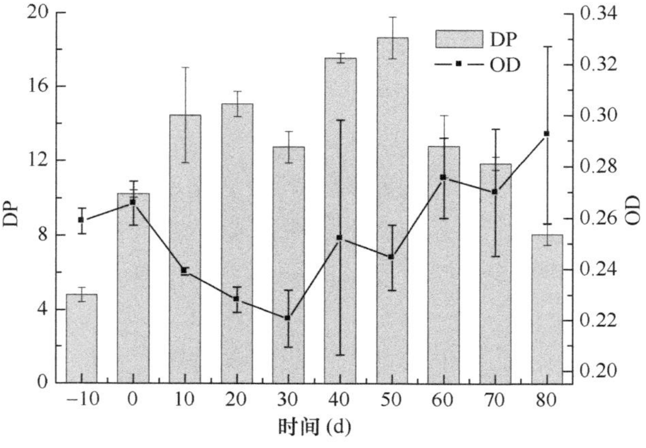

图 5.19 不同聚合度的菊糖对双歧杆菌的益生活性

Ⅵ）不同批次菊糖对酸奶中益生菌的益生活性

为进一步确认不同聚合度菊糖对益生菌的益生活性，选取某酸奶作为混合菌种，以不同聚合度菊糖为碳源培养 32h，检测菌种生长情况，实验结果见图 5.20。总体来看，低聚合度的菊糖可以更好地促进酸奶内混合益生菌生长，加速其新陈代谢，产生更多酸性小分子。菊糖益生活性存在“聚合度越低，活性越高”的规律。

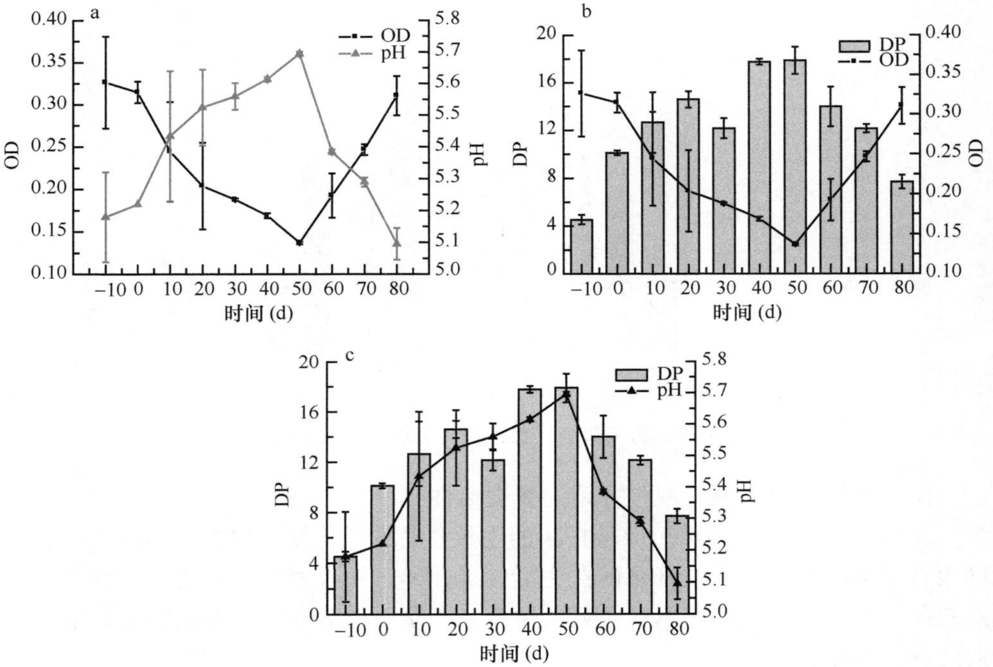

图 5.20　培养 32h 后培养基的 OD 和 pH（a）、不同聚合度的菊糖对酸奶中益生菌的益生活性（b）及不同聚合度的菊糖对培养基 pH 的影响（c）

Ⅶ）不同批次菊糖的抗氧化活性

目前大量文献报道，许多植物多糖具有良好的抗氧化活性（Ren et al.，2012a；Hu et al.，2003；Ito et al.，1985）。检测不同聚合度菊糖对羟自由基的清除能力，以此衡量菊糖的抗氧化活性。实验结果表明，菊糖的抗氧化活性与浓度呈正相关关系，与聚合度呈负相关关系，即菊糖抗氧化活性亦遵循“聚合度越低，活性越高”的规律（图 5.21）。

根据这一规律，结合菊芋生长过程中菊糖含量的变化情况，可以做出科学判断：菊芋开花 60d 后，菊芋块茎产量、菊糖含量已处在相对稳定的阶段，且此时菊糖聚合度处在相对较低的水平，菊糖益生活性较高，此时采收，可获取较高产量的高活性菊糖，有利于菊芋的高值化利用（Li et al.，2015）。

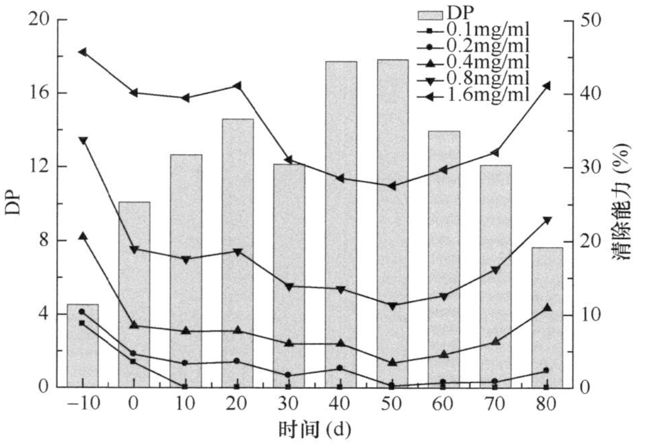

图 5.21　不同聚合度的菊糖对羟自由基的清除能力

Ⅷ）单一聚合度菊糖的分离及生物活性研究

为了进一步研究菊糖结构与活性间的关系，单一聚合度的菊糖的分离就变得非常必要。凝胶排阻色谱是目前已被广泛用于多种寡糖分子分离的一种色谱技术（Liu et al.，2005）。本文研究了通过凝胶排阻色谱技术分离单一聚合度的菊糖的方法，并最终得到了一系列的单体聚合物。在此基础上，研究了单一聚合度的菊糖的益生活性，揭示了菊糖聚合度与其生物活性间更为具体的变化规律。

Bio-gel P 系列凝胶可用于高分辨率的凝胶过滤，适用分子量范围从 100 至 100 000。经一系列试验，最终确定采用 Bio-gel P-4 凝胶+ Bio-gel P-2 凝胶两步法进行分离。收集出峰情况较好的组分，采用高压液相色谱法（HPLC）检测样品纯度，其中检测为纯度较高的样品，即为单一聚合度菊糖。最终经电喷雾质谱法（ESI-MS）检测，判断样品分子量，计算出单一聚合度菊糖样品的确切聚合度。图 5.22～图 5.24 及表 5.5 显示了以上分离分析过程。最终，通过以上工作，成功分离出聚合度为 2～8 的菊糖样品。

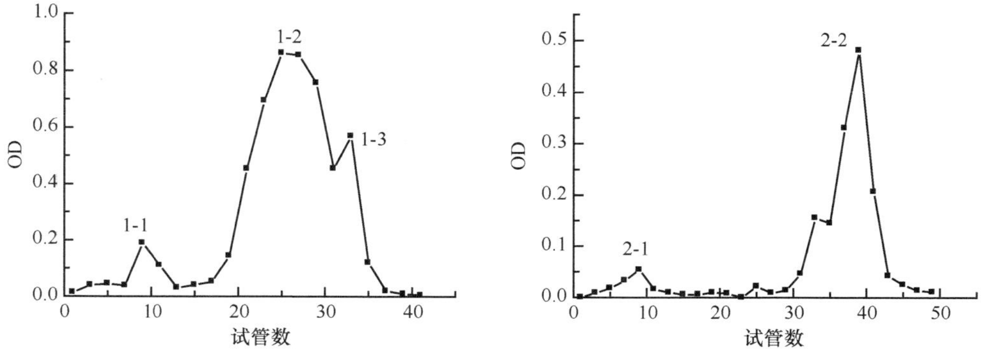

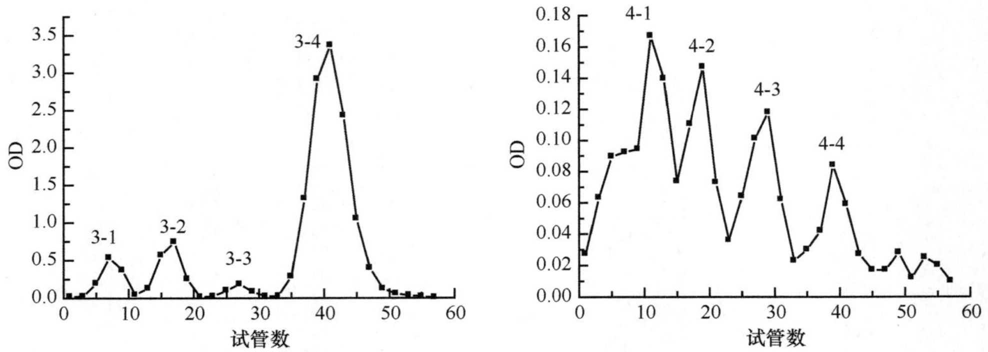

图 5.22 Bio-gel P-2 凝胶+Bio-gel P-4 凝胶分离的各组分的效果图

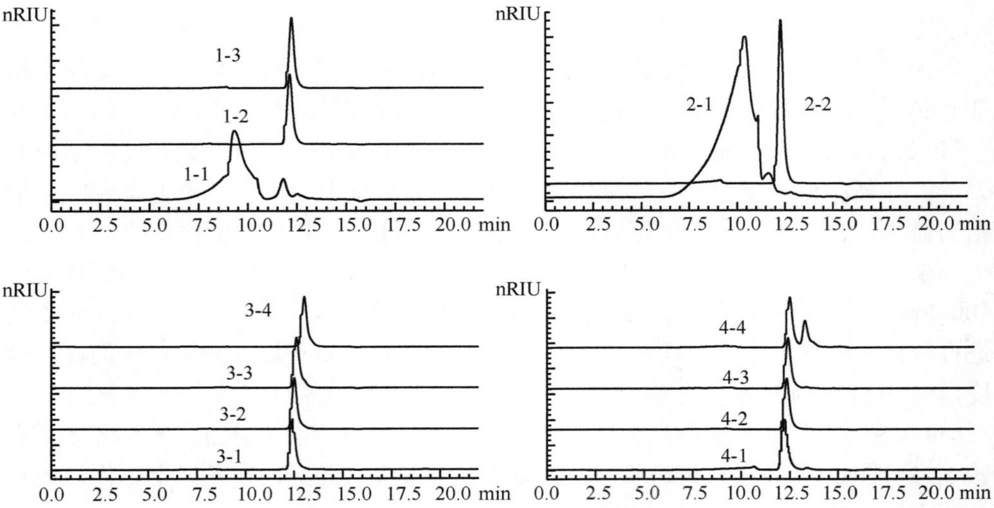

图 5.23 Bio-gel P-2 凝胶分离的各组分的 HPLC 色谱图

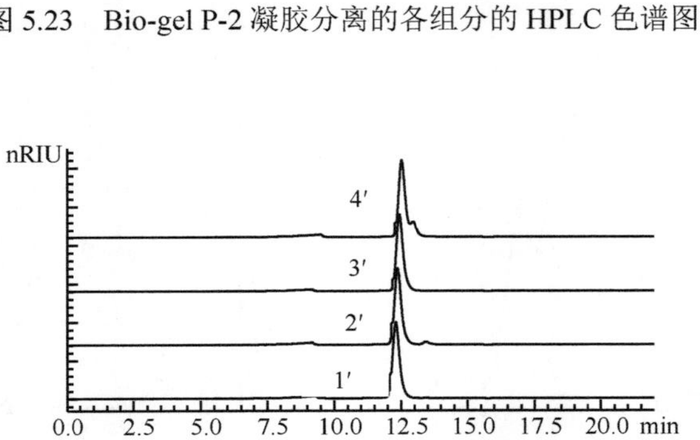

图 5.24 Bio-gel P-2 凝胶直接分离菊糖得到的组分的 HPLC 色谱图

表 5.5　Bio-gel P 系列凝胶分离的各组分的 HPLC 和 ESI-MS 分析结果

分离峰	保留时间（min）	m/z [a]	组分	含量（%）[b]
1-3	12.222	1337.77	GF_7	93.4
2-2	12.272	1175.71	GF_6	92.6
3-1	12.432	851.46	GF_4	94.5
3-2	12.513	689.42	GF_3	95.2
3-3	12.623	527.34	GF_2	90.8
3-4	13.023	347.27	GF	97.2
4-2	12.336	1013.54	GF_5	89.3
4-3	12.405	851.49	GF_4	84.0
1′	12.303	1175.58	GF_6	92.1
2′	12.371	1013.51	GF_5	90.1
3′	12.441	851.45	GF_4	98.2

a. 质荷比（m/z）对应[$M+Na^+$]

b. 含量根据 HPLC 谱图中峰面积比例计算

如图 5.25 所示，检测 7 种不同聚合度的菊糖对酸奶中混合菌种的益生活性，结果表明，二聚糖的益生活性最差，三聚糖对益生菌生长的促进作用最好，四聚糖对益生菌代谢的促进作用最佳，五聚糖至八聚糖的益生效果则整体降低，但彼此间没有较大差别。整体来看，除二聚糖外，其他单一聚合度菊糖依然基本遵循“聚合度越小、益生活性越好”的规律。

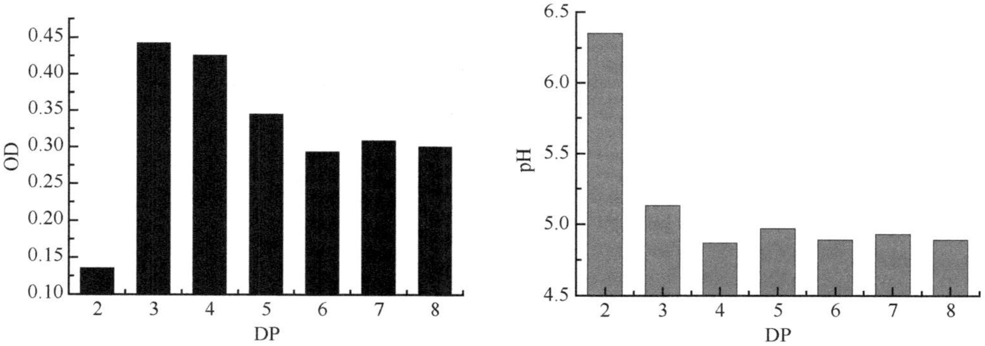

图 5.25　7 种特定聚合度的菊糖对酸奶中益生菌的益生作用和代谢的影响

5）菊芋全粉在仿刺参养殖中的应用

分别用不同量的菊芋全粉或菊芋全粉渣取代基础饲料中的地瓜粉制得 5 种实验饲料：实验 A 组（2.5g/kg 菊芋全粉）、实验 B 组（5g/kg 菊芋全粉）、实验 C 组（10g/kg 菊芋全粉）、实验 D 组（15g/kg 菊芋全粉）、实验 E 组（4g/kg 菊芋全粉渣）。对照组喂食基础饲料，分为两组：对照 A 组（基础饲料，抗生素 6～10μg/ml）、对照 B 组（基础饲料）。

实验前，仿刺参需暂养一周，每日饲喂仿刺参体重 3%～5%的饲料，确保达到饱食喂养。于每天 17:00 投喂饲料，饲料投喂前及时吸除残饵和粪便，并更换 25%～35%的新鲜海水。饲养期间保持连续通气，水温（17±0.5）℃，盐度 24～26，pH 在 7.8～8.2，溶解氧不低于 5mg/L，铵态氮不高于 0.5mg/L，亚硝酸氮不高于 1mg/L。

选取 252 头健康仿刺参，随机分为 7 组，每组 3 个平行，每个平行 12 头仿刺参，实验期间分别以 7 种不同的饲料进行喂养。

Ⅰ）菊芋全粉对仿刺参生长性能的影响

如图 5.26 和图 5.27 所示，相较于对照 B 组，5g/kg 菊芋全粉组（实验 B 组）仿刺参的成活率显著提高，而相较于对照 A 组，2.5g/kg 菊芋全粉组（实验 A 组）和 15g/kg 菊芋全粉组（实验 D 组）仿刺参生长速度显著提高。

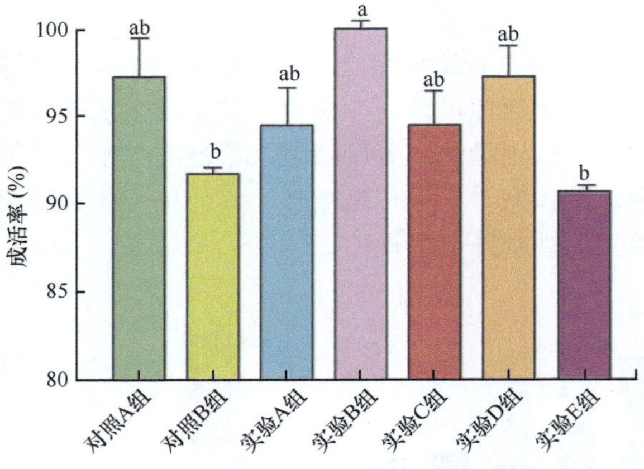

图 5.26　菊芋全粉对仿刺参成活率的影响

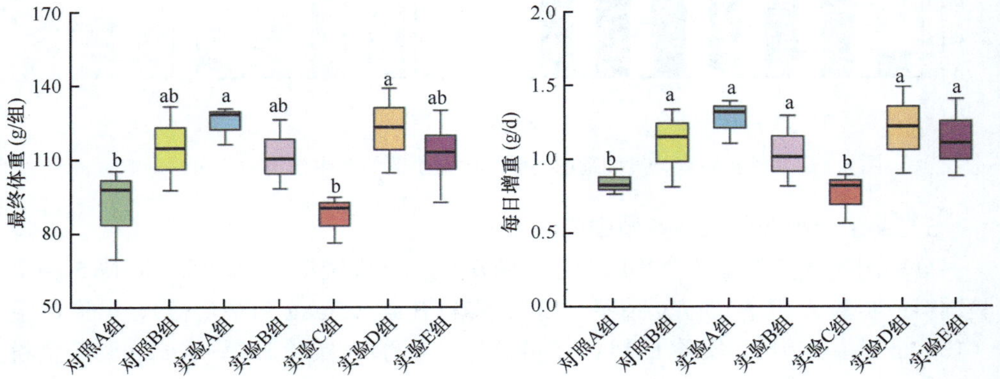

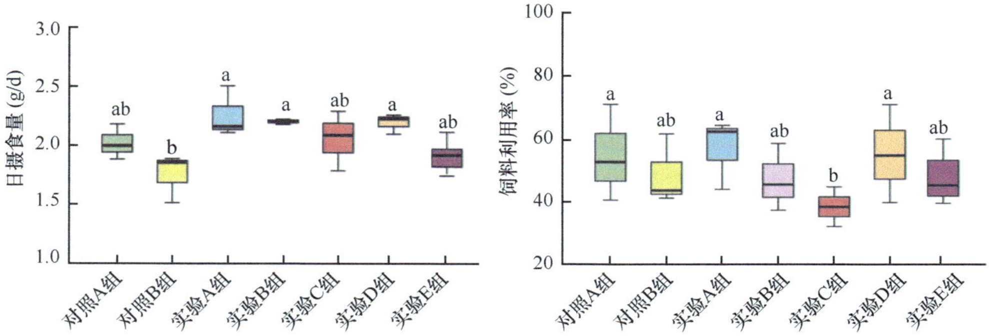

图 5.27　菊芋全粉对仿刺参最终体重、每日增重、每日摄食量、饲料利用率的影响

II）菊芋全粉对仿刺参免疫力的影响

如图 5.28 所示，在 8 周的养殖实验后，测定仿刺参的体腔细胞数量（TCC）、吞噬活性、酚氧化酶（PO）活性、超氧化物歧化酶（SOD）活性等免疫指标。探讨菊芋全粉对仿刺参免疫力的影响，为菊芋全粉在仿刺参养殖中的应用提供数据支持。

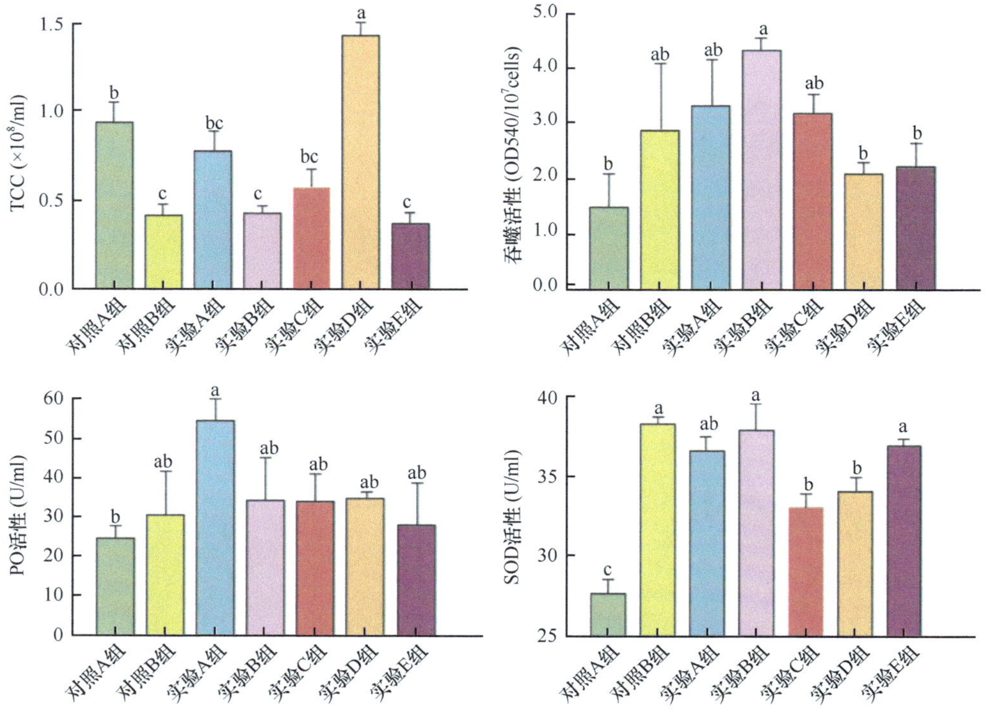

图 5.28　菊芋全粉对仿刺参体腔细胞数量（TCC）、吞噬活性、酚氧化酶（PO）活性、超氧化物歧化酶（SOD）活性的影响

从各组取仿刺参体腔液与抗凝剂（含 0.02mol/L EGTA、0.48mol/L NaCl、0.0019mol/L KCl 和 0.068mol/L Tris-HCl，pH=7.6）按 1∶1 的体积比混合得到实验用抗凝体腔液。仿刺参体腔液用 2.5%的戊二醛固定后用于体腔细胞计数。通过离心（3000r/min，10min，4℃）收集体腔细胞，弃上清液，用 600μl 0.85%的冰生理盐水重悬，超声混匀（25s，0℃），离心（4000×*g*，10min，4℃），所得上清液即为体腔细胞破碎物上清液（CLS），用于各项免疫指标的测定。

2.5g/kg 菊芋全粉组（实验 A 组）饲料可明显提高仿刺参 PO 活性；5g/kg 菊芋全粉组（实验 B 组）饲料可以刺激仿刺参吞噬细胞吞噬活性增强；而 15g/kg 菊芋全粉组（实验 D 组）饲料可以显著提高仿刺参体腔细胞数量。从仿刺参生长和免疫的角度综合考虑，2.5g/kg、5g/kg 或 15g/kg 菊芋全粉均可以应用到仿刺参养殖中。

III）菊芋全粉对灿烂弧菌刺激后仿刺参免疫力的影响

在 4 周养殖实验后，采用人工感染方式使仿刺参感染灿烂弧菌，研究仿刺参在灿烂弧菌刺激下免疫因子的响应变化，可以分析菊芋全粉对仿刺参抗病能力的影响。

如图 5.29 所示，在灿烂弧菌刺激下，15g/kg 菊芋全粉组（实验 2 组）饲料可

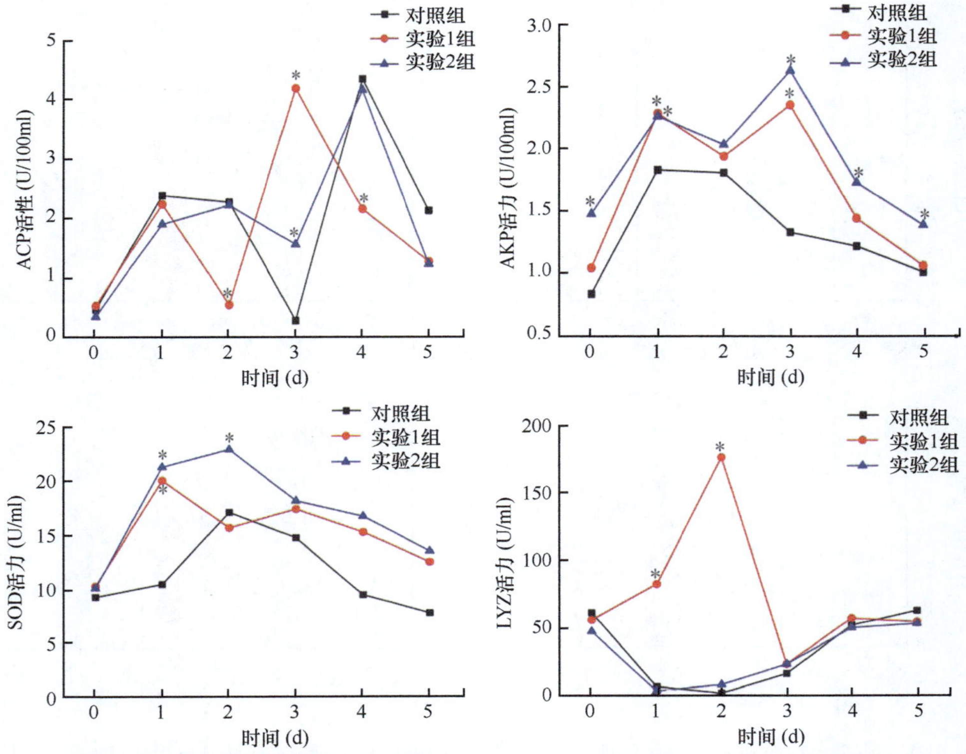

图 5.29 灿烂弧菌刺激后仿刺参体腔液中 ACP、AKP、SOD、LYZ 活性的变化

ACP-酸性磷酸酶；AKP-碱性磷酸酶；SOD-超氧化物歧化酶；LYZ-溶菌酶。“*”表示实验组与对照组相比有显著差异（$P<0.05$）

有效提高仿刺参体液中碱性磷酸酶（AKP）和超氧化物歧化酶（SOD）的活性，5g/kg 菊芋全粉组（实验 1 组）饲料可显著提高灿烂弧菌诱导时仿刺参体液中溶菌酶（LYZ）的活性。综合考虑，菊芋全粉的添加量为 15g/kg 时，仿刺参的免疫因子活性最强，能更好地应对致病菌感染。

Ⅳ）菊芋全粉对仿刺参肠道菌群的影响

8 周饲养实验后，取出每组仿刺参的肠道内容物，用液氮速冻后置于–80℃冰箱中冷冻。抽提仿刺参肠道菌总 DNA，用 515F(5′-GTGCCAGCMGCCGCGG-3′)和 907R(5′-CCGTCAATTCMTTTRAGTTT-3′)引物对 V4～V5 可变区进行聚合酶链式反应（PCR）扩增。然后使用 2%琼脂糖凝胶回收纯化 PCR 产物。利用 QuantiFluor™-ST（Promega 公司）进行检测定量。根据 Illumina MiSeq 平台（Illumina 公司）标准操作规程，将纯化后的扩增片段构建 PE 2×300 的文库。利用 Illumina 公司的 Miseq PE300 平台进行测序。

菊芋全粉对仿刺参肠道菌群的 α 多样性无明显影响（图 5.30）。β 多样性分析表明，不同实验组仿刺参肠道菌群的分散程度存在显著差异。菊芋全粉可以使仿刺参肠道微生物的菌落更加均匀，但抗生素却会使得仿刺参肠道菌群失衡（图 5.31）。

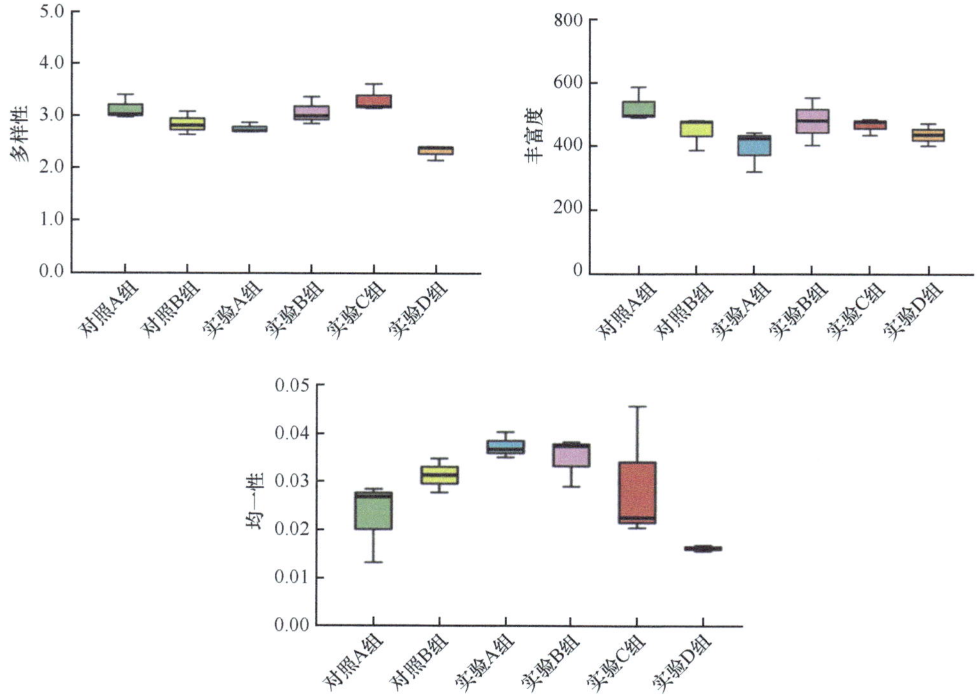

图 5.30　菊芋全粉对仿刺参肠道菌群的 α 多样性的影响

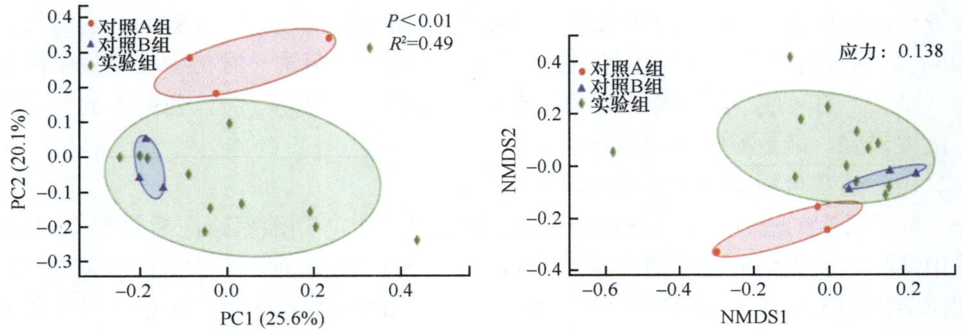

图 5.31　不同处理组的主坐标分析和非度量多维尺度分析（NMDS）

PC1 和 PC2 是两个主坐标成分，PC1 表示尽可能最大解释数据变化的主坐标成分，PC2 为解释余下的变化中占比例最大的主坐标成分

在门的水平上对仿刺参肠道微生物种类进行分析，发现了 5 个主要分类单元（图 5.32，图 5.33）。根据丰度排名依次为变形菌门（Proteobacteria）（相对丰度为 49.2%～79.6%，包括 γ-变形菌纲、α-变形菌纲、ε-变形菌纲）、拟杆菌门（Bacteroidetes）（相对丰度为 10.3%～45.1%，包括黄杆菌纲、拟杆菌纲）、浮霉菌门（Planctomycetes）（相对丰度为 4.0%～11.0%，浮霉菌纲）、厚壁菌门（Firmicutes）（相对丰度为 0.9%～4.6%，芽孢杆菌纲）、蓝藻门（Cyanobacteria）（相对丰度为 0%～1.4%，蓝细菌纲）。其中，变形菌门、拟杆菌门和厚壁菌门的相对丰度在实验处理组之间存在统计学差异。

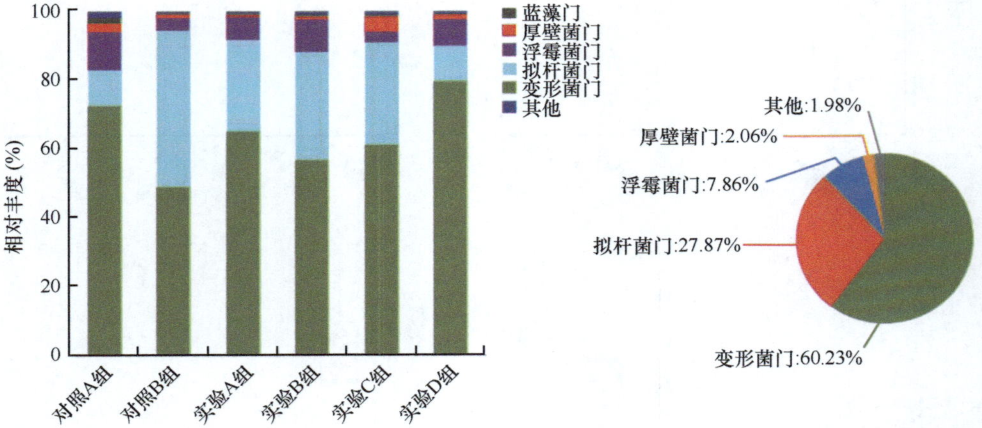

图 5.32　不同处理组仿刺参微生物群落组成（门＞1%）

由图 5.34 可知，在目水平上，肠道中红杆菌目相对丰度最高，其次是黄杆菌目和交替单胞菌目。此外，15g/kg 菊芋全粉组（实验 D 组）仿刺参的肠道红杆菌目相对丰度显著高于 10g/kg 菊芋全粉组（实验 C 组），15g/kg 菊芋全粉组仿刺参

生长速度也显著大于 10g/kg 菊芋全粉组。该结果与前人的研究结论高度相似：红杆菌目相对丰度与仿刺参的生长速度呈正相关关系。

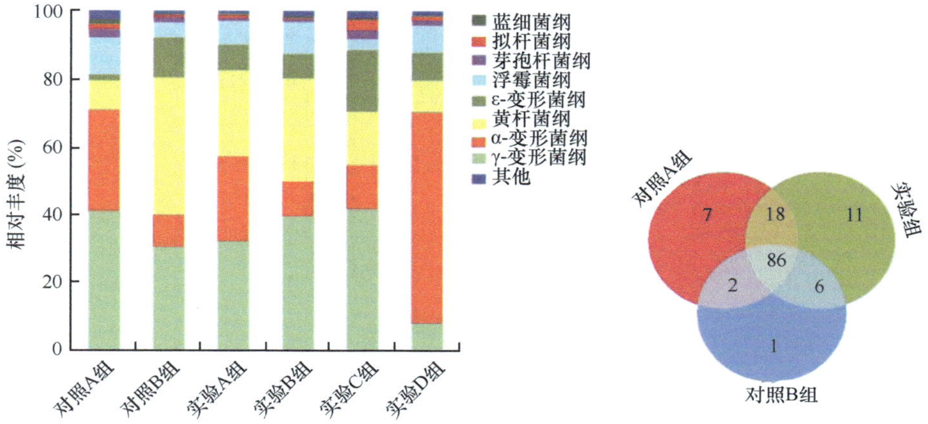

图 5.33　不同处理组仿刺参微生物群落组成（纲＞1%）

右图数字代表不同操作分类单元数目

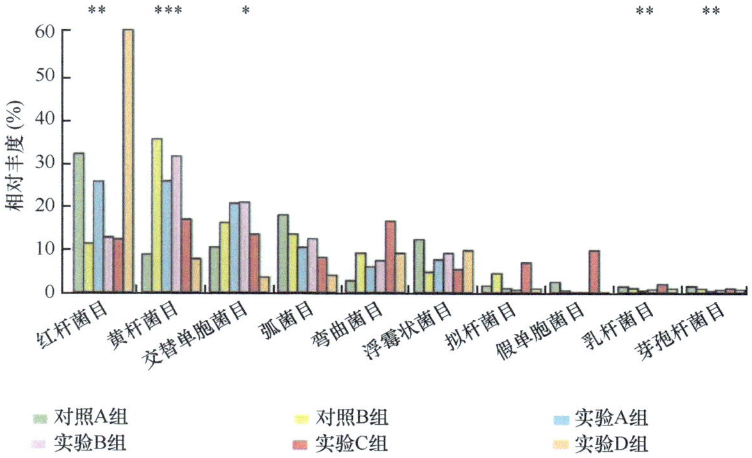

图 5.34　不同处理组仿刺参肠道微生物丰度排序（在目水平上）

$^*P<0.05$，$^{**}P<0.01$，$^{***}P<0.001$

由图 5.35 可知，除了抗生素组（对照 A 组），仿刺参生长速度与红杆菌相对丰度成正比，15g/kg 菊芋全粉组（实验 D 组）饲料对仿刺参生长有明显的促进作用，这可能是由于红杆菌通过降解菊芋全粉，使得仿刺参体内的聚羟基丁酸酯含量升高，进而促进了仿刺参的生长。因此，实验 D 组含菊芋全粉益生元的发酵型仿刺参饲料可促进仿刺参生长，而抗生素组（对照 A 组）仿刺参生长速度与红杆菌相对丰度却不符合这一规律，可能是由于该组添加抗生素抑制了红杆菌的促生长效果，其中机制需进一步研究。

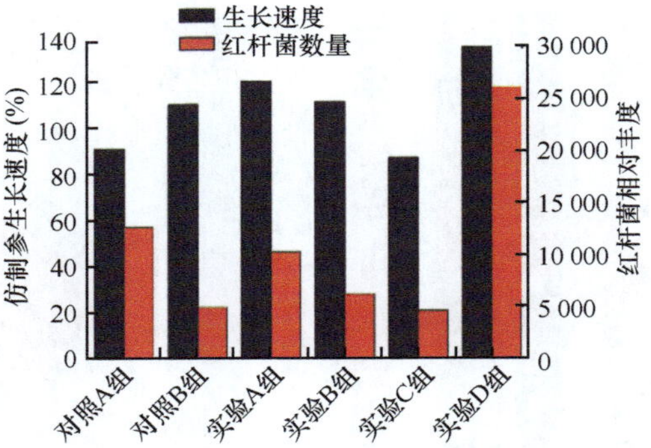

图 5.35　不同处理组仿刺参生长速度与红杆菌相对丰度比较分析

假交替单胞菌可以产生内毒素脂酶等活性物质，从而破坏生物的表面组织，由图 5.36 可知，相比于基础饲料组，菊芋全粉添加量为 15g/kg（实验 D 组）时对仿刺参肠道内假交替单胞菌的抑制效果最好。与此相反，抗生素的添加并没有降低假交替单胞菌的相对丰度，反而会促进其丰度增加。

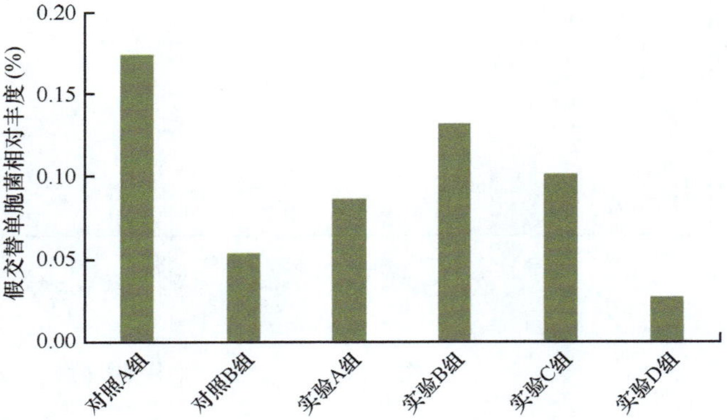

图 5.36　仿刺参肠道假交替单胞菌相对丰度

综上所述，15g/kg 菊芋全粉组（试验 D 组）饲料对仿刺参的肠道微生物生态系统有显著改善效果。研究结果还表明，仿刺参生长性能可能与菌群组成的发育健康有关（贾晨晨，2019）。

2. 甾醇

采用有机溶剂乙醇对干燥、粉碎后的耐盐菊芋枝叶和块茎样品分别进行浸提，然后将提取物悬浮于水中，用乙酸乙酯萃取，减压浓缩得粗提物；采用硅胶、Sephadex LH-20、C18 反相柱色谱、制备薄层色谱和制备高效液相色谱等技术对粗提物进行分离纯化；采用超导核磁共振、质谱、红外光谱等手段对单体化合物进行结构鉴定；最后对单体化合物的抗菌和杀虫活性进行筛选。从其中分离鉴定出 12 个甾体化合物，包括 2 个新环氧甾醇（A1 和 A2）和 10 个已知甾体化合物（A3～A12），即 5*α*,8*α*-epidioxy-22*β*,23*β*-epoxyergosta-6-en-3*β*-ol(A1)、5*α*,8*α*-epidioxy-22*α*,23*α*-epoxyergosta-6-en-3*β*-ol(A2)、(24*R*)-5*α*,8*α*-epidioxyergosta-6-en-3*β*-ol(A3)、(22*E*,24*R*)-5*α*,8*α*-epidioxyergosta-6,22-dien-3*β*-ol(A4)、(22*E*,24*R*)-5*α*,8*α*-epidioxyergosta-6,9(11),22-trien-3*β*-ol(A5)、*β*-sitosterol(A6)、sitost-5-en-3*β*-ol acetate(A7)、7*α*-hydroxysitosterol(A8)、schleicheol 2(A9)、(24*R*)-24-ethyl-5*α*-cholestane-3*β*,5*α*,6*β*-triol(A10)、7*α*-hydroxystigmasterol(A11)、stigmasterol(A12)（图 5.37）。活性实验结果表明，A1 和 A2 有微弱的抗细菌活性（Li et al.，2011）。

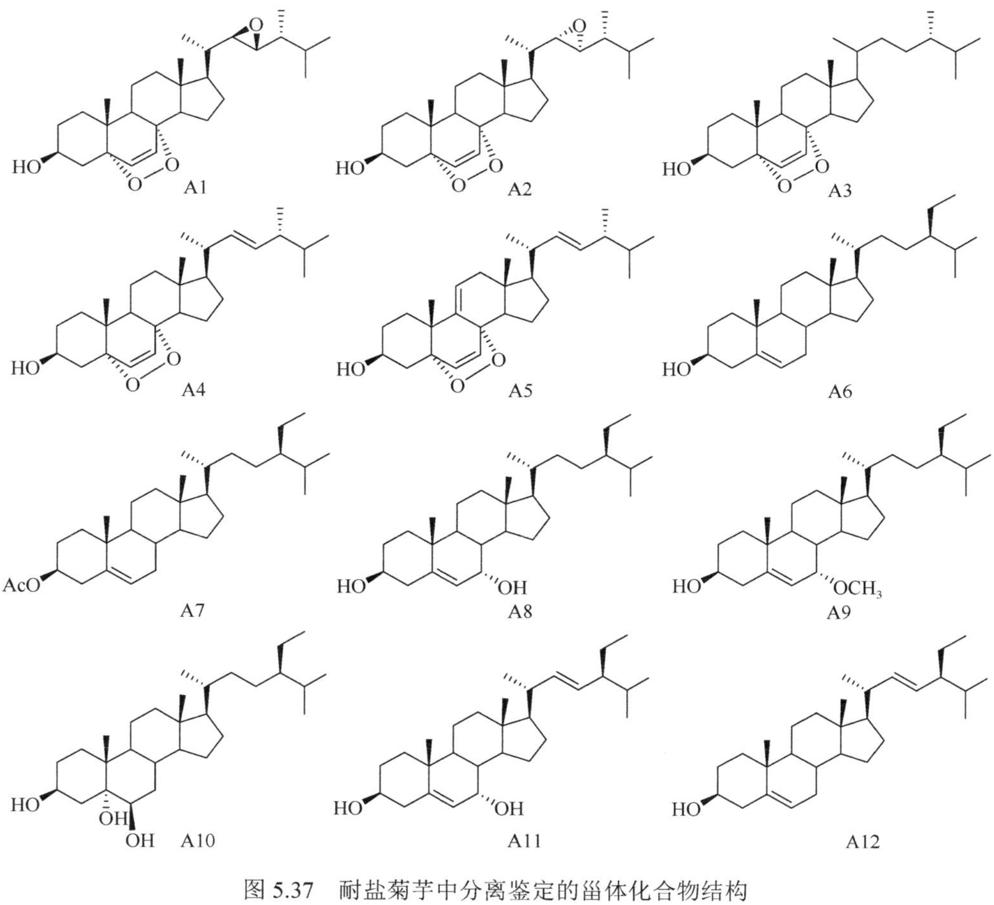

图 5.37 耐盐菊芋中分离鉴定的甾体化合物结构

（二）盐地碱蓬

盐地碱蓬中含有丰富的水溶性红色素，是天然色素的重要来源。这些天然色素具有较高的安全性能，而且具有抗突变、抗氧化、降血压、保护肝脏等保健功能，属于功能性食品添加剂（Springob et al.，2003；Bagchi et al.，2004）。

根据溶解性特点，采用传统有机溶剂浸提的方法对盐地碱蓬中的天然色素进行提取。通常溶剂提取法多选择甲醇、乙醇、水或者混合有机溶剂作为提取剂对材料进行溶解过滤。为了防止提取过程中非酰基化的色素降解，通常在提取剂中加入一定浓度的盐酸或者甲酸调节溶液酸碱度。对于去脂处理选择常用的石油醚萃取法。在进一步的去除杂质过程中，依据其溶解性质选择纯化剂。与其他有机溶剂相比，丙酮和乙醇更易于溶解光合色素等杂质，但是乙醇能够溶解盐地碱蓬中的色素，选择其作为纯化剂会引起相当数量损失。根据实验我们发现，盐地碱蓬中的色素微溶于丙酮，结合丙酮能够溶解多种光合色素且容易挥发的特点，选择通过丙酮溶液萃取操作来进行提取前的纯化。

1. 提取方法

取冷冻的盐地碱蓬植株红色部分，避光解冻，清水洗净。晾干后称取 3 份（每份 10g），避光保存。

方法 1：取第一份烘干（40℃），粉碎过 80 目筛。4℃下避光静置于 100ml 石油醚中以除去提取液中的脂质，重复萃取三次，滤渣干燥。4℃下避光静置于 100ml 丙酮中 2h，重复三次，滤渣干燥收集。滤渣用盐酸甲醇（1%）超声处理，然后 30℃恒温提取 1h。所得提取液经低温高速离心后冷冻保存。

方法 2：取第二份烘干（40℃），粉碎过 80 目筛。4℃下避光静置于 100ml 石油醚中以除去提取液中的脂质，重复萃取三次，滤渣干燥。滤渣用盐酸甲醇（1%）超声处理，然后 30℃恒温提取 1h。所得提取液经低温高速离心后冷冻保存。

方法 3：取第三份匀浆处理，用盐酸甲醇（1%）超声处理，然后 30℃恒温提取 1h。所得提取液经低温高速离心后冷冻保存。

2. 提取液检测分析

应用可见分光光度计，以甲醇为空白，扫描各提取液的吸收光谱图。

相同鲜重（10g）的三份材料通过以上三种方法提取后，对所得提取液可见光吸收情况和总色素含量进行分析。

3. 天然色素含量的测定

盐地碱蓬中的天然色素为水溶性色素，色素总量可以通过直接测定可见区最大吸收波长处的吸光度获得。根据朗伯-比尔定律，在同一溶剂恒定 pH 的介质中，三种提取方法所得天然色素含量可以表征其提取液中天然色素的含量。

pH 示差法的原理是色素的颜色随着 pH 的变化而改变，而干扰物质特征光谱不随 pH 的变化而变化，结合朗伯-比尔定律可得出，在两个不同的 pH 下，溶液吸光度差值与色素含量呈正比。

首先配制 pH 为 1.0 和 pH 为 4.5 的缓冲溶液。然后将样品加入缓冲溶液中，分别测定 520nm 和 700nm 处的吸光度，根据以下公式计算色素含量：

$$A = (A_{520} - A_{700})_{\text{pH=1.0}} - (A_{520} - A_{700})_{\text{pH=4.5}}$$

$$\text{色素含量（mg/L）} = (A \times \text{MW} \times \text{DF} \times 1000)/(\varepsilon \times L)$$

式中，A 为吸光度；MW 为矢车菊素-3-葡萄糖苷的分子量（449.2）；DF 为稀释倍数；ε 为矢车菊素-3-葡萄糖苷的消光系数（此处为 26 900）；L 为光程（取 1cm）。

4. 结果与分析

如图 5.38～图 5.40 所示，对三种方法得到的提取液在可见光区进行扫描，最大吸收波长均为 533nm。比较它们在最大吸收波长处的吸光度，分别对 3 次平行实验结果求平均值。

如表 5.6 所示，通过方法 2 得到的提取液在可见光区最大吸收波长 533nm 处的吸光度大于通过方法 1 和方法 3 得到的提取液的吸光度。由方法 2 得到的提取液在可见光区最大吸收波长 533nm 处的吸光度最大，相应的色素含量也最大。该结果表明，同种材料经不同方法提取，提取液在可见光区最大吸收波长处的吸光度不同。

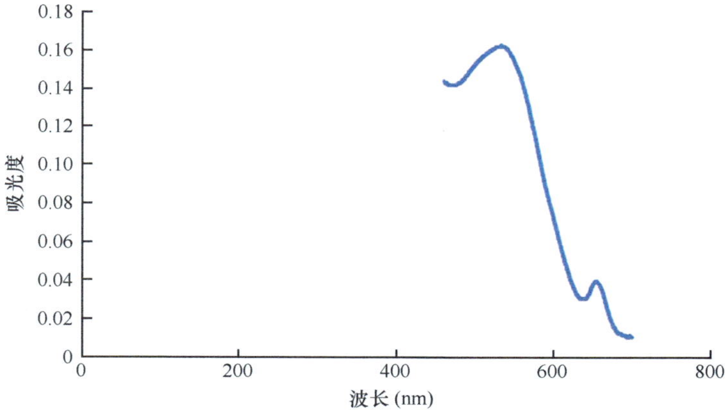

图 5.38 通过方法 1 所得提取液的可见光吸收光谱谱图

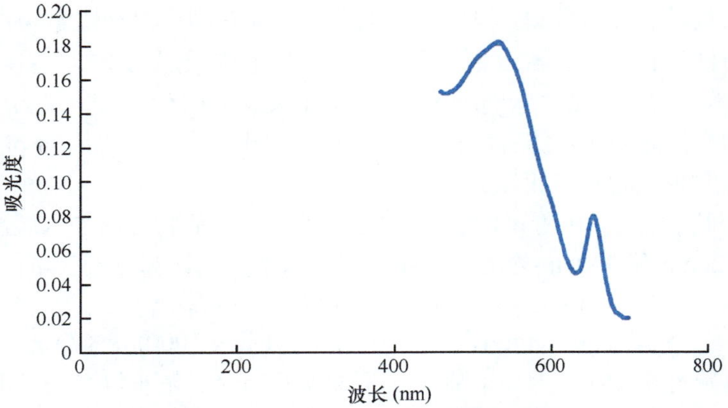

图 5.39　通过方法 2 所得提取液的可见光吸收光谱谱图

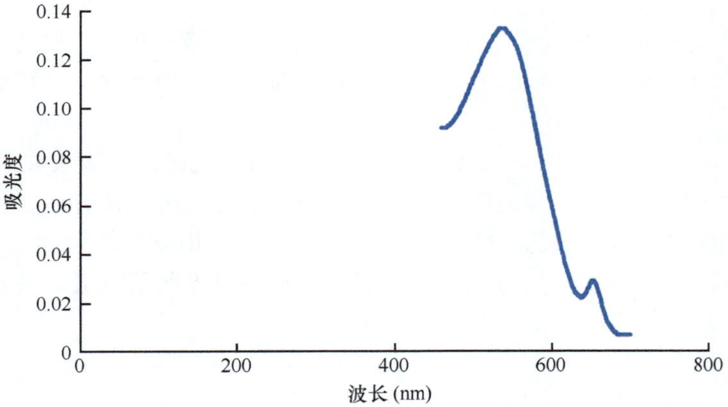

图 5.40　通过方法 3 所得提取液的可见光吸收光谱谱图

表 5.6　提取液在可见光区最大吸收波长 533nm 处的吸光度

样品	提取液 1	提取液 2	提取液 3
吸光度	0.163	0.182	0.133

提取液中天然色素的含量如表 5.7 所示，通过方法 1 得到的提取液中天然色素含量为 27.55mg/L，大于通过方法 2 和方法 3 得到的天然色素含量。该结果表明，相同材料经不同方法提取，提取液中天然色素含量不同，虽然根据盐地碱蓬中天然色素的溶解性，丙酮萃取纯化会使其中的组分略有损失，但并没有降低其最终的提取量，由丙酮去除光合色素等杂质后反而使得盐地碱蓬中天然色素的浸出更加充分；而直接匀浆后提取，提取液中天然色素含量大于干燥粉碎去脂后提取液中的天然色素含量。

表 5.7 提取液天然色素含量

样品	提取液 1	提取液 2	提取液 3
天然色素含量（mg/L）	27.55	12.92	23.70

研究结果表明，对于盐地碱蓬中天然色素的提取，经不同的预处理过程，得到的提取液色素含量都不同。通过比较相同溶剂中三种提取方法所得溶液在可见光区最大吸收波长处的吸光度来衡量其中天然色素含量，与直接匀浆后提取相比，干燥粉碎后提取的天然色素更加完全；粉碎去脂提取法可以得到最多的色素，材料经丙酮纯化有部分损失。实验说明，粉碎去脂又经丙酮纯化后提取所得液体天然色素含量最高，而直接匀浆后提取也是一种提取率较高的相对简便方法（刘晶晶等，2012）。

二、饵料微藻的研究与开发

（一）抗生素的替代品抗菌肽

水产养殖，尤其是集约化养殖，一直受细菌病的困扰。为了防止疾病的发生，水产养殖过程中往往使用过量抗生素和化学药物，但却没有减少疾病的发生，反而导致水产动物体内长期残留抗生素，从而影响人类健康，同时也会影响生态平衡。寻找抗生素的替代品成为水产养殖实现“减抗”目标的一个重点。抗菌肽是一类广泛存在于自然界生物体中的小肽类物质，具有广谱抗菌性能，包括抗细菌、抗真菌、抗病毒、抗寄生虫及抗癌等活性，被认为是一种优质的抗生素替代品。

研究表明，在水产动物养殖饲料中添加抗菌肽，能够直接调节水产动物的生理功能，有效提高机体抗氧化能力和免疫力，从而提高水产动物的成活率。宋理平等（2010）研究发现，抗菌肽对凡纳滨对虾质量增加具有促进作用。姜珊等（2011）研究发现，在罗非鱼饲料中添加抗菌肽，可以显著增加罗非鱼的质量。柴仙琦等（2012）研究发现，在凡纳滨对虾饲料中分别添加 300mg/kg、400mg/kg 的抗菌肽，可显著提高血清碱性磷酸酶、超氧化物歧化酶及溶菌酶的活性。但是水产动物养殖分为育苗阶段和成体培养阶段，抗菌肽制剂以饲料添加剂形式可直接应用于成体培养，而水产动物幼苗仅以开口饵料微藻及轮虫、蠕虫等为食，抗菌肽制剂难以直接应用。

微藻作为鱼、虾、蟹、贝幼体的饵料，其质量直接影响水产养殖动物幼体的生长发育和品质，是关乎鱼、贝、虾、蟹育苗的关键因素。目前国内外抗菌肽的发明专利非常多，多集中于抗菌肽活性及抗菌肽生产制备，抗菌肽制剂多用于农牧业，作为饲料添加剂等提高动物的免疫力及生长速度等。把能表达兔防御素 *NP-1* 基因的小球藻用作饲料，能够显著促进鸡的生长。但是由于抗菌肽规模化生产及施用方式对抗菌肽活性的影响等，目前抗菌肽在水产养殖中的应用还非常少。通过基因工程方式，将抗菌肽导入饵料微藻中表达，从而以活体饵料的形式应用于水产养殖，尤其是水产动物育苗阶段，是扩大抗菌肽应用的一个重要方向。

（二）饵料微藻藻种的筛选

传统饵料微藻包括金藻、硅藻、扁藻等，但是这些饵料微藻严重不足，成为制约我国滩涂贝类苗种行业健康快速发展的主要因素，主要表现在：①市场对大规格苗种的需求大增，饵料需求量更大，但现用常规饵料微藻种质衰退严重、环境适应能力弱、培养平台期短，无法满足实际生产中的高通量饵料供给需求；②目前人工培育的滩涂贝类品种已经包括几乎所有东南沿海的常规养殖品种，现用常规饵料微藻营养无法适合所有品种幼苗的正常发育；③目前滩涂贝类苗种培育产业生产时间覆盖全年，缺乏适应全年不同气候条件的高速扩繁饵料微藻品种。

Li 等（2014）以滩涂贝类幼体对饵料微藻的摄食选择性和营养选择性为指标，利用高灵敏度生物脂质分析平台，从天然水体中筛选出了具备高营养价值和高扩繁能力的微藻新种，确定了生产中的饵料微藻优化组合和投喂策略（图 5.41）。该团队首先建立了高灵敏度色谱质谱联用微藻脂质组成测定技术，以此为基础建立了国内外最大的海洋微藻全脂成分数据库；以建立的海洋微藻全脂成分数据库为基础，结合多变量数据分析手段，构建了服务于微藻繁殖生理、环境压效、种质区分等研究的生物脂质组学分析系统。基于硅藻基因组信息提供的有机营养需求，该团队发明了一种以普通鱼饲料为材料的饵料微藻高效扩繁营养液，建立了以 3 株新饵料微藻种为主的滩涂贝类饵料微藻规模化扩繁、定向培养和供给技术，编制了《滩涂贝类育苗饵料微藻培育与扩繁》技术应用手册。

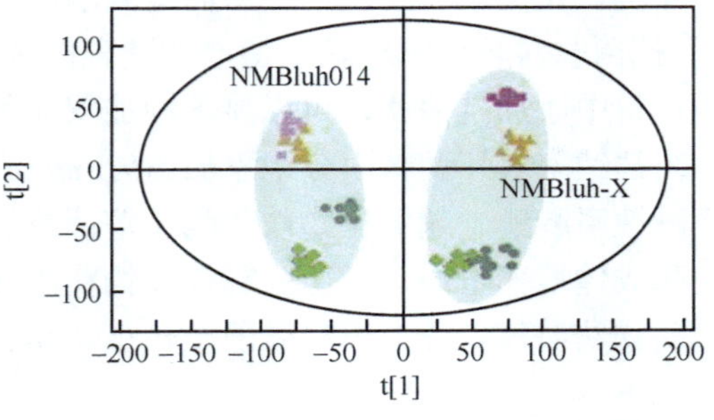

图 5.41　脂质组学成功区分开 2 株微拟球藻

Cu 等（2014）从微藻的生长速度、营养性能、生理特征等多方面因素出发筛选藻种，其中生长速度快、优质脂肪酸含量高、温度适应性强是三个最重要的指标，并从众多饵料微藻中选择了小球藻、富脂微拟球藻、三角褐指藻、等鞭金藻、斜生栅藻、紫球藻、亚心型四爿藻、杜氏盐藻等作为饵料微藻的优化对象。其中小球藻和定鞭金藻来源于养殖场的藻类养殖池，能够在高于40℃的环境下保持高生长速度。

（三）微藻基因工程概述

微藻基因工程是抗菌肽在饵料微藻中表达的技术基础。真核微藻基因工程起始于20世纪80年代，莱茵衣藻是第一个建立稳定转化系统的真核微藻。而后，真核微藻基因工程研究大部分集中于模式微藻莱茵衣藻。真核微藻与高等植物细胞一样，包含三套相对独立的遗传物质，即细胞核（染色体）、叶绿体（质体）、线粒体基因组，这三套遗传转化体系可以分别进行转化。目前，莱茵衣藻的染色体、叶绿体、线粒体三套基因组均已经建立了稳定的遗传转化体系。

真核微藻细胞中往往含有多个叶绿体，在每个叶绿体中，存在100个左右拷贝数的叶绿体基因组DNA。叶绿体基因组为双链环状DNA，大小为120～160kb。DNA上含有两段反向重复序列（IR），两段IR将基因组分成两部分，即大单拷贝区（LSC）（10～85kb）和小单拷贝区（SSC）（10～20kb）。IR的大小决定了绝大部分叶绿体 DNA 的分子量。叶绿体基因组属于原核表达系统，具有相同或相关功能的基因组成复合操纵子结构（多顺反子），这一特点有利于叶绿体基因的表达和调控。

叶绿体基因组的基因在漫长的进化历史中，有许多已经转移到了染色体基因组上，遗留在叶绿体中的基因是功能必需的基因，主要可以分为两类：光合作用相关基因和遗传系统基因（如rRNA、tRNA、核糖体蛋白及RNA聚合酶基因等）。

叶绿体转化系统与核转化相比，具有以下几个明显的优点。

1）外源基因的定点整合

目前已经有十几种真核微藻叶绿体基因组被测序，同时叶绿体基因组序列及结构的保守性很高，遗传背景比较清楚。叶绿体基因组结构简单、分子量小，通过载体上的同源片段与叶绿体基因组上的同源片段进行双交换，容易实现外源基因同源整合。因此，外源基因较容易实现定向整合。外源基因的位点特异性整合同时也避免了载体序列的引入，而载体序列在细胞核基因转化中也是很大的潜在危险因素。

2）高拷贝的叶绿体基因组可以提高外源基因的表达量

每个藻细胞中含有多拷贝的叶绿体基因组，如果将外源基因导入叶绿体基因组中，并达到同质化，该基因在细胞内的拷贝数将增加到1000个以上。增加基因的拷贝数并结合使用叶绿体基因组强启动子，可以大大提高该基因的表达量。在叶绿体转基因植物中，外源转录产物比细胞核转化中多得多，也没有发生基因沉默。同样，在叶绿体转基因植物的叶子中，即使外源蛋白质占总蛋白质的46%，也不会发生转录后基因沉默的现象。

3）原核表达系统易实现多基因表达

叶绿体基因组属于原核表达系统，大多数叶绿体基因都以多顺反子为转录单位。利用这一特点，可以由一个启动子引导多个外源基因同时在叶绿体中表达。

4）导入的外源基因性状稳定性高

外源基因在叶绿体基因组的定点整合消除了核转化的“位置效应”，实现同质化的藻株后代全部是转基因纯系。

5）直接表达原核基因

叶绿体基因组的遗传表达体系具有原核性，基因的排列方式、调控方式、GC碱基含量及基因的密码子使用偏爱性均与原核生物相近，这有利于来自原核生物的基因的直接高效表达。同时，叶绿体基因组也具有真核基因组的特点，如基因内部存在内含子和RNA编辑现象。所以，叶绿体也可直接表达真核基因。

（四）利用基因工程技术将抗菌肽导入饵料微藻

为了大量表达和积累抗菌肽，将抗菌肽导入微藻叶绿体中进行表达。但除了亚心型四爿藻和三角褐指藻，其他6种微藻包括小球藻、富脂微拟球藻、等鞭金藻、斜生栅藻、紫球藻、杜氏盐藻等尚未有稳定的叶绿体遗传转化系统。崔玉琳等（2014）利用同源重组方法，选取16S rDNA～23S rDNA为同源区，以其中的TrnI/TrnA为插入位点，分别构建了6种微藻的内源性表达载体，建立了相应的遗传转化系统。

以已知功能的抗菌肽nz2114、pisL9k22wk和天蚕素为目标抗菌肽，构建微藻表达载体。针对亚心型四爿藻，以上述抗菌肽为外源基因，共构建3种（6个）表达载体：细胞核内源性表达载体、细胞核分泌型表达载体和叶绿体表达载体。其中细胞核分泌型表达载体的导肽信号来源于已经完成基因组测序的一株四爿藻。针对三角褐指藻，通过分析三角褐指藻基因组信息，共找到两个不同的分泌型导肽信号，共构建了2种（6个）表达载体：细胞核内源性表达载体和细胞核分泌型表达载体（图5.42）。针对小球藻、富脂微拟球藻、等鞭金藻、斜生栅藻、紫球藻、杜氏盐藻6种微藻构建了叶绿体表达载体，并且对抗菌肽基因进行了多基因融合表达（图5.43）。

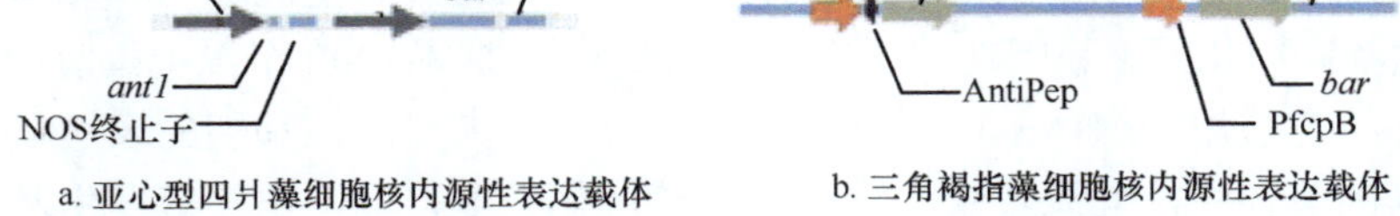

a. 亚心型四爿藻细胞核内源性表达载体　　b. 三角褐指藻细胞核内源性表达载体

图5.42　亚心型四爿藻、三角褐指藻-抗菌肽细胞核表达载体图谱

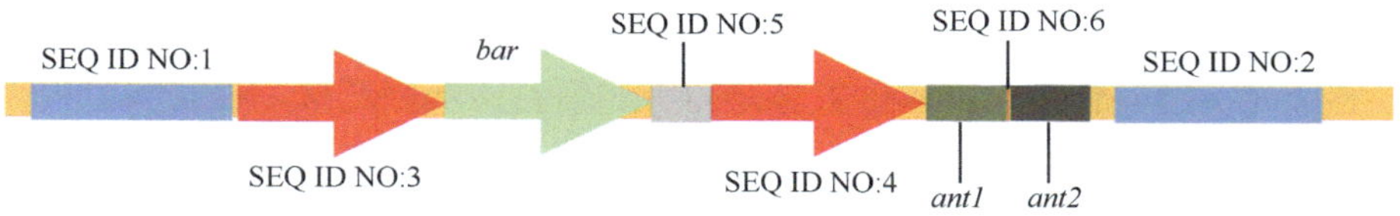

图 5.43　微藻叶绿体表达载体模式图

利用基因枪转化法、电击转化法等将上述载体分别导入相应微藻细胞中。利用除草剂草丁膦作为筛选压力，共筛选到 400 余株抗性藻株，而后培养抗性藻株，经过 PCR、核酸免疫印迹、荧光定量 PCR 及蛋白质免疫印迹鉴定，共获得表达抗菌肽的藻株 46 株。其中，内源性表达抗菌肽（nz2114）的藻株有 30 株，分泌型表达抗菌肽（nz2114 和 pisL9k22wk）的有 16 株（图 5.44）。

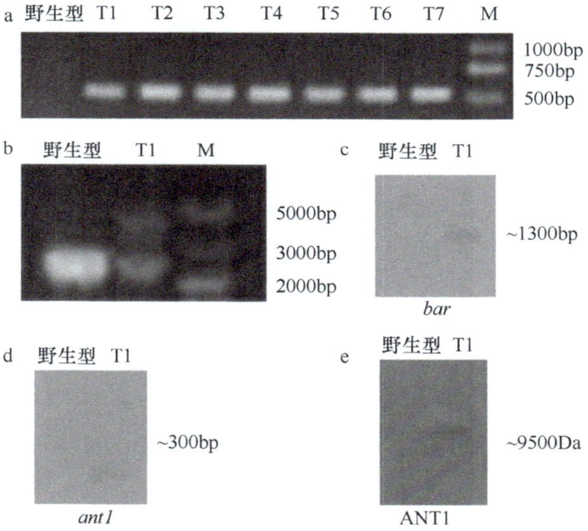

图 5.44　微藻突变株的检测

提取微藻突变株的总蛋白，以大肠杆菌、弗氏柠檬酸杆菌、溶壁微球菌、铜绿假单胞菌、嗜水气单胞菌、灿烂弧菌、维氏气单胞菌、金黄色葡萄球菌、藤黄微球菌等 9 种菌种为受试菌株，进行抑菌实验检测其抗菌活性。同时提取微藻蛋白粗提液进行抑菌圈实验，如图 5.45 所示，发现内源性表达 nz2114 的微藻对革兰氏阳性菌有较强抑菌活性，表达 pisL9k22wk 的微藻

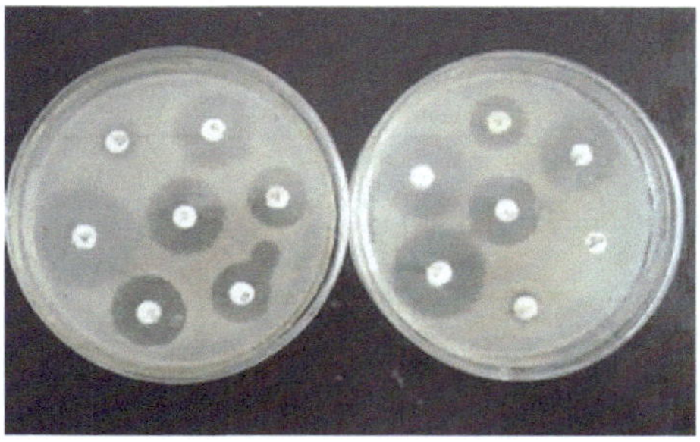

图 5.45　微藻突变株粗提物的抑菌效果

对革兰氏阴性菌有强抑菌活性。

利用光合自养管道式反应器大量培养上述饵料微藻突变株，在实验室内以活体饵料形式投喂稚贝期的扇贝等，可提高扇贝生长速度；在以水产病害菌进行的复毒实验中，微藻突变株联合使用，可提高扇贝、贻贝的抗病性，可提高幼苗成活率 15%以上（图 5.46，图 5.47，表 5.8）。

图 5.46　微藻突变株实验室内抑菌活性检测（封闭）

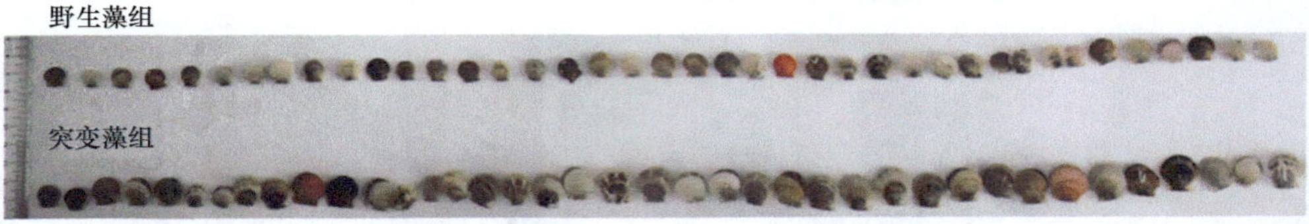

图 5.47　扇贝幼苗生长检测

表 5.8　投喂亚心型四爿藻的扇贝幼苗生长检测表

组别	初始个数	初始体长（cm）	30d 后个数	30d 后体长（cm）	成活率（%）
野生藻组	97	0.57	78	1.36	80.41
突变藻组	98	0.56	94	1.65	95.92

三、菊芋内生真菌的研究与开发

研究从耐盐植物菊芋的块茎中分离纯化出 10 株内生真菌菌株（图 5.48），并对它们的发酵产物进行抗卤虫活性筛选。初步筛选出 1 株具有较高卤虫致死活性的真菌菌株 ht-7，经形态学和 rDNA 基因内转录间隔区（ITS）序列（包括 ITS1、5.8S rDNA、ITS2）分析鉴定为 *Mucor* sp.，其序列数据保存于 GenBank，登记号为KP056546。菌种保存于4℃的马铃薯葡萄糖琼脂培养基（PDA）上，接种到固体平板培养基上28℃培养5d，将固体培养基分割成小块，转移至液体培养基（1L三角瓶，每瓶装300ml发酵液）中，置于室内自然条件下室温发酵培养30d，使真菌充分生长并产生次级代谢物。发酵培养基组成成分为葡萄糖20g、蛋白胨5g、酵母膏3g、陈海水500ml、菊芋块茎（200g）煮汁500ml，pH=6.5～7.0，121℃灭菌20min（王超之等，2016）。

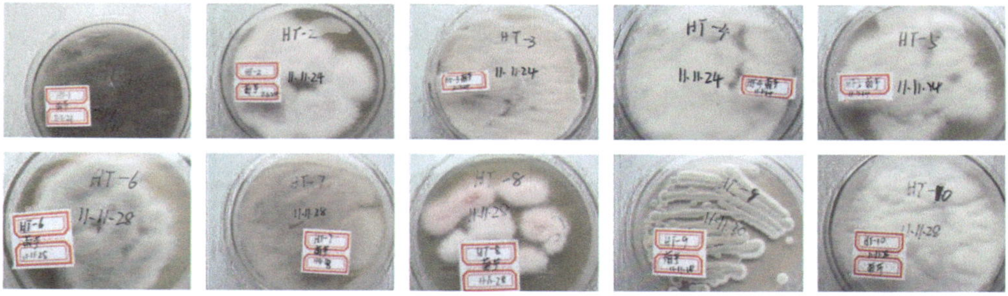

图5.48　耐盐菊芋内生真菌菌株ht-1～ht-10

将*Mucor* sp. ht-7室温发酵30d的产物用乙酸乙酯杀灭2d，同时利用乙酸乙酯的溶解特性，将真菌代谢产物溶解并萃取到乙酸乙酯中。将菌丝体和发酵液过滤分离，菌丝体粉碎后用二氯甲烷-甲醇（1∶1，*V*/*V*）提取3次，再用乙酸乙酯和水萃取，得到乙酸乙酯萃取物，发酵液用乙酸乙酯和水萃取，得到乙酸乙酯萃取物，合并两部分提取物得到总浸膏20.2g。总浸膏以石油醚-乙酸乙酯（0∶100～100∶0，*V*/*V*）为洗脱剂梯度洗脱，经硅胶柱层析，得到11个组分（Fr.1～Fr.11）。Fr.5经硅胶柱层析（石油醚-乙酸乙酯，2∶1，1∶1，*V*/*V*）得到2个组分（Fr.5-1和Fr.5-2）。Fr.5-1经凝胶柱Sephadex LH-20层析（二氯甲烷-甲醇，1∶1，*V*/*V*），硅胶柱层析（石油醚-乙酸乙酯，8∶1，*V*/*V*），以及半制备高效液相色谱（甲醇-水，90∶10～100∶0，*V*/*V*），得到化合物B5（1.9mg）；Fr.5-2经凝胶柱Sephadex LH-20层析（二氯甲烷-甲醇，1∶1，*V*/*V*），以及半制备高效液相色谱（甲醇-水，90∶10，*V*/*V*），得到化合物B1（1.8mg）和化合物B2（6.9mg）；Fr.7经硅胶柱层析（二氯甲烷-甲醇，20∶1，*V*/*V*），凝胶柱Sephadex LH-20层析（二氯甲烷-甲醇，1∶1，*V*/*V*），得到化合物B6（2.0mg）；Fr.8经两次凝胶柱Sephadex LH-20层析（二氯甲烷-甲醇，1∶1，*V*/*V*），得到化合物B4（4.6 mg）；Fr.11经硅胶柱层析（石油醚-乙酸乙酯，10∶1～15∶1，*V*/*V*），得到2个组分（Fr.11-1和Fr.11-2）。Fr.11-1经Sephadex LH-20层析（二氯甲烷-甲醇，1∶1，*V*/*V*），以及甲醇重结晶，得到化合物B3（2.3mg）；Fr.11-2经凝胶柱Sephadex LH-20层析（二氯甲烷-甲醇，1∶1，*V*/*V*），半制备高效液相色谱（甲醇-水，5∶95，*V*/*V*），得到化合物B7（1.5mg）。

综合运用各种现代波谱技术确定了各单体化合物结构，所有化合物结构如图 5.49 所示（王超之等，2016）。

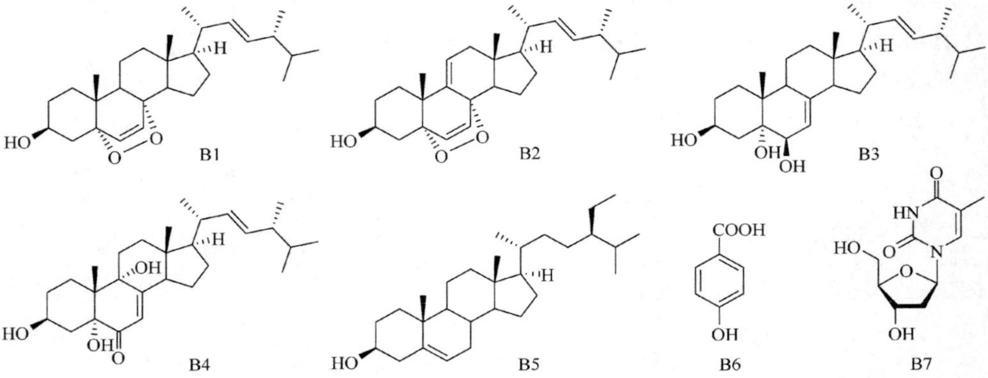

图 5.49　真菌 *Mucor* sp. ht-7 中分离鉴定的化合物结构

化合物 B1～B6 在不同种类内生真菌中都有发现。另外，化合物 B1 和 B2 在菊芋枝叶中发现过，化合物 B5 在菊芋块茎中发现过。在研究一株长枝木霉的化学成分时，同样也发现了化合物 B5，然而当发酵培养基不含菊芋块茎成分时，未从发酵产物中获得此化合物。在研究中，菌株 *Mucor* sp. ht-7 分离自菊芋块茎，而发酵培养基中含有菊芋块茎煮汁成分，因此推测化合物 B5 可能来源于菊芋块茎。菊芋作为经济作物，其种植过程中很少出现虫害，其叶片的乙酸乙酯提取物也被报道对棉铃虫有明显的杀灭作用，对 10 株内生真菌菌株进行活性初步筛选时，发现菌株 ht-7 具有良好的抗卤虫活性，据文献报道，化合物 B1 和 B3 具有微弱的乙酰胆碱酯酶活性，浓度为 100μg/ml 时抑制率分别为 8.1%和 0.4%。乙酰胆碱酯酶具有羧肽酶和氨肽酶的活性，参与细胞的发育和成熟，能促进神经元发育和神经再生，抑制乙酰胆碱酯酶的活性会影响生物正常生理代谢，从而导致生物体死亡，有机磷、氨基甲酸类等农药就是通过这种原理发挥作用。化合物 B6 是一种化感物质，能够抑制细菌、真菌和某些酶的活性，并且对产生水华的藻类也有抑制活性，在环境、生态和食品领域有潜在的应用价值。化合物 B7 可作为抗病毒药物的前体，应用在医药领域。总之，本研究从耐盐菊芋内生真菌 *Mucor* sp. ht-7 发酵产物分离得到 7 种化合物，部分化合物具有一定的生物活性，为海岸带真菌活性天然产物的开发和应用提供了参考（王超之等，2016）。

四、壳聚糖的研究与开发

黄河三角洲区域的养殖种类主要有虾蟹类、贝类、海参等，除了作为海珍品的海参，在利用过程中它们大都产生大量废弃物，主要包括虾蟹壳与贝壳，在中国科学院科技服务网络计划（简称“STS计划”）重点项目的资助下，对虾蟹壳来源的壳聚糖进行了高质化产品开发。壳聚糖是由水产废弃物虾蟹壳制备得到，相关应用开发属于废弃物的再利用，是水产养殖产业链的再延伸，既有助于提高水产品的附加值，又有利于改善环境。壳聚糖是迄今为止自然界中所发现的唯一一种带阳离子的天然多糖，同时，壳聚糖由于天然无毒、可生物降解、具有独特的物理化学结构，在功能食品、医药、医疗用品及生物工程等方面都有广泛的用途。现在，甲壳素及壳聚糖的研究和应用开发，已成为国内外瞩目的高新科技领域里多糖研究的热点之一。壳聚糖是甲壳素的脱乙酰化产物，化学名为β-(1,4)-2-氨基-2-脱氧-D-葡萄糖，是由2-氨基-脱氧-D-葡萄糖以β-1,4糖苷键缩合而成的，壳聚糖生物活性的根源在于其分子中具有游离的氨基，氨基正电性是壳聚糖具有良好的抗菌、抗氧化、抗肿瘤、增强免疫力作用的根本原因，因此针对性提高壳聚糖氨基正电性是提高其生物活性的有效方式。

（一）壳聚糖-活性酸复合盐的制备及生物活性

自然界中存在着多种功能性有机酸，其参与各种物质循环和能量交换，在发挥特有生物功能的同时，其带有的酸性结构为其酸碱离子成盐提供了基础。壳聚糖是一种自然界中仅有的碱性多糖，可以与功能有机酸通过酸碱离子相互作用以盐的形式结合，形成壳聚糖-活性酸盐。基于不同有机酸的功能不同，选取柠檬酸、抗坏血酸、没食子酸、烟酸、苹果酸、绿原酸等具有一定生物活性的酸类，同时与壳聚糖接枝，得到壳聚糖与活性酸的复合盐类，具体方法为：取一定量的壳聚糖分散于去离子水中，搅拌1h，依次加入相应比例的活性酸，于40℃下反应24h。反应液进行浓缩，然后冻干，即得壳聚糖-活性酸复合盐，复合盐类的结构如图5.50所示。

实验结果如表5.9所示，所合成的壳聚糖-活性酸复合盐清除超氧阴离子自由基的能力明显强于壳聚糖本身，壳聚糖-活性酸复合盐在最低测试浓度0.1mg/ml时清除超氧阴离子自由基的能力要强于壳聚糖本身在最高测试浓度1.6mg/ml时的清除能力，在0.4mg/ml时清除率就超过了90%，在0.8mg/ml时就可以完全清除超氧阴离子自由基，因此表现出极强的抗氧化活性。复合盐同时具有壳聚糖及活性酸的功效，具有活性叠加、功效提升的作用。

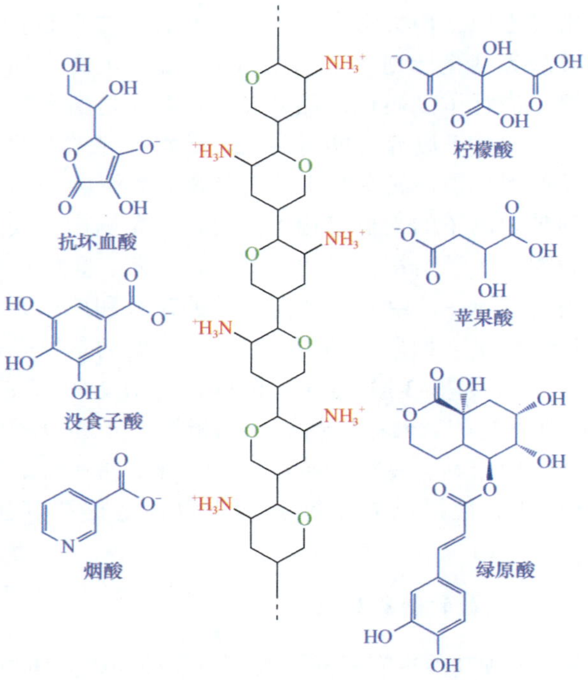

图 5.50　壳聚糖-活性酸复合盐的结构示意图

表 5.9　壳聚糖-活性酸复合盐清除超氧阴离子自由基的能力　（单位：%）

	浓度（mg/ml）				
	0.1	0.2	0.4	0.8	1.6
壳聚糖	4.67	9.67	11.0	17.0	26.5
壳聚糖-活性酸（柠檬酸、抗坏血酸、没食子酸、烟酸与绿原酸）复合盐	55.48	82.80	100	100	100
壳聚糖-活性酸（柠檬酸、抗坏血酸、烟酸、苹果酸与绿原酸）复合盐	43.41	65.46	91.26	100	100
壳聚糖-活性酸（柠檬酸、抗坏血酸、没食子酸、苹果酸与烟酸）复合盐	53.81	76.14	93.90	100	100

（二）壳聚糖有机酸盐的抑菌活性

高分子量壳聚糖的水溶性比较差，通常将其溶解于有机酸（pKa＜6）水溶液中形成壳聚糖有机酸盐以提高其溶解度和生物活性。但不同有机酸，尤其是实验室常见的短链有机酸对壳聚糖生物活性的影响是未知的，因此通过简单的酸碱成盐反应，以水为反应体系，制备壳聚糖短链脂肪酸盐。同时，考虑到卤素是一种抑菌活性官能团，常用农药中大多含有卤素，因此采用同样的方法制备了壳聚糖卤代乙酸盐，以进一步提高壳聚糖的抑菌活性。制备路线如图 5.51 所示。

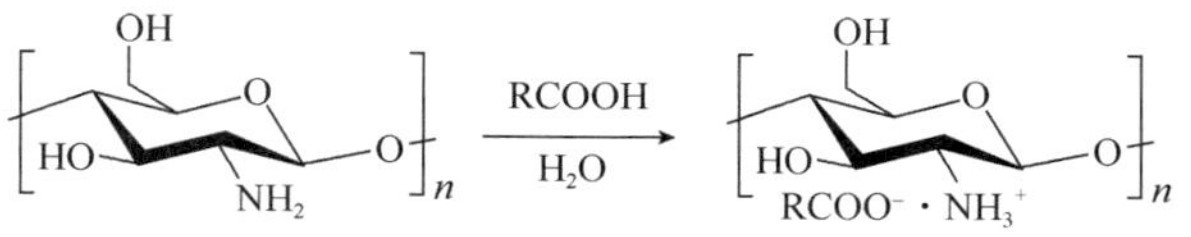

CSF, R=H;　CSA, R=CH_3;　CSP, R=CH_3CH_2;　CSB, R=$CH_3CH_2CH_2$;
CSV, R=$CH_3CH_2CH_2CH_2$;　CSBr, R=CH_2Br;　CSC, R=CH_2Cl;
CSDC, R=$CHCl_2$;　CSTC, R=CCl_3　CSTF, R=CF_3

图 5.51　壳聚糖有机酸盐的合成路线图

以黄瓜枯萎菌、黄瓜炭疽菌和桃褐腐菌为供试菌株，测试了壳聚糖短链脂肪酸盐抑制植物致病真菌生长的能力。如图 5.52 所示，壳聚糖的抑菌能力较弱，壳聚糖短链脂肪酸盐的抑菌活性相对更强。壳聚糖与短链有机酸成盐之后，壳聚糖氨基质子化表现出正电性，与致病真菌细胞膜表面带负电的物质结合，影响细胞膜的通透性，使得致病真菌细胞内容物泄漏，从而表现出抑菌活性。5 种壳聚糖短链有机酸盐抑菌活性强弱顺序为：壳聚糖戊酸盐（CSV）＞壳聚糖丁酸盐（CSB）＞壳聚糖丙酸盐（CSP）＞壳聚糖乙酸盐（CSA）＞壳聚糖甲酸盐（CSF），壳聚糖短链有机酸盐的抑菌活性随着有机酸盐的烷基链的延长而增强，这可能与其亲脂性有关（Ren et al.，2012a）。

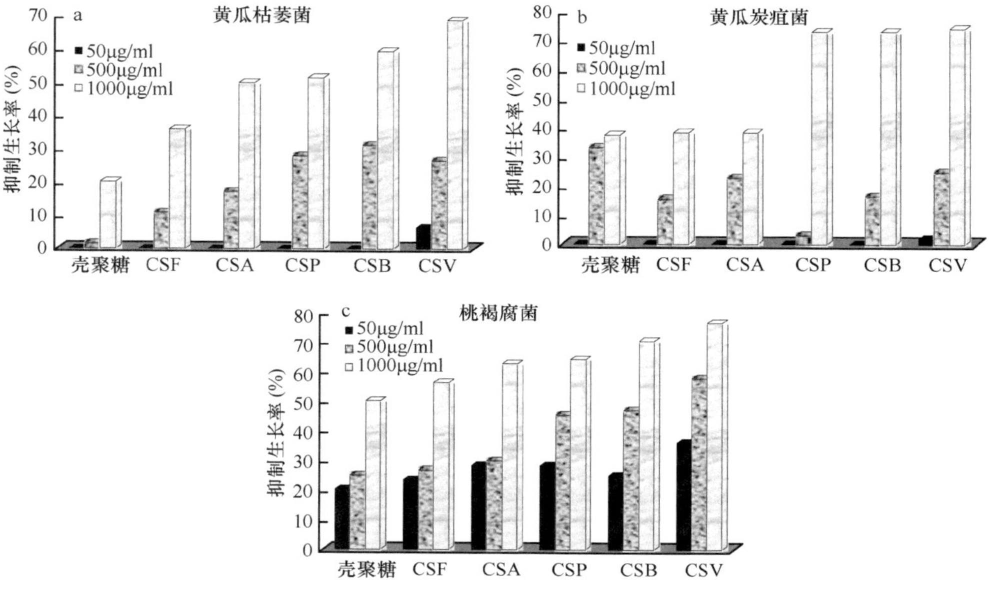

图 5.52　壳聚糖及壳聚糖短链脂肪酸盐的抑菌活性

近年来，随着高毒性化学农药的大量使用所带来的农药残留、生物毒性、致病菌耐药性、环境污染、生态破坏及农作物食用安全等一系列问题的日益突出，寻找新型高效低毒的生物农药成为当务之急。因壳聚糖具有生物可降解、安全无毒、植物诱抗作用等优点，壳聚糖基抑菌剂成为新型生物农药的理想选择。以黄瓜枯萎菌、黄瓜炭疽菌和芦笋茎枯菌为供试菌株，测试了壳聚糖卤代乙酸盐抑制植物致病真菌生长的能力。如图 5.53 所示，壳聚糖卤代乙酸盐的抑菌能力得到了极大的增强，并且随着卤代乙酸盐中卤代甲基电负性的增强，壳聚糖卤代乙酸盐的抑菌能力增强，抑菌活性总体上存在以下趋势：壳聚糖三氟乙酸盐（CSTF）>壳聚糖三氯乙酸盐（CSTC）>壳聚糖二氯乙酸盐（CSDC）>壳聚糖氯乙酸盐（CSC）>壳聚糖溴乙酸盐（CSBr）。这可能是因为，卤代甲基电负性越强，吸电子能力越强，与细胞膜阴离子物质的结合能力也就越强（Tan et al.，2016）。

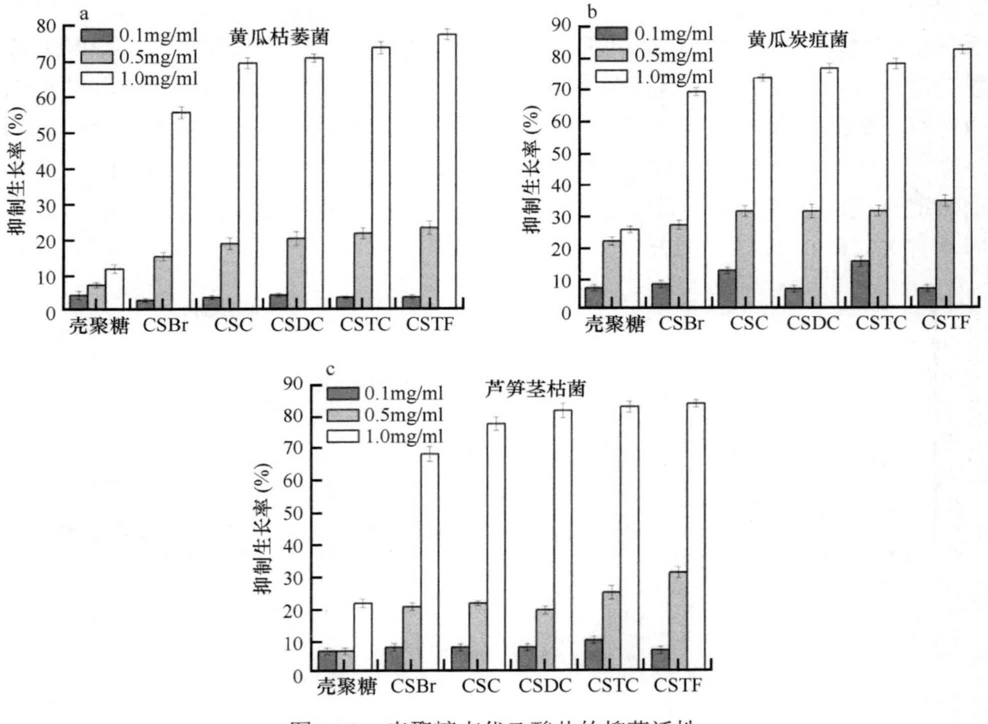

图 5.53 壳聚糖卤代乙酸盐的抑菌活性

（三）壳聚糖/壳寡糖绿原酸盐的抗氧化活性

壳聚糖/壳寡糖与绿原酸反应的路线如图 5.54 所示。绿原酸在常温下水溶性比较差，而随着温度的升高溶解度增大。实验发现，在 60℃时，绿原酸能够在半小时内全部溶解，故选择在此温度下反应。通过实验发现，当绿原酸与壳聚糖的摩尔比小于 1 时，最终反应体系有未反应的壳聚糖沉淀。因为绿原酸原料的价格比较贵，所以当绿原酸与壳聚糖的摩尔比为 1∶1 时，最为经济（郭占勇等，2018）。

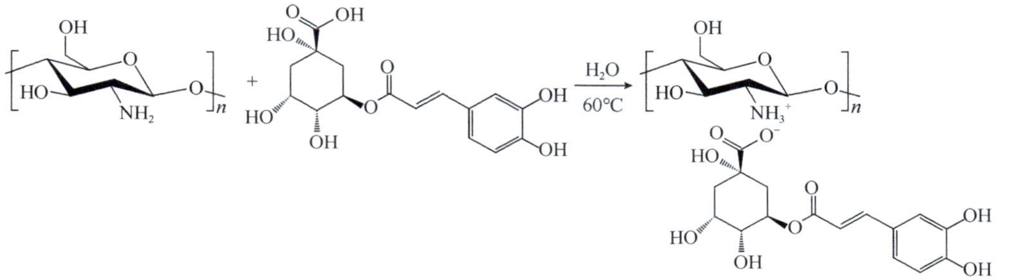

图 5.54　壳聚糖/壳寡糖绿原酸盐反应路线

壳聚糖/壳寡糖绿原酸盐对 DPPH 自由基的清除能力和还原能力如图 5.55 所示，壳聚糖/壳寡糖对 DPPH 自由基的清除能力和还原能力都非常弱。在引入绿原酸之后，壳聚糖衍生物对 DPPH 自由基的清除能力得到了极大的增强，在最低测试浓度 0.1mg/ml 下的清除率就高达 93%以上。壳聚糖/壳寡糖绿原酸盐在低浓度下的还原能力随着浓度的增加而增强，达到 0.4mg/ml 之后，还原能力基本保持稳定，随着浓度的变化还原能力的变化不大。对 DPPH 自由基清除能力和还原能力的测试结果表明，壳聚糖/壳寡糖绿原酸盐具有极强的抗氧化活性。

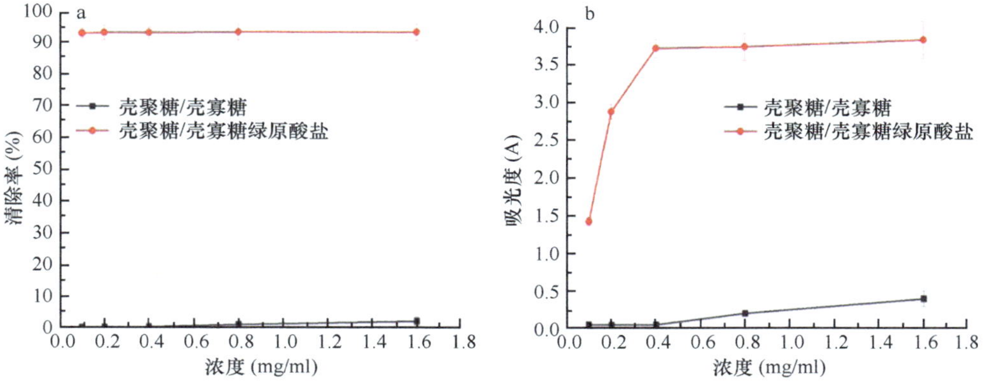

图 5.55　壳聚糖/壳寡糖绿原酸盐对 DPPH 自由基的清除能力和还原能力

以海洋生物提取物壳聚糖/壳寡糖、中草药活性物质绿原酸为原料，根据壳聚糖具有良好的抗菌、抗氧化、抗肿瘤、增强免疫力及绿原酸具有抗菌、抗病毒、增加白细胞、保肝利胆、降血脂、清除自由基和兴奋中枢神经系统等功效，通过成盐的方式结合，得到壳聚糖/壳寡糖绿原酸盐，可以进一步提高壳聚糖的抗氧化、抑菌、抗肿瘤、降血压等方面的生物活性，并同时叠加绿原酸自身的保肝利胆、消炎等生物活性，具有 1 加 1 大于 2 的效果。

（四）氨基葡萄糖绿原酸盐的制备及抗氧化活性研究

壳聚糖是废弃物虾蟹壳中甲壳素的脱乙酰化产物，是一种高分子量的多糖，壳聚糖的单体是氨基葡萄糖，研究发现，氨基葡萄糖类化合物是一类治疗骨关节炎的特异性药物，也是人体关节软骨基质中合成氨基多糖所必需的重要成分。目前，报道的氨基葡萄糖类化合物几乎都是以氨基葡萄糖无机酸盐的形式存在，主要包括其盐酸盐、硫酸盐及含镁钙等金属元素的复合盐等。其中，氨基葡萄糖盐酸盐主要是通过甲壳素在盐酸及高温条件下降解得到；氨基葡萄糖硫酸盐的制备有两种方法，一种方法是通过硫酸降解甲壳素而得到，另一种方法是通过氨基葡萄糖盐酸盐的盐置换而得到。各种氨基葡萄糖复合盐的制备也是通过氨基葡萄糖盐酸盐的盐置换而得到。大部分无机盐如钠、镁、钾、钙等金属离子人体是不能大量摄入的，否则会引起体内电解质的变化，引发一系列问题。

氨基葡萄糖绿原酸盐是将氨基葡萄糖盐酸盐经过甲醇钠的甲醇溶液中和脱盐得到氨基葡萄糖溶液，而后向其中加入绿原酸而制备得到，如图 5.56 所示，具体制备步骤如下：①脱盐，按比例称取氨基葡萄糖盐酸盐，在室温下将氨基葡萄糖盐酸盐加入甲醇钠的甲醇溶液中，搅拌 5～10min，在 2800～3000r/min 的转速下离心分离 10～20min，分离所得上清液即为氨基葡萄糖溶液，备用；②成盐，按比例称取绿原酸，向步骤①得到的氨基葡萄糖溶液中加入物质的量为氨基葡萄糖盐酸盐 1.0～2.0 倍的绿原酸，分 3～4 次加入，在 0℃条件下反应 1～2h，然后加入体积为氨基葡萄糖盐酸盐质量 10～12 倍（*V*/*W*）的丙酮沉淀，再在室温下搅拌 0.5～1h，抽滤，所得固体经过丙酮多次洗涤，在–50℃、30Pa 条件下冷冻干燥，即得所述的氨基葡萄糖绿原酸盐。

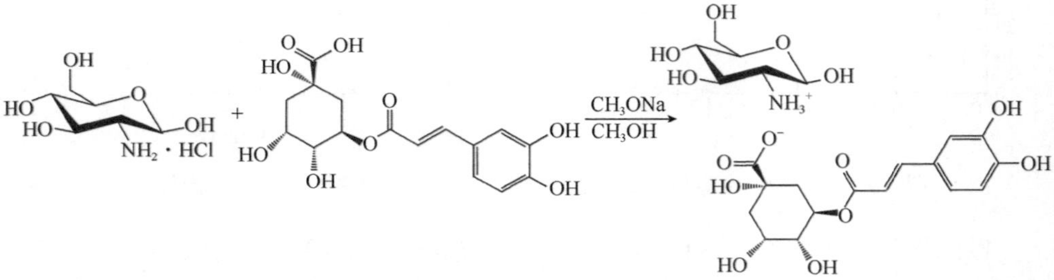

图 5.56　氨基葡萄糖绿原酸盐的制备路线图

合成的氨基葡萄糖绿原酸盐清除 DPPH 自由基的能力如表 5.10 所示，氨基葡萄糖盐酸盐清除 DPPH 自由基的能力很弱，而合成的氨基葡萄糖绿原酸盐具有非常强的清除 DPPH 自由基的能力，在最低浓度 0.1mg/ml 的时候，平均清除率就高达 89.11%。

表 5.10 不同浓度的样品清除 DPPH 自由基的能力 （单位：%）

	浓度（mg/ml）				
	0.1	0.2	0.4	0.8	1.6
氨基葡萄糖盐酸盐	5.02±0.91	5.80±0.86	6.82±0.88	7.29±0.93	7.45±1.03
氨基葡萄糖绿原酸盐	89.11±1.86	91.85±2.07	92.40±2.32	92.63±2.89	92.87±2.68

合成的氨基葡萄糖绿原酸盐清除超氧阴离子自由基的能力如表 5.11 所示，氨基葡萄糖盐酸盐清除超氧阴离子自由基的能力一般，而合成的氨基葡萄糖绿原酸盐表现出极强的清除超氧阴离子自由基的能力，氨基葡萄糖绿原酸盐在最低测试浓度 0.1mg/ml 时对超氧阴离子自由基的清除率就高于氨基葡萄糖盐酸盐在最高测试浓度 1.6mg/ml 时的清除率。

表 5.11 不同浓度的样品清除超氧阴离子自由基的能力 （单位：%）

	浓度（mg/ml）				
	0.1	0.2	0.4	0.8	1.6
氨基葡萄糖盐酸盐	7.37±0.78	15.90±1.25	21.82±1.61	38.87±2.15	62.14±2.74
氨基葡萄糖绿原酸盐	68.06±1.64	86.27±2.12	94.08±1.88	97.98±2.26	99.42±1.16

绿原酸的应用已深入食品、保健、医药和日用化工等多个领域。绿原酸是一种有效的酚型抗氧化剂，其抗氧化能力要强于咖啡酸、对羟苯酸、阿魏酸、丁香酸、丁基羟基茴香醚（BHA）和生育酚等活性物质。但是绿原酸作为由咖啡酸与奎尼酸生成的缩酚酸，分子结构中含有酯键及苯环等疏水结构，极大地影响了绿原酸的水溶性，使得绿原酸的水溶性极差，这也很大程度上影响了其进一步的应用。由于绿原酸是一种带有羧酸基团的化合物，形成钠盐或者钾盐是一种提高水溶性的方法，但是，在人体中，由于钠钾泵的存在，平衡一旦被打破，对机体的影响就非常大，因此钠离子在人体中的含量有限且是在一定浓度范围内的，而我们日常摄入食盐对于钠离子的摄入已经足够，过多摄入只会增加机体的负担。将钠或钾离子置换成氨基葡萄糖，而得到氨基葡萄糖绿原酸盐，既可以得到氨基葡萄糖有机酸盐，又可以避免钠离子的存在，还能提高绿原酸的水溶性，避免钠离子或者钾离子的摄入。氨基葡萄糖盐酸盐本身具有一定的抗氧化活性，主要是因为氨基葡萄糖分子中含有氨基和羟基活性基团，但是活性比较弱。绿原酸分子中含有大量的酚羟基，可以作为氢供体与自由基结合，起到稳定自由基的作用，从而起到极好的抗氧化作用。将盐酸盐置换为绿原酸盐之后，氨基葡萄糖绿原酸盐分子中作为氢供体的酚羟基的存在，使得其抗氧化活性得到了极大的提高。

（五）壳聚糖/壳寡糖绿原酸盐产品开发

壳聚糖/壳寡糖绿原酸盐及复配产品开发技术经过东营市科学技术情报研究所科技查新（图 5.57），国内外目前还没有与该研究内容相同的文献报道。东营科信技术成果评估评价咨询有限责任公司对壳聚糖/壳寡糖绿原酸盐及复配产品开发技术进行了成果评价，对该研究的创新性和先进性给予了高度评价，壳聚糖/壳寡糖绿原酸盐把两种功能成分有效结合，解决了单独使用时壳聚糖/壳寡糖活性较低、绿原酸水溶性极差的问题，同时提高了功效，在二者综合利用方面具有明显的先进性。壳聚糖/壳寡糖绿原酸盐可以作为功能食品、保健食品或功效添加成分，市场前景广阔，目前在山东、北京、陕西的部分区域取得了很好的应用效果。该技术达到了国际先进水平。目前该研究成果在山东陆海蓝圣生物科技股份有限公司进行产品开发。

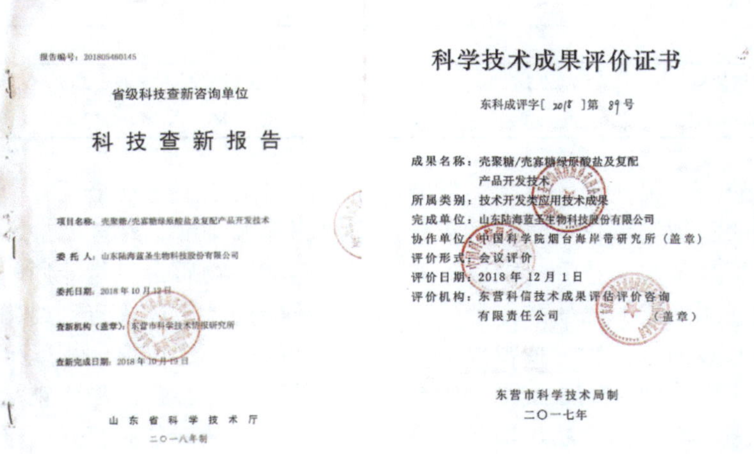

报告编号：201805460145

省级科技查新咨询单位

科 技 查 新 报 告

项目名称：壳聚糖/壳寡糖绿原酸盐及复配产品开发技术

委 托 人：山东陆海蓝圣生物科技股份有限公司

委托日期：2018 年 10 月 12 日

查新机构（盖章）：东营市科学技术情报研究所

查新完成日期：2018 年 10 月 19 日

山 东 省 科 学 技 术 厅

二〇一八年制

科学技术成果评价证书

东科成评字〔 2018 〕第 89 号

成果名称：壳聚糖/壳寡糖绿原酸盐及复配产品开发技术
所属类别：技术开发类应用技术成果
完成单位：山东陆海蓝圣生物科技股份有限公司
协作单位：中国科学院烟台海岸带研究所（盖章）
评价形式：会议评价
评价日期：2018 年 12 月 1 日
评价机构：东营科信技术成果评估评价咨询有限责任公司（盖章）

东营市科学技术局制

二〇一七年

图 5.57　壳聚糖/壳寡糖绿原酸盐及复配产品开发技术科技查新报告与成果评价证书

第四节　目前存在的问题及建议与展望

一、目前存在的问题

（一）利用水平低

生态农牧场区域内的生物资源具有很强的特色，高盐度的特殊环境为活性生物制品乃至药物的开发提供了巨大的潜在宝库，菊芋、盐地碱蓬、田菁、二色补血草、牛蒡、罗布麻、单叶蔓荆等盐生及耐盐植物，具有丰富的活性化合物及药用成分，但是种植规模或者产量的限制导致该区域内的盐生及耐盐植物资源没有被充分利用。

贝类、鱼类、虾蟹类等生态农牧场区域的养殖生物资源丰富，但是以第一产业为主，养殖业发达的同时，加工业非常落后，导致整体利用率低下，且贝壳、虾蟹壳等废弃物处理不当对该区域的生态造成了负面影响。

（二）高值化产品少

目前高值化产品开发的注意力大都放在海洋领域，并向深海延伸，而与之相邻的陆向发展的生态农牧场区域受到的关注较少，导致了高附加值产品稀少，区域内的开发也大都以生态保护、生态养殖为主，特色生物资源的研发投入远远不够。具体来讲，该区域内目前仍然是一产为主，二产较少，相应的高值化产品少，没有能起到带动作用的有显示度的特色产品进行示范。

就具体问题来讲，将菊糖益生饵料用于鱼虾的养殖，需要考虑成本及配料，养殖对象的差异导致饵料的需求差异；抗菌饵料以及水体抗菌剂都遇到发酵规模放大成本的问题，需要解决；壳聚糖有机酸盐类目前只有壳聚糖绿原酸盐开发出相应的产品，其他功能酸类尤其是多种酸同时接入壳聚糖的产品需要进一步明确活性变化所针对的应用人群。

二、建议与展望

（一）加大投入

作为陆海交汇的区域，生态农牧场的发展承接了经济、生态、人文、文化等多元的影响、要求、期望。该区域的发展受到更多关注的是其生态与发展的协调，而该区域的经济发展主要放在种养殖的第一产业，注重发展旅游文化等第三产业，却唯独少了第二产业，加工业的缺失总归会导致区域发展整体的不协调。因此，建议对该区域种养殖的特色动植物资源的高值化加工方面加大投入。

（二）突出特色

在加大投入的同时，突出该区域的生物资源特色，形成具有代表性的高质产品，带动高值化的产业，示范其他种类生物资源，最终在海洋陆地衔接的部分形成生物产业特色。具体来讲，将菊糖益生饵料的应用范围进行扩大，可以涵盖鱼、虾、参等多种水产养殖业；将抗菌饵料与水体抗菌剂的规模发酵工艺进一步优化，并用于牡蛎、鲍鱼等其他养殖对象；壳聚糖有机酸盐要形成一个系列的、应用于不同群体的针对性产品，并申请保健品批号、医用食品批号，扩大应用范围，进一步提高经济效益。

（三）构建模式

在对生态农牧场区域生物资源高效利用的同时，综合该区域的生态脆弱性及陆海影响，可以考虑建立生物资源的循环利用模式，即在开发生物资源的同时，重点开发集成可用于生态农牧场的相关产品，如盐碱土壤改良剂、饲料、饵料、贝类营养补给剂、水产动物免疫调节剂等功能产品，并用于农牧场的种养殖，在提高区域生物资源利用率的同时，减少外源物质过度介入导致的生态问题，从而构建生物资源在生态农牧场区域的回补循环利用模式（图 5.58），为生态农牧场的良性物质循环提供示范作用。

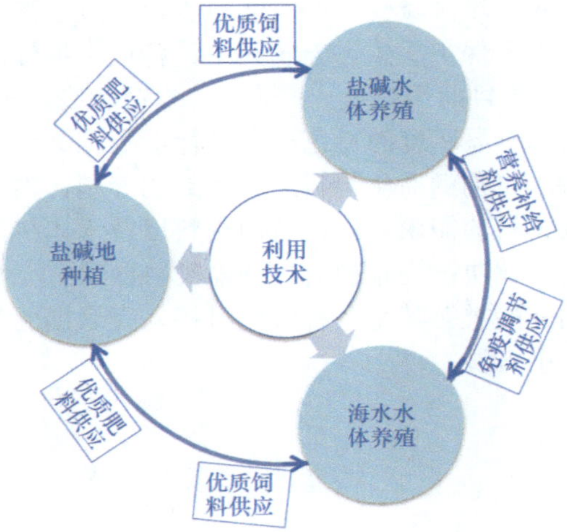

图 5.58　生物资源在生态农牧场区域的回补循环利用模式示意图

参 考 文 献

毕春娟, 陈振楼, 许世远. 2003. 上海滨岸潮根际重金属含量季节变化及形态分布. 海洋与沼泽, 34(2): 194-199.

毕继才, 姜宗伯, 张亚征, 等. 2018. 壳聚糖在食品工业中的应用. 河南科技学院学报(自然科学版), 46(5): 34-39.

蔡学军, 田家怡. 2000. 黄河三角洲潮间带动物多样性的研究. 海洋湖沼通报, 4: 45-52.

曹力强. 2008. 菊芋的特征特性及栽培. 农业科技与信息, 11: 57-58.

曹煜成, 李卓佳, 杨莺莺, 等. 2007. 浮游微藻生态调控技术在对虾养殖应用中的研究进展. 南方水产, 3(4): 70-73.

柴仙琦, 冷向军, 李小勤, 等. 2012. 抗菌肽对凡纳滨对虾生长和血清非特异性免疫指标的影响. 淡水渔业, 42(4): 59-62.

昌盛, 王丽娜, 李妍, 等. 2012. 国内六省份菊芋多糖含量比较. 食品工业, 33(9): 127-129.

车秋凌, 辛梅华, 李明春, 等. 2018. 季铵化改性壳聚糖在羊毛织物酸性染料染色中的应用. 纺织学报, 39(10): 86-92.

陈佳亿, 陈凤鸣, 欧淑琦, 等. 2018. 菊粉的生理功能及其在畜禽生产中的应用. 动物营养学报, 30(12): 4792-4798.

陈蕾. 2016. 苦荞对肠道菌群影响的研究. 上海师范大学硕士学位论文.

陈兴龙, 安树青, 李国旗, 等. 1999. 中国海岸带耐盐经济植物资源. 南京林业大学学报, 23(4): 82-85.
丁芳芳, 王飞娟. 2018. 壳聚糖在农药微胶囊方面的研究进展. 陕西农业科学, 64(4): 81-82.
丁海荣, 洪立洲, 杨智青, 等. 2008. 盐生植物碱蓬及其研究进展. 江西农业学报, 20(8): 35-37.
董贯仓, 孙鲁峰, 李秀启, 等. 2019. 黄河三角洲梯度利用海水浮游植物群落特征分析. 渔业现代化, 46(5): 46-54.
高健, 彭斌, 徐虹. 2009. 菊芋中菊糖的提取分离研究. 安徽农业科学, 37(1): 184-185, 214.
管来霞. 2000. 中度卤水提溴对海盐产质量的影响. 盐业与化工, 29(2): 10-12.
郭洪涛, 郭衍银. 2011. 菊芋资源开发及利用研究进展. 山东农业科学, 11: 69-72.
郭衍银, 朱艳红, 陈忠升. 2008. 菊芋浓缩汁制作工艺研究. 食品工业科技, 29(4): 234-242.
郭占勇, 秦荣基, 谭文强, 等. 2018. 一种壳聚糖绿原酸盐及其制备方法和应用: ZL 2018110939673. [2018-11-02].
何四旺, 许国焕, 吴月嫦, 等. 2003. 低聚异麦芽糖和低聚果糖对罗非鱼生长和非特异性免疫的影响. 中国饲料, 23: 14-15.
侯东军, 曾凡坤. 2002. 菊粉低聚糖生产的研究进展. 广州食品工业科技, 19(1): 41-43.
胡爱军, 郑捷. 2004. 食品工业中的超声提取技术. 食品与机械, 20(4): 57-60.
胡博路, 杭瑚. 2001. 翅碱蓬的抗氧化活性研究. 中国海洋药物, 20(4): 29-31.
胡韧, 林秋奇, 段舜山, 等. 2002. 热带亚热带水库浮游植物叶绿素a与磷分布的特征. 生态科学, 21(4): 310-315.
胡素琴, 蔡飞鹏, 金付强, 等. 2011. 从菊芋中提取菊糖的方法: CN102180995B. [2011-09-14].
胡秀沂, 邱树毅, 王慧, 等. 2007. 新鲜菊芋的预处理及微波辅助提取菊粉的研究. 食品工业科技, 28(4): 150-152, 155.
黄亮, 王俊杰, 王锋, 等. 2007. 菊芋中菊糖提取方法的研究. 食品与机械, 23(4): 76-79.
黄祥斌, 于淑娟. 2002. 综合评六种离子交换树脂脱色糖浆的性能. 中国甜菜糖业, 1: 5-7.
贾晨晨. 2019. 菊芋全粉对仿刺参生长、免疫力及肠道微生物的影响. 中国科学院大学硕士学位论文.
姜吉禹. 1999. 种植菊芋治理沙漠的方法: CN1080989C. [2002-03-20].
姜珊, 王宝杰, 刘梅, 等. 2011. 饲料中添加重组抗菌肽对吉富罗非鱼生长性能及免疫力的影响. 中国水产科学, 18(6): 1308-1314.
蒋小姝, 莫海涛, 苏海佳, 等. 2013. 甲壳素及壳聚糖在农业领域方面的应. 中国农学通报, 29(6): 170-174.
孔涛, 吴祥云, 刘玲玲, 等. 2009. 风沙地菊芋的主要生态学特性. 生态学杂志, 28(9): 1763-1766.
孔祥烨, 郑静, 王晓军, 等. 2009. 壳聚糖在组织工程中的应用. 中国医学工程, 17(3): 185-188.
李春辰, 杨萍. 2001. 用 PUROLITE 阴树脂直接生产味精的工艺探讨. 发酵科技通讯, 1: 7-10.
李光跃. 2000. 菊芋低糖果脯的研制. 食品研究与开发, 10(5): 18-19.
李琬聪. 2015. 菊芋中不同聚合度天然菊糖的分离纯化及生物活性研究. 中国科学院大学博士学位论文.
李浙江, 王金信, 连玉朱, 等. 2005. 壳聚糖在农药领域中的应用和前景. 农药科学与管理, 26(6): 28-32.
刘晶晶, 蒋平安, 郭占勇. 2012. 翅碱蓬花青素提取方法研究. 新疆农业科学, 9: 1695-1700.

刘清志. 2014. 黄河三角洲生物资源可持续利用的对策. 中国石油大学学报(社会科学版), 30(6): 36-40.
卢秉钧. 2004. 菊芋的开发利用. 农产品加工, 3: 21-22.
洛铁男, 李琳, 刘玉德, 等. 1998. 阴离子交换树脂在制糖工业中的应用. 中国甜菜糖业, 3: 1-4, 23.
吕丽爽, 潘道东. 2004. 微波对葡萄籽中低聚原花青素(OPC's)提取的影响. 食品与机械, 20(6): 31-32.
马志珍, 王素平, 陈汇远, 等. 1992. 盐田生物资源开发利用的研究. 海洋与海岸带开发, 9(3): l-8.
史雪洁. 2017. 菊芋中菊糖的制备及在阿胶产品中的应用. 中国科学院大学硕士学位论文.
宋理平, 胡斌, 王爱英, 等. 2010. 抗菌肽对凡纳滨对虾生长和机体免疫的影响. 广东海洋大学学报, 30(3): 28-32.
孙纪录, 贾英民, 桑亚新. 2003. 菊芋资源的开发利用. 食品科技, 1: 27-29.
孙艳波, 颜敏茹, 徐亚麦. 2005. 菊粉的生理功能及其在乳制品中的应用. 中国乳品工业, 3(8): 43-44.
孙宇梅, 赵进, 周威, 等. 2005. 我国盐生植物碱蓬开发的现状与前景. 北京工商大学学报, 23(1): 1-4.
王超之, 季乃云, 苗凤萍. 2016. 耐盐菊芋块茎内生真菌次生代谢产物的分离与结构鉴定. 中国科学: 生命科学, 46(9): 1101-1106.
王宏信, 骆娟, 李向林. 2019. 海滨耐盐植物耐盐性及其形态和生理适应性研究进展. 生物学杂志, 36(6): 86-89.
王金刚, 杜宁娟. 2008. 菊粉的工业化生产技术与发展前景. 食品工业科技, 11(29): 309-312.
王启为, 张境, 张霞, 等. 2002. 用微波法提取菊芋中的菊糖. 宁夏大学学报(自然版), 23(4): 350-351.
位晓娟, 张长青, 顾其胜. 2010. 壳聚糖的性能、产品及应用. 中国修复重建外科杂志, 24(10): 1265-1270.
魏凌云. 2006. 菊粉的分离纯化过程和功能性产品研究. 浙江大学博士学位论文.
吴洪特, 孙晓琴, 刘端超. 2007. 菊糖的提取、澄清与精制. 湖北农业科学, 46(1): 138-140.
郗金标, 宋玉民, 李克俭, 等. 1999. 山东省滨海盐碱地造林绿化及可持续利用的对策. 山东林业科技, (6): 43-46.
谢光辉, 庄会永, 危文亮, 等. 2011. 非粮能源植物: 生产原理和边际地栽培. 北京: 中国农业大学出版社.
熊善柏, 赵山, 李云捷, 等. 2001. 菊糖的提取与精制. 冷饮与速冻食品工业, 7(4): 1-3.
徐宝政, 刘保国. 1993. 利用盐田生物技术降低原盐中杂志含量的探讨. 盐业与化工, 22(2): 23-26.
严慧如, 黄绍华, 余迎利. 2002. 菊糖的提取及纯化. 天然产物研究与开发, 14(1): 65-69.
杨秀娟, 赵晓燕, 马越. 2005. 花青素研究进展. 中国食品添加剂, 4: 43-45.
曾小宇, 罗登林, 刘胜男, 等. 2010. 菊糖的研究现状与开发前景. 中国食品添加剂, 4: 222-227.
查广才, 麦雄伟, 周昌清, 等. 2006. 凡纳滨对虾低盐度养殖池浮游藻类群落研究. 海洋水产研究, 27(1): 1-7.
张立宾, 徐化凌, 赵庚星. 2007. 碱蓬的耐盐能力及其对滨海盐渍土壤的改良效果. 土壤, 39(2): 310-313.
张源, 李燕燕, 朱孔杰, 等. 2015. 甲壳素的提取及其在农业上的应用. 广州化工, 43(22): 19-20, 23.
赵洁, 孙燕, 李晶, 等. 2008. 动物抗菌肽的抗病毒活性. 医学分子生物学杂志, 5(5): 466-469.

赵可夫, 范海, 江行玉, 等. 2002. 盐生植物在盐渍土壤改良中的作用. 应用环境与生物学报, 8(1): 31-35.

赵盼, 王丽, 孟祥红. 2010. 壳聚糖及其衍生物的抗氧化性能及应用研究进展. 食品科学, 31(15): 299-303.

郑立红, 王青华, 高海生, 等. 2008. 菊芋饮料主要工艺参数的研究. 中国食品学报, 8(4): 91-95.

郑文竹, 姚炳新. 1996. 从菊芋制备菊粉糖液的方法和菊芋干片成分分析. 厦门大学学报(自然版), 1: 112-116.

钟志梅, 邢荣娥, 刘松, 等. 2008. 壳聚糖在饲料添加剂中的应用研究. 海洋科学, 32(3): 73-76.

周和平, 张立新, 禹锋, 等. 2007. 我国盐碱地改良技术综述及展望. 现代农业科技, 11: 159-164.

祝海峰. 2008. 菊芋的特征特性及地膜覆盖栽培技术. 农技服务, 25(2): 105.

纵伟, 夏文水. 2006. 超声强化提取大叶紫薇叶中总三萜的研究. 食品与机械, 22(2): 14-16.

Ahmad M, Manzoor K, Singh S, et al. 2017. Chitosan centered bionanocomposites for medical specialty and curative applications: A review. International Journal of Pharmaceutics, 529(1-2): 200-217.

Akter Mukta J, Rahman M, As Sabir A, et al. 2017. Chitosan and plant probiotics application enhance growth and yield of strawberry. Biocatalysis and Agricultural Biotechnology, 11: 9-18.

Anila N, Simon D P, Chandrashekar A, et al. 2016. Metabolic engineering of *Dunaliella salina* for production of ketocarotenoids. Photosynthesis Research, 127(3): 321-333.

Apolinário A C, de Lima D B P G, Napoleão E D M B, et al. 2014. Inulin-type fructans: A review on different aspects of biochemical and pharmaceutical technology. Carbohydrate Polymers, 101(1): 368-378.

Bacon J S D, Edelman J. 1951. The carbohydrates of the *Jerusalem artichoke* and other Compositae. Biochemical Journal, 48(1): 114-126.

Bagchi D, Sen C K, Bagchi M, et al. 2004. Anti-angiogenic, antioxidant, and anti-carcinogenic properties of a novel anthocyanin-rich berry extract formula. Biochemistry (Moscow), 69: 75-80.

Bai R K, Huang M Y, Jiang Y Y. 1988. Selective permeabilities of chitosan-acetic acid complex membrane and chitosan-polymer complex membranes for oxygen and carbon dioxide. Polymer Bulletin, 20: 83-88.

Baranwal A, Kumar A, Priyadharshini A, et al. 2018. Chitosan: An undisputed bio-fabrication material for tissue engineering and bio-sensing applications. International Journal of Biological Macromolecules, 110: 110-123.

Barclay T, Ginic-Markovic M, Cooper P, et al. 2010. Inulin: A versatile polysaccharide with multiple pharmaceutical and food chemical uses. Journal of Excipients and Food Chemicals, 1: 27-50.

Benhamou N, Theriault G. 1992. Treatment with chitosan enhances resistance of tomato plants to the crown and root rot pathogen *Fusarium oxysporum* f. sp. *radicis-lycopersici*. Physiological and Molecular Plant Pathology, 41: 33-52.

Biedrzycka E, Bielecka M. 2004. Prebiotic effectiveness of fructans of different degrees of polymerization. Trends in Food Science and Technology, 15(3-4): 170-175.

Blatti J L, Beld J, Behnke C A, et al. 2012. Manipulating fatty acid biosynthesis in microalgae for biofuel through protein-protein interactions. PLOS ONE, 7(9): e42949.

Brennan L, Owende P. 2010. Biofuels from microalgae- a review of technologies for production, processing, and extractions of biofuels and co-products. Renewable and Sustainable Energy Reviews, 14(2): 557-577.

Cao F, Yang J K, Liu Y F, et al. 2016. Pleosporalone A, the first azaphilone characterized with aromatic A-ring from a marine-derived *Pleosporales* sp. fungus. Natural Product Research, 30(21):

2448-2452.

Chen C Y, Kao A L, Tsai Z C, et al. 2017. Expression of synthetic phytoene synthase gene to enhance β-carotene production in *Scenedesmus* sp. CPC2. Biotechnology Journal, 12: 1700268.

Chen D, Zhang P, Liu T, et al. 2018. Insecticidal activities of chloramphenicol derivatives isolated from a marine alga-derived endophytic fungus, *Acremonium vitellinum*, against the cotton bollworm, *Helicoverpa armigera* (Hübner) (Lepidoptera: Noctuidae). Molecules, 23(11): 2995.

Cheng Y, Zhou W G, Gao C F, et al. 2009. Biodiesel production from Jerusalem artichoke (*Helianthus tuberosus* L.) tuber by heterotrophic microalgae *Chlorella protothecoides*. Journal of Chemical Technology and Biotechnology, 84(5): 777-781.

Cherbut C. 2002. Inulin and oligofructose in the dietary fibre concept. British Journal of Nutrition, 87(S2): S159-S162.

Das P, Aziz S S, Obbard J P. 2011. Two phase microalgae growth in the open system for enhanced lipid productivity. Renewable Energy, 36(9): 2524-2528.

Davis J S. 2006. Biological and physical management information for commercial solar saltworks. Santorini Islandsk, Greece: Global NEST: 1-14.

Dong H, Cheng L, Tan J, et al. 2004. Effects of chitosan coating on quality and shelf life of peeled litchi fruit. Journal of Food Engineering, 64(3): 355-358.

El Hadrami A, Adam L R, El Hadrami I, et al. 2010. Chitosan in plant protection. Marine Drugs, 8(4): 968-987.

El-Sawy N M, Abd El-Rehim H A, Elbarbary A M, et al. 2010. Radiation-induced degradation of chitosan for possible use as a growth promoter in agricultural purposes. Carbohydrate Polymers, 79(3): 555-562.

Erpel F, Restovic F, Arce-Johnson P. 2016. Development of phytase-expressing *Chlamydomonas reinhardtii* for monogastric animal nutrition. BMC Biotechnology, 16(1): 29-35.

Fan L, Luo C, Li X, et al. 2012. Fabrication of novel magnetic chitosan grafted with graphene oxide to enhance adsorption properties for methyl blue. Journal of Hazardous Materials, 215-216: 272-279.

Fang F, Zhao J Y, Ding L J, et al. 2017. 5-Hydroxycyclopenicillone, a new β-amyloid fibrillization inhibitor from a sponge-derived fungus *Trichoderma* sp. HPQJ-34. Marine Drugs, 15(8): 260.

Feuga A M. 2000. The role of microalgae in aquaculture: Situation and trends. Journal of applied Phycology, 12: 527-534.

Fonseca-Santos B, Chorilli M. 2017. An overview of carboxymethyl derivatives of chitosan: Their use as biomaterials and drug delivery systems. Materials Science & Engineering C, 77: 1349-1362.

Gao S S, Li X M, Williams K, et al. 2016. Rhizovarins A–F, indole-diterpenes from the mangrove-derived endophytic fungus *Mucor irregularis* QEN-189. Journal of Natural Products, 79(8): 2066-2074.

Haxby R, Tackaert W. 1987. Role of *Artemia* in solar salt operations//Sorgeloos P, Bengtson D A, Decleir W. *Artemia* Research and Its Applications. Wettern: Universa Press: 291-293.

Hsieh L W, Zhang Y, Liu T, et al. 2013. Comparison of ion exchange and solvent extraction in recovering vanadium from sulfuric acid leach solutions of stone coal. Hydrometallurgy, 131-132: 1-7.

Hu Q, Sommerfeld M, Jarvis E, et al. 2008. Microalgal triacylglycerols as feedstocks for biofuel production: Perspectives and advances. The Plant Journal, 54(4): 621-639.

Hu Y, Xu J, Hu Q. 2003. Evaluation of antioxidant potential of *Aloe vera* extracts. Journal of Agricultural and Food Chemistry, 51: 7788-7791.

Ito N, Fukushima S, Tsuda H. 1985. Carcinogenicity and modification of the carcinogenic response by BHA, BHT, and other antioxidants. Critical Reviews in Toxicology, 15(2): 109-150.

Jagadevan S, Banerjee A, Banerjee C, et al. 2018. Recent developments in synthetic biology and metabolic engineering in microalgae towards biofuel production. Biotechnology for Biofuels, 11(1): 185-205.

Kang S, Odom O W, Thangamani S, et al. 2017. Toward mosquito control with a green alga: Expression of Cry toxins of *Bacillus thuringiensis* subsp. *Israelensis* (Bti) in the chloroplast of *Chlamydomonas*. Journal of Applied Phycology, 29(3): 1377-1389.

Kays S J, Nottingham S F. 2008. Biology and Chemistry of Jerusalem Artichok. London: CRC Press.

Khan M I, Shin J H, Kim J D. 2018. The promising future of microalgae: Current status, challenges, and optimization of a sustainable and renewable industry for biofuels, feed, and other products. Microbial Cell Factories, 17(1): 36.

Kim M Y, Shin H K. 1996. The water-soluble extract of chicory reduces glucose uptake from the perfused jejunum in rats. Journal of Nutrition, 126(9): 2236-2242.

Kim S J, Jones C W, Nair S, et al. 2015. Ion exchange of zeolite membranes by a vacuum 'flow-through' technique. Microporous & Mesoporous Materials, 203: 170-177.

Kruse H P, Kleessen B, Blaut M. 1999. Effects of inulin on faecal bifidobacteria in human subjects. British Journal of Nutrition, 82(5): 375-382.

Laere A V, Ende W V D. 2002. Inulin metabolism in dicots: Chicory as a model system. Plant Cell and Environment, 25(6): 803-813.

Li D W, Xie W H, Hao T B, et al. 2018. Constitutive and chloroplast targeted expression of acetyl-CoA carboxylase in oleaginous microalgae elevates fatty acid biosynthesis. Marine Biotechnology, 20(5): 566-572.

Li H L, Li X M, Li X, et al. 2017. Antioxidant hydroanthraquinones from the marine algal-derived endophytic fungus *Talaromyces islandicus* EN-501. Journal of Natural Products, 80(1): 162-168.

Li S, Xu J L, Chen J, et al. 2014. The major lipid changes of some important diet microalgae during the entire growth phase. Aquaculture, 428-429: 104-110.

Li S S, Tsai H J. 2009. Transgenic microalgae as a non-antibiotic bactericide producer to defend against bacterial pathogen infection in the fish digestive tract. Fish Shellfish Immunology, 26(2): 316-325.

Li W, Zhang J, Yu C, et al. 2015. Extraction, degree of polymerization determination and prebiotic effect evaluation of inulin from *Jerusalem artichoke*. Carbohydrate Polymers, 121: 315-319.

Li X D, Miao F P, Ji N Y. 2011. Two new epoxysteroids from *Helianthus tuberosus*. Molecules, 16(10): 8646-8653.

Lin Z J, Ma X H, Wei H J, et al. 2015. Spicarins A-D from acetylated extract of fungus *Spicaria elegans* KLA03. RSC Advances, 5(44): 35262-35266.

Liu B, Chen X, Zheng H, et al. 2018. Rapid and efficient removal of heavy metal and cationic dye by carboxylate-rich magnetic chitosan flocculants: Role of ionic groups. Carbohydrate Polymers, 181: 327-336.

Liu J, Wu H T, Lu J F, et al. 2015. Preparation and characterization of novel phenolic acid (hydroxybenzoic and hydroxycinnamic acid derivatives) grafted chitosan microspheres with enhanced adsorption properties for Fe(Ⅱ). Chemical Engineering Journal, 262: 803-812.

Liu X, Sheng J, Curtiss Ⅲ R. 2011a. Fatty acid production in genetically modified cyanobacteria. Proceedings of the National Academy of Sciences of the United States of America, 108(17): 6899-6904.

Liu Y, Stuhldreier F, Kurtan T, et al. 2017. Daldinone derivatives from the mangrove-derived endophytic fungus *Annulohypoxylon* sp. RSC Advances, 7(85): 5381-5393.

Liu Y, Urgaonkar S, Verkade J G, et al. 2005. Separation and characterization of underivatized oligosaccharides using liquid chromatography and liquid chromatography-electrospray ionization mass spectrometry. Journal of Chromatography A, 1079(1-2): 146-152.

Liu Z X, Han L P, Steinberger Y, et al. 2011b. Genetic variation and yield performance of *Jerusalem artichoke* germplasm collected in Chin. Agricultural Sciences in China, 10(5): 668-678.

Livingston D P I, Hincha D K, Heyer A G. 2009. Fructan and its relationship to abiotic stress tolerance in plants. Cellular and Molecular Life Sciences, 66(13): 2007-2023.

Loreau M, Naeem S, Inchausti P, et al. 2001. Biodiversity and ecosystem functioning: Current knowledge and future challenges. Science, 294(5543): 804-808.

Madeira M S, Cardoso C, Lopes P A, et al. 2017. Microalgae as feed ingredients for livestock production and meat quality: A review. Livestock Science, 205: 111-121.

Malovanyy A, Sakalova H, Yatchyshyn Y, et al. 2013. Concentration of ammonium from municipal wastewater using ion exchange process. Desalination, 329(18): 93-102.

Meng L H, Wang C Y, Mándi A, et al. 2016. Three diketopiperazine alkaloids with spirocyclic skeletons and one bisthiodiketopiperazine derivative from the mangrove-derived endophytic fungus *Penicillium brocae* MA-231. Organic Letters, 18(20): 5304-5307.

Nagabhishek S N, Madankumar A. 2019. A novel apoptosis-inducing metabolite isolated from marine sponge symbiont *Monascus* sp. NMK7 attenuates cell proliferation, migration and ROS stress-mediated apoptosis in breast cancer cells. RSC Advances, 9(11): 5878-5890.

Nazir M, Maddah F E, Kehraus S, et al. 2015. Phenalenones: insight into the biosynthesis of polyketides from the marine alga-derived fungus *Coniothyrium cereal*. Organic & Biomolecular Chemistry, 13(29): 8071-8079.

Pang X Y, Lin X P, Tian Y Q, et al. 2018. Three new polyketides from the marine sponge-derived fungus *Trichoderma* sp. SCSIO41004. Natural Product Research, 32(1): 105-111.

Pradhan N, Das B. 2018. Application of microalgae for CO_2 sequestration and wastewater treatment//Sarangi P K, Nanda S, Mohanty P. Recent Advancements in Biofuels and Bioenergy Utilization. Singapore: Springer: 285-302.

Qin Y, Li P, Guo Z. 2020. Cationic chitosan derivatives as potential antifungals: A review of structural optimization and applications. Carbohydrate Polymers, 236: 116002.

Ren J, Liu J, Li R, et al. 2012a. Antifungal properties of chitosan salts in laboratory media. Journal of Applied Polymer Science, 124(3): 2501-2507.

Ren Y J, He E P, Wang X H, et al. 2012b. Codon optimization of SMAP-29 gene and its expression in *Pichia pastoris*. Agricultural Biotechnology, 1(4): 49-53.

Rumessen J J, Bode S, Hamberg O, et al. 1990. Fructans of Jerusalem artichokes: Intestinal transport, absorption, fermentation, and influence on blood-glucose, insulin, and C-peptide responses in healthy subjects. American Journal of Clinical Nutrition, 52(4): 675-681.

Salama A, Hesemann P. 2018. New *N*-guanidinium chitosan/silica ionic microhybrids as efficient adsorbent for dye removal from waste water. International Journal of Biological Macromolecules, 111: 762-768.

Santhosh S, Hemalatha N. 2016. Bioactive compounds from microalgae and its different applications-a review. Advances in Applied Science Research, 7(4): 153-158.

Siripornadulsil S, Dabrowski K, Sayre R. 2007. Microalgal vaccines. Advances in Experimental Medicine and Biology, 616: 122-128.

Springob K, Nakajima J, Yamazaki M, et al. 2003. Recent advances in the biosynthesis and accumulation of anthocyanins. Natural Product Reports, 20: 288-303.

Suzue M, Kikuchi T, Tanaka R, et al. 2016. Tandyukisins E and F, novel cytotoxic decalin derivatives isolated from a marine sponge-derived fungus. Tetrahedron Letters, 57(46): 5070-5073.

Suzukia T, Arieftab N R, Kosekia T, et al. 2019. New polyketides, paralactonic acids A-E produced by *Paraconiothyrium* sp. SW-B-1, an endophytic fungus associated with a seaweed, *Chondrus ocellatus* Holmes. Fitoterapia, 132: 75-81.

Tabriz A, Alvi M A U R, Niazi M B K, et al. 2019. Quaternized trimethyl functionalized chitosan based antifungal membranes for drinking water treatment. Carbohydrate Polymers, 207: 17-25.

Tackaert W, Sorgeloos P. 1986. Brine shrimp *Artemia* in coastal saltworks: Hydrobiological key to improved salt production and inexpensive source of food for vertically integrated aquaculture. Engekigaku Studies on Theatre Arts, 31(2A): 300-312.

Tan W, Li Q, Dong F, et al. 2016. Synthesis, characterization, and antifungal property of chitosan ammonium salts with halogens. International Journal of Biological Macromolecules, 92: 293-298.

Terahara N, Takeda Y, Nesumi A. 2001. Anthocyanins from red flower tea (Benibana-cha), *Camellia sinensis*. Phytochemistry, 56: 359-361.

Terry N, Bacuelos G S. 1999. Phytoremediation of Trace Metals. Miami: Ann Arbor Press.

Tian Y Q, Lin X P, Wang Z, et al. 2016. Asteltoxins with antiviral activities from the marine sponge-derived fungus *Aspergillus* sp. SCSIO XWS02F40. Molecules, 21(1): 34-43.

Tilman D, Reich P B, Knops J M H. 2006. Biodiversity and ecosystem stability in a decade-long grassland experiment. Nature, 441: 629-632.

Vila M, Galván A, Fernández E, et al. 2012. Ketocarotenoid biosynthesis in transgenic microalgae expressing a foreign β-C-4-carotene oxygenase gene. Microbial Carotenoids from Bacteria and Microalgae. Totowa: Humana Press.

Wang J F, Liang R, Liao S R, et al. 2017a. Vaccinols J-S, ten new salicyloid derivatives from the marine mangrove derived endophytic fungus *Pestalotiopsis vaccinia*. Fitoterapia, 120: 164-170.

Wang Y, Li B, Zhang X, et al. 2017b. Low molecular weight chitosan is an effective antifungal agent against *Botryosphaeria* sp. and preservative agent for pear (*Pyrus*) fruits. International Journal of Biological Macromolecules, 95: 1135-1143.

Wei S T, Hua L, Yu A Q, et al. 2015. Metabolic engineering of Saccharomyces cerevisiae for production of fatty acid short- and branched-chain alkyl esters biodiesel. Biotechnology for Biofuels, 8(1): 177.

Wu G W, Yu G H, Kurtán T, et al. 2015. Versixanthones A-F, cytotoxic xanthone-chromanone dimers from the marine-derived fungus *Aspergillus versicolor* HDN1009. Journal of Natural Products, 78(11): 2691-2698.

Wu Z H, Liu D, Huang J, et al. 2018. Hansforesters A-M, polyesters from the sponge associated fungus *Hansfordia sinuosae* with antibacterial activities. RSC Advances, 8(69): 39756-39768.

Yadav A, Kujur A, Kumar A, et al. 2020. Encapsulation of *Bunium persicum* essential oil using chitosan nanopolymer: Preparation, characterization, antifungal assessment, and thermal stability. International Journal of Biological Macromolecules, 142: 172-180.

Yang L H, Ou-Yang H, Yan X, et al. 2018. Open-ring butenolides from a marine-derived anti-neuroinflammatory fungus *Aspergillus terreus* Y10. Marine Drugs, 16(11): 428.

Yoon S M, Kim S Y, Li K F, et al. 2011. Transgenic microalgae expressing Escherichia coli AppA phytase as feed additive to reduce phytate excretion in the manure of young broiler chicks. Applied Microbiology and Biotechnology, 91(3): 553-563.

Yu G H, Wang Y J, Yu R L, et al. 2018. Chetracins E and F, cytotoxic epipolythiodioxopiperazines from the marine-derived fungus *Acrostalagmus luteoalbus* HDN13-530. RSC Advances, 8(1): 53-58.

Yu X Q, Müller W E G, Meier D, et al. 2020. Polyketide derivatives from mangrove derived endophytic fungus *Pseudopestalotiopsis theae*. Marine Drugs, 18: 129.

Yulin C, Song Q, Peng J. 2014. Chloroplast transformation of *Platymonas* (*Tetraselmis*) *subcordiformis* with the bar gene as selectable marker. PLOS ONE, 9(6): e98607.

Yun K, Khong T T, Leutou A S, et al. 2016. Cristazine, a new cytotoxic dioxopiperazine alkaloid from the mudflat sediment-derived fungus *Chaetomium cristatum*. Chemical & Pharmaceutical Bulletin, 64(1): 59-62.

Yurchenko A N, Smetanina O F, Ivanets E V, et al. 2016. Pretrichodermamides D-F from a marine algicolous fungus *Penicillium* sp. KMM 4672. Marine Drugs, 14(7): 122.

Yurchenko A N, Smetanina O F, Ivanets E V, et al. 2020. Auroglaucin-related neuroprotective compounds from Vietnamese marine sediment-derived fungus *Aspergillus niveoglaucus*. Natural Product Research, 34: 2589-2594.

Zhang P, Li X M, Ma X X, et al. 2016. Varioloid A, a new indolyl-6, 10b-dihydro- 5aH-[1] benzofuro[2, 3-b]indole derivative from the marine alga-derived endophytic fungus *Paecilomyces variotii* EN-291. Beilstein Journal of Organic Chemistry, 12: 2012-2018.

Zhang P, Meng L H, Attila M, et al. 2015. Structure, absolute configuration, and conformational study of resorcylic acid derivatives and related congeners from the fungus *Penicillium brocae*. RSC Advances, 5(50): 39870-39877.

Zhao Y N, Wang Z L, Dai J G, et al. 2014. Preparation and quality assessment of high-purity ginseng total saponins by ion exchange resin combined with macroporous adsorption resin separation. Chinese Journal of Natural Medicines, 12(5): 382-392.

Zheng K J, Wang C G, Xiao M, et al. 2014. Expression of bkt and bch genes from *Haematococcus pluvialis* in transgenic *Chlamydomonas*. Science China Life Sciences, 57(10): 1028-1033.

Zhu X W, Zhong Y, Xie Z H, et al. 2018. Fusarihexins A and B: Novel cyclic hexadepsipeptides from the mangrove endophytic fungus *Fusarium* sp. R5 with antifungal activities. Planta Medica, 84(18): 1355-1362.

第六章　黄河三角洲生态农牧场空间布局

黄河三角洲地理区位优越，陆海空间资源、矿产资源、生物资源等十分丰富，是我国东部沿海地区重要的能源基地及种植业、畜牧业和海洋渔业生产基地，在区域乃至国家重大发展战略中均占据着重要的地位。目前，黄河三角洲盐碱地农牧业、滩涂养殖业和海洋牧场的建设与发展相对独立，土壤盐碱化、水资源短缺、外来物种入侵、极端天气等自然因素及围填海造地、港口和海岸工程建设、渔业养殖无序扩张、环境污染等人类活动因素共同限制了黄河三角洲生态农牧场高质量发展。本章首先综述和分析黄河三角洲农业、牧业和渔业发展及空间布局的演变过程与特征，指出农业、牧业和渔业产业发展现状特征及其面临的发展空间和环境限制条件，在此基础之上，基于多源、多要素空间数据和地理信息系统（GIS）空间分析技术，对黄河三角洲“三场”（盐碱地生态农牧场、滩涂生态农牧场和浅海生态牧场）与“三产”分布的适宜性进行评估，进而，基于区域功能规划现状和生态保护优先理念，提出黄河三角洲“三场”连通多种比例配置关系及其空间布局方案，并简要总结和介绍近年来盐碱地、滩涂和海洋 3 类生态农牧场示范区构建与实践的案例；最后，指出了黄河三角洲生态农牧场发展和布局存在的主要问题及不足，并从政策、科技、投入等角度出发，有针对性地提出了相应的政策建议。

第一节　引　　言

自 20 世纪 60 年代以来，黄河三角洲因具有丰富的石油资源，区域经济社会得到了快速的发展，1983 年建立东营市，油气资源开发作为主导产业进一步带动了区域的综合发展（张东升等，2012）。然而，随着油气资源的不断开采，石油资源型城市的弊端也不断显露：油气开采导致污染不断增加（刘桂仪和张兴乐，2001），地面沉降日益严重（刘志杰，2013），国内生产总值中第二产业占比过高，第一、第三产业发展不足；伴随着油气资源日渐减少，黄河三角洲区域发展受到制约，动力不足，社会经济可持续发展面临严峻挑战（康彦彦和张寿庭，2013）。

自 2009 年以来，针对黄河三角洲区域的经济社会发展，国务院及山东省相继出台了一系列的规划、制度和发展战略：《黄河三角洲高效生态经济区发展规划》和《山东半岛蓝色经济区发展规划》相继批复，将黄河三角洲区域的发展提升至国家战略层面（邓卫华和滕军伟，2009；袁军宝和陈灏，2011）；《山东省海洋功能区划（2011—2020 年）》《山东省主体功能区规划》《山东省生态保护红线规划（2016—2020 年）》及渤海海洋生态红线制度的实施，通过陆海区划和生态红线划定，为黄河三角洲的空间开发及优化布局带来了转机（山东省人民政府，2012，2013a，2013b，2016；中国生物多样性保护国家委员会，2017）；《山东省海洋牧场建设规划（2017—2020 年）》和《山东省新旧动能转换重大工程实施规划》的实施，更为黄河三角洲农业产业改造、能源资源高效利用、海洋牧场新兴产业发展等提供了新契机（山东省人民政府，2018）。

黄河三角洲因具有优越的地理区位，成为黄河三角洲高效生态经济区建设的核心区，山东半岛蓝色经济区的产业集聚区，国家海洋发展战略和区域协调发展战略的重要建设区域，以及实现我国区域发展从陆域经济延伸到海洋经济、积极推进陆海统筹重大战略的先行区。近年来，东营市借助国家及山东省相关规划、制度的实施，积极探索石油资源型城市的转型之路，大力发展接替产业，包括生态高效现代农业、牧业、渔业，逐渐发展出具有当地特色的农业高新技术产业示范（尹健等，2019）、牧业套作间作模式（贺淼和张文娟，2019）和渔业生态混养模式（周鑫和许学工，2015）。

然而，受气候、土壤、产业基础等多方面因素的影响，黄河三角洲农业、牧业、渔业的发展空间和发展环境仍面临诸多制约因素：土壤盐碱化，以及种植产品单一、浅层地下水矿化等导致的土壤次生盐碱化，使农田易退化造成撂荒，并导致牧业垦殖难度加大（刘志杰，2013；贺淼和张文娟，2019）；淡水资源短缺导致工农业用水矛盾突出（谭春玲，2013），农业基础设施薄弱、分散，农牧业灌溉设施老旧、不完善，导致农牧灌溉及开发成本提高（贺淼和张文娟，2019；尹健等，2019）；互花米草入侵导致滩涂、浅海生物多样性下降，渔业资源受损（刘志杰，2013；杨红生，2017）；沿海建堤修路及渔业养殖扩张，导致陆海生态连通受阻，浅海生物失去陆域食源，潮间带湿地退化，水生栖息地破碎化（杨红生，2017；刘玉斌等，2019）；海洋渔业资源退化，导致渔业捕捞量逐年下降（霍向伟等，2011），渔业养殖扩建及废水排换导致滨海湿地丧失和功能退化，宜渔区域开发接近饱和，人口增长带来粮食需求增加，迫使渔业产业向生态高效方向转型（杨红生，2017，2019a；杨红生等，2016a，2016b，2019）。

针对黄河三角洲区域农业、牧业、渔业发展的现状特征及其面临的空间、环境诸多限制因素，在现有空间资源有限且生态保护优先的情况下，空间优化布局成为构建陆海联动的海岸带生态农牧场的途径。目前，黄河三角洲盐碱地农牧业、滩涂养殖和海洋牧场建设相对独立发展（杨红生，2017），提出该区域“三场”（盐碱地生态农牧场、滩涂生态农牧场、浅海生态牧场）连通的多种比例配置关系及空间布局方案，可为优化海岸带开发利用空间和提升综合效益提供科学支持，从而服务国民经济主战场，满足国家重大需求。

第二节　黄河三角洲产业发展及空间布局演变特征

一、黄河三角洲空间开发历史演变基本特征

区分20世纪、2001～2010年和2011年以来的3个时段，回顾和总结黄河三角洲区域经济社会发展和空间开发的历史演变特征。

（一）20世纪以石油经济迅猛发展为主要特征阶段

20世纪黄河三角洲的开发可以划分为两个阶段：传统农业阶段和石油经济阶段（张东升等，2012）。

1955年之前，黄河三角洲处于传统农业开发阶段，由于黄河河道的变迁，黄河三角洲形态不稳定，主要有青州、莱州、惠民等城镇分布于黄河三角洲的周边区域，在其核心区域则尚未形成大规模的城镇，仅伴随农业开发形成了如永阜场、宁海等小规模的集镇（张东升等，2012）。统计资料显示，参照现东营市所辖的区划范围，1952年年末人口为70.12万人，其中农业人口为67.55万人，占总人口的96%，当时的人口结构比例在很大程度上反映了其农业主导的特征（东营市统计局和国家统计局东营调查队，2020）。

1955年之后，伴随着我国石油勘探工作在华北地区的开展，黄河三角洲进入石油经济时代，自1955年至2000年，作为经济发展主旋律的油田开发带动了黄河三角洲的全面发展。与胜利油田的建设和发展息息相关，黄河三角洲区域的开发经历了五个阶段。

（1）1955～1963年，石油勘探并发现胜利油田。1955年，国家决定对华北平原地区展开区域性的石油普查。1961年4月16日，在东营村附近的华8井获得日产8.1t的工业油流，标志着胜利油田的发现（山东省东营市地方史志编纂委员会，2000）。1962年9月23日，营2井获得日产555t的高产油流，这是当时全国日产量最高的一口油井。

（2）1964～1978年，建成石油工业基地。1964年1月，国家调动各方力量启动了黄河三角洲石油勘探开发会战（张东升等，2012），1965年1月25日，在胜利村构造上发现85m的巨厚油层，坨11井试油日产1134t，“胜利油田”始得名。参照现东营市所辖的区划范围，1965～1978年，年末人口由88.6万人增至129.07万人，非农业人口比例由4%增至13%，这一时期，石油生产区和职工生活区的建设并进，激增人口的粮食需求推进了农田的开垦（东营市统计局和国家统计局东营调查队，2020）；1978年，胜利油田建成并进入产油高峰期，年产原油达到1946万t（山东省东营市地方史志编纂委员会，2000）。

（3）1979～1988年，石油生产快速发展与黄河三角洲综合开发。石油生产、

生活基地相关基础设施的建设推动了黄河三角洲的综合开发，1982 年 11 月，国务院设立东营市，市辖东营、河口、牛庄三区和垦利、利津、广饶三县，1983 年 10 月，东营市正式挂牌，这一时期，伴随油田开发建设了孤岛、仙河等一批新的城镇，水库、道路、通信及电力设施逐渐趋于完备（张东升等，2012）；1986 年，胜利油田年产原油 2950 万 t，1987 年起，年产原油保持在 3000 万 t 以上，与此同时，天然气的开采也进入增产阶段，产量由 1983 年的 10.51 亿 m^3 增至 1988 年的 14.19 亿 m^3（山东省东营市地方史志编纂委员会，2000）；1988 年，东营市年末人口增至 150.62 万人，非农业人口的比例增至 21%，生产力布局不断优化，第一、二、三产业的比例为 13∶78∶9，为全面开发打下基础（张东升等，2012；东营市统计局和国家统计局东营调查队，2016，2020）。

（4）1989～1995 年，石油高产稳产与湿地资源保护同时推进。胜利油田连续年产原油 3000 万 t 以上，天然气产量由 1989 年的 15.44 亿 m^3 降至 1995 年的 12.85 亿 m^3（山东省东营市地方史志编纂委员会，2000）；石油开发的同时，黄河三角洲湿地和水鸟保护逐渐受到重视，1990～1992 年，黄河三角洲市级自然保护区建立并逐级晋升为省级和国家级（37°34.768′～38°12.310′N，118°32.981′～119°20.450′E），成立保护区管理局，下设一千二、大汶流、黄河口管理站，对新生河口湿地和珍稀濒危鸟类进行保护，保护区面积 15.3 万 hm^2，其核心区、缓冲区、实验区面积分别为 59 419hm^2、11 233hm^2 和 82 348hm^2（山东黄河三角洲国家级自然保护区管理局，2016）；1995 年，东营市年末人口增至 164.11 万人，非农业人口比例增至 30%，第一、二、三产业的比例保持在 12∶78∶10（东营市统计局和国家统计局东营调查队，2016）。

（5）1996～2000 年，石油持续稳产（产量递减）与综合性基地建设。原油产量由 1996 年的 2912 万 t 降至 2000 年的 2676 万 t，天然气产量由 1996 年的 11.91 亿 m^3 降至 2000 年的 6.88 亿 m^3（《东营市志（1996—2013）》编纂委员会，2018）；这一时期，东营市开展基地建设，主要涉及机械制造、石油化工、海洋化工、盐化工、农林牧渔和纺织等领域，相应的基础设施也得到进一步建设（张东升等，2012）；2000 年，东营市年末人口增至 172.13 万人，非农业人口比例增至 41%，第一、二、三产业比例调整为 7∶82∶11，与 1995 年相比，第一产业比重有所下降，第三产业比重有所上升（东营市统计局和国家统计局东营调查队，2016）。

伴随着油气资源的开发，东营市作为资源型城市的弊端开始显露，石油开采过程产生的大量落地油对环境造成污染，特别是土壤、地表水和地下水，石油化工污水排放量达 2000 万 t/a；自然因素及石油开采双重影响下，地面沉降速率达 4～25.2mm/a；油田围填海造成了一定面积的近海湿地丧失（刘桂仪和张兴乐，2001）。

（二）2001～2010年经济社会综合快速发展阶段

1999年5月，卢良恕院士等专家向国务院建议，建设黄河三角洲国家级高效生态经济区；2001年3月，《中华人民共和国国民经济和社会发展第十个五年计划纲要》提出发展黄河三角洲高效生态经济，黄河三角洲在步入21世纪的同时，开始进入高效生态经济时代（张东升等，2012）。2007年8月，山东省委提出构建"一体两翼"经济发展新格局，黄河三角洲高效生态经济区作为"两翼"中的北翼，其开发建设的战略意义逐渐彰显（山东省地方史志办公室，2007）。2009年11月23日，国务院批复《黄河三角洲高效生态经济区发展规划》，规划面积2.65万km^2，包括东营市在内的共19个县（市、区），以经济社会发展与资源环境承载力相适应为目标，通过资源高效利用和生态环境改善来率先转变发展方式，形成高效生态经济发展新模式，着力产业结构优化、基础设施完善、基本公共服务均等化推进、体制机制创新，提出对黄河三角洲高效生态经济区的战略定位，即全国重要的高效生态经济示范区、特色产业基地、后备土地资源开发区和环渤海地区重要的增长区域，该规划的批复标志着黄河三角洲的开发上升为国家战略（邓卫华和滕军伟，2009）。

基于统计数据（东营市统计局和国家统计局东营调查队，2016），按2010年价格水平换算，对2001～2010年东营市全市生产总值及第一、二、三产业产值进行分析和比较（图6.1，图6.2），10年间，全市生产总值呈快速增长趋势，2010年比2001年增加了2.8倍，三产中第二产业增速最快，其次为第三产业，第一产业增速相对缓慢；10年间，三产结构比例由2001年的7∶81∶12转化为2010年的4∶72∶24，第一、二产业在三产中的比重有所下降，第三产业的比重显著增加。

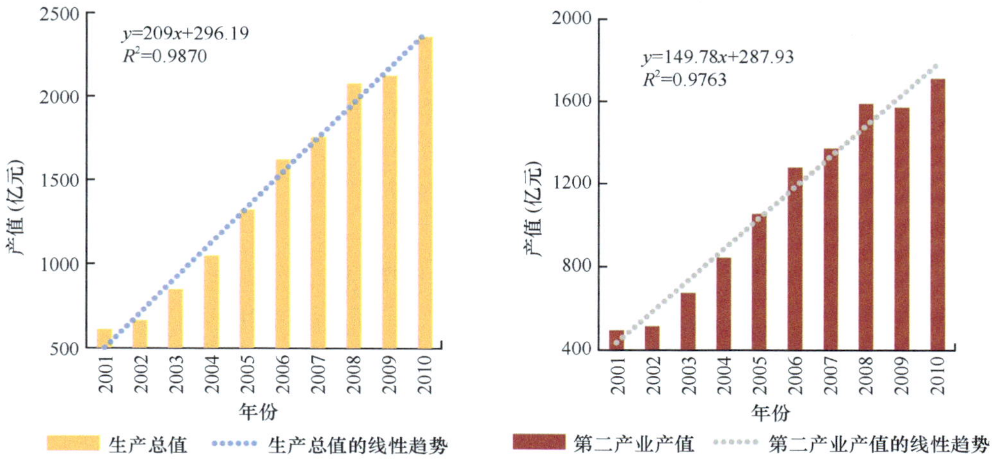

图6.1　东营市2001～2010年全市生产总值和第二产业产值（2010年价格水平）

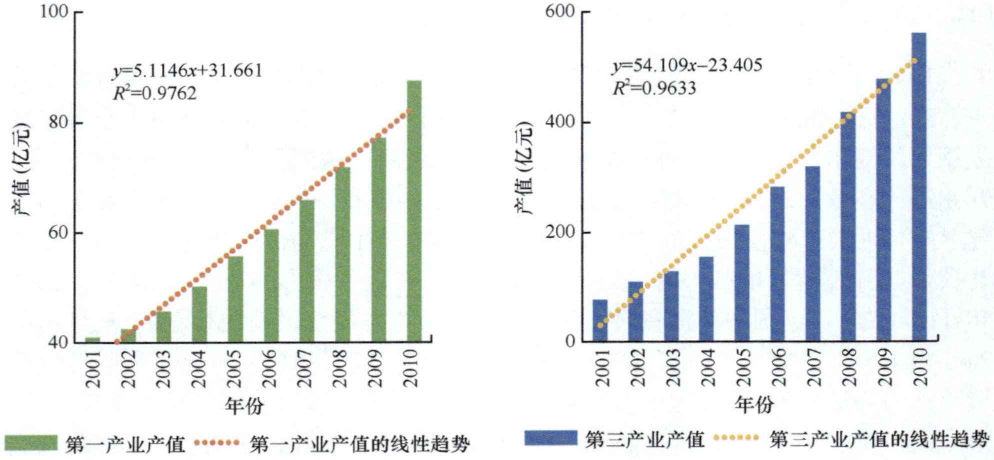

图 6.2　东营市 2001～2010 年第一产业和第三产业产值（2010 年价格水平）

2001～2010 年，东营市逐渐向综合功能型城市发展，支柱产业、骨干企业和知名品牌逐渐形成，产业体系基本形成，包括：食品加工、粮油果蔬深加工、生物制药、纺织、造纸、建筑建材、黄金、石油及其化工、盐及其化工、车船飞机及其零部件、电信、现代服务等产业（张东升等，2012）；石油开采作为支柱产业，2001～2005 年呈持续稳产趋势，年产原油保持在 2650 万～2700 万 t，2006～2010 年进入精细提升阶段，年产原油保持在 2700 万～2800 万 t，天然气年产量自 1996 年以来呈降低趋势（《东营市志（1996—2013）》编纂委员会，2018）。

黄河三角洲区域的城镇空间也进入一个快速增长的时期。2001 年，城镇分布仍然呈现出以东营为中心的极化特征；2001～2010 年，黄河三角洲城镇发展进入爆发期，建设用地呈快速扩大趋势，市、县中心城区连片扩展，至 2010 年，黄河三角洲建设用地密度进一步增大，土地利用破碎度增加，城镇发展开始呈现出组团特征（张东升等，2012）。统计资料显示（图 6.3），2001 年东营市年末人口为 173.57 万人，非农业人口比例为 42%，2001～2010 年东营市人口呈稳步增长趋势，至 2010 年，年末人口增至 184.87 万人，非农业人口占比 44%（东营市统计局和国家统计局东营调查队，2020）。

这一时期，随着产业发展、城镇扩张和人口增加，东营市石油资源型城市的弊端进一步显露，油气开发导致生态环境恶化。例如，2007 年，东营市油气开采产生的废水、钻井泥浆分别达到 3300 万 t 和 35 万 t，排废石油类和 COD 分别达 181t 和 19 845t（康彦彦和张寿庭，2013）；2000～2007 年，黄河三角洲现行河口流路和刁口河流路地面沉降速率分别达 26.7mm/a 和 22.6mm/a（刘志杰，2013）。产业结构不合理成为区域经济发展的制约因素，产业比例相对失衡，第一产业薄弱，第二产业单一，第三产业发展不足（谭春玲，2013），第二产业以石油及相关工业为主，国家计划配置使胜利油田 95%以上的油气产品运往外地，但东营市未能形成油气深加工产业链（康彦彦和张寿庭，2013），高新技术产业比重低、工业布局分散、产业关联度低（谭春玲，2013），伴随着油气资源日渐枯竭，区域发展受石油产业制约而面临困境；胜利油田实施增效减员改制，减员 5 万多人，加剧了区域就业和再就业压力（康彦彦和张寿庭，2013）。黄河三角洲发展面临的困境对区域乃至国家经济可持续布局提出了挑战。

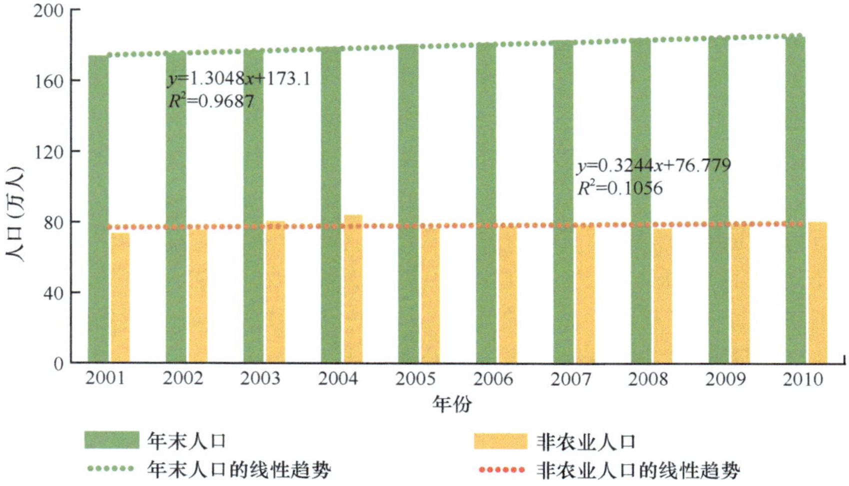

图 6.3　东营市年末人口和非农业人口（2001～2010 年）

（三）2011 年以来国家战略实施和发展阶段

自 2011 年以来，国务院及山东省相继出台一系列规划、制度，为黄河三角洲的经济社会发展、空间开发和优化布局带来重大转机，这一时期，对黄河三角洲而言，机遇和挑战并存。

2011 年 1 月 4 日，国务院正式批复《山东半岛蓝色经济区发展规划》，规划海域包括山东省全部海域（面积 15.95 万 km^2），陆域包括东营在内的六市两县（面积 6.4 万 km^2），规划是在国家加快转变发展方式、优化沿海空间布局战略需求的背景下，基于山东半岛对外开放、海洋产业科技及生态环境方面的优势，着力海洋科技自主创新能力的提升、现代海洋产业体系的建立、海陆生态环境质量的改善和海洋经济对外开放格局的完善，该规划对山东半岛蓝色经济区的战略定位是：建设具有较强国际竞争力的现代海洋产业集聚区、具有世界先进水平的海洋科技教育核心区、国家海洋经济改革开放先行区和全国重要的海洋生态文明示范区（袁军宝和陈灏，2011）。

2012 年 11 月 13 日，山东省印发《山东省海洋功能区划（2011—2020 年）》（山东省人民政府，2012），将全省近海区域划分为 8 类功能区，包括海洋保护区、保留区、农渔业区、旅游休闲娱乐区、港口航运区、工业与城镇用海区、矿产与能源区及特殊利用区，为优化海洋开发空间布局、保护海洋生态环境提出了法定依据；2013 年 1 月 15 日，山东省印发《山东省主体功能区规划》（山东省人民政府，2013b），依据人口、经济和资源环境相协调的原则，根据资源环境承载力、开发密度和发展潜力，推进形成主体功能区，优化国土空间开发格局；2013 年 12 月 16 日，山东省印发《山东省人民政府办公厅关于建立实施渤海海洋生态红线制度的意见》（山东省人民政府，2013a），将重要海洋生态功能区、生态敏感区和生态脆弱区划定为重点管控区，严格实施分类管控；2016 年，山东省 8 部门联合印发《山东省生态保护红线规划（2016—2020 年）》，依法在重点生态功能区、生态环境敏感区和脆弱区等区域划定严格管控边界，按生物多样性维护、水源涵养、土壤保持、防风固沙 4 种生态功能类型，划定陆域生态保护红线区块 20 847.9km^2，约占全省陆域面积的 13.2%（中国生物多样性保护国家委员会，2017）。

2018 年 2 月 13 日，山东省印发《山东省新旧动能转换重大工程实施规划》，规划包括济南等 3 市及东营在内的其他 14 市的国家和省级经济技术开发区、高新技术产业开发区及海关特殊监管区，提出通过提升传统产业改造、发展新兴产业培育形成新动能，具体包括通过工程装备、生物、信息、环境技术，加强良种培育、发展设施农业、推进农业标准化生产及全程化监管、提升农产品质量安全，增加绿色优质农产品，培育海水增养殖优质品种及苗种，实施农业科技创新和渤海粮仓科技示范工程，高水平建设“海上粮仓”、国家海洋牧场示范区，进而建设黄河三角洲农业高新技术产业示范区和国家生态渔业基地（山东省人民政府，2018）。

以上一系列国家、省级规划制度的实施，为黄河三角洲区域产业结构优化及空间布局优化带来了重大战略机遇，为农业产业改造、能源资源高效利用、海洋牧场新兴产业发展等提供了契机。

如图 6.4 所示，2011 年，东营市年末总人口为 185.96 万人，其中非农业人口占比为 44%；2011～2018 年，东营市人口稳步增长，至 2018 年，年末总人口增至 196.68 万人，其中非农业人口占比增至 58%（东营市统计局和国家统计局东营调查队，2020）。基于统计年鉴的数据（东营市统计局和国家统计局东营调查队，2016；山东省统计局和国家统计局山东调查总队，2017，2018，2019），按 2010 年价格水平换算，对 2011～2018 年东营市全市生产总值和第一、二、三产业产值进行了分析（图 6.5，图 6.6），与 2001～2010 年相比，自 2011 年以来，全市生产总值增速变缓，2018 年比 2011 年增加了 35%，三产中第三产业增速最快，其次为第二产业，第一产业增速相对缓慢；2018 年，第二产业中，新增控制石油地质储量 7118.71 万 t，生产原油 2231 万 t，生产天然气 4.8 亿 m^3，累计探明石油地质储量 54.82 亿 t，累计生产原油 11.99 亿 t，累计生产天然气 582.34 亿 m^3（东营市统计局和国家统计局东营调查队，2020）。这一时期三产中第二产业的主导地位有所下降，占全市生产总值的比重从 72%下降至 62%；三产结构比例由 2011 年的 4∶72∶24 转化为 2018 年的 4∶62∶34，第一产业比重保持不变，第二产业比重持续下降，第三产业比重进一步升高（东营市统计局和国家统计局东营调查队，2016，2020；山东省统计局和国家统计局山东调查总队，2011，2019）。

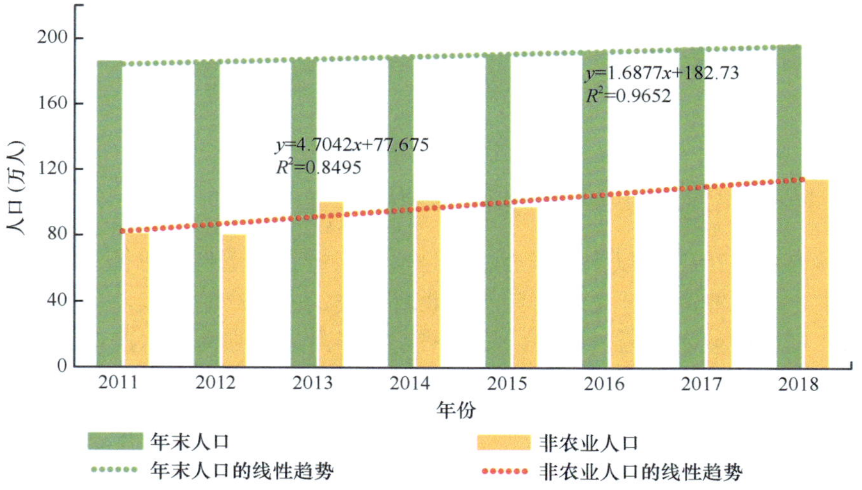

图 6.4　东营市年末人口和非农业人口（2011～2018 年）

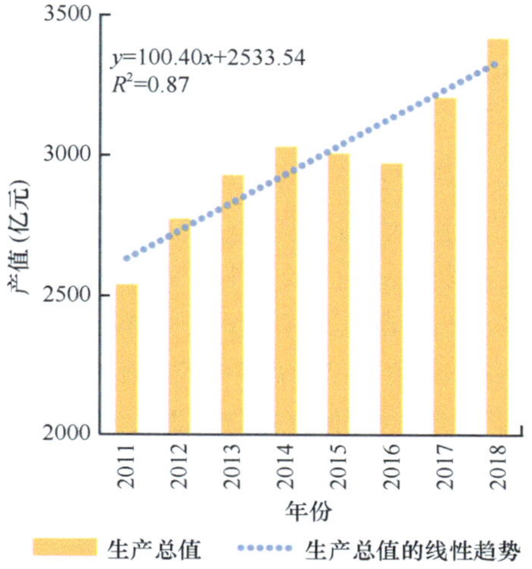

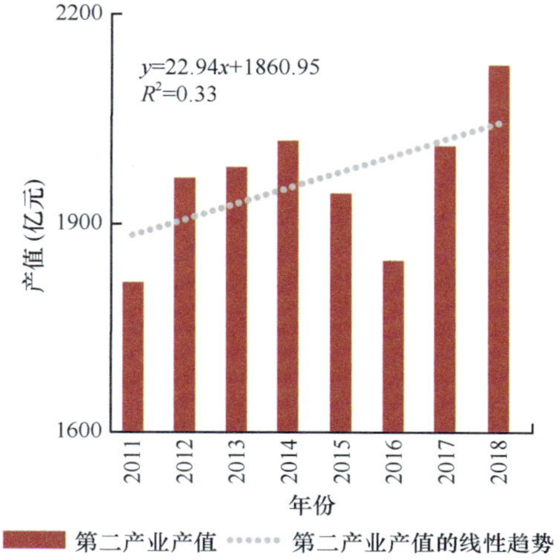

图 6.5　东营市 2011～2018 年全市生产总值和第二产业产值（2010 年价格水平）

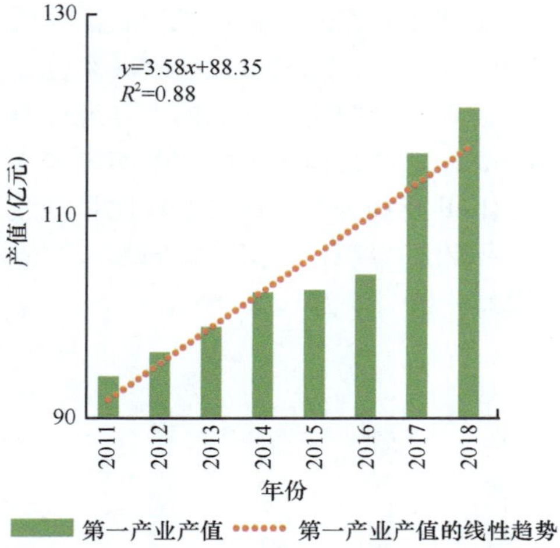

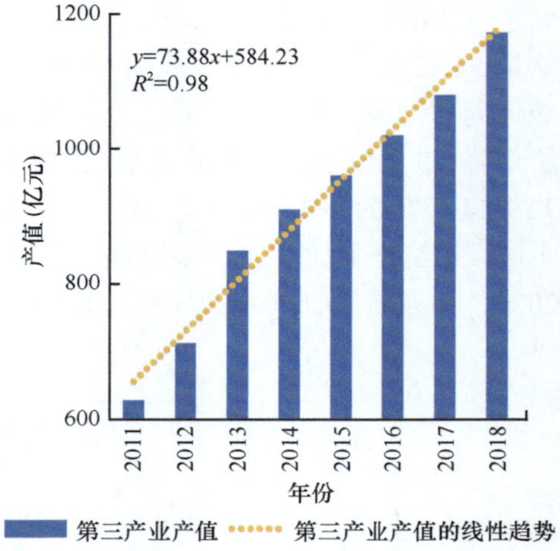

图 6.6　东营市 2011～2018 年第一产业和第三产业产值（2010 年价格水平）

总体来看，2011 年以来，产业结构呈“二三一”的重型化特征，工业以炼化产业为主、轻工业为辅，呈现高耗能产业增速快、占比高的特点，为节能降耗带来压力，第二产业发展后劲乏力，第三产业发展滞后，高新技术产业占比低，急需通过传统产业改造、新兴产业推进等培育经济环境长效协调发展的新动力（刘晓春和张晓娜，2019；钟香珍和杨娟，2020）。

二、黄河三角洲农业发展特征

（一）历年统计数据分析

根据统计资料（东营市统计局和国家统计局东营调查队，2020），2000～2018 年东营市农业产值总体呈上升趋势，仅在 2012 年、2016 年、2017 年较上年有明显的下降趋势；按照 2010 年价格水平，2000 年东营市农业产值 36.71 亿元，占农林牧渔业总产值的 57%，2000～2010 年农业产值稳步增加，但农业产值在农林牧渔总产值中的占比呈逐年减小的趋势，2010 年农业产值增长至 71.13 亿元，在农林牧渔总产值中的占比已降为 42%；2011～2018 年，农业产值波动变化较大，在农林牧渔总产值中的占比也呈波动变化趋势，农业产值由 2011 年的 73.01 亿元降为 2012 年的 70.26 亿元，之后逐年上升，2015 年农业产值上升为 90.42 亿元，2016 年和 2017 年连续两年下降，至 2018 年，农业产值为 80.81 亿元，农业产值在农林牧渔总产值中的占比稳定在 35%左右（图 6.7）。

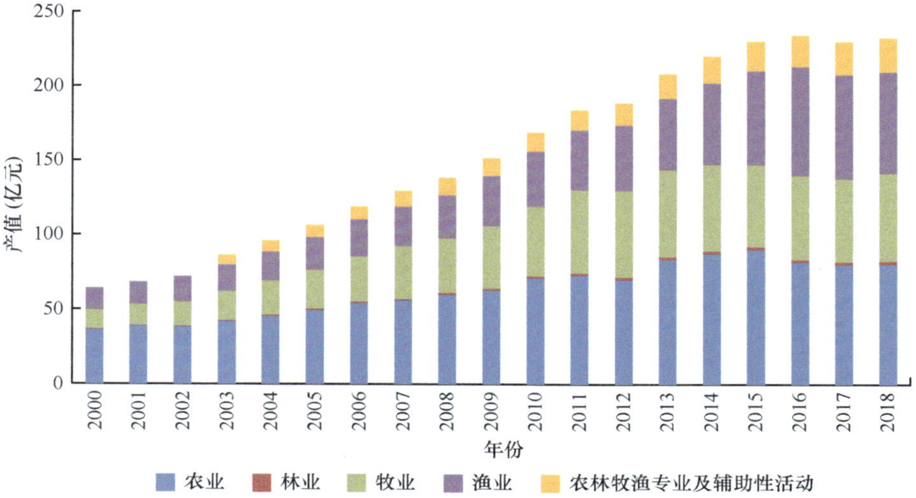

图 6.7　东营市 2000～2018 年农、林、牧、渔、农林牧渔专业及辅助性活动的产值（2010 年价格水平）

根据多年统计数据（东营市统计局和国家统计局东营调查队，2020），1978～2018 年东营市农作物播种面积大体呈现减少、增加、稳定、再增加的趋势（图 6.8）。1978～2004 年农作物播种面积呈减少趋势，由 1978 年的 26.03 万 hm^2 减少至 2004 年的 18.50 万 hm^2；2005～2015 年农作物播种面积先增加后稳定，2005 年、2006 年播种面积连续两年增加，之后逐步稳定，至 2015 年农作物播种面积为 21.87 万 hm^2；2016 年农作物播种面积迅速增至 26.29 万 hm^2，2017 年有所回落，2018 年增至 28.26 万 hm^2。1978～2018 年，东营市粮食作物播种面积在农作物播种面积中的占比呈减少（93%至 71%）、增加（71%至 90%）、减少（90%至 46%）、增加（46%至 90%）的趋势。1978～2000 年，粮食作物播种面积由 1978 年的 24.26 万 hm^2 降至 1985 年的 17.14 万 hm^2，后升至 2000 年的 21.35 万 hm^2，这一时期，油料作物和棉花播种面积显示出扩张趋势，分别由 1978 年的 0.24 万 hm^2 和 1.53 万 hm^2 增至 1985 年的 2.97 万 hm^2 和 3.89 万 hm^2，至 2000 年分别回落为 0.52 万 hm^2 和 1.93 万 hm^2。2001～2018 年，粮食作物播种面积由 2001 年的 18.02 万 hm^2 降至 2004 年的 8.45 万 hm^2，之后呈增长趋势，至 2018 年，粮食作物播种面积达 25.57 万 hm^2，而棉花播种面积则在大面积扩张后最终减少，由 2001 年的 3.92 万 hm^2 扩张至 2006 年的 10.35 万 hm^2，并在之后的 7 年一直保持在 9 万 hm^2 以上，自 2014 年开始，棉花种植面积逐年下降，至 2018 年棉花播种面积萎缩为 2.6 万 hm^2。总体来看，东营市经历了两次棉花种植面积扩张时期，均伴随着粮食作物面积的减小，近年来棉花播种面积迅速减小，粮食作物播种面积相应增加，至 2018 年，粮食作物、油料、棉花播种面积分别占农作物播种面积的 90%、1%和 9%。

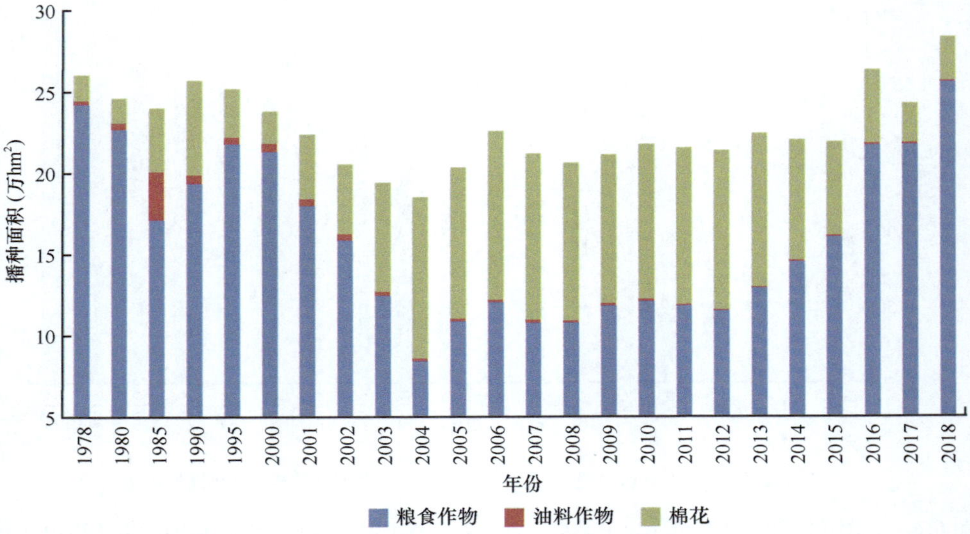

图 6.8 东营市 1978～2018 年粮食作物、油料作物及棉花的播种面积

图 6.9 显示，1978～2018 年东营市粮食产量总体呈波动增加趋势（东营市统计局和国家统计局东营调查队，2020），除 2000 年以外，秋粮产量大于夏粮产量。1978 年夏粮和秋粮产量分别为 14.37 万 t 和 19.75 万 t，1978～2000 年粮食产量呈增长趋势，2000 年夏粮和秋粮产量分别为 45.26 万 t 和 35.68 万 t；2001～2014 年粮食产量呈总体稳定状态，在 2004 年和 2013 年有减产趋势；2015～2018 年粮食产量呈明显的增长趋势，2015 年夏粮和秋粮产量分别为 48.07 万 t 和 51.77 万 t，至 2018 年，夏粮和秋粮产量分别增至 66.46 万 t 和 80.08 万 t。

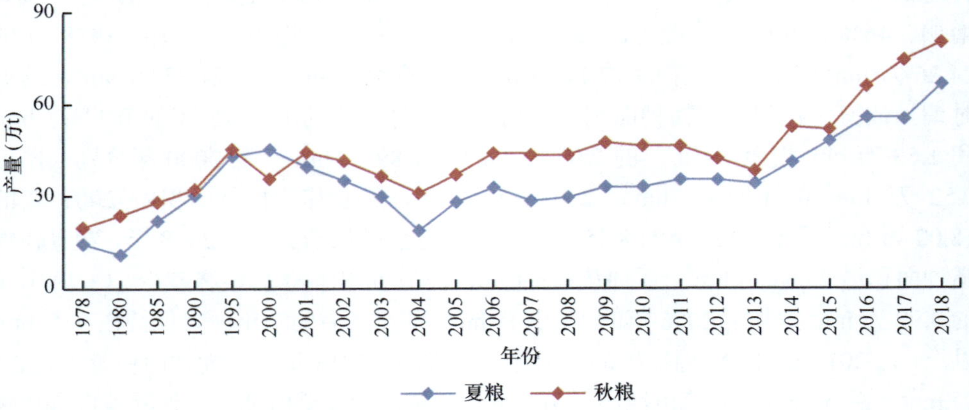

图 6.9 东营市 1978～2018 年夏粮和秋粮产量

图 6.10 显示，1978～2018 年东营市棉花产量总体呈先增加后减少的趋势，油料作物产量在 1985 年显著增长后迅速回落，并一直处于低产状态（东营市统计局和国家统计局东营调查队，2020）。1978 年东营市棉花和油料作物的产量分别为 0.21 万 t 和 0.19 万 t，1985 年棉花和油料作物产量分别增至 3.61 万 t 和 4.18 万 t，油料作物产量在 1990 年回落到 0.29 万 t，随后多年处于低产状态，2018 年油料作物产量 0.23 万 t；棉花产量在 1995 年回落到 1.96 万 t，之后呈增收状态，2006 年棉花产量增至 12.36 万 t，2007～2018 年棉花产量呈减少趋势，2018 年棉花产量降至 1.83 万 t。

图 6.10　东营市 1978～2018 年油料作物和棉花产量

（二）农业发展特征及存在的问题

自 20 世纪 60 年代黄河三角洲石油勘探开发会战至 2000 年，黄河三角洲农业开发虽备受国家重视，1989 年被列为全国八大农业开发区之一，1993 年被列为十大农业综合开发区之一，但因黄河三角洲以石油产业为主，农业综合开发整体不足（张东升等，2012）。这一时期主要的荒碱地开发模式包括：粮棉生产改造中低产田、盐碱地开发稻苇鱼藕生态农业、果林开发及芦笋创汇农业等（郝宝国，2002）。

2001 年以来，伴随着《中华人民共和国国民经济和社会发展第十个五年计划纲要》提出发展黄河三角洲高效生态经济（张东升等，2012），黄河三角洲生态农业得到发展，不断探索出一些因地制宜的生态高效农业模式，如“上农下渔”模式、龙头-基地-农户“产加销”一体化模式等（杨长军和毛玉莲，2008），但同时农业高投入、高消耗、低产出的弊端逐渐暴露，粗放增长模式面临向集约型增长方式转变的挑战。近年来，伴随着油气资源的不断开发，为解决油气资源产业终将进入衰退期的困局，根据黄河三角洲特点，政府不断加强对接替产业的开发力度，促进了该区域农业的发展，农业科技水平、品牌竞争力和农业组织化程度均有一定程度的提高，黄河三角洲农业高新技术产业示范区成立第一年，实现生产总值 20.85 亿元，人均纯收入 16 399 元（尹健等，2019）；培育出黄河口大米等多个具有地域特色的农产品品牌，著名认证商标达 40 多个，并通过每年的农博会不断推广名优产品（尹健等，2019）；至 2018 年，农业龙头企业达 674 家，农民合作社 2392 家，家庭农场 1433 家，农业服务组织 358 家，农业合作社成为连接农户与企业的枢纽（尹健等，2019；中共东营市委党史研究院和东营市地方史志研究院，2019）。

黄河三角洲因其气候、水资源、土壤等自然因素的限制，以及长期以来形成的产业结构上的问题，生态农业发展面临诸多挑战，主要包括：①淡水资源短缺，因年均蒸发量和降水量分别为 1870mm 和 584mm（李高伟等，2017），蒸降比高达 3.2，降水时间集中且径流量大，导致雨水利用效率低，而黄河来水作为当地主要的水资源，引水量受国家分配指标的严格限制，黄河三角洲水资源多年均值 29.5 亿 m^3、303m^3/人，大大低于山东省平均水平，仅为全国水平的 1/8 左右，加之农业灌溉节水效率低，农业用水与工业用水、生活用水的矛盾突出（谭春玲，2013）；②土壤盐碱化问题严重，因黄河三角洲位于河口陆海交错地带，当地土壤呈盐渍化，同时长期农产品单一，缺乏调节能力，浅层地下水矿化，以及蒸降比大，导致土壤次生盐碱化，农田易退化造成撂荒（刘志杰，2013）；③农业基础设施薄弱、分散，耕地资源不集中，农业灌溉设施老旧，导致农业灌溉成本高、效率低（尹健等，2019）；④农业产业结构不合理，农业产业化水平有待提高，种植业在农业产业中所占比例过高，农业产品以粗加工产品为主，农产品深加工及附加值开发不足，以科技投入为主导的农业特色生物产品有待开发（尹健等，2019）。

三、黄河三角洲牧业发展特征

（一）历年统计数据分析

根据统计资料（东营市统计局和国家统计局东营调查队，2020），2000～2018 年东营市牧业产值总体呈上升趋势，仅 2014 年、2015 年和 2017 年较上年有下降趋势，按照 2010 年价格水平，2000 年东营市牧业产值 12.43 亿元，占农林牧渔业总产值的 19%，2000～2012 年牧业产值稳步增加，牧业在农林牧渔总产值中的占比呈增加趋势，2012 年牧业产值增长至 58.21 亿元，在农林牧渔总产值中的占比增至 31%；2013～2018 年牧业产值呈波动变化特征，在农林牧渔总产值中的占比也呈波动变化趋势，牧业产值由 2013 年的 58.38 亿元降为 2014 年的 57.87 亿元，2015 年进一步降为 55.15 亿元，2018 年牧业产值增长至 59.17 亿元，牧业在农林牧渔总产值中的占比稳定在 25%左右（图 6.7）。

根据统计资料，2000～2018 年东营市青饲料播种面积呈波动变化状态（图 6.11），2000 年东营市青饲料播种面积为 1997hm^2，2003 年升至 5759hm^2，之后迅速回落，2011 年青饲料播种面积仅为 77hm²，2012 年之后播种面积有所回升，2013 年青饲料播种面积升至 3144hm²，之后又进入波动下降阶段，2018 年青饲料播种面积为 540hm²（山东省统计局和国家统计局山东调查总队，2001，2002，2003，2004，2005，2006，2007，2008，2009，2010，2011，2012，2013，2014，2015，2016，2017，2018，2019）。

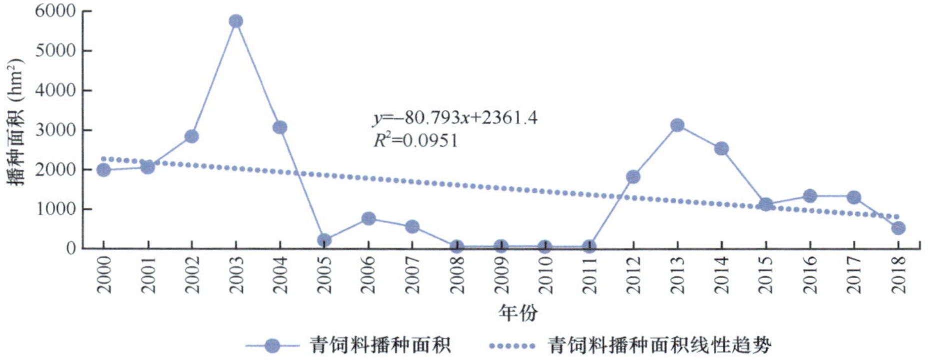

图 6.11　东营市 2000～2018 年青饲料播种面积

图 6.12 显示，1978～2018 年东营市牧业产量总体呈上升趋势，仅 1980 年、2013 年、2014 年和 2016 年较上年有所下降。1978 年，肉类、禽蛋和奶类产量总量为 1.84 万 t，其中肉类、禽蛋和奶类占比分别为 49%、50%、1%，之后禽蛋类占比逐年降低，奶类占比逐年升高，2007 年牧业产量总量为 41.54 万 t，肉类、禽蛋和奶类占比分别为 44%、28%、28%；2013 年开始，肉类、禽蛋和奶类占比发生大的调整，肉类、禽蛋占比呈降低趋势，奶类占比呈升高趋势，2018 年牧业产量总量为 64 万 t，肉类、禽蛋和奶类占比分别为 36%、7%、57%（东营市统计局和国家统计局东营调查队，2020）。

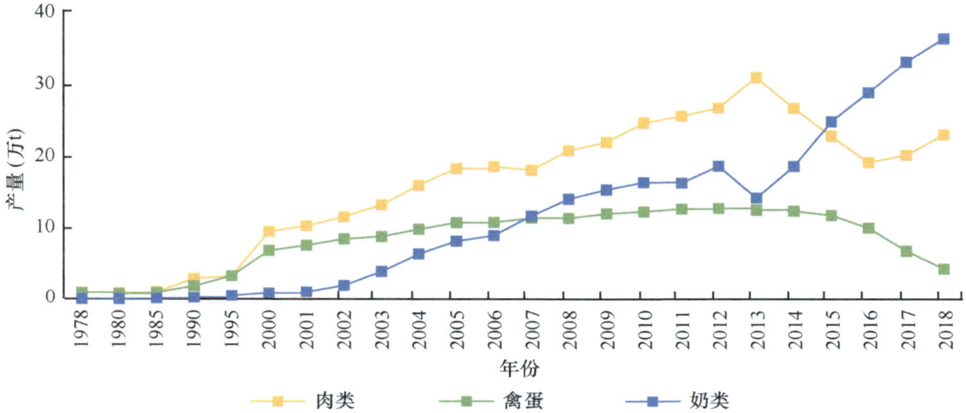

图 6.12　东营市 1978～2018 年肉类、禽蛋、奶类产量

（二）牧业发展特征及存在的问题

黄河三角洲位于环渤海枢纽地带，与日本、韩国牧草需求大国隔海比邻，具有发展牧业的区位优势（毕云霞等，2015），这里分布着中国沿海重要的天然草场，也是山东省最大的连片牧草场分布区，天然草场面积达 288 万亩，可利用草场面积 202 万亩，并在滨海荒碱地通过封育补播改良 133 万亩，天然草场以滨海滩涂草甸和平原草甸为主，主要有盐地碱蓬、白茅、芦苇、草木樨等 57 种饲用植物（许其华和李艳，2017），具有发展牧业的天然优势。

黄河三角洲牧业发展主要经历了五个阶段（毕云霞等，2015）。

（1）1985～1990 年，飞机补播阶段。使用飞机在天然草场播种牧草草种，提高牧草品质和载畜量，例如，1985 年使用飞机在利津县播种沙打旺 800hm^2，牧草长势良好。

（2）1991～1997 年，封育种草阶段。封育天然草场，建立了市畜禽良种场、大汶流草场、利北草场、孤北草场四个封育示范草场，并在封育的草场进行人工补播（沙打旺、草木樨、苜蓿）和种草（苜蓿、饲料玉米），全市共封育改良天然草场 84 000hm^2，草场产量由 5535kg/hm^2 升至 10 155kg/hm^2，载畜量增加近 2 倍。

（3）1998～2002 年，人工种草阶段。大力推进人工种草，建设饲料基地，发展规模化养殖，实行“粮、经、饲”三元种植结构，推动“种、养、加”标准化，种植草饲料作物面积共计 37 000hm^2。

（4）2003～2014 年，现代食草畜牧业阶段。种植牧草与饲养牲畜相互促进，推动种草养畜一体化进程，种草方式由粗放转向科学标准化，牧草品种由单一转向多元，牧业模式由传统养殖转变为“种-养-加-销”一体化的现代食草畜牧业。

（5）2015 年至今，“粮改饲”阶段。因饲料成本在养殖成本中占比达 70%，进口或外源饲料运输成本上涨，迫切需要对本地饲草资源进行开发，因此，山东省实施“粮改饲”试点，黄河三角洲借力“粮改饲”政策推进牧业发展，因地制宜实施小黑麦引种试验、苜蓿选种对比试验及苜蓿套种玉米试验，并探索多元化牧草青贮，除已有的玉米青贮，进一步对苜蓿青贮、小麦青贮进行探索试验，引进康益、达沃等工商资本促进牧草“种-加-销”一体化，2017 年一年生牧草种植面积达 19 980hm^2，奶牛、肉牛、肉羊草畜配套比分别达 100%、86%、58%。与此同时，引种甜高粱、柳枝稷等能源草，在修复油气污染的同时，发展了“地面石油”（张文娟和于景花，2015）。

目前，黄河三角洲牧业已发展出当地特有模式，包括：①“牛沼肥草”种养有机循环模式，在牧草周边连片粪污消纳地种植小黑麦、甜高粱、青贮玉米等，作为牧场饲料，通过一体化管道将牧场粪污沼液和沼渣送到田间作为肥料，实现种养结合、物质能量多级循环利用、减少污染的生态种养殖模式（张文娟和于景花，2015；贺淼和张文娟，2019；许其华，2019）。②多种作物套作间作模式，通过苜蓿与小麦套种模式，解决苜蓿出苗难的问题，提高了苜蓿出苗率，也增加了土地产出；通过苜蓿与青贮玉米套种模式，解决苜蓿雨季易涝及不易干燥的问题，目前已开发出苜蓿+小黑麦、苜蓿+甜高粱等多种套种模式；为提高土地利用率，进行水稻/燕麦草间作种植，秋冬季水稻收割后种植燕麦草，来年燕麦草收获后种植水稻，目前已开发出青贮玉米/燕麦草、青贮玉米/小黑麦、谷子/小黑麦、高丹草/小黑麦等间作模式（贺淼和张文娟，2019）。③连片连种模式，通过流转散户土地，形成连片种植农场，进行饲料作物的种植，供应给本地牧场作为饲料（张文娟和于景花，2015；贺淼和张文娟，2019）。④规模收贮模式，通过单个农户牵头，对分散农户的饲料产品进行统一收贮，一方面带动周边农户进行牧草种植，另一方面促进分散农户与牧场企业的长期合作（张文娟和于景花，2015）。

黄河三角洲牧业近年来发展迅速，但仍存在一些制约因素，主要包括：土壤盐碱化及有机质含量偏低导致牧业垦殖难度加大（贺淼和张文娟，2019）；牧草地分布于滨海地带，多有海沟纵横，水利配套设施尚未建成，排灌体系仍不完整，导致牧业开发成本巨大（贺淼和张文娟，2019）；受黄河三角洲雨季影响，牧草收割后易被雨淋发霉，同时加工设备落后导致干草粗蛋白含量远低于进口牧草，影响牧草销量（张文娟和于景花，2015）；人工种草无种植补贴导致农民种草积极性下降（贺淼和张文娟，2019）；草场管理重利用、轻养护，导致部分草场出现退化（许其华和李艳，2017）。

四、黄河三角洲渔业发展特征

（一）历年统计数据分析

根据统计资料（东营市统计局和国家统计局东营调查队，2020），2000～2018年东营市渔业产值总体呈上升趋势，仅 2017 年和 2018 年较上年有所下降，按照 2010 年价格水平，2000 年东营市渔业产值 14.39 亿元，占农林牧渔业总产值的 22%，2000～2010 年渔业产值稳步增加，在农林牧渔业总产值中的占比总体较为稳定，2010 年渔业产值增长至 36.85 亿元，在农林牧渔业总产值中的占比保持在 22%；2011～2018 年渔业产值呈先增后减趋势，其在农林牧渔业总产值中的占比总体呈增加趋势，渔业产值由 2011 年的 40.19 亿元增至 2016 年的 73.39 亿元，2017 年和 2018 两年连续下降，2018 年渔业产值为 68.08 亿元，在农林牧渔业总产值中的占比为 29%（图 6.7）。

1978～2018 年，东营市渔业水产品产量总体呈增长趋势（图 6.13），仅 2007 年、2017 年和 2018 年较上年有所下降；1978～1995 年，渔业水产品产量较低，1978 年为 0.80 万 t，至 1995 年增长到 8.56 万 t；2000 年，渔业水产品产量迅速增长至 27.31 万 t，2000～2006 年，水产品产量保持持续显著增长状态，2006 年达 45 万 t；2007 年产量略有回落，之后又迎来新一轮的增长，2016 年水产品产量达 58.71 万 t；2017 年、2018 年连续减产，至 2018 年渔业水产品产量已回落到 50.4 万 t（山东省统计局和国家统计局山东调查总队，2008，2015；东营市统计局和国家统计局东营调查队，2020）。

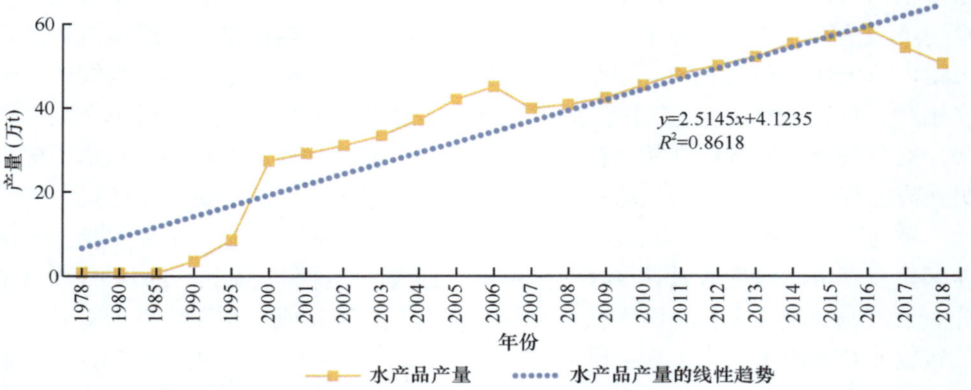

图 6.13　东营市 1978～2018 年水产品产量

从渔业产业构成来分析，如图 6.14 所示，2003～2018 年，东营市的渔业产量以养殖为主、捕捞为辅，养殖中海水养殖产量大于淡水养殖产量，且海水养殖产量呈增长趋势，捕捞中以海洋捕捞为主，淡水捕捞产量较低。2003 年，海水养殖产量、淡水养殖产量、海洋捕捞产量、淡水捕捞产量分别为 14.52 万 t、6.92 万 t、10.93 万 t、0.95 万 t，2003～2018 年，海洋捕捞产量呈降低趋势，至 2018 年海洋捕捞产量下降为 6.91 万 t，与 2003 年相比下降了 37%，这在一定程度上反映出近年来海洋渔业资源的衰退；淡水捕捞量也呈减少趋势，2018 年淡水捕捞产量下降为 0.38 万 t，与 2003 年相比下降了 60%；与渔业捕捞变化趋势相反，2003～2018 年养殖产量呈增加趋势，且主要由海水养殖扩张带动，2016 年海水养殖产量增长至 38.76 万 t，2017 年、2018 年连续两年回落，2018 年海水养殖产量为 34.42 万 t，与 2003 年相比增加了 1.37 倍；淡水养殖增速较缓，2010 年产量增至 10.20 万 t，之后有所回落，2016 年恢复到 10.18 万 t，2017 年、2018 年连续两年产量下降，2018 年淡水养殖产量为 8.69 万 t，比 2003 年增长 26%。2018 年，海水养殖、淡水养殖、海洋捕捞、淡水捕捞分别占水产品总产量的 68%、17%、14%、1%（山东省统计局和国家统计局山东调查总队，2004，2005，2006，2007，2008，2009，2010，2011，2012，2013，2014，2015，2016，2017，2018，2019）。

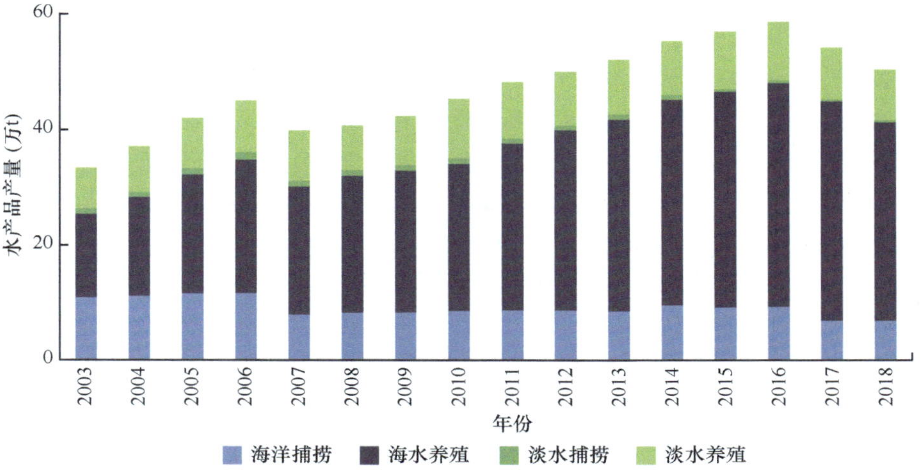

图 6.14　东营市 2003～2018 年海洋捕捞、海水养殖、淡水捕捞、淡水养殖水产品产量

2003～2018 年，渔业养殖面积总体呈波动变化趋势（图 6.15），其中，海水养殖面积呈波动增长趋势，2003 年海水养殖面积为 7.34 万 hm^2，2018 年海水养殖面积扩张到 9.48 万 hm^2；淡水养殖面积呈减小趋势，由 2003 年的 2.79 万 hm^2 逐渐减小至 2018 年的 1.96 万 hm^2。养殖面积变化趋势反映出渔业在空间上的扩张，也从侧面反映出养殖结构的变化以及当前所处技术水平下近年来宜渔空间资源的开发利用已逐渐趋近于饱和（山东省统计局和国家统计局山东调查总队，2004，2005，2006，2007，2008，2009，2010，2011，2012，2013，2014，2015，2016，2017，2018，2019）。

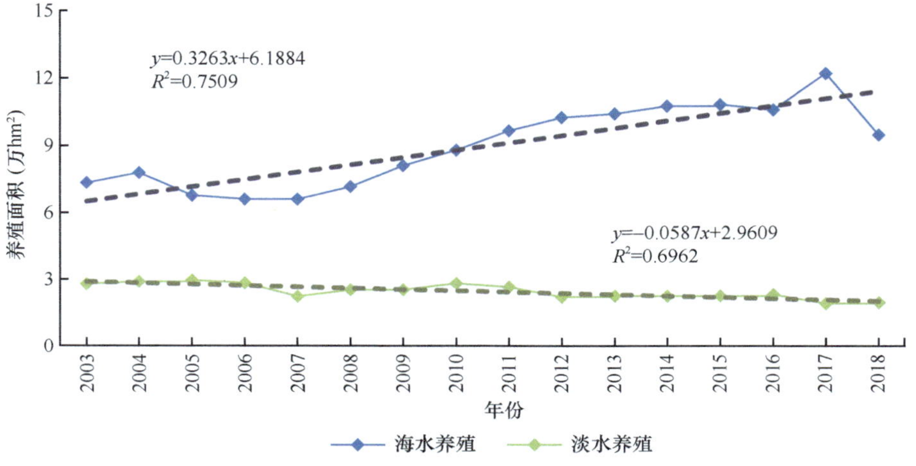

图 6.15　东营市 2003～2018 年海水养殖面积与淡水养殖面积

（二）渔业发展特征及存在的问题

黄河三角洲地处河海交汇地带，新生滨海湿地和浅海滩涂面积广阔，孕育有丰富的生物资源，其中，水生生物多样性尤为突出：近海渔业资源 130 多种，重要经济鱼类及无脊椎动物 50 多种，滩涂贝类 40 多种，高经济价值的贝类有光滑河蓝蛤、毛蚶、四角蛤蜊、青蛤、文蛤、福氏玉螺、扁玉螺、牡蛎、焦河蓝蛤、托氏螺等 10 多种（周鑫和许学工，2015）；淡水经济鱼主要包括鲫鱼、刀鲚、鲤鱼、鲇鱼、草鱼等（霍向伟等，2011），海洋捕捞种类主要包括四角蛤蜊、梭子蟹、中国对虾、毛虾、海蜇、梭鱼、鳀鱼等（东营市史志办公室，2018）。总的来说，黄河三角洲因其渔业资源及经济区位，具有发展渔业的优势。

黄河三角洲渔业发展主要经历了四个阶段。

（1）1978～1998 年，低产波动阶段。1985 年引进对虾、1993 年起引进大闸蟹，推动了养殖业的两次扩张，然而，从 1993 年起，对虾病虫害导致养殖面积、产量、产值下降，养殖户亏损，养殖池塘污染、水质变差，养殖业陷入低谷，1996 年，对渔业产业结构进行调整，由单一养殖对虾调整为多种水产品综合养殖，同时远洋捕捞进入起步阶段（周鑫和许学工，2015）。

（2）1999～2006 年，良种引进及效益快速提升阶段。2001 年开始在盐碱地推广低盐水南美白对虾养殖，2002 年开始兴起休闲渔业，2004 年通过“东参西养”引进海参养殖，2006 年实施渔业资源修复行动，一系列措施使渔业产量、产值快速提升（周鑫和许学工，2015）。

（3）2007～2016 年，稳定发展阶段。2008 年开始，引进资金建设标准化养殖池及配套设施，建设黄河口名优水产品产业园，兴建现代渔业示范区，经过一系列渔业发展措施，黄河三角洲已成为山东省重要的毛蟹养殖基地和海参养殖基地，发展出鲈鱼、文蛤、三疣梭子蟹、锯缘青蟹、南美白对虾、日本对虾、刀额新对虾、中国对虾等多个养殖品种，并发展出鱼虾、虾贝、虾蟹等多种立体生态混养模式（周鑫和许学工，2015；史大磊，2017）。培育出黄河口大闸蟹、黄河口海参、黄河口刀鱼等多个当地特色水产品知名品牌，并通过品牌推广活动进一步提升知名度，通过培育渔业龙头企业和渔民合作社，发展规模化、产业化、组织化渔业经营管理模式（史大磊，2017）。

（4）2017 年至今，海洋牧场起步阶段。2017 年，山东省发展和改革委员会、山东省海洋与渔业厅共同印发《山东省海洋牧场建设规划（2017—2020 年）》（中华人民共和国国务院新闻办公室，2017），将黄河三角洲作为重要板块纳入山东省海洋牧场发展布局，支持东营康华公司装备型海洋牧场、垦利海盈公司底播型海洋牧场、河口通和水产公司底播型海洋牧场、利津鲁鑫公司田园型海洋牧场四个省级海洋牧场的建设（大众网东营频道，2017）；年鉴资料显示，2018 年东营市海洋牧场达 1.47 万 hm^2，投放贝苗 5 亿单位，4 个省级海洋牧场及 3 个海洋牧场综合管理平台在推进建设，建成 20 个大型深水网箱和“黄河口—垦利号”海洋牧场综合管理平台（东营市史志办公室，2018；中共东营市委党史研究院和东营市地方史志研究院，2019），黄河三角洲海洋牧场建设进入起步阶段。

从空间布局上来看，黄河三角洲渔业发展主要集中在垦利县（现为垦利区）和河口区，这两个区域岸线较长、水系丰富，滩涂和宜渔面积大，渔业设施完善，建设有现代渔业示范区和淡水渔业示范区，是黄河口大闸蟹养殖加工的主要区域，其中，河口区因石油开发等活动生态环境较为脆弱，渔业的生态效益和社会效益较差；利津县以其特有的上农下渔模式，通过挖池塘养殖、筑台田种植、深沟排碱等技术措施改造了大面积的盐碱地，渔业开发获得了较高的生态效益；东营区和广饶县分别以油田和农田开发为主，加之宜渔面积较小，渔业产业规模较小（周鑫和许学工，2015）。

近年来，黄河三角洲渔业在发展的同时，也产生和面临诸多问题，主要包括：①滨海湿地丧失与退化，伴随着渔业养殖区域的扩张，滨海湿地被大面积围垦，其中河口湿地和滩涂减少最多（杨红生，2017），同时，渔业养殖废水排换导致滩涂和浅海生态系统污染与退化；②渔业水域污染及水产品质量堪忧，渔业养殖过程中使用违禁或淘汰药物，用药不规范，导致养殖区及附近水域水体污染，渔业产品药物含量超标（刘欢和王国聘，2013；杨红生等，2016b）；③互花米草入侵，1993 年黄河三角洲为解决海岸蚀退问题引种大米草和互花米草，目前，互花米草在黄河三角洲大面积蔓延，与本地沿海植被竞争生存空间，成为生物入侵种，互花米草的泛滥，显著破坏了滩涂和近海的栖息环境，导致生物多样性下降，使得沿海的鱼、虾、贝等多种生物窒息死亡，渔业资源严重受损（刘志杰，2013；杨红生，2017）；④陆海之间的生态连通性受损，因沿海建堤修路及渔业扩张，黄河三角洲陆海生态系统呈破碎化趋势，陆海生态连通受阻，导致浅海生物失去陆域食源，潮间带湿地与海洋阻隔而干化退化，水生栖息地的质量、完整性和多样性被破坏（杨红生，2017；刘玉斌等，2019）；⑤粮食需求面临挑战、形势严峻，伴随着人口不断增长和生活水平不断提高产生的粮食需求增加，面对滨海养殖区域空间扩张渐呈饱和状态，以及野生渔业资源的不断衰退（霍向伟等，2011）、渔获量的不断减少，如何高效生态利用渔业产业满足粮食需求，成为新时期的挑战（杨红生等，2016a，2016b）。

第三节 生态农牧场空间布局的目标与基本原则

一、空间布局的目标

（一）总体目标

黄河三角洲生态系统具有显著的陆-海生态连通性特征，这种陆-海生态连通性在生物资源保护、生境保护、生物多样性维护、濒危种群恢复和重建、生态系统修复和保护等方面发挥着极为重要的作用。目前，相对独立发展的盐碱地农业和渔业发展模式已无法满足现代农业的发展要求，亟须查明陆-海连通性影响机制和调控途径，并采用新设施和新工程技术建立基于生态系统管理理念的生态农牧场模式（杨红生，2017；杨红生等，2020a）。

黄河三角洲生态农牧场建设以保护黄河三角洲海岸带生态环境、持续利用资源和实现可持续发展为总体目标，协调海岸带资源利用、经济发展和生态文明建设之间的关系，针对陆海生态连通性受损及海岸带生态农牧场建设亟待突破的诸多科技问题，创新集成海岸带生态农牧场环境保障的关键设施和技术，构建可复制、可推广的海岸带农渔综合种养新模式，研发特色滩涂资源的高值化利用技术，实现盐碱地和滩涂高效开发、近海环境保护和农牧渔产品优质安全生产；研制互花米草控制与异质性生境营造技术、牡蛎礁/海草床生境重建技术，建立退化生态系统修复示范样地和推广模式；构建以农牧渔业为代表的第一产业、以精深加工业为代表的第二产业和以文化旅游业为主的第三产业，并实现“三产融合”，服务于上述生态农牧场建设的总体目标和技术要求，研究制订以“三场连通”和“三产融合”为基本特征及要求的生态农牧场空间布局优化方案，并提出相应的政策建议，促进黄河三角洲海岸带空间开发利用效率和综合效益的提升。

（二）示范区目标

为探索黄河三角洲经济发展新模式，针对黄河三角洲陆海区域地理特征，分别在黄河三角洲盐碱地、滩涂、浅海海域构建生态农牧场示范区，通过知识创新、技术集成和综合管理，最大限度地利用黄河三角洲陆海资源，分析新模式下示范区的综合效益，为黄河三角洲经济发展提供技术支持，具体内容如下。

（1）以提高滩涂及盐碱地生境多样性和生态服务功能为目标，发展基于微地形改造的结构特征和功能分异量化方法，塑造出多种类型的微地形和集水区，营造集水区、坡地、平地镶嵌分布的多样性生境，确定地形地貌（沟渠、坡地、平地），生境斑块的空间分布、密度与比例，建立盐碱地异质性生境优化组合模式，并进行规模化示范。

（2）建立适于黄河三角洲地形特征和气候特点的盐碱地生态高效农业模式，实行种养结合的开发模式，构建“盐碱地生态牧场”（耐盐牧草-畜牧养殖-人工湿地修复-耐盐花卉苗木-湿地生态农业园）和“盐碱地生态农场”（沟渠鱼塘-家禽养殖-人工湿地修复-生态菜果园-湿地生态农业园），并进行规模化示范，实现物质-能量-生态良性循环，一二三产融合发展，为盐碱地农业资源高效持续利用提供理论依据和技术支持。

（3）采用池塘布局设计、塘泥肥土等措施，营造柽柳-管花肉苁蓉（*Tamarix chinensis-Cistanche tubulosa*）的适生环境；通过人工控制寄生技术，构建柽柳-管花肉苁蓉寄生苗接种、移栽技术体系，形成黄河三角洲地区管花肉苁蓉的种植模式和配套技术；集成水质调控技术、丝状藻类控制技术和水母灾害控制技术等，研发适于黄河三角洲地区水质和气候特点的海珍品养殖技术，形成“柳基参塘”养殖新模式，促进塘坝间物质和能量的高效循环利用。

（4）通过生态工程设计，将海水蔬菜如海蓬子无土栽培与海珍品如海参属（*Holothuria*）养殖有机结合，建立适宜生境构建、环境监控、菜参配比优化、种养区域布局、饲料精准投喂、病虫害生态防控等技术，形成海水蔬菜与海珍品间互利共生和良性循环的生态环境，建立资源循环高效利用的“净水健参”综合生态种养殖新模式。

（5）通过构建生态浮床，研发适于黄河三角洲区域的盐生植物-对虾复合生态种养殖系统，优化基于天然饵料和人工饲料组合的高效投喂技术，集成种养区域布局、种类组成、种养密度、种养方式和环境优化等技术，构建盐生植物-对虾复合种养殖技术体系，形成生态效益、经济效益和社会效益三统一的新模式。

二、空间布局的基本原则

生态农牧场建设必须充分调动市场和政府两个方面的积极性，实现生态效益、经济效益和社会效益相统一，其中生态效益居于首位（郑世忠和陈放，2019；李忠义等，2019）。目前，海洋牧场与集约化精准养殖场、海岸带生态农牧场、离岸深水智慧渔场融合发展是实现陆海统筹、沿海资源高效利用的新模式，有利于沿海生态文明建设和社会可持续发展（杨红生，2017；杨红生等，2016a，2018）。海岸带生态农牧场是基于生态学原理，利用现代工程技术，陆海统筹，由陆向海依次构建盐碱地生态农牧场、滩涂生态农牧场和浅海生态牧场，营造健康的海岸带生态系统，形成以“三场连通”和“三产融合”为基本特征的生态农牧场空间布局，从而促进生态而高效的海岸带农牧渔业的发展。具体而言，生态农牧场建设和空间布局的主要原则包括以下四个。

1）坚持生态优先，发展盐碱地生态农牧场

在黄河三角洲区域，必须强调陆地与海洋的和谐，人与自然共建的理念，以环境承载力为依据，在保护生态岸线的基础上，大力发展以牧草种植、耐盐植物高效恢复为基础，柽柳-管花肉苁蓉种植、稻-鱼-蟹复合生态种养殖为补充的盐碱地现代生态农业。

2）坚持陆海联动，建设滩涂生态农牧场

在黄河三角洲低平而广阔的滩涂区域，必须在强调陆海统筹的前提下科学规划，开展互花米草控制与生境重建，通过海水蔬菜栽培、光滩畜禽养殖、海产动物健康苗种培育等，高效利用局部滩涂，从而恢复大部分湿地的生态功能。

3）坚持融合发展，构建浅海生态牧场

在黄河三角洲的浅海区域，通过生境修复和改造，为海洋生物提供产卵场、育幼场和索饵场，实施增殖放流和有效的资源管理，补充和恢复生物资源，同时发展加工利用、休闲旅游等产业，实现“三产融合”发展。

4）坚持工程示范，构建保护与利用新模式

必须在系统评估黄河三角洲陆海生态连通性现状的基础上，强化海岸带建设和开发活动的工程示范，保证陆海生态系统结构和功能稳定，建立海岸带各区域相互连通、融合发展的生态农牧场，实现“三场连通”和“三产融合”，提升黄河三角洲海岸带开发利用空间的综合效益。

第四节　生态农牧场空间布局技术方案与制图方法

一、生态农牧场空间布局影响因素

（一）主要的自然因素

生物群落的空间分布在很大程度上受气候、地形、土壤、地下水等多种自然因素的驱动影响。在大尺度上气候对生物的空间分布起着决定性作用，在小尺度上地形、土壤等因素及其相互作用也影响着生物群落的分布（刘瑞雪等，2015；安乐生等，2017）。已有研究表明，水盐梯度是影响滨海湿地植物群落分布的典型环境因子，是决定植物分布与演替的关键因素。黄河三角洲作为典型的滨海区域，其沉积环境、气候条件和土壤母质决定了盐渍化土壤在该区域的广泛分布，超过50%的土地为不同程度的原生盐渍化土壤，此外，该地区地下水埋深浅且矿化度高，蒸降比大，容易产生土壤次生盐渍化（王海梅等，2006）。土壤盐渍化严重是制约黄河三角洲地区农业可持续发展的重要因素。同时，黄河三角洲降水量呈逐年降低趋势，但降水时间分布不均匀，极端降水事件频发，导致季节性土壤淹水和干旱，造成作物减产或死亡，严重影响种植业的发展。

本研究总结近年来已发表的文献资料与调查数据，着重分析黄河三角洲区域的气候、土壤、植被类型、水文和海域自然特征等自然地理因素的基本特征及其对生态农牧场建设的影响，具体如下。

1. 气候因素

近百年来，全球气温显著上升，气候逐渐呈现以变暖为主要特征的变化趋势（李高伟等，2017）。研究表明，我国近百年来的气温也呈上升趋势，且升温幅度高于全球平均水平，其中，冬季和春季的气温变化最为明显（屠其璞等，1999）。气候变化使得区域自然因素发生变化，对区域环境演变产生一系列影响。作为自然形成的河口湿地，黄河三角洲的气候变化及其影响一直受到国内外研究学者的关注。

黄河三角洲区域四季分明，夏季炎热，冬季寒冷，最高气温可达 34℃以上（魏立兴等，2019），冬季平均最低气温达–2.98℃；低于 0℃的月份主要集中在 12 月到次年的 2 月，仅适宜耐寒作物生长；温度较高的月份主要为 7 月和 8 月，且该时期降水较多、蒸发旺盛、相对湿度大、风速较小，属于雨热同期，部分作物受温度影响停止生长。黄河三角洲多年平均气温、降水量、蒸发量、相对湿度、风速分别为 12.9℃、584mm、1870mm、64.67%、2.92m/s，降水多集中在夏季，无霜期平均 210d，年均日照时数 2682h，≥10℃的积温约 4300℃（张绪良等，2009；李高伟等，2017；东营市史志办公室，2018）。各月气温、降水、蒸发及风速差别较大。常有旱、涝、风、霜、雹和风暴潮等自然灾害，该地区也是温带风暴潮的多发区（潘志强等，2003）。以黄河三角洲地区的垦利气象站为例，1968～2019 年，该站点的气温呈显著上升趋势，而降水量则呈波动性变化，上升趋势不明显（图 6.16）。其他气候要素，如蒸发量和风速等，则呈持续减小趋势（宋德彬等，2016；李高伟等，2017）。黄河三角洲区域气温上升已成为影响该区域生态环境安全的重要因素。

2. 土壤因素

黄河三角洲的土壤类型主要有褐土、砂姜黑土、潮土、盐土及渗育水稻土等（图 6.17），其中，褐土面积占比约 3.62%，主要分布在广饶县小清河以南井灌区 9 个乡（镇），是粮棉菜高产稳产区；砂姜黑土面积占比 2%，主要分布于广饶县小清河以南褐土区的低洼处，质地黏重，耕性差；潮土面积占比 38.08%，广泛分

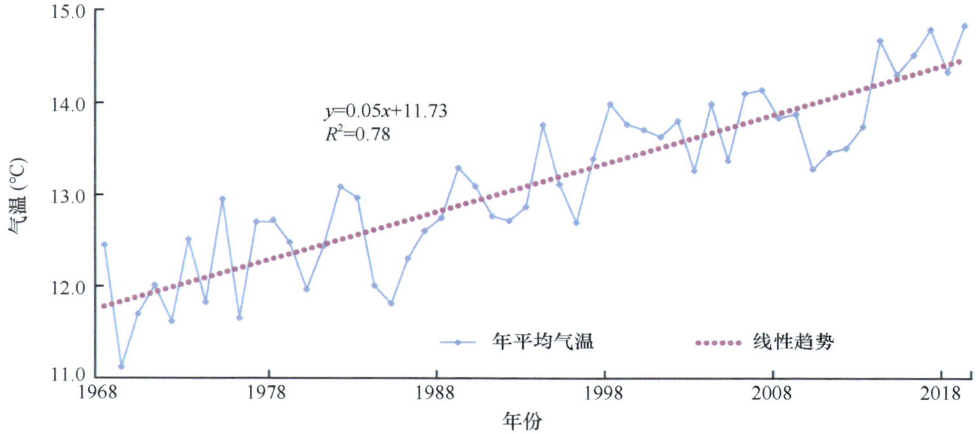

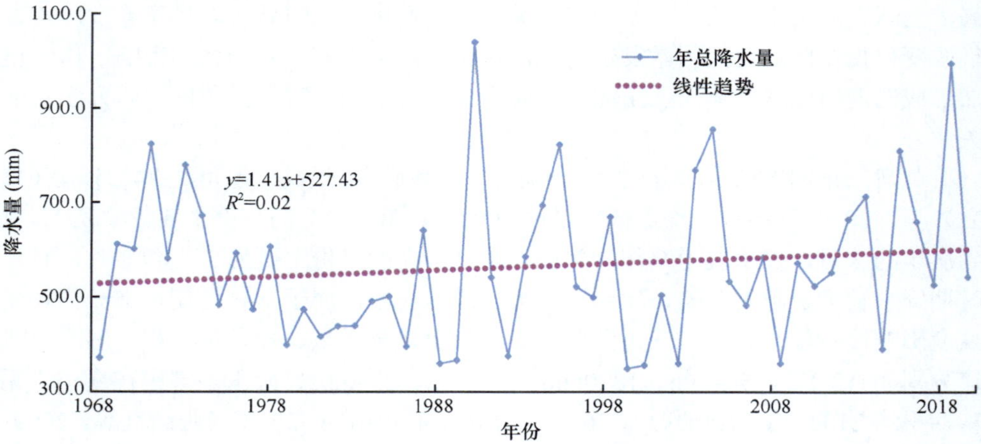

图 6.16 1968～2019 年垦利站气温和降水变化趋势

图 6.17 黄河三角洲土壤类型空间分布图

土壤类型空间分布数据来源于中国科学院资源环境科学与数据中心

布在小清河以北广大地区和小清河以南的大营、西刘桥、大码头等区域，是分布面积最大的土壤类型，适宜多种作物生长；盐土类包括盐土、滨海盐土、滨海潮滩盐土等类型，主要分布在黄河三角洲靠海的区域，分布范围比较广泛，合计占全市土地总面积的 44.63%，顺海岸大体呈带状分布，矿化度高，表层含盐量为 0.8%～2%，其中，海岸附近的土壤以滨海潮滩盐土为主；渗育水稻土的分布面积约占 0.11%，主要分布在利津县一带。综上，褐土、砂姜黑土、潮土、渗育水稻土主要分布在黄河三角洲内陆地区，珊瑚砂土主要集中在黄河流域及黄河三角洲入海口附近。

土壤类型是作物生长的关键因素，如玉米是第二大粮食作物，同时也是盐敏感作物，盐胁迫严重影响玉米种子萌发、根系生长发育（李文阳等，2019），降低其产量，因此不适宜在盐土中种植玉米。黄河三角洲区域约有 45%的土壤含盐量高，不适宜种植农作物，导致黄河三角洲土地利用率低，黄河三角洲特殊的地理环境使得该区域土壤去盐困难，为此，通过引入耐盐作物可以提高黄河三角洲土地利用率和农业经济效益。此外，不同耐盐作物对土壤质地、土壤含盐量和 pH 有不同的生长要求，进行生态农牧场建设时必须同时考虑耐盐植物特性和土壤特性，因地制宜地种植耐盐作物，实现土地优化和资源高效利用。

3. 植被因素

黄河三角洲新生湿地孕育了丰富的植物资源，植物类型多样、面积广阔，是我国东部沿海最大的自然植被区（张晓龙等，2009）。根据《山东黄河三角洲国家级自然保护区详细规划（2014—2020 年）》，黄河三角洲区域共有植物 685 种，其中浮游植物 407 种（淡水浮游植物 291 种、海洋浮游植物 116 种），自然分布维管植物 195 种（蕨类植物、裸子植物、被子植物分别为 2 种、2 种、191 种），栽培植物 83 种。

按照《1∶1 000 000 中国植被图集》，黄河三角洲区域共分布有 7 个植被型组，分别为栽培植被、草甸、灌丛、沼泽、阔叶林、针叶林和其他（图 6.18）。其中，以栽培植被和草甸为主，分别占黄河三角洲区域面积的 61.14%和 28.73%，主要分布于内陆潮土和褐土区域及滨海潮土的部分区域；灌丛、沼泽和针叶林分布在靠海一侧，主要有盐地碱蓬、柽柳、芦苇等耐盐植物；阔叶林的分布范围有限，主要是远离海岸的区域有零星分布。总的来说，黄河三角洲盐碱地广布，生境条件恶劣，对植被分布和土地利用率的影响较为显著。

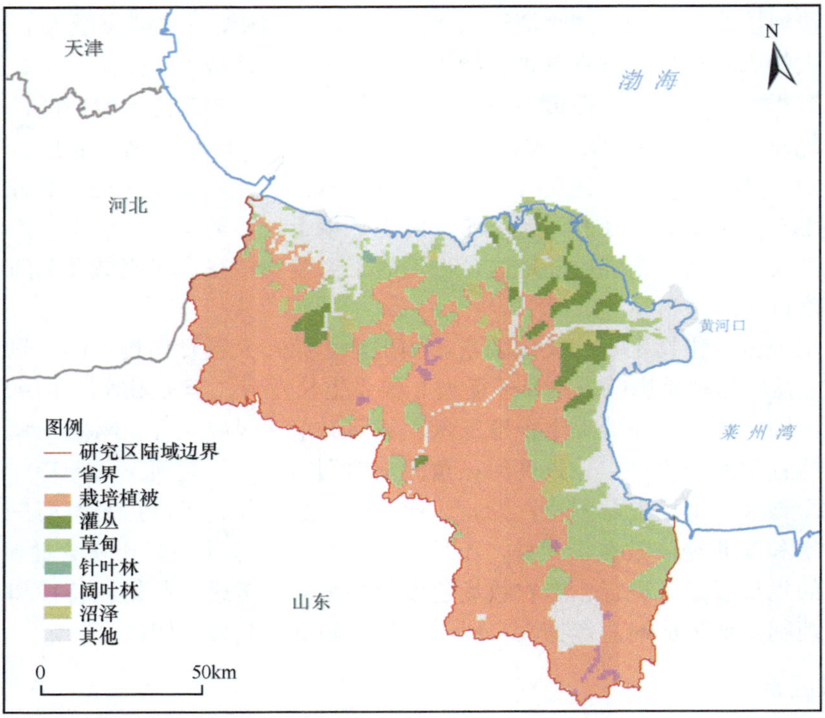

图 6.18　黄河三角洲植物类型空间分布图

植物类型空间分布数据来源于中国科学院资源环境科学与数据中心

4. 水文水资源

黄河三角洲年均水资源量 9.01 亿 m^3，地表和地下水资源量分别为 8.21 亿 m^3 和 0.80 亿 m^3，地表水利用率低，地下水多排入海洋（王利娇，2017；东营市史志办公室，2018）。黄河径流量时空变化大、分布不均，水沙不平衡。据利津水文站观测资料，黄河年均径流量 212 亿 m^3，多年径流量呈明显下降趋势，减少速率为 7.193 亿 m^3/a（1950～2012 年）（张翠和史丽华，2015），年最大水量 973.1 亿 m^3（1964 年），年最小水量 18.8 亿 m^3（1997 年）；黄河年均输沙量为 8.36 亿 t，年最大输沙量为 21 亿 t（1958 年），年最小输沙量为 0.15 亿 t（1997 年）。1972 年开始，黄河出现阶段性断流，20 世纪 90 年代后断流频繁，1997 年断流达 13 次，合计 226 天（东营市史志办公室，2018）。为缓解黄河断流的情况，2002 年 6 月，黄河中游小浪底水库开始调水调沙试验，对黄河三角洲进行生态补水，2005 年之后，黄河调水调沙进入正式运行阶段。至今，黄河三角洲湿地植被覆盖面积及覆盖度均有明显好转（吴立新，2015）。

黄河三角洲区域土壤含盐量高，地下径流缓慢，咸水分布广，地下浅层淡水分布在广饶南部、利津至陈庄沿黄河一带，上层滞水多分布在黄河故道处，地下深层淡水分布在东营至利津以南地区（东营市史志办公室，2018）。湿地地下水向海径流，因黄河天然分水岭作用，近河地下水补给以侧渗为主，远河地下水补给以降水入渗为主、灌溉回渗为辅，地下水排泄以垂直蒸发和部分侧向径流为主，地下水年变化幅度为 1～2.5m（高茂生等，2012）。

5. 海域自然特征

海水温度、pH、盐度是海洋生态系统中三个重要的环境限制因子，对海洋生物的生存、繁育及种群迁徙等具有重要意义（胡婉彬等，2015）。贝类如牡蛎、棘皮动物如刺参、鱼类等是重要的经济渔业种类，容易受海水环境影响，温度升高或降低会造成水产生物新陈代谢、免疫等功能的减弱，从而影响存活率及产量；同时受到盐胁迫等因素的影响，水产生物表现为体内渗透压的改变，从而影响生物存活率（林君卓和许振祖，1997；Verween et al.，2007）。黄河三角洲滨海潮滩分布范围广，适宜进行底播增养殖，如贝类、刺参等，在水深较大的海域适宜开展网箱养殖或筏式养殖，如对虾、鱼类。刺参适宜生长的水温为 10～17℃（贺加贝等，2019），对虾适宜生长的水温为 25～32℃（张伟权，1990），过低或过高均会影响其生长发育，降低产量。因此，建设生态农牧场必须考虑海洋环境因素的适宜性，优化生物种养殖环境，提高养殖产品的产量和质量，以期获得高的经济效益。

（二）人文与区位因素

1. 人口与居民点分布

人口与居民点分布是影响黄河三角洲区域生态环境的重要因素，人口密集区域及其周边范围开发利用活动较多，其对生态环境的破坏能力也较强，导致区域生态环境质量降低。为准确了解黄河三角洲区域人口与居民点的分布状况，本研究通过分析与人口分布密切相关的夜间灯光数据（陈晴等，2014；杜培培和侯西勇，2020）来评估该区域人类活动对生态环境的影响。夜间灯光数据显示，黄河三角洲人口主要集中在东营区、广饶县、利津县、河口区、垦利区，其中东营区和广饶县人口最为密集（图 6.19）。黄河三角洲区域进行生态农牧场建设时应充分考虑与人口密集区之间的关系处理，评估人口密集区进行生态农牧场建设的适宜性及影响。

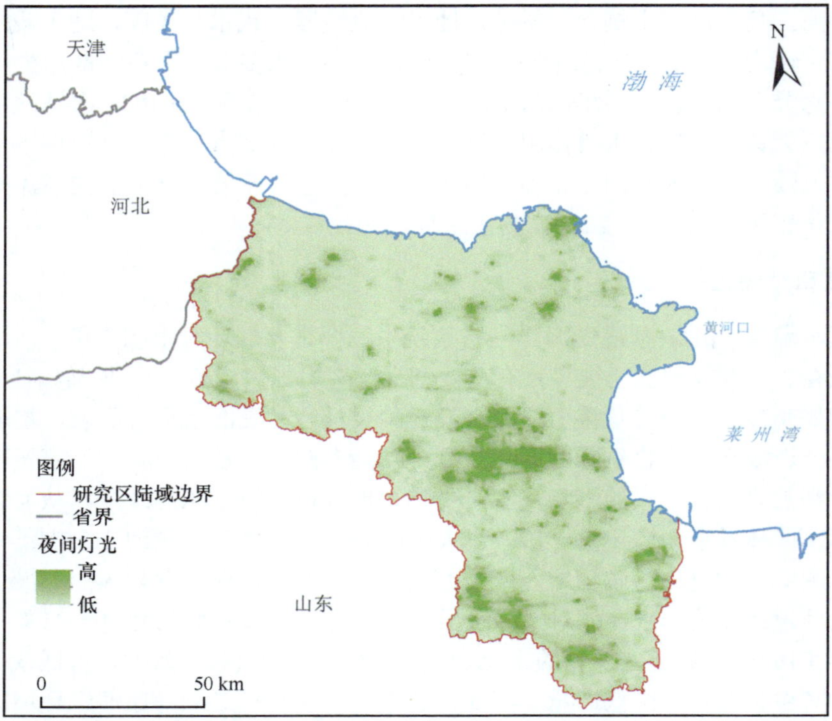

图 6.19　黄河三角洲区域夜间灯光分布图

灯光数据来源于美国国家地理数据中心提供的 2015 年夜间灯光年度平均数据，分辨率为 0.15rad

2. 区位特征

黄河三角洲黄河入海口泥沙淤积严重，不利于河运和海运，相较于烟台、青岛等城市人口集中于沿海一侧，黄河三角洲区域人口分布主要集中在靠陆一侧，离海岸线越近人口越稀疏，其生态环境受人类活动的影响较小，为在黄河三角洲地区开展生态农牧场建设、改善生态环境提供了便利的条件。但黄河三角洲区域石油资源丰富，风电、石油产业发达，在沿海地带分布多个石油开采基地，其对周边陆海生态环境的影响较为显著。应综合考虑黄河三角洲居民点、风电、石油产业等的布局，以及临海交通便利程度，规避风险地带，选择适宜进行生境改造、生态修复的陆域和海域开展生态农牧场建设，发展循环经济，实现黄河三角洲可持续发展目标。

（三）现有规划与空间管制因素

早在 20 世纪 90 年代，国家就批准建立了黄河三角洲国家级自然保护区，并设立一千二、黄河口、大汶流共 3 个管理站，以保护黄河三角洲区域河口海岸带湿地生态环境健康。同时，为促进区域经济健康有序发展、合理开发国土空间资源、优化海洋开发空间布局，山东省发布了《山东省海洋功能区划（2011—2020 年）》和《山东省主体功能区规划》。自然保护区的建立及主体功能区规划的出台能够很好地约束黄河三角洲区域滩涂湿地资源的开发利用，通过优化滩涂湿地资源的利用结构及空间格局，有效地避免滩涂湿地资源的破坏、浪费或者低效率的开发利用，对于黄河三角洲区域乃至渤海区域的生物资源保育、生态系统保护起到非常重要的保障和促进作用。现有的空间管控政策和措施限制了部分空间区域的开发利用，例如，黄河三角洲入海口南部潮间带区域是重要的生境资源，具有良好的环境条件，适宜进行围海养殖活动及农牧场建设，该区域受到政策保护和黄河三角洲自然保护区的功能限制，禁止破坏海岸线的开发活动。因此，在进行生态农牧场布局方案设计时，必须尊重现有的规划方案和空间管制情况，充分考虑农牧场位置选取及其生产方式对周围环境的影响特征，以防止农牧场建设和运营等活动违背原有生态保护目标，加剧污染或者造成新的生态环境问题。

二、生态农牧场分布适宜性评估与制图方法

（一）生境适宜性评估指标因子

黄河三角洲是海陆变迁活跃的地区，由于三角洲成陆年代晚、潜水位高、矿化度大、土壤含盐量高，海陆相互影响范围大，是生态环境演变频繁、动态特征显著的典型生态区域（王海梅等，2006）。调查显示，黄河三角洲约有 21%的区域为滩涂和光板地，土壤盐渍化严重，土地利用率低，制约了黄河三角洲农业经济发展，同时也影响该区域生态环境适宜性。已有研究发现（安乐生等，2017；王海梅等，2006），地形、土壤类型、与海岸线距离和距淡水的距离影响土壤盐度分布，从而影响植物群落分布及生物多样性。具体表现在：从含盐量高的沿海滩涂开始，向陆地方向，随着离海距离的逐渐增加，在含盐量有所降低的情况下，土壤上开始生长耐盐植物碱蓬群落，在土壤性状逐步改善、土壤含盐量进一步降低的区域，逐渐形成柽柳群落和柽柳+芦苇群落，土壤的盐分状况和养分状况也得到明显改善（王彦功，2001；郗金标等，2002）。在土壤理化性状较好的地段上，农业开垦和造林利用已成为可能，而植被类型及人类的土地利用方式反过来影响土壤的盐分、有机质和 N、P 等养分含量，并对土壤的机械组成产生一定的影响。

为分析黄河三角洲陆域生境适宜性，本研究从黄河三角洲的自然地理特征和盐度影响因素出发，确定 6 个陆域生境适宜性评价因子，分别为气温、灌溉条件、海拔、坡度、土壤类型、与海岸线距离。其中，气温数据来源于中国科学院资源

环境科学与数据中心的2015年年均气温空间插值数据，空间分辨率为1km；海拔信息由数字高程模型（DEM）数据反映，具体是下载地理空间数据云平台（http://www.gscloud.cn/）中的GDEM V2数据，空间分辨率为30m；坡度数据利用DEM数据计算而得到；土壤类型数据来自中国科学院资源环境科学与数据中心的中国土壤类型空间分布数据，空间分辨率为1km；灌溉条件定义为距淡水水体的距离，具体是提取2015年的土地利用遥感解译数据中的水系，利用GIS空间分析技术计算而得，栅格化得到分辨率为1km的空间数据；与海岸线距离数据，是定义平均高潮线为海岸线，利用GIS空间分析技术通过计算而得到。

（1）地形条件：地形条件直接影响土壤水分和土壤养分等的空间运移过程和空间分布特征，从而在很大程度上影响到土地利用/覆盖类型的空间分布特征（吴昊，2015；Liu et al.，2016），本研究选取海拔、坡度2个地形因子，用于分析黄河三角洲陆域生境适宜性。

（2）土壤类型：土壤类型在很大程度上决定了土壤的物理和化学属性，如土壤质地、土壤pH、土壤有机质等，土壤类型分布显著影响黄河三角洲植被类型的分布。

（3）气候条件：气候是自然环境最重要的因素。本研究选取气温因子进行生境适宜性分析，气温影响适宜种植的农作物种类及熟制、播种季节、耕作方式等，从而影响耕地的类型和管理方式。

（4）灌溉条件：灌溉条件是植物耕种的主要限制性影响因素，尤其是河流或湖泊等淡水水体，往往是区域生活用水、工业用水的重要水源，同时也是农业生产的重要水源。淡水水源的远近程度决定土地灌溉的便利条件，在黄河三角洲区域其对土壤盐渍化程度也具有较为显著的影响，从而在很大程度上决定土地对不同作物或植物的适宜性程度。

（5）与海岸线距离：海域开发利用使滨海湿地生态环境、生物多样性受到严重干扰与破坏，同时土壤盐度也受海水影响。以平均高潮线为起点，计算黄河三角洲陆域区域与海岸线的距离，用于生境适宜性分析。

（二）生境适宜性评估与制图

生境适宜性评估包括单因子评估和综合指标评估计算2个过程。首先，对单一指标因子按照其对生境适宜性的影响特征，进行质量等级评估和划分（侯西勇等，2007），从黄河三角洲自然地理特征出发，确定指标因子质量等级划分的标准，如表6.1所示，在此基础上，对6个指标因子空间分布数据进行质量等级计算，获得6个因子1km分辨率的质量等级栅格数据集。每个单一指标因子的质量等级分为5个级别，赋值为1～5，其中，1代表很不适宜、5代表非常适宜、2～4表示存在适宜所需的限制条件，其限制条件越少等级越高。实际的单因子分级结果表明，海拔、与海岸线距离两个因子的质量等级均为 1～5，土壤类型因子的质量等级为 1～4，灌溉条件因子的质量等级为 2～5，坡度因子的质量等级为 1～3，气温因子的质量等级则为 1～4。可以发现，土壤类型、气温和坡度对黄河三角洲区域的生境适宜性均具有一定程度的限制性特征。6 个因子中，土壤类型、气温、与海岸线距离 3 个因子具有较为显著的空间差异性，总体上以宏观的陆海分异（梯度）特征为主；灌溉条件因子的空间差异性则主要存在于较小的空间尺度上；海拔和坡度 2 个地形因子的空间差异程度居中。

表 6.1 生境适宜性指标因子质量等级划分标准

指标	质量等级				
	1-很不适宜	2-不适宜	3-适宜	4-比较适宜	5-非常适宜
土壤类型	盐土、滨海盐土、滨海潮滩盐土	珊瑚砂土	渗育水稻土	潮土、湿潮土、褐土、砂姜黑土、土娄土	—
灌溉条件（km）（与淡水水体的距离）	—	>6	4～6	2～4	<2
气温（℃）	12.08～12.52	12.52～12.82	12.82～13.10	13.10～13.49	—
海拔（m）	<0	1～2	3～4	5～10	>10
与海岸线距离（km）	0～15	15～30	30～45	45～60	>60
坡度（rad）	0.1085～0.2852	0.3580～0.1085	0～0.3580	—	—

等级划分结果显示（图 6.20），单个栅格像元内不同指标因子的质量等级不同，需要按照不同指标对该像元综合生境适宜性的影响程度进行权重赋值，经专家讨论，土壤类型、灌溉条件 2 个因子对生境适宜性的贡献较高，权重赋值均为 0.3，剩余 4 个指标因子的影响程度相对较低，权重均设为 0.1。在 GIS 中利用地图代数计算功能，通过多因子加权计算得到黄河三角洲地区 1km 分辨率的生境适宜性综合指数空间分布数据。计算结果表明，陆域生境适宜性综合指数的值域范围为 1.4～4.3，值越高说明该区域的生境越适宜，越有利于农牧作物种养殖，分值较低的区域生境适宜性低，存在较为明显的限制性特征，或者容易受到外界因素的影响，同时也是需要进行生境改造的重点区域。根据生境适宜性综合指数将黄河三角洲陆域生境划分为不适宜（1.4～2）、限制（2～3）、较适宜（3～4）、适宜（>4）四个等级，划分结果如图 6.21 所示。评价等级中，不适宜区和限制区（即不适合进行农业生产的区域）主要是生态环境质量和功能状况不太理想、多因子组合关系中存在比较明显的限制性因子的空间区域；而较适宜区和适宜区则是适宜农业生产、生态环境质量总体较好、多因子组合关系中不存在较明显限制性特征的空间区域。

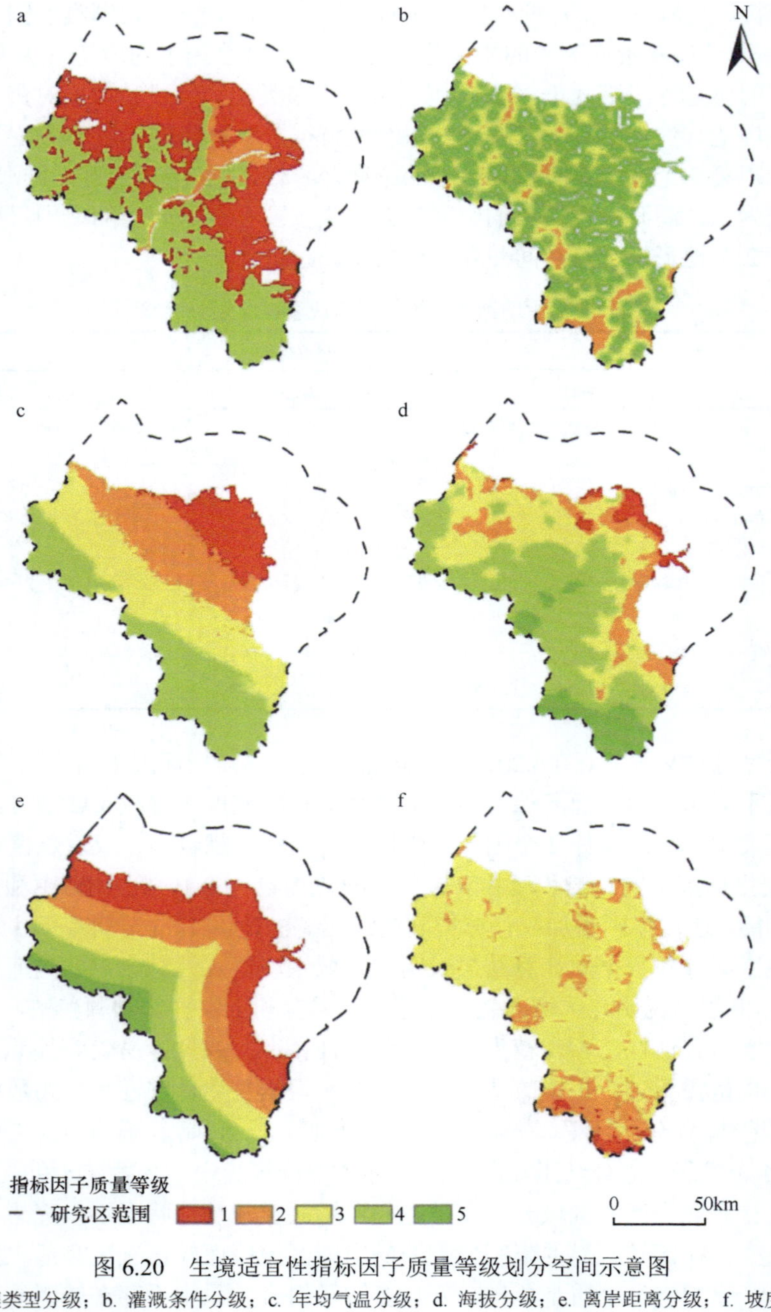

图 6.20　生境适宜性指标因子质量等级划分空间示意图

a. 土壤类型分级；b. 灌溉条件分级；c. 年均气温分级；d. 海拔分级；e. 离岸距离分级；f. 坡度分级

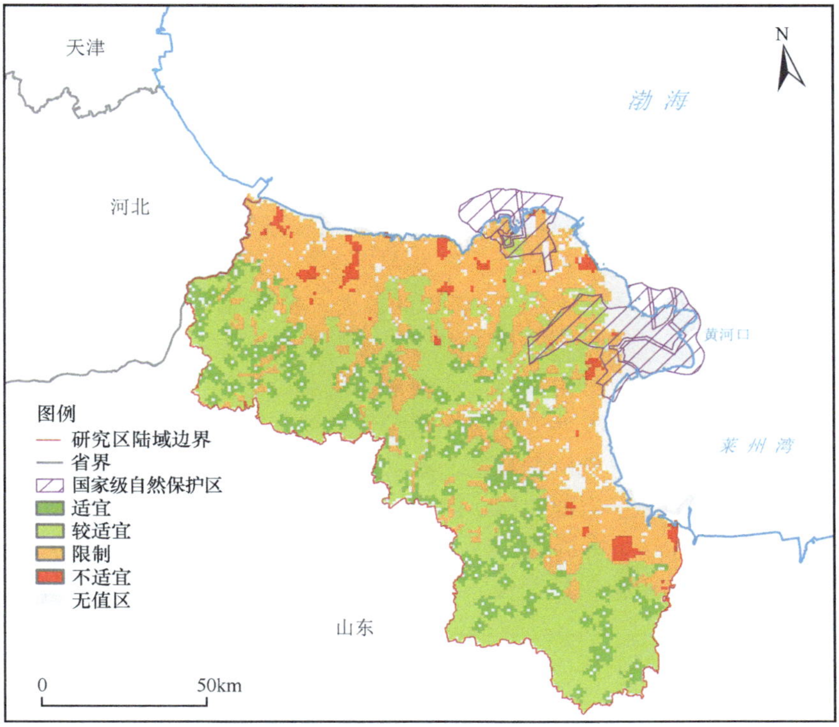

图 6.21　黄河三角洲陆域生境适宜性

从图 6.21 可以看出，黄河三角洲陆域生境适宜性程度整体呈现梯度变化，越靠近海域生境适宜性越低，越容易受到自然环境限制；靠海一侧的陆域生境适宜性程度普遍为限制型，需要通过改变自然限制因素提高生境适宜性，在限制区域零星分布着不适宜区域；河流或水系附近生境适宜性以限制型为主。黄河三角洲陆域生境适宜性为不适宜和限制的区域主要分布在土壤类型为滨海盐土、盐土、滨海潮滩盐土的地区，其植被类型以草甸、灌丛和沼泽为主，土壤盐度是主要限制性因素，通过各种技术措施改变其限制性因素，如通过地形改造优化生境、土壤压盐降盐处理、种植盐生经济作物等，可以提高这些区域的生境适宜性，促进种植业的发展；较适宜和适宜地区主要集中在距海较远的内陆一侧，海拔较沿海地区高，淡水资源相对丰富，土壤盐度低，适宜种植粮食作物和多种经济作物，是在黄河三角洲区域发展农业经济的关键区域。

陆域生境适宜性评估的空间范围局限于陆地区域，涉及海岸带区域，所以，主要支持盐碱地生态农牧场的空间布局，与滩涂生态农牧场的空间布局也存在一定的联系，但是不足以支持完整的滩涂生态农牧场空间布局，而且未能覆盖浅海生态牧场的空间布局范围。黄河三角洲滩涂和浅海区域生态农牧场的空间布局主要考虑遵循现有的规划、区划等权威性成果，在其允许的空间范围内根据布局的规模需求，并兼顾陆域生境适宜性的空间格局特征，从“三场连通”“三产融合”的角度出发确定适宜布局的具体区域。

国务院于 2012 年 10 月正式批复了《山东省海洋功能区划（2011—2020 年）》，该区划是在 2004 年 4 月山东省人民政府公布的《山东省海洋功能区划》基础上进行的修编，其基本目的在于：为合理开发利用山东海洋资源，保护和改善海洋生态环境，提高海洋开发、控制、综合管理的能力，实现海域空间资源的优化配置，引导海洋经济转方式、调结构，推动海洋资源的科学开发，强化海洋环境保护，坚持在发展中保护、在保护中发展，实现规划用海、集约用海、生态用海、科技用海、依法用海，促进山东海洋经济平稳较快发展和社会和谐稳定。该区划结合山东省海洋自然环境和自然资源特征、海域开发利用现状、环境保护及海洋经济战略发展需求，划分出了农渔业区、港口航运区、工业与城镇用海区、矿产与能源区、旅游休闲娱乐区、海洋保护区、特殊利用区、保留区共 8 个类别。黄河三角洲海域的区划结果如图 6.22 所示，黄河三角洲的海域以海洋保护区、农渔业区、

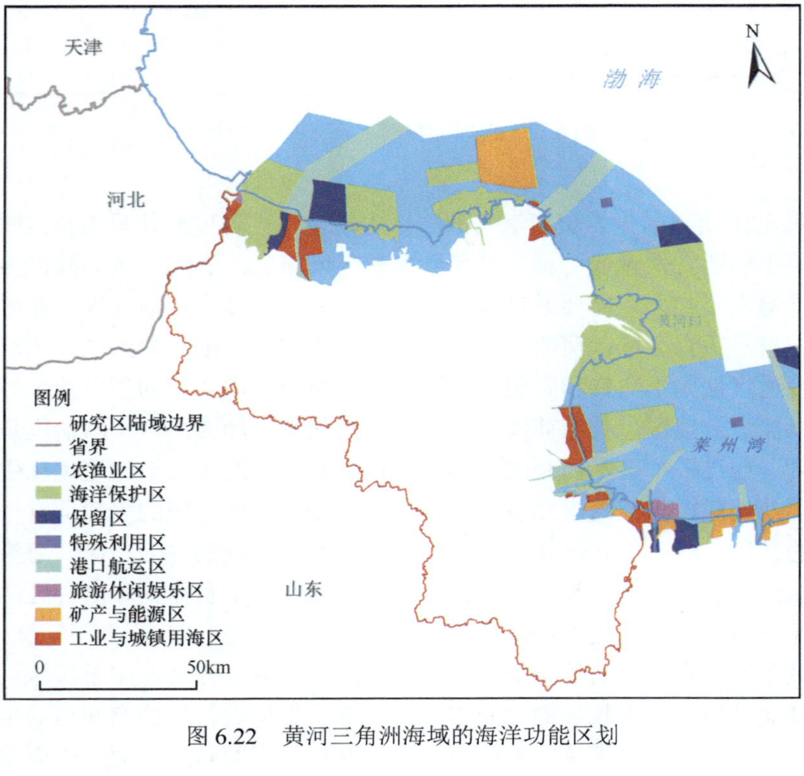

图 6.22　黄河三角洲海域的海洋功能区划

港口航运区等类型为主，其中，海洋保护区共有 9 个，在海洋保护区内开展海洋资源、环境和生态保护，加上黄河三角洲的 2 个国家级自然保护区，在进行滩涂生态农牧场和浅海生态牧场建设选址布局方面应该避开这些受到保护的区域。

第五节　黄河三角洲生态农牧场空间布局方案与示范

一、黄河三角洲生态农牧场空间布局方案

为发展海岸带农渔综合种养新模式，高效利用特色滩涂资源，实现盐碱地和滩涂生态高效开发、近海环境保护和农牧渔产品优质安全生产，本研究根据已获得的黄河三角洲陆域生境适宜性评估结果空间分布图，结合土地利用现状分布数据、海洋功能区划数据，从环境保护与经济发展共存的角度，合理规划黄河三角洲沿海区域土地、滩涂和浅海的使用布局，提出生态农牧场空间布局方案，如图 6.23 所示。可以看出，盐碱地生态农牧场、滩涂生态农牧场（带）和浅海生态牧场以阶梯形式紧密分布在黄河三角洲的海岸带区域，这种空间格局及空间关联特征能够有助于三场之间物质和能量的连通，从而保证和促进“三场连通”与“三产融合”基本原则和目标的实现。

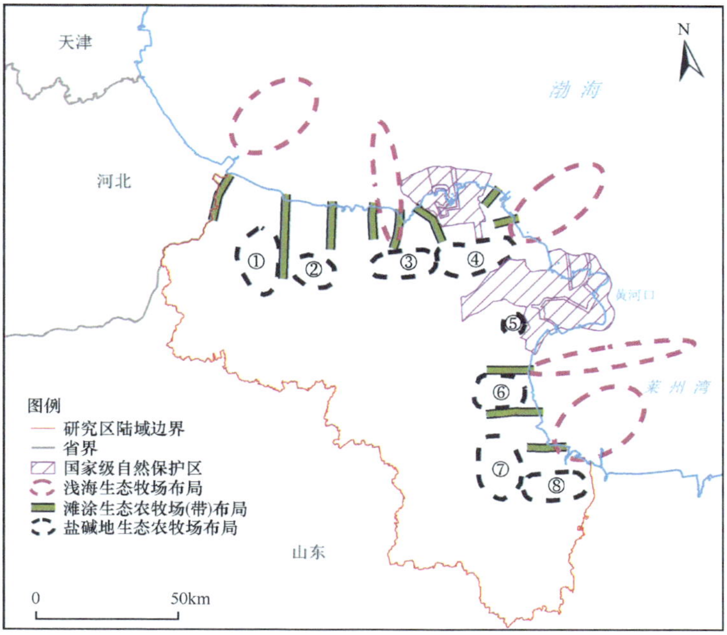

图 6.23　黄河三角洲生态农牧场空间布局示意图

（一）盐碱地生态农牧场空间布局

在陆域生境适宜性评估的基础上，结合黄河三角洲土地利用现状、各类各级保护区的分布情况，划定了适宜进行盐碱地生态农牧场建设的若干区域（图 6.23，表 6.2），这些区域紧邻潮间带滩涂区域，是实现陆域和海洋物质能量交换、陆海统筹的核心区域。具体而言，黄河三角洲地区适合进行盐碱地生态农牧场建设的区域主要有 8 个片区，分布在无棣县、沾化区、河口区、垦利区、东营区、广饶县、寿光市、寒亭区的沿岸，总面积达 1552.51km^2；面积最小的区片位于垦利区黄河三角洲国家级自然保护区的南侧，为 44.60km^2，面积最大的区片位于广饶县和寿光市，面积为 281.51km^2。从土壤类型来看，盐碱地生态农牧场主要建立在滨海潮滩盐土和滨海盐土分布的区域，部分区域包含河流、湖泊、水库坑塘或滨海盐场、养殖场，小部分区域的土壤类型为潮土，适宜种植低盐经济作物；盐碱地生态农牧场的向海一侧紧邻养殖区域，为降盐排水引水提供便利的条件，同时在降盐排水区域养殖耐盐鱼类，从而能够形成盐生植物-水生生物共生的生态系统。

表 6.2　盐碱地生态农牧场基本信息

序号	土壤类型	行政区	面积（km^2）
①	滨海盐场/养殖场、潮土、滨海盐土	无棣县	261.03
②	滨海盐土、潮土、湖泊	沾化区	138.25
③	滨海潮滩盐土、滨海盐土、潮土	河口区	188.97
④	滨海盐土、潮土、河流	河口区	261.16
⑤	滨海盐土、珊瑚砂土、潮土	垦利区	44.60
⑥	滨海盐土	垦利区、东营区	181.59
⑦	滨海盐场/养殖场、滨海盐土、潮土	广饶县、寿光市	281.51
⑧	滨海盐场/养殖场、滨海盐土、潮土	寿光市、寒亭区	195.40

注：序号对应图 6.23 中的序号

（二）滩涂生态农牧场空间布局

黄河三角洲潮间带非常广阔，由于潮滩地势低平、坡度非常小，高潮位和低潮位之间出露的滩涂湿地非常宽广，在入海河流和潮水的共同作用下，滩涂区域发育了复杂的潮沟系统，孕育了丰富的滩涂植被和多样化的底栖生物。滩涂湿地区域的土壤主要为滨海潮滩盐土，分布着柽柳、芦苇和碱蓬等盐生植物，比较适宜发展生态养殖。近年来，部分滩涂区域已经发展成为养殖区。未来时期，发展滩涂生态农牧场的基本原则应该是：立足滩涂生态系统的特色，发展盐生植物-水生生物复合养殖模式，保留潮间带养殖区原有养殖功能，并紧邻养殖区划分若干植物种植区域以探索盐生植物种植方式，实现植物种植区与养殖区之间的物质和能量交换。

本研究综合现有的滩涂养殖区域和盐碱地生态农牧场规划布局区域的空间位置关系，提取出 11 个条带（图 6.23），条带的宽度为 3～5km，将这些条带或者与其毗邻的滩涂区域作为滩涂生态农牧场空间布局的建议区域。在 11 个条带中，最长的条带位于滨州市无棣县，从潮间带滩涂湿地延伸至陆域的盐碱地湿地，长约 30km，两侧分别为①号和②号盐碱地生态农牧场区域；最短的条带位于东营市河口区，位于④号盐碱地生态农牧场区域的北侧，长度约为 8km。作为多种盐生植物的适宜生境区域，可以优先选取这些条带及其毗邻区域，探索盐生植物保护和种植、滩涂生态环境保护和可持续开发利用的新模式及其配套技术体系。

（三）浅海生态牧场空间布局

综合考虑山东省海洋功能区划方案（尤其是其中海洋农渔业功能区的分布）、黄河三角洲区域各类自然保护区的分布范围（生态牧场建设需要回避的区域），以及前述黄河三角洲盐碱地生态农牧场和滩涂生态农牧场空间布局的优选区域（“三场连通”的原则和目标），利用 GIS 空间分析技术，分析和确定适宜进行浅海生态牧场建设的海域，如图 6.23 所示，共划定 5 个海域作为浅海生态牧场建设的优选区域。5 片海域的分布位置如下：滨州市无棣县北部海域、东营市利津县刁口乡北部海域、东营市河口区仙河镇东部海域、东营市垦利区黄河口镇东部海域、潍坊市寿光市羊口镇东北部海域。总体上，5 片海域均与滩涂生态农牧场（带）具有较好的空间衔接关系，其中 3 片海域与黄河三角洲国家级自然保护区之间呈现相间分布的位置关系；另外，5 片海域与陆域河流河口或较大面积的淡水水体在空间上也存在较强的邻接关系，充分体现了陆海之间水文及生态连通性在“三场连通”和“三产融合”中的重要性。

（四）生态农牧场效益特征分析

针对盐碱地生态农牧场、滩涂生态农牧场和浅海生态牧场建设的生态效益、社会效益和经济效益进行定性的展望和分析，具体如下。

1. 生态效益

生态农牧场在生物栖息地和环境修复、种群资源增殖、生态系统服务功能提升、生物多样性维系等方面具有综合的生态效益。盐碱地生态农牧场建设形成的水盐梯度地形，为盐生植被提供了不同的土壤底质，同时盐生植被对土壤底质的改造和修复作用加速了黄河三角洲区域土壤去盐渍化；滩涂生态农牧场形成的盐生植物-海珍品培育复合种养方式，一定程度上可以修复滩涂底质，同时改善滩涂贝类养殖容量超载等现象，为滩涂微生物提供良好的栖息环境；海洋牧场建设形成的人工鱼礁区，为大型藻类、附着生物等提供了附着基质，礁区内形成的多样性流场和流态，为各类水生生物提供了栖息、繁衍、生长、避敌等所需的生息空间。藻类移植及海草床建设对于修复海底生态环境、解决海域荒漠化问题意义重大，不但可以净化水质、改善底质，还可以减缓温室效应、防止赤潮发生。

2. 社会效益

生态农牧场建设在促进区域经济社会发展的同时能够显著提升当地农民和渔民的收入水平，提升其生活水平，具有显著的社会效益。以浅海生态牧场的建设为例：为保护海洋渔业资源，我国海洋捕捞业正在实施减船转产，海洋牧场建设与减产转产政策密切相关。例如，减下来的废旧渔船进行无害化处理后，可以作为鱼礁材料，变废为宝；建成的海洋牧场具有渔业生产、休闲旅游等多种功能，能够为捕捞渔民提供转产转业出路，有助于稳定转产转业渔民收入，保障渔区社会和谐稳定；以海洋牧场建设和增殖放流活动为平台，利用政府引导、社会媒体宣传、扩大公众参与等途径，加强海洋生态保护的广泛宣传和教育，倡导树立“人海和谐、人鱼和谐”的理念，能够提升全社会水生生物资源养护和水域生态环境保护意识，使保护海洋生态环境、合理利用海洋资源更加深入人心。海洋牧场作为海洋渔业极具优势的领域，在促进传统海洋渔业发展的同时，还可以拓展渔业功能，将渔业增殖、生态修复、休闲娱乐、观光旅游、文化传承、科普宣传及餐饮美食等有机结合，有效带动海洋第二、第三产业的发展，形成海洋渔业经济新的增长点，为海洋经济整体健康、可持续发展及海洋强国建设做出新的贡献。

3. 经济效益

生态农牧场建设能够实现“三场连通”“三产融合”，从而促进区域产业结构的调整和空间布局的优化，提升陆海空间资源的利用效率和农牧渔业的经济效益，促进陆海之间产业发展的联动。以浅海生态牧业为例：根据国内外的海洋牧场建设经验，每立方米人工鱼礁区比未投礁的一般海域，平均每年可增加 10kg 渔获量，结合水生生物增殖放流和海藻移植所带来的经济效益，海洋牧场带来的经济效益不可估量；而且，浅海生态牧场的建设和发展还能够有效带动沿岸地区水产品育苗、养殖、加工、外贸、交通运输、休闲垂钓、餐饮旅游等相关产业的发展，为海洋经济发展做出新贡献。

二、黄河三角洲生态农牧场示范[①]

生态农牧场是养护湿地生物资源、修复湿地生态环境的重要手段，也是拓展和有效配置滨海湿地发展空间、优化农渔业产业布局、加快农渔业转方式调结构、促进滨海湿地可持续发展的有效举措。通过高标准、高起点地建设一批生态农牧场示

① 本部分内容（包括照片资料）是在中国科学院科技服务网络计划（简称“STS 计划”）项目“海岸带生态农牧场构建关键技术集成与示范”（编号：KFJ-STS-ZDTP-023），以及其中的课题 2“盐碱地异质性生境营造与生态农牧场构建”、课题 3“滩涂生态农牧场种养殖技术与模式构建”、课题 4“浅海生态牧场生境与生物资源修复技术”项目和课题 2 个层面阶段性汇报材料的基础上整理而成，知识产权归上述课题的研究人员所有。

范区，不仅可以发挥示范区在资源养护和可持续利用中的重要作用，还可以通过示范引领，推动海岸带生态农牧场整体建设和管理水平的提高。通过生态农牧场示范区的建设，可以恢复并提高示范区及其周边资源补充量和生物多样性，改善海岸带生态环境，提升海岸带生态系统服务功能，促进海岸带持续健康发展。

（一）盐碱地生态农牧场示范区

项目示范区位于中国科学院黄河三角洲滨海湿地生态试验站，总面积为41 390m^2。通过微地形改造，构建6个高度不等且坡度各异的生境岛和湖面（图6.24），陆地

a. 盐碱地改造前生境类型

b. 盐碱地示范区改造前

c. 盐碱地示范区改造后

图6.24　滨海盐碱地示范区改造前后对比图

总面积与水域面积的比例约为 13∶7。在每个生境岛之间挖深度为 2.0～3.0m 的人工湖作为集水区，集蓄淡水，形成不同水深的水生生境。湖内挖出的土壤用于构建生境岛，其中 3 个生境岛的高度为 1.2m，另外 3 个生境岛的高度为 1.5m。岛顶为平面，相当于降低地下水位，能够抑制土壤返盐，促进土壤自然脱盐，防御季节性的涝害，形成了高度不同的旱生生境。生境岛的坡面为坡度不同的缓坡，生境岛与地平面的夹角为 5°～9°，坡面与水域距离不同，将导致土壤含水量和盐分的不一致，在坡面形成了坡度各异的湿生和中生生境。各个生境岛之间用土桥相连，便于观测人员对各区域进行考察，每个土桥下水域中埋设 80cm 口径的玻璃钢管，用于连通水系。

经过微地形改造后，示范区生境岛顶面面积为 12 510m^2，坡面面积为 14 280m^2，可利用的土地总面积为 26 790m^2，水域总面积为 14 600m^2。水域可以集蓄降雨，用于生境岛灌溉，实现土壤淋盐保水功能，也能促进陆域与水域的物质循环，同时营造出了水生-湿生-旱生和不同的水深生境。生境的多样化将带来景观的多样性和食物网的复杂性，既能发挥生态保育的功能，又能为发展多样化农业生产模式提供物质基础。

（二）滩涂生态农牧场示范区

针对黄河三角洲自然特征和管花肉苁蓉寄生状况，在滩涂示范地柽柳林区域开展管花肉苁蓉接种实验、生长监测，共接种管花肉苁蓉约 2hm^2（约 30 亩），实现柽柳-管花肉苁蓉寄生种植模式（图 6.25a）；采用 EM（*Effective microorganisms*）菌分离、培养、扩繁与保存技术，建立生态型滩涂刺参养殖技术，实现养殖池塘内铵态氮、亚硝酸氮等关键水质因子周年都可达到优质水平、刺参人工饵料零投放，同时在池塘边缘构建海马齿（*Sesuvium portulacastrum*）立体浮床种植设施，建立海水蔬菜-海珍品综合种养技术模式（图 6.25b）；进行海蓬子“土壤催芽+无土营养液栽培+海区培养”，实现盐生植物-对虾复合种养殖模式（图 6.25c）。

a. 柽柳-管花肉苁蓉栽培种植

b. 海水蔬菜-海珍品综合种养

c. 盐生植物-对虾复合种养殖

图 6.25　滩涂生态农牧场建设实践图

（三）浅海生态牧场示范区

在浅海生态牧场示范区主要开展了以下工作：互花米草入侵防治、海草床生境修复和牡蛎礁生境修复。

（1）互花米草入侵防治。选择黄河三角洲入海口互花米草入侵地进行互花米草防治实验，调查互花米草种子扩散距离、互花米草入侵区域分布，定期调查互花米草生长状况。通过对互花米草入侵机制的研究，采用物理和化学方法防治互花米草入侵，物理方法主要采用刈割+淹水、刈割、翻耕等，化学方法主要采用除草剂（图 6.26a）。

a. 互花米草防治措施(分别为刈割+淹水、刈割+翻耕、除草剂)

b. 海草床生境修复

c. 牡蛎礁生境修复

图 6.26　浅海生态牧场建设实践图

（2）海草床生境修复。选择日本鳗草作为海草床修复种群（图 6.26b），通过一系列的鳗草种养和移植，在黄河三角洲浅海水域建立海草床保护修复示范区，面积超过 10 000 亩。

（3）牡蛎礁生境修复。在育苗实验间完成牡蛎育苗，并选择东营垦利示范海域投放水泥牡蛎壳人工附着基 30 个（图 6.26c），并评估牡蛎苗附着效果。

第六节　结论、问题、建议与展望

一、主要的结论

本章对黄河三角洲产业发展及空间布局演变特征进行系统分析；对空间布局的指导思想、基本原则、总体目标等进行阐述，并对黄河三角洲生态农牧场示范区的实施与发展情况进行总结；进而，从自然、人文与区位、现有规划与空间管制三方面分析黄河三角洲生态农牧场空间布局的影响因素，应用卫星遥感和 GIS 空间分析技术，集成多源、多要素时空数据，汇总海岸带生态农牧场空间布局影响因素数据，构建以气温、海拔、坡度、土壤类型、灌溉条件、与海岸线距离 6 个要素空间数据为基础的生境适宜性评价体系，分析黄河三角洲陆域生态环境适宜性特征，获得生境适宜性分布图，融合土地利用类型数据、海洋功能区划数据，从环境保护与经济发展共存的角度，规划黄河三角洲盐碱地生态农牧场、滩涂生态农牧场和浅海生态牧场的空间布局。

本章的主要研究结论包括：①黄河三角洲陆域的生境适宜性程度可划分为适宜、较适宜、限制、不适宜 4 个等级，整体呈现出陆海间的梯度变化特征，越靠近海域生境适宜性程度越低，越容易受到自然环境的限制；②陆域生境中靠海一侧的区域生境适宜性程度普遍为限制型，可通过改变自然限制因素提高生境适宜性，在限制区域零星分布着不适宜区域，河流或水系附近生境适宜性程度以限制型为主；③黄河三角洲陆域生境适宜性为不适宜和限制的区域主要分布在滨海盐土、盐土、滨海潮滩盐土等土壤类型区域，植被类型以草甸、灌丛和沼泽为主，通过改变原有限制因素，如进行土壤降盐处理或种植盐生经济作物，可以提高该区域的生境适宜性；④较适宜和适宜地区主要集中在内陆一侧，该地区海拔较沿海地区高、淡水资源丰富、土壤盐度较低，适宜种植经济作物，是在黄河三角洲发展农业经济的关键区域。

甄选黄河三角洲地区空间分布较连续、面积较大、适合进行盐碱地生态农牧场建设的区域，共有 8 个，总面积达 1552.51km^2，主要分布在滨海潮滩盐土和滨海盐土区域，部分区域包含河流湖泊或滨海盐场、养殖场，小部分区域土壤类型为潮土，适宜种植低盐经济作物，盐碱地生态农牧场的向海一侧紧邻养殖区域，为降盐排水引水提供便利的条件，同时在降盐排水区域养殖耐盐鱼类，保证了盐生植物-水生生物的物质循环。黄河三角洲潮间带土壤主要为滨海潮滩盐土，分布着柽柳、芦苇、碱蓬等盐生植物，已经存在多个养殖区，适宜发展生态养殖；为构建滩涂生态农牧场、发展盐生植物-水生生物复合养殖模式、实现物质循环与能量交换，从滩涂养殖区域和盐碱地农牧场规划布局区域提取出 11 个 3～5km 宽的条带，作为盐生植物种植的保留区域，可以在该区域探索盐生植物种植、生态环境改造等。利用山东省海洋功能区划信息提取海洋农渔业功能区，结合黄河三角洲海洋保护区范围，划定 5 个海域作为海洋农牧场适宜建设区，在海洋农牧场区域及其周边，针对较为严重的互花米草入侵问题，采用多种技术途径相结合，开展互花米草综合防治，修复海草床并人工培育牡蛎幼苗，重建已破坏的牡蛎礁，通过一系列的海域生境修复技术恢复海域生境的生态功能。

二、存在的问题

滨海湿地得益于其特殊的地理位置和区位，拥有海陆的双重特性，资源供给多，物质产出丰富，在缓冲海洋冲击、为人类提供生物资源和维持生物多样性等方面具有重要作用（李雪梅等，2019）。然而，在自然因素和人为因素的双重作用下，滨海湿地资源开发、利用与管理存在很多问题：人为因素方面，为追求高额的经济效益，海岸带湿地资源不合理的开发利用引发的动植物生境面积下降、环境污染加剧和生态功能退化等问题日趋严重（Murray and Fuller，2015；Murray et al.，2015）；自然因素方面，海岸带湿地位于水陆交界位置，生态环境多样而脆弱，受到外来物种入侵等问题的困扰（侯栋梁等，2015），盐碱地资源开发存在技术上的瓶颈，海草床和牡蛎礁等原生生态系统退化，陆海生态连通性受损，服务功能下降（李雪梅等，2019；李荣福等，2019；王忠勋和张顺吉，2020；Song et al.，2020）。本部分研究内容拟由黄河三角洲推及中国海岸带，由点及面、由局部到整体，分析黄河三角洲及中国沿海其他区域湿地资源和湿地生态系统面临的挑战与存在的问题，并有针对性地提出政策建议。

（一）气候变暖、淡水资源短缺成为黄河三角洲湿地的重要胁迫因素

河口湿地在调节气候、涵养水源、保持水土和保护生物多样性方面都有着不可替代的作用。黄河三角洲湿地冬冷夏热，年降水量分配不均匀（李高伟等，2017），1961～2015 年黄河三角洲地区年降水量减少了 241.8mm，夏季降水量减少尤为显著，极端降水事件的季节差异明显（宋德彬等，2016）。近 55 年黄河三角洲区域年平均气温增加了 1.7℃。因气候干旱黄河三角洲土壤盐渍化加剧，进一步导致黄河三角洲区域对淡水的依赖程度加重，淡水资源短缺现象越来越明显（杨红生，2017；宋德彬等，2016）。

（二）湿地资源过度开发、陆海生态连通性受损导致湿地生态功能下降

研究表明，1976～2015 年黄河三角洲地区天然湿地逐渐减少（Zhang et al.，2016），年均减少率为 3.4%，共减少了 1627km^2，人工湿地（盐田、养殖池等）增加了 2891km^2（杨红生，2017）。黄河三角洲湿地区域破碎化严重，斑块形状复杂度增加，加上潮水作用、淤积增长速率减慢和黄河断流等自然因素及油田开发、围垦养殖等人类活动的影响，黄河三角洲滩涂面积明显减小（陈琳等，2017）。在我国沿海的其他区域，随着经济社会的快速发展，沿海用地矛盾日益突出，除海水养殖占据大量滩涂湿地外，大规模的填海活动侵占了大量的滩涂，例如，2000～2010 年环渤海地区围填海面积达 1573 km^2（魏海峰等，2018）。滨海湿地的无序开发导致陆地、潮间带滩涂及近海区域生态连通性降低，破坏了滨海湿地生态系统整体的生物多样性，引发滩涂无脊椎底栖生物的生物多样性受损，同时部分开发利用活动占用鸟类栖息地，导致水鸟种群数量急剧下降（雷光春等，2016）。

（三）海水养殖投入大、产出低、污染高，沿海滩涂湿地环境污染严重

现阶段我国海水养殖业对渔业水域环境和近岸海域产生了一定程度的影响，尤其是过度开发的养殖区和海域对水域环境污染十分严重。在我国，海水养殖方式依然偏重传统的养殖技术，养殖模式落后，这使得海水养殖一直处于低效益、高污染的状态（杨红生，2001，2017）。而且，不合理的海水养殖模式给沿岸水域生态环境带来严重的污染：渔业投入品的大量使用和养殖品种自身代谢产物，使养殖水体污染日趋加重，严重破坏了养殖环境生态平衡系统，氮、磷严重失衡，致使养殖水体铵态氮（NH_4-N）、亚硝酸氮（NO_2-N）、硫化氢（H_2S）、甲烷（CH_4）等有毒有害物质严重超标（李静，2020）；海水污染影响鱼类、虾类、贝类生长，容易诱发病害，形成恶性循环，有害藻类暴发，引起水质恶化（杨红生和张福绥，1999；赵欣园等，2018）。滩涂介于海洋与陆地的交汇点，是沿海陆源污染物和海上排污的主要受纳场所（薛超波等，2004）。由于滩涂贝类养殖具有投资小、见效快、效益高的特点，养殖户容易在利益的驱动下，忽视养殖滩涂的承载量和环境的容纳量，盲目地增加养殖密度，扩大养殖面积，最终导致滩涂贝类养殖业的自身污染加剧；滩涂养殖区的自身污染较为严重，容易导致大面积的环境恶化，引发病虫害的暴发和流行，给滩涂贝类养殖业带来极大的损失（夏培艳和沈新强，2011）。

（四）滨海湿地生物入侵问题日益严重，危害大、治理难

外来物种入侵是指某种生物从外地自然传入或经人为引种后成为野生状态，并对本地生态系统造成危害的现象。我国沿海区域的互花米草入侵问题已十分严

重，至 2015 年，互花米草广泛分布于滨海地区，北至河北、南达广西的海岸带区域。1990～2015 年，被互花米草入侵的国家级自然保护区的数目逐年递增，至 2015 年已有 7 个国家级自然保护区监测到互花米草分布，且互花米草入侵总面积逐年递增。其中，黄河三角洲所覆盖的多个区域已经监测到互花米草的入侵踪迹。互花米草入侵将导致大面积的沿海滩涂丧失，导致生物多样性和生态系统服务功能的显著降低，给沿海湿地生态系统保护及生态农牧场的开发带来极大的挑战（刘明月，2018）。

（五）海岸带生态农牧场建设缺乏陆海统筹的整体布局规划体系

海岸带是介于海域和陆地之间的特殊的生态系统，当前，在我国，对海岸带区域的规划布局方面各级、各层规划较为凌乱，城镇建设区、生态区和渔业区等在空间上大规模交叉，各项规划的编制时间不统一。划定的生态红线没能够严守，依然有较多大规模的开发活动涉入红线以内（杨红生，2019；张震等，2019）。海岸带生态农牧场建设是一项系统工程，需要在全国和省级层面上进行统筹规划和科学布局，在对海洋生态环境、渔业生产发展乃至社会经济发展影响进行科学的前期调查基础上，对生态农牧场的规划布局、选址、建设规模和数量及工程设计等进行科学的论证，解决什么地方可以建设生态农牧场、建什么样的海洋牧场的问题。但实际情况是，我国生态农牧场建设以企事业单位为申报和建设主体，牧场建设涉及多部门，在地方上管理存在职责不清、权责不明等，因此在国家和省市层面上缺乏统一规划。在实践层面，作为生态农牧场投资主体的部分企业和个体养殖户，以追求经济效益为主要目的，再加上资金等问题，往往没有经过充分的前期调查评估和论证就开始建设，且在项目选址、设计和建设过程中忽视生态农牧场生态功能的体现，不仅没有实现生态和社会效益，甚至有些生态农牧场还对生态环境造成了负面影响。

（六）生态农牧场发展理念和建设标准不统一，科研投入不足

在发展理念上，生态农牧场概念分歧较大，导致在科研上无法聚焦研究目标，实践中在制订生态农牧场建设技术路线时易出现偏差。目前，大多生态农牧场仍以增殖经济价值较高的农牧渔产品为目的，未能充分考虑环境和生态系统功能的恢复，对资源种类的种群结构、遗传多样性的恢复等关注不足。在建设标准上，我国生态农牧场的建设理论和技术大部分来自对日韩等国家的经验学习，缺乏自主创新和完备体系的技术标准，并没有形成统一的科学、细致、全面的建设标准来支撑高规格的生态农牧场建设，也没有统一的生态、环境和生物资源调查评估对海洋牧场效果进行量化评估，更没有长期对生态环境影响的监测分析和效果评估。生态农牧场建设是一个系统工程，涉及海洋物理、海

洋化学、海洋地质、海洋生物及建筑工程等多个学科。目前，我国虽然在生态农牧场布局、安全性评价和效果监测评估等方面开展了一些研究，但仍然有相当多领域尚未开展研究或尚未深入开展研究，总体水平还处于初期探索阶段。此外，生态农牧场研究进度滞后于发展速度，难以有效支撑我国大规模海洋牧场建设、管理和开发利用。

三、建议与展望

黄河三角洲地理位置优越，处于环渤海经济圈与黄河流域经济带结合部，北临京津唐经济区，东接山东半岛经济开放区，隔海与日本列岛和朝鲜半岛相望。黄河三角洲自然资源丰富，蕴藏着丰富的油气资源、丰富的化工资源、广袤的土地资源、辽阔的海洋资源。受黄河排水影响，海水中有机物多，饵料充足，鱼类、虾类、蟹类及贝类资源丰富，素有“东方对虾故乡”之美称，可建成我国最大的对虾、鱼、贝、藻养殖水产基地。

海岸带生态农牧场建设作为一个新兴的产业，同传统的物种养殖生产不同。立足海洋优势和特色，积极融入和服务海洋强国战略，坚持生态优先，强调陆海统筹，构建海岸带生态农牧场发展新模式。通过盐碱地生态农牧场、滩涂生态农牧场和浅海生态牧场的“三场连通”建设，实现从“海洋牧场”到“海岸带生态农牧场”的新跨越。建设海岸带生态农牧场是服务国家战略的重要内容，是固化生态底线、加快绿色崛起、优化海岸带产业结构、助推黄河三角洲可持续发展的重要举措，建议如下。

（一）建立健全海岸带生态农牧场法规和管理制度

建立健全海岸带生态农牧场法律法规，促使海岸带生态农牧场管理、海岸带产业发展有法可依。目前海岸带生态农牧场管理机制亟待完善，亟待针对海岸带生态农牧场尤其是浅海生态牧场专门制定出科学合理的管理制度，建立健全海岸带生态农牧场建设过程及建成之后项目开发、运用、管理行为等的各项管理制度，落实管制和保障的法律依据（张丽娟和张振安，2019）。

加快制定海岸带生态农牧场装备建造、审验、使用管理相关标准和规范，以确保浅海生态牧场建设工作的有序推进（杨红生等，2018）。将海岸带生态农牧场管理纳入正常执法管理范围中，组建具备专业素养的高效、廉洁的行政执法队伍，规范执法部门执法人员的行为准则，为海岸带生态农牧场提供执法保障（张丽娟和张振安，2019）。应该由政府部门牵头承办，组织高校、科研院所研究制定和出台《海岸带生态农牧场建设规范》等管理制度，确保海岸带生态农牧场工作有序进行（致公党海南省委会，2019）。

（二）科学规划、高端指导、有序推进海岸带生态农牧场建设

科学规划、合理设计，制定导向性明确的指导方针，为海岸带生态农牧场建设科学规范有序开展提供有效支撑保障。针对海岸带生态农牧场待建区域进行实际调查，确定该区域的承载力和增殖潜力，充分考虑海岸带区位优势、生态类型、农牧渔业资源特点和社会经济发展现状，科学规划适宜于开展海岸带生态农牧场建设的区域。

修编制定指导性较强的上位规划、指导性文件，针对黄河三角洲及其他海岸带区域尽快修编《现代化海岸带生态农牧场布局与建设规划》，指导海岸带生态农牧场建设，为建设高起点、高标准、专业化、智能化、智慧化、产业化的现代化海岸带生态农牧场明确目标和方向（致公党海南省委会，2019）。合理确定海岸带生态农牧场建设区域、类型和规模，统筹安排，差异化布局一批海岸带生态农牧场项目，确保海岸带生态农牧场建设选址、数量规模、功能定位等方面的科学合理性，保障全域生态效应发挥（崔胜辉等，2006；郝向举等，2017）。

（三）产学研相结合，加速科研成果转化，助力海岸带生态农牧场建设

产学研合作是企业（产）、高等院校（学）、科研院所（研）三方或两方组织为了市场需求和共同整体利益联合起来，实现科技同产业无缝对接、加速高校和科研院所之间科技成果转化的有效途径，其实质是促进技术创新所需各种生产要素的有效组合（辛爱芳，2004；霍妍等，2008）。依托高校、科研院所科技和人才优势，借助企业的良好平台及资源，互利互惠调动各方积极性（张美玲，2017）。合作开展科学研究、关键科技攻关、成果转化等，在优势产业领域形成一批自主核心技术，在海岸带生态农牧场发展领域突破一批关键技术，增强自主创新能力和市场竞争力，促进海洋经济又好又快发展。

进一步加强国内外的合作与交流，借鉴海岸带生态农牧场建设方面的成功经验，推广先进技术；加强海岸带“三产”（第一、第二、第三产业）的有机融合，倡导以多元驱动、多功能建设和多产业融合发展助力海岸带生态农牧场产业链条的有效延长（杨红生等，2020a）。沿海各级政府部门应该大力搭建产学研合作公共技术平台，建设各类科技中介服务机构，充分发挥沿海各级水产技术推广机构的人力资源和技术优势，为科技成果信息开放共享及推广应用等提供有力支撑（郝向举等，2017）。

（四）创新政策保障，加强科技支撑体系建设

创新是发展的核心要素，强化科技政策的支撑环境，为破除科技创新的体制机制障碍提供基础保障（任晓刚和郭广生，2019）。尽快出台海岸带生态农牧场建

设发展的创新保障激励政策，助力海岸带生态农牧场健康发展。政府应进一步出台有利于海岸带生态农牧场发展的政策措施，制定优惠政策，大力吸引各种资本参与海岸带生态农牧场的建设，出台人才引进和培养的优惠政策措施。制定科学有效的科技人才政策、科技投入政策和科技基础条件方面的政策，加快完善科技创新机制和人才体系建设，建设科技支撑和服务体系，积极推广先进技术和成功经验，促进海洋牧场科技成果的推广和转化应用。

（五）加大财政投入，统筹利用各类资金

充分落实好国家海洋牧场建设优惠政策和财税支持政策，进一步完善科研人员的收入激励机制，形成有效投入、合理回报的高效循环（任晓刚和郭广生，2019）。由政府主导，提供资金支持和政策优惠，采取政府资金与社会资金相结合的形式，设立专项海岸带生态农牧场建设资金，对具有重大引导作用的海岸带生态农牧场项目予以重点扶持，为海岸带生态农牧场的建设提供保障支持。通过财税政策、特许经营等途径吸引企业运营海洋牧场，财政资金由直接投入海洋牧场建设，转向栖息地保护、基础科学研究和监测评估等方面。逐步形成“以政府投入为引导、企业投入为主体、社会资金广泛参与”的多元化投资机制，进行市场化的高效持续运营管理（关亚丽，2019）。

（六）加强海岸带生态农牧场监测和效果评估

亟待建立科学、高效的海岸带生态农牧场资源调查、环境监测、预警机制与效果评估方法体系。依托陆地和海上的生产与经营平台，搭建大数据平台和指挥调度系统，完善海岸带生态农牧场陆地、水上、水下立体在线网络监测、分析与预警体系建设，调度海岸带生态农牧场生产经营，建设“智慧海岸带生态农牧场”，为海洋牧场健康发展提供保障（致公党海南省委会，2019）。建立海岸带生态农牧场生态、经济和社会效益评估机制与评估标准，进行长期的监测和评估，重视牧场增养殖产品获得的经济效益，突出生态效益，为实现海岸带生态农牧场的可持续发展提供支撑。做好科技政策实施的“精准监督”，为海岸带生态农牧场科技创新的循环机制提供保障；做好人才优惠政策落实的“精准监督”，为海岸带生态农牧场建设提供人才资源保障（任晓刚和郭广生，2019）。

（七）构建陆海统筹的发展模式，促进海岸带生态农牧场可持续发展

立足海岸带的优势和特色，坚持“生态优先、陆海统筹、三产贯通”的基本理念，构建海岸带生态农牧场发展新模式。根据海岸带独特的位置优势，对陆地和海上生产空间及其他生产要素进行合理统筹规划，合理布局各类增种增殖形态和增种增殖对象，通过盐碱地生态农牧场、滩涂生态农牧场和浅海生态牧场的“三

场连通”建设，实现从“海洋牧场”到“海岸带生态农牧场”的新跨越（杨红生等，2018，2020b）。

参 考 文 献

安乐生, 周葆华, 赵全升, 等. 2017. 黄河三角洲植被空间分布特征及其环境解释. 生态学报, 37(20): 6809-6817.

毕云霞, 徐化凌, 张立宾, 等. 2015. 东营市草业发展思路与对策. 草业与畜牧, (2): 59-62.

陈琳, 任春颖, 王灿, 等. 2017. 6 个时期黄河三角洲滨海湿地动态研究. 湿地科学, 15(2): 179-186.

陈晴, 侯西勇, 吴莉. 2014. 基于土地利用数据和夜间灯光数据的人口空间化模型对比分析——以黄河三角洲高效生态经济区为例. 人文地理, 29(5): 94-100.

崔胜辉, 杨志峰, 张珞平, 等. 2006. 一种海岸带生态安全管理方法及其应用. 海洋环境科学, 25(2): 84-87.

大众网东营频道. 2017. 东营市乘势而上加快推进现代化海洋牧场建设. https://dongying. dzwww.com/dyxw/201711/t20171113_16251819.htm. [2020-05-18].

邓卫华, 滕军伟. 2009. 国务院批复“黄河三角洲高效生态经济区发展规划”. http://www.gov.cn/jrzg/2009-12/03/content_1479474.htm. [2020-03-27].

东营市史志办公室. 2018. 东营年鉴 2018. 北京: 中华书局.

东营市统计局, 国家统计局东营调查队. 2016. 东营统计年鉴 2016. 北京: 中国统计出版社.

东营市统计局, 国家统计局东营调查队. 2020. 东营统计年鉴 2019. 北京: 中国统计出版社.

《东营市志(1996—2013)》编纂委员会. 2018. 东营市志(1996—2013). 北京: 中华书局.

杜培培, 侯西勇. 2020. 基于多源数据的中国海岸带地区人口空间化模拟. 地球信息科学学报, 22(2): 207-217.

高茂生, 叶思源, 张国臣. 2012. 现代黄河三角洲滨海湿地生态水文环境脆弱性. 水文地质工程地质, 39(5): 111-115.

关亚丽. 2019. 关于制定《海南省海洋牧场建设规范》地方标准, 促进海洋牧场科学、规范发展的建议. http://www.hainan.gov.cn/zxtadata-8339.html. [2019-05-07].

郝宝国. 2002. 带动一方经济——东营市开发利用黄河三角洲土地资源经验谈. 中国土地, (7): 33-34.

郝向举, 罗刚, 王云中, 等. 2017. 我国海洋牧场科技支撑基本情况、存在问题及对策建议. 中国水产, (11): 44-48.

贺加贝, 王鹤, 常婧婷, 等. 2019. 夏季高温对刺参养殖影响及应对措施. 科学养鱼, (3): 62-63.

贺淼, 张文娟. 2019. 东营市发展人工种草对策研究. 山东畜牧兽医, 40(5): 57-59.

侯栋梁, 何东进, 洪伟, 等. 2015. 入侵种互花米草影响我国滨海湿地土壤生态系统的研究进展. 湿地科学与管理, 11(4): 67-72.

侯西勇, 岳燕珍, 于贵瑞, 等. 2007. 基于 GIS 的华北-辽南土地潜力区土地适宜性评价. 资源科学, (4): 201-207.

胡婉彬, 段立柱, 常亚青, 等. 2015. 海洋生物对海洋环境限制因子变化的响应. 河北渔业, (11): 71-77.

霍向伟, 樊恩源, 黄瑛, 等. 2011. 东营湿地水产养殖开发利用现状及其环境影响分析. 江苏农业科学, (1): 283-286.
霍妍, 王幼芳, 姜文达. 2008. 基于成果转化的高校产学研合作模式选择策略研究. 科技管理研究, 28(12): 224-226.
康彦彦, 张寿庭. 2013. 基于生态足迹的资源型城市可持续发展分析——以山东省东营市为例. 山东社会科学, (2): 170-173, 164.
雷光春, 张正旺, 于秀波, 等. 2016. 中国滨海湿地保护管理战略研究. 北京: 高等教育出版社.
李高伟, 韩美, 张东启. 2017. 1961—2013 年黄河三角洲气候变化趋势研究. 人民黄河, 39(1): 30-37.
李静. 2020. 海水养殖污染与生态修复对策. 农家参谋, (15): 114, 116.
李荣福, 王守红, 孙龙生, 等. 2019. 湿地农业开发的历史回顾与湿地保护对策. 湿地科学与管理, 15(4): 31-34.
李文阳, 胡秀娟, 王长进, 等. 2019. 盐胁迫对不同品种玉米苗期生长与叶片光合特性的影响. 生态科学, 38(2): 51-55.
李雪梅, 张丽妍, 殷克东. 2019. 中国沿海地区典型滨海湿地绿色发展效应评价研究. 中国海洋大学学报(社会科学版), (6): 54-65.
李忠义, 林群, 李娇, 等. 2019. 中国海洋牧场研究现状与发展. 水产学报, 43: 1870-1880.
林君卓, 许振祖. 1997. 温度和盐度对文蛤幼体生长发育的影响. 福建水产, (1): 27-33.
刘桂仪, 张兴乐. 2001. 黄河三角洲油气资源开发的环境地质问题与经济可持续发展. 上海地质, (S1): 36-38.
刘欢, 王国聘. 2013. 我国水产品质量安全问题及对策. 山西农业科学, 41(11): 1239-1242.
刘明月. 2018. 中国滨海湿地互花米草入侵遥感监测及变化分析. 中国科学院大学博士学位论文.
刘瑞雪, 陈龙清, 史志华. 2015. 丹江口水库水滨带植物群落空间分布及环境解释. 生态学报, 35(4): 1208-1216.
刘晓春, 张晓娜. 2019. 基于供给侧改革视角的东营市工业的转型升级研究. 内蒙古科技与经济, (2): 37-38.
刘玉斌, 李宝泉, 王玉珏, 等. 2019. 基于生态系统服务价值的莱州湾-黄河三角洲海岸带区域生态连通性评价. 生态学报, 39(20): 7514-7524.
刘志杰. 2013. 黄河三角洲滨海湿地环境区域分异及演化研究. 中国海洋大学博士学位论文.
潘志强, 刘高焕, 周成虎. 2003. 黄河三角洲农作物种植分区的遥感研究. 地理研究, (6): 799-806, 814.
任晓刚, 郭广生. 2019. 完善科技政策　健全创新机制. http://theory.people.com.cn/n1/2019/0725/c40531-31254769.html. [2019-07-25].
山东黄河三角洲国家级自然保护区管理局. 2016. 山东黄河三角洲国家级自然保护区详细规划(2014—2020 年). 北京: 中国林业出版社.
山东省地方史志办公室. 2007. 山东省大事记. http://sdsqw.cn/overview/sddsj/200811/ article_11222. [2020-05-12].
山东省东营市地方史志编纂委员会. 2000. 东营市志(1983—1995). 北京: 中华书局.
山东省人民政府. 2012. 山东省人民政府关于贯彻实施《山东省海洋功能区划(2011—2020 年)》的通知. http://old.shandong.gov.cn/art/2012/11/14/art_2259_26083.html.[2020-05-12].
山东省人民政府. 2013a. 山东省人民政府办公厅关于建立实施渤海海洋生态红线制度的意见. http://old.shandong.gov.cn/art/2013/12/19/art_2259_24574.html.[2020-05-12].
山东省人民政府. 2013b. 山东省人民政府关于印发山东省主体功能区规划的通知. http://old.shandong.

gov.cn/art/2013/2/18/art_2267_19484.html.[2020-05-12].
山东省人民政府. 2016. 山东省人民政府关于山东省生态保护红线规划(2016-2020 年)的批复. http://gb.shandong.gov.cn/art/2016/8/22/art_107851_89962.html.[2021-09-27].
山东省人民政府. 2018. 山东省新旧动能转换重大工程实施规划. http://www.shandong.gov.cn/art/2018/2/22/art_107861_80388.html.[2021-9-27].
山东省统计局, 国家统计局山东调查总队. 2001. 山东统计年鉴 2001. 北京: 中国统计出版社.
山东省统计局, 国家统计局山东调查总队. 2002. 山东统计年鉴 2002. 北京: 中国统计出版社.
山东省统计局, 国家统计局山东调查总队. 2003. 山东统计年鉴 2003. 北京: 中国统计出版社.
山东省统计局, 国家统计局山东调查总队. 2004. 山东统计年鉴 2004. 北京: 中国统计出版社.
山东省统计局, 国家统计局山东调查总队. 2005. 山东统计年鉴 2005. 北京: 中国统计出版社.
山东省统计局, 国家统计局山东调查总队. 2006. 山东统计年鉴 2006. 北京: 中国统计出版社.
山东省统计局, 国家统计局山东调查总队. 2007. 山东统计年鉴 2007. 北京: 中国统计出版社.
山东省统计局, 国家统计局山东调查总队. 2008. 山东统计年鉴 2008. 北京: 中国统计出版社.
山东省统计局, 国家统计局山东调查总队. 2009. 山东统计年鉴 2009. 北京: 中国统计出版社.
山东省统计局, 国家统计局山东调查总队. 2010. 山东统计年鉴 2010. 北京: 中国统计出版社.
山东省统计局, 国家统计局山东调查总队. 2011. 山东统计年鉴 2011. 北京: 中国统计出版社.
山东省统计局, 国家统计局山东调查总队. 2012. 山东统计年鉴 2012. 北京: 中国统计出版社.
山东省统计局, 国家统计局山东调查总队. 2013. 山东统计年鉴 2013. 北京: 中国统计出版社.
山东省统计局, 国家统计局山东调查总队. 2014. 山东统计年鉴 2014. 北京: 中国统计出版社.
山东省统计局, 国家统计局山东调查总队. 2015. 山东统计年鉴 2015. 北京: 中国统计出版社.
山东省统计局, 国家统计局山东调查总队. 2016. 山东统计年鉴 2016. 北京: 中国统计出版社.
山东省统计局, 国家统计局山东调查总队. 2017. 山东统计年鉴 2017. 北京: 中国统计出版社.
山东省统计局, 国家统计局山东调查总队. 2018. 山东统计年鉴 2018. 北京: 中国统计出版社.
山东省统计局, 国家统计局山东调查总队. 2019. 山东统计年鉴 2019. 北京: 中国统计出版社.
史大磊. 2017. 东营市现代渔业建设发展的思考. 南方农机, 48(8): 151-152.
宋德彬, 于君宝, 王光美, 等. 2016. 1961～2010 年黄河三角洲湿地区年平均气温和年降水量变化特征. 湿地科学, 14(2): 248-253.
谭春玲. 2013. 黄河三角洲经济建设与生态建设协调发展研究. 山东师范大学硕士学位论文.
屠其璞, 邓自旺, 周晓兰. 1999. 中国近 117 年年平均气温变化的区域特征研究. 应用气象学报, 10(S1): 34-42.
王海梅, 李政海, 宋国宝, 等. 2006. 黄河三角洲植被分布、土地利用类型与土壤理化性状关系的初步研究. 内蒙古大学学报(自然科学版), (1): 69-75.
王利娇. 2017. 黄河三角洲湿地演变的水文驱动机制研究. 华北水利水电大学硕士学位论文.
王彦功. 2001. 黄河三角洲盐生植物及其开发利用. 特种经济动植物, 5: 33-34.
王忠勋, 张顺吉. 2020. 黄河湿地生态旅游资源开发与保护——评《黄河流域生态环境十年变化评估》. 人民黄河, 42(5): 170.
魏海峰, 陈怡锦, 夏宁, 等. 2018. 退化滩涂生态修复研究进展. 湿地科学与管理, 14(2): 70-73.
魏立兴, 王智华, 侯红燕, 等. 2019. 高温对黄河三角洲地区水稻产量和品质的影响. 山东农业科学, 51(5): 38-41.
吴昊. 2015. 秦岭山地松栎混交林土壤养分空间变异及其与地形因子的关系. 自然资源学报, 30(5): 858-869.

吴立新. 2015. 黄河三角洲水资源保护现状与对策. 科技与企业, (18): 101.
郗金标, 宋玉民, 邢尚军, 等. 2002. 黄河三角洲生态系统特征与演替规律. 东北林业大学学报, (6): 111-114.
夏培艳, 沈新强. 2011. 滩涂贝类养殖环境研究现状与展望. 海洋科学进展, 29(4): 546-553.
辛爱芳. 2004. 我国产学研合作模式与政策设计研究. 南京工业大学硕士学位论文.
许其华. 2019. 东营市推动绿色畜牧业发展. 中国畜牧业, (4): 69-70.
许其华, 李艳. 2017. 东营草场发展的现状与思路. 中国畜牧业, (1): 74.
薛超波, 王国良, 金珊. 2004. 海洋滩涂贝类养殖环境的研究现状. 生态环境, (1): 116-118.
杨长军, 毛玉莲. 2008. 东营市生态高效农业建设存在的问题及对策研究. 现代农业, (6): 38-40.
杨红生. 2001. 清洁生产: 海水养殖业持续发展的新模式. 世界科技研究与发展, (1): 62-65.
杨红生. 2017. 海岸带生态农牧场新模式构建设想与途径——以黄河三角洲为例. 中国科学院院刊, 32(10): 1111-1117.
杨红生. 2019a. 我国蓝色粮仓科技创新的发展思路与实施途径. 水产学报, 43(1): 97-104.
杨红生. 2019b. 构建中国特色海洋牧场的蓝色梦想. 中国科学报, 2019-03-26(5).
杨红生, 霍达, 茹小尚, 等. 2020a. 水域生态牧场发展理念与对策. 科技促进发展, 16: 133-137.
杨红生, 霍达, 许强. 2016a. 现代海洋牧场建设之我见. 海洋与湖沼, 47(6): 1069-1074.
杨红生, 邢丽丽, 张立斌. 2016b. 现代渔业创新发展亟待链条设计与原创驱动. 中国科学院院刊, 31(12): 1339-1346.
杨红生, 邢丽丽, 张立斌. 2020b. 黄河三角洲蓝色农业绿色发展模式与途径的思考. 中国科学院院刊, 35(2): 175-182.
杨红生, 杨心愿, 林承刚, 等. 2018. 着力实现海洋牧场建设的理念、装备、技术、管理现代化. 中国科学院院刊, 33(7): 732-738.
杨红生, 张福绥. 1999. 浅海筏式养殖系统贝类养殖容量研究进展. 水产学报, (1): 84-90.
杨红生, 章守宇, 张秀梅, 等. 2019. 中国现代化海洋牧场建设的战略思考. 水产学报, 43(4): 1255-1262.
尹健, 张晓娜, 刘晓春, 等. 2019. 农业产业化发展助推资源型城市产业优化升级——以东营市为例. 农业工程, 9(7): 130-133.
袁军宝, 陈灏. 2011. 山东半岛蓝色经济区建设正式上升为国家战略. http://www.gov.cn/jrzg/2011-01/07/content_1779792.htm. [2020-03-27].
张翠, 史丽华. 2015. 黄河三角洲气候变化及其湿地水文响应研究. 安徽农业科学, 43(26): 234-236.
张东升, 柴宝贵, 丁爱芳, 等. 2012. 黄河三角洲城镇空间格局的发展历程及驱动力分析. 经济地理, 32(8): 50-56.
张丽娟, 张振安. 2019. 基于立法管理视角的海洋牧场管理制度研究. 中国管理信息化, 22(22): 176-177.
张美玲. 2017. 高校与企业、科研院所协同创新的现状及风险防范. 中国高校科技, (10): 29-31.
张伟权. 1990. 世界重要养殖品种——南美白对虾生物学简介. 海洋科学, (3): 69-73.
张文娟, 于景花. 2015. 浅谈东营市“粮改饲”试点工作进展. 山东畜牧兽医, 36(10): 51-52.
张晓龙, 李萍, 刘乐军, 等. 2009. 黄河三角洲湿地生物多样性及其保护. 海岸工程, 28(3): 33-39.
张绪良, 叶思源, 印萍, 等. 2009. 黄河三角洲自然湿地植被的特征及演化. 生态环境学报, 18(1):

292-298.
张震, 禚鹏基, 霍素霞. 2019. 基于陆海统筹的海岸线保护与利用管理. 海洋开发与管理, (4): 3-8.
赵欣园, 于晓磊, 滕丽华, 等. 2018. 盐生植物修复海水养殖尾水的研究现状与进展. 海洋环境科学, 37(3): 470-474.
郑世忠, 陈放. 2019. 辽宁海洋牧场建设的金融投入探析. 现代农业科技, (16): 262-263.
致公党海南省委会. 2019. 关于我省建设现代化海洋牧场的具体建议. http://www.hainan.gov.cn/zxtadata-8927.html.[2020-03-16].
中共东营市委党史研究院, 东营市地方史志研究院. 2019. 东营年鉴 2019. 北京: 中华书局.
中国生物多样性保护国家委员会. 2017. 山东省印发生态保护红线规划. https://cncbc.mee.gov.cn/zgxd/snxd/2016/201701/t20170117_394885.html.[2020-09-27].
中华人民共和国国务院新闻办公室. 2017. 山东举行解读省海洋牧场建设 2017-2020《规划》发布会. http://www.scio.gov.cn/xwfbh/gssxwfbh/xwfbh/shandong/Document/1560249/1560249.htm.[2020-05-18].
钟香珍, 杨娟. 2020. 产业结构优化视角下东营市绿色旅游发展策略研究. 内蒙古科技与经济, (2): 9-10, 48.
周鑫, 许学工. 2015. 黄河三角洲(东营市)高效生态渔业综合效益评估. 北京大学学报(自然科学版), 51(3): 518-524.
Liu R M, Xu F, Yu W W, et al. 2016. Analysis of field-scale spatial correlations and variations of soil nutrients using geostatistics. Environmental Monitoring and Assessment, 188(2): 1-10.
Murray N J, Fuller R A. 2015. Protecting stopover habitat for migratory shorebirds in East Asia. Journal of Ornithology, 156: 217-225.
Murray N J, Ma Z J, Fuller R A. 2015. Tidal flats of the Yellow Sea: a review of ecosystem status and anthropogenic threats. Australia Ecology, 40: 472-481.
Song F, Su F L, Zhu D, et al. 2020. Evaluation and driving factors of sustainable development of the wetland ecosystem in Northeast China: An emergy approach. Journal of Cleaner Production, 248: 119236.
Verween A, Vincx M, Degraer S. 2007. The effect of temperature and salinity on the survival of *Mytilopsis leucophaeata* larvae(Mollusca, Bivalvia): The search for environmental limits. Journal of Experimental Marine Biology and Ecology, 348(1): 111-120.
Zhang B, Yin L, Zhang S, et al. 2016. Assessment on characteristics of LUCC process based on complex network in Modern Yellow River Delta, Shandong Province of China. Earth Science Informatics, 9(1): 83-93.